青少年发展心理学

⊙张文新 主编⊙

山东人民出版社

图书在版编目(CIP)数据

青少年发展心理学/张文新主编．—济南：山东人民出版社，2002.12（2020.7重印）
ISBN 978-7-209-03270-4

Ⅰ.青… Ⅱ.①张… Ⅲ.青少年心理学
Ⅳ.B844.2

中国版本图书馆CIP数据核字(2003)第056546号

责任编辑:王　晶
封面设计:武　斌

青少年发展心理学
张文新　主编

山东出版传媒股份有限公司
山东人民出版社出版发行
社　址:济南市英雄山路165号　邮　编:250002
网　址:http://www.sd-book.com.cn
发行部:(0531)82098027　82098028
新华书店经销
山东华立印务有限公司印装
规　格　16开(163mm×226mm)
印　张　36
字　数　500千字
版　次　2002年12月第1版
印　次　2020年7月第10次
ISBN 978-7-209-03270-4
定　价　45.00元

如有质量问题,请与印刷厂调换。　电话:(0531)76216033

前 言

青少年期是个体由儿童向成人的过渡期，也是人生发展历程中一个独具特色的阶段。青少年心理学之父——霍尔（S. Hall）曾用“暴风骤雨”来描述这一时期个体心理起伏跌宕、充满矛盾与冲突的发展特点。近 20 多年来，随着我国社会进入转型时期，青少年成长的社会文化背景发生了重大变化。特别是随着我国计划生育政策的实施进入第三个十年，当代青少年中的独生子女已占大多数。青少年这一庞大人口群体的发展已成为国家和数以亿计青少年父母最为关切的问题之一。这在客观上为我国青少年心理学的发展提供了巨大的推动力和广阔的空间，同时也对这一领域的研究提出了严峻的挑战。

为了促进青少年发展心理学的学术研究与实践应用，培养青少年发展心理学的专门人才，近年来我们在研究生培养中率先专门开设了青少年发展这一研究方向，并将其作为发展与教育心理学学位点的一个重点研究方向。在教学过程中，我较为系统地研读了国内外出版的一些关于青少年发展方面的著作和研究成果，并陆续在青少年的心理社会发展领域开展了一些课题研究。2000 年美国青少年研究学会（Society for Research in Adolescence，简称 SRA）任命我为该学会下属的国际委员会的委员，我因此得以有更多的机会向国外同行学习。在教学研究及与国外同行交流的过程中，我愈发感觉到我国青少年发展心理学研究与国际先进水平之间的差距。最近 20 多年中，发达国家的青少年心理学研究取得了长足的进展，形成了许多新的具有重要学术价值的理论观点，涌现了一大批高水平的研究成果，值得我们认真地学习和借鉴，以促进我国青少年心理学的发展。

自 20 世纪 80 年代以来，我国已陆续出版了多种青少年心理学方面的著作。这些著作对我国发展心理学的学科建设、普及青少年心理学知识发挥了极其重要的作用。但总体来看，这些著作大都采用的是一般儿童心理学著作的体系结构，未能充分体现青少年阶段心理发展的特殊性，对青少年心理发展的内容的论述欠全面和系统，因而在一定程度上削弱了其针对性。

基于这样一些想法，我们在 2000 年开始着手撰写这本青少年发展心理学。本书的目的在于系统地阐述青少年阶段个体心理发展的基本规律与特点，较为全面地反映国内外青少年发展研究的新理论和新进展，以促进我国青少年心理学的学科建设，同时为广大青少年工作者、教师和家长深入了解青少年心理发展的规律与特点、促进青少年健康发展提供一本有益的读物。

在本书的写作过程中，我们始终注意紧扣青少年心理发展的主题与特点。青少年心理发展是广义的儿童心理发展的一个部分，它遵循心理发展的一般原理和基本规律，这是毫无疑义的。但作为人生发展历程中的一个特殊阶段，青少年的心理发展，不管在发展的主题与任务，还是发展的背景（context）方面，与童年期相比都存在着明显的，甚至在某些方面是质的不同。例如，自我同一性、亲密感、自主性、亲子冲突以及性的问题，这些都是个体在青少年时期所面临的与其他阶段相比具有特殊重要性的发展主题，是青少年心理学必须系统阐述的重要内容。本书的体系结构与内容选择都力图体现这一指导思想。

本书撰写过程中，我们对国内外有关青少年心理发展的文献资料进行了尽可能广泛的收集，并特别重视近年来国外出版的青少年心理学著作和研究成果。我们希望本书的内容能够反映国际青少年心理学发展的新趋势和新成果。

本书由我拟定写作提纲并提出撰写的具体要求，由我和我近年来培养的研究生合作完成。他们中有的已经参加工作或正在攻读博士学位，有的正在完成其硕士学位学业。各章的分工是：第一章，张文新；第二章，张文新、张玲玲；第三章，王树青；第四章，张静；第五章，张茜；第六章，王益文；第七章，张文新；第八章，王丽萍；第九章，赵景欣；第十章，纪林芹；第十一章，宫秀丽；第十二章，张坤。在写作过程中，我与各章作者分别或集体进行过多次讨论。初稿完成后，各章作者根据我提出的修改意见对文稿进行了多次修改，最后由我统一修改定稿。

本书的写作得到了多方面的关怀和支持。我的老师林崇德教授始终关心着写作的进展，并就本书的体系结构提出了中肯的指导意见。程学超教授也一直关心本书的写作，时时给我以鼓励和督促。我的合作者美国加州大学洛杉矶分校的 Andrew Fuligni 博士为我提供了大量有价值的文献资料。美国青少年研究学会前任主席、明尼苏达大学心理学教授 A. Collins 博士曾就本书的内容体系与我进行过深入的讨论，使我受益匪浅。在此谨向各位老师和同行表示衷心的感谢与敬意！

本书写作参考了国内外大量文献资料，向原作者们表示感谢。

感谢我的学生和合作者们。除上述撰稿者外，2002 级研究生张文娟、朱新筱、刘永芳和裴丽颖同学在文稿打印和校对、参考文献的整理等方面付出了大量劳动。本书是我们师生共同劳动和友谊的结晶。在与他们一起工作中，我更深地体验到了身为教师的乐趣。

最后，我还要感谢我的夫人和已是青少年的儿子。多年来，他们一直理解并支持我的工作，而作为丈夫和父亲，我给予他们的实在是太少太少！

受时间和学识所限，书中肯定存在不少的错误和缺点，敬请读者批评指正！

张文新

2002 年 12 月

目　录

第一章 绪论

随着青春期的到来，个体的发展进入青少年阶段。青少年期是从儿童向成人的过渡期，也是人生的黄金岁月。这一时期，个体的整个身心处于蓬勃发展之中。与儿童相比，青少年的社会地位和社会角色发生了重大的转变。与此同时，个体发展的社会生态背景在某些方面也发生了重要变化，呈现出一些新特点。在发展的内容方面，自我同一性、亲密感、性等成为这一阶段极为重要的发展主题。青少年在这些方面的发展，不仅直接关系着本阶段的心理与社会适应，而且对其成年期生活具有重要意义。本章将对涉及青少年发展的一些最基本问题，包括青少年期的界定、青少年心理发展的根本特点、青少年发展的社会背景以及发展的主题等问题进行概述和讨论。

第一节　人生发展历程与青少年期

发展心理学家认为，发展是指个体在一生中随着年龄的增长而经历的一系列具有顺序性的变化，这些变化表现在生理、心理和社会等方面。个体从一个受精卵开始直到生命的终止，其一生都处于不断的发展变化之中。在此意义上，发展并不单纯指个体新机能的出现、获得，或者已有机能的成长、增强或成熟，发展也包括个体生理与心理机能的下降、衰退和丧失。当代大多数发展心理学家认为，个体心理的发展既具有连续性，又存在着阶段性。根据个体生物、认知和社会性发展的水平与状况，可以把人一生的发展历程划分为三个大的时期——童年期、青少年期和成年期，每一个分期又包括若干更小的发展阶段（图 1－1）。

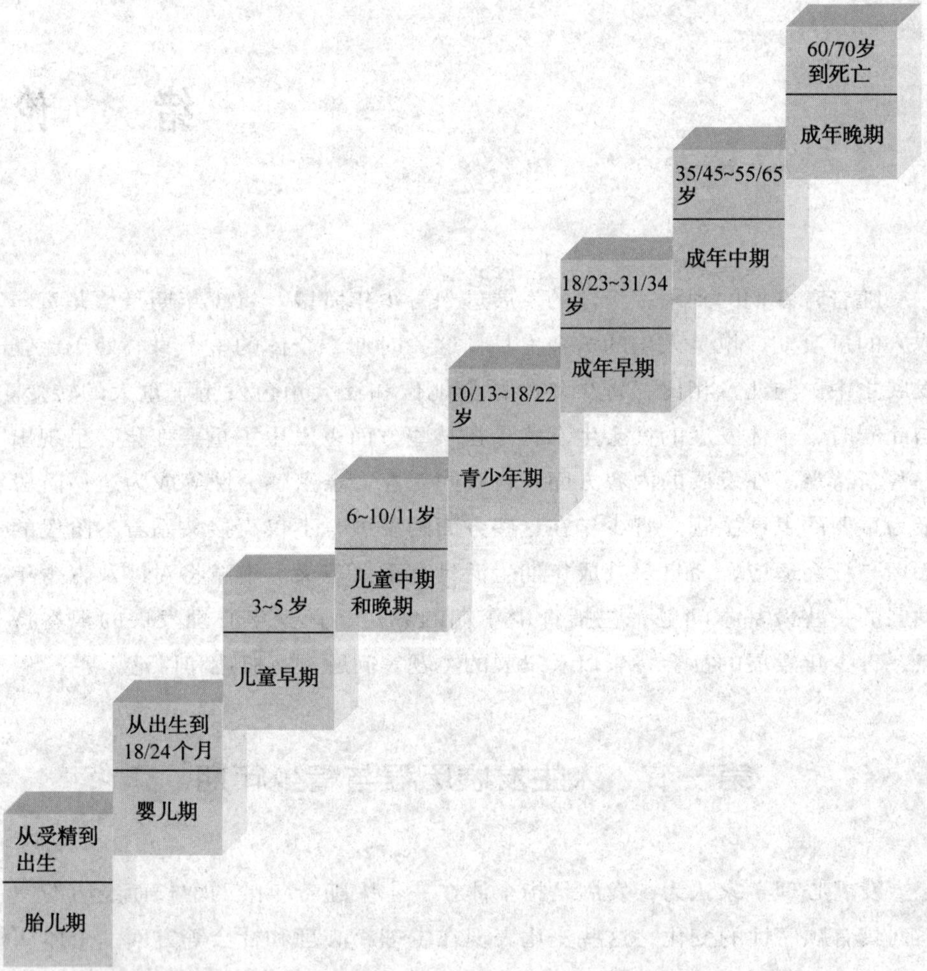

图 1－1　人生发展的阶段

（资料来源：Santrock，2001）

一、童年期

童年期（childhood）是个体心理的发生与成长期，也是个体心理发展最快的一个时期。它是指个体从生命开始到十一二岁这一阶段。童年期包括胎儿期、婴儿期、童年早期或幼儿期和童年中晚期。

胎儿期（prenatal period） 胎儿期是指从受孕到出生这一发展阶段。这是个体快速成长的一个时期。在九个月左右的时间里，个体从一个受精卵发育成为一个拥有大脑和行为潜能的完整的有机体。

婴儿期（infancy） 婴儿期是指个体从出生到2～3岁这一发展阶段。这一阶段是个体心理与行为的发生和初步发展的时期。皮亚杰称之为感知运动阶段。这一时期儿童心理发展的成就主要表现在感知运动、语言和思维的萌芽三个方面。在感知运动方面，儿童从完全没有随意运动逐步发展到能主动用手操纵物体，并在1岁以后逐渐获得独立行走的能力。婴儿期是儿童言语发生与初步发展的时期。1岁以后，儿童逐渐开始能够听懂他人的言语并开始与他人进行口头言语交流。2～3岁儿童的口头言语飞速发展，一般称这一时期为儿童口头言语发展的关键期。随着儿童感知能力的迅速发展，记忆与注意能力的不断提高，直观动作思维和表象能力开始出现。婴儿期也是儿童社会性发展的最初阶段。在感知、语言、思维等方面发展的基础上，儿童的社会学习能力也开始发展起来，他们开始能够进行一些简单的模仿学习。另外，个体约自6个月起，开始出现怯生和对照看者的分离焦虑现象，这标志着依恋关系的开始。依恋关系是人生的第一种社会关系，也是儿童社会性发展的开端。在婴儿期，儿童逐渐与成人形成一种稳定的依恋关系。与此同时，儿童与同伴之间的社会性相互作用也开始出现并迅速增加。但在整个婴儿期，儿童的身心发展水平还是非常初步和有限的，他们没有能力照顾自己，而几乎完全依赖于成人的照料。

童年早期（early childhood） 童年早期是指婴儿期结束到6岁这一阶段，这是儿童正式进入学校以前的一个阶段，又称学前期或幼儿期。这一时期儿童的主导活动是游戏，他们的大部分时间是在与同伴的游戏和共同活动中度过的。游戏活动为儿童提供了认识世界和积累知识经验的机会，同时也促进了儿童的社会交往或社会互动。这一时期儿童在游戏中的社会性行为明显增多。在认知方面，幼儿开始获得表象思维的能力，能够凭借内化的事物表象对经验范围内的事物进行思考。但这一时期儿童的思维尚处于前运算阶段，还没有达到运算水平，儿童只能从一个方面或维度来看待事物，在认识上存在明显的“中心化”倾向。在对自我——他人关系的认识上，幼儿只知道自己的观点，而不能认识或采择他人的观点，表现出明显的“自我中心主义”。此外，幼儿期也是儿童口头言语发展的重要时期，三四岁以后，儿童不仅能听懂他人的言语，而且开始能够进行连贯的言语表达。儿童的自理能力在这一时期也开始发展起来，他们逐渐学会照顾自己。

童年中晚期（middle and late childhood） 童年中晚期一般是指六岁到十一二岁这一阶段，又称小学阶段或学龄初期。这一阶段儿童进入小学接受正式的学校教育。通过学校教育，儿童开始掌握一些初步的读写和算术能力。在心理方面，儿童的认知特别是思维能力快速发展，其思维形式逐步地由具体形象思维向抽象逻辑思维过渡，但这一时期，儿童的思维仍具有明显的形象性，处于具体运算水平。小学阶段，儿童与同伴的社会交往、社会互动日益增多，各种社会性品质迅速发展起来。

二、青少年期

（一）青少年期界定及相关概念

青少年期在英文中是“adolescence”，它源自拉丁文“adolescere”。“adolescere”在拉丁文中是一个动词，其含义是“成长为成年人”（grow up into adulthood）。在人类个体一生的发展历程中，童年期是人生发展的成长期或幼稚期，成年期是人生发展的成熟期，而青少年期则是个体从不成熟走向成熟、从儿童走向成人的一个过渡时期。

在发展心理学中，青少年期起止年龄的界定一直存在分歧。分歧产生的原因主要在于存在着多种青少年期的界定标准，如生物学的、认知的、情感的、教育的以及法律的等。采用的界定标准不同，所确定的青少年期的起止年龄也就不会完全一致。表1－1中介绍了青少年期起止时间的不同标志。

表 1－1 青少年期起止时间的标志

标志	开始时间	终止时间
生物学的	青春期的到来	生殖能力的获得
情绪的	与父母疏远的开始	独立的同一感的获得
认知的	高级推理能力的出现	高级推理能力的牢固
人际关系的	人际交往的兴趣从父母转向同伴	获得与同伴亲密交往的能力，体验到亲密感
社会的	开始接受相应的训练，为从事成年人的工作、承担家庭与公民角色等做准备	完全拥有成人的地位和特权
教育的	进入初级中学	完成正式教育
法律的	少年地位的获得	法定成年地位的获得
时序年龄的	达到社会所确定的青少年期开始的年龄（如 13 岁）	达到社会所规定的成年期开始的年龄（如 20 岁）
文化的	进入向成年过渡的仪式化的训练阶段	成人仪式的结束

（资料来源：Steinberg，1999）

由上表可以发现，采用不同标准所界定的青少年期的起止时间，大都非常接近，例如，采用生物标准和法律标准所界定的青少年期的起止时间基本一致。一般而言，青春期开始的时间在十二三岁，到十七八岁个体开始获得生殖能力则意味着青春期的结束。在大多数国家中，法律规定十二三岁个体进入少年期，在十八岁左右获得法定的成人资格。但有的界定标准之间差距较大，例如，以完成正式教育作为青少年期的终止时间和以生物学标志确定的青少年期的终止时间会相差数年之多。

另一方面，上述青少年期的不同界定标志的稳定性也是不同的。生物的、认知的、情绪的以及人际关系的标志受个体成熟因素的影响较大，因而相对比较稳定，且具有较强的跨文化的一致性。而教育的、文化的以及法律的标志则受文化和社会因素的影响较大，例如，由于社会发展水平的不同，不同国家和地区的青少年接受教育的年限差异会相当悬殊，一般而言，发达国家或地区的青少年接受正式学校教育的年限要长于经济落后国家和地区的青少年。这样，以学校教育结束的时间作为标志，会使不同国家和地区个体青少年期的终止时间存在较大的差别。

我国发展心理学界一般把青少年期界定为十一二岁至十七八岁这一发展阶段，相当于中学教育阶段（林崇德，2002）。其中十一二岁至十四五岁这一阶段称为少年期，又称青春期；十四五岁至十七八岁称为青年初期（林崇德，1995）。而西方大多数发展心理学家对青少年期的界定更为宽泛一些，认为青少年期是指从青春发育期开始直至完成大学学业这一发展阶段，即十一二岁至二十一二岁，这大致相当于人生整个发展历程中的第二个十年（Cole & Cole，1996；Santrock，2001；Steinberg，1999）。

国内心理学文献中对青少年期的界定比较混乱，常把青少年期、青春期、青年期交替使用，给读者造成一些困惑甚至误解，因而有必要简要说明这些概念之间的区别。

青春期（puberty），主要是一个生物学术语。斯腾伯格（Steinberg，1999）在其《青少年》（Adolescence）一书中指出，青春期反映的是个体在青少年期所发生的生理变化。在年龄范围上它与青少年期并非完全重叠。从年龄阶段上看，青春期是指从个体第二性征出现至性器官发育成熟的一段时期（张春兴，1992）。目前我国女生青春期的年龄约在11～14岁之间，男生的青春期一般比女生晚一年，约在12～15岁之间。如果采用确定青少年期的生物学的标志，青少年期随青春期的开始而开始，但不随青春期的结束而终止。它还包括青年早期这一发展阶段。有的研究者（詹姆斯·O·卢格著，1996）把“adolescence”等同于“puberty”，译为青春期，这是错误的。事实上，与青春期相对应的心理发展的阶段是少年期（juvenile period），即十二三岁至十四五岁这一年龄阶段（中国大百科全书心理学卷，1991）。在英语中，“juvenile”一词的意思是少年，通指犯有过失和罪行的青少年。另一个表示少年的词是“minor”，它在英语中与“majority”相对应，是指不负法律责任的未成年人，而后者是指法律意义上的成年人。

另一个容易混淆的概念是青年期（youth）。青年（youth）是指年龄在

18岁至22岁之间的个体（Steinberg，1999）。也有人把青年期界定为16岁至26岁这一阶段（张春兴，1992）。国内心理学文献中还经常把青少年期（adolescence）与青年期（youth）混用。例如，《中国大百科全书心理学卷》把“adolescence”释义为青年期，并将其定义为“个体从十四五岁到二十七八岁的时期”（中国大百科全书心理学卷，1991），这也是欠准确的。当代发展心理学家把青少年期向成年期的过渡阶段称为青年期。这一时期，个体在经济和个人问题领域处于一种暂时延缓状态。这一过渡状态一般要持续2～8年，有时甚至达10年之久（Santrock，2001）。

（二）青少年期的分期

青少年时期并不是一个完全同质的发展阶段，在这一阶段的不同年龄，青少年的心理发展水平、特点以及发展的社会背景都会存在明显的差异。同时，个体在青少年期的不同阶段所面临的任务与发展主题也不尽相同。例如，初中阶段的青少年与大学阶段的青少年相比，不论是在认知（如思维）能力的发展上，还是在自我、价值观以及情绪与情感等方面都会表现出明显不同的特点。因此，青少年心理学家通常将青少年期进一步划分成三个亚阶段（Steinberg，1999）：（1）青少年早期（11～14岁），大致相当于初中教育阶段；（2）青少年中期（15～18岁），大致相当于高中教育阶段；（3）青少年晚期（18～21岁），大致相当于大学教育阶段。

三、成年期

经由青少年期的发展，个体进入成年期。然而，在现代社会中个体从青少年到成年的过渡通常不是一蹴而就的。特别是在分工日益高度专门化的社会中，刚刚步入成年期的青年人往往难以一下子在成人世界中找到并确定自己的位置和角色，这会导致他们在相当长的一段时间内在经济和个人事务方面实际上是处于一种暂时性的状态。同时，随着社会的发展，越来越多的青年人在真正踏入成人世界之前要在高等学校进一步接受教育和专业训练，为其未来的职业生涯做准备，而并未真正踏入社会生活。

（一）成年期开始的标志

青少年期的终止意味着成年期的开始，但正如青少年期的终止年龄或标志存在分歧一样，以什么作为成年期开始的标志也是一个非常复杂的问题。当前，大多数发展心理学家把个体获得某种稳定工作的时间以及与此相关的经济上的独立作为进入成年期的一个最重要的标志（Santrock，2001）。但由于个体所受教育程度不同，结束学校教育的时间不同，因此他们进入成年期的时间也存在差别。最普遍的一种情况是一些人上完高中就开始工作，一些人完成大学教育后参加工作，而还有一小部分人在完成研究生教育后才能获得工作。这就必然导致不同个体进入成年期的时间存在巨大的差别。另一方面，由于不同国家和地区之间经济和社会发展的水平不同，青少年能够接受的学校教育的程度不同，个体进入成人期的时间自然会存在国家间或地区间的差别。以中国的情形为例，2002 年，全国高中阶段教育的毛入学率为 42.8%，高等教育的毛入学率仅为 15%。换言之，一半以上的 14 岁青少年不能接受高中教育而直接进入社会，而那些 15%有机会接受高等教育的青少年则至早要到 20 岁以后才能够进入成人世界。因此个体结束青少年期而进入成年期的标准的确定并非如此简单或明确。

虽然个体经济的独立与拥有稳定的工作相联系，但是个体获得工作并不总是意味着其经济上的独立。在通常情况下，个体获得经济上的独立往往是一个渐进过程。美国学者的研究发现，在当今美国，那些刚刚试着经济上自立的青年人越来越多地回到家中与父母一起生活。这种情况在中国同样十分普遍。

近期的一些研究发现（Scheer & Unger，1994），除了稳定工作的获得或经济的独立之外，还存在其他一些因素可以被看做是个体进入成年期的标志。例如，一些被调查者认为，能否对自己负责任和独立地进行决策是判断一个人是否进入成年期的重要标志。70%的大学生认为，作为成年人，意味着对自己的行为后果负责，对自己的信念和价值观做出选择，建立起与父母平等的成人关系。而在另一项研究中，希尔（Scheer，1996）发现，人们认为社会地位因素（经济地位和完成学业）和认知因素（负责任和进行独立决策）都是成年人地位的标志。

由此可见，青少年期终止和成年期开始的时间不单纯是一个时序年龄的问题。较为准确的说法应该是，青少年期何时开始是由生物变化决定的，但这一阶段何时结束则主要是由文化决定的。不同文化环境中的个体进入成年期的时间存在着差异。

（二）成年期发展的三个阶段

发展心理学家通常把成年期划分为三个阶段：成年早期、成年中期和成年晚期。

成年早期（early adulthood）　即青年期，一般始于 20 岁左右而持续到 35 岁。这一时期是个体获得经济和个人独立的时期，与青少年期相比，职业发展成为个体这一时期最为关注的发展主题。在个人事务方面，这一时期则是选择配偶、成家立业、开始家庭生活的一个时期。这些问题通常花费大量的时间和精力。

成年中期（middle adulthood）　成年中期大致是指 35～45 岁到 55～65 岁这一发展阶段或生命历程。青少年的父母一般处于这一时期，这一发展阶段不仅对于父母是一个特别重要的阶段，而且也影响到其青少年子女的发展。在中年期这一发展阶段，个体心理出现一些明显的特点：(1) 重视向下一代传递价值观；(2) 开始关注自己的身体；(3) 对生命意义的反省增多。

成年晚期（late adulthood）　个体在 60 岁后开始进入人生发展的最后一个阶段——成年晚期。成年晚期是人生中一个重要的适应与调整时期。个体要适应健康状况的下降、退休、收入减少以及社会角色的转变等一系列问题。

第二节　青少年心理发展的过渡性特点

过渡性是青少年期心理发展的最根本的特点。与其他阶段相比，青少年期个体的发展具有三大特点：青春期的开始、高级思维能力的出现和向新的社会角色的过渡（Hill，1983）。上述三个方面实际上就是青少年期心理发展的过渡性特点的基本内涵（Steinberg，1999）。

一、生物过渡

个体一生经历两个生长发育的高峰期，其一是从受精卵开始发育至一岁左右；其二出现在10～20岁之间，即青少年期。个体在这一时期要经历一系列的生物变化，包括身高和体重的迅速增加、体形和面部的逐渐成人化、第二性征的出现、循环系统和呼吸系统的发育成熟等。经过这一系列的变化，青少年在生理上基本完成了从儿童向成人的过渡。生理上的成熟导致青少年成人感的产生。但是，青少年生理发展水平与其心理成熟水平会形成很大的落差，往往会造成其心理上的成人感和幼稚性并存的矛盾，从而使青少年期特别是青少年早期的个体的心理具有明显的不平衡性和矛盾性。

青少年的生理变化会以直接和间接的方式对其心理发展和社会关系产生重要而广泛的影响。一般来说，青少年的心理变化通常不是由生理变化单独引发的，而是生理变化与社会文化环境相互作用影响的结果。生理变化对心理发展的直接影响是指身体的生理变化直接导致了青少年的心理变化，如体内激素变化对青少年心理与行为的影响。对男性来说，青春期睾丸激素的增加直接导致了男青少年性驱力和性活动的增强（Halpern，Udry，& Suchindran，1996）。对女性的研究也发现，月经周期的第22天，随着雌性激素和黄体酮的含量大大增加，大约有40%的女性体验到更为强烈的抑郁、焦虑、烦躁、自尊心下降、疲倦和头痛等（海德，1987）。还有研究者发现，那些与同龄人相比体内激素水平较高的青少年报告了较多的消极情感和过剩的精力（Brooks－Gunn & Warren，1989）。激素具有激活效应，对青少年更具唤起和兴奋作用，从而影响青少年的情绪与行为。

青春期的生理变化对青少年心理发展的间接影响，主要是通过个人、社会对这种身体变化的评价和态度发生作用的。例如，青少年关于身体外表的自我期望及他人的期望会影响到他们的自我形象等。换言之，青春期身体变化对青少年的影响并不在于变化本身，而在于青少年对这些变化的意义和重要性的解释，在于青少年对他人反应的理解，以及对这些变化是否符合社会文化模式的认识。而这些都依赖于个体对自身变化快慢的认知、他人对此所持的态度以及社会对进入青春发育期时间的看法。

青春期的到来会给青少年及其周围相关的人带来新的适应问题。青少年身体的快速生长发育和体形的变化会破坏儿童原有的自我形象，建立并适应全新的自我形象是青少年面临的一个挑战。在社会关系方面，伴随着成人感的产生，青少年强烈地要求周围人把自己作为大人来对待，他们开始要求拥有自己的隐私权，希望在发型选择、服饰与着装、交友以及娱乐等方面拥有更大的自主权，而不再像孩提时期完全接受父母的权威。在情感联系上，青少年开始逐渐疏远父母而与同伴建立起亲密感。与此同时，社会也开始把青少年作为一个成人来对待，从而对他们提出了不同于儿童期的要求和期望。这样，伴随着青春期的到来，青少年与父母之间原有的交往方式被打破，如何建立新的亲子互动模式，不仅对于青少年自身，同时对父母、教师等与之互动的人，都是一个新的任务与挑战。本书第三章将详细阐述青春期的生理变化及其对青少年心理发展的影响。

二、认知过渡

认知发展是心理发展的一个极其重要的方面，同时它还是个体情感、道德、人际交往、社会行为等其他领域发展的基础和前提。青少年时期是个体认知发展的一个重要转折时期，这一时期个体的认知不论在内容方面还是形式方面都发生了质的变化。

皮亚杰根据认知结构的不同，把个体的认知发展划分为感知运动阶段(0岁至一岁半和二岁)、前运算阶段（二岁至六七岁)、具体运算阶段（七八岁至十一二岁）和形式运算阶段（十一二岁至十五六岁）四个阶段。皮亚杰认为，形式运算（formal operational stage）是具体运算之后认知发展的更高水平。个体的思维从具体运算过渡到形式运算，标志着智慧发展到了一个较为成熟的阶段，在此之后的发展仅是经验和知识的增加，思维方式不再有质的变化。青少年正处于形式运算阶段，他们对自然世界、自我、人际关系和社会本质的思维方式的变化源于形式运算认知结构的建立。与具体运算阶段的儿童相比，青少年的思维具有明显不同的特点。

首先，青少年开始能够运用科学的假设检验来解决问题。儿童的思维多局限于具体的认知客体和情境，局限于具体的时间和地点，不能脱离问题发生的时空进行思维，是一种具体的形象思维。而青少年期个体的思维则不仅仅局限于具体的认知客体和情境，他们能够脱离问题的具体内容或特定情节来解决问题，进入了形式运算思维阶段。在寻找问题的解决方法和途径时，儿童倾向于思考解决问题的方法“到底是什么”，而青少年可能会考虑解决问题的方法“可能是什么”。和儿童相比，青少年能够对假设情境和问题在心理上进行建构重组，认识到从逻辑上合理地解决问题的可能方法和途径(Sprinthall & Collins，1995)。

青少年的可能性思维使他们能运用假设检验去解决问题，这很像科学家在进行研究时的假设检验。而儿童的思维往往受制于情境中的具体细节，因而不能进行假设检验，不能明确解决问题的策略。相对学龄儿童而言，青少年具有了思考可能性与不可能性的能力，能检验一定数量的假设，提高了解决问题的速度和效率。

其次，青少年能够有计划和预见性地解决问题。与儿童相比，青少年的思维和推理更具抽象性、预测性和灵活性。青少年开始认识到事物的多样性和事物存在的多种可能性，不再受限于其所见所闻的感性认识和直接经验。

另外，青少年除把具体情境和环境作为思维对象以外，还开始实际思考自己和他人的思维，把抽象的思想意识作为思维对象，也就是对思维的思维即元思维。与儿童相比，青少年更可能理解自己认识事物的方式和解决问题的要求。即使儿童和青少年都有能力解决同样的问题，但儿童很少能说出他们是怎样解决的或者其他人解决同一问题时需要什么。青少年具有了元思维的能力，他们运用更多的时间反思自己将要解决问题的思想观念和表象，即青少年具有了自我反省的能力。元思维能力的产生和发展提高了个体思维的监控技能，保证了个体解决问题的计划性和预见性。

青少年认知发展的过渡性不仅表现在思维方面，同时还体现在社会认知方面。在人际理解中，青少年达到了相互的观点采择水平，这意味着他们在人际互动中，不仅能够从对方的角度看问题，理解对方的观点和对问题的看法，而且能够站在第三方的角度看问题。处于青少年中晚期的个体能够达到社会和习俗系统的观点采择水平，到这一时期青少年能够认识到个体对于某一问题的看法或观点要受其所处的群体或社会系统的影响，他们能够跨越互动情景的限制，透过人们生活于其中的社会文化环境来认识和理解他人观点和行为方式。这标志着他们的社会认知能力已接近或达到成年人的水平。但是另一方面，青少年在自我/他人关系上又存在着新形式的自我中心的局限，常常认为别人也像他们自己一样关注自己，过分强调个人的独特性。本书第六、七章将分别阐述青少年的认知和社会认知的发展。

三、社会过渡

随着青少年的生理成熟和思维能力的变化，他们的社会角色和社会地位也随之发生变化。青少年阶段也是个体社会角色和社会地位的转折期，从这一时期开始，社会不再把他们看做是儿童，而是开始把他们当作成人来看待。换言之，这一时期个体的社会定义发生了变化。从儿童期直到成年期，影响个体社会过渡的具体因素在不同社会之间可能会存在一定的差异，但是所有社会都承认青少年阶段个体社会地位的变化。因此，许多理论家指出，与其说青少年期的生理或认知变化决定着青少年的本质特征，毋宁说社会对他们的定义产生了更大的影响。

一般来说，青少年阶段个体社会地位的变化主要表现在以下几个方面：人际地位的变化、政治地位的变化、经济地位的变化、法律地位的变化。在青少年期，日益增长的成人感导致了青少年与父母及其他成人关系的变化，同时，青少年的同伴关系在此时期也发生了一定的变化。这些人际关系的变化提高了青少年在家庭中的地位，同时也使他们产生了新的人际责任，例如，照顾家庭中的幼小成员，并力图给他们做出榜样。伴随着成人地位的获得，青少年往往被允许较为广泛地参加一些集体性决策。例如，在我国，18岁的青少年就具有选举权和被选举权。成人地位的获得通常也伴随着一些经济责任和利益的出现。在许多社会中，只有成人才能够拥有自己的财产，并保持对自己的收入的控制权。在大多数社会中，只有获得成人地位以后，个体才能允许参加多种多样的成人活动。例如，在美国，赌博、买酒和驾驶是个体在达到成年人的法律年龄之后才能够进行的活动。同时，一旦被赋予成年人的角色，个体就要遵守一系列新的法律，因为社会的法律机构对成年人和未成年人是区分对待的。

正如个体的生理成熟和认知的变化一样，社会角色和社会地位的过渡对于青少年的心理发展具有重要意义。第一次工作、第一次进行成人的选举等新的活动和机会都能够促使个体的自我评价发生改变。向成人角色的过渡也导致了个体责任心的增强，出现了独立性，并开始追求自由。这同时对个体自主的发展也能够产生一定影响。青少年期社会定义的变化随之影响到了个体的人际关系和人际行为，并且进入成人期对于个体的成就领域也具有重要的隐含意义。本书在第四、五、九等章的相关部分对青少年的社会过渡及其在青少年发展中的意义做出阐述和讨论。

第三节　青少年发展的社会背景

认识青少年的发展，不仅需要了解青春期的生物变化以及这些变化对青少年心理发展的影响，同时还必须了解青少年这些变化发生的背景，因为个体心理的发展都是在一定的社会环境中进行的。离开了一定的社会背景，个体的发展也就无从谈起。当代青少年发展理论家曾深刻地指出："青少年期心理的发展是这一时期个体生物的、认知的和社会的三种基本的发展变化与这些发展变化发生的社会背景（context）之间交互作用的产物"（Sternberg, 1999）。

当代发展心理学强调在发展的真实生态环境中研究儿童青少年的发展，强调研究个体在"环境中的发展"或者说"发展的生态学"的重要意义。"生态"（ecology）在这里是指有机体或个人正在经历着的，或者与个体有着直接或间接联系的环境。美国心理学家布朗芬布伦纳（U. Bronfenbrenner, 1979）提出了人类发展的生态模型，认为个体发展的社会生态环境是由相互联系的四个系统组成的，即微系统、中间系统、外系统和宏系统（见图 1-2）。其中，"微系统"（microsystem）是对个体有着直接影响的环境，影响个体发展的微系统主要包括家庭、同伴和学校等。心理学研究中大部分关于环境与个体发展的研究是在微系统这一水平上进行的。"中间系统"（mesosystem）指微系统之间的联系与相互影响。例如，家庭环境质量可能会影响到儿童在学校中的自信心和同伴关系。“外层系统”（exosystem）是中间系统之外影响个体发展的那部分生态环境。它是指那些个体并非直接参与但却对其有着影响的环境。例如，父母的工作环境会影响他们在家中的行为，并因此影响到父母的教养方式。因此，尽管儿童青少年并没有直接参与父母的工作环境，但却间接地受到这些环境的影响。影响个体发展的最外层系统称为“宏系统”（macrosystem），它是指个体所处的社会或亚文化中的社会机构的组织和主导意识形态。

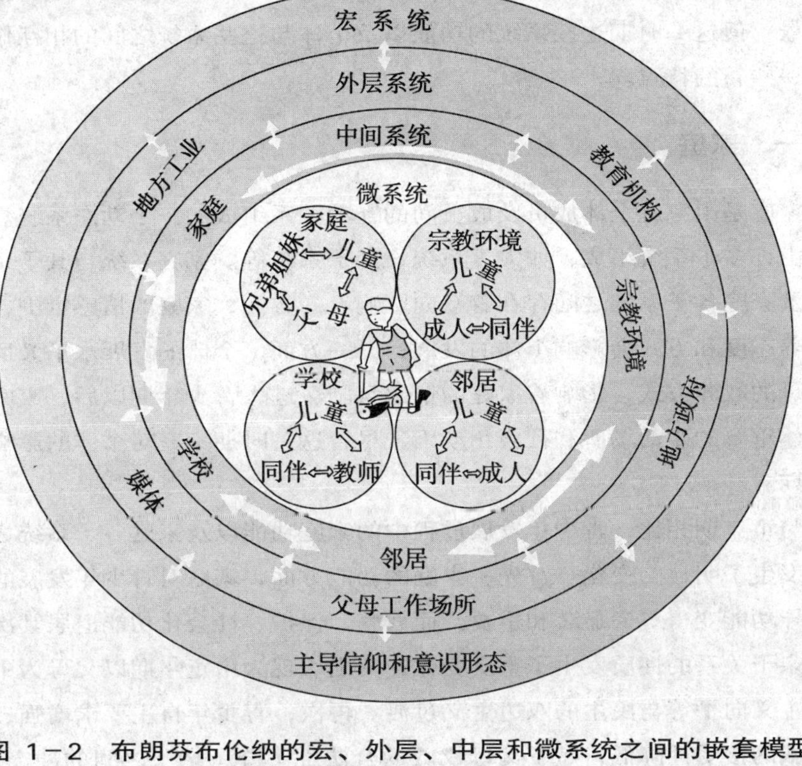

图 1-2 布朗芬布伦纳的宏、外层、中层和微系统之间的嵌套模型

（资料来源：Bronfenbrener，1979）

在布朗芬布伦纳看来，人类个体发展的过程在一定意义上就是一种连续不断地在日益复杂的水平上认识和建构其生态环境的过程。个体首先接触的是父母和其他家庭成员，然后进入幼儿园或学校环境，最后进入到广阔的社会中。布朗芬布伦纳认为，生态环境的变化或者“生态过渡”（ecological transition），如上学、找工作、结婚等，在个体发展中具有特别重要的意义。在这些特殊的时刻，个体由于面临挑战，必须学会适应，发展因此而发生。因此，布朗芬布伦纳认为，观察一个人如何应对生态的变化是理解发展如何产生的最好方法。

显而易见，随着个体由童年期迈入青少年期，其发展的生态环境、青少年与不同生态的关系及相互作用方式与童年期相比都产生了明显的变化。在微系统水平上，家庭、同伴和学校依旧是青少年发展的最重要、最直接的社会背景，但这一时期这些系统的功能以及个体与这些系统之间的相互作用呈现出一些新的特点。

一、家庭

家庭是由家庭全体成员及成员间的互动关系组成的一个动态系统。该系统又由许多子系统组成，如夫妻系统、亲子系统等。家庭系统与其子系统之间以及家庭各子系统之间存在着双向影响。一方面，家庭的情感氛围、父母的教养态度和方式会影响个体的发展；另一方面，个体的发展水平又反作用于父母的教养方式，影响着家庭的情感氛围。进入青少年期以后，家庭仍然是个体重要的生活场所和社会化动因，尽管这一时期家庭对个体的影响小于童年期。

与童年期相比，青少年发展过程中的家庭功能以及家庭各子系统之间的关系发生了明显的变化。首先，家庭的功能方面，家庭对青少年发展的支持和指导功能变得更为显著和重要，而教养、保护、社会化功能退居其次。其次，亲子关系的性质发生了重要变化，突出表现为由童年期以父母为中心的单边主义向平等与民主的双边主义过渡。再次，青少年自主要求增强，对父母权威的接受性降低，赋予父母权威的合法性下降，亲子之间的冲突增加。最后，青少年与同龄人之间的互动增多，亲子之间的互动相对减少。青少年时期家庭系统的上述变化以及出现的新特点，一方面是个体心理发展的结果，另一方面又深刻地影响着青少年的发展。本书第五章将系统讨论家庭与青少年发展的问题。

二、同伴与学校

同伴关系主要是指同龄人间或心理发展水平相当的个体间在交往过程中建立和发展起来的一种人际关系。青少年发展最迅猛的社会性需要是受人尊重的需要、友谊的需要和交往的需要。进入青少年期以后，个体开始疏远成人而热衷于同伴交往，对同伴倾注了越来越多的感情，同时萌生了与异性交往的强烈欲望，男女生之间的接触显著增多。相对前期的生命历程，青少年期同伴影响的作用大大增强，同伴关系对青少年发展具有无以取代的独特作用和重大的适应价值。首先，同伴关系对青少年情绪情感的健康发展尤为重要，不仅可满足其社交需要，而且是获得社会支持、安全感、亲密感的重要源泉。安娜·弗洛伊德（A. Freud）认为，同伴背景是家庭之外相对安全的释放攻击、性冲动的场所，高质量的积极同伴关系是情绪情感健康发展的需要。另一位精神分析取向的理论家指出（Blos，1967），青少年期最重要的任务是“个体化”（individualization），在这一过程中个体会重新建构与父母的关系，走向自主，由此必然产生焦虑、恐惧、自卑等消极情感体验，而青少年正是依赖支持性的同伴关系来寻求慰藉的。其次，同伴关系具有认知发展功能。皮亚杰认为只有在平等互惠的同伴关系中，个体才得以检验自己的思想、体验冲突以及协商不同的社会观点。这些同伴互动经历促进了儿童社会认知能力的发展，在引发折衷主义和平等互惠的观念中也起着重要作用。此外，他还特别强调了同伴间的讨论和争论对道德判断能力发展的必要性。最后，同伴关系具有文化传递、行为发展功能。群体社会化理论认为，人类文化的传递模式是一个群体间的过程，是从父母群体传递到同伴群体进而经由同伴群体传至个体的过程。儿童在扬弃成人文化和创造自己新文化的同时，形成了自己的群体文化，并逐代传递。因此，青少年期积极的同伴关系是制约其发展的一个重要背景因素。

学校是青少年生活的又一个重要场所。在青少年期，个体的大部分时间都是在学校中度过的。学校不仅是向青少年传授文化知识的地方，同时也为青少年提供了良好的社会交往条件。许多研究者指出，对于青少年来说，直接影响其成就和心理发展的因素就是学校和班级风气。学校文化和风气与学生的行为和成就有着紧密的联系，而学校的规模、教师的年龄以及办学指导思想会在很大程度上影响着一个学校的文化和风气，因为这些因素影响着学校中的教师的授课质量、师生关系、同伴关系、学习风气等。在课堂中，教师与学生的互动方式、教师对学生的标准和期望对青少年的发展具有重要影响。许多研究发现，温暖、高标准和适度控制等这些在家庭中能够促进青少年心理发展的因素在课堂中同样起很大的作用。本书第五章将重点阐述青少年的同伴关系及其对青少年发展的影响。

第四节　青少年心理发展的主题

在人生的不同阶段，个体有着不同的发展任务与发展主题，具有明显的阶段特色。例如，婴幼儿期是个体各种心理机能与社会关系的发生和初步发展阶段。感知、记忆与基本的思维能力和言语能力的获得构成这一时期认知发展的主要内容，从而也是这一时期最为重要的心理发展主题。而在社会性方面，亲子之间的稳定安全的情感联系——依恋关系的建立是婴儿期社会性发展中的核心内容及这一时期最重要的发展主题之一。

童年期个体心理发展的主题与任务，与婴幼儿期之间既有连续性，又有明显的差异。在前期感知能力基本发展成熟的基础上，高级认知机能的发展，如有意注意、记忆、思维与问题解决能力在认知发展中的地位更为突出和重要，它们一方面构成了儿童在小学进行学习的认知基础和条件，同时教学过程又促进了这些高级认知机能的发展和逐渐成熟。进入小学以后，儿童同伴交往的机会显著增加，同伴互动的内容更为全面和丰富。有效的同伴互动要求儿童掌握必要的社会技能，同时也为儿童发展社会技能提供了环境和条件。因此，同伴关系的发展构成了小学阶段儿童社会性发展的主题之一。同时，小学阶段也是儿童初步掌握社会规范与价值，发展其社会行为的重要时期，儿童的攻击行为、亲社会行为以及道德的发展作为社会性与人格发展的重要内容，自然也是这一阶段个体心理发展的重要主题。

青少年阶段是个体从童年向成年的过渡期，也是个体身心发展的剧变期。这一时期，个体在生物方面、认知发展和社会性发展方面都经历着重大而深刻的变化。这些变化决定了青少年特有的区别于其他发展阶段的主题。当代大多数青少年理论家认为，青少年心理发展的主题主要包括：认知与思维的发展、自我的发展、亲密感、道德发展、性与性别角色等（Steinberg，1999；Santrock，2001）。相应地，这些方面的发展构成了青少年阶段心理发展的重点内容。在一定意义上，它们也是个体在青少年阶段的主要发展任务。由于第二节中已对认知发展进行了介绍，下面分别对其余四个方面的发展主题作简要介绍。

一、自我的发展

青少年期又被称为“自我的第二次诞生”、“自我的发现”时期。自我的发展是这一时期一个尤为关键的课题。一方面，自我在这一时期得到了前所未有的发展，另一方面，个体又面临着发展自我同一性的挑战。在一定意义上，青少年期的一切问题既是以自我为核心而展开的，又是以解决好自我这个问题为目的的（林崇德，1995）。自我是个体稳定人格形成与发展的基础，并影响着个体道德判断以及价值观的形成，因此，青少年期自我的发展对此后个体的一生都具有非常重要的意义。长期以来，发展心理学家特别重视青少年期自我的发展问题，并进行了大量研究。新精神分析学派代表人物——埃里克森详细阐述了自我的终生发展观，并最早提出了自我同一性（self-identity）的概念。埃里克森认为，自我的发展开始于童年期并贯穿于整个生命历程，其中，自我同一性的形成是青少年期的中心任务（Erikson，1968）。他认为，同一性对同一性扩散问题是青少年面临的重要心理社会危机，这一任务的解决既建立在前些阶段发展基础之上，也为在成年期发展任务的解决奠定了基础。

随着生理上发育成熟和抽象思维能力的发展，青少年的整个自我系统迅速发展起来，他们开始将注意力集中到发现自我、关心自我的存在上来。这是青少年期自我发展的最主要特色。在儿童期，儿童是在与外部世界发生联系的过程中认识自我存在的。到了青少年期，个体开始注意到自己的内部世界中还存在着“本来的”、“本质的”自我。青少年对内部世界的注意并不意味着他们不去注意外部世界或者对外部世界的注意减弱了，与儿童期的区别在于，青少年期个体对外部世界的注意和关心是建立在以探求自我为核心的基础之上的。青少年会更广泛地关注社会，从而获得更多、更深的社会知识来促进内在的自我意识的发展与形成。

青少年期也是个体自我发生分化的时期。随着个体认知水平的提高、社会经验的增多以及对自己注意的增加，儿童期那种稳定、笼统的“我”被打破，主体我和客体我开始分化，并出现了理想我和现实我。另外，随着青少年社会交往程度的提高，青少年的自我也出现了个体我与社会我的分化，个体我是个人对自己的认识和评价，而社会我是别人对自己的认识和评价。

青少年的自我存在矛盾性。青少年的自我在分化的同时也带来了自我的矛盾性。首先，理想我和现实我的区分为青少年带来了矛盾和困惑。一般来说，理想我总是高于现实我，理想我与现实我之间的适度差距会成为自我完善的动力，从而促进青少年的发展。但是，当青少年发现现实我与理想我差距很大时，他们往往会陷入矛盾和痛苦之中。其次，个体我和社会我的区分也使青少年的自我出现了矛盾。研究发现，青少年期的自我评价与别人评价之间存在差距，但是差距的大小往往因评价内容的不同而不同，其中对性格特征（包括道德）的评价差距最大。

青少年时期也是个体的自主性（autonomy）快速发展的一个时期。青少年自主的发展不仅本身构成了自我系统发展的一个重要维度，是青少年期个体心理社会发展的一个重要成就，而且对青少年的社会关系特别是亲子互动也产生了深刻影响。近年来有关研究发现，进入青少年期以后，个体自主要求随年龄的增长而不断增强，青少年的自主要求对亲子冲突具有一定的预测作用，那些具有较高自主期望的青少年，他们更容易与父母发生分歧和冲突。青少年期自我系统的其他方面，如自尊和自我概念以及自我调控也都会发生深刻的变化，出现一些值得关注的新特点。本书第九章将系统阐述青少年自我系统的发展。

二、亲密感

亲密感，特别是与同伴的亲密感是青少年期个体心理社会发展的一个重要方面，历来为青少年发展理论家所重视。埃里克森在其人格发展的阶段理论中指出，获得亲密感、避免孤独感是青年早期个体心理发展的主要任务。沙利文认为，处于不同发展阶段的个体有不同的人际交往需求。如婴儿有与人沟通和被照顾的要求，童年早期有参与成人活动的需求，童年中期有交友和同伴接受的需求，青春期前期有获得亲密感的需求，青少年期有性接触和与异性同伴建立亲密关系的需求，而青少年晚期有融入成人社会的需求。沙利文认为，在人生第二个十年中亲密感构成了个体最为重要的社会性需要。当这种需求得到满足时，青少年就会有安全感，反之就会导致焦虑感的发生。

亲密感（intimacy）实际上是指人与人之间的一种情感依恋。其外在表现是人与人之间建立起了亲密关系。这种关系包括但不局限于异性之间，同性之间也有亲密感。人与人之间的亲密关系具有三个典型特征：(1) 关心对方；(2) 自愿向对方敞开心扉，吐露有关自己的一些隐私和敏感性的话题；(3) 有共同的兴趣爱好、共同的活动。亲密关系对各个年龄段的人来讲都是非常重要的。研究表明，在儿童期没有朋友会引发很多的心理和社会问题（Hartup，1992）；在成年期，得到他人情感支持的人很少会出现心理失调（Myers，Lindentthat，& Pepper，1975）。

虽然儿童之间也有友谊，但这时的友谊关系主要以共同游戏和玩耍活动为指向，他们对朋友的理解仅仅是玩伴而已，还谈不上情感上的亲密性。以坦诚、诚实、守信为特征的真正的亲密关系是在青春期才出现的，并成为青少年期个体心理社会发展的一个重要主题。青少年的友谊有更强的情感基础，朋友之间是相互理解、相互关心的亲密关系（Newcomb & Bagwell，1995）。青少年期亲密感的发展与这一时期青少年生理的、认知的和社会性的发展息息相关（Berndt，1982；Savin-Williams & Berndt，1990）。首先，青春期的生理变化使青少年有了更多的共同话题；其次，青少年认知能力的增强为他们准确地理解人际关系奠定了认知基础；再次，如前所言，青少年期个体的社会关系、社会角色发生了重大变化，青少年有了更多的单独交往的机会，这为同伴之间的亲密交流提供了条件。整个青春期，青少年亲密关系的变化不仅反映了这一阶段情感的发展历程，而且也为成人期各种人际交往奠定了能力基础。

沙利文认为，青少年前期对亲密感需求的出现要先于直到青春期才出现的异性关系。换言之，亲密感首先在青少年前期同性同伴而非异性之间发展起来。根据沙利文的观点，青春期面临的主要任务之一就是从青春期前期亲密的、同性之间的友谊向青春期后期的亲密的、异性关系转变。本书第八章阐述青少年情绪情感发展，其中将重点介绍青少年亲密感的发展。

三、道德与价值观

道德涉及在考虑他人权利或福祉时，哪些行为是必须的、哪些行为是为社会所期望的、哪些行为是被禁止的等内容。具体来讲，道德表现为社会的行为规范与准则。道德是心理学研究的重要主题。心理学对道德的考察主要包括两个方面——道德认知与道德行为。心理学家们一致认为，青少年期是年轻人思索道德问题的时期：什么是正确的？什么是错误的？我要以什么作为我的行为基础和判断他人行为的标准？研究证实，青少年对这些问题的思考如同对科学问题的思考一样，要经历一个不断发展变化的过程。

在道德认知方面，青少年的道德推理以习俗水平的推理为主。这一时期道德规则不再被看做是由父母、教师等外部权威赋予的绝对的规则，而被认为是主观的，相对的，可以经过协商改变的；对正误的判断不再依赖于具体的规则，而是依照社会角色期望、维持社会秩序和满足他人期望的要求等较为抽象的规则进行判断。到青少年晚期，他们能够根据诸如平等、公正等更普遍的抽象原则进行判断和推理。青少年道德判断的发展与认知及社会认知能力等方面的发展是相连的。形式运算能力的出现使青少年能够在较为抽象的水平上对道德问题进行思考，观点采择能力的发展使得青少年能够采择他人的观点，认识到自己与他人的观点间的联系，并且能够采择社会系统的观点，即考虑其生活的社会群体中的大多数人的观点。

研究发现，青少年对更关乎个人的道德两难问题的道德推理的得分比在标准两难问题上的得分有所下降。对道德判断与道德行为关系的考察揭示两者之间存在相关但并非完全一致，高水平的道德判断并不必然导致道德的行为。这提示，情境因素影响青少年的道德判断及道德行为。

我国青少年的价值取向与人生价值观具有明显的社会文化特点，他们更看重国家与集体利益，倾向于集体主义。并且表现出这一年龄阶段的发展特点，如倾向于平等主义，在人生目标上看重有所作为、事业成功、自由、爱情、友谊等。同时，社会经济的发展变化对青少年的价值观念也存在影响。

青少年期道德与价值观发展的一个非常突出的特点是存在较大的变异性。青少年的道德推理存在很大的变异，即在主要以某一阶段进行推理的同时，在某些时候，青少年会在较高或较低的阶段或亚阶段上进行推理。与其他发展阶段相比，在青少年早期与中期，道德推理的变异性最大，表明了这一时期个体道德认知及价值观的不稳定性与发展性的特点。本书第十章将专门讨论青少年道德与价值观的发展问题。

四、性及性别化的发展

对性的研究包括三个方面：性生理、性心理和性行为。性生理是性心理的基础，性行为是性心理的后果，而性心理则是性的核心。个体进入青春期后，随着内分泌的变化，身体发生了许多引人注目的变化，尤为明显地体现在性器官发育的逐渐成熟和第二性征的出现。随着性生理发育的成熟，青少年的性心理开始萌动与发展，进而影响青少年期个体的性行为表现。因此，作为性核心的性心理发展成为青少年期一个重要的发展主题。

弗洛伊德在对精神病人的童年经验进行分析的基础上最早提出了性心理的发展理论。他认为性作为一种本能在儿童期就存在，幼儿期和青春期是性心理发展的两个重要（或者说活跃）时期，青少年性心理的发展受早期童年经验的影响又区别于早期的性心理。美国心理学家赫洛克（H. Hurlock）进一步把青春发育期的性心理发展分为四个时期：（1）性的反感期（疏远期）；（2）向往年长异性的牛犊恋期（14～16岁）；（3）接近异性的狂热期（17～19岁）；（4）浪漫的恋爱期（20岁以后）。

青少年性心理的发展是指个体在青少年时期顺应自己性别的生物学特点和社会性特点的种种心理过程，集中地体现为性意识、性欲望、性情感以及性梦等性心理活动。青少年期各种性心理现象并非同时出现，而是存在发展的先后顺序。由于性生理的逐渐成熟，进入青少年期的个体表现出对性的特别关注、兴趣和向往，即青春期性意识的觉醒，这主要体现在性兴趣、性幻想、性梦、性好奇、性吸引等多个方面。青少年首先对自身性发育产生好奇，进而想了解一切与性有关的事情，主要表现为对性知识、自身性征的兴趣以及对异性的兴趣。随着性意识的觉醒，青少年产生了性欲望。性欲望的产生是青少年期性心理的突出表现之一。在性欲望的驱使下，青少年开始产生性冲动，并进一步通过性梦、性幻想以及手淫等来释放性欲。青少年性意识的觉醒也带来了性情感的萌动和发展。这时候，个体逐渐对异性产生好感，渴望了解异性，向往异性之间的交往。一般来说，青少年性情感的发展经历了一个由幼稚向成熟、由波动向稳定发展的过程。青少年期性心理的发展也影响着个体的性行为表现。多数青少年第一次的性经验是自我满足的性行为，高中以后，青少年从自我性欲满足发展到社会性的性行为。青少年男女在经历性活动的方式上存在着巨大的性别差异，但是，男性和女性参与各种性行为的先后顺序是极为相似的。并且，青少年的性行为表现受个体因素、同伴、家庭、社会文化以及药物使用等多种因素的影响。

性心理的萌动和发展决定了青少年期性心理适应及其调适的重要性。一般来说，青少年性适应的发展经历着从不适应到适应良好的发展过程。自身性征变化的适应，与异性相处的适应以及与社会规范要求相协调统一的适应是青少年性适应的三个重要方面。

性别的社会化发展也是青少年心理发展的一个重要内容。青少年性别社会化发展主要涉及性别差异和性别角色的发展两个方面。本章第十一章将论述青少年的性心理与性别角色的发展。

青少年期作为人生发展中的一个过渡期，也是一个容易产生各种心理社会问题的时期，正是在此意义上，有人将这一阶段称为“危险期”或“危机期”。由于身心发展的不平衡，青少年的心理发展具有较强的矛盾性和不平衡性特点。心理上的成人感与现实的幼稚性经常产生冲突，极易造成个体认知－行为的失调。同时，由于社会活动范围的扩大，青少年接触到的各种不良社会刺激较儿童期明显增多，也成为青少年期易发各种问题行为的一个重要原因。从定义上讲，青少年的心理社会问题（psychosocial problems in adolescence）是指青少年在发展过程中所表现出来的不符合或违反社会准则与行为规范，或者不能良好地适应社会生活，从而给社会、他人或自身造成不良影响甚至危害的问题，如抑郁、焦虑、吸毒，甚至自杀等。

青少年的心理社会问题对青少年的健康发展有着重要的负面影响，近年来已引起社会各界及研究者的关注，本书最后将对青少年心理社会问题的表现、成因以及矫正与应对的策略等问题进行讨论与阐述。

☞讨论

关于青少年的刻板印象

在生活中，人们很容易对某一个体、群体或某一阶层的人产生刻板印象。刻板印象是社会心理学中的一个重要概念，它是指人们对于某一群体中的人或某一个体所形成的一种概括而固定的看法。只要某一个体被“同化”到群体之中，对群体的刻板印象自然也适用于认识这个人（章志光、金盛华，1998）。通过刻板印象，人们可以对信息产生类别化的处理，加快信息加工的速度，简化人的认识过程，在一定程度上可以起到执简驭繁的作用。刻板印象一旦形成之后很难改变，既使是在面临相矛盾的证据时也是如此；并且，由于刻板印象而导致的个体知觉信息的过分简化往往会隐没某些个体身上的一些独特的东西。

青少年期从本质上来讲是否是一个压力期？这是长久以来青少年研究领域所争论的问题之一。当代青少年研究的先驱——霍尔把青少年期比喻为“暴风骤雨”（strom and stress）期和过渡期，“个体在青少年期会得到新生”“发展是非渐进性的……”并且，早在霍尔之前，法国的哲学家卢梭（J. Rousseau）已经运用暴风雨的类比来对青少年期进行了描述：“由于暴风雨之前狂风的怒吼，彭湃激情的低语宣告了激烈变化的到来……”他告诫父母：“掌握好前行之舵，否则你会失去所有。”虽然霍尔和卢梭都没有为自己的论述提供任何证据，但是他们所刻画的青少年期都是感情激烈的、浮躁的和不可预期的，并且这种描述几乎影响着整个 20 世纪直至今天人们对于青少年的看法。人们对于青少年形成了大量的刻板印象：“他们说自己想要找到一份工作，但是找到以后又不想干了”；“他们都很懒”；“今天的孩子已经不具备我们那一代人的道德意志”；“今天青少年的问题就是他们认为所有的一切都很容易”等等。并且，媒体也往往把青少年描述为是反叛的、矛盾的、跟随时尚的、有过失的和自我中心的。许多父母也常常为进入青少年期的孩子而担心。美国心理学家艾德尔森（J. Adelson）把人们广泛持有的对于青少年的这种看法称为“对青少年的概括偏差”（adolescent generalization gap），并且指出，青少年是社会中最具刻板印象的团体之一，因此，他们也是最容易被误解的群体之一。

青少年期真的是一个非正常期和压力期吗？在过去的20年中，关于青少年发展的研究逐渐增多，人们对于青少年的这种刻板印象受到了挑战。首先，许多研究者认为，人们对于青少年的这种刻板印象主要是基于一些狭隘的信息，常常是从少数越轨青少年群体而得出关于青少年的一般性特征，这往往是不精确的。其次，许多成年人往往通过他们自己在青少年期的经历来知觉当前的青少年。因此，一些关于青少年不良特征的假设或印象可能包含着成年人自己的某些记忆内容。再次，媒体报导内容的偏离也往往会加剧人们对于青少年的刻板印象。媒体经常会呈现一些耸人听闻的和具有“新闻价值”的材料，他们更可能关注问题青少年而不是关注正常青少年。因此，它给人们留下了大多数青少年从事非正常行为的印象，而事实上仅仅是少数青少年。最后，许多研究为人们对青少年所持有的刻板印象提供了负面证据。奥佛和他的同事（Offer et al.，1988）对青少年的自我像进行了研究，他们从世界范围内抽取了青少年的样本，包括美国、澳大利亚、孟加拉国、匈牙利、以色列、日本、中国、土耳其和西德。研究发现，至少有73%的青少年持有健康的自我像。他们能够对以前的经验、自信心和对于未来的乐观态度进行健康整合。

因此，青少年期所谓的“反常”和“压力”仅仅是少数青少年群体的特征，这些少数人所具有的特征并不能推论到所有的青少年群体之中。并且，我们应该区分“正常发展中的反常”和“真正的反常”。在青少年期，个体生理、心理及社会环境的变化第一次聚合在了一起，这不可避免地会引发青少年在认知、情感和行为上的波动。在一定范围内，这些波动是正常的。如果把青少年对于新发现的同一性的尝试、喜欢某些出格行为与对于父母和社会所设定标准的敌对相混淆，那么就是错误的（Santrock，2001）。但是，当某些青少年的行为对社会和自身造成了巨大伤害，就可能是真正的反常，需要成人给予必要的关注。此外，青少年期的一些“正常发展中的异常”会随着个体的成长而渐趋消失，并且随着青少年的成长，他们的价值观将逐渐与父母趋向一致。当然，成人在其中的正确引导是必不可少的。

附录

您对青少年的看法的刻板性程度如何？

下面的问卷用来测量人们对青少年的看法。请在下面标出一个典型青少年具有下述特征或表现出下述行为的可能性。（思考这一现象的另一种方法是标出您认为拥有下述特征或表现出下述行为的青少年的比率。）

	0% 完全 符合										100% 完全 不符合
活跃	0	10	20	30	40	50	60	70	80	90	100
大胆	0	10	20	30	40	50	60	70	80	90	100
有抱负	0	10	20	30	40	50	60	70	80	90	100
焦虑	0	10	20	30	40	50	60	70	80	90	100
笨拙	0	10	20	30	40	50	60	70	80	90	100
有同情心	0	10	20	30	40	50	60	70	80	90	100
与同伴保持一致	0	10	20	30	40	50	60	70	80	90	100
烦恼的	0	10	20	30	40	50	60	70	80	90	100
体谅的	0	10	20	30	40	50	60	70	80	90	100

续表

	0% 完全 符合										100% 完全 不符合
约会	0	10	20	30	40	50	60	70	80	90	100
沮丧的	0	10	20	30	40	50	60	70	80	90	100
不专心	0	10	20	30	40	50	60	70	80	90	100
易受朋友影响	0	10	20	30	40	50	60	70	80	90	100
情绪化	0	10	20	30	40	50	60	70	80	90	100
精力充沛	0	10	20	30	40	50	60	70	80	90	100
追求时尚	0	10	20	30	40	50	60	70	80	90	100
友好	0	10	20	30	40	50	60	70	80	90	100
游戏感情	0	10	20	30	40	50	60	70	80	90	100
慷慨	0	10	20	30	40	50	60	70	80	90	100
勤奋	0	10	20	30	40	50	60	70	80	90	100
乐于助人	0	10	20	30	40	50	60	70	80	90	100
诚实	0	10	20	30	40	50	60	70	80	90	100
冲动	0	10	20	30	40	50	60	70	80	90	100
好奇	0	10	20	30	40	50	60	70	80	90	100
无安全感	0	10	20	30	40	50	60	70	80	90	100
聪明	0	10	20	30	40	50	60	70	80	90	100
喜欢学习	0	10	20	30	40	50	60	70	80	90	100
爱打扮	0	10	20	30	40	50	60	70	80	90	100
喜欢听音乐	0	10	20	30	40	50	60	70	80	90	100
物质至上	0	10	20	30	40	50	60	70	80	90	100

续表

	0% 完全 符合										100% 完全 不符合
反叛	0	10	20	30	40	50	60	70	80	90	100
做事不计后果	0	10	20	30	40	50	60	70	80	90	100
躁动	0	10	20	30	40	50	60	70	80	90	100
粗鲁	0	10	20	30	40	50	60	70	80	90	100
易伤感	0	10	20	30	40	50	60	70	80	90	100
自私	0	10	20	30	40	50	60	70	80	90	100
性欲活跃	0	10	20	30	40	50	60	70	80	90	100
吸烟	0	10	20	30	40	50	60	70	80	90	100
爱交往	0	10	20	30	40	50	60	70	80	90	100
与朋友共度时光	0	10	20	30	40	50	60	70	80	90	100
固执	0	10	20	30	40	50	60	70	80	90	100
冒险	0	10	20	30	40	50	60	70	80	90	100
挑战极限	0	10	20	30	40	50	60	70	80	90	100
吸毒	0	10	20	30	40	50	60	70	80	90	100
酗酒	0	10	20	30	40	50	60	70	80	90	100

（资料来源：Buchanan et al.，1996）

第二章

青少年心理发展的理论流派

人类对青少年及其发展的认识可以追溯到很久以前，早在古希腊时期，柏拉图（Plato）和亚里士多德（Aristotle）就曾对青少年的发展问题提出过自己的看法。柏拉图认为推理是青少年而不是儿童的主要特征，他进一步指出儿童应以运动和音乐为主，青少年应该多学习自然科学和数学。亚里士多德认为青少年期的主要发展任务是获得独立性、自我以及进行职业选择，他把具有自我选择的能力看做青少年成熟的标志。近代哲学家卢梭（J. Rousseau）提出儿童是按照自然确定的规律成长的，儿童和青少年与成人之间有着不同的发展特点。诸多思想家对青少年发展的本质及特点的思考和观点大都渗透在其关于人类发展的一般本质的理论探讨之中，虽谈不上是关于青少年发展的专门系统的研究，但却对后来青少年心理发展的理论观点具有重大的启发作用。

关于青少年心理发展的系统研究始于美国心理学家霍尔。1904 年，霍尔的《青少年：它的心理学及其与生理学、人类学、社会学、性犯罪、宗教和教育学的关系》（共两卷）一书的出版，标志着青少年心理学的诞生，霍尔也因此被誉为“青少年心理学之父”。

有关青少年心理发展的理论派别众多，本章分七节，依次对这些主要的理论观点进行介绍，以使读者对青少年发展的不同理论观点及其演变有一个较为全面的了解。

第一节　生物学取向的青少年发展理论

生物学取向的青少年发展理论从个体生理的发生发展过程出发，认为人的心理发展是生理成熟的结果。个体在发展中表现出的类型差异和年龄差异，是由生物遗传因素决定的，而不受或极少受环境的影响。个体生理和心理成熟所经历的阶段对每个人来说都具有普遍性。持这一派观点的主要代表人物有美国的心理学家霍尔和格塞尔（A. Gesell），他们分别提出了个体心理发展的复演说和成熟论。

一、霍尔的复演说

霍尔受达尔文生物进化论的影响，并在其基础上提出了个体心理发展的"复演说"（recapitulation theory）。他把个体心理发展看做是一系列或多或少复演种族进化历史的过程。个人心理的发展层次与种系发生的进化层次在本质上是相对应的、平行的。个体的心理发展完全是由生物因素决定的，它按照一个普遍的、固定的模式进行，而极少受环境的影响。与人类物种进化的历史即动物的、类人猿的、半开化的和文明的阶段相对应，霍尔提出了个体心理发展的四个阶段，即婴幼儿期、儿童期、少年期和青年期（Muuss，1962；Dacey，1982）。

（1）婴幼儿期（出生～4 岁）。这一阶段的个体复演了种族进化的动物阶段。与物种当时仍用四肢活动相对应，个体的主要活动方式是爬行。这一时期个体主要发展其感知觉能力并获得感知运动技能以进行必要的自我保护。

（2）儿童期（4～8 岁）。这一阶段个体的特征与人类进化史上的渔猎时期相对应。这时个体的主要活动方式是玩捉迷藏、使用玩具器械、钻洞、搭建临时小屋或其他避身场所。

（3）少年期（8～12 岁）。这一阶段的个体活动复演了几千年前农业时代的稳定生活。这时个体想亲自实践、训练自己，特别是想学语言、数学、绘画、写作和音乐等。

（4）青年期（12～25 岁）。这是与两千年前人类历史处在骚乱的过渡阶段相一致的时期。这时个体开始出现人类更高级、更完善的特征，霍尔将其描述为一个经历新生的时代，他用“暴风骤雨”来形容这一年龄阶段。“暴风骤雨”一词是从文学中借用过来的，它本是用于描述 18 世纪初德国作家的小说特点，他们的小说充满了理想主义色彩，神圣的使命感，反传统的革命热情以及对个人感受、激情、苦难的淋漓尽致的表达。霍尔认为这与青少年的心理发展特点有相似之处。个体从青春期向成年期发展的过程中，其心理动荡起伏、充满了矛盾冲突。霍尔在其《青少年》一书中列举了青少年所具有的种种矛盾冲突（张述祖等，1983）。

① 沉浸于几小时、几天、几周或几个月精神过分旺盛的活动，然后走向反面：软弱无力、无精打采、呆缓迟钝、漠不关心、疲倦、嗜睡等。

② 生活于快乐与痛苦的两极：从得意洋洋、尽情欢乐到哭泣叹息、垂头丧气、忧郁厌世。

③ 自我感增加，出现了一切程度的利己主义和所有形式的自我肯定，同时又怀疑自己的力量，担心自己缺乏成年男女的重要特征或担心缺少成功的品质。

④ 出现了自私与利他之间的交替，此时自私和贪心与慷慨和宽仁同时爆发出来，这种情况除发生在诗歌和浪漫故事中以外，在成人生活中是罕见的。

⑤ 行为在好坏之间交替，这时良心开始扮演主要的角色，它唤起迫切追求正义的渴望，但有时他们又会将社会的公共约束弃之不顾，突然一阵脏话连篇等。

⑥ 羞怯、忸怩、好孤独的特点与不甘孤单、热情、乐群的特点交替出现。

⑦ 与此非常类似的变化是，从强烈的敏感到冷静，以至冷漠、无情或残忍。

⑧ 在渴求知识、执著于真理的追求与表现淡漠、对任何事情都不能、

也不肯加以赞赏之间摆动。

⑨ 在知与行之间摆动：要有学问、手不释卷、热心读书与自觉或不自觉地走到户外、积极工作、希望有所成就而不拘于学习相并存。

⑩ 保守本能与激进本能间的更替。

⑪ 有时全神贯注于观看或倾听新的事物，用整个视觉、听觉、味觉参与活动，但有时又陷入内心的沉思、默想，此时现实在眼前褪色了，甚至现实本身的存在也受到怀疑。

⑫ 聪明与愚笨同在。

霍尔描述了青少年期易出现的种种心理起伏，个体的精力时而用于这个方向，时而用于那个方向，思想和行为不断地在两极之间摆动。霍尔认为青少年在这一时期的发展一方面是复演了种族的进化历史，另一方面也是生物生长发展的自然规律，"人的生长发展回旋在一个逐渐扩大的范围中，应该努力阻止过早地找到支撑物，应该努力延长变动的时期，这个变动时期在一生中是一个神圣的阶段。"（张述祖等，1983）在矛盾和冲突之中，个体的心灵可以在尽量大的范围内探索人类的经验，不断地达到新的成熟，以更好地适应生活。

霍尔撰写了世界上第一本有关青少年心理发展的著作，首次将发展心理学的研究范围拓展到青少年期，并开始了有关青少年心理发展的科学研究。他的《青少年》一书可以说是一部包罗了很多有用资料的百科全书（朱智贤等，1988）。霍尔从各个领域对青少年进行了研究。其中包括青少年发展的生理基础、社会基础，体育运动与青少年心理发展的关系，青少年的智力特点与教育，青少年的社会理想与教育，伟人传记（其中列举了古今政治家、军事家等的青少年时代的特点，论述了青少年心理发展、特别是理想发展的趋势），道德、宗教的训练与青少年心理发展的关系，青少年的品德不良与犯罪问题以及女性青少年的心理特点与教育。这些都对后人研究青少年的心理发展具有重要的指导作用。霍尔的"复演说"思想使我们了解到个体心理发展在一定程度上重复着动物和人类心理发展的历史，但是将个体发展史与种族发展史完全等同起来是错误的，我们在认识到生物因素对个体心理发展的影响的同时，不应忽视社会文化环境和个体主观能动性的作用。

二、格塞尔的成熟论

成熟论（theory of maturation - potency）的主要代表人物是美国心理学家格塞尔。格塞尔认为个体的生理发展与心理发展经历了一个有规律的顺序过程，这一过程是由物种和生物的进化顺序决定的。个体发展变化的本质是结构性的，结构的变化是行为发展变化的基础。基本结构的变化在生物因素（如成熟）的影响下有规律地发展着，从而控制着外显行为特征的差异。虽然格塞尔也认识到环境因素在个体发展中的作用，但他认为环境只是起着支持和沟通各发展阶段的作用，而不能产生或改变发展的基本形式和顺序。他指出没有足够的成熟就没有真正的发展变化，在结构得以发展之前，特殊的训练是没有多少成效的。

格塞尔的理论观点主要来自其经典的双生子爬梯实验。1929 年，格塞尔对一对双生子进行实验研究，他首先对双生子 T 和 C 进行行为基线的观察，发现他们发展水平相当。在双生子出生第 48 周时，对 T 进行爬楼梯、搭积木、运用词汇和肌肉协调等训练，而对 C 则不给予相应训练。训练持续了 6 周，期间 T 比 C 更早地显示出某些技能。到了第 53 周当 C 达到能够学习爬楼梯的成熟水平时，对他开始集中训练，发现只经过少量训练，C 就达到了 T 的熟练水平。进一步的观察研究发现，到 55 周时，T 和 C 的能力没有差别。（王振宇，2000）

格塞尔认为，青少年期是指从童年向成人的过渡时期，具体是指 11 岁到 21 岁，其中前五年尤为重要。格塞尔在对 165 名个体进行长达 12 年研究的基础上，详细地描述了每个年龄青少年的生理成熟、兴趣和行为特征。在格塞尔看来，11 岁时，个体开始出现生理变化，并引起心理变化，如变得好冲动、情绪经常不稳定、与同龄人吵架、顶撞父母等。在 12 岁时，个体在 11 岁具有的许多骚动已消失，对外界的态度更加积极，摆脱父母的自主性增强，容易受同龄人的影响，更有理智、耐性、幽默感，开始关心外表并对异性感兴趣。13 岁的主要特征是内向性，变得更加内省，爱沉思，自我意识增强，对别人的批评很敏感，用批评的态度对待父母，有几个亲近的朋友。14 岁时，外向代替内省，青少年好情感外露，精力充沛，爱好交际，自信心增强，关心自己和他人的个性，选择朋友以兴趣和个性特征为基础，开始出现英雄崇拜。格塞尔认为，15 岁时的实质特征不能用统一的标准来表示，因为此时个体之间的差别在迅速扩大。这一年龄出现的新特征是独立性提高，紧张情绪和与父母、同学的冲突增加，这可能会导致问题行为或犯罪。此时受成熟的影响，青少年开始具有自我监控的能力。16 岁开始出现稳定状态，焦躁被活泼乐观所代替，内心自主性、情感稳定性、爱好交际和向往未来的特点都大大增强。(伊·谢·康，1986)

格塞尔从有机体内部的过程出发，提出其发展的成熟论，尤其是其经典实验使我们认识到生理成熟对个体心理发展的重要作用。我们也确实承认生理成熟是个体心理发展的前提条件，但同时我们也应看到生理成熟只是为心理的发展提供了一种可能性，而要将这种可能性转变成现实则取决于环境、教育等外部条件和个体的主观能动性。

目前，除霍尔的复演说和格塞尔的成熟论外，还存在其他强调生物因素在个体和种族发展过程中的决定作用的理论，如习性学（Ethology）和社会生物学（Sociobiology）。习性学是研究人和动物行为的生物学基础的科学，其主要代表人物有奥地利的洛伦兹（K. Z. Lorenz）和荷兰的廷伯根（N. Tinbergen)。社会生物学是研究种族内或种族间成员相互作用的生物学基础，它是习性学的一个子学科。社会生物学理论更进一步地强调了种族遗传在个体发展的各个方面的作用。这种理论认为遗传是引起行为变化的最重要的因素，甚至像人类所独有的道德和精神上的品质，如利他主义、自我牺牲的精神也具有其生物学基础。

第二节　精神分析学派的青少年发展理论

精神分析学派主要是从心理发展的动力来分析、探讨青少年心理发展的一般规律。弗洛伊德是精神分析学派的创始人，他将性本能看做是人类活动的动力，并以此来解释人类的心理和文化。弗洛伊德的精神分析理论提出之后，其追随者也在不断地对其理论观点进行修正，如安娜·弗洛伊德、埃里克森（E. H. Erikson）等都在弗洛伊德思想的基础之上，提出了自己独到的见解，从而使精神分析的理论观点更趋合理性。

一、西蒙·弗洛伊德的精神分析理论

弗洛伊德（S. Freud）是19世纪末维也纳的精神病专家。他在其创立的精神分析理论（psychoanalosis theory）中将无意识作为研究对象，从人格结构入手来探讨心理发生、发展的深层动因。他认为心理发展的基本动力是性本能。性本能表现为一种力量或冲动，弗洛伊德称之为“力比多”（libido）。弗洛伊德在这里所说的性，不仅包括两性关系，而且也包括使身体产生舒适、快乐的情感。

弗洛伊德将人格结构分为三部分，即伊底（id）、自我（ego）和超我(superego)。伊底是弗洛伊德人格结构中最重要、最基本的部分，它由先天本能和欲望组成，力比多贮存在伊底里。它是无意识的、非道德的。伊底遵循快乐原则活动，以追求快乐和满足本能的需要、欲望为目的。自我介于伊底和超我之间。它是有意识的、理智的。自我遵循现实原则行动，它既要满足伊底的本能需要，又要控制、压抑不被超我所接受的冲动，但其最终目的是为伊底服务的，它会想方设法满足伊底的要求。超我代表着社会的伦理道德，它按照至善原则行动。

弗洛伊德根据不同时期力比多集中投放的部位不同，将个体心理发展划分为五个阶段，提出了心理性欲发展的阶段理论。

(1) 口唇期（the oral stage）(0～1岁)。弗洛伊德认为力比多的发展是从嘴开始的。此时个体通过吮吸、咀嚼、吞咽、咬等口腔的刺激活动来获得性的满足。

(2) 肛门期（the anal stage）(1～3岁)。这一时期肛门一带成为快感的中心，儿童从肛门粪便的滞留与排泄中均能获得快感。

(3) 性器期（the phallic stage）(3～5岁)。这时力比多集中投放在生殖器部分。这个时期的儿童喜欢抚摸生殖器和显露生殖器以及出现性欲幻想。弗洛伊德认为这个阶段的男女儿童分别出现了“恋母情结”和“恋父情结”。

(4) 潜伏期（the latency stage）(5～12岁)。随着建立较强的抵御恋母

（父）情结的情感，儿童开始进入相对平静的潜伏期，其性的发展呈现出一种停滞或退化的现象。

（5）青春期（the genital stage）（11～20岁）。弗洛伊德认为，女孩约从11岁，男孩从13岁开始进入青春期，此时性的能量又重新涌现出来。

弗洛伊德认为心理性欲的发展阶段是由生物因素，也即性本能所决定的。其发展阶段是不变的，并且具有跨文化的普遍性。在青春期，个体生理发生一系列变化并逐渐趋于成熟，毫无疑问，这具有普遍性。伴随着性成熟等生理变化，力比多必然寻求能量的释放，因此随之产生的行为、情绪和社会性的变化也具有普遍性。

在弗洛伊德看来，个体发展到青春期，原来相对平静的状态被打破，个体开始逐渐对异性感兴趣，并在无意识中产生了一种希望接近异性父母的倾向，即强烈的俄底普斯情结再次出现。其具体表现为，男孩开始选择与其母亲相似的成熟异性作为爱慕的对象，但同时他们又避免选择与其母亲有太多相似的异性，因为这种异性容易使他们体验到一种乱伦的禁忌。弗洛伊德认为如果男孩为解决俄底普斯情结付出了太多的心理代价，他会因此而恐惧任何女性，从而成为同性恋者。同样女孩也对其父亲产生了强烈的性欲望，但由于社会对乱伦的禁忌而使她们处于冲突之中。如果冲突不能得到很好解决，她们也会成为同性恋者。

但弗洛伊德同时指出俄底普斯情结对于青少年的发展并不是特别危险。他提出了青少年期应完成的几项任务。其中之一是与异性接触。如果个体只与同性别的人建立友谊，那么他们将只对同性别的人感兴趣，从而产生性别角色倒置。与俄底普斯情结相联系的另一任务是摆脱对父母的依赖。男孩一方面需要释放投放在母亲身上的力比多，另一方面要摆脱父母的权威。脱离父母的束缚、获得独立并不是一件容易的事情，尤其是感情上的分离将是非常痛苦的。并且至少在一段时间内会产生一定的代际问题，如对父母或其他权威产生拒绝、憎恨、敌视的态度。

此外，弗洛伊德指出在青春发育期，由于生理的变化会带来行为的变化以及适应的困难。性成熟影响着个性的形成，易使人产生兴奋，同时也削弱了对歇斯底里和神经症的抵制，因此青少年很容易产生精神机能障碍。

总之，弗洛伊德把青春期看做是一个伊底中的生物本能与超我中的社会需要相冲突的阶段。而自我处于二者之间，对冲突进行调节，并尽量满足伊底的需要。

二、安娜·弗洛伊德的精神分析理论

弗洛伊德只是概略地论述了青春期的一般任务，而他的女儿安娜·弗洛伊德则就青春期的心理问题进行了更深入的研究。安娜·弗洛伊德认为其父关于青少年的解释是不全面的。弗洛伊德认为性欲起源于婴儿早期而不是青春期，他过分强调个体早期阶段，尤其是5岁之前对一生发展的重要性。安娜·弗洛伊德将大部分精力用于修正、扩展精神分析的理论以应用于青少年。她认为青春期在个体的个性形成中起着更重要的作用，而不是如弗洛伊德所说，个性在5岁之前就已基本形成。另外，她比其父亲更多地对青少年发展的动力问题进行了研究。

安娜·弗洛伊德在讨论青春期的发展时，更多地强调伊底、自我与超我之间的关系。在儿童期，自我因害怕伊底的需要表现出来受到惩罚而尽量压抑伊底的冲动。由于在儿童期伊底的力量相对处于弱势，因此人格结构内部尚处于一种暂时的平衡状态。但到了青春期，随着性功能的成熟，伊底的力量逐渐超过超我，以前建立起来的伊底与自我之间的平衡被打破，从而产生了新的内在冲突。而此时超我通过逐渐内化其父母或权威的道德价值观念也得到了发展。这样自我与当前超我中内化的道德标准就会发生冲突。因此，青春期的任务之一就是要重新获得内在平衡。

与弗洛伊德一样安娜·弗洛伊德称个体在青春期再次产生俄底普斯情结，与第一次产生俄底普斯情结一样，男孩产生了阉割恐惧，女孩产生了阴茎钦羡。这时自我常常采取弗洛伊德所称的防御机制来处理冲突，如压抑、拒绝、退行。这些防御机制将力比多的力量指向自己，但这往往会使个体产生新的压力，并且焦虑水平也会增加。除弗洛伊德提出的几种防御机制外，安娜·弗洛伊德又增加了两种防御机制来说明青少年解决冲突的方式。一是禁欲。青少年在采取禁欲态度的时候，往往毫无差别地波及到生活的全部领域。例如，拒绝具有吸引力并且自己喜欢的舞蹈、音乐，而通过艰苦的途径，如参加体育活动来锻炼身体，以此种种企图来挡开所有肉体的快感。二是理智化。青少年试图把有关性的和攻击的问题转移到一种抽象的、智力的高度上。他们可能尽量地创造出有关爱的本质和家庭的理论，以及有关自由和权利的学说。这样他们就能尽量把恋母（父）情结隐蔽起来而达到一种纯洁的、理智的高度。

安娜·弗洛伊德认为伊底、自我与超我之间完全可能达到真正的协调与平衡，这三者之间的平衡将促进青少年健康发展。但关于如何达到真正的平衡，安娜·弗洛伊德没有再做进一步的说明，她只是指出了影响青少年冲突的几种因素（Muuss，1962）。

（1）伊底冲动的强度，这是由青春期生理发育和内分泌系统的活动决定的；

（2）自我应付本能力量的能力，这是由儿童潜伏期受到的个性训练和超我的发展决定的；

（3）自我所采用的防御机制的性质和效用。

三、埃里克森的心理社会发展理论

埃里克森也是弗洛伊德精神分析学派的代表人物之一，受过精神分析的正规训练。但与弗洛伊德过分强调性本能在个体发展中的作用不同，埃里克森将个体置于更广阔的社会背景之上，重视社会对发展的影响，并且他把心理发展的阶段扩展到老年，提出了心理社会发展的阶段理论（psycho－social theory of human development）。他认为每一阶段都有一个普遍的发展任务，这些任务是由成熟与社会文化环境、社会期望间不断产生的冲突所规定的。

心理社会发展的八个阶段具体表现为：

（1）第一阶段是婴儿期（0～1.5岁）。该阶段的发展任务是发展信任感（trust），克服不信任感（mistrust），个体体验着希望的实现。

（2）第二阶段是儿童早期（1.5～3岁）。该阶段发展的基本任务是发展自主感（autonomy），克服羞耻感（shame）、怀疑感（doubt），个体体验着意志的实现。

（3）第三阶段是游戏期（3～5岁）。该阶段发展的基本任务是获得主动感（initiative），克服内疚感（guilt），个体体验着目的的实现。

（4）第四阶段是学龄期（5～12 岁）。该阶段发展的基本任务是获得勤奋感（industry），而克服自卑感（inferiority），个体体验着能力的实现。

（5）第五阶段是青少年期（12～18 岁）。该阶段发展的基本任务是建立自我同一感（identity），防止同一感混乱（identity confusion），个体体验着忠实的实现。

（6）第六阶段是成年早期（18～25 岁）。该阶段发展的基本任务是建立亲密感（intimacy），避免孤独感（isolation），个体体验着爱情的实现。

（7）第七阶段是成年期（25～65 岁）。该阶段发展的基本任务是获得繁殖感（generativity），避免停滞感（self - absorption），个体体验着关怀的实现。

（8）第八阶段是老年期（65 岁直至死亡）。该阶段发展的基本任务是获得完善感（integrity），避免失望（despair），个体体验着智慧的实现。

埃里克森于 1968 年出版了《同一性：青少年与危机》一书。他在书中对自我同一性的理论、美国现代社会中存在的青少年问题等进行了详尽、系统的探讨，对青少年心理发展的任务、本质和特点提出了独到的见解。根据埃里克森的观点，个体进入青春期后，身体迅速发育，并逐渐趋于成熟，同时性意识也开始觉醒。由于身体产生了革命性的变化，个体开始异常关注自己的身体形象，并将自己认识到的别人眼中的"我"与自己知觉到的"我"进行比较，对自己的身体形象重新进行认同。但埃里克森并未停留于此，他同时认识到社会对青少年提出了新的要求，给他们分配了新的角色，需要他们承担新的责任，这些都使得青少年处于冲突之中，体验着种种困扰和混乱。这时他们开始思考"我是谁"、"我在社会中占有什么样的位置"以及"我要到哪里去"等问题。另外，青少年此时正处于皮亚杰所说的"形式运算阶段"，其抽象逻辑思维获得发展，这使得青少年能够在一切可能的和可以想象得到的关系中对个人的、职业的、性别的和意识形态等方面所承担的义务做出越来越窄的选择（埃里克森，1998）。这样，生理的成熟、心理的发展、社会的要求共同促成了青少年心理发展的主要任务——同一性的获得，同时这些条件也使得个体具备了完成这一任务的可能性。

关于自我同一性的概念，埃里克森并未给出确切的解释。自我同一性概念可从不同的角度来定义，在不同侧面使用以强调不同的问题。根据埃里克森的观点，我们可以这样理解，即一个实现了自我同一性的青少年至少具有以下两方面的体验。第一，他感到自己是一个独立的、独特的、有自己个性的个体，虽然他与别人一起活动，共同承担任务，但他是可以与别人分离的。其次，自我本身的统一。从时间上来看，自我的发展是连续的，“我”是由童年发展而来的，将来的“我”还会处于不断的发展变化之中，但“我”还是“我”，不是别人；从空间上来看，自我在各种社会活动中能够体验到一致性，自我能够将个体扮演的各种角色成功地整合到一起。

自我同一性的发展并不是到青春期才开始出现，个体在儿童期就已通过自居作用形成了各种同一性，只是到了青春期，早期形成的同一性已不能应付眼前必须做出的种种选择。这时青少年需要对已形成的种种自我形象加以整合，以形成一种新的自我同一性。但由于个体刚由儿童期过渡而来，其心理各方面的发展还不成熟，他们自觉没有能力持久地承担义务，感到要做出的决断未免太多太快。因此，在做出最后决断之前要进入一种“暂停”的时期，即“合法延缓期”。合法延缓期是允许还没有准备好承担义务的个体有一段拖延的时期，或者强迫某些个体给自己一些时间，以满足自己避免同一性提前完结的内心需要（埃里克森，1998）。在青少年期，个体如果不能成功地获得自我同一感，将会产生同一性混乱或消极的自我同一性。同一性混乱是指无法发现自己，也不知道自己究竟是一个什么样的人、想要成为一个什么样的人，没有形成清晰的、牢固的自我同一感。具有消极自我同一性的青少年，往往表现出对于自己家庭和社区为他所提供的适当和称心角色的轻蔑和怠慢的敌视。社会角色的任何方面——如男子气概或女子气质、民族性或阶级成员资格——都能变成年轻人尖刻嘲弄的焦点（埃里克森，1998）。

埃里克森认识到青少年期并不是一个独立的阶段，“自我同一性对同一性混乱”危机的解决还依赖于以前各阶段危机的解决程度。如果个体在儿童期各阶段已成功地建立起了信任感、自主感、主动感和勤奋感，那么青少年就很容易建立起协调的自我同一性。同时，青少年解决自我同一性危机的方式对成年期危机的解决也具有重要的影响作用。

埃里克森把自我的发展置于生物、心理和社会的相互作用之中，提出了心理社会发展的阶段理论，从而对弗洛伊德的心理性欲发展的阶段理论进行了较好的修正与发展。同时，他提出的有关青少年自我统一性的发展问题也为后人进行应用研究，解决青少年存在的种种心理和社会问题如吸毒、性犯罪等开辟了新的研究思路，提供了重要的理论指导。

第三节　行为主义与社会学习理论的青少年发展观

行为主义学家并未专门研究发展的问题，对青少年期作为一个发展阶段更是极少述及，但行为主义关于人类发展的基本过程的探讨对我们理解某一特定环境如何影响青少年个人行为方面具有重要参考价值，同时其观点对以后青少年心理发展的研究产生了很大影响。行为主义的发展大致经历了三个阶段，即早期的行为主义、新行为主义和新的新行为主义。下面我们将分别以华生（J. Watson）、斯金纳（B. Skinner）和班杜拉（A. Bandura）为代表来介绍行为主义在三个不同发展时期提出的有关个体心理发展的思想精华。

一、华生的行为主义理论

华生是行为主义理论（behavioral theory）的创始人。他于 1913 年在《心理学评论》杂志上发表了一篇题为《行为主义者眼中的心理学》（Psychology as a Behaviorist Views It）的文章，从而在心理学领域中开辟了行为主义这一新的理论派别。他反对结构主义和机能主义将意识作为心理学的研究对象，提出人类心理学的研究对象，乃是人类所有的行为（张述祖等，1983）。正是以此为出发点，华生开始建构自己的行为主义心理学观。

华生在个体心理发展问题上的突出观点是环境决定论。这种环境决定论主要体现在以下几个方面。

（一）否认遗传的作用

首先，华生认为行为发生的公式是刺激——反应。从刺激可预测反应，从反应可推测刺激。在华生看来，刺激是指客观环境和体内组织本身的变化，反应是指整个身体的运动，手臂、腿和躯干的活动，或所有这些运动器官的联合运动（华生，1998）。他将思维、情绪、人格等心理活动都等同于一系列动作。由于刺激是客观存在的，不决定于遗传，而行为反应又是由刺激引起的，因此行为不可能决定于遗传。

其次，华生虽承认机体在构造上的差异来自遗传，但他认为，构造上的遗传并不能导致机能上的遗传。个体遗传的构造，其未来的形式如何，要决定于其所处的环境。华生曾举例对此进行了说明。一位身为钢琴家的父亲有两个儿子，大儿子手指长而灵活，而小儿子的手指不长也不灵活。而钢琴这种乐器需要手指长，手型好，有腕力。假定父亲喜欢小儿子，对他说“我要你成为钢琴家，我想做一个尝试。你的手指不长，也不灵活，但我会为你造一架钢琴。我把键变窄，以便适合你的手指，再改变键的形状，使你按键时毋需特别用力。”谁又会知道，小儿子在这样的条件下，不会成为全世界最伟大的钢琴家呢？（华生，1998）

第三，华生的心理学以控制行为作为研究的目的，而遗传是不能控制的，所以遗传的作用越小，控制行为的可能性越大。因此华生否认了遗传对个体心理与行为发展的作用。

（二）片面夸大环境和教育的作用

华生的一句名言充分体现了其环境决定论的理论取向，他指出：“给我一打健康的婴儿，并在我自己设定的特殊环境中养育他们，那么我愿意担保，可以随便挑选其中一个婴儿，把他训练成为我所选定的任何一种专家——医生、律师、艺术家、小偷，而不管他的才能、嗜好、倾向、能力、天资和他祖先的种族。不过，请注意，当我从事这一实验时，我要亲自决定这些孩子的培养方法和环境。”（华生，1998）虽然华生在提出此观点的同时，注意到了个体的遗传基础，“给我一打健康的婴儿”，但他片面夸大了环境和教育在个体心理发展中的作用，忽视了个体的主动性、能动性和创造性，忽视了促进心理发展的内部动因。不可否认华生的环境决定论观点确实具有很大的启发作用，他使人们开始关注个体心理发展的社会因素。同时我们在现实生活中也深刻地体会到了环境，包括家庭环境、社会环境和学校教育环境对个体发展的巨大作用。

二、斯金纳的操作行为主义理论

与其他行为主义者一样，斯金纳也注重对可见行为的研究。不过，在他的理论体系中，斯金纳将行为区分为应答性行为和操作性行为。前者是由特定的、可观察的刺激所引起的行为，后者是指在没有任何能观察到的外部刺激的情境下的有机体行为，它受行为的结果控制。斯金纳着重研究操作性行为的形成机制——操作性条件反射，其中强化是一个非常重要的概念。

（一）行为的强化控制原理

斯金纳认为人类从事的绝大多数有意义的行为是操作性的，这种操作性行为的结果同时又作为一种强化从而使个体的这种行为得以继续保持，斯金纳将这种结果的作用分为积极强化和消极强化。所谓积极强化，是一种由于刺激的加入而增强了某一操作性行为发生的概率的作用。如青少年在学校里经常表现得非常积极，各方面非常优秀，可能是因为他的这种行为过去曾受到教师的积极强化。所谓消极强化是一种由于刺激的排除而加强了某一操作性行为发生的概率的作用。无论是积极强化还是消极强化，其最终目的都是为了增强、鼓励某种行为。斯金纳非常强调及时强化的作用，他认为强化不及时不利于个体行为的发展。

斯金纳在研究的过程中还将强化区分为连续强化与间歇强化、固定强化与偶然强化。这些不同的强化方式可以使个体的行为产生不同的效果。

（二）关于遗传与环境关系的看法

行为主义学家历来因低估遗传在发展中的作用而受到批评，面对种种批评，斯金纳将自己的观点与早期行为主义学家的观点进行了区分。华生称任意给他一个健康的婴儿，他可以将其培养成他所选定的任何一种人，对此，斯金纳并不同意，他认为华生的观点是不全面的。斯金纳认为应该尽可能地同时考虑遗传和环境的影响。

斯金纳认为人类和其他物种都有一种生存的本能。为了适应不断变化并难以预料的环境，为了生存，人类开始具备了一种学习的能力，即根据行为的结果进行学习的能力。斯金纳把这种能力看做是人类从遗传能力中获得的最为重要的一部分。但当人们问及哪些行为和人格特点是遗传的，哪些是学习得到的时，斯金纳却未做出明确回答，他认为现在还没有足够的研究来得出明确的答案。虽然斯金纳并不是一个完全的环境决定论者，但与其他流派的理论家相比，他似乎仍然更重视环境的影响，重视外界的强化对个体行为的塑造作用。

（三）斯金纳的心理发展观

在个体心理的发展上，斯金纳持一种无阶段的观点，他把个体发展看成是一个连续的、渐进的过程，在不同的发展时期并不存在明显的、质的不同，只是有微小的变化。从婴儿期到青少年逐渐成熟的过程中，儿童的言语行为和问题解决的策略等都是连续发展变化的。不过斯金纳也并不否认可以根据年龄或时间的不同来研究行为。他只是认为将发展的过程分成更细小的部分更精确些，同时可以避免研究者仅仅将目光集中在某一特定阶段，而忽视了其行为发生的原因。斯金纳认为结构主义者仅限于描述发展过程中各阶段的特点是不正确的，心理学家应在发展的过程中来研究各个阶段的心理规律。另外，斯金纳的研究兴趣在于对行为的控制，他也反对生物学派将发展的原因归为内在成熟。虽然斯金纳持一种无阶段的观点，但他仍是按年龄的不同提出了不同时期个体所应接受的最佳教育方式。在小说《沃尔登第二》（Walden Two）中，斯金纳具体描述了乌托邦社会在个体不同的年龄阶段所采取的一系列最佳的教育方式。

此外，斯金纳非常重视将自己的理论应用于实际。目前他的理论在行为矫治、程序教学等方面都取得了举世瞩目的成就，尤其是斯金纳在强化理论基础上提出的程序教学，从根本上推动了教学内容和教学方法的改革。但由于斯金纳是从有限的动物行为研究中推导出普遍的动物行为规律，并将其用于描述和控制人类的行为，不免有些简单化、片面化。美国《时代》杂志曾这样评价斯金纳——美国在世的心理学家中最有影响的、在人类行为科学中最引起争辩的人物（王振宇，2000），事实也确是如此。

三、班杜拉的社会学习理论

社会学习理论（social learning theory）探讨的主要课题是社会化，即社会是如何影响个体以使他们掌握社会规范，向着社会要求的方向发展。班杜拉是社会学习理论的重要代表人物，特别是在20世纪60年代到80年代，班杜拉成为世界最有名的社会学习理论家（Thomas，2000）。与激进的行为主义者不同，班杜拉认为不仅环境决定人的行为，人的认知因素也能够影响个体的行为，而且人们也可以通过行为来改变环境，即行为、环境与认知因素之间是相互作用的。并且随着理论的逐渐完善，班杜拉给予认知因素越来越多的重视。20世纪80年代中期，班杜拉将社会学习理论改名为社会认知理论。他指出个体在发展过程中，并不仅仅通过与环境的相互作用来学习知识，同时能够在头脑中对知识进行操作以形成新的理解，能够畅想未来，并制定计划。另外，班杜拉提出观察学习是人类最主要的一种学习方式，而不是像斯金纳等人所说，个体必须通过操作亲自体验到操作的后果，得到强化，学习才能发生。下面主要对班杜拉的观察学习理论进行具体介绍。

（一）观察学习

观察学习（observational learning）又称替代性学习（vicarious learning）。在班杜拉看来，由于人有通过语言和非语言形式获得信息以及进行自我调节的能力，使得个体能够通过观察他人（榜样）所表现的行为及其结果进行学习。即学习者不必亲自参与活动，也不须亲自体验强化，而只是通过观察他人在一定情境中的行为，以及他人接受的强化来进行学习。

班杜拉将强化分为三种：直接强化、替代性强化和自我强化。直接强化即通过外界因素对学习者的行为直接进行强化。替代性强化是学习者通过观察他人在某种情境下的行为的后果，而使自己受到强化。如青少年通过媒体了解到攻击行为是不道德的、甚至是违法的，社会对攻击行为会进行惩罚等，这样有攻击倾向的青少年就会有意识地抑制自己的行为。另外随着心理的发展，个体的行为还会受到自我强化的控制。个体不是依靠外在的奖赏和惩罚，而是建立自己内在的标准，对行为进行自我调节。这种内在的标准是在社会化的过程中逐渐形成的。如父母只有当女儿取得了高分数的时候才给予赞扬，不久以后，她就会将这个高分数内化成自己的判断标准。

班杜拉认为观察学习由四个相关联的子过程组成：

（1）注意过程　注意过程决定着从大量的示范事件中选取哪些信息作为观察的对象，这种选择性注意在观察学习中起着关键的作用。

（2）保持过程　将注意到的示范信息进行编码并保存在记忆中，以待日后提取。

（3）动作复现过程　将贮存的编码信息转化成适当的行为。班杜拉认为观察者为了重现示范动作和产生最佳的行为模式，必须具备一定的运动技能，这一方面需要机体的成熟，另一方面需要不断实践。

（4）强化和动机过程　这一过程决定了哪些习得行为通过观察能得以表现。班杜拉认为个体习得了某种新行为，并不一定会表现出来，因为个体还要受到强化引起的动机的调节作用。

（二）社会化研究

班杜拉利用观察学习的原理，设计了众多精巧的实验，研究了社会学习在儿童青少年社会化过程中的作用。班杜拉专门研究了社会学习对个体攻击性、性、自我强化、亲社会行为等几个社会化目标的作用。

班杜拉的社会学习理论发掘了被前人所忽视的一种学习形式——观察学习。在研究的过程中，班杜拉吸收了认知心理学的研究成果，强调认知因素和社会因素在学习中的重要性，并且将其理论建立在设计精巧、操作严密的实验室实验的基础之上，有较强的说服力，而且也引导后人在此基础上进行了大量的研究。同任何理论一样，班杜拉的社会学习理论也有一定的局限性，正是由于其理论是建立在实验室实验的基础之上，其实验的外部效度，即推广性受到了一定的限制。另外，班杜拉虽然偶尔也认识到学习需要一定的生理基础，但他基本上还是一个环境决定论者，他认为发展不是一个内部成长和自我发现的过程，个体的心理是通过社会模式的呈现和社会练习、实践而形成的，发展的阶段是易于通过成人规定的模式改变的（格莱因，1983）。

第四节　勒温的场论与斯普兰格的人格理论

勒温（K. Lewin）在格式塔心理学理论的基础上，从拓扑学的角度对心理现象进行分析，创立了其独特的“场论”体系。斯普兰格（E. Spranger）从整个人格的发展入手，主要研究青少年自我的发展，其心理学被称为理解心理学。这一节将对勒温的场论和斯普兰格的人格理论分别加以介绍。将二者放入同一节中主要是基于篇幅上的考虑，而并非因为二者理论观点上的内在联系。

一、勒温的场论

勒温是格式塔学派的主要代表人物之一，他在格式塔心理学理论的基础上，将拓扑学的原理运用于心理学，试图用数学方式来处理心理学问题，从而创立了其独特的“场论”体系。

勒温提出一个人的心理活动是在一定的心理场或生活空间中进行的。心理场包括个体（person，简称 P）和环境（environment，简称 E）。每一种心理事件或行为（behavior，简称 B）既取决于个体的状态，也取决于环境，同时还取决于二者的相互作用，即 B＝F（PE）。个体是指生理和心理特征，如身体状态、需要、动机等。环境并非是客观环境，而是指由个体意识到的或虽未意识到但对个人心理活动产生影响的准物理、准社会和准概念事实组成的心理环境，比如，就准社会事实而言，“我们不是在讨论警察对于孩子的实际的法律的和社会的权威，而是在讨论孩子所看到的警察的权威。”（勒温，1997）对于不同的个体来说，他们所认识到的这种权威是不同的。

勒温有关场论的思想已广为人知，许多心理学著作频频对其进行介绍和讨论，相比较而言，却很少有著作论及勒温有关青少年心理发展的观点。勒温曾在《场论与社会心理学实验》（Field Theory and Experiment in Social Psychology）一书中明确阐述了有关青少年发展的看法。勒温从场论出发描述并解释了特定青少年行为变化的动力，而不是泛泛地讨论青少年群体发展变化的一般规律。勒温承认心理发展具有普遍规律，但他认为以发生概率为基础提出的一般心理概念和规律在具体应用时常常会遇到一些困境。由于这些规律是从大量个体中提取出来的，也许仅仅就可能性而言，它们是正确的，但在解释特定个体的心理现象时，却不总是成立。

勒温指出，个体发展的一个主要特征是随着年龄的增长，生活空间中尚未分化、较松散的区域开始逐渐分化，并且在分化的同时个体对各子领域也进行着重新建构。生活空间的分化过程在某些时期非常缓慢，而在另一时期则非常迅速。缓慢的变化使得发展阶段之间的过渡比较平稳，而变化速度过快，则在发展过程中容易出现危机。勒温认为青少年是处于一个生活空间分化速度相对较快，分化程度相对较大的时期。青少年的生活群体处于一个发展变化的过渡时期。儿童和成人都有清楚明确的所属群体，而青少年既不完全属于儿童群体，也不完全属于成人群体，勒温称他们为“边缘人”。父母、教师或社会其他成员往往以一种模棱两可的方式对待青少年。特定的儿童式的行为样式不再被接受，而一些成人的行为方式要么不被允许，即使被允许，这些行为方式对他们来说也是陌生的。青少年对自己的社会地位和所要承担的义务还没有明确的认识，他们对自己的行为具有一种不确实感。

个体也是生活空间的一部分。在青少年期，个体的生理发育迅速，身体外形产生了很大的变化，由此个体产生了新的身体体验。在儿童期，个体对自己的身体形象是比较确定的，而到了青少年期，个体开始对身体形象产生了一种不熟悉、不可靠、不可预测的感觉。他们开始出现种种困扰，而这种由身体的不稳定性所产生的困扰往往会引起情绪的激烈波动。

生活空间从儿童期的相对结构化到青少年期的迅速分化不仅表现在社会关系、身体现象以及青少年目前生活的地理环境方面，而且还表现在个体对时间的看法上。时间观念的变化是个体发展的一个基本方面。随着个体思维能力的发展，青少年开始具有理解过去、畅想未来以及更现实地构想个人生活的能力，能否将过去、现在和未来很好地整合起来，体验到时间的连续性，对青少年来说也是一个严峻的挑战。

基于青少年心理发展的观点，勒温对青少年的行为特点进行了大量的描述、解释和预测（Muuss，1962）。

（1）青少年表现出害羞、敏感的特点，同时由于青少年个人生活空间的失衡和不确定性，也可能会产生攻击性行为。

（2）作为边缘人，青少年经历了各种态度、价值观、意识形态和生活方式之间的冲突。因为他们处于一种由儿童向成人过渡的时期，而他们又不从属于其中任何一个群体，他们除了同伴之外，再无其他社会寄托。

（3）各种价值观、态度、意识形态的冲突会导致情绪紧张。

（4）青少年很容易采取一种极端的立场，常常表现出极端、敌对的态度和行为，行为变化迅速。

（5）生活空间的结构和动力系统达到以下程度，个体才会表现出所谓的“青少年行为”：①心理场的扩张；②边缘人处于儿童和成人之间；③生活空间中生理变化导致了身体外形的变化。这时会出现特定的行为，“青少年行为”的表现幅度在很大程度上依赖于这些冲突的性质和力量。

勒温借用拓扑学概念，通过“生活空间”将生物、社会、环境的动力作用整合到一个系统之中，来解释各种心理现象和行为，其理论观点可以说是标新立异，对整个心理学界都产生了重要的影响。有人认为勒温的观点带有唯心主义色彩（祝蓓里，1986），其实不然。勒温并未否认客观世界的存在，而是认识到主体对客观世界具有一定的主观能动性。当然，也并不是说勒温的观点就毫无缺陷，如他在注意对行为的横截面进行分析的同时，忽视了对行为纵向的溯本求源，这显然在一定程度上存在局限性。

二、斯普兰格的人格理论

斯普兰格从整个人格的发展入手来研究青少年的心理发展。他在1924年出版了《青少年心理学》一书，其思想观点在中欧引起了学者们的极大关注，其影响可以与霍尔在美国的影响相媲美。斯普兰格将自己的研究目标确定为理解青少年自我的发展，并因此将其心理学称为理解心理学。虽然他并不否认心理与生理机能之间存在着联系，但却拒绝讨论生理方面的发展变化。他认为青少年期内分泌系统的变化并不能用于解释心理的变化，心理机能的发展变化是不能通过生理方面的有关知识揭示出来的，青春期的生理变化应该是生理心理学的研究任务，而不是理解心理学要研究的对象。

斯普兰格研究的是青春期的一系列心理发展变化，这属于发展心理学的研究范围。他认为一个人只有以一种发展的眼光来认识青少年的种种心理现象，才能了解其重要价值。青少年期并不仅仅是一个由儿童期到生理成熟的过渡阶段，更重要的是儿童期尚未发展或尚未分化的心理结构在这一时期开始逐渐趋于成熟。同时，由于斯普兰格主要关注青少年发展中结构变化的个体差异，因此他的理论也属于类型学的范围。斯普兰格根据价值取向的不同将人格划分成六种不同的类型，对每个人而言，都有一种占主导地位的价值观决定着其人格结构。根据斯普兰格的观点，青少年在发展变化的过程中逐渐形成了一种明确的、持久的、占主导地位的价值观，这种观念将成为个体人格形成和发展的决定力量。

从霍尔开始，心理学家们就一直在青少年的发展是一种平缓渐进的过程还是一个充满应激、紧张与困扰的过程上存在分歧。而斯普兰格则对各种观点进行了整合，提出不同的青少年可能经历不同的发展过程。他将青少年的发展模式区分为三种：

第一种模式与霍尔的观点基本一致，个体在达到成熟的过程中体验到种种冲突、压力、紧张和危机，这些将最终导致人格的改变，斯普兰格认为这在很大程度上是与价值观的改变相一致的。

第二种发展模式是一种连续、缓慢的成长过程，个体逐渐地接受各种文化价值观念和社会意识形态，这一过程中没有发生基本人格的改变。

第三种模式是一种个体积极参与的成长过程。青少年有意识地发展和完善自己，通过自己的力量和有意识的活动来克服各种困扰和危机。这种模式主要受自我的控制和约束。斯普兰格将与这种行为方式相联系的人格特征称为追求权力型的。

斯普兰格主要研究了德国中产阶级的青少年。他认为就整体而言，可以用“第二次诞生”来描述青少年的心理特征，青少年期既是人格形成和发展的时期，也是自我意识蓬勃发展、精神生活发生巨大变化的时期，其特点具体表现在以下三个方面。

（1）发现自我。儿童的自我与外部世界似乎是一个整体，到了青春期之后这个整体开始发生分裂。青少年开始把探索的视线转移到自己的内心世界，朝向自己的精神生活和个性特点。他开始意识到自我和他人之间的区别，并体验到内心的动荡不安，如勤奋和懒惰、开朗与忧愁、大胆与怯懦、交际与孤独等各种相互矛盾的倾向交替发生。青少年正是在这种动摇不定中开始逐渐认识到自我的固有世界、发现自己的价值，并加深自我意识的发展和形成。

(2) 设想未来生活。这一方面表现为对职业的选择，同时也表现为对未来的一种生活态度。与儿童仅关注于现在不同，青少年逐渐将其时间观念扩展到过去和未来，并自觉地建立起自己的生活目标。

(3) 扩大生活领域。青少年开始逐步深入到生活的各个领域，并进行自己的科学艺术创造、探索和社交活动，生活圈子逐渐扩大。

斯普兰格在他的理论中并不重视究竟是生理因素还是心理因素决定着青少年的发展。虽然他重复提到个体的一些本能倾向，如性冲动、对后代的爱抚等，但他并未将其与青少年的发展联系起来。由于忽视青春期个体的生理和内分泌系统的变化，事实上他几乎没有考虑生理的作用。不过斯普兰格注意到社会环境可能会影响青少年体验到的内容、方式以及自我的结构。他指出自己的观点主要适用于德国社会中上阶级的青少年，对俄罗斯和原始社会的青少年却不太适用。总之，斯普兰格在一系列细致观察的基础上深刻地探求并研究了青少年的精神生活的内涵、青少年的个性发展特点，为后人系统地研究青少年自我意识和价值观奠定了基础。

第五节 皮亚杰的心理发展理论

皮亚杰（J. Piaget）最初涉入对心理发展的研究是为了解决哲学上的认识论问题。他将儿童心理学看做是能打开认知发展大门的钥匙。皮亚杰虽非为研究心理学而研究心理学，但他对儿童发展心理学的贡献目前似乎无人能超之。

一、心理发展的实质及影响因素

皮亚杰认为，心理既不是起源于先天的成熟，也不是起源于后天的经验，而是起源于主体的动作。这种动作的本质是主体对客体的适应。主体通过动作对客体的适应乃是心理发展的真正原因。皮亚杰认为适应是通过同化和顺应两种形式实现的。

皮亚杰主要研究儿童青少年认知的发展。他认为每一种认知活动都有一定的认知结构。认知结构主要涉及图式、同化、顺应和平衡四个概念。图式是指动作的结构，是人类认识事物的基础。图式最初来源于先天遗传，以后在适应环境的过程中，图式不断地发生改变，不断地丰富起来，不断地从低级的动作图式，经过同化、顺应、平衡逐步地构造出新的图式，从而标志着个体从低级的心理水平发展到高级的心理水平。

皮亚杰指出了影响心理发展的四个基本因素：

（1）成熟，即机体的成长，特别是神经系统和内分泌系统的成熟。

（2）物理经验和数理经验，指个体对物体作出动作的练习和习得经验。

（3）社会经验，指社会上的相互作用和社会传递。

（4）平衡，指不断成熟的内部组织和外部环境的交互作用，它是心理发展中最重要的起决定作用的因素。

二、心理发展的阶段

皮亚杰主要研究了个体从出生到青年期的心理发展，提出了著名的儿童心理发展阶段理论。他指出个体的心理发展阶段具有下述特征（皮亚杰等，1980）：

（1）各阶段出现的一般年龄虽因各人智慧程度或社会环境的不同存在差异，但各阶段出现的先后次序不变。

（2）每一阶段有一整体结构作为特征，可据此说明该阶段的主要行为模式。

（3）整体结构是整合的，而且各阶段间不能彼此互换。

皮亚杰把儿童心理的发展划分为四个阶段：

（1）感知运动阶段（出生～2 岁）。这一阶段的儿童仅靠感知动作来适应外部环境，他们形成了动作图式的认知结构，儿童在该阶段所蕴涵的逻辑是动作逻辑。

（2）前运算阶段（2～7岁）。由于语言符号功能的出现，使儿童开始从具体动作中摆脱出来，凭借象征性图式在头脑中进行“表象性思维”，但他们的思维是无系统的、不合逻辑的。

（3）具体运算阶段（7～11岁）。儿童开始了有条不紊的思维，具备了逻辑运算能力，但只能把逻辑运算应用于具体的或观察所及的事物。

（4）形式运算阶段（11岁～成年期）。青少年发展了一种真正的在抽象的和假设的水平上有条理地进行思维的能力。

皮亚杰强调，青少年在整个形式运算阶段都积极主动地建构着自己的心理世界。这一时期，青少年思维的具体特征是把逻辑运算结合成各种系统，并根据可能的转换形式去解决脱离了对具体事物的观察所提出的有关命题；或是根据掌握的资料，进行科学实验，从而发现规律。皮亚杰提出了构成形式思维的条件。他认为具体思维乃是一种可能的行动的再现和表象，而形式思维则是可能的行动的再现的再现。所以，具体运算系统必须在儿童晚期可以用形式运算进行反省思考之前完成，这就不足为奇了（皮亚杰，1982）。

随着形式运算思维的发展，青少年也开始出现了这一时期所特有的心理系统。形式运算使思维能脱离具体现实并从具体现实中解放出来，这也使个体进入青春期后又一次出现了自我中心的状态。皮亚杰指出，青春期的自我中心状态体现为相信反省思维是万能的，似乎世界应该服从于一个观念的格式，而不应服从于现实的系统。这是一个典型的形而上学的年龄时期；他们认为自我十分强壮，足以改造宇宙，而且十分巨大，足以吸收宇宙（皮亚杰，1982）。

同“形式运算的构成和思维结构的完善完全平行的是青春期通过人格的发展及其参与成人社会所表现出来的情感”（皮亚杰，1982）。并且，与精神分析学家主要用“俄底普斯情结”来解释情感的发展变化不同，皮亚杰认为在情感发展中，社会因素的作用（包括社会化和文化传递这两方面）尤为重要，如果把情感发展和前面所讨论的智慧变化相比较，社会因素更有利于促进情感的发展（皮亚杰等，1980）。这一时期，青少年的生活中既充满了高尚的情操和利他的打算，同时又具有令人不安的妄自尊大和过分夸大自己的情绪情感以及过分体验情绪情感的特点。另外，青少年此时虽然有许多雄心壮志，但他们常常是通过想象来参加和实现各种社会活动的。随着心理的发展，当青少年最终弄清楚了自己思想的局限和阻力，理解到一个理论的构成和一个乌托邦的梦想，只有在能够真正产生效果时才是有价值的时候，心理就获得了新的平衡状态，从而也标志着青年期的结束。

美国心理学家艾尔金称皮亚杰的事实是儿童心理学的最可靠的事实（奥布霍娃，1988）。皮亚杰关于儿童心理发展的发生认识论观点为心理学研究个体发展提供了新的视角，同时也提供了大量丰富的实验研究和理论观点。为推动发展心理学的理论建设和研究方法的革新作出了极大的贡献。虽然后人不断地对其理论进行修正，并提出了一些批评意见，如皮亚杰低估了儿童心理发展的水平等，但目前却没有一个人能够超出皮亚杰的体系（奥布霍娃，1988）。

第六节　文化人类学的理论观点

20 世纪初期，人们对青少年心理发展规律的认识主要受生物决定论的影响，尤其是霍尔的复演说和弗洛伊德的性本能决定论。人们普遍接受了这样一种观点：青春期是一个充满暴风骤雨的时期，青少年体验到的种种冲突和痛苦是不可避免的，它是由人的生物遗传因素决定的。然而到 20 世纪二三十年代，随着人类学家研究的逐渐深入，人们开始对本能决定论产生了种种质疑，青少年的青春期危机究竟是由青春期本身的特点引起的，还是由社会文化环境所决定的？

一、玛格丽特·米德的观点

为考察生物遗传因素与社会文化环境各自对青少年发展的影响，人类学家玛格丽特·米德（M. Mead）开始了她长达 9 个月的萨摩亚之行，试图找到决定人格的文化因素。两年后，她将自己在萨摩亚的所见、所闻、所感、所思写成了一本书，即《萨摩亚的成年——为西方文明所作的原始人类的青年心理研究》，这对当时社会上普遍盛行的生物决定论提出了挑战。

米德通过观察发现，在萨摩亚这块土地上，没有人孤注一掷，没有人蒙受信仰的磨难，也没有人为了某种特别的目的而殊死拚搏。人们“能够以一种随和的态度对待人生，……对任何冲突、任何强烈的情境都能顺利地回避。”（玛格丽特·米德，1988）萨摩亚岛上的青少年几乎没有体验到不可避免的冲突和压力，也没有“暴风骤雨”现象的存在，他们相对地远离心理混乱。如“已达到青春期的萨摩亚姑娘同她们尚未成年的妹妹们的主要区别，仅限于在姐姐身上已经表现出的某种生理变化尚未在妹妹身上出现而已。但除此之外，在那些正经历青春期的姑娘们与那些还要过两年才达到青春期的少女们、或那些两年前就达到青春期的女性之间，并不存在着其他巨大的差异。”（玛格里特·米德，1988）宁静淡泊的生活态度，较单一的生活方式，使个体与自己、与他人、与社会之间较少有冲突出现。米德在萨摩亚岛上所进行的实地观察研究，成功地向人们证实了青春期并非必然是一个危机四伏的紧张时期，任何心理紧张都来自于文化条件，也即原先我们“归诸于人类本性的东西，绝大多数不过是我们对于生活于其中的文明施加给我们的种种限制的某种反应。”（玛格里特·米德，1988）米德认为如果社会文化能够像萨摩亚岛一样为青少年从儿童期向成人期的过渡提供一种平稳、渐进的环境，那么青少年将较少地体验到应激事件。

米德的理论观点提出之后，也受到了许多人的批评。一位澳大利亚的人类学家弗瑞曼（D. Freeman）分别于 20 世纪 40 年代和 60 年代在萨摩亚岛西部（米德的研究是在萨摩亚岛东部进行的）前后共观察研究了六年。弗瑞曼提出萨摩亚岛上的人们并不像米德描述的那样，而是存在更多的暴力、性压抑和恐惧等现象（Freeman，1983）。弗瑞曼认为米德过于强调文化的作用，而忽视了生物因素在人类行为中的作用，从而忽视了萨摩亚岛上的青少年所表现的攻击性行为和性冲动。

后来随着研究的深入，米德也不断地对其理论进行修正。尤其是在《男性与女性》一书中，与其早期极端的文化相对主义不同，她提出了一种较温和的看法，即在个体发展的某些方面存在着跨文化的普遍性。

二、本尼迪克特的观点

另一位非常著名的人类学家本尼迪克特（R. Benedict）为探明导致青少年适应困难的文化根源，也对多种社会文化进行了研究，并搜集了大量的资料。本尼迪克特进一步发展了米德的观点，在《社会条件的连续性和不连续性》一书中，他从文化人类学的角度明确提出了青少年发展的理论。他认为，在任何一个社会中青少年适应困难的一个决定性因素是儿童期向成人期社会化过渡的不连续性。西方工业社会，如美国，在某一个特定的时期希望儿童表现得像个孩子，但在另一时期，很唐突地，又希望他们表现得像个大人。而在原始文化中，这一过程是渐进的而不是唐突的。本尼迪克特列举了文化的三个方面来对比说明原始社会的连续性和西方社会的非连续性（Dacey，1982）。

（1）性别角色。在现代社会中，儿童对有关性行为的具体问题仍是无知的。他们几乎不知道有关两性交往、婴儿出生、母乳喂养、月经、遗精等事情。但在新婚之夜，他们又希望像对两性之间的事情很熟知的成人那样行事。在原始社会中，青少年是被允许提前进行大量性行为的，并且将与性有关的问题看做是平常的事情。

（2）责任。在现代工业社会中，人们认为儿童几乎不用去负担什么责任。然而当个体离开父母，开始工作或结婚之后，社会又希望个体对自己的行为负全部责任。离开父母后，他们就几乎不再向父母征求意见。相反，一些原始社会却为顺从向权威的过渡提供了连续的文化条件，社会要求个体从儿童期就必须做一些力所能及的事情。

（3）权威性。现代工业社会希望青少年从一种完全顺从父母的状态一下子变得享有支配权。往往不到一年，他们就要为人父母。当他们与父母生活在一起时，成人希望青少年按照成人的意图做事。但当他们结婚，并有了小孩之后，社会又希望他们处于一种完全支配的地位，以控制自己孩子的生活。而在一些原始社会中，如在萨摩亚岛上，七八岁的女孩就开始像保姆一样监管年幼的弟弟妹妹，同时她自己也受到年长同胞的监管。父母对子女的约束是很有限的，约束、惩戒几乎都是年长同胞的事情。

本尼迪克特在大量研究的基础上提出的文化连续性对青少年生活适应的影响确实具有一定的说服力。正如每一种理论都不可能十全十美一样，他的这种观点也受到了许多批评。与本尼迪克特的观点不同，缪斯（Muuss，1962）认为，原始社会与现代社会中青少年的适应差异可能还存在其他方面的原因。例如，原始社会的文化更具有同质性，青少年需要作出选择的机会非常有限，社会更希望青少年表现出相似的行为。因此他们的行为比现代西方社会的青少年更容易预测。而西方社会青少年之间的差异性更可能是因为文化的异质性，即文化的迅速发展、文化和传统背景的多样性等。在原始社会中，通过了解某一文化模式我们就可以预测个体特定的行为表现；在现代工业社会，某一特定个体的行为较少直接受整体文化的影响，而是更多地受到亚文化和家庭模式的影响。

虽然文化人类学关于青少年心理发展的理论观点受到了多方面的批评，但其理论和实践价值是不容忽视的。人类学家对原始社会所进行的大量系统的研究，一方面实现着心理发展的本能论向文化论的转变，另一方面则开辟了人格发展、社会化过程和人类本能研究的新领域（Muuss，1962）。继人类学家的研究之后，学者们开始更多地关注未开化社会中人们的心理发展特点，逐渐消除了那种认为西方文化背景下人们的心理规律适合于所有文化的文化霸权思想，形成了一种更客观、更开放的研究态度。

第七节　生态学的发展理论

生态学理论强调研究个体在实际生活环境中心理发展变化的规律，也即强调“发展的生态学”意义。生态在这里是指有机体或个人正在经历着的，或者与个体有着直接或间接联系的环境。目前，在此领域中比较有影响的是布朗芬布伦纳的人类发展的生态学模型和艾尔德（G. Elder）的人类发展的生活历程理论。

一、布朗芬布伦纳的人类发展生态学模型

布朗芬布伦纳认为人类生活的环境是由若干相互联系、相互作用的系统组成的。他将这些系统分为四种，即微系统、中间系统、外层系统和宏系统（Bronfenbrenner，1979）。后来，随着研究的逐渐深入，以及受到其他理论观点尤其是艾尔德的生活历程理论的影响，布朗芬布伦纳又在其模型中增加了一个时间维度（time）——历史年代系统（William，1998）。

微系统是人类发展生态学模型中最基本的一个分析单位，也是心理学家们最熟悉、研究最多的一个系统。它是指个体最直接的生活环境，包括家庭、同伴群体、学校以及邻居。个体在微系统中主要通过与他人的相互作用和参与活动这两种过程来促进其自身的发展（Thomas，2000）。在微系统的各成分中，个体的发展变化既受个体自身因素的影响，又受环境因素的影响。个体自身的因素主要包括四个方面：

（1）个人特征。如他人对一个漂亮女孩的反应可能不同于对一个相貌普通的女孩的反应。

（2）个人兴趣。如有的儿童喜欢参加体育运动，有的儿童喜欢看书。

（3）从事复杂活动，即以较复杂的方式构建个人环境的意愿程度。如一个 4 岁的儿童，她可能不再满足于仅仅拿着布娃娃玩了，而是自发地创造一种游戏情境，在其中扮演妈妈的角色等。

（4）随着年龄的增长，个体在较抽象概括的层次上组织经验、制定更加详细的计划以及在执行计划的过程中所表现出的倾向性。

环境因素包括个体周围的社会成员，如父母、同伴、教师等以及物理条件，如个人房间的布置、周围的噪音等，这些环境因素都可能会对个体的发展产生积极或消极的影响。当然个体并不是消极被动地接受环境的影响，环境对个体发展的影响是通过环境与个体的互动来实现的。

中间系统是指个体直接参与的微系统之间的联系与相互影响。例如，青少年如果在家庭中遭到父母的拒绝，则他们与教师的关系也可能会出现问题。目前发展心理学家们越来越重视在多种情境下来观察个体的行为以获得有关青少年发展的更全面的信息。

外层系统是指个体并未直接参与但却对个体发展产生影响的环境。如一个人的工作环境可能会影响到其与丈夫和子女的关系。她为获得职位的提升需要经常出差，而这可能会引起夫妻冲突以及亲子互动模式的改变。

生态环境中最外层的一个系统是宏系统。它是指个体所处的整个文化或亚文化中的社会机构组织或意识形态。

历史年代系统是指生活历程和社会历史环境。例如，有关离婚对儿童影响的研究发现（Santrock，2001），离婚后一年的时间里，儿童所受到的消极影响达到高峰，而且男孩比女孩所受到的负面影响要大。离婚两年之后，家庭关系开始相对趋于稳定。

布朗芬布伦纳认为这几个系统相互作用共同影响着个体的发展。另外有一点需要指出，布朗芬布伦纳后来在其理论模型中又增加了一个生物因素，并因此又将其理论称为生物生态学理论（bioecological theory）（Stantrock，2001）。他指出如果我们能够将不同的领域——生物、认知、情绪、社会和文化联系起来加以研究，将更有利于推进对人类发展规律的认识和探讨。

二、艾尔德的人类发展生活历程理论

虽然布朗芬布伦纳的生态学理论充分强调了环境系统对个体发展的影响作用，并建立了包含历史时期因素在内的时间系统模型，但该理论对个体毕生发展的趋势却没有作过多的阐述。而且与艾尔德的研究相比，布朗芬布伦纳在这方面的理论和实验研究还比较薄弱（William，1998）。由艾尔德提出的生活历程理论（life course theory），重点强调人在毕生发展过程中，不同的历史环境与特定的生活情景对人心理发展的影响。

在对社会文化理论有关年龄和社会关系的观点进行大量调查研究的基础上，艾尔德等人提出生活历程是指一系列与年龄相关的事件以及在不同时期个人所扮演的社会角色（William，1998）。虽然像出生、青春发育期、死亡等都属于生物发生学事件，但在个人的生活历程中它们却被赋予了社会学意义，成为了社会事件。艾尔德提出了影响生活历程的四种主要因素，即人们在特定历史时期和历史情境中的生活（human lives in historical time and place)、生活相关事件（linked lives)、生活经历的时间先后顺序（the timing of lives)、人们做出选择和采取行动的动机（human agency and social constraints)。

（一）人们在特定历史时期和历史情境中的生活

不同年龄阶段的个体总是生活在不同的历史背景之下，由于受到不同的历史事件的影响，他们会表现出不同的心理发展特点。这一点对发展迅速的社会来说更是如此。有人（Santrock，2001）分析了美国经济大萧条对人们生活的影响，发现 1929～1933 年经济危机爆发后，那些年长的儿童（生于 1920 年初）在很小的时候就不得不离开学校，到萧条的劳动力市场找工作，并不再依赖于父母，这样他们在日后的发展中就比年龄较小的儿童（生于 1920 年末）更容易出现问题行为。

（二）生活相关事件

生活相关事件是生活历程理论的核心概念，它是指个人生活历程中的所有事件，其中包括与他人生活相联系的事件。在个体的毕生发展中，人总是被各种各样的家庭关系、朋友关系及其他社会关系所包围，从而对其发展产生了重要的影响。例如，在婚姻破裂或是父母工作失败的家庭中长大的孩子，待到成年之后，他们可能会重现其父母的生活。可以说，儿童成年后所经历的失败或成功，以及他们自身出现的种种心理问题，是两代人相互影响的结果。

（三）生活经历的时间先后顺序

个体的毕生发展受到社会生活经验发生的时间先后的影响。据此我们可以解释为什么较早升入初中的学生比那些相对较晚升入初中的学生更容易出现情感和行为问题。升入初中，意味着个体开始进入青少年期，开始逐渐趋于成熟，在这种环境中，人们比较强调竞争、社会比较、自我评价的能力，而此时较早升入初中的个体仍非常需要来自成人的社会支持，这样，自我抉择的能力较低与自我控制需要逐渐增强之间就出现了矛盾，而这对个体的发展是很不利的。

（四）人们做出选择和采取行动的动机

由于受到环境因素的限制，人们在建构个人生活的过程中需要做出不同的选择。克劳森（Clausen，1993）发现成人在事业和家庭上的成功与其青少年后期有组织的计划能力紧密相关。什么是有组织的计划能力？克劳森认为，它包括个体的三种品质：自信、依赖性和智力投资。如果个体有计划的组织能力在高中后期得到很好发展，那么它将对个体以后从事的社会职业、角色表现的稳定性以及个体在整个生活历程中是否会获得生活满足感都产生很大的影响。那些拥有较高计划能力的个体会经历更多的与现实更为接近的教育、职业以及婚姻选择，而那些计划能力较低的个体则表现出对工作不是很满意，经常更换工作或配偶，并且在成年期进行各种职业变换时会体验到很大的压力。

目前，生态学的理论观点在青少年的研究中越来越受到关注，它使研究者们将研究视野逐渐地由直接影响青少年发展的因素扩展到对青少年的心理发展产生间接影响的因素上，由对单个因素的影响发展到对众多复杂因素间相互作用的影响的研究，从而使人们对青少年心理的发展机制有了越来越清晰的认识。

以上各节我们对青少年心理发展的各家理论流派进行了具体介绍。各流派分别从不同的角度探讨了青少年心理发展的特点和机制，这对于我们更全面地认识、理解以及研究青少年的发展具有重要的指导作用。由于研究对象本身的特殊性和复杂性，任何一种单一的理论都不可能准确无误地解释青少年发展的全部内容。因此，我们也不必过于苛求某一种理论，而是应当选择、利用每一种理论中的精华，每一种理论对于我们理解青少年发展的某一方面都是非常有帮助的。

☞讨论

从理论中我们可以学到什么

本章中，我们介绍了诸多有关青少年心理发展的理论观点，不同的观点之间不乏争论与冲突，其中最明显的当属本能论与文化论之争，在此我们并不是要辨出孰是孰非，或形成一种新的理论，而是尽量将各理论观点呈现出来，以供大家各取所需。可以说每一种理论在解释青少年心理发展的某个方面或某一点上都具有一定的合理性，我们不必过于苛求某一种理论，或期待出现一种十全十美的理论能够解释青少年心理发展的所有规律，而是应保持一种开放的态度，以博众家之长，那我们到底可以从理论中学到什么呢？

就某种理论自身而言，首先，它可以提供一种研究的范式、研究的思路，使后人可以据此对某一现象或问题进行更深入的探讨。如皮亚杰提出的心理发展观，推动了大量学者循着“心理发展乃是主体通过动作对客体的适应”这一精髓对个体的心理发展规律进行了大量富有价值的研究，研究者们在借鉴其研究范式的同时也在不断地对皮亚杰的理论进行修正和完善，从而极大地推动了皮亚杰理论的发展并加深了人们对心理发展规律的认识。其次，一种理论的提出，或者是基于对某一问题或某种现象的思考，如精神分析理论的提出是源于弗洛伊德的临床观察，他在治疗的过程中发现大多数神经症患者在成长的过程中尤其是童年早期都有一些相似的经历，这逐渐促使他开始对心理发展的动力进行研究；或者是基于对已有理论的质疑，如人类文化学派正是对当时盛行的本能决定论产生了种种疑虑，开始了对原始社会人们的心理发展状况的研究；或是受其他理论的启发，如霍尔的复演说就是在达尔文进化论的基础上提出来的。鉴于此，通过对理论的学习、研究和探讨，可以使我们形成一种敏锐的洞察力，善于发现现实生活中以及理论观点中存在的问题，如某种现象为什么会发生，某种理论的解释是否合理，除此种解释外是否还有其他可能的解释，某种理论除了可以解释此类现象外是否还可以说明其他的问题等。第三，某种理论提出的同时也提供了相关的研究方法。某一理论的提出以及在理论提出后的验证和完善过程中，研究者都会运用一定的方法，如弗洛伊德的临床法、皮亚杰的访谈法、班杜拉的实验室实验法等，这对于我们从事以后的研究都具有重要的借鉴作用。第四，每一种理论观点的提出也是在给我们提供一种知识，从而使我们可以不断地丰富、完善已有的理论知识体系。第五，某种理论除具有一定的理论价值外，还可能会具有重要的现实意义，可以帮助我们更好地解决现实问题，如埃里克森提出的青少年自我同一性发展的理论观点，对于解决青少年期易于出现的同一性危机具有很大的启发和指导作用。

从理论到理论的发展来看，我们可以发现整个理论发展的新趋势，以更好地指导我们今后的研究工作。首先，如著名心理学家马森（P. Mussen）（William，1998）所指出的，目前发展心理学领域的一个主要的发展趋势是关注于解释心理的发展变化。与早期孤立地研究某种心理现象的内容、结构和功能不同，现在发展心理学家开始研究结构的发展变化过程，以及从人生发展的整个阶段入手来研究各种心理机能。其次，目前发展心理学家不再仅仅将个体看做是生物的、心理的或社会的某一方面的存在，而是将其看做是各方面相互作用、相互联系的整体。与此相应心理学家也开始不断地从各个领域入手对个体的发展进行系统地研究，这同时也促使了跨学科领域研究的出现。

此外，从对理论的学习中，我们还可以领略到心理学家的人格魅力。如生态学的著名代表人物布朗芬布伦纳和艾尔德，一直是非常好的朋友，二十多年来，他们经常彼此交换手稿并就有关的问题进行深入探讨。他们都深刻地体会到对方在自己理论不断完善和发展的过程中所起的作用。布朗芬布伦纳认为指出这一点是非常重要的，因为有的学生常常以为科学家们彼此之间是独立工作、不相往来的，并且理论观点一旦形成也不会去修改、完善，恰恰相反，科学研究很重要的一部分就是需要群体在一段相当长的时间内彼此合作，这样才能创造出更有价值的研究成果（Santrock，2001）。

诚然，除上述提出的几点之外，理论中还有许多非常宝贵的东西值得我们去学习、借鉴，这就需要我们保持一种开放的心态，用敏锐的眼光去发现和探索，从中吸取精华，为己所用。

第三章

青少年的生理发展

个体在一生中经历了两个生长发育的高峰期，从受精卵开始发育至一岁左右是第一个高峰期；第二个生长发育高峰期是在10岁至20岁之间，即青春期。从生物学角度来看，青春期始于第二性征的出现和生长突增，而止于性成熟和体格发育完全。青少年的生理变化主要表现为身体外形的变化和生殖能力的获得。

青春期的生理发育除具有性别差异外，还表现出明显的年龄与速度方面的差异。“早熟”与“晚熟”现象普遍存在于青春期发育的各个方面。这种个体差异受到遗传生物因素与社会文化环境等因素的综合影响。青少年期是透视生物变化对个体心理发展影响的一个重要窗口，青春期的生理变化通过直接和间接两种方式影响青少年的心理机能与行为表现。换言之，青少年的心理和行为问题并非单纯由青春期的生理变化引起，而是生理变化、社会文化背景、他人态度和青少年自身评价综合作用的产物。总之，青春期对不同个体具有不同的发展寓意。

本章将着重论述青少年的生理变化，青少年生理发育的个体差异，以及青春期生理变化对青少年心理发展的影响等方面的问题。

第一节　青少年的生理变化

一般来说，青春期的生理变化主要表现在以下五个方面（Marshall，1978）：（1）生长突增，主要表现为身高和体重的迅速增加；（2）主要性征的发育，包括性腺（男性的睾丸和女性的卵巢）的发育；（3）第二性征的发育，包括生殖器和乳房的发育变化，阴毛、胡须和体毛的生长；（4）身体成分的变化，主要表现在脂肪和肌肉的数量与分布上；（5）循环系统和呼吸系统的发育，这使得青少年活动的力量和耐力增强。上述每一项生理变化都受到内分泌系统和中枢神经系统的影响，神经系统和内分泌系统的发育完善是个体青春期的身体生长发育和心理发展的物质基础。

一、神经系统和内分泌系统的发展变化

内分泌系统和神经系统是机体的两大重要调节系统，二者相互配合，共同调节机体的各项生理功能，从而促进青少年的生理发展。一般来说，生理发展是指有机体或有机体的器官在体积和重量上的增加，构造或结构上的精密与协调，以及机能上的增强或完善。

（一）脑和神经系统的发展变化

脑和神经系统的发育是青少年身心发展的前提和物质基础。到青春期时，它们的结构和机能逐步成熟完善，为青少年抽象逻辑思维等方面的发展提供了保证。

脑的发育和成熟一直持续到青春期，并且有研究者（Brooks－Gunn & Reiter，1990）发现，脑的各个部分会在青春期的不同时期出现生长突增。但专家们在青春期是否影响以及如何影响大脑发育上仍未达成一致意见。10～12 岁时个体头部轮廓的增长或许能在一定程度上说明“青少年期是大脑发育的突增期”，但还没有充分的论据证明这一论断。对个体从儿童到青年期的脑电波的研究发现，尽管大脑的某一部分或某几部分可能呈现周期性突增，但总体上大脑的发育是相当连续的，中间并没有明显的突增。基廷

(Keating，1990) 发现，个体的智力虽在青春期发生了重要变化，但这些发展变化与脑的大小和结构的具体变化并不相对应。目前，关于青春期对大脑发育影响的研究还处于初级阶段，尚需研究者做出进一步探索。

婴儿出生后，脑和神经系统便迅速生长发育，相对于身体其他部位来说，脑的发育一直处于领先地位。神经系统在个体出生后的5～6年内一直保持着最快的发育速度。到6岁左右，大脑半球的一切传导通路都完成了髓鞘化，脑的重量已达成人脑重的90%，这一时期是儿童神经系统发育的重要阶段，因此该阶段的教育对儿童智力的发展具有重要影响。脑的生长到12岁时已基本完成，这时脑的重量基本达到成人水平，脑的容积接近成人脑的容积，神经系统的结构也已与成人无异。脑的重量和容积在青春期增加甚少，但皮层细胞的机能却在迅速发育，这主要反映在脑电波频率的变化上。脑电波是个体大脑皮层有节律的脑电活动，按频率的快慢可分为四种，即β波、α波、θ波和δ波。脑电波频率的快慢是大脑发育过程的重要参数，随着年龄的增长，脑电频率逐渐加快。青少年的脑电波，尤其是α波，在13～14岁时出现第二次飞跃（第一次飞跃在6岁左右），这说明大脑机能逐渐发育成熟。此后　直到20岁左右，脑细胞的内部结构和机能不断进行复杂的分化，沟回增多、加深，神经联络纤维的数量大大增加。联络神经元的结构和皮层细胞的结构机能迅速发展，为联想、概括和抽象思维的形成奠定了物质基础。在新的更加复杂的外部条件影响下，大脑机能进一步完善，并在整体上趋于成熟。此时，脑机能的发展主要体现为兴奋与抑制过程逐步达到平衡，特别是内抑制机能逐步发育完善。但由于中学生正处于青春发育期，此时体内的内分泌腺相当活跃，分泌的甲状腺、肾上腺素水平较高。这些激素促使全身组织迅速发育，促进了脑和神经系统的兴奋，因而青少年的情绪不稳定，神经系统也易疲劳。总之，个体的脑和神经系统要到20～25岁之后才会达到完全成熟。

（二）激素与内分泌系统的变化

人体的内分泌腺一般可分为两类，一类是在形态功能上独立存在的、肉眼可见的，称为内分泌器官，如甲状腺、肾上腺、松果体、性腺等；另一类位于其他器官内部，以内分泌腺细胞群的形式出现，称为内分泌组织，如胰腺内的胰岛。内分泌系统的信息传递者是内分泌细胞产生的高效能有机物质——激素。激素是一种由内分泌腺分泌并渗入血液或淋巴，从而影响身体新陈代谢和生长发育的重要化学物质。内分泌系统分泌激素并调节和控制着激素的水平。激素在血液中的含量甚微，但在机体内具有重要的调节作用。

1．激素的作用

青春发育期的生理发育在很大程度上受体内激素水平变化的影响，激素水平的变化影响到青少年身体外形的变化、内部机能的增强以及第二性征的出现和性成熟。研究发现，激素在青少年的成长发育中具有组织和激活的重要功能（Collaer & Hines，1995）。

体内激素对个体的行为模式具有组织作用。实际上在胎儿期，一些体内激素就已存在并对个体的行为和发展具有组织功能，但直到儿童后期甚至青春期，某些激素才得以发挥其组织功能来调节个体的行为。男性比女性拥有更高的睾丸激素水平，这种性别差异预先决定了个体的行为模式，但此模式中的许多行为直到青春期才明显表现出来。例如，攻击行为性别差异的研究表明，虽然攻击行为的某些性别差异直到青春期才出现，但这些差异是由出生前体内已有的激素决定的，而非由青春期激素水平的变化所致。只是因为直到青春期我们才能看到体内激素所导致的外显行为变化，所以才错误地推断这些行为是由青春期激素水平的具体变化引起的。

青春期激素水平的变化也会引起青少年的许多行为变化，即激素水平的变化激活了个体的行为，直接导致了个体外表和行为的某些变化。例如，青春期某些激素水平的提高刺激了第二性征的发育。研究发现，在青春期由肾上腺所控制的激素水平的变化会引起个体性驱力的增强（McClintock & Herdt，1996）。

个体在青春期所表现出的一些变化也可能是由激素的组织和激活的交互作用引起的（Collaer & Hines，1995）。胎儿发育过程中体内存在的某些激素已经将一系列特定的行为模式组织起来（例如，性激素可使我们将来进行性行为），但这种行为模式的激活还需要青春期特定激素水平的变化（例如，直到青春期，随着体内性激素水平的升高，个体才产生进行性行为的动机）。

2．内分泌反馈系统

个体青春期的生长发育在很大程度上是由脑和内分泌系统中的一系列复杂事件引发的。激素的分泌主要受下丘脑（hypothalamus）—垂体系统的调节。内分泌系统接受中枢神经系统（主要是脑）的指令，提高或降低体内循环中的激素水平，从而促进个体的生长发育。

目前，研究者已普遍证实个体的青春期发育受复杂的反馈环调节（见图3-1），在这个反馈环中内分泌系统的一部分对另一部分做出反馈。内分泌系统主要通过下丘脑、脑垂体（pituitary）和性腺（gonads）三者之间的相互作用来发挥其功能。这一反馈系统是个体与生俱来的，只是到青春期时其重要性增加。反馈系统的功能类似自动调温器，将体内激素设置在一定水平，如同将自动调温器设置于一定温度。如果将室内的自动调温器设置为60℃，当室温低于此温度时，自动调温器会自动开始工作，使温度上升；相反，当室温高于此温度时，自动调温器便会自动降温。与此原理相同，当体内的特定激素水平低于内分泌系统所设定的激素水平时，激素的分泌就会增加；而当激素水平达到设定值时，激素的分泌就会暂时停止。并且像自

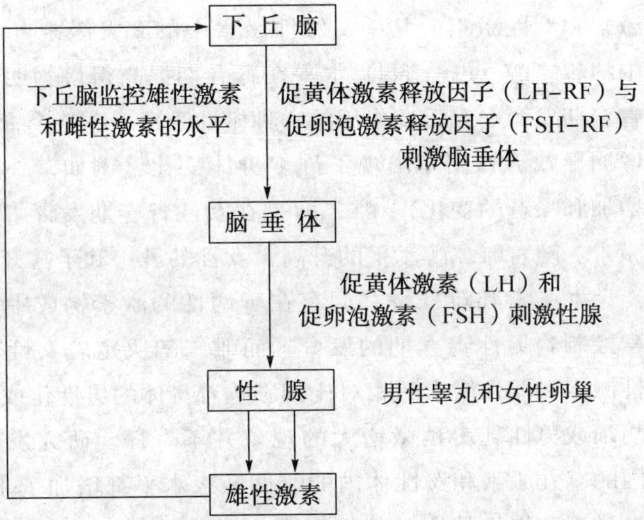

图 3-1　由下丘脑、脑垂体和性腺组成的反馈系统对性激素水平的调节

（资料来源：Grumbach et al.，1974）

动调温器一样，体内某种激素设定的水平也可以上下调节，而某种激素水平设置的高低却依赖于环境或身体内部条件。

下丘脑、脑垂体和性腺三方面的不断循环调节构成了内分泌系统的反馈环。下丘脑执行脑的较高级功能，控制着吃、喝和性等基本生理活动，并监控脑垂体的活动。脑垂体是一种重要的内分泌腺，它控制个体的生长并调节其他腺体的活动，进而调节体内激素的总体水平。青春发育期间，性腺（男性的睾丸和女性的卵巢）和肾上腺分泌重要的激素。那么，此反馈环是如何发挥作用的呢？脑垂体通过分泌促性腺激素（gonadotropin）（刺激睾丸和卵巢的激素）输送信号给特定的腺体，调节这些腺体的激素分泌。脑垂体通过与下丘脑的相互作用，会及时觉察体内激素是否达到最佳水平，并通过维持促性腺激素的分泌来做出反应。下丘脑是此反馈系统的传感器，调节并维持体内总的性激素水平。当体内性激素水平达到设定值时，下丘脑就会做出抑制脑垂体的反应；而当体内性激素水平降到设定值以下时，下丘脑便不再抑制脑垂体，允许脑垂体刺激性腺和肾上腺，使它们分泌出性激素和其他激素。

性激素对个体青春期的生长发育非常重要。雄性激素和雌性激素分别是主要的男性激素和女性激素。其中，雄性激素中的睾丸激素（testosterone）和雌性激素中的雌二醇（estradiol）水平在青春期提高得最为明显。睾丸激素是在男性青春期发育中起重要作用的一种雄性激素。在整个青春期，睾丸激素水平的增加导致男青少年出现了许多身体变化（例如，外生殖器的发育、身高的增加和嗓音的变化）。雌二醇是在女性青春期发育中起重要作用的一种雌性激素。随着雌二醇水平的升高，女性的乳房和子宫开始发育，骨骼发生变化。睾丸激素和雌二醇共同存在于两性的激素构成中，所不同的是，睾丸激素控制着男性青春期的发育，而雌二醇决定着女性青春期的发育。体内雄性激素和雌性激素的相对比例影响着身体的男性化或女性化，因此，女性长胡须或男性乳房稍微增大的现象并不奇怪。研究发现，在青春期，男性体内的睾丸激素和女性体内的雌性激素水平都增加了 18 倍，但女性体内的睾丸激素和男性体内的雌性激素水平却只增加了两倍（Nottelman & others，1987）。

具体来说，青春期体内反馈系统的激素调节主要是通过以下四个环节之间的不断循环实现的。

第一，下丘脑释放促垂体激素刺激或抑制脑垂体的活动。促垂体激素包括促黄体激素释放因子（luteinizing hormone - releasing factor，缩写 LH - RF）和促卵泡激素释放因子（follicle - stimulating hormone - releasing factor，缩写 FSH - RF）。

第二，脑垂体开始分泌激素。这些激素能影响身体的生长发育及性腺和肾上腺皮质的激素分泌。脑垂体除了分泌促性腺激素来刺激睾丸和卵巢分泌性激素外，还通过与下丘脑的交互作用分泌促进生长的激素，这些激素或者直接促进个体生长和骨骼成熟，或者通过与甲状腺的相互作用产生类似的结果。其中，生长激素（growth hormone，缩写 GH）促进机体的生长发育和新陈代谢；促甲状腺激素（thyroid - stimulating hormone，缩写 TSH）和促肾上腺皮质激素（adrenocorticotropic hormone，缩写 ACTH）促进甲状腺和肾上腺皮质的发育；促黄体激素（luteinizing hormone，缩写 LH）和促卵泡激素（follicle - stimulating hormone，缩写 FSH）促进性激素（雌性激素和雄性激素）的分泌；催乳素（prolactin，缩写 PRL）促进乳腺的发育。

第三，性腺和肾上腺皮质开始分泌激素。这些激素一般都能促进发育，同时也能促进性别差异的形成。两性体内都有雌性激素和雄性激素，只不过在青春期，男性分泌更多的雄性激素和少量雌性激素，而女性则分泌更多的雌性激素和少量雄性激素。

第四，下丘脑继续监控血液循环中的激素水平，必要时它会通过控制自身的分泌物来维持体内激素含量，使其保持在适当水平。

下丘脑—脑垂体—性腺的反馈系统同时也说明了个体青春期的发动机制，即青春期的出现是由脑决定的，而非脑垂体所发动的。布鲁克斯冈恩和瑞特（Brooks - Gunn & Reiter，1990）进一步指出，并非是在青春期时脑刺激了青春发育，而是在青春期以前脑一直抑制青春发育。

早在胎儿期，下丘脑—脑垂体—性腺反馈环就表现出机能活动。在婴儿期，体内性激素水平的设定值是固定的，并且水平很低。婴儿性腺分泌的少量性激素可抑制下丘脑（促性腺激素释放激素）和脑垂体（促性腺激素）的激素分泌。这种抑制作用一直维持到临近青春期。换言之，青春期以前下丘脑对性激素非常敏感，很容易抑制促性腺激素的分泌。

到青春期，这个反馈系统便发生了变化。由于中枢神经系统和日渐成熟的下丘脑之间的相互作用，以及肾上腺皮质所分泌的激素的作用，下丘脑对性激素的敏感性降低。此时原有的性激素水平已不能够使下丘脑抑制促性腺激素的分泌，因此需要越来越高的激素水平才能引起下丘脑抑制脑垂体的活动。这就如同自动调温器先前设定在60℃而现在设定在80℃，因此需要使用更多的燃料才能达到新设定的温度。恰在青春期前，下丘脑对性激素的敏感度降低，从而允许体内性激素的水平升高，下丘脑—脑垂体—性腺的各级活动依次逐渐增强。这样儿童就进入了青春期，个体的性器官和副性征以及其他男女体征逐渐发育并日渐成熟。对激素敏感性的逐渐降低是个体青春发育开始的主要机理（Grumbach et al.，1974）。但研究也发现，青春期的开始时间也受青少年身心健康状况的影响，压力、疾病、营养缺乏、过度锻炼和过度瘦弱都可能延迟青春期的开始（Frisch，1983）。

二、身高、体重及身体其他方面的发展变化

当第一次生长发育高峰于1岁左右结束之后，人体的生长发育速度便开始减慢，特别是5岁以后的增长速度一直很缓慢，但进入青春期后生长发育的速度又大大加快，出现了个体的第二次生长发育高峰，这称为青春期的生长突增（growth spurt）。青春期的生长突增大概与第二性征的发育同时出现，这时身体的增长十分惹人注目，几乎涉及全身的骨骼、肌肉和绝大多数内脏器官。青春期内分泌的变化对青少年身体的影响非常明显，激素水平的变化导致了身高和体重的快速增长，在青春早期的短时间内青少年的身体外表发生了巨大的变化。一般来说，女孩生长突增比男孩早两年出现，女孩生长突增的平均开始年龄为9岁，而男孩为11岁。

（一）身高与体重的发展变化

1. 身高

身高的快速增长是青春期生长突增的最明显的测量指标，也是青少年身体发育的最直观的标志之一。

青春发育期激素活动的加强，特别是体内生长激素、甲状腺激素和雄性

激素的同时分泌，促进了青少年骨骼的生长，从而导致了身高的快速增长。一般来说，女孩青春期生长发育的高峰出现在 11.5 岁，而男孩出现在 13.5 岁。在生长发育高峰期男孩的身高平均每年可增长 7～9 厘米，最多可达 10～12 厘米；女孩的身高平均每年可增长 5～7 厘米，最多可达 9～10 厘米。从图 3－2 和图 3－3 中可以清晰地看到个体身高生长突增的明显变化。图 3－2 呈现了普通个体在婴儿期、儿童期和青春期绝对身高的增长情况。如图所示，18 岁之后个体的身高增加得很少。图 3－3 显示了在同样的年龄跨度下身高每年的平均增加量（即变化率），从图中我们可以清晰地看到身高在生长高峰期发展速度加快，并且女孩生长突增出现的时间一般比男孩早两年。总体来说，男孩在 11 岁之前比女孩高一些；从 11 岁到 13 岁之间女孩长得比男孩高，并且女孩的身高增长量大于男孩；从大约 14 岁开始，男孩的身高超过女孩，并且身高的年增长量也大于女孩。

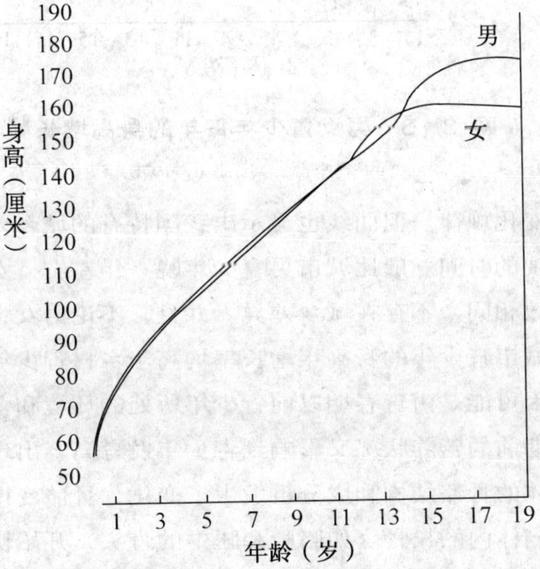

图 3－2 男女青少年在不同年龄的平均身高

（资料来源：Marshall，1978）

从我国城乡男女生身高年增长曲线（见图 3－4）中可以看到青少年身

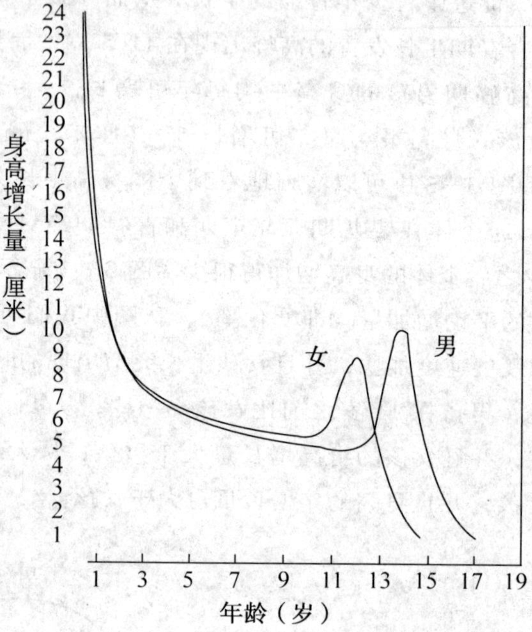

图 3-3 男女青少年每年的身高增长量

（资料来源：Marshall，1978）

高增长的相似变化规律。但曲线也显示出我国特有的城乡差异，乡村男青少年发育高峰出现的时间一般比城市男青少年晚一年左右，女青少年发育高峰的出现时间大致相同，不存在城乡差异。并且，不论男女，在青春期发育高峰出现之前，城市青少年的身高年增长率均高于乡村青少年。身高增长出现城乡差异的原因可能是由青春期以前青少年所处的环境和营养状况的差异造成的，而青春期前的营养状况又影响到青少年发育高峰出现的时间。

青春期个体的骨骼结构和成分也发生了变化，骨骼变得更坚硬、密度更大并且易碎。当体内的长骨（如胳膊和腿中的骨头）开始快速生长时，身高便开始增加。身体长骨末端的生长终结是青春期结束的一个标志，这时身高便停止增长。青少年身高的快速增长主要是由他们腿骨和躯干长度的增加引起的。同时，青春发育期激素活动的加强促进了软骨的生长，也导致了身高的增加。青春期身体各部分生长的顺序相当有规则：身体末端（头、手和足）首先开始加速生长，然后是胳膊和腿生长加速，紧跟着是躯干和肩膀的生长加速。

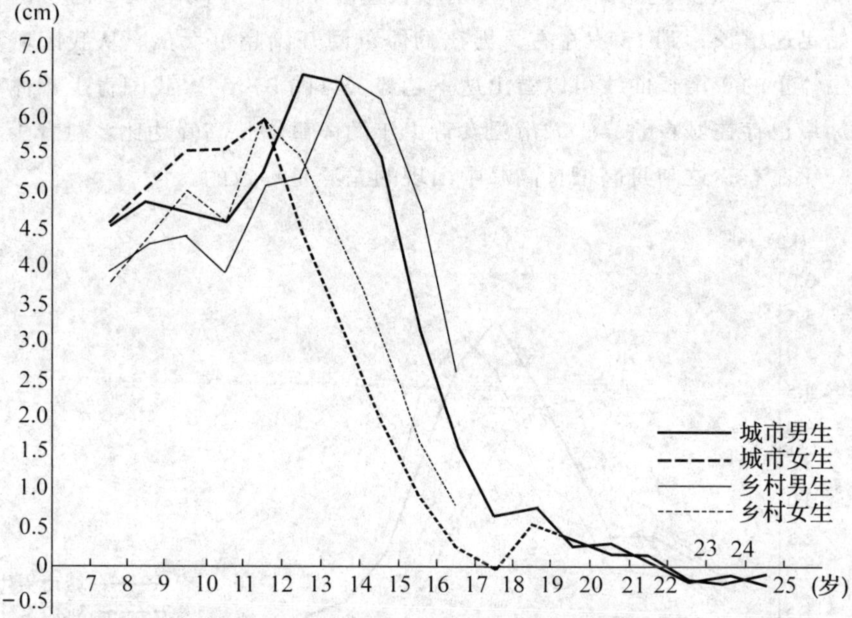

图 3-4　我国城乡男女青少年身高增长曲线（1978 ~ 1980）

（资料来源：王玏，1986）

多数个体在经历青春期的生长高峰后，其身高与同伴相比仍保持不变。换言之，即使一个男孩的身高在青春期发生了显著变化，但与原来比他高的男孩相比仍然较矮，而与原来比他矮的男孩相比仍然较高。因此对大多数青少年来说，发育突增所带来的变化不会使其身体外表与同伴群体相比有明显差异，但个体身高的变化与其同伴相比仍有一定的波动范围。对大多数青少年来说，虽然小学时期的身高能很好地预测个体青春期后的身高，但青春后期的身高大约有 30％不能由小学时的身高来预测和解释。

2．体重

身高快速增长的同时，青少年的体重也正以同样的速度在增加。在青春期伊始，个体的体重便有明显增加。青春期体重的生长突增高峰虽然不如身高明显，但增长的时间比身高长，变化幅度也较大，并且在性成熟后体重仍继续增长。9 岁以前男女体重相差无几，女孩的体重在 9 岁以后进入快速增长期，12～13 岁达到高峰，14 岁后增长速度下降。男孩在 12～13 岁时体重开始迅速增长，到 13 岁左右，男孩的体重便开始超过女孩。从我国城乡男女生体重的年增长曲线可以看出这一趋势（见图 3－5）。我国青少年体重的增加量也存在城乡差异，城市男女青少年的体重增长高峰均比乡村青少年提前一年左右，这与身高增长高峰中出现的差异是一致的。

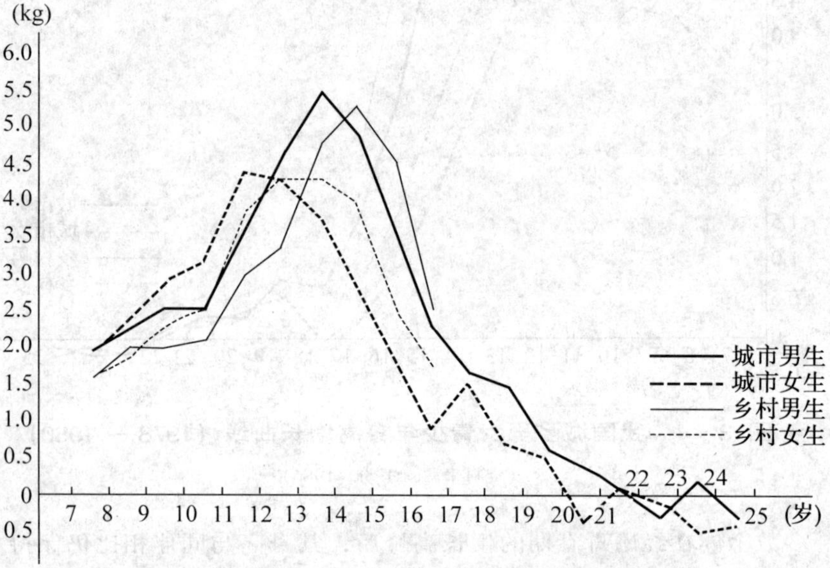

图 3－5 我国城乡男女青少年体重年增长曲线（1978 ～ 1980）

（资料来源：王玢，1986）

青少年体重的增加除与骨骼的增长有关外，还与肌肉、脂肪的增长以及内脏体积的增大有很大关系。肌肉组织的发育在青春发育初期主要是指肌纤维随身高的急剧增高而增长。15～18 岁期间，肌肉组织的快速增长则主要是肌纤维的增粗，这时肌肉组织变得比较坚实有力。青春期两性肌肉的增长都非常突出，与骨骼的生长保持平行。不仅肌肉重量在体重中的比例增加了，而且肌肉组织也变得更为紧密，肌肉的力量大大增强，因而体力也随之增强。但男孩比女孩的肌肉组织生长得更快，而且力量也更大，男性肌肉的增长一直持续到20多岁才达高峰。

在肌肉生长发育的同时，青少年身体的脂肪也在增加。两性皮下脂肪的增加在1～6岁之间一直很缓慢，女孩从8岁，男孩从10岁起才开始加快增长。但女性比男性拥有更多的皮下脂肪，并且女性以更快的速度增加，这在青春期刚开始的几年中表现得尤为突出。实际上男孩在青春期开始前身体脂肪却略有下降。这些生长发育中的性别差异所导致的最终结果是男孩在青春期结束时，肌肉和脂肪的比率大约为3:1，而女孩的比率大约为5:4。因此，到青春期时个体在力量和运动能力领域便出现了性别差异。据估计，青春早期身体成就方面的性别差异大约有一半是由于皮下脂肪的差异造成的(Smoll & Schutz，1990)。

青春期以前，在肌肉发育和皮下脂肪方面的性别差异相对较小。男孩在经历身高和体重的生长高峰之后，体内脂肪逐渐减少，但身体肌肉的发育要好于女孩，所以看起来更强健。青春期女孩体内脂肪的增长是持续的，有时甚至达到过胖的程度，脂肪的分布以乳房、臀部、髋部、背的上方和上臂内侧等处为多，这样女孩就变得日益丰满起来。

3. 身体发育的不协调性

随着青少年的发育突增，个体的四肢开始变长，臀部、乳房、肩膀也发生相应变化。但男女变化的比例是不同的，男性的肩膀与臀部相比变得更宽阔，腿相对于躯干也较长；而典型的女性身材则表现出肩窄、臀宽以及腿相对于躯干较短的特点。

虽然我们能够预测青春期个体所发生的各种变化，但这一时期身体各部分的变化是不同步的，即青春期的身体各部分并不都以同样的速度或同时开始快速的生长发育。身体发育的不同步性在身高方面表现得尤为明显。身高的增长包括腿的长度和躯干长度的增长。首先是腿开始加速生长，大约在一年以后，躯干开始加速生长。青春期身体发育的基本原则是四肢越末端的地方发育得越快。在青少年的生长突增期，脚和手首先变大，而躯干部分变化相对较晚。因此，在四肢的其他部分发育起来之前，手和脚看起来有些大得不成比例。这种生长的不同步性导致青少年笨拙和鲁钝的外表，并且身体各部分不相配的加速生长会使他们感到非常尴尬。当然，随着青少年的不断发育成长，身体各部分的比例最终会变得协调一致。

（二）循环系统和呼吸系统的发展变化

青春期身体外形变化的同时也伴随着身体能力的显著增加。除肌肉的发育外，心脏和肺的体积和容量的增加也是导致身体力量和耐力增强的主要原因。

1. 心脏与循环系统的生长发育

心脏是人体的重要器官。婴儿出生一年后，心脏的重量可增加一倍。青春期时心脏生长迅速，重量增加到新生儿的 10 倍左右，十七八岁时心脏重量接近成人水平。以后在适当的体力活动下，心脏重量还稍有增加。心脏重量的增加主要是由于心肌的增厚，从而使心脏收缩力增强，心脏功能得以完善。心脏机能的强弱可由脉搏、血压来衡量。脉搏反映一个人的心率。新生儿的脉搏每分钟为 120 次，随着年龄增长，脉搏次数逐渐减少，青少年的脉搏已接近成人水平，但直到 20 岁以后才趋于稳定，平均每分钟约为 75 次。

人的血压是随年龄增长而逐渐增加的。儿童期血压低是因为血管发育超过心脏发育导致的。此时心脏发育不成熟，排出的血量少，血液内的水分和浆液较多，而血管内径大，血液流动阻力减少，所以血压较低。但在 15～18 岁这一阶段，由于内分泌腺活动加强，血管的发育反而落后于心脏的发育，血管口径相对血流量来说过于狭窄，阻力增大，会出现高血压现象。这是发育过程中的一种暂时现象，这种现象随着年龄增长会自然消失。我国男女青年在 19 岁左右血压趋于稳定，逐步达到成人的协调状态。此外，青春发育期的青少年体内红血球数量、血色素与血容量增多，这可以促使氧在体内更有效地分布，从而使个体在运动之后能迅速恢复体力。

2. 肺与呼吸系统的生长发育

肺的结构在 7 岁时就已发育完成。10 岁前儿童肺的生长主要是肺泡数目的增加。12 岁时肺的重量比出生婴儿重 9 倍，此时肺的呼吸功能也随之增强。随着肺组织和呼吸肌的发育，肺活量在 14 岁时急速上升，到 19 岁左右可达成人水平，但肺活量存在明显的性别差异。14 岁以后是呼吸系统发育的重要阶段，也是胸廓和呼吸肌发育的高峰期。因此，青春期加强体育锻炼，能促使呼吸肌更发达，肺活量增加，胸围增大，呼吸差增加，使呼吸系统的功能全面增强，从而有利于人体的健康发育。

3．身体力量的性别差异

心脏与肺的发育使青少年的体力和耐力增加，特别是在体力活动中，青少年的身体可以在缺氧情况下继续发挥功能。像其他身体能力的变化一样，男性在这些身体力量获得的速度和大小方面优于女性。研究发现，到青春期结束时，男孩更强壮，与女性相比拥有更大的心脏和肺，更高的心脏收缩压，更低的静止心率，更高的血氧容量，更强地中和在锻炼中所产生的化学产物（如乳酸）的能力，更高的血色素和更多的红血球（Petersen & Taylor，1980）。到青春发育期末，男女在生理特征上的各种差异使男性具有从事紧张的身体运动并从中恢复过来的能力优势。男性一般在诸如举重、投掷、跑步和跳远等活动中优于女性，而这种优势往往被人们泛化为男性在所有方面都占身体优势，这其实是一种误解。发育中的性别差异并不意味着男性身体能力优于女性，因为生存能力才是身体适应性的关键指标。

激素对身体能力的性别差异有重要影响。由于男性比女性有更高的雄性激素水平，男性体内的雄性激素水平在青春期又以更快的速度增加，由此促使男性与身体力量有关的结构机能迅速发育完善，在身体力量上出现性别差异。实际上，随着年龄增长，像饮食、锻炼等环境因素对身体能力的性别差异起着越来越重要的作用（Smoll & Schutz，1990）。约翰逊等人（Johnson et al.，1994）指出，女青少年的饮食比男青少年更缺乏营养，特别是重要的矿物质（如铁），而这些物质能导致在肌肉发育和练习耐力方面出现性别差异。因此，身体能力的性别差异除受激素的影响外，还受到其他因素的影响。这其中也涉及一些社会因素，因为身体力量在很大程度上依赖于练习与训练，而练习与训练又依赖于个人的动机、社会期望和实践机会。往往男性在这些方面会得到更多的社会鼓励与支持，这也促成了男女两性在身体能力上的差异。

总之，处于青春期的青少年在身体能力方面存在明显的性别差异。一般情况下，女性的发育比男性要早 1～2 年，但是男性的内脏机能最终要强于女性。

三、第二性征的发育与性成熟

青春期的生理发育除了表现为身体外形的剧变和内部机能的增强外，更为明显地反映在第二性征的出现和性成熟上。男性与女性之间最大的和惟一的群体差异是他们生殖作用的不同。发育突增引起了青少年身高、体形和体力等方面的巨大变化，但与性别有关的最为显著的变化当属那些影响生殖能力的身体特征的变化，这些特征称为第一性征，即由遗传决定的生殖器官和性腺上的差异，如男性的睾丸和阴茎，女性的卵巢和子宫。

第二性征是个体性成熟的更为明显的标志。第二性征（也称副性征）是指那些重要的能够区分男女性别特征但对于生殖能力无本质影响的身体外部形态特征。进入青春期后，睾丸、卵巢开始分泌性激素，促进了男女第二性征的发育，导致了男女外部形态上性别特征差异的出现以及性器官、性功能的成熟。第二性征的发育是青春期最重要的身体变化之一，它标志着个体的生殖能力开始成熟，表现为身体外表的明显变化，这些变化主要包括阴毛的生长，性器官外表的变化和乳房的发育等。第二性征出现的年龄存在显著的性别差异，女性一般要比男性早 1～2 年。我国女性初潮约在 12～14 岁，男性首次遗精年龄在 13～15 岁。由于种族、地区和所处社会环境等条件不同，第二性征开始出现的年龄存在很大的个体差异。尽管青春期生理变化的具体时间因人而异，但变化顺序对于每一个体都是相同的。

（一）男性第二性征的发育与性成熟

男性青春期身体特征发展的序列很有规则（见表 3－1）。其性成熟的发育顺序依次是：睾丸和阴茎大小的增加，长出直的阴毛，嗓音的轻微变化，首次射精，出现卷曲阴毛，生长高峰开始，长出腋毛，嗓音的明显变化，面部毛发的出现。男性性成熟的三个最明显的标志是阴茎增长、睾丸发育和面部毛发的出现。直接促使男性性成熟的主性器官是睾丸。睾丸可分泌雄性激素，雄性激素的主要作用是刺激男性附性器官（输精管、附睾、精囊、射精管、前列腺、阴茎等）和第二性征发育，并维持正常性欲。

一般来说，男性青春期的发育首先表现为睾丸和阴囊的增大，并伴随阴毛的出现。大约一年后，身高的生长突增开始，伴随阴茎和阴毛的进一步生长发育，即表现出更粗的肌理和更深的颜色。随着睾丸的发育，内部器官和管道的更为复杂的网络结构也开始形成，这种结构可使精子由睾丸经阴茎排出。阴茎发育的同时，其他与性成熟相联系的腺体，如前列腺和精囊，在这一时期也开始增大。精囊可产生精子，而前列腺可以产生精液输送精子。前列腺发育后，发生首次遗精，但此时精液中并无精子。首次遗精一般出现在阴茎加速发展的一年之后，这时体格的增长已由生长突增高峰阶段转到缓慢阶段。研究也发现，由于大多数男孩的首次遗精一般是由手淫（masturbation）或湿梦（wet dream）引起的，因此遗精更多地受到社会文化的影响（Tanner，1972）。

表 3-1　　青春期生理变化的序列

男性		女性	
特征	首次出现的年龄（岁）	特征	首次出现的年龄（岁）
1. 睾丸、阴囊发育	10～13.5	1. 乳房发育	7～13
2. 阴毛出现	10～15	2. 阴毛出现	7～14
3. 生长突增	10.5～16	3. 生长突增	9.5～14.5
4. 阴茎发育	11～14.5	4. 初潮	10～16.5
5. 嗓音变化	大约与阴茎发育同时	5. 腋毛的出现	大约阴毛出现后两年
6. 面部和腋下毛发的出现	大约阴毛出现后两年	6. 油脂腺和汗腺分泌（由于腺体阻塞引起痤疮产生）	大约与腋毛同时
7. 油脂腺和汗腺分泌，痤疮	大约与腋毛的出现同时		

（资料来源：B. Goldstein，1976）

腋毛的出现一般要比阴毛晚1～2年。面部毛发出现的顺序，首先是上嘴唇的角落，接着是整个上嘴唇，然后是脸颊的上部分和下唇的中线部分，最后沿脸的边缘和下巴的底边缘生长。青春发育时，男孩的喉结突起，嗓音逐渐变得低沉。此时，女性也发生声带变化，但比较轻微，因此嗓音变化一般只看做男性的第二性征。青春期皮肤也出现很大变化，皮肤变得更粗糙，特别是在上臂和大腿周围的皮肤。同时汗腺的发育加速，皮肤的油性增加，因此青春发育期的青少年经常会出现痤疮、皮肤疹。

在腋毛生长的同时，男青少年的乳房也发生了轻微的变化，这令许多男生感到惊慌和尴尬。男青少年乳房的发育表现为乳头突出，乳晕增加，偶尔在乳晕下有硬块，少数有轻微触痛。这些都是暂时出现的正常生理现象，数月后会自然消失。由于乳房的发育受雌性激素的影响，因此这种现象可能是由于青春期体内雌性激素分泌相对过多引起的。

（二）女性第二性征的发育与性成熟

女性青春期第二性征的发育序列不如男性有规则（见表 3－1）。其发育顺序依次是：乳房变大，阴毛出现，腋毛出现，身高开始增长，臀部与肩相比变得越来越宽。女性青春期两个最明显的变化是阴毛和乳房的发育。卵巢是女性的主性器官，它具有生卵作用，并分泌雌性激素和孕激素。雌性激素可刺激女性附性器官（输卵管、子宫、阴道等）的发育和第二性征的出现，并维持正常性欲。孕激素的作用是在雌性激素基础上，进一步促进子宫内膜的增生与腺体增长，以及乳腺的生长。

乳房的发育是女性青春发育期出现的最早标志。乳房发育的第一个迹象是乳房隆起，即乳蕾的出现。乳房各部分的发育经常同时出现并一般经过如下几个阶段。在乳蕾期，乳晕扩大并且乳房和乳头突起像一座小山的模样；到中期，乳晕和乳头变得与乳房明显不同并凸出乳房轮廓线；最后，乳晕凹进乳房轮廓，只有乳头突出。不管乳房发育的大小如何，女性的乳房都会经历青春期的这些变化，到青春期结束时女性乳房会变得非常丰满。乳头和乳晕的形状和清晰度的变化比单独的乳房发育能更好地说明性成熟的发展过程。然而，并非所有女性第二性征的发育都以乳房发育为首要标志，大约有 1/3 的女青少年阴毛的出现先于乳房的发育。女性阴毛的发育遵循着与男性相似的顺序，一般来说，从稀疏、柔和、浅颜色逐渐向稠密、卷曲、粗糙和深颜色转变。在阴毛生长的同时，女性的腋毛也开始出现。

女性的生长突增一般出现在乳房和阴毛发育的早期和中期阶段。月经初潮（月经的首次出现）出现的时间相对晚一些。故将月经初潮作为女性青春期开始的标志是不正确的。许多女青少年的青春发育在月经初潮前很长时间就已经出现。月经初潮是女性发育到青春期中期时必然出现的生理现象，因其比较突出又是正常女性发育中的独有现象，因此将其作为女性发育速度的重要指标和青春期的重要标志。月经初潮时卵巢还未发育完全且不稳定，因此，初潮后可能会出现月经周期不规律的现象，一般约在一年后才逐步按月来潮。月经初潮和第一次排卵之间还有一段时间间隔，月经初潮后一年内开始排卵者仅占 18%，初潮后 1～3 年开始排卵均属于正常范围内。研究发现，有规则地排卵要到初潮后两年才会出现，并且女性要到月经初潮几年后才能获得完全的生殖能力（Hafetz，1976）。初潮出现的时间与身体各方面的发育程度有关，一般都是在身高和体重的生长突增达到最高峰 1～2 年之后，即生长速度下降到一定阶段才会出现。1990 年对我国十个地区的女孩初潮情况的调查表明，月经初潮的平均年龄为 13.04 岁，初潮出现的最早时间为 9 岁，最晚为 18 岁（李力红，2000）。

像男性青春期的发育一样，女青少年也要发生一系列与生殖能力有关的重要内部变化。这些变化涉及阴道、子宫和生殖系统等其他方面的生长与发育。青春期内部性器官（包括卵巢、子宫、阴道等）的重量和体积的变化都较为迅速。阴道的变化在青春早期就开始了，甚至在乳房或阴毛的发育之前，阴道和外阴就开始变长，并一直持续到初潮稍后。阴道上皮受雌性激素的刺激增生变厚，约在初潮后一年，阴道液由中性变为酸性。前庭大腺开始分泌，小阴唇增大，表面的细皱纹更加明显，大阴唇变肥厚，并都出现色素沉着。女性在 8 岁以前卵巢是很小的，8～10 岁发育开始加快，以后发育速度呈直线上升趋势。月经初潮前，卵巢、输卵管和子宫一起下降到展宽的盆腔内，发育渐趋成熟。月经初潮时，卵巢约重 6 克，只有成熟卵巢重量的 30%。此时卵巢内的许多卵泡发育得相当大，随后退化而不发生排卵。在多次无排卵的月经周期后，才出现有排卵的月经周期。女性的子宫在儿童期无弯曲，6 岁前子宫的大小有很少增加，6 岁后，子宫体生长加快。青春早期子宫体的增大主要是由于子宫肌层的生长。月经初潮前不久，子宫内膜才开始发育，宫颈管扩大，腺体开始分泌。月经初潮后，正常的子宫稍向前倾，直立时子宫几乎与水平平行，子宫体在膀胱之上，而宫颈向后。总之，在10～18岁时，子宫的长度比幼年时增加了接近一倍，它的形状和各部分的比例也有所改变。

第二节　青少年生理发育的个体差异

青春期的开始时间和发育速度不仅存在性别差异，而且在同性个体之间也存在个体差异。青少年在身体发育和性成熟等各方面都存在"早熟"和"晚熟"现象。由于青春期的开始年龄和发育成熟的速度具有很大的个体差异，因此使用群体平均年龄来表示个体的发育年龄会产生误导。一般来说，青少年的发育受到遗传生物因素与环境因素交互作用的影响。例如，对成熟时间影响最大的是遗传因素，但儿童期营养和健康状况良好的青少年进入青春期的时间要早于他们的同伴。随着生活水平的提高，青少年的身体发育呈现出一种"长期趋势"，即个体青春期的开始年龄和发育高峰的出现有提前现象，并且发育指标逐年增加，发育速度加快。"长期趋势"体现了环境因素对个体青春发育的影响。

一、青春期开始时间和发育速度的个体差异

据统计，女孩最早7岁，最晚13岁开始进入青春期，而男孩进入青春期的年龄最早是在9.5岁，最晚是在13.5岁。研究发现，对女孩来说，青春期首要特征的出现与身体完全成熟之间的时间间隔，短则一年半，长则六年；对男孩来说，青春期从开始到结束的时间间隔的变化是两年至五年（Tanner，1972）。在正常青少年群体中，某些个体可能在其他个体的青春期开始之前就已完成了青春期生长发育的整个序列。例如，一位早熟、成熟速度快的青少年在10岁或11岁完成了青春期的成熟，两年后一位晚熟青少年的青春期才开始，而七年后另一位晚熟、成熟慢的青少年才完全发育成熟。但需要指出的是，个体青春期的开始年龄与发育速度之间并没有必然联系。

青少年身高、体重的生长突增，第二性征的出现及性成熟等方面都存在早熟和晚熟现象。女孩月经初潮的年龄变化范围很大，初潮出现在9～15岁之间都是正常的。月经初潮过早的女孩身体其他方面发育还不太成熟，而初潮晚的女孩身体其他方面的发育则较为成熟，因此早熟者比晚熟者从月经初潮到排卵需要更长的时间。研究发现，到成年后，晚熟者一般比早熟者更高，而早熟者身体会更重（至少对女性来说是这样的）（George，Williams，& Silva，1994）。但青春期的开始时间对个体成年时的最终身高或身体其他方面的影响较小。与青春期的开始时间相比，儿童期前的身高和体重与其成年时的身高和体重的关系更密切。

青春期的开始时间和成熟速度存在种族差异。一项对美国青少年的大样本研究发现，非裔美国女性成熟的时间早于她们的白人同伴。例如，白人美国女孩月经初潮的平均年龄接近13岁，而非裔美国女孩的平均年龄接近12岁。已有研究发现，多于27%的非裔美国女孩和少于7%的白人美国女孩在7岁时进入青春期（Herman－Giddens et al.，1997）。目前，出现这种种族差异的原因尚不清楚，一个原因可能是非裔美国女孩更经常地处于含有化学药品（如合成激素）的环境中，这可能刺激她们更早地进入青春期。

二、影响青少年生理发育个体差异的因素

研究者一般通过个体差异研究和群体差异研究这两条途径来考察青少年在青春期开始时间和发育速度上存在的个体差异问题。在这两种研究中均发现了遗传与环境因素对个体青春期开始时间和发育速度的影响。

（一）遗传因素

个体青春期发育的时间和速度在很大程度上是由遗传决定的。一般来说，个体的身高、体重等身体形态以及内脏机能的发育受遗传素质和各种生物因素的影响较大。处于相同环境下的个体其青春期开始时间和发育速度的差异主要受遗传因素的影响，但遗传因素只是限定了身体发育的范围，而非个体发育的惟一影响因素。研究者对同卵双生子和异卵双生子的青春期发育进行比较，发现他们之间存在相似的青春期成熟模式，这表明个体青春期成

熟的时间和速度主要是由遗传决定的（Marshall，1978）。另有研究者（Brooks－Gunn & Reiter，1990）对姐妹之间月经初潮时间的研究发现，具有完全相同的遗传基因的同卵双生姐妹，她们初潮的时差一般不超过2.8个月；只具有50%共同基因的异卵双生姐妹初潮的时间一般相差10个月左右；而那些非双生姐妹初潮的时间则相差13个月左右。由于相似的基因可通过相似的体形影响个体的青春期发育，同一家庭中的子女其体形往往较为相似，因此姐妹或兄弟之间的青春期发育一般具有相似的模式。

虽然每个种族和民族内部青春期发育的时间和速度都存在个体差异，但青春期成熟的群体差异并不大，不同种族和民族间个体青春期发育的开始时间一般相差很小。最近研究表明，通常人们所认为的那些种族或民族间的差异事实上并不存在。例如，以往人们通常认为亚洲女孩初潮的时间要晚于欧洲的同龄人，但实际上中国女孩的初潮年龄与北美和西欧的同龄人几乎是相同的。因此，一个国家内部各亚文化间青春期开始时间和发育速度的差异可能与种族、民族的关系不大，而与青少年的生活条件有更大关系（Brooks－Gunn & Reiter，1990）。

除遗传因素的巨大影响之外，环境也对个体的发育成熟具有重要作用。在大多数情况下，个体从遗传中获得的特定的先天素质会以一定的速度发展，使个体在特定时间达到青春期成熟。但这种先天素质只是界定了青春期发育时间的上限和下限，而非一个固定的绝对值。换言之，遗传素质决定了个体成熟的年龄范围，而在预定范围内个体何时经历青春期还要受到环境的影响。从这个意义上说，青春期成熟的时间和速度是遗传与环境交互作用的产物，受到个体的遗传天性和其发展的环境条件的综合影响。

（二）环境因素

个体青春期发育开始的时间和速度受到环境的影响，但环境对个体的影响并不总是外显的。比如，气候对个体青春期发育的起始时间看起来并无实质影响，但实际上季节变化对发育速度的影响非常明显。春季和秋季是个体身高的快速增长期，并且女孩初潮的时间一般是在夏季或10月、1月，而不太可能出现于春季。这种现象可能是由于季节的变化影响了个体体内激素的分泌。

营养和健康是影响个体青春期成熟的两个最重要的环境因素。当代社会中，大多数人已认识到营养对个体青春期发育的重要影响。研究发现，那些在出生前、婴儿期和儿童期都有较好营养的个体青春期出现得较早（George et al., 1994）。与其他时期相比，青少年期个体对蛋白质和热量需求较大，因此青少年对他们的饮食变化特别敏感。如果营养不良，青春期的发育和成熟将减缓或延迟。那些因饥荒或严重贫困而营养不良的儿童常会表现出一定的发育障碍。但一般来讲，营养不良常常只是减缓了个体的发育速度。即使在营养不良的情况下，处于青春发育期的个体仍在不断地发育成熟，只不过速度较慢而已。不同国家间个体青春期重要生理事件出现的时间差异也反映了这些国家间饮食营养状况的差异。研究发现，在世界的贫困地区，个体青春期的发育在一定程度上要晚于那些饮食较充足的国家中的同龄人（Brooks－Gunn & Reiter，1990）。同样，营养也会导致不同社会阶层的个体在青春期发育的起始时间和速度上出现差异，来自富裕家庭青少年的青春期开始时间明显早于贫困家庭的同龄青少年。可见，即使个体原本具有达到一定身高和体力的遗传潜力，但营养状况也会影响他青春期的开始时间和发育程度。

研究发现，影响青春期开始时间的另一个重要因素是青春期前个体的身体健康状况（Marshall，1978）。严重的创伤或慢性疾病也会影响到个体青春期的发育，延迟青春期的开始时间。例如，那些患有心脏病或肾病的青少年，其青春发育一般要晚于同龄人。这可能是由于疾病影响了体内激素的分泌，并进而影响到个体的青春期发育。此外，研究还发现，过度锻炼也会影响个体的青春期发育（Frisch，1983）。不过，需指出的是，由于童年期和青少年期的大多数疾病历时较短，且对整个身体状况无实质性伤害，因此这些疾病一般不会对青少年的生理发育产生不良影响。

除身体因素外，社会环境因素也会影响青少年（尤其是女孩）青春期的开始时间。研究发现，那些生长在凝聚力较少，或冲突较多的家庭中的青少年会较早地进入青春期（Graber，Brooks－Gunn，& Warren，1995）。另有研究发现，家庭中缺少父亲（因为离婚或死亡）的女孩比那些有父亲的女孩的成熟年龄要早（Surbey，1990）。总体来说，人类和其他哺乳动物若生活在与其生物亲属亲近的环境中，将会减慢其青春期成熟的进程（Surbey，1990）。研究已发现，家庭内部关系的疏远会使个体感觉到少量的压力，并影响青少年的激素分泌，因此冷漠的家庭关系加速了个体青春期的成熟（Graber et al.，1995）。其实，研究者在很久以前就已认识到社会关系对个体生物功能的影响。众所周知，生活在一起的女性（例如同宿舍室友），随时间推移她们的月经周期会趋于同步（Graham，1991）。

虽然初潮并不标志着青春期的开始，但由于初潮是女性青春期发育中一个很有代表性的指标，研究者经常使用初潮的平均年龄来比较不同群体或地区中青春期发育的时间差异。研究发现，遗传因素对青春期成熟的群体差异只有很小的作用（Eveleth & Tanner，1990），在青春期的平均发育速度和开始时间上的国家间的差异更可能反映了环境的差异而非基因库的差异。环境对青春期发育时间和速度的影响可通过三类群体的比较来具体地加以考察：（1）不同国家间月经初潮平均年龄的比较；（2）同一国家社会经济群体间的比较；（3）不同时代同一群体的比较。

首先考察世界上不同地区初潮年龄的变化。一般来说，在营养不良或慢性病较少的国家，女孩初潮的平均年龄更低。例如，在西欧和美国，初潮的平均年龄从 12.5 岁至 13.5 岁；而在非洲，女孩初潮的平均年龄大约在 14 岁到 17 岁之间。非洲女孩初潮的平均年龄跨度更大，是因为那里的环境条件有更大的变化。其次，考察一个具体区域内不同社会阶层的个体其青春期发育起始时间与发育速度的差异。研究者发现不同社会阶层的个体青春期的起始时间会相差几个月。富裕家庭的女孩的初潮年龄小于贫困家庭的女孩。例如，比较美国、香港、突尼斯、巴格达和南非地区富裕和贫穷家庭的青少年，发现在这些地区中，经济条件不同的女孩其初潮的平均年龄在 6 个月到 18 个月之间变化。最后，通过分析过去两个世纪中初潮平均年龄的变化来考察环境对青春期开始时间的影响。在过去 140 多年中营养条件得到了很大改善，因此月经初潮的平均年龄随时间发展呈下降趋势（如图 3-6 所示）。总体来看，“儿童正在变得越来越高大并且成熟得越来越快”（Eveleth & Tanner，1990）。随着时间推移，环境对青少年身体发育的影响越来越大。一方面，个体青春发育的起始年龄和发育的高峰年龄有提前现象，即青少年的生理成熟过程有提前的趋势，称为“发育前倾”；另一方面，出现了个体生理发育的各项指标逐年增加的现象，即出现了“发育加速”现象。这两种现象统称为青少年身体发育的“长期趋势”。这种生理成熟的“长期趋势”普遍存在于世界各地区、国家和不同的种族和民族中。营养、饮食条件和医疗卫生保健条件的改善，对传染病的更好控制以及青少年健康状况的日益改善，是这种长期趋势出现的重要原因。

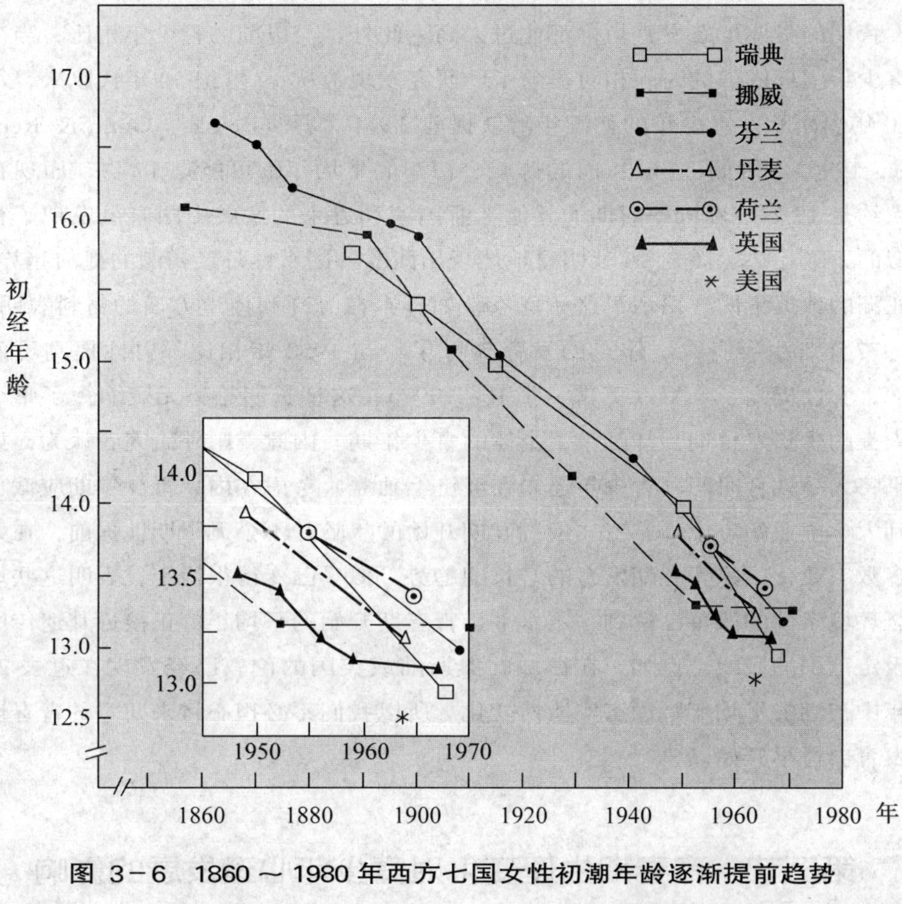

图 3-6　1860～1980 年西方七国女性初潮年龄逐渐提前趋势

图中的小图是对 1950～1970 年之间发展的补充说明

（资料来源：Tanner，1973）

自20世纪起，所有年龄阶段的儿童，特别是青少年的身高都有显著增加。事实上，每隔10年，同龄个体的平均身高就会增加2～3厘米。所以，与1900年的同龄人相比，20世纪80年代青少年的平均身高增加了16～24厘米。与此相一致，中国儿童青少年体质研究组根据11个省市的资料得出，从1955年到1979年间，7～18岁各年龄组男子的身高平均增加5.60厘米，女子身高平均增加5.10厘米。并且，北京市卫生防疫站和儿童保健所在1975年对北京市儿童青少年的生长发育情况调查发现，儿童从出生至青春发育期的身体形态发育指标都比过去高。此外，与以前的青少年相比，当今青少年生理成熟的时间相对提前了。研究发现，从19世纪50年代以来，每10年内西欧女青少年的初潮年龄就提前3～4个月（Brooks－Gunn & Reiter，1990)。例如，140年前的挪威，初潮的平均年龄可能是17岁，而现在大约是13岁。在同一时期的其他工业国家和近来的发展中国家也发现了相似的下降趋势。图3－6就明显地体现出西欧各国女性月经初潮的提前趋势。亚洲的数据也同样揭示了这一现象，如日本在身高和体重方面的材料表明，1977年青少年身高、体重的发育高峰年龄与1952年相比，男性提高了两岁，女性提高了一岁（莫雷、张卫，1997)。这种长期趋势无疑缩短了整个人类的生长发育期，却延长了个体的青少年期。因此，国外研究者认为，如果将大学教育时间（青少年还未在经济上独立）考虑在内，青少年期应截止到大学毕业的二十二三岁。但青春期开始的年龄并不会无限期地提前，在大多数工业化国家青春期发育的“长期趋势”似乎已变得很稳定，表明这些地区环境条件的改善已达到一定水平，青春期开始的平均年龄正接近其遗传所设定范围的底线。例如，在挪威的奥斯陆或英国的伦敦已经发现在过去25年中初潮的平均年龄没有实质性变化。所以我们不必担心将来儿童的青春期发育会过早开始。

第三节　青春期生理变化对青少年心理发展的影响

青少年的生理变化对其心理发展有着重要影响，这些影响是通过直接和间接两种方式来实现的。一般来说，青少年的心理变化大多都不是由青春期的生理变化单独引起的，而是受生理变化与社会文化环境相互作用的影响。本节将具体阐述青春期的生理变化对青少年心理发展的影响。

一、青春期生理变化对青少年产生的影响

（一）青春期生理变化对青少年心理与行为的直接影响

青春期的生理变化以直接和间接两种方式影响青少年的心理与行为表现（见图3－7）。所谓直接影响，是指身体的生理变化直接导致了青少年心理的某些变化。研究发现，体内激素水平变化会影响青少年的心理机能与行为表现。对男性来说，青春期睾丸激素的增加直接导致了男青少年性驱力和性活动的增强（Halpern，Udry，& Suchindran，1996）。对女性的研究也发现，月经周期的第22天，随着雌性激素和黄体酮的含量大大增加，大约有40％的女性体验到更为强烈的抑郁、焦虑、烦躁、自尊心下降、疲倦和头痛等感受（海德，1987）。虽然个体在平时也能体会到这些情绪体验和自我感觉，但其强度要弱一些。还有研究者对体内激素水平的变化进行了研究，发现那些与同龄人相比体内激素水平较高的青少年报告了较多的消极情感和过剩的精力（Brooks－Gunn & Warren，1989）。激素具有激活效应，对青少年更具唤起和兴奋作用，从而影响青少年的情绪与行为。但青少年生活于一定的社会文化环境中，其心理与行为表现是多种因素综合作用的产物，因此青少年的心理与行为表现较少是由青春期生理变化直接引发的，而大多是生理变化与其他因素综合作用的结果。

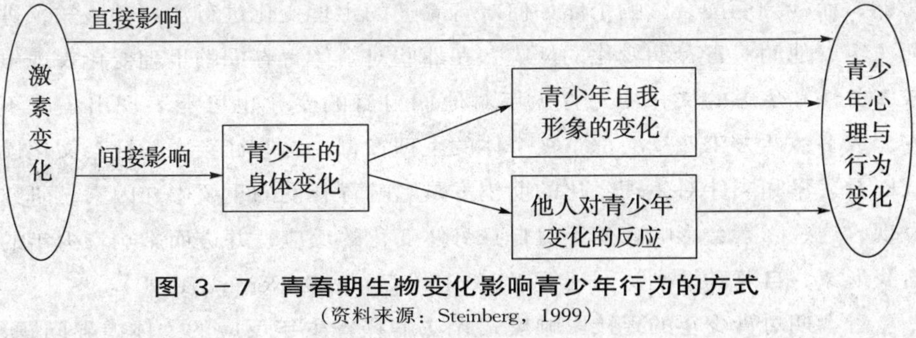

图 3－7　青春期生物变化影响青少年行为的方式

（资料来源：Steinberg，1999）

（二）青春期生理变化对青少年心理与行为的间接影响

生物因素与心理反应之间的联系通常要受到环境因素的影响。例如，青少年的情绪反应更多受具体环境的影响，消极情感在一种情境中发生的可能性会高于另一情境。青少年生理变化对其心理所产生的影响是通过其他中介因素（如个人因素和社会文化因素）传递的，存在于社会与文化中的标准、模式、期望和他人的态度都会影响到个体对其生理发育的心理反应。因此，青春期的生理变化对青少年心理发展的影响，主要是通过个人、社会对这种身体变化的评价和态度而间接发生作用的。如，青少年关于身体外表的自我期望及他人的期望会影响到他们的自我形象等（如图 3－7 所示）。青春期身体变化对青少年的影响并不在于变化本身，而在于青少年对这些变化的意义和重要性的解释，在于青少年对他人反应的理解，以及对这些变化是否符合社会文化模式的认识。而这些认识或解释依赖于个体对自身变化快慢的认知、他人对此所持的态度和看法以及社会对进入青春发育期时间的看法。具体来说，在青春发育期，青少年的发育是早熟、晚熟还是正常发育本身并不会产生多大影响，真正起作用的是本人或他人对此所持的态度和看法。因为任何一种社会文化对个体的成熟时间已经形成了一种传统、习惯的看法，人们正是以此为标准来确定个体发育的早晚差异，并对青少年的生理发育做出反应，从而影响到青少年对其自身发育早晚的认识。

青少年对自己与他人青春期变化的反应还受到更广阔社会环境的影响。当代社会关于青春期和身体成熟的观点可通过电视、报纸和杂志广告以及电影和其他媒介中对青少年的描述表现出来，人们不可避免地受到这些媒体的影响，而社会期望会影响个体如何对青春期的生理变化进行注意和认知，进而决定着他们对青春期变化的反应。在那些对个体青春期的生理变化表现出较多关注和焦虑的文化中，青少年对他们自身的变化也可能表现出焦虑不安。大多数西方工业社会都重视个体的生理发育，这些社会中的社会文化模式以及父母和同伴对生理变化的期望都是影响青春期的重要中介因素，研究发现，这些因素会影响青少年对自身身体变化的反应，并进而影响青少年的自我形象、自尊和性别认同感等（Brooks－Gunn & Reiter，1990）。

青春期对青少年的直接影响模式无法解释青少年反应的个体差异问题，

因为同样的生理变化对每一个体的影响是不同的。而间接影响模式却对此做出了很好解释：生活在不同文化背景中的青少年对同样的身体变化会做出不同的反应；生活在同样社会文化环境中的青少年，由于他们的成长经历不同，对身体变化和对他人行为反应的解释与认知不同，因而他们对同样生理变化的反应也不同。

二、青春期生理变化对青少年自我形象等方面的影响

青春期生理变化对青少年发展的影响表现在许多方面，下面将从青少年的自我形象、情绪和家庭关系等方面作具体阐述。

（一）自我形象

伴随青春期的身体发育，青少年的心理也在不断发展变化。自我既是心理的主体，又是心理的客体。作为主体的自我，能够反映客观现实，认识、体验和影响自然与社会；作为客体的自我，是被自己不断认识、体验和调节的对象。这种不断被自己认识、体验和调节的产物，就是自我形象（田万生，1999）。自我形象是一个相对稳定的心理体验，它在个体的一生中虽不断变化，但在不同年龄阶段内却是稳定的，呈现出静态的形式。自我形象涉及到自己的语言、行为，周围环境对自己的评价以及身体形象等多个方面。自我形象是青少年关注的焦点之一。

一项关于青少年早期变化对自尊影响的经典研究发现，经历青春期会导致女青少年自尊的适度降低。对800个青少年的研究发现，六年级和七年级中自尊下降最大的是有月经、开始约会和在同一年内变换学校的女青少年（Simmons et al.，1979）。该研究表明青春期可能是一个潜在的紧张刺激，对女青少年有暂时的负面影响，但只有当青春期与其他需要青少年适应的变化相结合时才会出现这种影响。因此，研究者（Simmons & Blyth，1987）认为，青春期本身对青少年的自我形象并未产生太大影响。这一观点已得到其他研究者的证实。如有研究发现，青春期对青少年心理的影响在很大程度上是由青少年所在的社会文化环境所决定的（Brooks - Gunn & Reiter，1990）。

身体形象是影响青少年自我形象的重要方面之一。青春期身体各方面发

生了显著变化，这迫使青少年十分注重自己的身体形象。赖特（Wright，1989）研究发现，青少年在整个青春期都非常关注自己的身体形象，在青春发育期的青少年表现得尤为强烈，因为此时的青少年比在青春晚期时对自己的身体更不满意。新的知觉、面貌和身体比例的出现使得他们对以前熟悉的身体重新进行审视。容貌、身高、体重、体型以及第二性征等是影响个体自我形象的主要因素。青少年对自身形象的感知存在性别差异。与男孩相比，女孩在整个青春期对自己的身体更不满意，其对身体形象的认识更加消极（Henderson & Zivian，1995）。而且，随着青春期身体的不断变化，特别是身体脂肪的增加，女孩对身体的不满意度增加；但男孩在经历青春期时却对自己的身体状况变得更为满意，这可能与他们的肌肉与体力增加有关（Seiffge－Krenke，1998）。无论哪个社会都或多或少地将身体特征和个性特征看做个体有无吸引力的评价标准，一种文化或社会中关于个体形象美的判断标准对青少年的自我形象有重要影响。这些判断标准通常以各种微妙的方式由家庭、同伴、社会传递给个体。因此，个体对于青春期身体变化的反应在很大程度上是对父母、大众媒介和其他文化传播途径传递给青少年的社会标准和期望的折射。当青少年的身体日益趋于成人模样时，成年人就会认为他们已经能够表现出更成熟的社会行为了。人们一般认为，那些生理发育较为成熟的青少年比那些发育较不成熟的青少年更有魅力。因此，成年人的感知和期望在青少年的身体特征与其心理反应之间起着重要的中介作用（见图3－8）。

青少年对自己体重的感知和满意程度对其在发育期对身体变化的心理反应有重要影响。一般来说，女孩比男孩更关心自己的体重。当前在大多数社会中都认为女性应拥有苗条的身材。因此，感觉自己体重过重的女孩可能较其他女孩具有更消极的自我形象，而早熟女孩对其体重尤为不满。体形是与体重有直接关系的一个指标，它受身体骨骼结构和胖瘦的影响。由于体形直接影响到个体的容貌气质和个性等方面，因此男女青少年非常关注自己的体形。女性的“三围”是衡量身材的重要指标，而“倒三角”则是理想的男性身材的标准。第二性征也是青少年非常关心的一个方面。第二性征的发育情况在很大程度上影响着青少年的自我形象，同样，社会文化和他人对第二性征的看法与态度对青少年的心理反应有着重要影响。例如，乳房对女性来说是非常重要的第二性征指标。虽然乳房的大小对女性个人魅力或喜欢程度的评价并无明显影响，但社会文化中通常把乳房看做美丽和母性的象征，因此乳房的发育是一种传递文化价值的重要事件，是女性性表达的独特形式。鉴于乳房的重要意义，如果乳房的发育显得不正常（如左右发育不一致）时，女性就会对此感到不安。

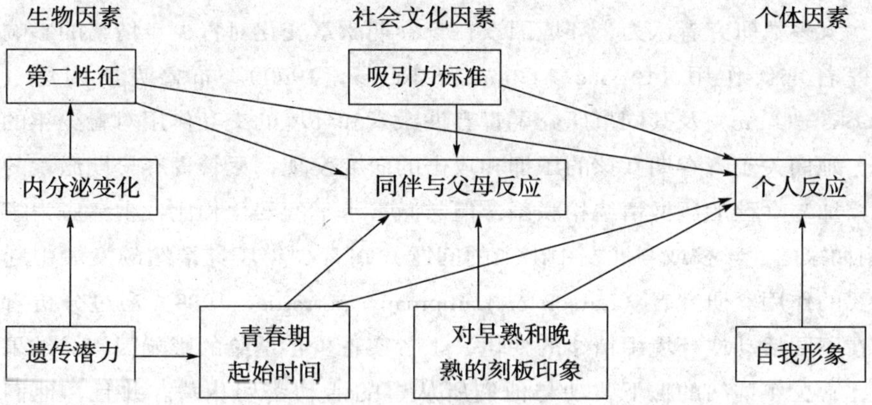

图 3-8　生理变化与心理反应之间的联系

（资料来源：Sprinthall & Collins，1995）

青少年的自我形象受到知觉范围内自我形象标准的影响，即同伴群体内身体形象的标准会严重影响青少年的自我形象。青少年需在发型、穿着打扮、身体特征等多方面迎合同伴的标准和模式，因此，早熟者和晚熟者由于身体发育不符合同伴群体的一般标准，从而易产生消极的自我形象。

（二）情绪

由于自我形象是一个比较稳定的个性特征，因此许多研究者更多地关注青春期生理变化对一些更短暂的心理状态的影响，情绪即为其中之一。一般来说，青少年比年幼儿童和成人更情绪化、更喜怒无常。如，一个使用电子寻呼机监控青少年情绪变化的研究发现，青少年在一天中的情绪波动多于成人（Csikszentmihalyi & Larson，1984）。

青少年的情绪变化与青春期激素水平的变化有直接联系，这种联系在青春早期最为明显，因为此时内分泌的反馈系统刚开始启动并且体内的激素水平波动较大。例如，研究发现，青春早期许多激素（如，睾丸激素、雌性激素和肾上腺激素）水平的迅速提高，会增强青少年情绪的敏感性、冲动性、攻击（男孩）和压抑（女孩）。但影响个体情绪变化的是青春早期这些激素水平的快速波动而非激素水平的绝对增加量。到青春后期一旦激素水平达到较高水平稳定后，激素的消极影响也就变小了（Buchanan et al.，1992）。

大多数研究者认为，环境因素在青春期激素变化对青少年情绪的影响中发挥着重要作用（Brooks－Gunn & Reiter，1990）。布鲁克斯冈恩（J. Brooks－Gunn）及其同事研究了青春期激素和环境的交互作用对青少年的影响。她们关于青春期女孩的压抑和攻击的研究发现，尽管青春早期激素的快速增加与女孩的压抑情绪相联系，但与激素水平的变化相比，生活压力事件（例如家庭、学校或与朋友中出现的问题）在青少年压抑情绪的发展中起更重要的作用。研究者（Larson & Lampman－petraitis，1989）通过分析青少年在不同活动或环境中情绪的变化，来考察青少年情绪的影响因素。结果表明，青少年情绪的上下波动与他们所从事的活动密切相关。并且，他们对9～15岁青少年的比较研究发现，在向青春期转变过程中青少年的情绪波动没有增加。因此，青少年比成人的情绪更易变化可能是因为他们比成人更经常地变换活动的内容与背景。也有研究者（Bence，1992）认为，青少年的情绪变化具有不同的模式。其中，有的模式情绪波动比较大，变化速度也很快；而有的模式情绪变化很小，变化速度也慢。因此当青少年处于前一种模式时，其情绪波动就比较大；而当青少年处于后一种模式时，其情绪变化与成人和儿童就没有很大差别了。

（三）家庭关系

大量有关青春期对家庭关系影响的研究发现，青春期使得父母与子女之间的距离增大，亲子冲突增多，这在青少年与其母亲之间表现得尤为明显（Paikoff & Brooks－Gunn，1991）。亲子关系的变化主要表现为消极事件（如冲突、抱怨、生气）的增加，另外“积极行为”（如支持、微笑、笑声）在一定程度上也有所减少（Flannery，Torquati，& Lindemeier，1994）。对猴子和猿等物种的研究发现，人类青春期亲子距离的增大有其进化基础（Steinberg，1987）。青春期发生的各种变化能导致先前建立起的家庭人际关系失调，暂时破坏已形成的家庭系统。由此，父母与子女便进入暂时的冲突和紧张时期。青春发育期过后，青少年与其父母的消极相互作用会减少，但不会立即恢复到青春期以前与父母的那种亲密关系，家庭内部关系过一段时间后才能达到新的平衡。

青春期的发育成熟与亲子关系距离变化之间的联系不受青春期开始年龄的影响，也就是说，在早熟者或晚熟者身上同样会发现上述亲子关系变化的模式，这说明青春期的特定生理事件会改变亲子关系的联结。但到目前为止，还未弄清青春期对家庭关系的影响是来自于青春期激素水平的变化和青少年身体外表的变化、青少年心理的变化还是其他因素的作用。帕克夫和布鲁克斯冈恩（Paikoff & Brooks－Gunn，1991）考察了青少年发展的多个方面对家庭关系的影响，发现青春期家庭关系的变化可能是青少年的身心变化与其父母方面的各种变化综合作用的结果。

三、青春期特定生理事件的影响

月经初潮和首次遗精分别是女性和男性在青春期所经历的重要生理事件。青少年对青春期特定生理事件的态度和反应必定影响到其心理发展与行为表现。下面着重讨论青少年对这些生理事件的心理反应。

（一）女性对月经初潮的心理反应

月经初潮是女性月经周期的开始，是她们走向成熟、具备生殖能力的信号，这一生理现象对女性的心理发展产生一定的影响。青春期的变化和青春期事件（如初潮）导致了青少年身体的变化，从而使个体的自我概念等方面发生了相当大的变化，并可能产生自我同一性危机。

一般来说，大多数青少年对青春期带来的生理变化，特别是那些与第二性征的发育相联系的变化持积极态度。例如，有关女青少年对乳房发育态度的研究发现，大多数女孩欢迎这种变化（Brooks－Gunn et al.，1994）。当然，女孩在第二性征出现，特别是乳房发育、前胸隆起时，会表现出局促不安、羞怯，害怕别人的注视反应。但女孩对初潮的反应比较复杂，其所在社会中关于初潮的文化信仰，以及父母、教师和朋友等如何看待初潮等都会影响女孩对初潮的反应。研究发现，女孩对月经初潮的反应比较复杂，但大多数女孩的反应并不强烈，而是适度的，既有消极情感，也有积极感受（Brooks－Gunn & Ruble，1982）。大多数女孩对初潮感受的描述是有一点心烦、一点惊奇、一点激动，并伴有一定的积极情绪。日本对女青少年的调查发现，对月经初潮表现出高兴、兴奋情绪的占25%，有惊奇羞怯心理的占75%（莫雷、张卫，1997）。我国学者（邓明昱等，1989）调查发现，女孩对月经初潮的主要心理体验依次是害羞、恐慌、新奇、无所谓等，其中有68.4%的人感到害羞和恐慌。这说明月经初潮给女孩带来了一定的心理压力。由于月经初潮降低了大脑皮层的兴奋性而使得部分女青少年产生疲倦、嗜睡、易怒、忧郁、头痛等反应，而子宫周围血液淤滞或充血又会引起腹部、下肢发胀和疼痛以及腰酸等不舒服的感觉，这可能会加剧女孩对月经初潮的厌烦、紧张等消极体验。当月经周期正常之后，女青少年对月经初潮的身心困扰会随时间的推移而逐渐减轻。

经历过月经初潮的女孩与未经历初潮的女孩相比，对初潮的反应更积极。这可能是因为经历初潮的女孩所体验到的消极感受并没有想象得那样严重，相反，她们更能意识到自己的女性特征，对女性特征表现出更多的兴趣，认为自己更像一位成熟女性，开始更多地注意自己的身体外表，更多地注意与男生的关系。并且，经历了月经初潮的女孩在心理上也比未经历的女孩更成熟一些。西蒙斯等人（Simmons，Blyth，& Mckinney，1983）研究发现，初潮后的女孩在社会成熟度、同伴地位和自尊等方面都高于未经历初潮的女孩。

初潮对个体心理所产生的许多影响在很大程度上来源于文化和个人关于月经的信念，而较少源于个体在这一时期内的身体经历本身。与来自对性持积极、开放态度的家庭的女孩相比，那些在对性持消极、秘密态度的家庭中成长起来的女孩对初潮的态度往往更为消极。研究发现，由于近些年来学校和社会媒体更加开放，对于初潮的神秘信息呈现得更少，现在的女青少年对待初潮的态度比过去更积极（Brooks－Gunn & Ruble，1982）。初潮将会使她们获得社会成熟、同伴威望和自尊，并可提高自我意识（Brooks－Gunn

& Reiter，1990）。但是，穆尔（Moore，1995）发现，许多女青少年在青春期之前就已形成了对月经的消极印象，她们带着对初潮的激动和恐惧的矛盾态度进入青春期。

月经初潮对女孩产生积极影响还是消极影响，还在于她们对月经初潮的准备，即她们具有多少关于月经的知识。青春期的女孩主要是从母亲或医生等其他女性那里获得有关月经的知识。许多研究表明，女性在初潮前对月经强烈的消极偏见与月经初潮时的较大不适有关。大多数认为月经不舒适的女孩，是由于母亲向她们传递了一些关于月经不舒适、不愉快经历的信息，或者其所在社会文化中将月经作为一个重要事件来看待（Koff & Rierdan，1996）。那些对月经初潮所知甚少的女孩与同龄人相比，表现出更多的恐惧和厌恶感，因为她们未为初潮做好必要的心理准备。并且，研究发现，早熟女孩比晚熟和正常发育的女孩报告了更多的消极情感，这可能是因为早熟女孩很少能获得有关月经的充足信息（Brooks－Gunn & Ruble，1982）。研究者还考察了女孩与他人互相交流月经初潮的程度。实际上，几乎所有女孩在月经初潮后都立即告诉了母亲，但大多数女孩没有立即告诉其他人。然而，经过两三个月经周期以后，大多数女孩会跟女性朋友谈论月经的事情（Brooks－Gunn & Ruble，1982）。

（二）男性对首次遗精的心理反应

遗精是男性在非性交活动下的射精，是男性性成熟的标志，是男性具备生殖能力的信号。男性的首次遗精一般发生在13～15岁之间。与女性初潮类似，首次遗精对他们的心理产生很大影响。但与对女性初潮的研究相比，对男性首次遗精的研究相对较少。

我国研究者调查发现（邓明昱等，1989），男孩对于首次遗精的主要心理体验依次为害羞、新奇、恐慌和无所谓等，其中52.7%的男孩感到害羞和恐慌，出现这种心理的主要原因有：（1）由于青少年对遗精几乎一无所知，毫无心理准备而恐慌；（2）遗精往往是与性有关的体验，因此他们既感到新奇又觉得害羞；（3）许多男青少年认为遗精会伤“元气”，影响体质。与女孩不同，尽管大多数男孩的父母或其他成人并未让他们对遗精做好充分准备，但首次遗精一般不会引起他们不适当的焦虑、尴尬和恐惧，男孩报告的积极反应多于消极反应。

一般来说，首次遗精是青春发育期的男性身体发育成熟到一定水平时出现的。阴茎由于受到性刺激（与异性接触、看到报刊影视中有关性的内容等）、体温上升和运动等原因而勃起，从而导致射精。首次遗精往往是由手淫或湿梦（wet dream）导致的，因此，与女孩初潮后立即告诉母亲或过后告诉朋友的情况相反，男孩一般不与他们的父母或朋友谈论自己首次遗精的事情（Stein & Reiser，1994）。但研究也发现在不同文化中男性对该事件的反应存在一些差异。例如，对尼日利亚男青少年首次遗精的研究发现，男孩并不对此感到烦恼不安，而且他们会在首次遗精后不久便告诉朋友自己的经历（Adegoke，1993）。男孩对他们首次遗精反应的文化差异与不同文化对待女孩初潮反应的差异是一致的。与女孩的初潮一样，如果男孩对遗精有充分的心理准备，那么他们对首次遗精的反应会更积极（Stein & Reiser，1994）。因此，父母、教师应向青少年传授一定的有关性发育与成熟的知识，这样有利于男青少年的身心健康。

四、早熟和晚熟的影响

青少年在青春期的开始时间和发育速度上存在个体差异，通过对早熟和晚熟青少年的研究，可获得有关青少年生理变化对心理影响的重要信息。同时，社会文化、他人评价和自我感知也强烈地影响着早熟和晚熟青少年的心理与行为。成熟时间的早晚对男性和女性的不同影响是心理学研究和社会关注的重点内容。

（一）男性中的早熟与晚熟

早熟男孩是指较早进入青春发育期的男孩，这类男孩在同龄人中约占20%。一般来说，早熟男孩比同龄的晚熟男孩处于更有利的地位。在成人和同伴看来，早熟男孩更具吸引力、更有能力；而晚熟男孩与早熟者相比，缺乏身体魅力，肌肉不够发达，更幼稚，更紧张，更烦躁、霸道、缺乏自信和更不受欢迎。

他人对早熟者和晚熟者的社会性和个性的评价，会影响到青少年的自我评价和自我概念。研究发现，在人格测量中，晚熟男孩表现出了更强烈的不满足感，更消极的自我概念和更少的自信（Jones，1965）。早熟男孩比身体发育成熟慢的同伴在自我形象和同伴声望方面有更明显的优势（Petersen，1985）。并且，对于青少年日常情绪的研究也表明，早熟男孩在情感、注意、力量和恋爱方面拥有更多的积极感受（Richards & Larson，1993）。

为什么早熟比晚熟对男青少年的影响更有利呢？由于女孩的发育一般比男孩早1～2年，而早熟男孩也比一般男孩早1～2年开始发育，这样他们与正常成熟的同龄女生在心理体验上就更为相似，因而，他们能在心理平等的基础上与这些女生交往。此外，早熟男生在体育活动中表现更出色，对权力和领导活动更感兴趣，因而受到同伴或老师的青睐和尊重，成为受欢迎的人物或领导者。与此相反，晚熟男生由于进入青春发育期的时间更晚，所以被作为“孩子”的时间更长。人们普遍认为晚熟男孩不具有领导才能，教师和同伴对他们的期望也较低，因而较少让他们承担社会责任和任务，这就使其具有较低的自我形象和自我评价。晚熟男孩的身体显得弱小，肌肉发育不够成熟，因而力量较小。这样在体育运动中便很难获胜，由此妨碍其与同伴的正常交往。

早熟对男青少年的心理发展不仅具有积极影响，而且也会产生消极影响。研究发现，虽然早熟男孩比晚熟男孩更受欢迎，更易成功，但他们也更经常地经历强烈的愤怒情绪，更僵化、顺从和缺乏幽默感（Livson & Peskin，1980）。与此相反，晚熟者在智力、好奇心、探险行为和社会主动性等方面得分较高，同时在解决新问题时更灵活，更具洞察力。因此，晚熟者也具有早熟者所不具备的一些优势。晚熟者拥有更长的青春期前的准备时间，这使其在心理上对青春期的到来做好了充分的准备（Peskin，1967）。早熟者通常很早就被成人社会所接受，因此他们或许没有尝试过应对环境和解决问题的不同技能与策略就已适应了社会。儿童中期和前青少年期是应对技能发展的极为重要的时期，而这种技能对个体在青春期和成年期的发展具有重要意义和价值。进入青春期较晚的青少年有更长的青春期前的准备时间，这就使他们的应对技能在青春期以前发展得更为完善。因此，晚熟者能更为灵活地应对社会环境和解决各种问题。并且，早熟者身体能力的普遍优势促使他们向诸如体育运动之类的方面发展，从而影响了他们学业兴趣和成就活动的发展。研究发现，早熟者更可能卷入反社会或不正常的活动中，例如，逃学、轻微的行为不良和学校问题（Duncan et al.，1985）。并且，更早地卷入饮酒、吸烟和性交等成人行为，以及从事吸毒、犯罪等其他危险活动（Orr & Ingersoll，1995）。已有研究证实，一旦加入了较大的同伴群体，早熟者行为不良和药物滥用的比率就更高（Kracke，1993）。早熟男孩与年龄较大同伴的友谊关系增加了他们从事这些危险活动的机率。

早熟者和晚熟者在青春期所表现出的心理与人际关系上的差异是否会一直持续到成年期？研究者进行了一系列追踪研究来考察25年前的男青少年到成年期时的人格特点（Livson & Peskin，1980）。研究发现，到38岁时，早熟者比晚熟者更负责任，更合作，更好交际，自控能力更好。同时，早熟者也表现得更顺从、更合乎常规和缺乏幽默感。而晚熟者表现得更冲动、更武断，但又更富洞察力和创造性。早熟与晚熟者到成年时的这种差异可能是因为早熟者更具成人化的外表，早熟男孩比其同伴更早地被推到成人的角色上，从而更可能承担责任和担任领导职位，并以更成人化的方式行动。但这种成年期的压力来得太早，会抑制青少年的许多创造性和冒险行为。从长远来看，由于拥有更长的成年期之前的准备时间而使晚熟青少年受益匪浅。总之，早熟男孩的成功和社会地位来得太容易、太早，使其很少需要对生活问题提出创造性或灵活的解决方式，也很少有时间实践新的角色和身份。相反，由于不成熟的身体外表，晚熟男孩获得同样的社会身份和赞誉需要克服更大的困难，从而被迫发展起更多的创造性问题解决方式和更强的认知与社会适应能力。

（二）女性中的早熟与晚熟

早熟女孩与早熟男孩的处境完全不同，她们遇到了最困难的适应问题，处于最不利的地位。早熟女孩比其同龄同伴更沉闷、无主见、不自信、不善于表达、更顺从、更不受欢迎和孤僻；而晚熟女孩则被认为更有吸引力、好交际和富于表现力，并且具有更高的活动性、社会性、领导能力，更加受同伴喜爱（Livson & Peskin，1980）。

像晚熟男孩一样，早熟女孩也与她们的同伴发展不同步。并且因为女孩成熟的时间比男孩早两年，早熟女孩不仅比其女性同伴，而且几乎比所有男性同伴的发育都更加超前。许多研究发现，早熟女孩比正常成熟或晚熟女孩有更多的情绪障碍，例如，更低的自我形象和更高的压抑、焦虑、饮食失调和无谓攻击（Hayward，Killen，& Taylor，1994）。早熟女孩的这些情绪障碍与其对自身体重的感知有很大关系，一般来说，早熟女孩的身体更重，而大多数社会都将苗条的身材作为女性有吸引力的重要标准，相比之下，晚熟女孩可能更符合这一形象，由此早熟女孩便会产生更多的情绪障碍。早熟是否对女孩的自我形象产生消极影响，还受到更广阔的社会文化背景的影响。例如，关于美国女孩的研究一般发现早熟女孩的自尊更低，自我形象更卑下（因为美国文化更喜欢拥有苗条身材的女性），并且对性特征持矛盾态度（Brooks－Gunn & Reiter，1990）。然而在德国，性教育更开放，对青少年性特征的看法较为一致，因此早熟女孩有更高的自尊（Silbereisen et al.，1989）。还有研究发现，在同一个大社会文化环境的各亚文化环境中也存在早熟女孩自我形象的差异（Dyer & Tiggemann，1996）。

像早熟的男性同伴一样，早熟的女孩也更可能卷入不正常的活动中，如行为不良以及吸毒和酗酒等，她们更可能出现学校问题，更可能较早地进行性活动（Ge，Conger，& Elder，1996）。研究发现，因为早熟女孩更可能与年长的青少年尤其是年长的男青少年在一起，因而其进行不良活动的机率便会增加（Magnusson，Stattin，& Allen，1986）。青春期对早熟女孩构成一种很大压力，她们更易发生各种行为问题，不自信以及拥有较差的自我形象。那么，是否早熟独自导致了女性青春期问题行为的出现？研究者（Caspi & Moffitt，1991）对3岁到15岁女孩进行了追踪研究，并使用初潮年龄作为早熟（初潮在13岁之前）、正常成熟（初潮在13岁和14岁之间）和晚熟（初潮在14岁之后）的指标。与大多数研究相一致，他们发现，在13～15岁之间，早熟女孩的问题行为有大幅度增加；并且，青春期前已表现出问题行为的早熟女孩在这一年龄段问题行为的增加显著高于其他女孩，而青春期前未表现出问题行为的早熟女孩其问题行为的增加与正常成熟组女孩问题行为的增加无显著差异；晚熟女孩在13～15岁之间很少表现出各种问题行为。从这个结果可以看出，并不完全是早熟导致了青春期女孩问题行为的出现，早熟只会增加那些先前有问题行为历史的女孩的青春期问题行为，即早熟似乎强化或扩大了青春期前已存在的个体差异。那些在童年时表现出较多问题行为的女孩在经历早熟的压力时变得更加极端，但那些童年时同样也表现出较多行为问题的晚熟女孩，其先前行为倾向在经历青春期时所受到的强化却较少。

一系列研究表明，女性对她们成熟时间的知觉而非她们实际的成熟时间，对其行为与情感有更大的影响（Dubas，Graber，& Petersen，1991）。那些感觉自己是早熟者的青少年认为自己应为成人活动做准备，例如抽烟、喝酒和吸毒。过早介入不良行为对早熟女孩具有长期的消极影响。早熟女孩卷入问题行为的时间越早，越可能对她们长期的学业成绩产生不良影响。例如，对瑞典女孩的研究发现，早熟女孩的学校问题会一直持续存在，从而导致她们对学校产生消极态度，并具有更低的教育期望。到成年期，早熟女孩与晚熟女孩的教育水平表现出显著差异。例如，在最低教育年限以上继续受教育的女孩中，晚熟女孩可能是早熟女孩的两倍（Magnusson，Stattin，& Allen，1986）。对早熟女孩和晚熟男孩成年后人格特点的研究发现，早熟女孩与晚熟男孩的人格发展表现出有趣的相似现象（Peskin，1973），这两种青少年在青春期都可能出现自尊问题。而另一方面，像晚熟男孩一样，早熟女孩在青春期被迫发展起应对技能，而这些技能有长期的积极效应。

总之，早熟或晚熟的青少年与正常发育的青少年相比，面临青春期发育所带来的更大的心理与社会压力。并且，早熟或晚熟对青少年的影响存在性别差异，一般来说，早熟男孩和晚熟女孩比早熟女孩和晚熟男孩处于更有利的地位，表现出更少的心理和社会问题。实际上，青少年早熟或晚熟的生理现象本身并不会产生多大影响，关键是其所在社会文化对青少年早熟或晚熟的看法或态度所起的重要作用。

☞讨论

为什么早熟对男女青少年会产生不同的影响

通过前面的论述，我们知道早熟的女孩比早熟的男孩通常面临更多的社会与心理的不利因素。对于早熟对青少年影响的这种性别差异，心理学家提出了各种理论假设，做出了不同的解释，为我们提供了看待这一问题的不同视角。

第一种解释可称为“偏离假设”（deviance hypothesis）（Simmons & Blyth，1987）。这一假设认为，早熟使青少年在身体外表上变得与他们的同伴相差很大，由此面临更大的心理压力。研究发现，正如肥胖一样，身体外表太突出是一个不利条件（Simmons，Blyth，& McKinney，1983）。一般来说，早熟女孩比她们的男性和女性同伴成熟得都早，这使她们的身体外表在其发育早期就变得非常突出，因此更易受到同伴的排斥和攻击。研究还发现，早熟女孩更易被其他未成熟的女孩以及那些将身体早熟与性早熟联系在一起的成年人所排斥（Brooks-Gunn & Reiter，1990）。因此，早熟的女孩更可能加入年长的同伴团体寻求同伴认同，而这又增加了她们从事反社会行为的机率。并且，这种情况更可能发生在那些童年时就表现出问题行为的早熟女孩身上（Caspi & Moffitt，1991）。与早熟女孩相反，早熟男孩则因他们更加成年化的外表而在同伴与成人中获得了较高的声誉与地位。从另一方面来看，这一假设同样也可解释晚熟男孩的低自尊。

第二种解释是“发展性准备”（developmental readiness）。这种观点认为，青少年如果在未做好心理准备之前就已经进入了青春期，就会产生心理压力（Simmons & Blyth，1987）。青春期是对青少年心理适应的一种挑战，由于早熟青少年进入青春期的时间更早，因此早熟青少年比其他青少年更不能适应这种挑战。而且，早熟女孩的青春期出现得特别早（某些女孩可能在8岁或9岁开始成熟，在10岁经历月经初潮），这会使她们有限的心理资源受到很大的挑战。与早熟女孩相比，早熟男孩的青春期出现得更晚，他们会有更多的心理准备，所以较少出现心理问题。“发展性准备”的假设还有助于解释这一事实：在青春期，晚熟男孩似乎比早熟男孩更能控制他们的脾气和冲动（Peskin，1967）。

最后一种解释是“文化偏爱”（cultural desirability）（Petersen，1988）。早熟对女孩来说意味着不能继续拥有社会文化所赞美的苗条身材。早熟使女孩变得身材高大，体重增加，身体丰满，这就不再符合女性苗条美的社会文化标准了，由此早熟女孩承受更大的心理压力。在青春期，女孩体内脂肪对肌肉的比率明显增加，体重的增加使许多发育中的女孩感到非常痛苦。当早熟女孩体重增加的时候，她们的同伴却仍旧保持少女的苗条身材，特别是晚熟女孩能保持更长时间的理想身材。研究也发现，晚熟女孩比正常发育的女孩出现更少的心理问题（Brooks－Gunn & Warren，1985）。与此相反，青春发育使男孩从一种社会文化所不期望的男性状态（矮小和瘦弱）转变为社会文化所赞许的男性身体状态（高大和肌肉健壮），早熟者在他们的同伴面前拥有高大和健壮的身体优势，因此更可能在青春期表现良好。这充分说明了社会文化对男女外表美所持的不同标准，早熟使男孩变得更加高大和强壮，更有魅力，从而更符合社会文化对男性美的判断标准。

以上三种理论假设都认为，早熟对女孩的不利影响远远大于男孩，早熟女孩在青春期会面临很大的身心问题，从而影响其正常发育与成熟。家长和教育工作者应对此加以高度重视。但只要我们的社会文化中仍过分强调或重视女性的苗条身材，并提倡根据女性的身体外表而非她们的能力、价值或人格来评判女性，那么女性在青春期的这种风险将永远存在。因此，成人应帮助和支持早熟女孩认识到她的力量和积极特征，帮助她们在青春期开始前做好充分的心理和知识准备，以便将青春期的不良影响降到最低点。

第四章

家庭与青少年的发展

家庭是社会的基本细胞，是个体成长和社会化的主要场所之一，儿童从一个基本依靠本能生活的婴儿发展成一个合乎社会角色的要求的、被社会环境认可和接纳的人，家庭环境起了重要的塑造和影响作用。家庭之所以成为儿童发展的理想环境，其原因主要有以下三个方面：首先，家庭是一个社会成员相对较少的群体，成员间的关系非常亲密，这有利于儿童获得较为一致的行为准则；其次，家庭成员与外部环境的联系较多，这有利于儿童逐步参与社会活动，发展其社会交往的能力，为社会交往奠定基础；再次，每一个家庭成员都有抚养儿童的责任，这有利于儿童得到较多的关心和爱护，获得安全感（张文新，1999）。

根据系统论的观点，家庭是作为一个系统存在的。青少年所在的家庭系统具有特殊的运行规律和特征，对青少年的发展起着重要作用。因此，本章我们将一起对青少年的家庭系统进行探讨，内容涉及在这一时期整个家庭系统成员、结构与功能的特殊变化，系统内部的亲子关系、兄弟姐妹关系等各种关系的特点，作为家庭一员相应的价值观特色，以及系统遭遇离婚、经济打击等重大变故时的表现。本章力图从整体上、在变化中讨论家庭与青少年的发展问题。

第一节 家庭系统与青少年期家庭的变化

家庭作为一个系统，存在特定的、相对稳定的交往与情感模式，具有相应的内在规则。家庭成员自身的变化是影响家庭系统的最重要因素之一，青少年期是人生中一个充满发展与动荡的时期，这一时期的家庭系统通常经历着一系列重大复杂的变化，家庭内部各种要素和互动关系以及家庭的整体结构和功能呈现出独有的特征。

一、家庭系统

（一）家庭是一个系统

家庭对个体发展的影响是心理学的传统课题之一。早先有关家庭的研究认为，家庭是由男女双方及其子女组成的结构，而家庭对个体的影响主要是通过母亲实现的。基于这一思想，产生了诸如母亲教养方式、母亲抚养困难对个体发展的影响等方面的大量研究。随着社会的发展，家庭结构不断变化，家庭成员的角色也发生了很大改变，但这些结构与成分上的改变并没有妨碍家庭的健康运转。由此人们在深入研究的基础上开始认识到，家庭是作为一个系统而存在的，能通过多种方式动态地影响个体的发展。

家庭系统理论认为，作为一个系统，每个家庭都存在其特定的、相对稳定的交往与情感模式，具有相应的内在规则。这些内在规则规定了每个家庭成员的角色、地位、行为准则、与外界交往的基本原则等等，各家庭成员的行为特点和交往方式都是对家庭的整体交往与情感模式的适应与保持，家庭系统按照其内在的规则不断运行。

与其他系统一样，家庭系统总在力图保持着“平衡”。而一旦发生某种变动时，如家庭成员数目发生增减、家庭成员自身出现某种变化、与家庭相联系的社会大环境发生了变动等，家庭系统原有的运行模式就会受到挑战，家庭系统就必须进行调整以适应这些变化。而在调适期，系统处于相对不平衡状态，家庭成员可能会感觉到他们已习以为常的相互间交往的模式变得不那么适用了。直到找到新的相互作用方式、建立起新的运行规则，家庭系统才能重新达到平衡，相对和谐地运转。

一般认为，家庭成员自身的变化是影响家庭系统的最重要因素之一，因为这可能导致先前建立的系统平衡被完全打破，为达到新的平衡，家庭系统必定会发生剧烈变化。青少年期是人生中一个充满发展与动荡的时期，这一时期的家庭内部各种因素和互动关系呈现出独有的特征。

（二）家庭的结构功能和类型

1. 家庭的功能

家庭作为一个不断运行的动态系统，具有其相应的功能。家庭的功能（family function）是影响家庭成员心理发展的深层变量。

霍罗克等人（Horrock，1969）认为，家庭具有“身份定义”（status - defining）和“经验定义”（experience - defining）的功能。所谓“身份定义”，指在家庭中，个体确认自己的身份和明了自己将要扮演的社会角色。另一方面，家庭还为个体步入社会提供经验支持和演习机会，这就是所谓的“经验定义”。爱德华（Edward，1984）等人也提出了相似的观点，认为家庭具有对儿童进行社会化、并培养儿童独特人格的功能。

爱泼斯坦（Epstein，1984）等人的 McMaster 家庭功能模式（McMaster model of family）对家庭的功能进行了更详细的阐述。这一模式认为，家庭的基本功能是为家庭成员生理、心理、社会等方面的健康发展提供一定的环境条件。为实现这一基本功能，家庭系统必须完成一系列的任务，如满足个体在衣食住行等方面的物质需要，适应并促进家庭及其成员的发育和发展，应付和处理各种家庭突发事件等等。家庭实现其基本功能、完成其基本任务的能力主要表现为以下六个方面（易进，1998）：（1）问题解决能力。即家庭为有效维持其基本功能而解决各种问题的能力。家庭所面临的问题通常来自物质和情感两个方面，问题解决能力高的家庭能够顺利完成问题解决的步骤，而能力较低的家庭甚至连问题是什么都搞不清楚。（2）沟通。主要指家庭成员用言语进行的信息交流。效果较好的沟通方式内容清晰，直切中心，效果较差的沟通方式常使听者不知所云。（3）家庭角色分工。指家庭成员在家庭中的相对地位、所承担的责任和相应的行为模式。根据家庭的基本功能，家庭成员的角色任务主要包括为家庭成员的日常生活提供必须的物质材料，给予家庭成员情感支持，以及满足家庭成员个性发展的需要，此外还包括维护家庭正常运作，管理家庭事务，如家庭决策、制定家庭规则并监督执行等等。角色分工较好的家庭能够充分发挥每个家庭成员的作用，角色分工较差的家庭容易发生角色冲突。(4) 情感反应能力。即对特定刺激做出适宜而适度的情绪情感反应的能力。较好的情感反应能力表现在能产生与各种刺激相对应的适度的情绪情感体验，情感反应能力较低则表现为情感体验在性质上或程度上常与情景或刺激不相适应。(5) 情感介入程度。指家庭成员之间的情感距离，家庭对各成员个性、兴趣、爱好的尊重和对个体需要的满足程度。最积极的情感介入方式是出于为对方考虑而关心家人的行为和情感。最消极的情感介入方式是对家人漠不关心，或者要求所有家庭成员在价值取向和兴趣爱好方面都保持一致，缺乏个人的独立自主。(6) 行为控制。是指家庭在对各种环境压力进行反应时，对其成员行为方式的限制和容许程度。家庭对其成员的行为控制方式主要有四种：一是刻板的控制方式，家庭根据传统社会文化的要求对成员的行为做出严格明确的规定，并很少随时间与环境的改变而调整；二是灵活的控制方式，对成员行为的规范随环境变化能及时做出相应调整；三是放任的控制方式，缺少规则和限制；四是混乱的控制方式，对成员的行为有时严格控制，有时完全放任，使成员无所适从。最积极的行为控制方式是灵活控制，最消极的行为控制方式是混乱控制。

不同的家庭完成各种任务的能力和方式不同，而且同一个家庭在每个阶段面临的任务也不同，家庭的基本功能经历着不断的变化（池丽萍等，2001）。在中国文化背景下，家庭的很多变化都是因孩子而起，家庭功能所表现出来的变化更多地是孩子的成长需要和亲子之间的关系变化的结果。因此，孩子进入青春期这一重大事件对家庭功能有重要影响。反之，家庭功能状况也对其成员的心理和行为表现具有制约作用。正如比弗系统模式（Beavers Systerm Model）理论所认为的那样（Beavers，1984），个体心理行为的健康程度不会超越其所在家庭的健康水平。家庭系统是否具有良好的功能对青少年心理和行为能否正常发展也具有重要作用。

2．家庭的结构类型

家庭系统功能的发挥需要相应结构的支持。对家庭结构类型的划分方法很多，有人按照家庭成员结构，将家庭分为"单亲家庭"（single－parent family）（由父亲或母亲一方和孩子组成的家庭）、"核心家庭"（nucleus family）（由父母和孩子两代人组成的家庭）、"杂居家庭"（extended family）（由孩子、孩子的祖父母、外祖父母或者还包括曾祖父母组成的家庭）；也有人按照家庭的权力结构，将家庭划分为家长型家庭（父亲被认为是一家之长，且对孩子采取专制独裁的态度）、女家长型家庭（母亲被认为是一家之长，且对孩子采取专制独裁的态度）、平等型家庭（家庭成员分享权力。当然，这种"平等"对于孩子来讲是相对的，孩子不可能跟家长拥有同样的家庭决策权）（Bowenman，1964）。

近期的家庭理论更重视家庭的系统性和动态性，有的心理学家抽取出整个家庭结构中对发挥家庭基本功能有重要作用的维度，据此对家庭结构进行了划分。如奥尔森（Olson，1993）等人提出，家庭亲密度和适应性与家庭成员的心理和社会功能之间存在曲线相关，亲密度和适应性过高或过低都不利于家庭功能的发挥。家庭的亲密度是指家庭成员相互间的情感关系，家庭适应性是指家庭系统为了应付外在环境压力或家庭的发展需要而改变其权势结构、角色分配或联系方式的能力。当两方面表现都处于极端水平，即最高或最低水平，这样的家庭属于极端型家庭；当两方面表现都处于中间水平时，这样的家庭属于平衡型家庭；其余极端水平和中间水平的组合属于中间型家庭（具体类型分布见图4－1）。而比弗等人的系统模式理论对家庭的分类主要依据以下两个维度：其一是家庭在关系结构和反应灵活性等方面的特征，由低到高可分为严重障碍型、边缘型、中间型、适当型和最佳型；其二是家庭成员交往的质量，它与家庭功能发挥的效果之间是非线性关系，由少数家庭成员主宰的向心型交往方式和没有明显家庭地位模式、家庭成员经常为决策发生争执的离心型交往方式都不利于家庭功能的发挥。根据这两个维度，可将家庭分为向心型严重障碍家庭、离心型严重障碍家庭、向心型边缘家庭、离心型边缘家庭、向心型中间家庭、离心型中间家庭、混合型中间家庭、适当型家庭和最佳型家庭9种类型（具体类型分布见图4－2），其中适当型、最佳型和中间混合型为功能健康的家庭（易进，1998）。

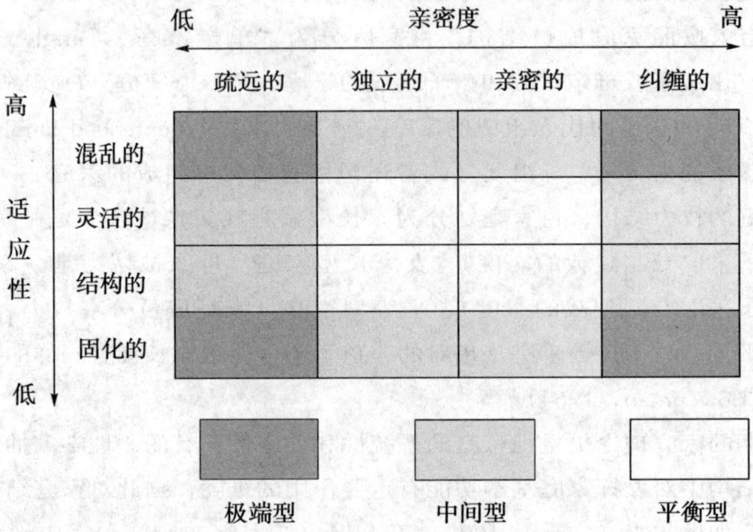

图 4-1　家庭功能环状模式图

（资料来源：易进，1998）

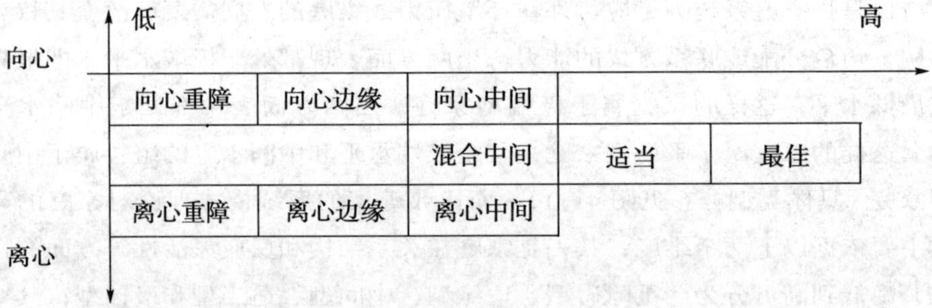

图 4-2　家庭功能系统模式图

不同的家庭类型具有不同的典型特征，而且同一家庭在不同发展阶段上可能表现出不同类型的典型特征，像头生子的降生、夫妻一方工作变动、家庭搬迁以及包括我们所讨论的家庭成员进入青春期等事件，都可能使家庭从一种类型转化为另一种类型。

二、青春期家庭系统的变化

家庭是一个动态的系统。子女进入青少年期对于家庭来讲是一个重大事件，这给家庭系统带来了巨大变化。表 4－1 是一个运转中的家庭系统的例子，我们从中可以发现，在子女青春期时家庭所表现出的特征和变化不仅仅

表 4－1　　家庭生活图

老三（男）：22 个月	老二（女）：10 岁	老大（男）：14 岁
生活课题 发展动作技能 发展自我控制 丰富词汇量 探索周围世界——进行“发现”	生活课题 应付学校的学习要求（成绩不好） 发展自我意识 学会做集体的一员	生活课题 适应青春期的身体变化 适应性唤醒 处理与异性的关系 深化友谊（亲密感）
生活事件 此时父母坚持孩子必须服从 当母亲外出工作时，适应短暂的分离 不再是被注意的中心；无条件地“顺从”	生活事件 害怕上学（数学不好） 被同班的一名女生欺负 嫉妒老三受到注意（他称其为受宠的小子） 担心父亲的健康	生活事件 担心自己不够英俊强壮 交第一个女朋友 为父母间的争吵感到不安 抱怨母亲总在盯着他
母亲：38 岁	父亲：45 岁	奶奶：66 岁
生活课题 回顾自己的生活和付出 适应青春和“美貌”的消逝（在她看来如此） 以耐心、关怀的态度对待青少年	生活课题 回顾自己中年时的付出 夫妻关系发展到一个新阶段 面临身体变化——体能和性活动方面的局限	生活课题 对付日益需要依靠他人这一问题 面临年老和死亡这样的字眼 应付同龄人的死亡

续表

母亲：38 岁	父亲：45 岁	奶奶：66 岁
生活事件	生活事件	生活事件
应付晚出生的孩子——一个不停活动的学步儿童 从事非全日制工作，以缓解被束缚之感 感到内疚 阵发性抑郁 不再喜欢性活动	失业的威胁 高血压 担心逐渐与妻子变得疏远 有一段短暂的风流韵事 感到自己缺乏吸引力	健康恶化 当亲人死亡时便放弃家庭（这也许是个错误） 喜爱小孙子，但是…… 对各种活动或争论都感到"幽闭恐怖"

（资料来源：贝里曼，2000）

是由青少年引起的，而且还涉及到青少年父母的变化和整个家庭系统结构与功能的变化。所以，在探讨家庭与青少年发展的关系时，有必要对青春期整个家庭系统功能改变以及青少年父母的相应变化着重进行讨论。

（一）父母的变化

当第一个孩子进入青春期时，父母的年龄一般接近 40 岁。越来越多的研究结果表明，对成年人来说，40 岁左右可能是一个多事之秋。有的理论甚至将这一段时期命名为"中年危机"（Farell，1981）。

研究者发现，处于中年危机时期的父母与处于青春期的子女在很多方面的变化都是相对立的（Steinberg & Steinberg，1994）。

首先，在生理方面，青少年与父母在这一时期都对自己的身体表现出极大的关注。作为子女的青少年正经历着一个身体飞速成长与性成熟的时期，处于或将要达到健康、力量和性吸引力的高峰。而这时他们的父母对自己的身体健康状况和吸引力正逐渐不再自信，尽管也许他们的健康和魅力根本没有什么明显的衰退迹象。

其次，青少年和父母这时都开始对未来重新进行思考。青少年开始有能力系统地思考他们的未来，他们对于未来充满了憧憬，怀有远大的理想抱负。这时候青少年的父母也在重估人生目标，但他们大多数人对未来的希望开始降低，认为自己的生活不会再出现奇迹。在中年期之前，人们习惯于思考自己已度过的时光，而进入中年期之后，人们考虑更多的是自己还能活多长时间。这种转变的发生可能是因为，中年人自己的父母正逐渐变老，这引发了他们对于死亡的思考。

再次，青少年与父母的社会地位和身份这时都发生了微妙的变化。青少年期是个体获得某些身份的开端。青少年开始考虑如何选择自己的职业和婚姻，他们的生活充满了机遇和挑战。而对于青少年的父母来说，他们如今需要面对的是当年自己的选择所带来的结果。他们中的一些人已实现了自己的理想，登上了事业的高峰，但是对大多数人来说，现实中有太多的无奈与遗憾，与自己年少时的理想相距甚远。

父母的中年危机对家庭关系会产生很大影响（Steinberg & Steinberg，1994）。如，进入中年期的父亲往往对自己的健康过度关注，以前他也许会和孩子进行运动量较大的活动，如周末两小时的篮球运动，但现在这种活动会减少。这样，他与孩子共同娱乐交流的时间就会减少，这必然会使家庭关系产生变化。在大多数情况下，中年危机不会直接导致家庭冲突，但是，无论是父母还是子女，都需要一段时期来适应调整，以应付这一危机。

有心理学家认为，与青少年相比，家长度过这一适应调整期时面对的困难更大（Steinberg & Steinberg，1994）。研究发现，接近 2/3 的父母认为，青春期是儿童最难教养的阶段，这一时期同时也是父母对婚姻和生活的满意度最低的时期。这一时期的压力在某些父母身上表现得尤其明显：比如事业型父母，工作耗费了他们较多的时间和精力，这使得他们对青少年子女的管教更为困难；又如那些当孩子幼小时没有工作的母亲，她们与青少年子女可能会在同时以不同的方式都面临自主性问题，她们需要思考当孩子离开家门时自己将去做什么的问题；再如那些与子女性别一致的家长，也就是说拥有儿子的父亲或者拥有女儿的母亲，有研究证明他们更容易受到孩子进入青少年期的影响，即表现出更多的心理困扰、对婚姻的满意度更低等；此外，没有工作的家长、夫妻关系不好或单亲家长、低自尊的家长等，都更易感受到子女进入青春期带来的压力。

（二）家庭系统功能的变化

在青少年期，家庭中发生的变化不仅仅是由家庭成员的个体变化带来的，家庭的功能在此期间也发生了重要变化。

对处于幼儿期和儿童期的孩子来讲，家庭的主要功能为：教养、保护、社会化。孩子进入青少年期后，家庭的这些功能仍然十分重要。但是，对于青少年来说，家庭教养功能的地位很大程度上被支持功能所代替；而相对于保护功能，家庭的引导功能显得更为重要；此外，家庭对青少年的指导功能更强了，社会化功能相应地退居其次。这种转变会打破家庭系统在儿童期所建立起的平衡，因此家庭功能的这种转变不是自然而然的。

我们可以进一步从家庭各维度的变化趋势考察家庭功能的改变。我国学者曾按照家庭建立的时间将家庭划分为 5 个阶段（池丽萍等，2001）：1～5 年、6～10 年、11～15 年、16～20 年和 20 年以上，根据我们前面曾提到过的奥尔森的环状模式理论，研究考察了家庭结构中对其功能的发挥有重要作用的两个维度：（1）亲密度（cohesion），即家庭成员之间的情感联系，（2）适应性（adaptability），即家庭系统对随家庭处境和家庭不同发展阶段出现的问题的应对能力（具体研究结果见图 4－3）。这两个维度的得分过高或过低都不利于家庭功能的有效发挥。

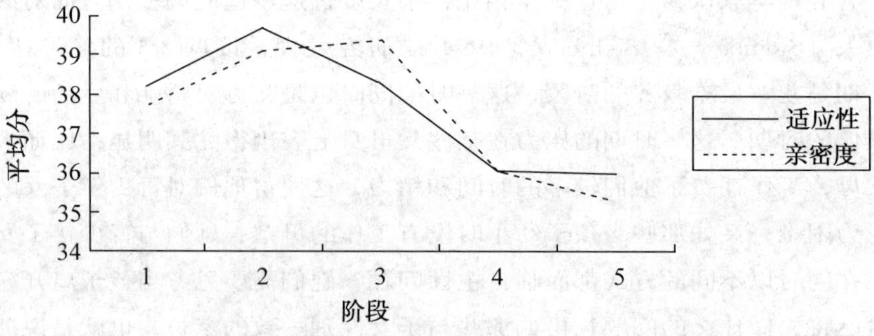

图 4－3 家庭功能随时间的变化趋势

（资料来源：池丽萍等，2001）

研究同时考察了子女年龄对家庭功能的影响，发现其变化趋势与上图分析结果无显著差别，因为子女的年龄阶段与家庭的建立时间基本是相对应的。在家庭发展的第三阶段，家庭亲密度和适应性都呈下降趋势。这时的家庭大都有一个上中学的孩子，此时孩子正处于青春期，对父母等权威人物有强烈的逆反心理，父母的角色效能感下降，同时家庭人员间的亲密交流、娱乐活动减少，家庭在亲密度维度上的得分下降。作为一个成熟家庭，其控制关系、角色分配等都已相当稳固，所以家庭灵活性降低。因此在适应性上的得分也较低。这时的家庭在家庭功能环状模式图（图 4－1）中处在左下部分。如果这种下降保持在一定幅度内，家庭系统的功能类型尚属于平衡型和中间型，否则，会成为极端型家庭，功能不能正常发挥。

第二节　青少年家庭系统的内部关系及特征

家庭系统内部的有机结构是由大量错综复杂的关系构成的。现代家庭规模日益缩小，由父母和孩子两代人组成的核心家庭日益增多。青少年与父母和兄弟姐妹的关系在众多家庭关系中显得尤为重要。因此，本节中我们将着重探讨青少年与父母的关系及其与兄弟姐妹的关系。

一、青少年与父母的关系

（一）亲子关系的内涵

亲子关系（parent－child relationship）原是遗传学中的用语，指亲代和子代之间的生物血缘关系。这里指父母与子女间的相互关系（孟育群等，1998）。近来有人将其进一步界定为“以血缘和共同生活为基础的父母与子女之间相互作用所构成的、亲子双维行为体系的自然关系和社会关系的统一体”（刘晓梅等，1996）。这种界定既排除了非血缘亲子关系，又突出了亲子关系中的双维双向原则以及亲子之间的自然关系和社会关系，为亲子关系的研究提供了较为明确的研究内容、范围和方法。

亲子关系具有如下特征（郑希付，1998）：（1）不可替代性。亲子关系是以血缘关系为基础的关系，这是师生关系、朋友关系、同学关系、夫妻关系所不能替代的。（2）持久性。只要亲子双方存在，亲子关系就永远存在着。(3) 强迫性。亲子关系在人们出生前就确定了，而且一旦确定下来，就不可变更。(4) 不平等性。在亲子关系中，有一方处于主导地位，这一方永远是父母。(5) 变化性。亲子关系随孩子年龄的变化而变化，不同年龄阶段儿童的亲子关系具有不同的特点，亲子相互的态度和行为方式不同。

(二) 青少年期亲子关系的变化

正如我们刚才所提到的那样，不同年龄阶段儿童的亲子关系具有不同的特点，青少年阶段也不例外。众所周知，青少年在生理、社会性与认知方面均发生了明显变化，而且青少年的父母及其家庭系统在这一阶段也表现出一些新的特征，这些变化对青少年亲子关系均有影响。

亲子冲突（conflict）和亲子亲和（cohesion）是衡量亲子关系的两个重要维度。下面，我们将据此对青少年亲子关系的变化进行具体分析。

1. 青少年期的亲子冲突

亲子冲突是指青少年与父母之间公开的行为对抗或对立。它表现为争吵、分歧、争论，甚至身体冲突等。青少年期是亲子冲突的高发期（Paikoff & Brook - Gunn，1991），人们普遍认为，孩子进入青少年期给家庭系统及家庭成员带来了诸多变化，这对亲子关系产生了分裂性的影响。

(1) 青少年期亲子冲突的表现。大量研究表明，在青少年早期，亲子冲突大量增加（Weng & Montemayor，1997）。而在向青少年晚期过渡中，亲子冲突逐渐降低（Laurson，Coy，& Collins，1998）。文化背景不同，这种趋势可能会有所不同。比如在荷兰，青少年晚期的亲子冲突要多于青少年早期，而在印度，青少年亲子冲突的发生率较低，似乎不存在青春期孩子与父母开始疏远的现象。我国青少年的亲子冲突基本符合一般的发展规律，成抛物线趋势。有研究显示，在初中阶段，亲子冲突一直呈增长趋势，初三是亲子冲突最严重的阶段（方晓义、董奇，1998）；升入高中后，亲子冲突逐渐缓和（张坤，2002）。

青少年期冲突的内容大多涉及日常事务（Montemayor，1986），诸如保持房间清洁、穿着整洁“得体”、按时回家，不要老是占着电话等。我国学者的研究得出了相似的结论（方晓义、董奇，1998），青少年在日常生活安排、学业和家务问题上与父母发生的冲突较多。有研究发现，某些特定的生活事件能够改变亲子冲突的状况。如道迪和克利弗（Dowdy & Kliewer，1998）的研究显示，由于约会关系的介入，青少年在“做家务”、“度周末”、“交什么样的朋友”、“告诉父母自己去哪儿”、“吸烟”、“当父母离家时约会朋友”、“晚上放学回家的时间”等方面与父母的冲突增加了，而在“电影和电视的选择”上冲突明显下降。

有人对青少年亲子冲突的频率作了具体的研究。亲子冲突在研究中被界定为：你惹恼了你的父母或你的父母惹恼了你；你和你的父母出现了观点分歧；其中一人对另外一人发了脾气；你和你的父母发生了争论或争吵。在192天的研究期内，青少年报告与父母平均发生68次冲突，也就是说与父母平均每天发生0.35次冲突，即每三天发生一次冲突。每次冲突发生的时间平均为11分钟。我国心理学者的研究结果显示，我国青少年的亲子冲突发生率相对要略低一些（方晓义、董奇，1998）。

尽管青少年在青春期经历了比其他时期更多的亲子冲突，但真正由于青少年行为不良等大过失造成的激烈冲突在亲子冲突中只占很小一部分。而且亲子冲突在形式上多为言语冲突和情绪冲突，身体冲突发生较少。有研究者提出（Rutter，1980），人们之所以认为青少年期亲子间冲突相当激烈、相处十分困难，完全是因为大众媒介对极端事例的炒作和研究人员对存在严重问题的一小部分家庭的过度重视。研究显示（张坤，2002），在我国，6.2%的青少年报告与父母经常发生冲突，12.5%的青少年报告与父母的冲突强度很高（在美国，高亲子冲突的家庭比例为20%），尽管如此，考虑到我国青少年庞大的总数，这仍是一个值得全社会关注的问题。

大多数亲子冲突发生在母亲与青少年之间。有人对青少年的诸多人际关系进行了考察，结果表明，青少年报告的与母亲之间的冲突最多，此外依次是朋友、恋人、兄弟姐妹、父亲、其他成人、同龄人（Laursen，1995）。与母亲的冲突比父亲多的原因可能有以下三个方面（方晓义、董奇，1998）：第一，父母在子女日常生活中的角色不同。在我国现实生活中，一般而言，母亲更多地参与子女的日常生活管理，而父亲参与子女日常生活的程度和范围都要少于母亲，较多的日常接触可能增加了母亲与子女发生冲突的可能性。第二，父母在家庭中的地位不同。一般而言，父亲在家中处于比母亲更权威的地位，他们制定和执行家庭规则。这种权威上的差异可能导致子女更多地向权威地位弱的母亲挑战。第三，与父母冲突可能带来不同的后果。一方面，与父亲冲突更可能带来诸如遭训斥或挨打等严重后果，另一方面，与母亲发生冲突时，母亲比父亲更可能做出妥协与让步，对这些后果的体验和认识可能减少子女与父亲发生冲突的可能性。但是，在国外个别研究中，也报告有青少年在某些方面（如“学校”、“同伴”、“穿着”、“私生活”、“用语”、“异性”等）与父亲的冲突多于母亲（Besevegis，1996）。

男女青少年在亲子冲突方面的表现也存在一定差异，但是国内外的心理学者普遍认为这一差别不是特别明显。西方研究偏向于认为，女生与父母的冲突次数多（John，1996），强度高（Dowdy & Kliewer，1998）。国内的研究结果表明，在大多数亲子冲突方面，男生与父母的冲突次数更多，强度更大（方晓义、董奇，1998）。造成这种差别的原因可能是我国文化更强调女孩形成内向、文静的性格特点，使她们即使有不同观点也不太爱公开表达，减少了与父母发生冲突的可能性，而社会更期望男孩独立自主，这增加了他们与父母发生冲突的可能性。

亲子冲突的差别不仅表现在年龄和性别维度上，独生与非独生对青少年亲子冲突的强度也有影响。关于独生子女的问题一直存在两种对立的观点，一种认为独生与非独生子女之间的心理发展没有明显的差别，一种认为独生子女是有特异性的“问题儿童”。对独生青少年与非独生青少年亲子冲突的研究在某种程度上支持第二种看法，有研究发现（张坤，2002），独生青少年的亲子冲突的强度要明显高于非独生青少年。这可能是因为对于独生子女，父母的期望更高、投入的情感更多、管理得更细致，而一部分独生青少年的性格中又具有过分以自我为中心的特征，所以父母子女之间一旦爆发冲突，更容易出现各不相让、愈演愈烈的局面。

（2）亲子冲突对青少年的影响。亲子冲突对青少年心理发展的影响既有消极的一面，也有积极的一面。有研究显示，亲子冲突是构成青少年心理压力的重要来源，与青少年心理健康的各个层面（包括一般心理适应、生活满意度、生活目标、无助感、自尊）都有显著的相关（Shek & Daniel，1998）。亲子冲突还会导致青少年各种行为问题，如离家出走、青少年犯罪、辍学、早孕早婚、药物滥用等（Brook，1997）。还有研究表明，长期、激烈的亲子冲突会导致自杀行为的增多，这一影响是通过降低青少年的自尊、形成自我诋毁而实现的（Shagle & Barber，1993）。有研究者进一步提出，亲子冲突是否会对青少年产生不利影响在一定程度上取决于冲突发生的频率。长期频繁的亲子冲突对青少年和他们的父母都有可能造成伤害（Patterson & Bank，1989）。但是，在某些情况下，即使亲子冲突发生的次数不多，它也有可能产生消极影响，比如说，父母和青少年都不试图去解决他们之间的分歧，或者始终以否定一方的需求和兴趣为解决办法。

也有部分心理学家认为，青少年早期亲子冲突的增长是亲子逐渐获得同等的交往地位的一种手段。斯腾伯格（Steinberg，1981）曾对此进行过专门研究。在一项实验中，斯腾伯格要求父母和他们处于青少年期的儿子在如何解决一些虚构的问题（比如，去什么地方度假等）上达成一致。结果发现，当儿子身体成熟时，亲子之间的行为方式有所改变。与早期的孩子相比，处在青少年中期的孩子在讨论中较少顺从他们的母亲。他们经常干涉母亲的决定，反过来母亲也经常干涉孩子。与青少年前期相比，男孩和母亲对各自的观点和陈述较少提供解释和理由。结果他们之间充满了争吵，并且很少理会对方所表达的不同观点。而在青少年后期，亲子交往方式从总体上来说更具灵活性和反应性，母亲不经常干涉儿子，并且儿子也提供更多的解释支持他们的观点。与此同时，儿子对家庭决策的影响也相对增大，青少年前期，父母双方的观点占统治地位，而在青少年后期，儿子与母亲具备等同的影响力。由此可见，冲突对青少年和父母之间关系的协调、双方各自特征和需要的改变起很大的作用。许多学者认为，冲突能刺激父母和青少年去重新构想或更改他们对彼此行为的期望（Collins，1990）。合理处理这些冲突可能是青少年逐渐获得他们成人关系中需要的社会和认知技能的一种有效途径。同时，父母在这一过程中会逐渐给予青少年更大的自主性和尊重。

斯腾伯格提出了有关亲子冲突的新旧模型（见表 4－2），强调当青少年开始面对更加宽广的社会时，尽管亲子之间的冲突增多，但父母还是他们重要的依恋对象和支持系统，他们与父母仍旧保持亲密的感情联接。

表 4-2 亲子冲突的新旧模型

旧模型		新模型	
自主，同父母的疏离；父母与同伴世界是分离的。	整个青少年期紧张剧烈冲突；亲子关系充满疾风骤雨，这尤其表现在日常事务中。	依恋与自主；父母是重要的支持系统和依恋对象；青少年-父母世界与青少年-伙伴世界有很多重要联系。	适度地亲子冲突是正常的，而且对青少年的发展起积极作用；在青少年早期，尤其是处于青春期发育高峰时，冲突相对较多。

（资料来源：Steinberg，1999）

2．青少年期的亲子亲合

有人曾讲，我们可以留给子孙后代的永恒遗产只有两样：一样是翅膀，一样是根。无论青少年心中涌动着怎样强烈的独自闯荡世界的期望，他们同家庭始终保持着千丝万缕的联系，同父母之间依然保留着强烈的亲情。对青少年亲子关系的研究，人们以前多将重点放在亲子冲突上，现在有关亲子亲合的研究也逐渐受到重视。

亲子亲合（cohesion）主要是指父母与子女之间亲密的情感联结，既可以表现于积极的互动行为中，又可以表现在父母与儿童心理上的亲密感受上。

国外研究认为，亲子关系在青少年期处于不稳定状态，这除了表现为亲子冲突的增加，还表现为亲子亲合度的降低（Steinberg，1981）。我国研究者（王美萍，2001）曾对初一、初三与高二学生的亲子亲合程度进行了比较，结果显示，与亲子冲突相比，青少年与父母亲合程度的发展较为稳定。这表明了亲子冲突与亲子亲合的相对独立性。前者的发生更具有冲动性和情绪性，而后者是在长期的互动基础上逐渐发展起来的。

诸多研究表明，与父亲相比，青少年与母亲间的亲合度更高。而且与男青少年相比，女青少年与母亲有着更为亲密与和谐的关系。前面我们曾提到，国内外大多数研究都认为，青少年与母亲之间的亲子冲突也是最多的。两方面综合来看，这种看似矛盾的结论说明，青少年与母亲之间存在更多的互动与更强的情感联结。在家庭中，由于“男主外、女主内”的家庭分工格局和传统性别角色观念的影响，母亲更多地参与子女的日常生活管理，因而更容易与青少年建立亲密的关系，也更可能与青少年发生冲突。而父亲是对青少年发展的长期目标（如升学、就业等）负责的权威人物，很少介入青少年日常生活中的琐事，因此与青少年交流情感与发生冲突的机会较少。社会关系理论模型提出，亲密性发展取决于双方投资与得到报酬的程度，建立和维持亲密关系需要互动双方不断整合他们的目标与行为，因此其间产生冲突是不可避免的。青少年与邻居、老师、同学的关系不是以亲密为特征的，因此它们之间的冲突也相对较少。在亲密的同伴关系中，青少年会尽可能避免分歧的产生，如果分歧在所难免，他们就会寻求妥协以防止关系的破裂。但对与自己有稳定的、不可抹杀的联系的家人就不需要如此小心，这样，与亲人之间反而会有更多的冲突发生。因而，青少年与父母间的亲合和冲突是相辅相成的。

（三）青少年期亲子关系变化的原因

虽然在青少年期大多数子女仍能够与父母保持较为亲密的关系、尊重父母的意见，并且在一些基本价值观方面与父母有非常一致的看法，但是伴随着青春期的到来，他们与父母的关系会出现一定程度上的疏离。人类文化学家施莱格等人（Schlegel & Barry，1991）对 160 多种文化的研究揭示，青少年与父母冲突的增多和亲合的降低广泛存在于各种文化之中，包括传统文化和集体主义文化，是青少年早期个体对快速发展的生理和认知等一系列变化的一种正常反应（normative response）。

1. 生理变化对青少年亲子关系的影响

曾有研究者提出（Steinberg，1988），性成熟与亲子之间日益加大的情感距离是相联系的。青少年期个体与父母冲突的增加使青少年能与同伴一起度过更多的时间，以便其与家庭内部成员以外的个体进行交配。由于这种变化增强了个体的生存能力，所以其被融入了人类进化的历史。这一点与其他大多数灵长类动物相似，对大多数灵长类动物来讲，性成熟经常被看做是与抚育者分离的标志。有关人类的研究证明，在第二性征发生变化的时期，父母与儿童之间的积极情感表达和亲密感均有所降低，而消极情感表达有所增加。然而，目前还很难断定，青少年早期亲子关系的变化到底是由于性成熟因素导致的，还是由于生理成熟和与年龄相关的一些变化联合起作用的结果。

2. 认知变化对青少年亲子关系的影响

认知心理学家认为，亲子关系的变化是青少年认知发展成熟或其与父母认知冲突的结果。但到底是何种认知变化以及如何导致青少年期亲子关系的改变，心理学家从各种角度给出了不同的解释。

(1) 塞尔曼的亲子关系概念模型与“去理想化”。青少年期，青少年理解自身与重要他人之间关系的能力发生迅猛变化，塞尔曼（R. Selman）认为，亲子关系转变的原因是青少年理解亲子关系实质的能力的发展。

塞尔曼（Selman，1980）把人际理解力划分为5个水平，并用这些水平来解释亲子关系的发展（如表4－3所示）。

表4－3　塞尔曼的亲子关系概念模型

水平	亲子关系
0	父母作为老板
1	父母作为儿童看护人和帮助者
2	父母作为监督咨询员和需要满足者
3	父母和儿童之间相互容忍和尊敬
4	亲子关系随环境、双方能力和每个人改变的需要而发生变化

（资料来源：Selman，1980）

在自我中心的理解阶段（0水平），儿童认为父母只是能及时满足他们的具体需要的成人。他们眼中，父母的角色就是满足儿童的即时需要。

发展到人际理解的主观水平（1水平）的儿童开始把父母看做是照顾者或帮助者。孩子对父母的理解不再局限于父母对他们的限制或满足，而能够注意父母本身的特点和意图。

在互动阶段（2 水平），年轻人开始意识到亲子关系的维护依赖于亲子双方。如表 4－3 所示，塞尔曼称这一水平为“监督咨询员和需要满足者”水平。孩子们需要父母的建议和指导，反过来父母也需要从孩子的成长和幸福中体验到快乐。同时，青少年逐渐认为父母对某一问题的看法只是一种可能性。因此，亲子之间的冲突被理解为他们所持观点相互摩擦的一种自然发展趋势，而不仅仅是由任何一方的错误所致。与 0 水平和 1 水平不同的是，处于这一水平的个体对亲子关系的理解是相对的而不是绝对的。此外，这一水平主要强调亲子感情联结的质量。

第 3 个水平，青少年认知能力的发展使他们能把亲子关系看做是相互容忍和尊敬的关系。这一水平强调联结的相互性。这个水平的青少年认识到，冲突可能是自然产物，他们和父母处于不平等的关系，并且二者的需求和期望也存在差异。正如塞尔曼所述:“相处并不以绝对的赞同为特征，而是通过相互尊重别人的观点来交往。例如，在理解父母要求孩子遵从时，应与成人需要被尊敬和需要被奉为家庭的权威联系起来。”

社会象征水平（第 4 水平），虽然塞尔曼用这一名称来代表第 4 水平，但他同时认为实际上很难把该水平的认知特征具体化。这一水平认知的一个重要特征就是能够认识到亲子关系系统会随个体特征的改变而随时发生变化。

我们可以发现，儿童逐渐认识到父母除了作为家长，还承担着其他的角色，有其个人的一面。年幼的孩子经常认为父母是满足自己需要的无所不知无所不能者。青少年逐渐认识到这是不现实的。就像在塞尔曼的水平 2 中所描述的那样，青少年不再把父母的观点看做是惟一正确的，而看做是一种可能。

心理学家布卢斯曾使用“去理想化”这一词语表示对“父母也会失败”的理解。进入青少年期后，青少年很少将父母看做是每件事情上的权威。一项研究发现，8～9 年级的学生比 5～6 年级的学生更倾向于对他们的父母做出“去理想化”的反应（Steinberg & Silverberg，1986）。随着青少年的认知能力增强，他们已经能够更好地进行逻辑推理。因此，“因为这是父母说的”已经不能成为一个让青少年服从命令的理由，青少年要求彻底搞清自己为什么要受到种种约束，而不再去一味服从父母的各种命令。青少年在一段时期内甚至会对父母过度“去理想化”，他们的理想主义倾向使他们不断拿自己的父母与自己所认为的“理想父母”进行比较，从而心生不满。

总之，青少年对父母与亲子关系看法的改变可能影响到他们对父母的行为、态度和信念的改变。青少年经常对父母的建议和要求提出质疑和反对，认为自己在某些事情上知道的与父母一样多甚至超过父母。即使父母的建议和要求是合理的，青少年也不相信他们，而更强调自己做决定的能力。这必然导致亲子间冲突的增多和亲合的降低。

（2）丝米塔纳关于亲子关系的研究。心理学家丝米塔纳（Smetana，1988）指出，青少年对社会习俗规则的理解可能构成了其与父母之间产生误解的基础。

习俗规则是指那些约定俗成的，对什么是恰当行为、什么是不恰当行为的规范；而道德行为是指建立在普遍原则的基础上的行为规范。丝米塔纳曾对从五年级到高中的120名学生进行了研究。她研究了有关父母与孩子之间行为的假定性问题。其中一些是习俗问题（如，“安排做家务”，“让父母知道他们去哪儿”）；一些是道德问题（如，“偷父母的钱包”，“独占家庭财产”）；另外还有一些是既不属于习俗问题又不属于道德问题的个人问题，或者叫做有关个人自由的问题（如，“周末睡得很晚”，“当没人用电话时在电话上聊天”）；最后一组是“混合的”问题，在这种问题中，既有个人选择的因素，又有某种社会期望（如，“穿古怪的衣服”，“不收拾个人的房间”）。丝米塔纳研究发现，父母与青少年通常都判定父母在习俗和道德问题上有合理的执行权。然而父母更有可能把那些“个人的”和“混合的”问题看做是习俗问题，青少年则更可能把它们归入“个人的”一类。因此，对于父母是否应该在青少年保持自己房间干净或穿古怪的衣服等事情上树立权威，亲子间常产生分歧，因为他们把这些问题归入到不同的社会类别中。这种对日常事件看法的“错误匹配”可能是青少年时期亲子冲突特别普遍的一个原因。

（3）期望与青少年的亲子关系。心理学家科林斯（Collins，1988）认为，进入青少年期，青少年与父母之间会产生期望背离（violations）。举例来说，青少年也许会期望在步入青春期后能够获得充分的自由，而他们的父母通常认为在这一发展阶段对孩子仍应该严格要求；青少年也许会期望青少年期的家庭气氛像电视剧上演的那样比以前更加亲密，他们可以更多地参与到家庭决策中去，但父母们却往往还像以前那样忙着自己做决定。青少年跟他们的父母对青少年期期望的差距很容易升级为互不理解、失望和冲突。有人研究了亲子间对青少年什么年龄可以做什么事的预期（Dekovic，Noom，& Meeus，1997），发现亲子间在青少年发展时间表（DTA）上的预期差异与亲子冲突的数量有关。这种相关在青少年早期表现为父母亲与女儿的冲突，在青少年中期表现为父亲与子女的冲突。

3．社会性变化的影响

（1）自主与青少年的亲子关系。自主（autonomy）是在有关青少年的研究报告和著作中出现频率较高的一个词。获得自主是儿童在青少年期的重要任务之一。

青少年期的自主是一个复杂模糊的概念，心理学家对此提出了不同的见解。以弗洛伊德为代表的古典精神分析学派认为，自主意味着个体与父母疏离感的逐渐增强。青少年期个体自主性的增长会导致对青少年期之前形成的与父母的亲密情感的疏离。新精神分析学家埃里克森和布卢斯则认为，自主的发展是个体化的过程（Durkin，1995）。个体化意味着个体对自己所做的事情和自己的角色担负起越来越多的责任，而不是将其移交给影响和保护他成长的那些人。该过程开始于婴儿期，结束于青少年晚期，其间个体的能力与独立感日益发展，这是一种积极的而非消极的发展过程。个体化的实现需要摆脱对父母的孩子般的依赖，而建立起一种更为成熟的亲子关系。

有心理学家提出，自主并非是一个会在所有行为中都有所表现的一元人格维度（Hill & Holmbeck，1986），或者说，自主的发展并不是单维的，实际上它涉及诸多不同的范畴，而且这些范畴的发展速度并不一致。有人根据因素分析的结果将家庭中的自主划分为四个维度（Psathas，1957）：第一个维度被命名为“对涉外活动的允许（permissiveness in outside activities）”，主要涉及“你是否需要向你的父母报告你是怎样花钱的”等方面；第二个维度被命名为“对与年龄相关的活动的允许”（permissiveness in age - related activities)，主要包括“你的父母是否帮你买衣服”等问题；第三个维度为“父母对判断的尊重”（parental regard for judgment），主要涉及“在家庭讨论中，你的父母是否鼓励你发表自己的看法”之类问题；第四个维度为“与地位相关的活动”（activities with status implications），主要指父母在青少年职业选择方面的影响力。现在心理学界一般将自主性分为情感、行为与价值三个成分。情感自主指个体从情感上摆脱了对父母的孩童般的依赖，主要反映了个体与父母亲密关系的变化，如当青少年在心烦、焦虑或需要帮助的时候不再急切地奔向父母寻求支持等；行为自主指个体独立做决定并坚持到底的能力；价值自主意味着个体拥有一系列关于是与非、何为重要与何为不重要的原则，在道德、政治与宗教等社会问题上能独立进行推理与判断。就自主的三个成分而言，情感与价值自主是自主的内隐成分，行为自主是自主性的外显成分，从理论上看，前两者在个体自主性的获得中更为重要，只有真正做到价值自主，并从情感上摆脱对父母的强烈依赖，才能真正在行为上自主。但事实上，青少年常常在未完全具备情感与价值自主的能力时，就要求获得行为自主的权利。如坚持自己选择衣服、发型、朋友、社交活动等等，青少年急于证明他们已经可以为自己的成功或失败负责，而无需再求助于父母。随着青少年的自主要求和独立性意识的迅速增强，他们对父母权威的不满日益增加，对父母在其日常生活中的权威的接受性越来越低，同时他们也变得更加愿意公开反对父母的意见，对与父母公开发生分歧持更为赞同的态度。而父母通常会对孩子企图脱离自己控制的做法感到不安。他们认为十几岁的孩子在适应青春期带来的变化时会遇到不少困难，所以希望孩子多听取自己的意见。这样，亲子间常常因此发生摩擦。

作为心理社会发展的内容，青少年关于个人应拥有的自主水平和父母权威的合法性的信念与社会文化环境有着密切的联系，存在文化差异。在那些尊重父母权威、强调家庭责任重于个体自由的家庭、社会或文化中，个体期望获得或被赋予自主性的年龄一般较晚，而在崇尚个体独立与自主，主张个人实现的环境中，个体与家庭的联系相对弱化，对父母权威的尊重也显得不那么重要。米勒等人（Miller & Bersoff，1992）对美国和印度青少年的研究发现，那些被美国青少年看做个人问题的事情，印度青少年多认为其属于道德义务的范畴。这些不同的信念模式会影响亲子关系的性质。富利内（Fulligni，1999）发现，与欧裔美籍青少年相比，亚裔美籍青少年对行为自主的要求更低，对权威的赞同程度更高。费尔德曼等人（Feldman & Rothenthal，1991）对香港、澳大利亚和美国青少年行为自主的期望的跨文化研究发现，香港青少年期望获得对行为自主的年龄显著晚于美国和澳大利亚青少年。这种对父母权威的赞同、对个体自主性的较低要求与较少的亲子冲突与疏离相联系。国内研究者发现（王美萍，2001），随着年龄的增长，我国青少年对行为自主的期望日益增强，这与国外有关研究的发现基本一致。我国男青少年的自主期望高于女青少年，而美国男女青少年对行为自主的期望则没有显著差异。这可能与中国传统文化对性别角色的规范有关，我们传统上通常认为，男子应该是独立的、有主见的，而女子则应该是温顺的、服从的。我国的研究进一步发现，青少年的行为自主期望对亲子冲突有预测作用，二者存在因果关系，青少年的行为自主期望愈高，其与父母的冲突愈多，由冲突引发的消极情感也越多。而青少年自主意识中另一个重要方面——对“父母权威”（parental authority）的认同则对青少年亲子亲合有预测作用，青少年对父母权威的认同程度越高，其与父母的亲合程度越高。

需要强调的是，赋予青少年更大的自由并不等同于失去与青少年的联结和对他们的控制。青少年期的亲子关系的转变是一个分离与联结同时发展的双向过程（Steinberg，1999）。随着青少年的发展，他们需要从父母的权威与控制下获得充分的自由，以进行个体独立的自我体验，为自己的生活作决定并承担这些决定所带来的后果。因此，父母应充分满足青少年获得更大的自主性的需求，如果继续将青少年看做是“我们可爱的小女孩”或“我们调皮的小男孩”都会对其以后发展造成不良影响，这种不良影响或者以青少年的公开反抗表现出来，或者通过其愈来愈强的过分依赖性表现出来。但与此同时，父母需要清楚地认识到，真正的自主性不是一下子实现的，它与青少年对父母依赖的需要是同时存在的，因为青少年的生活正发生着许多变化，他迫切需要父母的指导和支持。

（2）父母教养方式与亲子关系。父母教养方式（parenting style）是父母教养态度、行为和非言语表达的集合，它反映了亲子互动的性质，具有跨情境的稳定性（Darling & Steiberg，1993）。

当代有关父母教养方式的研究来源于鲍姆令特（Baumrind）对儿童与其家庭的著名研究。他对父母教养方式的界定是建立在其对家庭社会化实践研究的类型学方法基础之上的。这种方法着重分析不同教养行为的配置，并假定任何一种教养行为的效果都在一定程度上依赖于其他教养行为的配置。主要教养行为元素（如温暖、参与、监督等）配置的差异，将会导致儿童对父母的影响作出不同的反应。在其早期作品中，鲍姆令特将父母教养方式划分为权威型（authoritative style）、专制型（authoritarian）和放任型（permissive style）三种类型。后来，麦科比等人（Maccoby & Martin，1983）又在此基础上做了进一步的扩展，他们根据父母对儿童的要求性和反应性水平将父母教养方式划分为四种类型。父母要求性（parental demandingness）指父母对儿童的成熟与合理行为的期望和要求程度。父母反应性（parental responsiveness）指父母以接受、支持的方式对儿童的需要做出反应的程度。他们是两个相对独立的维度，可以进行多种组合。对儿童既具有较高的要求又具有较高反应性的父母为权威型父母，对儿童具有较高的要求但反应性较低的为专制型父母，对儿童具有较高反应性但要求较低的为溺爱型父母，对儿童反应性与要求性均较低的为忽视型父母。麦科比与鲍姆令特分类的区别主要在于前者根据要求和反应两个维度将放任型教养方式进一步分为溺爱型（indulgent style）和忽视型（neglectful style）。四种父母教养方式的具体特征见表4－4。

表 4－4　　　　父母教养方式模型

	接受，反应，以儿童为中心	拒绝，不反应，以父母为中心
要求，控制	相互权威性，双向高沟通	专制，独断
不要求，低控制	溺爱	否定，忽视，冷淡，不参与

（资料来源：Maccoby & Martin，1983）

权威型父母（authoritative parents）　他们对儿童温暖而严厉。他们对儿童的行为有明确的规定和要求，并能严格执行，同时他们对儿童的期望与儿童的需要和能力相一致。他们既高度重视儿童自主性的发展和自我管理，鼓励亲子间的双向交流，能听取与接受儿童的意见，同时又承担管教儿童的根本责任。权威型父母以一种合理的、问题导向的方式来对待儿童，在有关纪律的问题上常与儿童进行讨论并详细做出解释。

专制型父母（authoritarian parents）　他们高度重视儿童的服从和遵从，常爱使用惩罚的、专断的和强硬的纪律措施，很少进行言语讨论。他们深信儿童应该无条件接受父母所制定的规则和标准。他们不鼓励儿童的独立行为，相反，总是限制儿童的自主性。

溺爱型父母（indulgent parents）　他们在纪律问题上以一种接受、和蔼甚至有些顺从的方式对待儿童。他们较少对儿童的行为做出要求，赋予儿童高度的按照自己意愿行动的自由。溺爱型父母更可能认为控制是对儿童自由的侵犯，它会妨碍儿童的健康发展。他们不是积极地塑造儿童的行为，而更可能把自己看做是儿童利用或不利用的资源。

忽视型父母（neglectful parents）　他们总是尽可能减少在与孩子一起活动的时间和精力。在极端的情况下，忽视型父母对儿童可能置之不理。他们对儿童的活动和去向知道的很少，对儿童在学校或与朋友一起时的经历也不感兴趣，很少与儿童谈心，在做决策时很少考虑儿童的意见。忽视型父母"以父母为中心"，而不是按照有利于儿童发展的信念来抚养儿童，他们主要围绕自己的需要和兴趣来建设家庭生活。

研究表明，亲子关系因父母教养方式的不同而存在差异。布尔克罗夫特（Bulcroft，1990）通过对6～10年级青少年的研究发现，对生理正处于变化中的青少年，如果父母拒绝赋予其更大的独立性，那么青少年的自我认识与其父母对他们的看法就会产生分歧，并进一步导致亲子关系的紧张。我国研究者（王美萍，2001）就父母教养方式对青少年亲子关系的影响进行了详细研究。研究以640名初一到高二的青少年为被试，使用快速聚类的方法对被试进行不同的组合，结果表明，父母教养方式为忽视型的占9.4%，溺爱型的占30.4%，专制型的占27.7%，权威型的占32.5%。研究进一步采用回归和ANOVA分析，结果显示，父母教养方式对亲子关系具有独立的直接影响。这主要表现为，父母教养方式对青少年与父母的亲合有极其显著的影响。权威型与溺爱型教养方式下的青少年父母具有最高的亲合性，专制型次之，而忽视型的父母与青少年的关系最淡漠，但未发现父母教养方式对亲子冲突的显著影响，这与国外有关研究的结果是不一致的，他们的研究发现，不同父母教养方式下亲子冲突存在较大差异。研究者认为，这恰好证明了将父母教养与其他影响亲子关系的因素结合起来进行考察的必要。研究者进一步结合自己对有关青少年的父母权威观和行为自主期望的研究结果认为，一方面这些方面均是影响青少年期亲子关系的重要因素，另一方面它们对亲子关系直接作用的方面是不同的。我们前面已经谈到过，行为自主期望是影响亲子冲突的重要因素，而父母教养方式及受其影响程度较大的青少年的权威观则主要作用于亲子间的亲密与和谐程度，影响家庭的亲子气氛。因此，当单独看待由行为自主期待引发的亲子冲突时可能是消极的，但它同时受青少年所处的教养环境的影响，若将其置于和谐的亲子关系背景中，它就可能是积极的。正如库珀（Cooper，1988）所指出的那样，只要是以亲密的亲子关系为前提，分歧和争论或许会促进青少年心理的发展。所以，亲子间的分歧与争论是否作为消极冲突的特征或标志取决与其发生的亲子关系的背景，这再次证明了讨论亲子关系对青少年的影响时将冲突与亲合结合起来是必要的。

达林和斯腾伯格（Darling & Steiberg，1993）提出了一个整合模型，他们认为，父母教养方式至少以两种方式影响儿童的发展，一是改变亲子互动的性质，二是调节儿童接受父母影响的程度。也就是说，在正确的教养方式下，父母提供积极的情感表达，同青少年开诚布公地交流、对其制定明确的行为规则，这些互动方式既影响青少年与父母持续积极的关系，又能进一步促使青少年在良好的家庭气氛中习得健康的心理能力模式。具体来讲：

其一，采用良好抚养方法的父母向他们的孩子示范了关心他人和对社会负责的模式。权威型的父母为他们的孩子提供了关心他人和更具社会责任的行为模式，而孩子能够通过模仿获得这种行为模式。专制型和放任型的父母对孩子的行为要么过于干涉，要么缺少关心，因而这些家庭中的青少年不可能具有负责任的、稳定牢固的行为模式。同样，权威型父母允许青少年在明确的规范内作决定，并提供反馈，让他们有实践的机会。而且，让青少年作为决策者之一参加各种家庭讨论还能够激发他们对选择与结果之间关系的认识，并促使他们能力的提高。相比之下，专制型的父母不可能提供这种有限制的自主，放任型的父母也不可能为青少年提供适合于他们年龄特点和经验的明确规范（Baumrind，1991）。因而，只有在权威型的家庭中，青少年才有可能从父母的示范行为、与父母的积极互动中习得成熟的、负责任的行为。

其二，良好的家庭氛围为青少年发展成熟的社会技能提供了更多的支持。鲍姆令特的观察研究表明，在权威型家庭环境中成长起来的青少年比来自其他家庭类型的青少年的行为更积极、更具反应性。专制型家庭的青少年与权威型家庭中的孩子相比，前者能力较低，有更少的亲社会行为。忽视型家庭的青少年表现出最低的能力水平和最大可能的行为和心理问题（Lamborn et al.，1991）。心理学家格罗特范特与库珀（Grotevant & Cooper，1988）曾进行了这样一项研究：要求父亲、母亲和最大的孩子（17 岁）虚构一个两周的资金不足的度假。每一个家庭成员都要表达他们自己的观点并尽力彼此协调这些看法，最终做出一个大家都同意的决定。讨论按以下四个维度进行了分析：（1）自信。把握自己的观点并把它清晰地表达出来。（2）分离性。彼此表达自己的不同意见。（3）渗透能力。对别人的观点公开作出反应并进行讨论。（4）相互性。对他人观点反应敏感，尊重他人的观点。格罗特范特和库珀发现，在四个维度上得分高的家庭的青少年比其他家庭的子女更成熟。他们一般表现出更成熟的角色采择技能，并且更可能理解他人的观点并协调他人与自己观点间的分歧。格罗特范特和库珀指出，支持联结化和个别化，或者说，家庭成员间温和而积极的情感联结以及对个别差异的容许会促进青少年自我的成熟，提高他们理解、遵从他人观点的能力。

其三，权威型的家庭所提供的信任感有助于青少年认知和情感的成熟。研究家庭的学者巴恩斯和奥尔森发现，那些感觉与父母间的沟通是开诚布公的和有效的青少年，对家庭生活的满意度高于那些认为与父母之间的交流较为贫乏的青少年。并且，如果青少年认为父母能够在不伤害他们之间感情的情况下以一种适当的方式解决危机，他们与父母就能很好的沟通。青少年对这种家庭无条件支持的信任感更可能促使他们为了成熟发展、获得自我同一性而进行个人探索。权威型家庭中经常存在的以信任、沟通和情感反应为特征的家庭关系还有利于青少年成功地获得与家庭外的他人相处的技能，并且产生对生活的满意感（Ryan & Lynch，1989）。

（3）依恋与青少年的亲子关系。依恋指个体的人对某一特定个体的长久持续的情感联系。出于安全和安慰的需要，婴儿在出生后和养育者之间会逐渐产生一种强烈的情感联结，从本质上来说，依恋是一种融情绪、情感、态度及信念于一体的复杂系统，其进化与发展的基础是未成熟、弱小的儿童趋近父母的需要（张文新，1999）。

依恋理论的中心假定是早期亲子关系的安全性会反映在人的包括青少年期在内的整个生命全程的人际关系中，其潜在的机制就是依恋的内部工作模型。所谓内部工作模型，是指依恋的内部作用机制，依恋行为是其外在表现。这就指明了依恋的两个维度：行为维度和情感/认知维度。前者主要是指依恋的行为表现，后者则是指依恋的内部工作模型。一般来讲，个体依恋行为表现的不同是由个体依恋的内部工作模型的差异决定的。

依恋的内部工作模型是根据发展中的儿童所持有的信念来定义的，这一信念是关于：①依恋者的敏感性和可以接近的程度（他人的形象）；②自己是否是那种别人喜欢对其作出反应的人（自我的形象）。简单来说，依恋的内部工作模型就是个体在与依恋者长期的相互作用经验基础上形成的关于个体自己、依恋者和他们之间关系的内部表征。从内容上讲，依恋的内部工作模型包括自我和他人两部分，从与内容相联系的效价来看，包括正性和负性两方面，即积极和消极。依恋类型不同，其内部工作模式也不同，成人依恋研究者巴塞洛缪等人（Bartholomew & Horowitz，1991）根据依恋内部工作模型的内容和效价，提出了依恋的四种类构想，根据焦虑和回避两个维度定义了不同类别的特点。焦虑维度是指个体的自我价值以及被别人接受（或拒绝）的感觉，回避维度是指个体寻求（或回避）亲密以及与他人相互依靠的程度。具体来说，安全型依恋（security）的个体具有积极的自我模型和他人模型，因为他们早期的依恋经验是以温和的、反应一致性的养育为特征的，他们依恋的焦虑和回避维度都很低，喜欢亲密，愿意依靠于他人所提供的支持，并且相信自己是值得别人提供支持的。专心型依恋（Preoccupied）的个体具有消极的自我模型和积极的他人模型，他们在焦虑维度上高，回避维度上低，类似于传统的焦虑－反抗型依恋。他们对亲近和依靠有着过度的要求，并伴随着对是否被拒绝的高度关心。拒绝－回避型（dismissive－avoidant）依恋的个体具有积极的自我模型和消极的他人模型，在焦虑维度上低，回避维度上高，他们认为亲近关系相对来说是不重要的，重视独立和自我依靠。恐惧－回避型依恋（fearful－avoidant）的个体具有消极的自我模型和他人模型，在焦虑维度和回避维度上都很高，虽然他们渴望亲密关系，并希望能够得到别人的支持，但是出于被拒绝的恐惧而回避与依恋者的亲近。鲍尔比等人认为（Bowlby，1998），由依恋经验所形成的自我和他人的内部模型能够被个体内化，并且在整个人生阶段中持续影响着个体的人格和行为。

大多数的研究者假定，在正常情况下，童年晚期和青少年早期形成的依恋表征系统（内部工作模型）随时间变化不大，会保持相对的稳定性。这一模型具有内部保守期待功能（即随后的经验总是根据以前的经验来理解），并且，这些期待在被证实或至少没有证伪的时候会影响人们的行为（如期待拒绝的人可能会争取拒绝）。来自成年早期的研究表明（Webster & Dean，1998），在成年人中，安全型、回避型和焦虑－矛盾型的比例与婴儿中的比例类似。依恋系统的基本功能会在人的生命全程中持续发挥着重要作用。伯曼和斯柏林（Berman & Sperling，1994）是这样来定义成人依恋的：个体努力寻求并保持与一个或几个重要他人亲近和联系的稳定性倾向，这些重要他人能够为个体生理或心理的安全提供潜在的可能性。这就意味着，当成人在感到自己的安全受到威胁等压力情境中，其自身的依恋系统就会被激活，并在一定程度上调节着人们的情感和行为，影响其对人际关系的处理。

有关亲子关系的研究表明，亲子关系在青少年期表现出较大的变化，亲子间亲密感下降和冲突增多。这个结果与个体依恋类型具有跨时间稳定性的研究结果似乎相互冲突。事实上，在依恋研究领域有两种不同的理论观点：

一种观点认为，由于个体的成熟、重大人生事件等的影响，个体与依恋者之间关系的变化是很大的；另一种观点认为，在儿童晚期和青少年早期形成的依恋表征随时间的变化不大。其实，这两种不同的观点并不像它们看上去那样相互矛盾，第一种理论观点一般以特定的依恋关系为研究对象，第二种理论观点则侧重于个体的内部工作模型。以前者为依据的研究一般会发现依恋类型变化的年龄差异，而以后者为依据的研究通常会发现个体的依恋类型表现出稳定性和持续性。布伊斯特等人（Buist，2001）曾运用区组系列设计的方式，从依恋关系的角度对来自 288 个家庭的 11～15 岁儿童的亲子依恋进行了考察。结果表明，青少年对同性别父母的依恋质量呈缓慢稳步下降的趋势，而对异性别父母的依恋质量则表现出一个不稳定的、非线性的发展模式，伴随有大幅度的增加或降低。贝克威思等人（Beckwith & Cohen，1999）考察了儿童从出生到 18 岁的发展过程中，儿童的经验对母子依恋关系的影响。结果表明，在人生前 12 年中的消极人生事件（如父母离婚、家庭成员严重患病或死亡、儿童的身体伤害等），尤其是父母的离婚，降低了安全型依恋的可能性，增加了专心型依恋表征出现的可能性；但减少消极人生事件的发生并不一定会增加安全型依恋表征出现的可能性，如早期没有得到敏感性照料的儿童，依恋系统表现出一定的复杂性。

总之，婴儿期到成年期，依恋会逐渐由不成熟的、单向型的依恋关系向成熟的、双向合作型的依恋关系过渡和转换。依恋会随依恋经验不断复杂化，进入青少年期以后仍对变化保持了一定的敏感性，但青少年与父母以及其他重要他人的关系受他们个人的亲密关系史，尤其是他们在婴儿期建立的依恋关系的影响。有证据表明，如果个体在婴儿期与照料者建立了安全型依恋，则他们在以后的人际关系中有更健康、更安全的内部工作模式：与父母的关系更积极，对人际关系的观念更健康，在同他人的关系中对自我的看法更积极，更适应社会竞争。

二、青少年与兄弟姐妹的关系

（一）青少年兄弟姐妹间关系的特征

青少年与兄弟姐妹间的关系是家庭主要关系之一。兄弟姐妹间的关系似乎比亲子关系更具竞争性和冲突性，一般来讲，家庭中的哥哥姐姐更居统治地位、更有侵占性。“兄弟姐妹敌对论”认为，这种敌对的关系是由于兄弟姐妹之间争夺父母的关注和爱而导致的。大多数实证研究确实表明，兄弟姐妹之间的冲突比与朋友和其他同伴之间发生的冲突要更多，兄弟姐妹之间的冲突的发生频次仅次于孩子与母亲之间的冲突。

在青少年期，同诸如亲子、伙伴、师生、恋人等关系相比，青少年兄弟姐妹间的竞争冲突仍处在一个较高的水平。心理学家认为应用连续的观点来看待这一问题。在儿童期产生的被取代、嫉妒、竞争等情感在青少年期仍会产生持续影响。就像罗杰斯（Rogers，1962）所说的：“15 岁的姐姐同她 13 岁的弟弟的争吵可能就是来源于在他出生时所产生的嫉妒”。有人认为，兄弟姐妹自始至终在为获得家庭资源（如父母给予的感情、关注、时间精力等）进行竞争。

但是有证据显示，就兄弟姐妹关系本身而言，青少年期的冲突水平实际上要比儿童期低。有的研究者认为，青少年期兄弟姐妹间冲突的减少可以部分归因于在这一时期兄弟姐妹间共同娱乐、相互交流时间的缩短。也有的研究者认为，这种冲突的减少是基于青少年期兄弟姐妹间权力结构的变化。在儿童期，年长的哥哥姐姐通常扮演照顾者和发号施令者的角色，这种权利的不均衡常常会导致冲突。比如说，如果哥哥或姐姐强迫弟弟或妹妹遵从他们的要求，他们之间不可避免会发生冲突。但随着年龄的增长，弟弟妹妹身体和心理也逐渐趋向成熟，与幼儿期相比，他们与哥哥姐姐在力量对比上的差异已大大缩小。而且当进入青春期后，青少年会不断学习如何平等待人，这使他们能够更有技巧地处理自己与兄弟姐妹间的分歧，避免冲突发生。同时，与年龄相差很大的兄弟姐妹相比，年龄相仿的兄弟姐妹间的关系更为温和与亲密（Vandell，Minnett，& Santrock，1987）。

总之，青少年兄弟姐妹间一方面存在着相当程度的冲突，另一方面也积累了深厚的感情。随着年龄的增长，他们之间的分享、教导、帮助、友谊等亲密温和的关系也在不断发展。

（二）兄弟姐妹间的差异

兄弟姐妹间的差异成为近年来青少年研究的热点。因为兄弟姐妹有共同的父母并且生活在同一个家庭中，所以人们普遍认为，他们在成长和发展过程中经历着非常相似的环境影响。但令人惊讶的是，大多数研究表明，在许多关于个体自身特征的标准测试中，如智力测验和人格测验等，兄弟姐妹之间的相似性并不高，甚至有的研究者认为，他们之间的差异同两个随机抽取的人之间的差异是一样的（Plomin & Daniels，1987）。

为什么兄弟姐妹之间存在如此大的差异呢？毫无疑问，除了同卵双生子之外，兄弟姐妹间的基因有很大差别，这是他们之间存在差异的原因之一。但是，兄弟姐妹与陌生人相比毕竟分享了更多的共同基因，而且他们同处于一个家庭之中，基因的差异性不足以解释兄弟姐妹间的巨大差异。行为遗传学提出，环境的影响有两种，一是共享的环境影响（shared environmental influences），也就是兄弟姐妹所共有的环境因素，能够使得他们产生相同的人格和行为特征；另一种是非共享的环境影响（nonshared environmental influences），也就是对兄弟姐妹们产生不同影响、造成了他们之间差异的环境因素。研究表明，在青少年期，非共享环境影响是强大的，而共享环境影响相对平和（McGue，Sharma，& Benson，1996）。

为什么兄弟姐妹在相同的家庭中会处于不同的“小环境”中呢？研究者认为，造成这种情况的原因有四点（Maccartny，1989）：

其一，儿童自身的原因。这一方面可能因为子女自身的特征有别，很多研究发现，父母对待漂亮的孩子和长相平平的孩子、容易带的孩子和难抚养的孩子、健康的孩子和体弱的孩子的方式是很不一样的。另一方面可能因为不同的孩子会用不同的方式来解释共同的环境。有研究显示，异卵双生子在青春期和成年后，对父母表现的温情和家庭气氛的描述是很不相同的，父母对待两个孩子的方式也许本来相去不远，但孩子对其却有完全不同的领会。

其二，不同关系的影响。这种影响包括父母特征与儿童特征的相互匹配。例如，也许孩子的气质、性别等个人特征并不符合父母的期望与偏好，这会影响到父母对待孩子的方式。

其三，父母自身的原因。父母会由于自己的原因对孩子区别对待。比如说，某个孩子可能是个计划之外的孩子，或者说父母很可能在主观上认为第一个孩子比较难带，第二个孩子相比之下比较容易带，所以会用不同的方式对待他们。

其四，家庭背景的影响。由于出生次序不同，儿童在家庭中的经历会有所不同。比如说，每个头生的孩子都会在至少一年的时间中成为父母全部注意力的对象。然后他的这种地位会因弟妹的出生而失去，他会开始与需要父母更多注意的弟妹竞争，而对年幼的弟妹而言，他的哥哥姐姐在很长时间里都会比他更强壮、更有知识。而且，头生子女一般是被父母无经验地抚养大，而随后出生的孩子可能获得更有经验的、更好的照顾。此外，排序靠后的孩子出世时家庭的经济条件可能会更好，并且家庭可能能获得更广泛的社会支持。这些都会造成兄弟姐妹不同的家庭经验。除此之外，在一般家庭中，哥哥姐姐是领导者和示范者，弟弟妹妹是跟从者和模仿者，儿童自己会通过与其他孩子的对比发现自己在家庭中所处的地位，对处在不同地位的兄弟姐妹，家庭环境对与他们来讲自然是有所不同的。

总之，那些与母亲关系亲密、与兄弟姐妹友好相处、并且在家庭决策中有较大影响力的青少年，其心理发展更加健康，具有更高的自我能力感和自我价值感。而相应地，那些具有更好的适应性的青少年同其兄弟姐妹相比，与母亲更亲近，与兄弟姐妹的关系更好，在家庭决策上的影响力更大，担负的家庭责任也更重。

第三节 青少年的家庭义务感与对传统孝道的态度

随着青少年的成长与成熟，青少年对家庭的责任与义务感日益增强，这在中国文化中成长起来的青少年身上表现得尤其强烈。作为心理社会发展的一项重要内容，青少年的家庭义务感与社会生活环境及民族文化传统有着十分密切的关系。中国的集体主义文化有着丰富的历史独蕴。传统的中国文化在某种意义上讲，可以称为孝的文化，而孝道可以说是中国家庭文化的核心。在这一节中，我们将集中讨论中国青少年的家庭义务感和对孝道的态度。

一、青少年的家庭义务感

(一) 青少年家庭义务感的内涵与研究意义

家庭义务（family obligation）是指个体对家庭及其成员应尽的道义与责任。家庭义务感的增强是青少年心理社会发展的一项重要内容。青少年的家庭义务感主要体现在三个方面（Fulligni，1999）：（1）当前对家庭的支持。如帮助做家务、买食物、照顾其他家庭成员等。（2）对家人的尊敬。主要指尊重祖父母、父母等长辈的权威，在重要的事情上征求他们的意见、采纳他们的建议。对家人的尊敬也常以更间接的方式表现出来，如通过取得好的学业成绩或付出努力来为家庭增添荣耀。（3）未来对家庭的支持。即将来成年以后对家庭的支持。青少年对家庭的义务不仅表现在当前，而且通常还延伸到其成年以后的生活，如在经济上帮助家庭、照顾年迈的父母甚至已经成年的兄弟姐妹等。

青少年的家庭义务感是发展心理学中一个较新的研究课题。青少年期是在社会大背景下考察家庭义务感的理想阶段。首先，青少年已经具有一定的能力，对家庭提供直接的支持，他们正处于“成年演练期”（apprenticeship for adulthood），开始大量地学习担任成年角色所需的社会技能。同时，他们对于自己将来在成人社会中担任什么样的角色也考虑得更加成熟。此外，当今中国青少年不仅继承了具有中国特色的文化传统，而且是近代历史上首批完全在市场经济条件下成长起来的一代人。因此，对中国当代青少年家庭义务感的研究不仅能揭示出在特定文化背景下青少年家庭义务感的发展趋势，而且能够反映出中国社会变化对家庭长期的潜在影响。

(二) 中国青少年家庭义务感的发展趋势及影响因素

1. 中国青少年家庭义务感的发展趋势

中国青少年的家庭义务感在青少年早期和中期是相当稳定的。这同美国等其他国家青少年的发展规律是相同的（Fuligni et al.，1999）。有人认为，在青少年晚期向成人期转变的过程中，家庭义务感会有所提高（Fuligni & Pedersen，2002）。但在国内尚未见此类研究成果。

总体看来，我国当代青少年具有较强的家庭义务感，他们认为应该尽自己所能帮助和支持家庭，并认为尊敬与支持家人是比较重要的。这一研究成果在众多跨文化的比较研究中得到了证实。

我国有研究者（Fuligni & Zhang，2002）曾采用富利内（Fuligni，1998）的问卷从“当前对家庭的支持”、“对家人的尊敬”以及“未来对家庭的支持”三个方面专门对我国青少年的家庭义务感的特点进行了考察，并与国外有关研究成果（Fuligni，1999）进行了比较。结果显示（见图4－4），与其他文化背景中的青少年相比，我国当代青少年具有较强的家庭义务感，认为应该尽自己所能帮助和支持家庭，或认为尊敬与支持家人是比较重要的。

还有研究显示，即使是生活在国外的华裔家庭中的青少年，他们也表现出相对较高的家庭义务感。在美国这个“移民之国”，开展了大量有关青少年家庭义务感的跨东西文化的研究。研究发现，生活在美国的亚洲以及拉丁美洲的家庭与来自其他文化背景的家庭相比，更加重视和强调子女对家庭的支持，经常要求青少年帮助照料家务和做其他一些力所能及的事情（邓伟志，2001），他们更强调子女对家人和权威的尊敬，同时他们还期望子女成年以后继续对家庭履行义务，如给父母和兄弟姐妹以经济上的支持，经常探望家人等（黄曼娜，1999）。富利内等人（Fuligni，1999）对不同种族的美国青少年家庭义务感的比较研究也得出了相似的结论，与欧裔青少年相比，来自亚洲和拉丁美洲的青少年具有更强的家庭义务感，他们更重视当前和未来成年以后对家庭的支持以及对家人的尊敬。

中国及东方文化中青少年对家庭义务的重视反映了家庭本位观念对个体发展的深远影响。中国重视家庭义务的传统源远流长。中国文化饱受儒家传统的浸润，属于一种典型的具有浓厚的家庭本位传统的集体主义趋向文化，集体主义趋向文化（collectivism－orientedculture）的一个显著特点是更强调集体或团体的目标和利益，而非个人的目标和利益。在这种文化中，个人的决定、行为和自我认识通常要反映或体现更大的集体的需要、价值观和期望。同时，家庭的单个成员在做决策时通常需要优先考虑家庭的需要，如果个体成员的需要和愿望与大家庭的相矛盾，那么个体成员通常需要抑制自己的愿望和需要。正如盖恩斯等人所指出的那样，中国青少年关于家庭的态度已成为其同一性发展的重要组成部分。

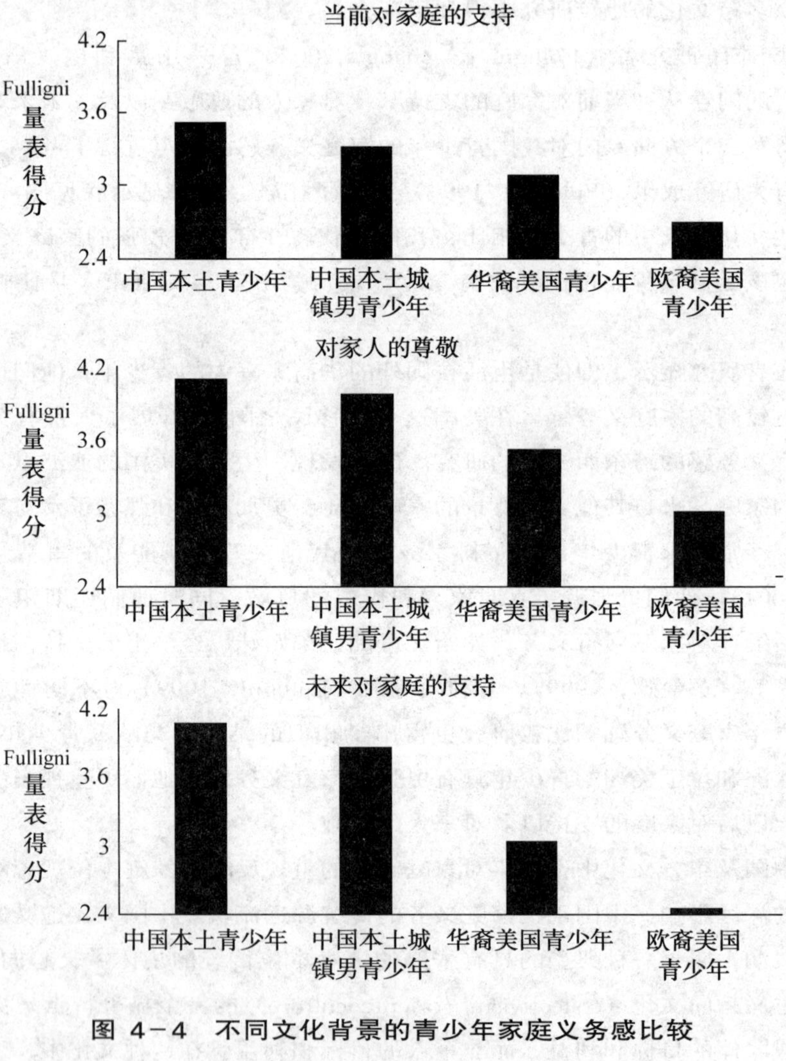

图 4-4 不同文化背景的青少年家庭义务感比较

（资料来源：Fulligni & Zhang，2002）

2．青少年家庭义务感发展的相关因素

（1）青少年家庭义务感发展的性别差异。性别是影响青少年家庭义务感发展的重要因素。与男青少年相比，女青少年具有更强烈的家庭义务感。这反映了男女青少年性别角色观念上的差异。如，由于家务劳动中普遍存在的性别角色定势，女青少年比男青少年更重视对家庭成员的照顾、陪伴与帮助家人做家务等。

（2）城乡差别对青少年家庭义务感发展的影响。有关研究发现，农村青少年比城市青少年更为重视未来成年以后对家庭的支持和帮助（Fulligni & Zhang，2002）。研究者认为，这反映了城市与农村在生活方式、经济收入与生活水平等的差异。其一，与城市相比，农村以农业生产为主的生活方式相对稳定，受市场经济、现代传媒与文化的影响较少，因而仍保留了较强的以农业经济为基础发展起来的强调家庭本位的传统思想观念，而城市青少年受现代经济社会的冲击较大，个人取向增强，更多地追求自我实现与个人成就等，家庭观念开始从“家本位”向“人本位”转移（邓伟志，2001）。其二，与城市相比，农村经济收入与生活水平仍然较低。有关研究表明（城乡二元结构下经济社会协调发展课题组，1996），自 1985 年以来，城乡居民收入、消费水平差距又重新扩大。近期国家统计局有关统计资料也表明，我国大部分农村居民的消费仍停留在以生存性为主的消费水平上。中国城乡之间存在着至少 15 年的消费断层。这种经济条件的较大差异，不仅使农村子女更能体味到父母为供养他们上学所付出的艰辛，而且客观决定了家人也期待着子女在其成年之后至少从经济上能给予家庭以支持和帮助。因而与城市青少年相比，农村青少年更深感未来自己对家庭应担负的责任与应尽的义务。

（3）独生与非独生子女家庭义务感发展的差异。独生与非独生子女发展的差异，或者独生子女发展的“特异性”问题是一个人们普遍关心的问题。国内研究未发现独生与非独生青少年家庭义务感的差异。这与近几年来的独生子女的相关研究结果基本一致。上海社会科学院青少年研究所通过对上海市 15～29 岁的青少年的调查发现，进入青春期的独生子女与非独生子女在生活需要、人格特征、社会交往等方面不存在本质差异。风笑天（风笑天，2001）对独生青少年的社会化过程及其结果的研究也表明，从总体上看，独生青少年的社会化状况与同龄非独生青少年基本一致，二者之间的相同之处远远多于不同之处。同时该研究还发现，中学时期，两类青少年所表现出的明显差异随着他们的成长而逐渐消失。综合上述研究结果，有研究者认为，独生子女与非独生子女发展的差异可能表现出“消磨—趋同”的趋势，即随着年龄增长，特别是当儿童进入青春期后，学校、同伴群体、大众传媒等的影响越来越强，儿童作为独生子女的意识则明显下降，其心理和行为的很多方面所具有的特异性越来越小，与非独生子女的一致性、共同性越来越高。

（4）青少年的家庭义务感与亲子关系。青少年家庭义务感的水平同亲子关系的质量相联系，认为对家庭成员的支持和尊敬很重要的青少年与家庭成员有着更积极的关系。这些青年报告说，他们同父母的关系是亲密和支持性的，他们常会就生活中各方面的问题向父母征求意见，愿意同父母讨论对未来的打算。这一模式具有跨文化的稳定性，在美国不同种族群体（Fuligni et al.，1999）和中国不同地域的青少年中普遍存在。有研究者认为，这是因为同团体成员间亲密和支持性的关系倾向于加强人们对团体的认同，使人们更加自愿地对团体进行支持。

（5）青少年家庭义务感与学业的关系。中国自古便有“万般皆下品，惟有读书高”的说法，在传统上十分强调教育的效价。在中国的家庭中，青少年的主要任务是取得好的学习成绩，学业上的成功能够给家庭带来荣誉和尊敬。中国青少年的家庭责任感与教育效价之间的联系十分紧密，研究证明（Fuligni & Zhang，2002），那些在“对家庭的支持”和“对家人的尊重”维度上得分较高的青少年更看重教育和培训在他们将来成人生活中的作用。研究同时发现，尽管家庭责任感与一般意义上的学业动机有较高的相关，但并未发现其同学生的具体学业目标之间的联系。这可能是因为，中国青少年在具体学业目标上的变异太小：98%的青少年希望自己能够达到高中以上文化程度，90%的人相信自己能够实现这一目标。

研究者在中国青少年的家庭责任感与学习成绩之间未发现相关。这与国外青少年的情况是不一致的。这可能是因为，中国青少年面临着严峻的高考形势，是否能上大学很大程度上决定了青少年将来的社会和经济地位。而较高的家庭责任感既意味着在学业上不断努力以光耀门楣，同时也意味着要为家庭日常生活事务提供实际的帮助，这可能会占用青少年的学习时间，妨碍考生全力以赴的准备考试。因此，家庭责任感与学习成绩之间的关系较为复杂。有研究者建议（Fulligni & Zhang，2002），在我国未来的有关研究中，应对青少年为家庭实际提供帮助的时间、学习时间、家庭义务感、学业动机等变量进行综合考虑。

（6）青少年的家庭义务感与父母受教育程度的关系。研究发现（王美萍等，2001），父母为初中及初中以下教育程度的青少年更多的认为，“将来与父母生活在一起”以及“对父母提供支持”比较重要。家庭责任感与父母受教育程度的联系反映了青少年对文化程度较低的父母的看法，他们更倾向于认为，在自己成年后，父母将不能够很好的维持生计，需要自己继续提供帮助。研究同时显示，父母的社会经济地位、职业等特征与青少年的家庭义务感没有联系。这说明，在当前情况下，社会经济地位、职业可能不是考察父母对子女支持的需要的强有力标志。

（7）青少年的家庭义务感与父母的期望。研究发现（王美萍等，2001），我国青少年在“当前对家庭的支持”和“未来对家庭的支持”两个方面的家庭义务感高于父母的期望。这与国外有关研究结论是相反的。这一现象可以从两方面解释：其一，随着我国现代化进程的不断加快，家庭的结构和功能日趋简单，父母教养子女的重点由如何扮演好为人子女的社会角色转向如何适应个体取向的生活方式。人类学家许琅光指出，在传统的中国社会内，家族中的亲属关系是以父子关系为核心，亦即父子关系最占优势。但在现代社会中，家庭中的亲属关系是以夫妻关系为核心，亲子关系反而沦为次要。在此重大的转变下，父母对子女角色的期望减至最低，而仅以感情的培养与生活的教导为重点。因此父母对青少年在家庭义务与责任方面的期望也随之降低。另一方面，高中阶段的学生面临升学的压力，学习是其生活的最重要甚至是惟一的内容，在这一特殊阶段，父母几乎不会期望青少年再承受来自家庭的负担。青少年的家庭义务感与其感知到的父母的期望见图 4－5。

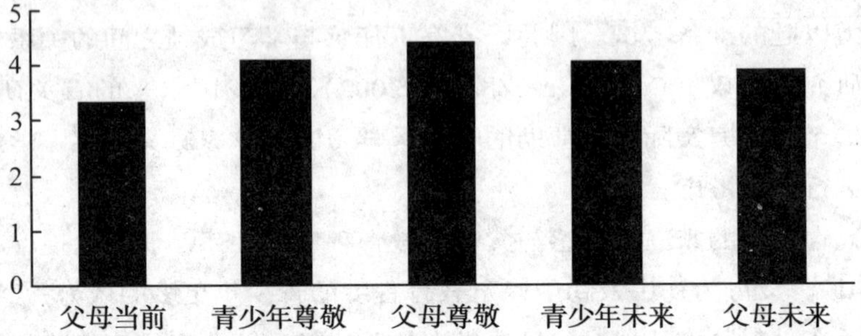

图 4-5 青少年的家庭义务感与其感知到的父母的期望

（资料来源：王美萍等，2001）

二、青少年对孝道的态度

（一）孝道的内涵与新孝道

“孝道”旧称奉养父母的准则，可以说是具有中国特色的家庭文化的核心。在中国传统社会，这种根植于家庭文化的反映亲子伦理关系以及相互权利义务关系的“孝道”，被认为是儒家伦理道德之首，是几千年来为社会普遍宣扬、奉行的道德观念和行为准则。早在先秦的经典中，已经把“孝”的规范视为“德之根本”，《孝经》认为“人之行，莫大于孝”，“孝为百行之首”。侯（Ho，1994）曾强调:“作为儒家伦理道德之首的孝道，它不仅仅是指服从和尊敬父母，而是由文化界定的处理人际关系的样本与准则”。中国人的许多行为都与个体对孝道的信仰程度有关。

对于传统孝道的实际内涵，杨国枢等人（1989）对记载于《礼记》、《四书》、《孝经》及著名家训中有关孝道的语句与事例进行内容分析，发现以父母为对象的传统孝道，其主要内涵有以下十五项：敬爱双亲、顺从双亲（无违）、谏亲于理、事亲以礼、继承志业、显扬亲名、思慕亲情、娱亲以道、使亲无忧、随侍在侧、奉养双亲（养体与养志）、爱护自己、为亲留后、葬之以礼以及祀之以礼。也有研究者提出（黄坚厚，1989），孝的内涵包括：爱护自己、使父母无忧、不辱其亲、尊敬父母、向父母进谏、奉养父母等六项。从现代心理学的观点出发，分析上述行为的意义，主要有下列三点：

(1) 尽孝是要子女爱护自身，并谋求自我的充分发展。(2) 尽孝是使子女学习如何与人相处。(3) 尽孝是要子女整个行为有良好的适应。换言之，古人所谓的孝道，不仅直接以父母为对象，而且在内涵上进一步大而化之，强调透过良好的亲子关系来促进子女健全人格的发展、人际关系的适应，实际上可以说是子女立身处事之道。

随着我国有传统社会向现代社会过渡，人们的生产、生活方式都发生了剧烈的变化，个人更注重追求更大的自由、独立和自主，价值观也呈现出多元变化。面临这样一种个体主义色彩日益浓厚的社会环境与生活方式，以集体主义、宗法制度为基础的传统孝道势必要发生重大的转变，从而形成一种既继承了中华民族传统文化精髓，又更适合中国国情的新孝道。这种“新孝道”的特点主要表现在（杨国枢，1989）:

(1) 孝道只涉及家庭内亲子间的人际关系——新孝道的局限性。在中国传统社会泛孝主义思想的影响下，孝的范围扩展到家族或家庭以外的社会、国家及天下，孝道精神渗透于社会政治、经济、人际关系、法律各个方面，是一套治国、平天下的规则。而现代工业社会以自由劳动力、地理流动性和社会流动性为主要特征，家庭与其他社会组织的差异性越来越大，作为家庭伦理道德之首的孝道无法扩展到社会、国家及天下。因此，在现代社会孝道具有局限性，在范围上，它只能局限于家庭之内；在性质上，孝道只局限于亲子之间。

(2) 新孝道以亲子间的了解与感情为基础——新孝道的感情性。传统孝道提倡子女对父母应该爱与敬并重，但在父权主义的作用下，子女对父母往往是敬畏多于亲爱，而且在子女社会化过程中，父母更注重对子女社会角色的培养，子女对父母的孝是其社会角色的必然要求。而在现代社会，父权主义大大削弱，宽松的家庭环境中所产生的亲子关系是融洽的，子女对父母的爱是发自内心的自然的情感。所以这种注重感情性的“新孝道”与偏重角色性的传统“孝道”是有着根本区别的。

(3) 新孝道强调自律性的道德原则——新孝道的自律性。传统的孝道带有很强的他律性，子女对父母尽孝是受外在条件制约的，是机械、被动的。而在现代社会，子女的个人自主性增强，子女不易接受传统的规范，因此，过去那种“盲孝”的作风已经行不通了，而代之以子女真正理解孝的内涵与其合理性，自愿做出孝敬父母的行为。

（4）新孝道强调亲子间应以良好的方式互相善待对方——新孝道的互益性。在传统社会，为了维护家族的稳定与延续，必须建立一种权威式的家庭人际关系结构，坚持“父权至上”的原则，父慈子孝的原则是难以实现的，处处表现出“重孝轻慈”的倾向。在现代社会，子女以独立的身份生活在家庭中，父母子女的关系是平等的，双向的。父母不仅要教育子女如何尽孝，而且自身也应注意如何向子女施慈。子女不仅仅是接受父母对自己的爱，自己也应当尽力向父母尽孝。因此，现代社会的亲子关系是以互益性为原则的。

（5）新孝道内涵与表达方式具有多样性——新孝道的多样性。在中国高度集权的传统社会，生活的各个方面都要求同一性与规范性。在这种文化中产生的孝道也不例外，在经书、家训家规中对于孝道的内涵往往有统一的规定。而在现代社会，孝道的这种强制性与规范性日渐衰弱，从互动论的观点来看，孝道的态度与行为是由父母的性格行为、子女的性格行为、社会化与学习三因素交互作用而形成的。由于影响孝道形成的因素错综复杂，而使得现代社会的孝具有多样性与实效性。

总之，随着社会的发展与进步，传统孝道观念的确在表现形式以及影响因素方面发生了一系列的变化，这种变化使得新孝道趋向于一种个体主义的取向，这种个体主义的取向更能表现子女个人的身心特征与实际情况。

（二）我国青少年对传统孝道的态度

1. 青少年孝道研究的意义

改革开放20年来，我国的国民经济蓬勃发展，综合国力迅速提高，政治、经济体制的重大变革带来伦理道德体系和观念的变化。在这20年中，新的伦理道德观念不断涌现，新的时代精神不断形成，同时新旧观念不断发生碰撞。当今青少年是在社会巨变中成长起来的一代，对青少年孝道的研究有利于重新回顾传统观念所具有的现代价值。而且，我国处于青少年期的儿童大多是独生子女，他们一方面在家庭中受到的关心和宠爱较多，另一方面在赡养、孝敬老人方面的责任更重，他们对孝道的认识必定会出现一些新的特点。因而，探讨青少年对于传统孝道的再认识，对建构青少年积极的家庭责任感及孝道观将具有重要的意义。

2. 青少年对传统孝道的态度

当代有关孝道的心理学本土化研究是由台湾学者率先开展的。黄坚厚（黄坚厚，1989）以问卷法调查了台湾国中、高中及大专学生的孝道态度，结果表明，青少年普遍认为的较为重要的孝行有：奉养父母、听从父母的意见、悦亲、不使父母生气、显扬父母等。绝对顺从、传宗接代、和父母同住、物质方面的奉养被青少年认为是最不值得赞成的孝行。大陆的研究者也得出了相似的结论（张坤，2002），对青少年的访谈表明，青少年不赞成顺从双亲、传宗接代、继承志业、显扬双亲等传统孝道，而认为敬爱双亲、奉养双亲、使亲无忧、爱护自己等传统孝道依然非常重要，这可能是因为：在中国传统社会，孝道的他律性是很强的，老人在社会中占有绝对的地位与权威，为人子女者必须顺从，百依百顺，特别是在婚姻、事业方面，也必须听从父母的安排。随着社会的发展与进步，个体的自主与独立意识增强，开始的年龄也提前，他律的孝道观念已不被青少年所接受。所以，不少青少年将绝对的“顺从双亲”列为他们最不赞成的孝行之一（黄坚厚，1989；壮耀嘉，1989）。

在古代有“不孝有三，无后为大”的说法，所谓“有后”，实际上是相对儿子而言的。为了延续祖宗的香火、光宗耀祖，要生儿子的思想深深扎根在中国古人的意识观念中。而随着现代社会的发展，人们在此方面的观念开始淡漠了，许多家庭甚至不要孩子，在观念更新较快的青少年看来，“传宗接代”才是孝的观念更是落后。

继承父母的志向，绍述先人的事业，把父母留下的事业发扬光大，按照父母的遗愿去奋斗，把上辈留下的技艺、事业、财产等发扬起来，一代超过一代等，也是古代孝的内涵。而当代青少年的自主意识与自我价值感增强，价值观念也趋于多元化，并不再把继承父母的志业作为是敬孝的一种方式，且父母开始注重对自尊、自信、民主方面的教育，只是希望子女将来成为有用之才，子女是否继承自己的志业并不重要，因此，“继承志业”的传统孝道的观念开始淡化。

青少年对“显扬双亲”这一孝道的赞同程度并不是很高，这可能是因为，现在的青少年不再将个人的努力与成功看做是为显扬父母而做的，而是希望能够实现自我价值、充分发挥自己的才能。有关大学生职业价值观的研究也表明（阴国恩，2000），大学生的职业价值观呈现出多元化的趋势。在这个多元的职业价值观体系中，“充分发挥能力”、“创造性”、“收入”被排在前三位，“地位、名声”等被排在后三位。由此可见，青少年对“地位、名声”等“虚”的东西看得很淡漠，而将“显亲扬名”上升到是为尽孝的高度对青少年来说更是不可接受。

社会在不断地发展和变化，传统孝道的一些方面在青少年看来已经过时，但传统孝道的核心内容（尊亲、悦亲、养亲）仍然保持着强大的生命力。所谓传统孝道的核心，《尔雅·释训》曾这样解释:“善父母为孝。”意思是说，善待父母就是孝。具体地说，善待父母有两个大的方面：一是“养体”，二是“养志”。尽管随着社会的发展，今日的生活状况非古代所能比，但古人以在物质上“奉养双亲”与精神上“敬爱双亲”为孝的传统至今仍为青少年所赞同。

我国青少年将“爱护自己”也列为比较赞同的孝道之一，这可能是因为，当今青少年大部分为独生子女，做父母的对子女十分疼爱，如果子女孱弱多疾，父母就忧虑不安。爱护自己正是体念父母生养自己不易和不让父母担忧。

总之，青少年对传统孝道中与社会发展不适应和难以实行的方面赞同度很低，而对其中的精华部分，大多青少年认为应该保留。由此可见，当今青少年对待孝道的态度基本上是积极的、合理的。

（三）青少年对传统孝道态度的影响因素

1．青少年的年龄与对传统孝道的态度

有关研究表明，随着年龄的增加，青少年认为行孝的困难程度也随之增加，对孝道中一些比较难以实行的方面的赞同程度降低（黄坚厚，1989）。这和青年的独立性及活动范围随年龄的增加具有连带关系，年龄较小的儿童更易把自己归属于集体，随着年龄的增长，青少年的自我意识逐步发展，更显独立性，对自己的定义更多地参照个人的爱好、个性特征和个人追求（王

重鸣，1997)，价值取向越来越趋于个体性，对集体主义观念的赞同程度降低。因此，对于一些确实比较难以实行的传统观念，青少年已经能够比较理性地看待。

有研究者对孝道认知随着教育水平与年龄的递增的变化进行了总结，认为个体对孝道的认知呈现由他律性的规范原则、原始性的互动对象、非自我取向的起始原因、单向性的互动方向及物质性的目的结果朝向自律性的规范原则、次级性的互动对象、自我取向的起始原因、双向性的互动方向及精神性的目的结果发展的趋势（叶光辉，1989)。

2. 青少年的性别与对传统孝道的态度

大多数研究认为（黄坚厚，1989；张坤，2002)，就对整个传统孝道的态度来说，男女青少年之间的差别并不显著。但是，青少年对传统孝道不同方面的赞同程度存在着一定的性别差异。这可能与父母对子女性别角色的期待不同有关。中国的父母由于受到“重男轻女”传统思想的影响，通常把对后代的期望寄予男孩身上，对男孩给予更多的关注和要求。而男孩也深刻感受到父母的期望，更可能将延续父母的命脉、承续父母志向、显亲扬名等作为自己不可推卸的责任与义务，对此方面的赞同程度相对较高。而女孩对父母和其他成人的要求的遵从程度要高于男孩，这种差别早在2岁时就有所表现（周宗奎，1995)。因此，女青少年对顺从双亲等的赞同程度高于男青少年。

3. 城乡差别与青少年对传统孝道的态度

研究显示，农村青少年对传统孝道在总体上的赞同程度显著高于城市青少年，特别表现在诸如抑己顺亲、荣亲留后等方面（张坤，2002)。在中国与联合国儿童基金会联合进行的中国儿童情况抽样调查中对广东1595名14岁儿童的价值意向抽样调查结果（1988）显示，旧的传统观念影响在乡村还大有市场。就“养儿防老”来说，尚有18.2%的父母将其作为生育子女的目的，为传宗接代而养育子女的还占13.7%(赵忠心，2002)。这种差异与城乡发展程度、文化模式、都市化进程都有某种程度的关联。

首先，传统的孝道观念产生的两大社会根源是农业文明与血缘根基。与城市相比，农村以农业为主的生活方式相对稳定，封闭的小农经济生产方式在一定程度上还存在，受市场经济、现代传媒与文化的影响较少，因而仍保留了较强的以家庭为本位的孝道观念，比如为亲留后、显亲扬名等。而城市青少年由于受到现代化进程的冲击比较大，在都市化的进程中，随着人们接触面的扩大，可以脱离相对固定的乡村群体，会根据自己的能力去发展自己、实现自我价值，其价值取向也趋于个体（王重鸣，1997），家庭观念逐渐由“家本位”向“人本位”转移（邓伟志、徐新，2001）。

其次，如前所述，与城市相比，农村经济收入与生活水平依然很低。城乡青少年生存条件的差异，使农村青少年目睹并体会到父母供养他们的艰辛，这也会使他们更重视未来对家庭的支持和帮助（王美萍，2001），对父母表现出更多的顺从，并更希望通过自己的努力改变家庭的命运。

最后，城乡文化模式、人们的受教育水平是存在差异的，据统计（年鉴，1999），我国农村平均受教育年限为5.09年，高中以上文化程度的只占4.8%，农村的文盲率达到14.25%；城镇平均受教育年限为7.63年，高中以上文化程度的占27.82%，城镇文盲率为7.32%。因此，农村父母的受教育水平比较低，没有固定的经济收入，特别是到体力衰退时，生活更难以保障。有关资料显示（刘念，2001），在农村老年人口中，64.46%的经济来源是由子女或其他亲属提供，其次是劳动收入，占29.96%；而在城市，49.31%的经济来源是离退休金，依靠子女提供的只占34.53%。因此，农村父母对子女寄予更多的期望，希望子女跳出农门，光宗耀祖。在这一环境下成长起来的农村青少年自然更希望能通过自己的努力为父母增添荣耀。

4. 独生非独生与青少年对传统孝道的态度

如前所述，对于独生与非独生子女的发展是否存在差异或者“特异性”一直是人们普遍关心和研究的热点问题。有研究显示，同家庭义务感一样，独生子女与非独生子女在青少年期对孝道的态度并不存在显著差异（王美萍等，2001）。但大多数研究认为，非独生青少年对传统孝道的赞同程度显著地高于独生青少年。

一部分有关中国独生子女的社会行为特征的研究支持独生子女有某种缺陷的观点。父母近乎“暖箱式”的关爱，使得独生子女往往比较娇纵，独立性较差。还有研究证实，独生子女在勤俭节约、生活能力与劳动习惯方面存在一定缺陷，如1997年“城市独生子女人格发展与教育”调查表明，24%的“新人类”缺乏生活自理能力；28%的人很少帮助家里干活等等（彭晓辉，2001）。而且，我国正处于从计划经济向社会主义市场经济转变的时期，传统的道德体系已经开始动摇，因此，对于在市场经济的大潮中和家庭“惟一”身份这样的环境中成长起来的独生子女来说，他们的传统道德受到的冲击更大。有关研究表明，独生子女大学生的道德观念反传统的倾向更强（李卫东，2000）。

也有研究认为，非独生子女大多来自农村，独生与非独生子女对传统孝道的态度上的差异在一定程度上是由城乡的差异引起的。来自农村的青少年，他们的生存条件和教养环境较差，父母给予他们的教养方式与城市青少年也存在差异（张文新，1997）。非独生子女更能体会到父母的艰辛，也更能体验到父母对他们的殷切期望（王重鸣，1997；张坤，2002）。

5. 传统孝道态度的代际差异比较

代际差异是青少年与父母的种种社会心理差异的综合结果（冯觉新等，1993）。

首先，青少年与其父母两代人所处的人生发展阶段不同，青少年处于人生发展的断裂或转折阶段，其根本任务是从依赖性的人变为独立的人。相反，父母则积累了几十年的经验，形成了一套比较固定的行为模式。他们的主要任务是守护自己的地位与成果，并向下代交班，设计晚年。这些差异是两代人心理和行为差异的社会基础。

第二，青少年与其父母两代人人格形成的环境、时代不同。老一代比青年一代至少年长20岁，即两代人的人格形成时代相距20年以上。个体的人生史不同，个体的心理行为自然就有差异。

第三，青少年与其父母两代人扮演的角色不同。父母在社会中扮演的角色复杂、繁多，而青少年扮演的角色比较简单，遇到的角色冲击也没有上一代那么严重。因此，两代人所处的关系、所负的责任不同，其思想、行为、态度等等必然不同。

第四，青少年与其父母两代人对社会加速发展的适应能力不同。老一辈生理、心理的条件难以跟上时代的脚步，年青人则站在时代的前面，更可能推动时代的发展。

父母与青少年子女之间的诸多差别自然会导致双方对包括孝道在内的传统观念认同程度上的差异。有研究者（张坤，2002）考察了父母与子女对传统孝道内涵的13个方面的看法，进行主成分分析后，获取敬爱祭念（敬爱双亲、事亲以礼等内涵）、随侍奉养（养体与养志、随侍在侧等）、抑己顺亲（包括顺从双亲、使亲无忧等内涵）、荣亲留后（显扬双亲、为亲留后等内涵）四个因子。结果显示，父母对传统孝道的赞同程度要显著地高于青少年自身，特别表现在荣亲留后、顺从抑己、敬爱祭念方面，而在随侍奉养方面青少年的赞同程度显著地高于父母（见图4－6）。

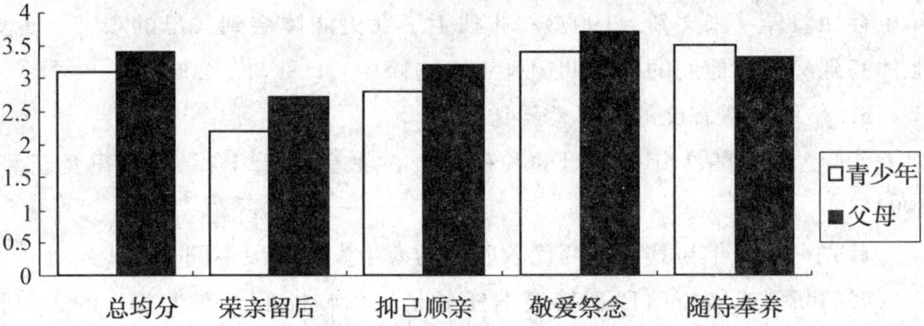

图 4－6　传统孝道态度的代际差异比较

（资料来源：张坤，2002）

这一结果反映出，一般来讲，父母相对子女来说比较注重家庭生活，家庭观念较强，愿为家庭做出牺牲，把父母子女关系看得很重要、严格，认为子女必须服从父母。而下一代则重视个性自由，主张家庭成员之间平等化和民主的家庭风气，把社会生活看得比家庭生活重要。

对青少年在“随侍奉养”方面的赞同程度显著高于父母的现象，就像我们前面所提到的，可以从两方面进行解释：首先，在现代社会，父母对子女角色的期望已相对降低，而仅以感情的培养与生活的教导为重点。父母对子女在家庭义务与责任等方面的期望也随之降低，不再过多地指望子女解决自己的养老问题。对于奉养，大多数父母认为只要他们自己还有劳动能力，就不会依靠子女，特别是在城市，这一现象更加普遍，这正是父母之爱的伟大之处。另一方面，对青少年来说，学习是其现在生活的最重要的甚至是惟一的内容，在这一特殊时期，父母很少再对青少年有任何的要求和期望，大多认为奉养双亲是青少年将来的事情，有关研究表明，对于将来对家庭的支持，父母的期望要低于青少年本人（王美萍等，2001）。

进一步的研究发现（壮耀嘉，1989），青少年的孝道理念与实际行为之间是存在一定差异的，就那些至今仍被认为应当做到的孝道来说，青少年并没有做到认为应该做到的程度，而对那些被认为遵守程度较低的孝道，青少年实际做到的程度却略高于他们认为应该做到的程度。

第四节　家庭应激与青少年的发展

在青少年的成长过程中，家庭系统可能会经历某些重大变故，对本身正经历复杂变化的青少年产生重大影响，造成应激状态。

所谓应激（stress），是指“个人在面对具有威胁性刺激的情境中，一时无法消除威胁脱离困境时的一种被压迫的感受”。未成年人的应激从其环境来源上加以区分，主要可以概括为家庭应激、学校应激和社会应激三种形式，其中家庭应激是应激的主要形式。导致青少年家庭应激的事件复杂多样，博特雷思等人对家庭具体应激事件概括为：迁入新居、父亲调动工作、母亲调动工作、父母间或父母与亲戚间的矛盾、亲友死亡、父母亲事业上陷入困境、父亲失业、父母遇到经济困难、父母与从前的配偶发生争执、父母离婚或分居、离婚或分居的父母重新结合、兄弟姐妹患重病或受伤、母亲遭父亲殴打，父母亲患重病或受重伤、兄弟姐妹患重病或受重伤、其他兄弟姐妹患重病或受重伤、母亲怀孕、父母亲卷入官司等。一些精神病学家认为，父母陷入严重的婚姻危机、家庭处于低劣的社会地位、过于拥挤的家庭生活空间、父母亲有违法犯罪行为、父母亲精神异常、父母被地方当局监管为重要的家庭应激事件（郭晓飞，1999）。在众多导致儿童家庭应激的事件中，父母婚姻变故和家庭经济压力一直是研究的热点问题。

一、婚姻变故与青少年的发展

据统计，仅就法院受理的离婚案件而言，目前我国的离婚案件就已占了全部民事案件的一半以上，这里还不包括在各民政机关协议离婚的人数。几乎平均每一分钟就有一件离婚案件需要处理（傅安球，1999）。离婚已经成为不可忽视的社会问题。父母离婚作为一个重要家庭应激事件无疑会对青少年的发展产生重要影响。

（一）父母离婚对青少年的影响

对父母离婚的许多研究表明，父母离婚后的1～2年对青少年和儿童来说是一个社会性和情感分裂期。离婚常常伴随着经济、住所、学校等的改变，以及家庭成员和家庭关系的重新组合等，这对于正疲于应付自身各种转折与发展的青少年来说无疑是雪上加霜。

与其他年龄阶段的儿童相比，青少年对父母离婚的适应和反应具有不同的特点。艾勒斯坦和凯利研究发现，不同年龄子女对离婚的适应和反应是不同的：2岁半到3岁3个月的儿童表现出倒退行为；3岁8个月到4岁8个月的儿童表现出易怒、有攻击性行为、自我责备和迷惑；5岁到6岁的儿童表现出焦虑增加和攻击性行为；7岁到8岁的儿童出现悲哀、害怕、信任与和解的幻想，对父母表示愤怒或忠实；9岁到10岁的儿童表现出失落感，拒绝，无助，孤独，羞耻，愤怒与忠诚的矛盾。而当儿童开始向青春期迈进的时候，他们开始对父母离婚表现出悲伤、羞耻、窘迫，对未来和婚姻感到焦虑、烦恼、退缩（傅安球，1999）。

离婚给子女带来的负面影响是多方面的。离婚与子女的短期发展障碍、情绪低落、行为障碍等均有相关。离婚后的头两年，他们会表现出更多的反社会、不正常的冲动行为，在社会性关系方面有更多的困难，在学校里出现更多的行为问题（傅安球，1999）。但近几年的研究又提出了一些新的观点，尽管大多数的研究仍然认为，来自离婚家庭的青少年比来自非离婚家庭的青少年在发展上会遇到更多的困难，但是，心理学家不再将这种差别只简单地用“父母双全的家庭比单亲家庭对孩子的发展更好”之类的观点来解释。有三类研究对这一观点进行了反驳：

其一，越来越多的研究证明，对于青少年来讲，拥有与重要他人的良好关系比拥有完整的家庭更加重要。例如，再婚家庭中的青少年尽管拥有完整的家庭，但他们出现的问题并不少于单亲家庭中的青少年。而没有经历过离婚的单亲家庭（如某个家长早逝）中的青少年比离婚家庭甚至再婚家庭中的青少年出现的问题都要少。而且，生活在父母双全家庭中的青少年未必一定会拥有亲密和谐的亲子关系，实际上，有研究显示，在“父亲缺失”的家庭成长的青少年的自尊水平要高于那些认为父亲对自己漠不关心的青少年。事实上，同正常家庭的青少年相比，离婚单亲家庭中的青少年认为他们的父母更友善，而且他们认为同父母待在一起要比同伙伴待在一起心情更好，他们的亲子冲突也相对更少。

其二，很多纵向研究显示，是离婚过程本身而非离婚后家庭结构的改变对青少年的心理健康产生了不良影响。大多数研究显示，在通常情况下，对于青少年来说，最困难的时期是离婚这一家庭分裂过程。很多青少年在父母离婚后会立刻出现学校适应问题、行为问题、焦虑等症状，但两年之后，其中大多数人似乎都适应了离婚这一变化，在许多方面的表现与父母双全的孩子趋于一致。

其三，相关研究的结果显示，父母离婚后青少年表现出的暂时性混乱与家庭暴力冲突、教养方式的巨大改变、家庭经济压力的明显增加等因素均有关联。而对正常家庭的研究也表明，家庭冲突、混乱的教养方式（太过严厉或宽松，或者时宽时严）、家庭的经济压力（如父母失业）等对青少年也会产生明显的负面影响。也就是说，所谓离婚给青少年带来的暂时性负面影响，可能实际上来源于离婚引起的较高水平的家庭冲突、家庭功能的失调和家庭经济压力等因素（Steinberg，1999）。

研究显示，离婚对不同的青少年的短期负面影响程度是不同的。通常来讲，男孩、年龄较小的孩子、困难型气质的孩子、在家庭外得不到其他成人支持的孩子、在青少年期前父母离婚的孩子，他们更容易受到离婚负面影响。

（二）父母离婚对青少年的延迟影响

研究者对离婚对子女的长期影响（2～3 年以上）也进行了研究，发现尽管离婚对子女的短期负面影响在两年之后基本消失。但是，当子女开始进入青少年期时，离婚的影响开始又一次显现出来。

对离婚长期影响的研究大多采用两类被试，一类是对小学的儿童进行研究，其父母在孩子处于学前期时离了婚，一类是对青少年进行研究，其父母在孩子进入青少年期之前离了婚。研究发现，对于年幼的儿童，父母离婚的影响在三年内基本消失。对第一类被试的大量研究显示，这些几年前父母离婚的儿童的表现跟家庭完整的儿童不再有明显的差别（Hetherington，1981)。但是，对第二类被试的研究显示，与家庭完整的青少年相比，父母已经离婚的儿童进入青春期后，即使这时父母离婚已超过三年，他们也会更可能滥用药物和酒精，学业成绩也较差（Hetherington，1993)。而且在青少年晚期以及成年早期他们同异性人际关系更差，包括对婚姻持更消极的态度，家庭更可能破裂等。并且，父母再婚似乎并不能减轻这种影响，再婚家庭与离婚单亲家庭的青少年的适应性没有明显的差别（傅安球，1999)。

父母离婚对孩子的影响为什么会沉寂一段时间后，在孩子进入青春期又显现出来呢？心理学家对离婚的这种延迟影响做了多种可能的解释（Steinberg，1999)。

其一，离婚给孩子带来的适应困难会通过各种途径表现出来，孩子出现的某些偏差和问题直到青少年期才会表面化。比如说，心理学家认为，离婚家庭中父母监控程度较低的状况会导致青少年更容易出现吸毒和早孕等问题行为。但对于幼小的儿童来说，即使他们缺乏父母监控，也不太可能出现使用毒品或进行性活动等问题。而进入青少年期后，也就是说当他们能够吸毒和进行性活动时，这些父母监控不足的恶果就会显现出来。

其二，青少年面临着特殊的发展任务，在这些新任务的完成过程中会暴露出新的问题。例如，青少年期是个体首度尝试建立亲密的两性关系的时期。如果父母的离婚或者早先不和睦的家庭气氛影响到了孩子对关系和责任的看法，那么到了青少年期个体开始正式与异性进行交往约会时，这种影响就会表现出来。也就是说，这种最初的建立亲密两性关系的努力会唤醒青少年潜伏多年的心理创伤。

二、家庭经济压力对青少年的影响

心理学家曾一度热衷于探讨父母外出工作对儿童和青少年发展的影响。近年来，心理学家的研究兴趣转移到父母失业和家庭收入丧失这一重要家庭应激事件对青少年健康发展的影响，以及这种影响的发生机制。这种研究重点的转移十分符合我国当前的社会需要。随着我国经济的持续增长和“入世”后外部影响的不断增强，经济与社会发展所面临的矛盾和问题也将日益明显。目前中国城镇失业率，包括登记失业、下岗职工和其他类型的失业，总计大约在8%～10%，贫富差距进一步拉大。随着失业及低收入人群的增大，加强对失业及低收入家庭中青少年的心理发展问题的研究十分必要。

（一）家庭经济压力对青少年的消极影响

大多数心理学家认为，较之普通家庭中的青少年，那些家庭遭受严重经济损失或者长期生活在贫困中的青少年出现心理障碍和问题行为的危险要更大。这些家庭中的青少年常常表现出更高水平的压抑孤独或者更易怒，更多地出现学习障碍，并且更可能使用毒品甚至卷入犯罪活动（Kloep，1995）。

有的研究认为，家庭经济压力对青少年的影响存在性别差异。对于女孩来说，经济困难可能会使她们更成熟，对家庭有更高的责任感。比如说当母亲工作或找工作时，她们会更多的分担母亲的家务。但是她们也更容易对自己将来的职业形成悲观的预期，认为走出家门找一份理想的工作是很困难的。男孩对于家庭经济压力的反应与女孩截然相反，糟糕的家庭经济状况会导致更多的家庭冲突，尤其是父子冲突。父亲如果失业，就很可能失去儿子的尊重，儿子还会更多的对父亲的权威进行挑战。这种混乱会导致男孩的无责任心以及更多的问题行为。

（二）经济压力对青少年影响的机制

有关经济压力对青少年影响的研究显示，经济压力主要是以这样的方式影响青少年的：经济压力对家长的精神健康和婚姻关系产生了消极作用。这使得父母容易对子女采取不恰当的教养方式，继而导致子女出现发展问题。

社会学家兰德·康格和格伦·埃利德在80年代美国农业危机时对农民家庭进行了一系列研究，并在此基础上提出了经济压力影响青少年心理发展的模式（图 4－7）（Conger et al., 1992 ; Conger et al., 1993; Conger et al., 1994)。经济衰退会引起失业和家庭收入的损失。经济压力引发了父母的挫折感，恶化了父母的婚姻生活，而且父母和青少年发生在经济方面的争执也增多了。这些情况使得父母变得更加易怒，并影响到他们的教养质量。而且，对经济萧条的农业和工业地区进行的许多研究（Conger et al., 1993）还表明，如果父母需要经常为他们的工作和家庭收入担心，那么这势必会分散他们投入在儿童身上的精力，使得他们花费更少的时间和精力关心照料孩子。总之，家庭经济压力不仅会减少家庭可利用的经济资源，而且会造成家庭成员间更多的冲突和不良的家庭气氛。处于经济紧张状态的家长对孩子教育投入的精力较少，参与性差，而且更严厉，更容易使用不恰当的、拒绝的惩罚方式，并且很难保持对孩子管教方式的一贯性。而这些处在严厉的、非参与的、缺乏一贯性的教养方式之下的青少年出现多种心理和行为问题的风

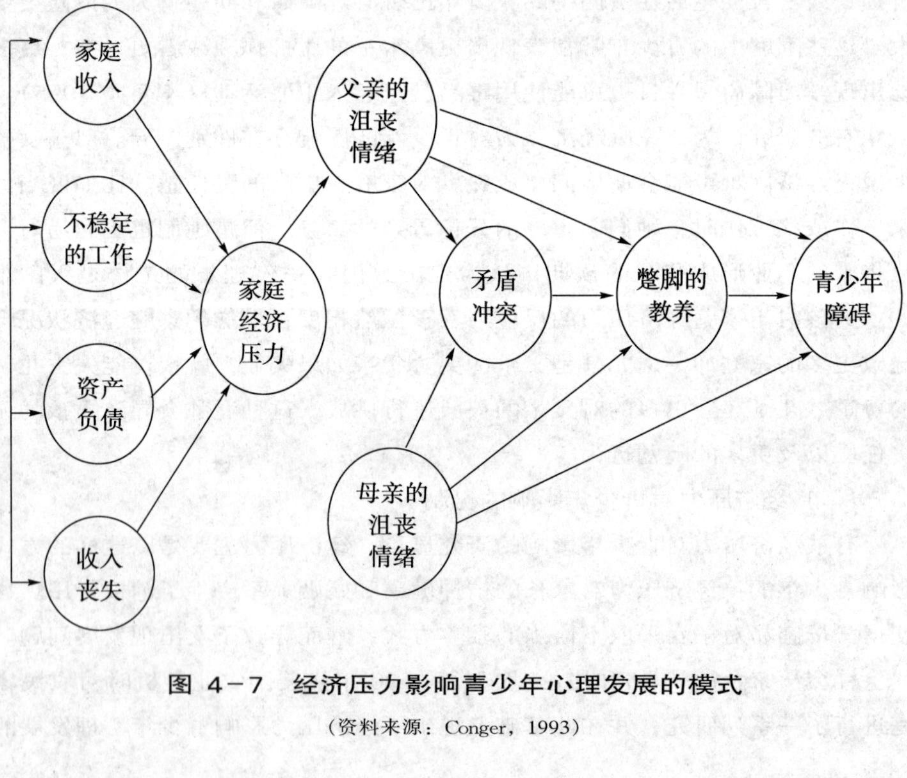

图 4－7 经济压力影响青少年心理发展的模式

（资料来源：Conger, 1993）

险很高。当他们经常处于矛盾冲突之时，特别是这些冲突往往得不到解决，他们更可能变得富有攻击性，或者更容易感到压抑和沮丧。而且，简单粗暴的教养方式使得青少年很容易效仿父母的行为，以攻击性的方式来对待兄弟姐妹以及他们未来的配偶和孩子。有研究认为这种消极后果甚至会“一直流传到第四代”，如艾尔德（Elder，1986）对代际数据的分析发现，如果父母本身属于易怒暴躁的气质类型，经济压力对孩子带来的破坏性影响尤为严重。当这些孩子长大成人以后，他们自己可能会变得脾气更糟。这种特点又反过来影响他们的婚姻关系和行为，在考察了这些父母的子女和孙子女后，研究者认为，这种恶性循环仍在传递。这种传递不能只解释为气质随时间而保持的某种稳定性，而且是一种结合的产物及投射，即“一个特殊的个体与经济压力下带有情景性的、有点爱发怒的成年男子的结合”。

（三）长期贫穷对青少年的影响

对家庭经济的研究大多数涉及的是家庭经济来源的突然丧失对青少年的影响，但现实中有很多青少年曾在很长一段时期内或一直生活在贫困之中，那么这种状况是否会以及如何影响青少年的发展，研究成果相比而言并不丰富。

心理学家对在经济不利条件下成长起来的青少年进行研究后认为（Sampson & Lamb，1994），一般来说，长期的贫穷和暂时性的经济紧张对青少年的影响是相似的，它会降低父母的效能感，使得父母的挫折沮丧感更强，更容易发生婚姻冲突，对子女的要求和变化不敏感。这些都对青少年的适应有消极影响，使得青少年焦虑、沮丧，出现较多的行为问题，学业成就也较低。但是，同时也有研究发现（Zima，Wells，& Freeman，1994），无家可归的青少年与经历长期贫穷的青少年存在十分相似的问题，如压抑沮丧、学习困难以及问题行为等。这说明，也许家庭贫困还通过更加广泛的途径影响青少年的心理健康。正如布朗芬布伦纳所提出的，个体发展的生态环境是由若干个相互镶嵌在一起的系统组成的，包括微系统（儿童直接体验着的环境，如家庭）、中间系统（儿童直接参与的微系统之间的联系与相互影响，如家庭与学校间的关系）、外层系统（那些儿童并未直接参与但却对个人有影响的环境，如父母的职业条件）以及宏系统（儿童所处的社会或亚文化中的社会机构的组织或意识形态，如政府的就业工作条件政策）。家庭这一微系统的某些特征与相应的中间、外层及宏系统的某些特征是联系在一起的。比如说，长期的贫穷与父母工作的不稳定、教育投资缺乏、居住社区环境相对较差、缺乏社会支持等联系在一起，因此，贫穷对青少年发展发生影响的机制还有待进一步研究。

有关研究结果还显示，如果采用适当的措施，贫穷家庭的家长可以保护他们的孩子较少地受到这种生活的负面影响（Steinberg，1999）。首先，社会各界应更多的为贫穷家庭提供经济上的援助和精神上的支持。其次，贫穷家庭的家长应该采取正确的方式对子女加强管理。心理学家建议可以采取两种具体的家庭管理策略，一种是鼓励策略（promotive strategy），目的是提高儿童的能力，这要求家长对子女采用恰当的教养方式，以及要求儿童积极参加家庭外有益的活动。一种是约束策略（restrictive strategy），目的是降低贫穷环境对儿童健康发展造成的危险。研究显示，鼓励策略和适度的约束策略对青少年的发展起着积极的作用。但是需要指出的是，尽管保持一贯的父母监控对生活在贫穷环境中的青少年有积极作用，但是如果这种监控过于严格，反而会对儿童产生不良影响。总的来说，这方面的研究还处于刚刚起步阶段。

☞讨论

青少年家庭虐待

对儿童虐待的认定目前还未有一致的看法。目前人们通常将父母或监护人对儿童进行的躯体虐待（如残酷的打、踢、抓、推、掐及用火烤、用开水烫等程度不等的躯体攻击）作为定义虐待的标准。尽管很多受虐儿童陈诉的大量虐待事例属于精神虐待，但精神虐待很难证实，所以很少在司法或研究中使用。近几年，一种特殊类型的虐待——性虐待已逐渐受到重视。对于儿童性虐待的认定标准也有很多不同看法。有人只将“被强行抚摸性区域或被迫触摸他人的性区域”作为性虐待的定义，也有人将触摸性区域外，“暴露生殖器、感到有性的威胁、试图性交及性交等”包括在性虐待中。由于对虐待的定义不同，对虐待的各种研究结果也有一定的差别。

一般认为，在受家庭虐待的儿童群中，婴幼儿和青少年所占比例最高。婴幼儿虐待常常与抚养困难联系在一起。研究表明，出生体重较低的婴儿更容易受到家庭虐待，这样的婴幼儿通常体质较弱，在发展中遇到的问题较多，这常常会给父母造成较大的抚养压力。青少年虐待则主要有三种类型。首先，青少年虐待可能是父母早期行为模式的一种继续，某些父母遇到挫折和压力时习惯以虐待孩子为宣泄方式，当孩子进入青春期时父母可能还会继续这种行为方式。其次，青少年虐待可能与父母不正确的教养方式联系在一起。虐待孩子的父母更可能把身体的和言语的惩罚手段看做是教育和规范孩子的合适方法（Kelly & Grace，1990），他们往往认为，无论孩子多大，体罚都是控制孩子的恰当方式。这种“把教训敲进孩子身体”的惩罚性教养方式常常会对孩子造成身体和精神伤害。再次，青少年自主性的发展可能会导致青少年虐待。孩子进入青少年期后变得更有主见、行为更加自主，这些个性特征可能为父母的虐待反应埋下了伏笔，特别对于那些压力较大或认可体罚的父母来说，当他们感到权威受到威胁、无法影响和控制青少年的行为时，更可能采取虐待行为（Bugental et al.，1989）。研究者认为，如果帮助父母理解孩子进入青少年期时必然产生的一些行为变化，能够减少青少年虐待。

性虐待是一种特殊类型的儿童虐待，施虐者大多是男性家庭成员。有研究显示，93%的性虐待是由男性造成的，70%左右的性虐待是由家庭成员造成的（乱伦）。家庭成员施虐者可为父亲、继父、叔叔、伯伯、祖父、兄弟、堂表兄弟等。家庭内施虐往往在儿童较小时即已开始，且反复发生，往往持续十几年，直至青春期之后。性虐待不仅会造成压抑和低自尊，而且会导致青少年的诸多行为问题行为，如离家出走、试图自杀、酗酒、吸毒以及乱交行为（Morrow & Sorell，1989）。

大多数研究认为，发生儿童及青少年虐待的家庭在功能上是不正常的，家庭已不能对儿童提供关心和保护。如有人对乱伦家庭进行的研究发现，这样的家庭在解决问题时缺少组织能力，家庭成员各自为政，缺少交流，对矛盾采取回避掩盖态度，情感表达和情感体验范围狭窄不清晰，移情现象基本消失。造成家庭功能受损的原因很多，主要有父母酗酒、吸毒、有精神病史、婚姻失和、缺少社会支持以及诸如失业、住房拥挤、家庭成员过多等经济上的压力等。

第五章

青少年的同伴关系

青少年处于儿童向成人的过渡时期，有研究者用“社会范围宽泛化”来描述这一群体的发展，意指个体在这一特定的过渡时期经历了很多全新的社会事件。在这一时期，他们不仅有生理、心理、智力等方面的重大发展，在社会关系上，也呈现出全新的人际交往模式。青少年“发展最迅猛的社会性需要是受人尊重的需要、友谊的需要和交往的需要”，他们开始疏远成人而热衷于同伴交往，对同伴倾注了越来越多的感情，同时萌生了与异性交往的强烈欲望，男女生之间的接触显著增加。相对于前期的生命历程来说，青少年期同伴的影响作用明显增强，同伴关系对其发展具有无以取代的独特作用和重大的适应价值。

同伴团体是青少年重要的生活背景，归属于特定同伴团体是这一时期最重要的同伴关系机制。布朗（Brown，1990）指出，青少年的同伴关系是一个多层次、多侧面、多水平的网络结构，他们有很多同伴，但并非来自同一团体。发展中的青少年可能同时以极复杂的形式参与到一系列相互交叉或重叠的同伴团体中，这一系列团体大小各不相同，其内部成员之间的亲密程度也不尽相同。他认为同伴团体可以在三种水平上加以界定：二元关系（dyadic relationships）、友伴群（cliques）、群体（crowds）。相应地，我们可以将青少年的同伴关系分为二元同伴关系（友谊、男女恋慕）和同伴团体关系（友伴群、群体）两种。本章将予以详细介绍。

第一节　青少年同伴关系概述

同伴关系主要是指同龄人间或心理发展水平相当的个体间在交往过程中建立和发展起来的一种人际关系，是个体同伴经历的重要内容。

一、有关同伴经历

个体在成长过程中获得与同伴交往的重要体验，这种同伴经历在儿童青少年的发展和社会适应中起着重要作用。欣德（Hinde，1987）根据社会性复杂程度划分出三类不同水平的同伴经历：互动的同伴经历（within interactions）、二元关系的同伴经历（with relationships）、群体的同伴经历（within groups）。

互动是指成对的行为，主要涉及“诸如个体A对B发出行为X，B以Y反应这样的事件”（Hinde，1979），即互动双方的行为是交互的，一方的行为是另一方行为的刺激或反应，同伴之间的交谈就是一个典型的例子。互动水平的同伴经历既包括婴儿最初的单向行为，也包括婴幼儿彼此的控制、模仿以及更为复杂的互惠、互补的角色游戏，前者如10个月之前的婴儿，即使是在一起，也只是把对方当作一个活动物体或玩具看待，互相撕扯或咿咿呀呀地说话，如一个逃，一个追。同时，个体随年龄增长而逐渐增多的彼此间的互助、合作、攻击等行为也是重要的同伴互动经历。此外，青少年还会有大量异性同伴间的互动经历。现今有关互动水平同伴经历的研究主要涉及以下三类行为：（1）朝向他人的行为（moving toward others），如合作、互助；（2）反对他人的行为（moving against others），如欺负（Olweus，1993a）；（3）远离他人的行为（moving away from others），如退缩。这些具体行为的频率、组织形式的变化是考察这一水平个体同伴经历的重要指标。

二元关系水平的同伴经历包括彼此熟识的两个个体之间的一系列互动，它的关键之处在于关系双方均认为这一关系“能够长久维持，并能够适时调整自己的行为从而使关系得以更好的维系，甚至更深刻、亲密”（Hinde，1979）。二元关系中涉及到的互动是相对持久的，其性质和过程既要受双方对未来互动预期的影响，也要受到过去互动经历的影响。这一水平上的同伴经历还涉及到了更多的情感成分，关系双方会对这一关系持有某些态度（如“神圣感”、“专属感”等），这些态度特征是这一水平的组织关系所特有的。如二元关系中不存在成员的变动，一方的退出就意味着关系的终结，双方意识到这种脆弱性，彼此责任感、依恋等情感的投入较之对其他社会组织的投入就更为强烈，由此产生了对这一关系高度认同的“神圣感”。友谊关系就是二元水平同伴经历的重要形式，友谊观以及友谊关系的发展模式是这一层面研究者关注的重点之一。

群体是互动着的、彼此有着某种程度交互影响的个体的集合，具有内聚力（cohesiveness）、等级结构性（hierarchy）、异质性（heterogeneity）、规范性（norms）等特征。同伴群体通常是出于共同的兴趣或环境而自发形成的，但有些群体如学校中的班级等则是典型的正式建立的群体形式。有关群体水平同伴经历的研究主要集中在同伴群体这种组织结构本身，如群体氛围、内部一致性和冲突的研究；有研究者还将同伴群体视为一个动态的发展结构，着重考察不同群体结构的发展变化模式及其发展功能（Ennett & Bauman，1996）。

当然，上述不同水平的同伴经历并非截然分开。任何发展中的个体都是同时以极复杂的形式参与到一系列相互交叉或重叠的同伴经历中，而他们在不同关系水平上经历的事件和过程也对其发生着交互影响。个体之间的简单互动镶嵌于更高水平的同伴经历之中，其形式和功能除了受当时的社会情景特征（如自身情绪状态、玩伴特征、是否有他人在场等）影响外，还取决于特定的人际关系背景，如朋友比一般同伴更易于理解相互间的冲突，在分歧后能够更好地协调并继续交往；二元关系水平上的同伴经历在一定程度上取决于个体具体的同伴交际行为和互动模式，如友谊关系是一种特殊的依恋关系，其主要动机是社会情绪动机，这一亲密关系能否确立并得以维系取决于互动双方的感情投入和亲密感受；群体水平的同伴经历则既受参与者不同互动类型、频率的影响，又可通过自己特有的规范、等级结构影响成员可能的互动类型和范围，如群体内的等级结构组织会影响到新的友谊的形成，群体核心人物与追随者结交朋友的方式、范围就有很大差别。有研究者（K. Urberg & S. Degirmencioglu，1993）将青少年同伴关系网络结构的内容划分为个体水平、相互关系水平（友谊关系、同伴团体关系）、个体与团体之间的关系三个水平，研究结果同样证实了不同水平同伴关系的嵌套和交互影响。若要从发展的视角考察特定时期的同伴关系，必须注意上述各个不同水平同伴经历的结构特征，同时还要关注它们之间的相互关系。

二、青少年期同伴关系的发展特点

个体步入青少年期，随着生理发育的成熟、认知能力的提高、情感的细腻多元等方面的发展，他们会重新建构自己的同伴关系，从而体验全新的同伴经历。

就互动层面而言，相对于儿童期，青少年与同伴共度的时间显著增加，彼此的互动更为频繁、复杂、持久。拉森等（Csikszentmihalyi & Larsen，1984）要求被试在一周的时间内以固定的时间间隔记录自己的活动、情绪，发现中学生课下与同伴在一起的时间（29%）大约是与其他成人共度时间（13%）的两倍多。成人在青少年社会网络中的占有率不及25%；青少年指称的“重要他人”有近半数是同伴（Brown，1990）。我国有关小学、中学和大学学生人际交往的研究也表明，在总体上，学生的课余时间、玩乐、倾诉和分享乐趣的对象均将同伴放在首要位置。从年龄特点来看，个体在生活各个领域选择同伴作为交往对象的比例都随年龄增大而呈递增趋势，而对父母、老师的选择则呈递减趋势。再者，青少年被赋予较强的自主性，他们与同伴的交往不再受到成人的过度监控，青少年朋友可以脱离成人的管束，单独在一起聚会、交流。此外，儿童期同伴互动中的“性别对立”现象逐渐消失，青少年开始将更多的活动指向异性同伴，异性之间的接触显著增加。

有关二元关系水平上的同伴经历，青少年期主要涉及友谊关系。我国学者孙曰融等（1989）对中学生研究发现，“真正的友谊”在中学各阶段始终占据重要位置。这一时期的友谊关系双方注重亲密的情感联系。青少年普遍认为朋友之间需要相互的理解和支持，对朋友的要求已经涉及到彼此在深层次个性心理特征上的一致性，由此产生了真正的“互惠”意识——思想、情感甚至是人格上的共享（顾援，1990）。较之年幼儿童，青少年自我报告的友谊关系的亲密水平更高。另外，青少年期的友谊关系不再拘囿于同性之间，异性之间建立了新型的友好亲密互动关系。但需要注意的是，亲密的异性互动可能还涉及到另外一种二元关系——男女恋慕。青少年中后期，少数个体开始涉入这一类型的二元关系。

个体在青少年期的交友范围日益扩大，同伴群体的规模也渐次扩大：从范围较小、关系紧密的友伴群到更大规模的群体；从单一性别的群体到两性合一的群体。这一时期的群体同伴经历是个体一生中最为丰富的。

三、同伴关系与青少年发展

同伴关系在青少年行为、认知、情感以及人格的健康发展和社会适应中起着重要作用。

（一）同伴关系的文化传递、行为发展功能

群体社会化理论认为人类文化的传递模式是一个群体间的过程，是从父母群体传递到同伴群体既而经由群体传至个体。儿童在扬弃成人文化和创造自己新文化的同时，形成他们自己的群体文化，逐代传递。这一理论的一个中心假设是“社会化是一个高度情景化的学习形式”，家庭外行为系统的建构主要是在同伴经历中进行的，是“一系列同伴群体文化的产物”（Harris, 1995）。所以童年和青少年期的同伴经历是对个性发展产生影响的环境因素，是关键的社会化影响源。正如班杜拉等（Bandura & Walters，1963）在社会学习理论中所提出的：个体通过观察他人习得新的社会行为，同伴是其中重要的榜样源，习得行为会因不同的强化而得以表现或受到抑制。观察学习中的自我强化发生在个体认为自己超过同伴参照群体时；而自我惩罚则是因为没有满足同伴的群体标准。同伴经历是行为习得、表现的重要背景。

（二）同伴关系的认知发展功能

皮亚杰（Piaget，1932）认为，只有在平等互惠的同伴关系中，个体才得以检验自己的思想、体验冲突、协商不同社会观点，这些同伴互动经历使儿童社会认知能力得以发展，在引发折衷主义和平等互惠的观念中也起着重

要作用。他还特别强调了同伴间的讨论和争论是道德判断能力发展所必需的。沙利文（Sullivan，1953）也表达了类似的观点，他指出，没有与同伴平等交往的机会，个体就不能学习有效的交往技能，不能获得控制攻击行为所需的能力，也不利于道德价值观念的形成。正是产生于同伴关系中的合作和感情共鸣使个体获得了关于社会的更广阔的认知视野。另外，维果茨基（Vygotsky，1978）用“最近发展区”来解释社会互动的意义，“最近发展区”代表了儿童自己能够做的以及在别人帮助下、与他人合作时能够做到的事情。他指出认知发展在很大程度上是人际间交流的结果。后有研究者（Rogoff，1990；Tudge，1992）以此为基础，认为同伴是个体认知最为重要的共同建构者（coconstructivist），与一个更加有能力、有经验的同伴在一起能帮助个体顺利通过最近发展区。

（三）同伴关系的情绪性功能

同伴关系对青少年情绪情感的健康发展尤为重要，是满足社交需要、获得社会支持、安全感、亲密感的重要源泉。安娜（Anna Freud，1949）认为同伴背景是家庭之外相对安全的释放攻击、性冲动的场所，高质量的积极同伴关系是情绪情感健康发展的需要。精神分析导向的另一理论家（Blos，1967）指出，青少年期最重要的任务是“个体化”（individualization），在这一过程中，个体会重新建构与父母的关系，走向自主，由此必然产生焦虑、恐惧、自卑等消极情感体验。青少年就是依赖支持性的同伴关系来寻求慰籍的。沙利文（Sullivan，1953）曾提到友谊的功能是互相证实、共享兴趣和希冀、分担恐惧、肯定自我价值、提供爱和亲密坦露的机会。他认为少年期被群体孤立的体验将导致自卑感。他将朋友定义为同性别同伴的亲密的相互关系。作为一种平等关系，是个体第一次“通过他人的眼睛看自己”并获得亲密的情感体验。韦斯（Weiss，1974）在社会需求理论中提出假设，即个体在与他人不同的关系中寻求特殊的社会支持功能，不同类型的关系满足不同的社会需求。他列举了爱、亲密、增进自我价值等 6 种功能。在此基础上，弗曼等人（Furman & Bugrmester，1985）进一步指出，个体在亲密的友谊关系中和一般同伴团体中所寻求的社会需要是不同的。爱、亲密和可靠的同盟更多是从亲密的朋友关系中获得；归属感或包容感要更多地向同伴团体寻求；而工具性或指导性帮助、抚慰、陪伴和增进自我价值这二者均可提供。安德森等（Douvan & Adelson，1966；Eichorn，1980）特别指出了友谊关系在青少年期的功能——在情绪不稳定的前青少年期和青年早期，友谊是社会支持的重要源泉，它能减少青少年对这一时期出现的急剧变化的焦虑和恐惧，促进安全感的发展。

（四）个体在同伴交往中获得更完善的个性发展

詹姆斯（James，1890）特别强调社会关系在个体自我发展中的重要作用，他认为人类具有被自己关注、被他人赞赏的本能倾向。当自己没有受到或没有受到太多他人的关注时，可能会对自己的价值产生怀疑。在此基础上，符号互动论者指出，人们是根据自己在社会情景中的经验来定义自己的。在社会相互作用中，个体获得关于自己如何被他人知觉的信息，这种信息就是自我形成的基础。个体与同伴的交往对“自我”的形成和发展是必不可少的。沙利文（Sullivan，1953）的精神病学人际理论的主要思想之一就是个性是由个体的社会关系塑造的。他尤其重视同伴关系在青少年期的重要作用。他认为，同伴能为个体逐渐理解合作与竞争的社会规则和服从与支配的社会角色构建基本框架，这一时期充分良好的同伴关系是个性健康发展所必需的。埃里克森（Erikson，1968）将同伴经历看做同一性形成过程中必不可少的一部分，同伴关系提供社会支持和尝试不同社会角色的机会，这对青少年顺利度过“心理延缓偿付期”尤为重要。此外，群体社会化理论认为现代家庭外的社会化发生在儿童中期的不同性别群体和青少年期的各个群体之中，群体过程（群体中友好行为、群体外对立、组间比较、组内同化等群体行为）同时又是个性发展的基础机制。

由上述理论可知，同伴关系在青少年心理发展中意义重大。青少年期，同伴关系的重要作用主要体现在：

（1）置身同伴团体，青少年有着不同的角色经历，同伴能够为其提供各种类型的榜样模式和丰富的信息反馈，这极大地促进了青少年自我同一性的建构。

（2）同伴经历对青少年自主性的发展有着重要影响。同伴给予青少年越来越多地从同伴处获得社会支持的机会，使得他们有更多的机会自主做出决定。此外，同伴团体为青少年提供了一个没有成人监控的环境，使他们可以自由实践习得的社会能力，获得强化。

（3）青少年期个体指向同伴的亲密情感显著增多，因此同伴团体在青少年性别行为社会化、亲密男女关系的建立中发挥着重要作用；同时这一时期的同伴关系模式为成人期的社会关系提供了一个基础的框架。

（4）同伴还是青少年未来成就发展的影响源。尽管同伴在青少年的长期教育、职业规划中的作用不及父母或老师，但他们是个体日常学校行为和情感的重要影响因素，这些影响涉及到个体的学习态度、努力程度以及日常表现等多方面的情况。

来自灵长类动物的实验研究和人类的相关研究表明，早期的同伴关系不良将导致儿童青少年短期或长期的社会适应困难。良好的同伴关系有利于青少年社会价值的获得、社会能力的发展、学业的顺利完成以及认知、情感、个性的健康发展；而同伴关系不良则可能导致学校适应困难，甚至会对成人以后的社会适应造成消极影响。

第二节　青少年的同伴团体

人类学家米德（Mead，1978）认为青少年最理想的社会化模式取决于所处社会的发展状况。当今时代，信息现代化的成果冲击着家庭作为政治、经济单位的重要性，完全拘囿于家庭环境中的社会化过程已经全然没有意义。个体的社会化历程不仅仅需要家庭背景下的动力源，更为重要的是要走入同伴经历中。哈瑞斯（Harris）的群体社会化理论为我们提供了审视个体社会化进程的新角度，他提出“家庭对儿童的社会化进程没有什么影响”，儿童的社会化主要是在同伴团体中完成的。加之现行的年龄分组教育模式，同伴团体成为儿童青少年社会性组织的重要特征。我国研究者（方晓义等，1996）应用社会网络分析技术确定同伴团体，中学生隶属特定同伴团体的人数比例最高（48.00%），由此证实同伴团体是青少年首要的生活背景。青少年期，同伴团体的结构、功能均发生着重大的变化。

一、同伴团体的一般结构

所谓同伴团体，是一个特定的社会－心理团体，是指在社会化过程中尚未成熟的个体联合而成的团体，在年龄上没有绝对严格的限制。一般的同伴团体结构，主要有以下两种类型：友伴群（clique）和群体（crowd）。

（一）友伴群

友伴群人数较少，约在2～12人之间，通常是三五人一伙，七八人一群。它是在交往中自发形成的，在共同的活动或亲密的友谊关系基础上建构而成的，成员彼此信念一致、观点相近、情趣相投，在情感上相互依恋。当代青少年中普遍存在着这一结构团体，其成员年龄相近且多是单一性别的(至少在青少年初、中期)。

青少年友伴群属非正式团体，没有明确成文的规章制度来约束其成员，主要有下述特征：（1）心理倾向的一致性。在友伴群内部，其成员具有相近的心理结构，包括相近的个性心理特征等。（2）结构的变化性与功能特征的稳定性。由于青少年本身是一个处于成长发展中的群体，友伴群的结构只有中等程度的稳定性，随时有成员的加入或退出；但其主要的功能特征以及彼此的亲密情感联系没有大的变化。（3）行为的从众性。在以情感、友谊为基础的友伴群中，成员一般具有较强的群体意识、承受较强的群体压力，自然也受到群体规范的约束，因此群体内成员的从众行为更为明显。（4）核心人物的权威性。友伴群通常有一定的组织层次（hierarchy），有自然形成的"领袖"人物，他们虽非选举产生，却有较高的威信和影响力。青少年友伴群的同龄现象在很大程度上源于当前的学校制度，学校中的年级、班级划分将他们的交往范围局限在同龄人之中。在青少年初、中期，友伴群多是单一性别的，这一现象具有跨文化的普遍性（Ennett & Bauman，1996）。原因可能在于：（1）友伴群以共同的活动和亲密的友谊为基础，青少年早期，男女生感兴趣的活动明显不同，且关注的焦点也迥异——男生热衷于跑、跳、追逐，女生则关注衣着、修饰，并且私下谈论着男孩子；直到后期男女生之间才逐渐加强交往，有了共同的活动基础。（2）儿童已经开始关注行为的性别适宜性，并形成了相应的性别角色模式，但由于认知发展水平所限，这些模式往往是刻板的。步入青少年时期，个体致力于同一性的建构，对性别角色更为敏感，假如违反这一时期的规范，会遭受相当大的同伴压力。另外，国外相关研究（Ennett & Bauman，1996）还发现，随着个体年龄的增长，青少年对友伴的社会经济地位日益关注，友伴群依据社会地位有所分化。但我国并没有相关发现，因此友伴群中社会地位分化这一现象可能是基于社会政治背景而言的。

同龄青少年在相同的社会历史条件下成长，有着共同的心理感受和倾向，他们彼此理解，容易沟通思想、交流情感；青少年具有合群性，强烈渴望归属特定群体，而且他们情感丰富，彼此容易产生情绪共鸣；面对发展中的矛盾、困惑和压力，他们需要彼此交流解释，确定自我。所以，青少年中普遍存在着友伴群。这一特定的群体结构作为青少年的生活背景，其发展功能主要体现在：（1）通过小范围内个体间的亲密互动，青少年可以积累丰富的人际交往经验，习得并实践诸多社会技能，这些社会技能在成人期的发展中极其重要；朋友间亲密的情感经历还能够为二元友谊关系、男女恋慕关系的发展提供一个基础模式——社会能力和亲密感是友伴群最重要的发展功能。（2）作为群体，它可以同时满足青少年的诸多心理需要——归属感、安全感、自我同一性、自尊等。（3）群体成员间日常的工具性支持也有助于个体形成开朗的性格和乐观的生活态度。

（二）群体

群体是一个总括的结构，在所有的同伴关系结构中最缺乏个体性。它比非正式的友伴群要大得多，但具体人数不等，是“基于共同声誉之上的集合体”，成员间并非都有亲密的情感联系和互动，有些甚至互不相识，但他们“在外人看来，某些方面有显著的相似性”（Brown，1990）。这也就是说，群体并不是基于友谊关系或共同的活动建立的，而是由于外界对某些个体具有相似的定见（认为他们有某些共同的态度或活动）而形成的。群体中往往有较大的社会性活动，有更广阔的社会化人际交往。

青少年并非刻意归属某一特定群体，也无须与其他所有成员都建立直接、友好的联系。但他们有关群体的印象往往却是刻板的，青少年常常过分炫耀所属群体的积极特征而夸大其他群体的消极性。有研究要求青少年描述学校中的群体现象，被试均能够说出不同群体的不同特征，但这些特征往往带有极大的主观性，常常与实际情况背道而驰。

青少年的亲密朋友大都来自同一友伴群，却可能隶属不同的群体。因此群体绝非友伴群的简单集合，二者有着全然不同的发展功能：首先，更为广泛的社会化交往使青少年得以利用一个新的巨大的信息来源，这些信息包括价值观、可供考虑的选择、性别作用、学业可能性等；青少年还可以很方便地利用一个无须依从的支持网，由此获得工具性支持，满足归属等心理需求。再者，群体是青少年自我同一性发展的源泉。这是群体这一团体结构最为重要的发展功能。群体构建的基础是成员共同的声誉，早期青少年尚未形成有关自我的完整统一认识，群体是其认识自己的重要背景。隶属特定群体，青少年最初对自己的认识就是来自他人的定见，他人眼中的自己就是“自己”，同时他还以群体共同的规范、标准来要求自己，久而久之这些内容就内化为自我概念的一部分。群体还可能影响到成员对自己的感受，假如所认同的群体在某一特定社会环境中具有相对较高的地位，成员的自尊水平也相应较高——正如布朗所说：“群体不仅能够通过提供认同或构建社会支持关系网络而为自尊的发展奠定丰实的基础；群体的标识还可以就个体在同伴中的相对位置提供反馈，这继而又提高或贬斥了其自尊水平。”青少年将群体视为一个参照系，积极主动地建构自我；群体压力在一定程度上也强制“塑造”着“自我”。

二、青少年同伴团体的发展变化

（一）性质的变化

在青少年期以前，儿童的同伴团体一般体现为同学或邻里间的游戏团体和同性别的小团体，没有一定的组织结构形式，团体的成员也极不稳定。随着年龄的增长，这些团体逐渐有了一定的组织形式，例如成员的地位有所分化，并有了团体聚会等。但即便是这样，团体本身的维持时间仍非常短暂。前青少年期主要是单一性别的同伴团体形式。歌德曼（Gottman et al., 1985）研究表明，在 7 岁以前，儿童对同性和异性伙伴的选择是同等的，但过了 7 岁以后，男孩女孩对同性游戏伙伴的选择均多于异性，直到青少年期，异性之间的友谊才开始重新萌芽。而且这一时期的男孩越来越倾向于同伴团体活动，而女孩则相对与父母保持着更多的依恋关系。不过，女孩常比男孩表现出更为密切的人际关系。

步入青少年期，个体的同伴关系有了不同性质的划分，同伴团体也有了组织上的分化。青少年发展了更为亲密的友谊关系，在此基础上建构了结构更为复杂的友伴群。随着认知能力从具体到抽象的发展，青少年开始明确认识自己隶属的群体环境以及在其中的相应地位，对群体的界定不再仅仅根据具体的行为表现等外在表象，而注意从中抽取典型特征。从友谊到友伴群再到群体，青少年涉入各个不同水平的同伴经历，它们相互交叉，而青少年同时也以极其复杂的形式参与其中。同时，青少年隶属的群体越来越分化，发展中的青少年逐渐能够消除刻板印象，克服群体影响，自由地转换群体，努力提高自己的地位。

（二）结构的变化

随着青少年的发展，同伴团体还发生着结构上的变化，即性别的混合。我们首先以邓菲（Dunphy，1963）的研究结果为例加以考察（见图 5－1）。青少年初期，个体的活动大都围绕单一性别的友伴群，青少年还没有涉入更广泛的社会活动，只是与有限的几个朋友进行日常的交谈、游戏。随着个体发展，异性之间开始了交往，但这种交往不是在紧密友伴群内部，而是在更大的群体背景下。群体范围内两性均参与的互动促进了异性关系的发展，从而使异性关系逐渐发展到友伴群内部。这时，友伴群的结构发生了彻底的变化，即性别混合。但发展进一步深入，到青少年期末，男女关系发展到一对一的朋友，最终出现男女之间的恋慕。同时，群体这一组织松散，宽泛的团体结构开始瓦解，友伴群内部相互间的密切联系也逐渐减少，取而代之的是二元男女关系。不过，友伴群内部的联系仍然维持在特定水平上，并一直延续至成人生活中。

塞尔曼（Selman，1982）曾提出青少年同伴关系的两阶段模式：从小组内部同性的亲密友谊关系发展到二元亲密男女关系。其进展是从较大的初级小组形式（即群体）的交往发展到较小的更为亲密的第二级小组形式（友伴群）的同伴关系。这一模式与上述邓菲的描述在本质上是一致的：在整个由同性同伴关系向异性同伴关系的转变过渡中，关系相对紧密的小团体（友伴群/次级同伴小组）起到一个重要的中介作用。最初的男女两性接触大多是以小团体的形式出现的，这使异性之间的关系有了一个逐渐适应和被易化的形成过程。

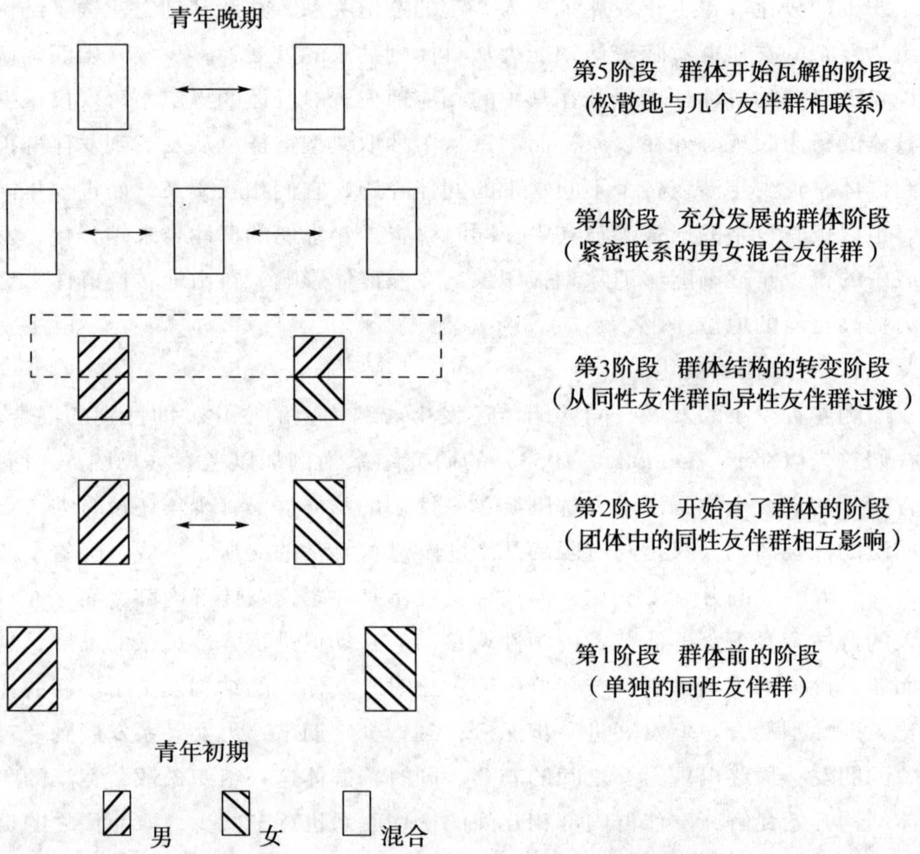

图 5-1 青少年同伴团体的发展阶段

（资料来源：祝蓓里，青年期心理学，1986）

但布朗（Brown，1989）最近指出，邓菲的描述从来没有被正式重复验证过，而且这一研究结果是以 40 多年前的澳大利亚青少年为被试获得的，因此这一描述不能够泛化至当今的所有文化中，也不可能完善地代表现时代青少年群体和友伴群的结构。而且不同文化背景下城乡等亚文化对同伴团体的结构发展也有不同的影响。他提出用青少年“同伴亚文化”这一包容性更强的组织框架来考察同伴关系的发展变化。我们将在同伴影响中详细论述。

三、同伴接纳的影响因素以及相关干预

如前所述，青少年在与朋友的交往中会形成两种关系：二元关系和同伴团体关系。前者是以个体为指向的双向结构，反映的是个体与个体之间的情感联系，是一种特殊类型的同伴关系和依恋关系；后者则是一种群体指向的单向结构，反映的是不同结构的团体对个体的态度，喜欢与否，是接纳还是排斥。其中同伴接纳水平是同伴团体关系的一个重要指标，反映了个体在同伴团体中的社交地位。

（一）同伴接纳的类型

纽科姆等（Newcomb & Bukowski，1983）通过社会测量法确定的同伴接纳类型，是当今最为流行的。

（1）受欢迎的儿童（popular)。获得许多同伴积极的提名或评定，即被大多数同伴喜欢。

（2）被拒斥的儿童（rejected)。几乎没有获得积极提名或评定，被大多数同伴回避甚至厌恶。

（3）矛盾的儿童（controversial)。被某些同伴喜爱，同时又被其他一些同伴看做具有破坏性而被厌恶、回避。

（4）被忽视的儿童（neglected)。被同伴提名（包括积极和消极）的次数很少。

（5）一般的儿童（average)。被同伴接纳的程度处于一般情况，在同伴提名中没有获得极端的分数（最喜欢或最不喜欢）。

有研究者曾考察了上述类型长期发展的稳定性（Coie & Dodge，1983；Newcomb & Bukowski，1984），总体而言，同伴拒斥这一类别最为稳定，而被忽视和矛盾身份的个体稳定性很差，他们随着年龄的增大，总会被部分同伴接受。考察青少年这一特定时期的同伴关系，我们主要关注受欢迎和被拒斥的个体。

另外，社会网络分析技术的提出和应用为同伴团体的确定提供了一种新的思路。根据被试提名的情况，这一技术手段可将被试分为团体成员、团体的联系者和孤立者。

（二）影响因素

研究者一般认为行为特征和社会认知是影响同伴接纳的主要因素。近年来，个体的情感层面和其他社会关系（家庭经历以及社会环境）对同伴接纳的影响作用受到了越来越多的关注。

1. 行为特征

所有的研究都证实，青少年期普遍受欢迎的决定因素是社会能力。行为特征是个体社会能力的重要体现。研究者发现，受欢迎的青少年快乐、率真、热情、自信，往往给同伴以积极的肯定、适时的关注和帮助，他们能够悉心地倾听同伴的倾诉，彼此开诚布公地交流。肯尼迪（Kennedy，1990）的研究还发现，相对其他类型，受欢迎的青少年与同伴的交流更为明确流畅，交往过程中能够吸引并维系同伴的注意力。被拒斥的青少年在同伴交往中往往不够明智，他们冲动、霸道，极具攻击性、破坏性，总是希望主导整个活动或强制别人服从，而不能很好地与别人协作。但不是所有被拒斥的青少年都是攻击破坏型的。青少年期，“社交退缩”在同伴团体中往往被视为社会性发展异常的表现，被拒斥的青少年中还有大约10%～20%是属退缩型的，他们胆怯、害羞、抑郁，这在很大程度上阻碍着正常的人际交往。

同是被拒斥的同伴经历，攻击型青少年相对退缩型青少年出现社会适应困难的可能性更大。有研究者（Kupersmidt & Coie，1990）曾以112名五年级男生为被试，进行了长达7年的追踪，直到中学毕业，结果发现：攻击性是个体相对稳定的特性，是预测个体发展中是否会出现行为问题、社会适应困难的重要指标。被拒斥的攻击型个体容易形成外部化问题，如人际敌意、注意力分散、暴力、犯罪等；而退缩型个体往往抑制自己的行为，不敢自我表现，不愿参加群体活动，他们容易形成内部化问题，如孤独、恐惧、焦虑、低自尊等。

2. 认知能力

很长一段时间内，同伴关系影响因素的研究主要集中在个体的行为特征方面。近年来研究者开始关注社会认知的重要作用。社会认知是社会能力的重要方面，上述诸多行为表现，如适时地关注同伴并给以帮助、有效地吸引并维系同伴的注意等大都取决于青少年的社会认知能力的发展。哈托普（Hartup，1983）指出，聪明的青少年相对更受欢迎，这可能是因为聪明的青少年掌握更多的社会知识，知道如何用更为巧妙的行为表现讨得同伴的欢心，由此进一步证实了社会认知的重要性。

解决社交问题的策略是个体社会认知能力的一种综合反映。同伴关系不良的青少年往往是因为缺乏适当的社交策略。卡伦等（Asarnow & Callan，1985）的研究确定了某些社会认知技能缺陷与同伴适应不良的相关。还有的研究（Wentzel & Erdley，1993）以六七年级的青少年为被试，发现个体掌握的有关交友策略与其亲社会行为、受欢迎的同伴地位有显著正相关，而与反社会行为呈负相关。受欢迎的青少年能够更清楚地认识要维系友谊关系、让大多数同伴喜爱需要做些什么。例如，他们知道给以同伴积极的肯定会使自己更被大家喜欢——“A，我真喜欢你今天穿的这件外衣”，“B，别担心，你一定能成功”；他们知道当同伴感觉彼此在某些方面相似时，可能更乐意与之交往；他们知道要长久地维系友谊，需要彼此亲密地自我揭示、分享个人的秘密；他们知道怎样成为群体的领导者等。因此，受欢迎的青少年能够针对上述几个方面相对有效、恰当地运用这些策略、技巧。

社会信息加工过程是社会认知中影响同伴关系的另一重要变量。道奇（Dodge，1986）将儿童的社会信息加工过程分为五步：信息编码、信息加工、搜索可利用的反应、选择适当反应、作出反应。前两步涉及个体基于可利用的线索认知问题情景，而后个体尽可能多地提出问题解决策略并分析不同策略的可能结果，最后作出反应。最近，克里克等（Crick & Dodge，1994）又对该模型加以修正：（1）加入新的认知因素——明确人际目标；（2）不再将上述五因素视为一个相继的过程，而是并行的不同过程，个体从中获得不同的信息服务于最后决策；（3）将同伴的评价和反应整合其中，注重个体曾经的同伴经历在认知过程中的重要作用。同伴关系不良的个体可能在上述不同方面存在着缺陷。就人际目标而言，受欢迎个体与同伴交往是为了建立新的或更长久地维系友好关系，而被拒斥个体同伴交往的动机往往是不友好的，如报复、竞争等。在对同伴行为作出推测时，被拒斥个体，尤其是被拒斥的攻击型个体往往将同伴无意的损害行为理解为敌意的，由此他们给以攻击性反馈，久而久之，同伴便对其不适当的行为表现形成攻击破坏性的定见，继而产生消极态度，疏远、隔离他们。由于上述消极的互动，被拒斥的攻击型的个体不能发展起更多有效的社交策略，问题发生时他们虽然能够迅速反应，却只是借助于消极的解决途径。对于被拒斥的退缩型青少年而言，他们的问题并不是不友好的交往目标、对情景线索的错误感知或缺少适当的社交策略。研究表明，这些青少年的障碍在于实际反应阶段（Stewart & Rubin，1995）。两难的问题情景往往激起他们焦虑的情绪反应，而这些青少年又没有能力来适时调控克服不良情绪，由此导致了屈从、畏缩的问题解决策略。

有关社会认知过程对同伴关系的影响作用，归因理论也为我们提供了一个理论框架。戈茨等（Goetz & Dweck，1980）以此探讨了个体对同伴经历（如被排斥于活动之外）的认知与其后行为的相关，结果发现将消极同伴经历归因于个人内部稳定因素的个体，以后主动参与同伴活动的努力会逐渐减少。由此表明，个体对自己的同伴经历形成不恰当的认识，会对以后的同伴关系产生消极影响。被拒斥的攻击型青少年还可能不能够很好地认识自己的行为可能造成的消极影响，也认识不到被同伴拒斥完全是自己的原因（“他们活该”、“是他们逼我这样做的”）。退缩型青少年一般能够全面地衡量目标、结果，找到适当的问题解决策略；然而置身真实情景中，他们却不能够按照预先的设想完成。他们往往将偶尔的消极同伴经历归因于自己，认为自己的社会能力差，同时对自己同伴关系的认识过于消极，而不敢平等积极地参与同伴互动。

另外，肯尼迪认为身体的吸引力也是青少年受欢迎性的影响因素，但社会学家科尔曼（Coleman，1980）指出，对绝大多数青少年而言，身体的吸引力与受欢迎性之间没有显著相关。儿童期，体貌有吸引力是被同伴接纳的有利因素，但随着青少年认知能力复杂化，人生态度、价值观的逐步确立，这一因素的影响作用大大减弱。影响青少年同伴接纳的因素还有很多，如家庭经历、性别、出生次序等，这些因素的作用在儿童期可能更为显著，故不在此逐一论述。同时，我们必须注意，尽管同伴接纳的某些影响因素具有跨文化的普遍性，但文化的差异是不可忽视的：如矜持这一行为表现在美国青少年同伴团体交往中是一巨大的障碍，而在中国文化背景下，则是相对积极的因素（Chen，Rubin，& Li，1995）。

（三）同伴关系影响因素研究的动态模型

综观同伴关系影响因素研究近年来的发展，不难看出，无论是研究的指导思想还是内容和方法都发生了一些变化。研究试图从简单确定因果联系转向承认心理问题影响因素的多样性和不确定性，从孤立考察单一因素转向同时探讨两种或两种以上因素（如行为和认知，行为和情绪）的内在联系与综合效应。在理论假设中，也从静态转向动态考察同伴关系在形成、保持或变化的不同过程中影响因素的作用。美国心理学家考依（Coie，1990）的理论模型反映了这一新思路。

这一理论模型认为：（1）与交往相关的社会行为是决定同伴拒斥的主要因素。（2）同伴交往中的认知特点、情绪反应和行为方式是个体早期社会化的产物。正是在早期社会化的进程中，一些儿童处理人际关系问题遇到困难，为以后同伴关系的发展埋下了隐患。（3）获得与保持在同伴团体中的社交地位有着不同的动力过程。如果说个体的行为是被拒斥的社交地位形成的主要原因，那么，这种社交地位的保持则主要是群体动力的作用。群体舆论一方面使个体扮演着偏常的社会角色，一方面则影响个体的认知、情感和行为反应，进而使个体的自我产生变化。（4）持续的同伴拒斥将对个体的学校和社会适应产生直接或间接的影响。被拒斥的经历可能会改变儿童的行为、认知和情感反应方式。长期被拒斥将导致个体以不恰当的方式应对以后生活中的压力事件，同时由于没有足够的社会支持网络可以作为对付特殊压力事件的缓冲器，个体未来生活不适应的风险系数将会大大增加。这种动态模型为未来研究提供了新视点（邹泓，1998）。

（四）干预策略

如前所述，个体的同伴地位在很长时间内具有相当的稳定性，同伴拒斥这一类别尤其如此。当然这些青少年也可能形成一个同伴团体——不被别人接受的友伴群。这一小群体具有代偿作用，使他们同样获得归属感、认同感。但由于整个团体被社会所拒斥，他们有很强的自卑感，既可能表现出对社会的退缩、疏离，也可能采取与社会、与那些受欢迎团体对抗的行为，以此体现他们的存在和价值。因此，这些个体难以改变自己不受欢迎的身份，这就致使他们在同一性的建构中出现危机。他们在自我评价方面常常走极端，要么极力否定自己，如社交能力差；要么不切实际地夸大自我概念，过高评价自己。这种不恰当的自我认知和行为很可能造成这些青少年以后严重的社会适应问题，如心理失常、暴力、犯罪等。近年来，针对上述诸多问题，许多心理学家尝试着不同的干预策略，并取得了相当成效。

针对被拒斥的攻击型青少年，干预的重点通常是帮助青少年学会去注意同伴，作一个悉心的听众，而不要试图控制别人，强制性地主导整个互动过程；同时训练他们在不干扰同伴团体活动的情况下友好地加入其中。而对于退缩型青少年，重要的是帮助他们学会以一些积极的方式适时引起同伴的注意，并通过有技巧的询问、悉心的倾听、讲述一些有关自己的可能会使同伴感兴趣的事情等方式保持别人对自己的关注；同时还要帮助他们有效地融入同伴团体。具体的干预策略通常有三类：（1）直接教授青少年缺失的特定社会技能——更高水平的观点采择能力、倾听的技巧、言语交流的技巧等。（2）帮助被拒斥的青少年参加受欢迎同伴团体的活动，这能够使他们逐渐为同伴接受，同时帮助他们改变消极的自我意象。（3）综合运用多种技术手段来改善被拒斥青少年的社会能力，这包括教授并具体展示特定情景下适当的社会技能，并就此展开讨论、推理，同时对个体真实情景中的适当表现予以强化等等。奥登等（Oden & Asher，1975）随机将被拒斥的青少年被试分为两组，将他们引入受欢迎同伴团体的活动中，却只教授“实验组”被试改善同伴关系的相应技能，结果表明，实验组被试更有效地改善了自己的社交地位。由此可见，这种整合性策略具有更有效的干预效果。

我们以具体研究为例详细介绍整合性干预策略。对于被拒斥的攻击型青少年，我们需要通过多种手段指导他们掌握必备的亲社会性社会技能（如情感性观点采择能力、悉心倾听的技巧、如何适时给以帮助等），努力提高其亲社会行为水平。但亲社会行为水平的提高并不意味着攻击、破坏性行为的自动消除，因为攻击行为往往会由于对象的屈从而不断得以强化。因此，除了亲社会性技能技巧的指导，必须采取直接的措施如说教、强化、惩罚等逐渐使不良行为得以控制。只有多种技术手段的综合运用，才能够有效地改善被拒斥个体的境况。韦斯伯格等（Weissberg & Calan，1989）的研究旨在改善被拒斥青少年自我控制、压力调节、社会问题解决等多方面的能力。首先设置相应的问题情景，教师分六步作出指导、演示，然后学生依照实践。(1) 实施行为之前告之自己冷静下来，同时认真思考。(2) 重新审视一下问题情景并陈述自己的感受。(3) 有信心，设置一个积极的目标。(4) 尽可能多地提出解决问题的策略。(5) 事前考虑一下可能的后果。(6) 实施最有效的问题解决策略。干预过程结束后，240 名参与这一计划的青少年的社会能力都得以改善，他们对各种问题情景普遍能够提出较合理、全面的解决措施，同时老师报告他们在班内的同伴关系也得以改善。

第三节 青少年的友谊关系

青少年的同伴关系是一个多层次、多侧面、多水平的网络结构，友谊是其中的一个重要层面，青少年的同伴团体经历发生变化的时候，友谊作为同伴关系的另一重要层面也在发展。

一、青少年期友谊关系的特殊意义

作为一种特殊类型的同伴关系和依恋关系，友谊带有更多的感情色彩，意味着更加忠诚、坦率而无需顾虑是否应充当社会所接受的角色。因此，在青少年这一特殊的过渡时期，具有支持性的特殊的一对一的友谊关系对个体发展有着重要的特殊意义。下面我们以沙利文（Sullivan，1953）的友谊观为基础进行具体分析。

不同于其他精神分析理论家片面强调亲子关系的重要作用，沙利文关注友谊关系在儿童青少年心理健康发展中的影响作用。他认为作为社会性个体的人有一系列基本的社会需要，包括安全依恋、游戏陪伴、社会接纳、亲密以及异性联系等。这些需要能否适时得以满足决定着个体的心理健康发展水平。青少年期，朋友逐渐成为满足上述需要的重要来源，与朋友的互动经历决定着个体的心理发展状况。青少年早期，个体亲密感的需求日益强烈，促使他们寻求关系亲密的朋友。他特别强调青年初期友谊对于个体最初的真诚的爱的体验的重要性，青少年愿意与亲密的朋友分享个人的秘密，拥有值得信赖的亲密朋友能够增强信任感、接纳感和相互理解感。而且成为他人的知己，可以有机会为他人提供帮助和支持，体验自我价值。因此，若青少年在这一时刻没有发展起亲密的、具有支持性的友谊关系，他们会体验到孤独感，并可能降低自我价值感。

诸多研究证实了沙利文的上述观点。相对儿童期，青少年与朋友有更多的亲密互动（如分享秘密等）。青少年更多地从朋友处寻求支持陪伴，更多地依靠他们获得肯定价值和亲密感。研究者（Buhrmester & Carbery，1992）对13～16岁青少年的日常观察发现，青少年平均每天与朋友有实际意义的互动时间为103分钟，而相对父母则只有28分钟。此外，青少年期友谊关系的质量对个体心理健康状况有着更大的影响作用。没有亲密朋友的青少年有更多的孤独体验，更容易沮丧、焦虑，自尊水平也相对较低（Buhrmester，1990）。最近还有研究表明，青少年早期的友谊关系质量能够预测成人期个体的自我价值感（Bagwell，Newcomb，& Bukowski，1994）。

沙利文曾指出青少年初期友谊关系的亲密性、重要性显著增强。这必然促使青少年掌握更为复杂的社会技能，促进其社会能力的发展。友谊关系是一种“互惠均衡的亲密关系模式”——儿童期，好朋友就是与之共同活动的游戏伙伴，因此儿童只要懂得如何与他人合作游戏以及如何顺利加入到活动中去就可以；而青少年的友谊关系更为亲密，这需要个体具备更强的社会能力，如何进行恰当的自我表露、如何为朋友提供情感慰籍和支持、如何有效协调与朋友的分歧等。这些能力势必需要青少年发展更复杂的观点采择、移情以及社会问题解决等技能。青少年友谊关系中的亲密体验还是以后确立男女恋慕关系的基础。

友谊关系还是青少年获取社会支持和可靠同盟的重要来源。亲密的朋友是青少年建构自我同一性的伙伴。沙利文指出，青少年大都处于寻求自我的迷惘之中，亲密朋友彼此坦陈表露这一过程中体验的焦虑，可以使他们意识到青春期焦虑的普遍性，从而能够坦然面对。朋友还能够给青少年以情感慰籍，帮助他们出谋划策，从而顺利解决一些社会问题（如紧张的亲子关系或男女关系中的困惑等）。青少年朋友间的亲密联系还可在一定程度上缓解同伴团体关系的不良影响，缓和后来出现的行为问题。

歌德曼等（Gottman & Parker，1987）总结了青少年这一特定时期友谊关系的六大发展功能。

（1）陪伴。青少年朋友间有很多相似性，他们有更多的共处时间，愿意协作活动。

（2）放松。青少年与朋友度过快乐的时刻。

（3）工具性支持。青少年从朋友处获知大量的信息、资源和援助等。

（4）自我意象的支持。来自朋友的鼓励、慰籍、反馈有助于青少年保持积极的自我意象，获得自我同一性。

（5）社会比较。青少年通过与朋友的比较可以确定自己在同伴中的地位、明确行为的适当性。

（6）亲密。友谊关系是一种充满深情的、彼此信赖的友好关系，友谊双方可以自由表露自我，彼此分享秘密。

二、青少年的友谊观

友谊观是指个体对人与人之间感情上亲密关系的认识和理解。对青少年来说，友谊观是价值观重要的表现形式之一。和儿童相比，青少年对友谊关系付出了更多的感情，有了更为复杂的友谊概念，而且逐渐发展起更加理解地评价朋友的能力，能够在更大程度上容忍相互间的差异。

塞尔曼（Selman，1980）通过与250名3～5岁的被试进行自由而有目的的交谈，提出了友谊的发展理论，将儿童交友和保持友谊的能力分为五个阶段。

阶段0（3～7岁）：这一阶段儿童之间的关系尚不能确切地称之为友谊，只是“短暂的友谊同伴关系”。朋友往往与实利和物质属性及其邻近性相联系。“他是我的朋友，因为他有个大娃娃和秋千。”

阶段1（4～9岁）：单向帮助阶段。即要求“朋友”做他要求的事情。

“她不再是我的朋友了，因为我要她跟我走，她不肯。”

阶段 2（6～12 岁）：双向但不能共患难的合作阶段。这一阶段儿童懂得了交互性，但仍停留在亚里士多德的所谓功利性阶段。

阶段 3（9～15 岁）：亲密的共享关系阶段。儿童出于共享和双方的利益而与他人建立友谊。朋友之间倾诉秘密，讨论、制订计划，互相帮助、解决问题。但这一时期的友谊是与排他性、独占性密切联系的。

阶段 4（12 岁开始）：即友谊发展的最高阶段。青少年和成人认识到人有多种需要。“可以这样认为，友谊是真正地承担义务，是冒险，你必须依靠它、信任它、不断地给予，但你也应该能够放开它。”

儿童随着年龄的增长，对自我和他人的理解是不断变化的：最初只是根据一些表面的行为和关系来定义朋友，认为彼此是朋友的主要理由是住处近或一起游戏等。到后来慢慢发展为将友谊视为更抽象的相互关心、互享情感和思想、互相安慰的内在的关系。然后，儿童学会了推断他人的情感状态，并且以持久的心理属性来思考他人。最后，儿童将友谊看做可以进行自我表露和倾吐彼此秘密的特殊的同伴关系。有人就此提出了儿童友谊概念发展的阶段：得失阶段——常规阶段——移情阶段。青少年对友谊的期望则是移情阶段的某种扩展。他们不再强调有彼此共同的兴趣，而更强调彼此亲密的情感联系。青少年初期，个体对友谊的理解还是比较肤浅的，他们注重表面现象，注重共同的活动而非彼此内心感情和观念的交流，对他们而言友谊的中心任务是“彼此要好、互相帮助”。而到了中期，友谊便不再意味着活动的共性，而是强调双方相互影响的感情上的依赖，友谊的主题是互相理解和亲密的情感支持，青少年尤其注重朋友的忠诚、可信赖和尊重。这一时期友谊的感情性以及感情的脆弱性也达到顶点。赫尔曼（Hellman，1974）的研究表明 15 岁的个体对友谊最具不安全感、最怕别人不忠诚和被拒绝。更年长一些的青少年虽然仍强调信任和忠诚，但他们最注重的是对方的人格和才能，已经能够做到相互的容忍甚至能够赏识彼此的差异，在他们看来，友谊的“互惠”意味着共同的同一性，互相获得自我。比奇洛等（Bigelow & LaGaipa，1975）要儿童和青少年描述他们所期望的最好的朋友，结果表明（见表 5－1），友谊关系有着不同的功能，较迟出现的友谊内容，即第七或第八级的内容，诸如忠诚、亲密感等都是与青少年期相联系的。我国的研究也表明，青少年选择朋友特别重视性格、品格、知识、能力等因素，影响朋友关系的最重要因素是能否“相互关心、真诚相待”（郭占基，1988）。

表 5－1　　不同年龄/等级水平友谊的不同内容

(Incidence of Various Types of Friendship, by Grade Level %)

事　件	等级水平							
	1	2	3	4	5	6	7	8
给朋友以帮助	5	12	14	7	14	25	33	35
共同活动	3	7	32	52	24	40	60	60
接近	7	5	9	12	12	20	38	32
有刺激作用的价值	2	3	12	23	30	51	52	61
有组织的游戏	2	0	15	26	9	10	17	20
人文背景/人数的相似性	0	3	7	35	15	15	10	23
评价	2	5	13	13	17	33	21	30
认可	3	0	5	9	9	18	18	38
钦佩	0	0	5	23	17	24	32	41
相互影响逐渐增加	2	7	4	10	10	17	32	34
忠诚和讲信用	0	0	2	5	10	20	40	34
真诚、坦率	0	3	0	2	5	12	10	32
接纳朋友	2	5	3	5	2	12	13	25
有亲密感	0	0	0	0	0	0	8	20
有共同利益/兴趣	0	0	5	7	0	5	30	18
有类似的态度、价值观念	0	0	0	0	2	3	10	8

每一等级水平，N＝60；下标线的数字表明在此等级水平，友谊的这一内容显著增加

（资料来源：祝蓓里，1986）

性别差异和性别角色在友谊选择中起着重要作用。女孩对亲密友谊的需要比男孩早一年半到两年。根据杜万等（Douvan & Adelson，1966）对14～

16 岁男女青少年的研究发现，男女青少年在对朋友的需要方面有很大的不同。女孩已经有了对朋友的期望，而男孩在集体活动中很少出现过度敏感和移情表现。女孩好朋友之间比男孩好朋友之间更愿意分享彼此的秘密，互相倾吐心声，这在青少年时期尤其普遍。女孩在描述好朋友时，更多地强调亲密的交谈和彼此的忠诚，她们的友谊标准更细腻，更充满心理动机。青少年期女生在友谊关系上表现出更多的依恋色彩和相互的依赖性。女生更倾向于维持特定的人际关系，有更强的爱和关怀的冲动，易动感情，同时也更害怕失去爱并为此焦虑。一旦受挫折，更强烈地希望来自重要他人的支持和关怀。这些性别差异的原因可能是，女孩更多地注重人际关系，而男孩则主要对活动和成就感兴趣，他们认为感情的直白有违于男性气质。但弗尔曼等（Buhrmester & Furman，1987）则认为，上述的性别差异只是流于形式，而非实质内容上的。他们发现在男孩子的友谊关系中，对需求的敏感性以及自我价值的确认是通过实际的行动表现获得的，而女孩则更多地通过直白思想、情感这些方式。友谊的实质和意义，男孩通常不能够像女孩那样清楚地认识到，这一研究结果支持了上述结论。

克拉克等（Clark & Ayers，1993）对青少年期的友谊关系进行了深入、详实的研究，得出如下结论：

（1）共同的活动是儿童期友谊关系的重要内容，也仍然是青少年友谊的重要特征。青少年认为朋友间共同的活动极具补偿性，能够促进彼此的亲密联系。朋友间的相似性和共同参与的活动使彼此相互关注。

（2）早期青少年认为朋友应该“品德好”，应该坦诚，尤其是关于彼此友谊关系的感受。这些青少年对惯常的品德有很高的标准期望，对友谊有着理想化的模式，但他们同时意识到朋友难以达到自己的要求，由此他们接受朋友的一些缺点。他们极其关注朋友间的真诚相待，不够真诚—虚伪是他们中断友谊的重要原因。

（3）早期青少年强调友谊关系中的忠诚和责任。

（4）青少年要求朋友间能够相互理解，但存在诸多方面的性别差异。女孩更加关注朋友间的相互理解以及彼此的忠诚和责任感。女孩对友谊关系往往有过高的要求，致使难以从中获得满足。

三、青少年友谊关系中的亲密性和相似性

亲密性是青少年友谊的特点之一，青少年将亲密性看做友谊关系的核心。友谊关系的亲密性有诸多不同的界定，广义而言，包括任何增进关系密切程度的事情。但大多数研究将其定义为彼此坦露想法、分享秘密。

青少年初期，个体对友谊的认识开始涉及亲密感、忠诚、相似的态度和价值观念等方面。他们比儿童能够更加深刻地理解亲密、忠诚等抽象概念，对他人的认知判断也更为复杂、准确，更多地涉及内部心理维度，不再仅仅受制于具体表象。沙利文（Sullivan，1953）也曾指出，青少年对亲密感有日益强烈的需求，因此将其视为友谊的重要内容。许多研究表明，亲密感作为界定友谊关系的重要依据，其重要性在青少年初、中期持续增长（Berndt & Petty，1990）。此外，青少年朋友在友谊关系中也有更多的亲密表现。迪亚茨等（Diaz & Berndt，1982）考察了儿童青少年对最好朋友的亲密性体验：四年级八年级的被试在不涉及亲密性的维度（如“知道朋友的电话号码”“记着朋友的生日”）没有显著差异，但在涉及到亲密性的一些维度上（如“知道自己的朋友会为什么事情担心”，“知道朋友会为什么事情而感到自豪”），八年级被试对朋友的了解显著多于四年级（Sharabany，Gershoni & Hoffman，1981）。由此表明，青少年期的友谊更具情感性。青少年对亲密朋友还有着更为敏感的反应性，这也是友谊关系亲密性发展的重要指标。在儿童期，朋友之间的互助、分享行为远不及一般友伴，这或许是因为朋友之间比一般友伴之间存在着更多的竞争。大约到四年级，个体对待朋友和一般友伴的态度没有差异；但到八年级，个体对朋友较对一般友伴更为慷慨和友好（Berndt，1982）。在青少年期，个体力图帮助朋友解决各种私人问题，他们能够更深刻地体会朋友的感受，积极地给予帮助，并彼此坦露秘密。研究中还发现一个有趣的现象，在青少年中亲密朋友间往往有一些同步的生理反应，如参与同一活动，朋友彼此的行为和情绪情感状态往往类同（Field et al.，1992）。这可能是由于朋友之间亲密的情感联系诱发了相似的生化机制。

相似性是儿童、青少年期促使友谊关系发展的心理因素。相互一致是青

少年选择朋友的重要原则——年龄、性别、社会经济地位、种族等诸多方面一定程度上的一致性。除了上述一些表面特征，青少年更为注重彼此一致的兴趣、态度、价值观、个性特征等。青少年有强烈的认识自我、肯定自我的愿望，他们认识到自己的内部品质往往需要借助于别人的评价和验证，因此兴趣爱好相同、性格气质接近、志向抱负一致，这些都是促使青少年彼此吸引的力量。

四、青少年期异性关系的出现

沙利文（Sullivan，1963）认为，青少年中后期重要的发展任务是建立与异性同伴的亲密关系。青少年期，个体社会关系网络中涉及到了各种形式的异性关系，青少年异性之间的接触显著增多。有研究发现，6～8 年级，青少年异性朋友的数目显著增加，部分男女还发展了恋慕关系。尽管单一性别的同伴关系在青少年的社会网络中仍然占据着相当的地位，但随着年龄的增长，异性关系的重要作用日益增加。

如前所述，邓菲（Dunphy，1963）曾提出了青少年同伴关系由同性友伴群到异性友伴群再到男女恋慕关系的发展模式，由此我们可知青少年的异性关系具有以下不同的形式：同伴团体内的异性互动、异性友谊关系、异性恋慕关系。青少年在群体异性互动的经验基础上逐渐发展了友谊、恋慕等二元异性亲密关系。过去的研究中，研究者大都没有区分上述两种不同的男女青少年间的亲密关系，或是仅仅将重心置于异性恋慕关系之上。有关青少年异性关系迅速发展的原因，主要的解释也都集中于性意识的萌发促使青少年对异性产生了巨大的兴趣，由此建立了一对一的亲密联系。我们需要明确，这些异性关系在性质上并不是同一的，它们有着不同的发展过程和发展功能。

青少年最初的异性交往发生在大范围的群体背景下，群体范围内两性均参与的互动促进了男女关系的发展，使异性关系逐渐发展到友伴群内部。青少年中期，男女混合的友伴群形成，男女关系逐渐密切，并发展到一对一的朋友，最终出现男女之间的恋慕。一般而言，在浪漫的男女恋慕关系发生前，个体就已经获得与异性互动、相处的体验，但这些异性经验大多是通过团体活动获得的，其次是异性友谊关系，因此这时的男女恋慕关系往往是肤浅的。

群体背景下的男女互动对个体的心理健康发展有着积极的影响（Tobin Richards，1985）。异性友谊关系不但具有友谊关系的特定发展功能，还有助于青少年对异性的深入了解，从而为成人期的异性互动提供一个基础模式。巴库斯基等人（Baczynski，1992）的研究发现，适当异性关系的建立往往与青少年积极的自我感知相联系，有较多异性同伴的青少年报告自己为更多的朋友接纳，自我意象更为积极。但不适当的男女恋慕关系会极大地阻碍青少年的心理发展。青少年期涉及的这种所谓情爱关系往往是肤浅的，他们更多地是寻求乐趣，在同伴中获求特定的地位，而不能意识到这种感情的真谛。社会性发展较好的青少年往往会建立这一关系，但真正地经历却往往致使他们的自信心、自尊水平降低，因为他们的能力水平还不足以适应这一新的社会角色。过早地涉入男女恋情还会导致诸多不良行为和适应困难。例如，这种恋情往往阻碍女孩的社会性发展水平，致使她们想象力匮乏，课业落后，人生态度消极（Neemann，Hubbard & Masten，1995）。现今的青少年犯罪等很多社会问题都是与之密切相关的。

第四节　青少年的同伴影响

同伴关系对青少年的重要作用主要在于青少年特别愿意接受来自同伴的影响。一方面，青少年独特的同伴文化影响着个体的价值观、态度、行为习惯等的形成和发展，起到“同伴导向”的作用；另一方面，同伴影响与青少年发展的另一重要影响源—父母影响—共同作用于青少年心理的发展。

一、青少年文化与同伴文化

“青少年文化”是青少年心理和社会意识、社会行为或表现的总概括，它反映着青少年这一特定发展群体总的心理特征、价值观念、态度、行为习惯以及兴趣和追求等。由于青少年的社会网络是多层次、多维度的，因此我们不能想当然地将青少年文化视为一套完全固定统一的体系。成人文化有其种族、社会地位的不同模式，青少年文化同样具有异质性，虽然其基本的心理、行为要素是相同的，但表现模式却不尽相同。不同的青少年本着彼此的共性或相似性（包括能力、兴趣、观念、社会经济地位以及行为等方面）构成不同形式的集合体，这些共性从根本上代表了这一团体的特征，即同伴团体的文化特征。青少年期诸多不同模式的同伴文化共同体现着青少年文化的实质。

对于青少年文化，有两种截然不同的认识。一种观点认为，青少年文化的核心在于对同伴的遵从和对父母价值观念、准则要求的拮抗。这一现象在中学阶段尤为显著。青少年在学校中远离成人的监控，同时有更多的时间参加同伴之间平等互惠的课外活动，他们逐渐构建了专属的团体——置身其中，彼此相互影响，却很少发生与成人世界的交流互动。加之这一时期的反叛心理，青少年逐渐有了特定的行为模式、言语风格，最为重要的是形成了迥异于成人的价值观念。由此，青少年隶属于特定同伴团体，形成了独特的同伴文化，他们只是片面关注同伴的要求和认可，却并不为成人所赞同。另一相对的观点则将青少年文化视为成人文化的缩影，认为青少年沿袭着成人的行为模式、价值观念。代际间的冲突只限于日常生活中一些浅显的问题，而深层的价值观念并不存在矛盾。有关这一问题，我们将在以下同伴－父母影响中深入探讨。

二、青少年的“同伴导向”

青少年同伴文化一经形成，便具有排他性，它拒绝与自身共性不相容的特性，以维护自身的独特性和统一性。再者，任何团体都具有群体一致性要求，同伴团体要求青少年对其文化达成认同。另外，团体成员自身也有追求一致性的期望。同伴团体的存在使青少年获得归属感，他以同伴文化作为自己个人特性的象征，以此构成并反映自我概念，而要归属特定同伴团体，获得其中同伴文化对他所具有的一切意义，也必然会对同伴文化认同。因此，青少年时期存在显著的“同伴导向”——个体对同伴影响有着很强的感受性，同时更多地向同伴寻求支持、指导，同伴间一致性水平很高——也就不足为奇了。从众行为是青少年期“同伴导向”的突出表现。

(一) 相关研究

从众即在社会团体的压力下，个人放弃自己的意见或行为而与大多数人保持一致的现象，俗称“随大流”。社会心理学家谢里夫（Sheriff，1935）的“游动错觉”实验，是说明个体反应受群体中其他人影响的最早的心理学实验。上个世纪50年代，社会心理学家阿希就个体的从众行为进行了一系列经典性研究。科斯坦佐（Costanzo，1970）采用众所周知的阿希范例——“线条判断长度”实验考察了青少年同伴团体的影响作用。内容如下：制作幻灯片若干张，每张上有四条直线，以最上方一条为基准，要求被试从下面的三条（长、短、等长）中找出等长的那条线。一般视觉正常的人都能做出正确的判断。每个人单独接受测试时也确实做出了正确的反应。正式实验时，4名青少年被试围桌而坐，面前呈现放映屏，做出回答只需按动所选直线旁边的相应按纽。被试均不能目睹其他三人的操作，但通过身旁的指示灯可以得知他们选的是哪条线。事实上，指示灯是由实验者控制的，被试由此获知的其他人的20次作答有15次是错误的。由此，被试错误的选择可以归因于组内其他成员的影响。科斯坦佐对590名7～21岁的被试进行这一实验研究，结果表明，对同伴影响的感受性与年龄密切相关：7～9岁被试的错误选择很少，11～13岁的错误选择最多，以后逐渐降低，19～21岁被试的状况与7～9岁相同。同伴影响在青少年早期（约12～13岁）达到顶峰，青少年中后期渐次下降。

另外，一些使用不同方法的研究也得出类似结论。科尔曼（Coleman，1974）研究了青少年在同伴团体中自治感的问题。这实际上集中到了作为年龄功能的独立性增加和一致性降低之间相互影响的问题。研究使用投射测验中的“填充句子法”——“如果有人不是团体中的一员，……”其中消极的反应是：在一个团体之外是有害的、危险的，或者是痛苦的。比如“他就是一个被抛弃的人”。建设性的反应是：从一个团体中独立出来是一个进步。比如，“他会很高兴，因为他不再是顺从的绵羊”、“他是值得尊敬和钦佩的”。结果显示，独立性/建设性的反应在11岁、13岁和15岁年龄组的水平很低，从15岁起随着年龄的增长而明显地降低一致性。但女生下降的幅度低于男生。此外，很多研究也都证实，青少年对同伴影响的感受性在12～13岁尤为强烈，大约在14～15岁时同伴间的一致性有明显的降低趋势（Collins，1990；Steingberg，1990）。早期的青少年通过遵从特定团体的规范，被同伴接纳，可以满足归属感等社会情感需要，积极有效地建构自我。而随着年龄的增长，青少年有了强烈的自主意识，对同伴、父母的依赖都不再那么强烈。此外，有关青少年同伴压力的研究表明女生对同伴一致性压力有更加敏锐、深刻的感知，同时表现出更强烈的遵从倾向（Brown，1982）。这可能是因为女生比男生更加关注团体内成员之间的和谐关系，希望通过满足同伴期望而被大家接纳。

（二）从众行为的影响因素

有关从众行为的社会学研究均表明，群体规模的大小、群体凝聚力以及群体结构等都是影响从众行为的关键因素，而个体自身的因素则是其中的主体因素。

科斯坦佐（Costanzo，1970）在其研究中发现，一些青少年的从众倾向尤为强烈。他考察了青少年对一系列虚拟情景中发生的意外事故承担责任的意愿，以此为依据将青少年分为高自责组、中自责组和低自责组。结果发现，高自责组通常表现出更多的从众行为，自责倾向居于中等水平的被试，其从众行为水平也处于中等水平。由事故所表现出的自责倾向显然意味着个体因事故而焦虑，不愿偏离大多数人的行为方式——虽然这一点并没有被明确指出。这一自责倾向即是我们所指的低自信水平或较差的自我意象。另外，青少年对自己能力水平的认知也会影响到他的行为表现。假如他认为自己缺乏应付某一特定任务的能力，就可能更多地依从别人。

青少年在同伴团体中的身份地位也会影响其从众行为表现。相关研究通常以同一学校的青少年为被试，他们在同伴群体中的地位已经确定。从众倾向最为严重的青少年是在团体中居于中等地位的个体，而核心人物与团体中最底层的成员几乎不会有这一行为表现。原因可能在于，团体核心人物的高自信使他们不至于“人云亦云”，而地位低的个体在过去经验中没有多少通过遵从团体标准而获得报偿（心理的归属感以及地位的提高等）的体验。处于中等地位的青少年则常常因为遵从团体的价值期望、更多的从众表现而提高自己的地位，获得诸多报偿。因此，青少年对行为结果的预期和过去的强化影响到他的从众倾向。

个体对与己相关的他人特征的感知、道德判断等社会认知能力也会影响到青少年的从众行为。例如，在一项研究中，首先考察了青少年的道德判断能力，然后要求他们完成一个类似于科斯坦佐研究中的知觉判断任务（Saltzstein，Diamond，& Belenky，1972），结果表明道德判断能力与从众行为表现有显著相关：这一行为表现最多的青少年处于柯尔伯格体系中的“好孩子道德”阶段，认知水平的发展使他们不单单拘囿于权威的要求和自己的意愿，而是能够准确地根据他人对自己的反应来协调行为。行为表现最自主的青少年已经达到了上述体系的 4、5 阶段，他们已经能够以更普遍的社会准则为定向，而不仅仅是别人的赞同。道德判断处于前习俗水平的青少年，从众倾向居于中间水平。虽然高水平的道德判断能力并不能确保独立的思考和行动，却证实了社会认知能力与同伴导向的相关。

另外，从众现象还存在重要的文化差异。民间智慧结晶的谚语清楚地说明了这一点。在西方文化国家——美国，人们常说“吱吱叫的轮子得到油”；但在东方文化的国家，日本人常说“冒尖的钉子遭锤打”；中国同样有“枪打出头鸟”的俗语。邦德等（Bond & Smith，1996）的观察证实了这一总体印象。他们用阿希的方法在 17 个不同国家做了 133 次实验，结果发现在集体主义的社会（如挪威、中国、日本）比在个人主义的社会（如美国和法国）人们更容易从众。不同性别的从众性在各个国家虽略有不同，但基本保持一致，女性比男性更从众。但必须注意到，如果研究者是男性，不同性别的从众差异更大。

（三）同伴导向的社会意义

如前所述，有关理论认为青少年文化的核心在于对同伴的遵从和对父母价值观念、准则要求的拮抗，他们将从众等同伴导向性行为视为消极的同伴影响作用。一些研究也证实同伴导向性与同伴团体、友谊关系中的友伴互动不同，它可能产生极大的负面影响。但并非所有的同伴影响都是消极的。方晓义等人（1997）有关同伴团体与中学生吸烟行为关系的研究结果表明，同伴团体不仅不会使青少年的这一不良行为增加，反而会使其降低，因此我们可以适当地利用同伴团体来改良青少年的行为表现。安德鲁（Andrew，1999）就不同程度的同伴导向作了区分：意见征询式和极端式。刚刚步入青少年期的个体往往会相对地疏离父母，更多地向同伴征询意见、寻求支持。这种意见征询式的同伴导向，并不涉及对父母权威的否定，这有助于青少年获得多源支持和帮助；协调的亲子关系还有助于其自主性的发展，因此这种同伴导向是健康的，不会对青少年的社会适应产生消极影响（Andrew et al.，1999）。极端的同伴导向则是过分关注同伴关系，这些青少年向朋友征询所有的意见建议，极易受同伴的影响；为了维系友谊关系、维持在同伴团体中的地位、取悦友伴，他们甚至反叛父母、无视学业、遵从违规行为、改变一些积极的个性品质。对他们而言，同伴关系的维系是以牺牲诸多有意义的事情为代价的，显然这对青少年的发展是极其有害的。

青少年早期过度地依赖同伴，否定父母权威，会使亲子关系破裂，青少年由此失去了重要的支持源和指导，可能导致不良的自我价值体验和其他适应困难。初中阶段缺乏支持性的家庭关系又会导致高中阶段问题行为的增加、课业成绩落后等状况。极端的同伴导向导致青少年缺失了一些重要的保护机制，而这些机制是有效防止个体不良行为所必需的。他们甚至存在错误的认知：特定的行为问题、课业落后等表现能够获得朋友的认同。类似这些态度、行为倾向继而又导致这些青少年与有更多问题行为、不重视学业的同伴建立了联系，这就是所谓的“同伴选择”过程。尽管亲密、支持性的友谊关系是儿童青少年健康发展的关键动因，在很大程度上能够弥补不良团体关系、亲子关系的消极影响，却不能有效缓解极端同伴导向的危害。诸多研究都证实，对同伴压力感受性强的青少年往往涉入更多的行为问题（Bogenschneider et al.，1999）。

综上所述，青少年期的同伴导向对个体和社会都有重要意义。利用同伴导向研究所揭示的规律能够使我们针对不同情况采取不同措施，更加有效地促进青少年的健康发展。

三、父母影响与同伴影响

亲子关系和同伴关系是影响青少年健康发展的两种重要的基本关系。青少年和同伴与和父母的活动类型及互动方式是不同的，由此所引起的社会化内容也不尽相同，即对于个体的发展来说，父母影响不同于同伴影响，但同时，这两种关系之间并不是孤立的。下文将详细探讨二者之间的关系。

（一）基本观点

当前亲子关系和同伴关系在个体特定时期人际关系网络中的地位、相互关系及其发展意义等问题日益受到研究者的广泛关注。目前对这些问题的观点主要有三种，即主从式观点、独立式观点和整合式观点。

一般而言，主从式观点重在强调其中某一关系对其他关系的影响和决定性作用，如有研究强调亲子关系的质量决定着同伴关系的质量，亲子关系是个体，尤其是儿童青少年阶段最为重要、等级最高的人际关系；以群体社会化发展理论为基础的研究则认为同伴关系居于决定性位置（Harris，1994）。独立式观点重视不同关系在个体发展中的独特作用，二者不存在主从地位的差别或此决定彼的关系，而是相对独立的，构成其人际关系网络的独立模式。这种所谓的“独立”，涉及三层含义：一是彼此没有必然的联系，如，不少研究发现亲子关系不良的青少年仍然可能形成积极的同伴关系（Howes et al.，1994，1998）；二是指亲子关系、同伴关系对个体发展的不同方面有不同的影响，如，一些研究发现，相对而言，亲子关系对青少年安全感、对外界事物的探究心等的影响更大（Hartup，1986），而同伴关系则是影响个体交往能力与攻击行为的重要因素（Mussen，1989）；三是两种关系的作用是相对独立的，任何关系对个体发展影响力的大小与其他关系没有太大关联，而主要受其本身在个体发展中参与程度的影响。另外，整合式观点则比较看重两种关系之间的相互影响及对儿童、青少年发展的系统作用。这一观点受社会生态学、系统论等理论流派的影响较大。他们认为，个体发展是与所在环境相互作用的结果。父母、同伴以及亲子关系、同伴关系是影响个体发展的直接因素，诸因素彼此联系、相互影响，并构成一个有机的整体，以合力的形式对个体发展施加系统、全面的影响。不少研究发现，儿童青少年与家长、同伴之间的关系在很大程度上存在一致性。

近年来，一些研究者开始尝试对个体人际关系网络中各关系相互作用的机制进行进一步的研究，以期望对上述问题有更深入的认识。我国研究者

(叶子等，1999）在对上述三种观点进行分析的基础上，进一步认为对这些问题的考察需要注意结合不同关系的特殊性和独特作用以及在不同发展时期对个体的不同影响程度和不同社会文化传统的差异等诸多方面。

首先，在亲子关系和同伴关系中，由于交往双方角色、地位的不同，在关系的性质上也有其各自不同的特点。亲子关系是父母与孩子间的代际血缘关系，它既是个体最早的人际关系，也是交往时间最长、最频繁及最为稳定的一种关系，因此影响也较为深远。而同伴关系则是年龄、心理发展水平相当的个体之间的关系，相对亲子关系具有明显的互惠平等性，因此儿童青少年更容易、也可能更乐意接受其影响。其次，在不同的年龄阶段，亲子关系、同伴关系对个体发展的影响程度也不尽相同。2 岁以前，儿童主要是与家长交往，亲子关系是其主要的人际关系，因而对其发展的影响也是最大的。而 2 岁以后，随着儿童进入幼儿园和交往范围的扩大，同伴关系开始发挥作用，但由于儿童心智发展的不成熟、依赖性强，父母的影响仍然是主导的，亲子关系仍具有极其重要的影响。但进入小学后期，尤其是青少年期，随着个体自主意识的增强和心智的不断成熟，对成人的权威认同有所降低，同伴关系发挥着日益重要的影响作用，甚至超过了亲子关系。不过此时亲子关系仍具有相当的影响力，特别是对部分青少年的影响仍然很大。由此可见，在个体发展的不同时期，不同类型人际关系的影响力是有所不同的，相互之间的关系也处于动态发展之中。再次，社会学跨文化的研究发现，东方的家庭关系模式与西方不同，东方家庭中两代人的关系比西方的更为亲密。在西方，父母较早地鼓励孩子独立，18 岁以后，父母基本上与子女断绝了经济联系，子女完全靠自己的能力生活，因此同伴关系的作用和影响相对更为突出和重要。而在中、日等亚洲国家，父母并不希望子女过早独立，强调成人的权威性，子女依赖性较强，亲子关系的影响在相当长的时期内普遍高于同伴关系。此外，任何人际关系都是双边的、互动的，都会受到个体及其与之交往的人双方特征的影响。在考虑儿童青少年亲子关系、同伴关系的相互关系时，要特别注意充分重视个体自身特征，结合各关系的特殊性和独特作用，运用系统、全面的观点加以分析。

（二）青少年期的父母－同伴互动影响模式

青少年的人际关系网络是极具特殊性的。一方面青少年与父母之间仍保持着亲密的情感联系；另一方面，他们有了一定的独立意识，不再完全荫庇于父母的保护之下，在情感上有了其他的依恋对象，发展起了亲密的同伴关系，在同伴团体组织中获得了特定的地位。

多年来的传统定见往往将父母和同伴视为青少年发展中重要的却彼此分离、甚至相互对立的两大影响源。父母多认为同伴影响是消极的，而青少年对同伴影响有着更强的感受性，更多地朝向、遵从同伴，这大大削弱了父母的权威，恶化了亲子关系，同时更多地诱使孩子涉及入违规行为。但现在越来越多的研究告诉我们，青少年并非完全消极、被动地接受同伴影响，他们确实表现出从接受父母权威影响定向到接受同伴影响定向的转变趋势，但由此认为这种同伴定向、独立性的发展与良好的亲子关系完全背离却是不正确的。父母、同伴在青少年发展中是紧密相关的。

首先，父母选择居住环境，发展自己的交际网络，为孩子选择学校等，这些方面都在很大程度上决定了青少年择友的范围。青少年的同伴交往策略相当一部分是源自父母的指导。有研究证实，父母为了帮助子女发展更为积极的同伴关系，往往会提供相应的策略和指导（Rubin & Sloma，1984）。父母可能会和子女讨论如何协调与同伴之间的矛盾，如何克服羞怯等问题。但青少年更多地是与母亲谈论同伴关系的相应问题。还有研究发现，良好的亲子依恋关系有助于青少年期同伴之间积极情感的发展。积极的亲子关系会使个体感受到爱与被尊重，对自己、他人和周围环境有积极乐观的认识和期望，乐于与父母以外的人交往，形成较积极的同伴关系；而亲子关系不良的个体，则容易对自己、他人和周围环境产生不良认识和消极体验，从而影响到青少年期的同伴交往（Howes et al.，1998）。

更为重要的是，有关青少年同伴文化的研究表明，青少年在相当大的程度上承继着成人的价值观念和日常准则，因此父母与同伴的影响在一些方面是极为相似的，很多时候，同伴影响是强化而非背离父母的期望。当然，不同年龄、性别的青少年对父母影响、同伴影响的感受性也是存在差异的。

伯恩特（Berndt，1979）以273名3～12年级学生为被试，考察了同伴影响的不同方面（消极、中性、积极）。通过创设两难情境，要求被试做出选择：在亲社会性、反社会性行为方面是否遵从同伴，以及在亲社会性、中性行为问题上是否遵从父母。如，个体就是否去图书馆义务帮忙等类似问题做决定时，是否征询父母的意见；涉及反社会行为的问题则询问被试，当同伴要求其协助偷糖果时，他会怎样做；在同伴提议一项自己并不感兴趣的活动时，是否随从。研究结果发现了父母、同伴影响的发展模式。三年级时，父母与同伴的影响作用往往是截然相对的，这一时期的儿童全然依赖于父母，亲子关系异常紧密。到了六年级，二者的影响作用不再对立，虽然同伴对青少年的影响力大大增加，却并没有削弱父母、亲子关系的作用，他们各自在不同的问题领域对青少年产生重要影响。父母、同伴影响的截然对立在九年级时再一次出现，这可能是因为这一年龄的青少年对同伴影响的感受，对其社会行为的遵从十分强烈。这一时期，青少年较多地采纳同伴团体支持的反社会性标准，由此必然导致与父母之间的强烈冲突。研究者还发现，和其他阶段相比，青少年获求独立的意愿在这一年龄段遭到父母更强烈的反对（Douvan & Adelson, 1966; Kandel & Lesser, 1969）。有关亲子关系的传统定见往往认为青少年的亲子冲突、对立要一直延续到高中后期、大学阶段。但也有研究发现青少年对同伴所支持反社会性标准的遵从在高中阶段后期是呈下降趋势的（Berndt, 1979）。此外，青少年末期（十一二年级），个体逐渐独立于父母、同伴的影响而自主决策。最近也有研究发现个体对同伴影响/压力的感受性在青少年早期呈现上升态势（Leventhal, 1994），这也支持了伯恩特的上述研究结论。

现今越来越多的研究证实，父母、同伴分别在不同的活动领域给以青少年重要的影响，在休闲、娱乐、自由交往、消费方面，可以看到青少年极力摆脱父母而自主或采纳同伴意见的现象。但在遇到复杂的生活情景和进行未来重大事件的计划、决策时，父母的意见要重要得多。有关初中学生的一项研究中，被试报告父母在自己学校适应方面的影响远远胜于同伴（Berndt, Miller, & Park, 1989）。西伯尔德（Sebald, 1989）有关高中生的研究也表明，青少年在经济、教育、职业选择等重大问题上仍然是以父母为导向的。有关衣着、惯用语、音乐欣赏、日常行为表现等方面，青少年往往遵从于同伴的影响，同时可能与父母的要求发生抵触。

此外，性别、社会文化背景的影响作用也是不容忽视的。尽管随着年龄的增长，同伴的影响作用大大增强，但男生比女生更可能过分接近同伴而与父母发生冲突，但在过分接受同伴的影响而与父母出现不一致时，女生的发生期大都早于男生。

综上所述，同伴影响是青少年生活中的重要议题，它几乎在青少年的所有行为维度上发生作用——衣着、言语、休闲活动，甚至价值观念等。因此，父母要注意有效帮助青少年应对不良同伴压力，给予彼此交流的机会，使他们更多地体验成功与温馨、支持性的情感氛围，由此使他们获得安全感和自我控制能力。

☞讨论

不良同伴群体对青少年发展的影响

当前对反社会行为的研究发现，青少年的反社会行为呈现出多样化的特点。许多学者将其归因为不良同伴群体的作用，其主要表现形式是共同犯罪。据中国未成年人犯罪研究会的统计资料表明，当前未成年人犯罪已经占到了全国刑事犯罪总数的70%以上，而其中团伙作案的又占据70%左右。国外的调查也表明，63%记录在案的青少年犯罪是有两三个青少年所组成的群体实施的（Aultman，1980）。现有的很多研究也证实了不良同伴群体对青少年行为的影响。埃利奥特等人（Elliott et al.，1985）在对全国青少年所做的调查研究表明，不良的同伴群体对反社会行为的增加具有预测作用。帕特森等人（Patterson et al.，1991）的研究发现，六年级时卷入不正常同伴关系的情况可以预测其后的行为不良。

不良同伴群体对青少年的影响要受到青少年自身特点的制约。受不良同伴群体“吸引”直至成为不良群体成员而不自知的青少年多具有以下心理特征：（1）需要层次低。在他们的需要结构中，占主要地位的多是生物性的需要，高级需要则处于次要地位。主要表现为追求吃喝玩乐，爱慕虚荣，盲目攀比等。对低级需要的追求与家庭、学校的正规教育是相背而驰的，一般难以得到“合法”的满足，而这些正是不良同伴群体所推崇的，因此这类青少年更容易加入不良同伴群体。(2) 具有攻击性人格特点：性情暴躁，行动卤莽，喜欢用武力攻击别人，不能很好地理解和尊重他人，甚至是把自己的欢乐建立在别人的痛苦上。这类青少年因其攻击性常受到同伴的排斥，难以在一般的同伴群体中获得归属感。而归属感是青少年的一种十分强烈的心理需求。所以攻击性青少年往往会到不良同伴群体中去寻找自己的“知音”。(3) 在气质类型上，胆汁型和多血型的青少年更容易趋向不良同伴群体。这两种气质类型的青少年容易出现情绪的不稳定性、易冲动性，而且常常难以控制自己的行为。此外，不良同伴群体对青少年的影响受到青少年行为特点的制约。如，青少年的破坏性程度。瓦特罗等（Vitaro et al., 1992）的研究发现，那些具有中等破坏性的男孩在13岁时的不良行为受到同伴的消极影响，而在具有高破坏性或社会顺从的男孩身上则没有发现这一结果。

不良同伴群体成员之间是相互影响的。比克勒等（Buechler, Patterson, & Furniss, 1966）对矫正机构中的青少年进行了观察，发现同寝室的人倾向于强化不良行为，而惩罚符合社会主导规范的行为。而迪森（Dishion）在其对反社会行为青少年互动的研究中也发现，反社会同伴之间的行为相关很高，表现出更多的消极和更多的不良行为。这可能是由于：不良同伴群体是以“不良行为并非不好”的信条赋予了不良行为的“群体内合法性”，从而维护了群体成员的归属感。为维护所在群体的合法性，群体成员总会自觉不自觉地强化不良行为而排斥符合社会主导规范的行为。另一方面，不良同伴群体因其对社会的不良影响而与社会的正规文化倾向相疏离，难以与外界进行交流沟通，这势必会加大群体内成员互相影响的力度，从而更难以摆脱不良群体。

在关于团伙犯罪的文献中有关与其他不良青少年的联系与行为不良间的关系非常明确。有研究（Thornberry et al., 1993）发现，团伙成员在与他们的团伙在一起时违法行为会增多，当离开其团伙、不处于团伙环境时，这样的行为会减少。但趋向和离开不良同伴群体的动力关系还没有得到很好的研究。

根据上述研究，我们可以发现这样一个事实，即不良同伴群体会进一步增加其成员的不良行为。但需要指出的是，不良同伴群体的成员并没有从所在群体中获得高质量的情感上的满足。迪森（1993）指出：许多反社会友谊只是为了彼此的方便，不一定是这些青少年的自愿选择。青少年可能是因为失去了与普通同伴交往的机会才在一些不良同伴群体寻求心理的满足。最近对纽约的葡萄牙裔男青少年的研究也表明，反社会的青少年和他们的同伙的友谊与他们和其他青少年和朋友的友谊相比，使他们体验到的满意感较少（Pabon，Rodriguez，& Gurin，1992）。这为我们进行不良行为的干预提供了理论基础。我们可以通过让不良同伴群体参与积极活动的方法来控制不良行为；当不良青少年失去对反社会行为的兴趣时，就没有必要和他们的同伙维持所谓的友谊关系了。

第六章

青少年的认知发展

青少年的认知与儿童相比不论在内容上还是在形式上都有了质的飞跃，其思维方式达到或接近了思维的最高水平。一方面，青少年的脑发育出现了第二个加速期，为个体的认知发展提供了坚实的生物前提；另一方面，青少年正处于人生学习的“黄金时期”，无论是在初中、高中还是大学阶段，学习都是青少年面临的一项重要而不可逃避的任务。并且，青少年个体情感的丰富、道德的发展、人际交往的扩大、社会行为的增多等也必然要求其认知的进一步发展。

关于青少年的认知发展问题，许多研究者从不同的角度进行了系统的理论探索和实证研究。皮亚杰的建构主义认知发展理论着重探讨了认知发展的一般性特征和深层机制，强调生物和主体自身因素在认知发展中的重要作用；社会文化理论则就社会文化环境对儿童认知发展的影响作了精辟阐述；信息加工理论针对皮亚杰过于一般性的结论，对个体的“纯认知（加工）过程”进行了深入、细致和精确的研究，并且成为当代认知研究的主流和方向。另外，智力理论也有了很大的发展，斯腾伯格（R. J. Sternberg）的智力三元理论、加德纳（H. Gardner）的多元智力理论、PASS认知过程评估等，都对智力的本质和发展做出了全新、全面和丰富的诠释。本章将在介绍认知发展的四大主要理论的基础上，对青少年阶段的认知特征及其潜在机制进行详细阐释，为认识青少年的认知发展提供一个多维的视角。

第一节 皮亚杰的认知发展理论

在针对个体认知发展的众多理论探讨中，皮亚杰提出的建构主义认知发展理论是最重要、最精彩和最为完备的。本节将就皮亚杰关于个体认知发展的基本观点进行简要介绍，并着重探讨其关于青少年认知发展阶段的解释，最后简要评价一下皮亚杰理论在解释个体认知发展方面存在的不足之处。

一、皮亚杰关于认知发展的基本观点

在皮亚杰的理论中，认知（cognition）几乎和“智慧”是同义词，它也有智力和思维的含义，但是在本质上，它是一种适应（adaptation）能力。在皮亚杰看来，所谓认知发展（cognitive development）就是指个体一般认知能力和认知机能的形成及认知方式随着年龄、经验增长而发生的变化。皮亚杰关于认知发展的基本观点如下。

（一）认识的起源

皮亚杰认为：“认识起因于主、客体之间的相互作用，这种作用发生在主体和客体的中途，因而同时既包含着主体又包含着客体”。而将主体与客体联系起来的只能是“主体对客体的实际活动”（皮亚杰，1981），因此，皮亚杰认为，应当在活动（动作）中去寻找一切认识的源泉，即认识起源于动作。

皮亚杰所说的动作包括两种，一是直接作用于客体的个别动作，如推、摸、扔等所有外显的动作；另一种是由个别动作所组成的动作协调组织，即认知格式或动作系统，这类动作不直接作用于客体，而是主体动作本身的协调。个体通过这两种动作获得两种不同的经验，即物理经验和数理逻辑经验。物理经验直接反应了客体的某些性质，为主体提供了有关客体的知识。如儿童通过自己的个别动作形成“铝条很容易弯曲”、“石头很光滑”等认识。数理逻辑经验是主体对动作协调进行反省抽象所形成的经验，它所反映的是主体动作间的联系。皮亚杰以他的一个数学家朋友在小时候的经历形象地说明了数理逻辑经验的形成。这位朋友小时候有一次在沙滩上玩，他把10个鹅卵石排成一行，发现无论从哪端开始数鹅卵石都是十个；他又把它们排成其他的形状，发现仍然是10个。皮亚杰认为，这件事对儿童来说是一个很了不起的发现。它证实了加法交换性的存在，即石子的总数不依赖于计数的次序。这一认识不是由石子本身提供的，交换性和总数并不存在于石子之中，而是存在于儿童的思维之中。儿童只有在反省他多次排列石子的动作之后才能理解加法的交换性。儿童正是通过自己的动作——把石子排成不同的形状，然后又亲自去数——才形成这一认识。如果没有这些实际的动作，儿童就无法产生对总数不变和加法交换性的认识。

另外，皮亚杰指出，儿童在通过动作对客体作用的过程中处于主导地位，即儿童会主动地寻求刺激和探索环境。因此，儿童认知发展的根本动力存在于儿童自身之中，儿童的发展水平和方向在很大程度上是由儿童自身决定的。

（二）认知发展的机制

皮亚杰认为，智慧的本质是一种适应，适应的本质在于取得机体与环境的平衡。认知发展的过程就是个体不断适应的过程。

根据生物学的观点，皮亚杰认为适应是通过同化（assimilation）和顺应（accomodation）两种形式实现的。同化和顺应是认知发展的重要机制。所谓同化，是指主体把外界信息直接纳入自己已有的认知结构的过程，即是“刺激输入的过滤或改变”。同化在个体发展的不同阶段是有差别的。在个体生命的早期，同化的对象是个体的活动，即个体把客观环境所引起的自身活动加以组织；而高级的形式思维则是把经验内容同化于个体自身的思想形式。所谓顺应，是主体通过调节自己的认知结构，使其与外界信息相适应的过程，即“改变内部图式以适应现实”。同化与顺应并不是独立存在的两个过程，而是相互联系、相互依存的，它们同时存在于个体的认知活动之中。在一些活动中，同化胜过顺应占主导地位而表现为同化，如在象征性或假装游戏中，儿童多运用已掌握的认知结构来代表所想象的东西；而在另外一些活动中，顺应超过同化占主导地位而表现为顺应，如儿童的模仿和尊奉行为。

平衡是皮亚杰理论中的又一个重要概念。它是指个体保持认知结构处于一种相对稳定状态的内在倾向性，是同化和顺应之间的平衡。当个体原有的认知结构能够轻易同化环境中的新知识经验时，个体会感到平衡。当儿童遇到新事物时，总是试图用原有图式来同化它，如果获得成功，便得到暂时的认知上的平衡。反之，当个体原有的认知结构不能同化环境中的新刺激时，心理上就会感到失衡。心理失衡会产生一种内在驱力，促使个体改变或调整原有的认知结构，以使它能够容纳新刺激，以达到认知上的新平衡。从不平衡走向平衡的过程就是不断平衡化的过程。个体的认知发展实际上就是由个体在适应环境时心理上不断交替出现的平衡和不平衡的状态所导致的，这是个体认知发展的内在动力。

（三）认知结构的变化

结构是皮亚杰理论的核心概念之一。所谓结构，就是一个系统，一个整体，它不仅指具有解剖学意义的实际结构，也包括功能意义上的结构（李其维，1999）。皮亚杰和英海尔德（1980）指出，儿童认知的发展是通过认知结构的不断建构和转换而实现的。不同年龄儿童的认知能力差异正是由于他们各阶段认知结构发展水平上的差异所造成的，儿童认知发展的实质就是认知结构的建构和转换。

儿童的认知结构广泛存在于发展的过程中。婴儿期的认知或智慧是一种外显的动作图式，从严格意义上说还不能称之为认知结构，但它为婴儿感受、理解世界提供了一种有效的方式。如婴儿通过抓握动作知道很多事物，如手指、拨浪鼓、积木块、皮球、盒子等物体。这些物体具有不同的形状、质地和尺寸，它们都是婴儿通过抓握动作而感知的。婴儿通过频繁地做出抓握这一动作而形成一种抓握的动作图式。不同的动作图式会随着个体的发展和经验的积累而发生变化，并逐渐丰富，从而形成认知结构。

学龄期儿童的认知结构相对复杂一些。皮亚杰最著名的描写之一是对儿童守恒能力的描述。“守恒”（conversation），是指儿童对客体的表面特征发生变化但其基本性质保持不变的认识。其中一个经典的守恒实验是关于液体守恒的实验。把两个完全相同的容器（其标号为 A1 和 A2）盛满水。把 A2 中的水倒入一个短粗的容器中（其标号为 B）。虽然水的体积相同，但大多数小学中年级以下儿童报告说 B 容器内盛的水少于 A1 容器。很明显，这些儿童只看到了两种容器的高度而没有考虑到粗细对所盛水量的影响。他们不能同时从容器的高度和粗细两个维度来思考水的多少，这是其“守恒”失败的根本原因。

皮亚杰认为，对守恒任务的回答反应了一定的基本心理结构。只注意容器高度的儿童具有一个简单的心理结构，他们基于单一维度对问题做出判断，如某一事物看上去有多高。11 岁以后的儿童知道容量包括多个维度，物体的外形发生变化，要判断其数量是否发生变化，必须统筹考虑所有相关的维度。随后更复杂的认知结构能够调和问题的两个维度而不是只注意一个维度。系统的思维和推理是更为复杂的心理结构，拥有这样的认知结构的儿童不但能说出容器 A1 和 B 盛着相同容量的水，还能说出一系列理由。他们会说，“如果将容器 B 中的水倒回 A2，A2 和 A1 中有相同数量的水”、“容器的粗细和高度可以互相补偿”、“无论将相同容器的水倒入形状多么不同的容器中，它们的水是相等的”。

由此可见，发展阶段之间的变化实质上是心理结构的变化。心理结构的变化源于主体面临许多新的客体和情境，拥有了许多新经验，从而产生了心理结构操作功能上的不平衡，激发个体产生更为复杂和抽象化的心理结构。

二、认知发展的阶段论

皮亚杰根据认知结构质的不同把个体的认知发展划分为四个阶段，即感知运动阶段（sensorimotor stage）、前运算阶段（preoperational stage）、具体运算阶段（concrete operational stage）和形式运算阶段（formal operational stage）。关于各阶段的具体起止年龄并不是非常精确，皮亚杰本人的说法前后也时有变化，只是一个大约的年龄跨度而已。下面介绍皮亚杰关于阶段论的主要观点以及具体的认知发展四阶段。

（一）皮亚杰关于阶段论的主要观点

1. 儿童认知的发展是连续性与阶段性的统一。认知发展本身是一个认知结构连续地组织、再组织的构造过程，这种内部过程的进行是经常的和连续的，但它造成的结果即儿童认知发展的外在表现是不连续的，即发展具有阶段性。

2. 以具有质的差异的认知结构作为各阶段间的划分标准。在不同的发展阶段，儿童的认知表现出了质的不同，每一个阶段都有其独特的认知结构，这些相对稳定的结构决定着儿童心理的一般特点。

3. 儿童认知的发展具有顺序性和定向性。各认知阶段出现的先后次序是固定不变的，既不能跨越也不能颠倒。也就是说，儿童心理发展总是有一定的方向性和先后顺序。并且这种阶段具有普遍性，所有儿童都遵循这样的发展顺序。但是个体通过各阶段的速度可能会因人而异。如，大部分 8 岁儿童可以达到固体量的守恒，但也有少数聪明的儿童在 5 岁时就能说明固体量守恒的理由。

4. 每一阶段都是前面阶段的延伸，是在新水平上对先前阶段进行改组而形成的系统。而且，每一阶段都是形成下一阶段的必要条件，前一阶段的结构是构成下一阶段结构的基础，但前后两个阶段具有质的差异。

（二）认知发展的四个阶段

按照皮亚杰的观点，个体的认知发展可以划分为以下四个阶段（见表 6-1）。

表 6-1　　皮亚杰认知发展的四个阶段

阶　段	年　龄	主 要 特 征
感知运动	出生～2 岁	发现感知与动作间的关系
前运算	2～6 岁	运用符号，尤其是语言，对客体进行内部表征
具体运算	6～11 岁	逻辑的掌握和理性思维的发展
形式运算	11 岁以上	抽象和假设推理的发展

（资料来源：Steinberg，1996）

1. 感知运动阶段

感知运动阶段是智力的发生时期。儿童通过感知运动图式与外界环境相互作用，认知或智慧的发展依靠动作来完成，逐渐从反射活动向信号性或象征性功能过渡。

2. 前运算阶段

这一阶段的儿童能通过言语表象和其他符号形式来表征自己的内心世界和外部世界，但思维仍是直觉性的，常常不合逻辑，尚未形成真正的运算能力，是一个达到真正运算水平之前的组织和准备时期，所以称之为“前运算阶段”。总体来看，前运算阶段儿童的认知或思维具有不可逆性和自我中心性。

3．具体运算阶段

具体运算阶段是儿童开始真正运算思维的第一个阶段，儿童在这个阶段获得了守恒能力和可逆性思维。儿童的各种守恒能力并非一次性获得的，而是有一个先后的顺序。研究发现（转引自：林崇德，1995），儿童在6～7岁时掌握了数量守恒，7～8岁掌握了液体、长度和物质守恒，9～10岁掌握面积和重量守恒，只到12岁才掌握容积守恒。具体运算阶段的儿童已经能够根据具体事物进行形象的逻辑思维，但只限于眼前的具体情境或熟悉的经验。虽然个体在10岁之后思维具有了一定程度的抽象概括性，但是具体形象性仍然占有主导地位。

4．形式运算阶段

形式运算是对命题之间的意义联系进行思考的运算（李其维，1999）。个体的思维从具体运算过渡到形式运算，智慧便发展到了一个较为成熟的阶段，在此之后的发展仅是经验和知识的增加，思维方式不再有质的变化。

青少年正处于形式运算阶段。在这一阶段，他们能够对变量进行演绎性假设和检验，能够监控和内省自己的思维活动，进行更为抽象的思维。个体的心理操作功能在形式运算阶段有了进一步发展，不同的心理操作之间构成了有层次性的组织系统，出现了“对操作的操作”（operations on operations）的能力（陈英和，1996）。例如，“我在思考我的未来，然后，我开始思考‘我为什么要思考我的未来’，再然后，我又思考‘我为什么思考我为什么要思考我的未来’。”此外，心理操作的系统性也使得青少年能够主动地监控、调整和反省自己的认知过程。

三、对皮亚杰理论的批评

皮亚杰在对个体认知发展的探讨上所做出的贡献是勿庸置疑的，但也有研究者对其理论提出了很多的批评（Keating，1990；1991）。其中的两个主要批评是：皮亚杰低估了儿童的认知思维能力，而高估了青少年的认知思维能力；个体的认知发展并不止于形式运算阶段。

埃伯斯特恩（Epstien，1980）研究了5岁至14岁儿童的认知发展状态，儿童达到各个认知阶段的比率见表6-2。由表可知：（1）5岁组儿童大多数达到前运算阶段（85%），同时期7岁儿童已经有过半数（55%）达到具体运算阶段。这说明皮亚杰低估了儿童的认知思维能力。（2）形式运算阶段出现在11岁以后，这与皮亚杰的理论相吻合。但14岁的青少年组，认知思维能力达到形式运算水平的，却只是少数（15%）。这说明皮亚杰高估了青少年的认知思维能力。

表6-2　　儿童到青少年的认知发展水平

年龄	前运算阶段（2～7岁）%	具体运算阶段（7～11岁）		形式运算阶段（11岁以上）	
		开始（%）	成熟（%）	开始（%）	成熟（%）
14	1	32	43	15	9
13	2	34	44	14	6
12	5	32	51	12	
11	6	49	40	5	
10	12	52	35	1	
9	15	55	30		
8	25	55	20		
7	35	55	10		
6	60	35	5		
5	85	15			

（资料来源：Epstien，1980）

另有很多研究也证明了这一点。基廷（Keating，1991）的研究发现，一些较为年幼的儿童就表现出了较高级的嵌套思维能力（thought-thought），而皮亚杰认为这种思维只可能出现在从儿童到青少年的过渡时期。还有研究发现，年幼的儿童在一些特殊任务中能表现出复杂的思维，而青少年却可以在不同的任务或情境中表现出思维的复杂性（Bidell & Fischer，1992）。此外，一些研究发现，在256位青少年与成年人之中，其思维方式能达到形式运算的，只有30%。科尔伯格和吉利根把265位被试划分为4个年龄组，考察了各年龄组被试解决钟摆问题时能够达到形式运算推理水平的百分比情况。结果发现，10～15岁为45%，16～20岁为53%，直到21～30岁多数人（65%）才能明确表现出标准的形式运算能力。这些事实说明皮亚杰高估了青少年的认知思维能力。

关于个体认知的发展阶段，一些研究者指出，个体的认知并不像皮亚杰所说的那样止于形式运算阶段。仅用形式运算来解释成熟的青年后期或成人期的认知水平是不够的。这一点对于那些受过高等教育、成就动机强烈的成年人来说显得尤为突出。就此，瑞吉尔（K. Riegel）认为，“辩证思维”是个体认知发展的第五个阶段。我们将在下节中对这一点做出详细阐述。

第二节　青少年认知发展的特点

与儿童相比，青少年的认知表现出了更强的抽象逻辑性。他们的思维开始逐渐摆脱具体事物的束缚，能够进行假设-演绎推理。同时，他们逐渐能够在现实性和可能性之间进行较灵活的可逆性推理，拥有了更广阔的认知视角，开始关注未来。此外，青少年的元认知能力也大大增强，他们能够更好地监控自己的思维活动，显示出对抽象思想和思维过程本身的强烈兴趣。青少年期形式运算思维和辩证思维的出现和发展便是上述变化的集中体现。

一、青少年的形式运算思维

儿童所进行的具体运算思维直接与具体的事物相联系，这种思维与它们的内容是不可分的。在青少年期，个体逐渐把形式和内容区分开来，出现了形式运算思维。形式运算思维是一种要求系统地解决问题的思维类型，英海尔德和皮亚杰（Inhelder & Piaget，1958）认为形式运算和具体运算的区别在于：

> 虽然具体运算由组织化的系统（如分类、排序、对应等）所组成，但具体运算阶段的儿童在从一个局部联系向另一个局部联系一步一步地转移时，并没有把每一部分与整体其他部分联系起来。所有可能性的联合在每一个部分都被考虑到是形式运算的区别性特征。随后，每一部分间的联结根据与整体的关系组织起来。

皮亚杰及其同事设计了许多实验来研究形式运算阶段青少年的思维。其中，天平实验、钟摆实验和化学混色实验是三个主要的实验。

（一）天平实验

皮亚杰的“天平”实验清楚地表明，形式运算思维比具体运算思维更先进、更高级。实验程序是：首先向被试呈现一个天平和一些砝码，砝码大小不同且可以在天平的力臂上移动。当天平不平衡时，可以采取四种可能的方法使天平恢复平衡：增加砝码、减少砝码、移近砝码和移远砝码。被试的任务就是使天平恢复平衡。学龄儿童经常采用的方法是减少下降一边的砝码，青少年则更可能采取多种可能的方法使天平恢复平衡。除了拿走额外的砝码以外，他们还会改变砝码的位置来使天平两边保持平衡。两种方法都是可逆的形式，可以互相补充或抵消。与学龄儿童相比，青少年能认识更多不同的可逆性。

（二）钟摆实验

“天平”问题的解决需要考察力距和砝码两个要素，而钟摆实验则需要考察更多的因素，要总结规律并对各因素进行分解。实验时，向被试提供不同长度的绳、不同重量的摆锤，被试可以改变摆锤下落点的高度或最初推动力的大小。要求被试判断什么因素决定钟摆摆动的速度。这样一种真实的和表面的因素同时起作用的问题情境，必然会引起具有复杂逻辑的问题。在钟摆实验中，摆动的速度因绳长的改变而加快或减慢，但改变摆锤的重量，改变摆锤的下落点的高度，或改变最初的推动力，对摆动的速度并无影响。处于具体运算水平的儿童，在同一时间内改变了上述所有因素，因而相信除了绳长对摆动速度有影响之外，锤的重量等因素也会影响钟摆摆动的速度。而青少年通过变化一个因素而恒定其余因素，观察到锤重虽改变但摆动频率不变，这样就排除了锤重这一因素。由此可以看出，青少年期的个体已经具有了较高的“归纳－推理”能力。

（三）化学混色实验

在皮亚杰设计的验证形式运算实质的实验中，“化学混色”实验可能是被引用最多的一个实验。在该实验中，问题的解决需要联合变量并在心理上建构一个“结构化心理整体”。英海尔德和皮亚杰认为这是形式运算思维的重要特征。

实验原理是：任务开始时，4 个大瓶子、1 个标识瓶和 2 个烧杯摆放在儿童面前的桌子上。每一个瓶子盛有一种透明液体。把 1 号瓶和 3 号瓶中的液体在烧杯中混和，然后滴入标识瓶中的溶液，混和液体变成黄色。如果 2 号瓶中的化学液体加入烧杯，混和液体仍为黄色，但 4 号瓶中的液体加入后，混和液体变为无色透明液体。儿童事先并不知道实验中的混色规律，要求儿童通过操纵变量进行推理来得出混色规律。

实验程序是：主试事先用一个烧杯盛满取自 1 号瓶和 3 号瓶的混合液体，另一个烧杯盛满取自 2 号瓶的液体。实验开始时儿童并不知道烧杯中的液体取自几号瓶。主试把标识瓶中的液体分别滴入每个烧杯，演示前一个变成了黄色，而另一个却没有变色。现在要求儿童尝试各种混合方式，以判断出哪种化学液体混合之后液体的颜色会发生改变。

研究表明，7 岁儿童还不拥有“结构化心理整体”，且不能掌握问题整体概念（可被逻辑描述和思维的关系系统），14 岁儿童却能够系统地思考所有的可能性，然后一一去验证。前者在进行可能性混和取样时是不系统的，即使有主试的提示也是这样。青少年开始能够系统地解决问题，他以最简单的形式开始尝试（1 种化学溶液与标识瓶混和），然后进行更复杂的二级或三级混合（两种和三种化学溶液混合的可能性）。当他配对混合时，发现标识瓶液体加入 1 号瓶和 3 号瓶的混合物时变成黄色。后来通过各种可能性的尝试，他又发现 4 号瓶液体是反作用于标识瓶液体的。这样便对化学混色系统模型做出了系统的解释，从而显示出卓越的形式运算思维能力。由此可见，青少年能想出全部可能的无色液体混合方案，系统化地检验它们以发现可能产生答案的混合方法。皮亚杰认为这些能力表明了青少年阶段的基本心理结构的改变。

总之，青少年的思维活动与儿童具有明显不同。青少年在解决问题时运用一系列可能的非常系统的和有组织的方式，同时检验多个假设，而儿童只能顺序地进行，不能用系统的方式考虑情境之间的联系。

二、青少年的辩证思维

如前所述，一些研究者针对皮亚杰理论的不足提出了一种新的思维，即辩证思维。瑞吉尔（Riegel，1973）提出，“辩证思维”是个体认知发展的第五个阶段，具体见图 6－1。他认为，皮亚杰用同化－顺应理论解释了 15 岁以前个体认知发展的情况，但却不能解释 15 岁以后个体的认知发展所表现出的越来越明显的辩证特征。因此，瑞吉尔提出了以辩证运算（dialectical operation）阶段来扩展皮亚杰的认知发展阶段。

瑞吉尔认为，辩证思维是认知发展的一个独立分支。个体可以从皮亚杰的四个认知发展阶段——感觉运动阶段、前运算阶段、具体运算阶段和形式

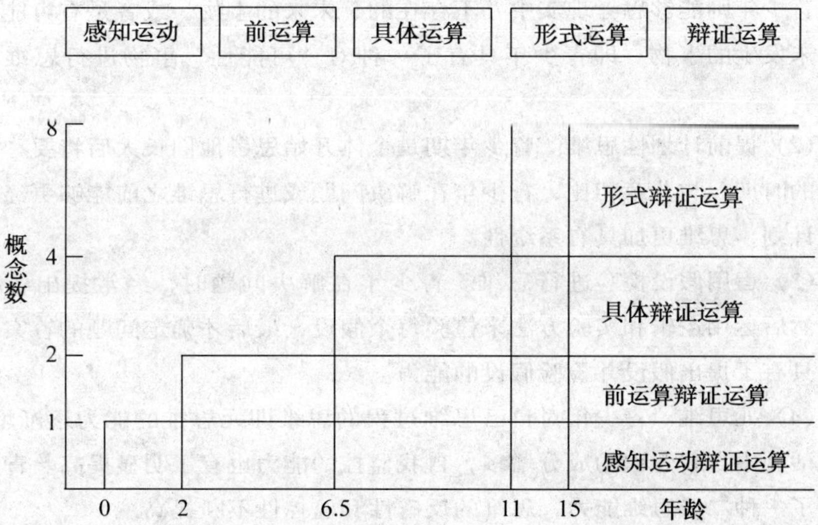

图 6－1　对皮亚杰认知发展阶段的扩展

（资料来源：申继亮等，1993）

运算阶段任意一个阶段直接发展为与之相应的辩证运算模式，达到辩证思维阶段。虽然如此，在形式思维阶段，辩证过程并不一定能够发挥作用。正像皮亚杰及其追随者反复暗示的那样，认知发展不能脱离其个人环境和社会环境。不断变化着的个人环境和社会环境的相互作用要求个体重新建构自己的思维，这样便可能产生超越形式思维水平的思维形式。

青少年阶段的辩证思维是一种辩证逻辑思维。国内对在校青少年的研究表明，他们的辩证逻辑思维的发展趋势是：初中一年级学生已经开始掌握辩证逻辑思维的各种形式，但水平较低；初中三年级学生的辩证思维迅速发展；高中生的辩证逻辑思维已占据优势地位（林崇德，1995）。

三、青少年思维的基本特点

思维是个体认知的核心，思维的特点可以在很大程度上决定个体认知的特点。基廷（D. P. Keating）对青少年思维的特点进行了详细的阐述。他提出，与儿童相比，青少年的思维具有下列五个特点（Keating，1980）。

（1）对可能发生事物的思考。儿童能够对他们直接观察到的事物进行推理，青少年则能够思考现实中并不存在的、未来的事物，或者是有可能发生但尚未发生的事物。即青少年具有了一种对“可能性”事物进行思维的能力。

（2）提前计划性思维。青少年期是个体开始思考他们长大后将要“干什么”的时期。与儿童相比，青少年在解决问题或进行思维之前能够更经常地做出计划，思维更加具有系统性。

（3）运用假设检验进行思维。青少年在解决问题时，经常提出各种假设，然后运用逻辑和实验方法来检验每个假设，最后才确定问题的答案。青少年具有了提出假设并检验假设的能力。

（4）元思维。青少年对自己思维过程的思维即元思维的能力逐渐增强，思维活动中自我意识的成分增多，自我监控的能力也有了明显提高。青少年获得了一种二级思维能力，思维的反省性和监控性不断提高。

（5）超常规思维。青少年的任何思维方式，都可以导致新的假设、理解或结论。从初中开始，由于假设的、形式的、反省的抽象逻辑思维的发展，青少年逐渐摆脱了原有思维模式的束缚，其思维的独创性有了明显提高。即创造性思维成为青少年思维的一个重要特点：在思维过程中，他们更加追求新颖的、独特的因素，追求个性的充分发展和自我的展示。

后来，基廷又重新审视了青少年的认知发展，认为青少年的思维过程并不适合用一组一般的特征来进行描述，而是应当在青少年思考问题的内容和情境中来考察他们的思维过程。当前，内容和情境对理解青少年思维过程的重要性在形式运算研究中尤为明显。为此，基廷（1990）重新提出了青少年思维区别于儿童的五个方面。

（1）青少年不受现实事物的限制，可以更好地思考可能发生的事物。

（2）青少年思维的概括能力更强。

（3）青少年开始更多地思考思维过程。

（4）青少年思维不再局限于单一内容，而是趋向于多角度地思考问题。

（5）青少年更多地相对辩证地看待事物，而不再那么绝对化。

第三节　青少年认知发展的社会文化理论

社会文化环境对个体的认知活动有重要影响。社会文化环境可分为两方面，一是宏观环境，即个体所处的社会文化；二是微观环境，即认知情境和个体的知识经验等。强调社会文化环境和情境对青少年的认知影响已成为当前认知发展领域的一个主要趋向。该方面的理论和研究主要包括维果斯基的社会文化历史发展理论和文化人类学的跨文化研究，其具体研究包括文化环境对认知发展的影响，知识经验对信息加工速度和效率的影响，不同部落之间的跨文化比较等。发展心理学家们逐渐认识到，认知发展不仅是个体单纯的智力发展，在一定程度上，认知发展也是思维和信息加工方式社会化的结果。

一、维果斯基的社会文化历史发展理论

维果斯基（L. S. Vygotsky，1986～1934）是社会文化历史发展理论

的创立者。他以其独特大胆的思想，影响并促进了发展与教育心理学的研究工作。美国著名的心理学家布鲁纳在其专著《认知心理学》的俄文版序言中指出："在过去的四分之一个世纪中，从事认识过程及其发展研究的每一个心理学家，都应该承认维果斯基的著作对自己的巨大影响。"下面简要介绍维果斯基社会文化历史发展理论的要义。

（一）两种工具的融合与两种心理机能的分类

维果斯基借鉴恩格斯关于人类借助于工具改造自然的思想，提出工具的使用使人产生了新的适应方式，即物质生产的间接方式，而物质工具也成为个体行为的工具之一。人们可以借助各种物质工具来进行物质生产。另一种行为的工具是心理工具（或精神生产工具），它指的是各种语言和符号。心理工具为个体进行心理活动提供了各种心理支持。个体的认知发展便存在于某种一般性的智慧产品——物质工具和心理工具之中。

需要指出的是，物质工具和心理工具并不仅仅附属于个体的内部认知过程，而是同时在改变着个体整个认知过程的结构和功能。这两种工具在特定的文化背景中产生，又被个体纳入到自身的认知发展系统之中。如果没有物质工具所提供的技术支持和心理工具所提供的心理支持，我们将难以产生任何内部过程。因此，个体的认知发展必须融合这两种工具，而不是获得它们。

维果斯基指出，心理工具的运用使人的心理机能发生了质的变化，即出现了具有中介环节的高级心理机能。所谓高级心理机能是指逻辑思维、随意注意、高级情感等。它以心理工具——人类社会所特有的语言和符号为中介，受社会历史发展规律的制约。与高级心理技能相对应的是低级心理机能，它包括感觉、知觉、不随意注意等，它是种系发展的产物，受生物学的规律所支配。维果斯基认为所谓心理发展就是，个体的心理在环境和教育的影响下，在低级心理机能的基础上，逐渐向高级心理机能转换的过程。

（二）社会文化历史发展理论的认知发展观

维果斯基提出了人的心理发展的两条规律。第一条规律是：人所特有的以语言和符号为中介的心理机能不是从内部自发产生的，它们只能产生于人们的协同活动和人与人的交往之中。第二条规律是：人所特有的新的心理过程结构最初在人的外部活动中形成，随后才可能转移至内部，成为人的内部心理过程的结构。这种从外部心理过程向内部心理过程的转化，实质上就是“内化”过程。据此，维果斯基提出了儿童心理发展的一般发生法则：“在儿童的发展中，所有的高级心理机能会出现两次：第一次是作为集体活动、社会活动，即作为心理间的机能而出现；第二次是作为个体活动，作为儿童的内部思维方式，以内部心理机能的面貌出现。正是在活动外部的、展开的、集体的形式向着完成活动的内部的、精简的、个体的形式的转化中，实现着人的心理发展。”这一法则同样适用于个体的认知发展。

对个体的内化过程起决定性作用的是社会文化因素。维果斯基认为，个体的发展是在社会中完成的。个体从婴儿期开始，就生长在人类社会里，以后随着年龄增长，经儿童期、青少年期以至成人期，个体一刻也离不开社会。社会中的一切，诸如风俗习惯、社会制度、行为规范等，构成人类生活的文化世界。社会文化既直接影响正在成长中儿童的行为，也影响成人的行为，进而通过成人来间接影响儿童的行为。文化产生的直接和间接影响使得个体的认知由外化而逐渐内化，由外铄逐渐转为内发，由初生时的自然人，逐渐变成社会人，最终成为一个符合当地社会文化要求的成员。

个体在文化中的认知发展是通过与社会关系的相互作用而完成的。儿童首先学习外部事物。在与他人的交互作用中，儿童内化学习内容，或者说进行个体的心理加工。这种加工决不是简单的复制或模仿，而是对自己和他人行为的观察、合并和内化。如，当父母、老师或同伴监控青少年的行为时，青少年可从中获得经验，学会如何检验适用于解决问题的规则。相似地，青少年可以掌握对自己的学习进行自我监控的策略，通过内化成人使用的策略帮助自己理解和记忆事物。

维果斯基的社会文化历史发展观可概括为：（1）儿童的一切复杂的心理活动都是在交往过程中形成的；（2）心理机能最初存在于人际间，随后逐渐成为儿童内部的心理机能；（3）心理发展最重要的因素是掌握凭借词语传递的全人类的经验。

（三）最近发展区

维果斯基提出了最近发展区（zone of proximal development，或称可能发展区）的概念，认为最近发展区是介于个体现实发展水平与潜在发展水平之间的一段区域。现实发展水平是指一定的已经完成的儿童发展周期的结果和由它而形成的心理机能的发展水平（维果斯基，1999）。潜在发展水平是指儿童在别人的帮助下所可能达到的水平。两种水平之间的一段差距，即为该儿童的最近发展区。换句话说，“最近发展区”是指儿童独立完成任务的能力与在成人指导和与同伴合作下能完成的能力之间的距离。

青少年在认知能力上的最近发展区是根据目前他在认知作业上的实际表现去预估的，而预估其可能表现所依据的标准是成人所能给予的协助。处于可能发展区水平的作业是个体无法单独完成的，个体必须借助他人的帮助才能完成。为更好地促进青少年发展，父母和老师应该经常提供适时的支持，帮助他们有效地完成任务，特别是在青少年过渡时期。

维果斯基之所以特别强调可能发展的重要性，来自于他对既有的智力测验和传统学业成就测量方法的不满。他认为，传统智力测验和学业成就测量不能帮助家长和教师确定应何时向青少年提供帮助，并可能低估儿童的实际认知潜能。

传统智力测验通常是在测验标准化时就建立了年龄常模。对某一儿童施测时，也都是按该儿童答对的题目计分，据此评定儿童的心理发展水平或心理年龄。维果斯基认为，此类智力测验最多只能测量儿童智力的实际水平，而不能测量其智力的可能发展。原因是，智力测验只根据儿童答对题目计分，而不考虑其答错题目的心理过程；几个人答对同一试题时，可以推知他们确实知道如何解答问题；但几个人答错同一试题时，就会有认知程度上的差异。有的儿童可能一知半解，有的儿童可能一无所知，如果不区分两种情形而一概不予计分，这是不公平的。维果斯基的最近发展区的构想，正是对传统心理测验的改进。在了解儿童的实际发展水平之后，进而根据其潜在发展水平，找出其最近发展区，就可使儿童在成人的帮助下最大可能地发展其认知能力。

此外，维果斯基还提出，认知发展发生于“最近发展区”，教学的最佳效果产生在最近发展区，教学应该走在发展的前面。这在教育领域具有重要的实践意义。

二、文化人类学对青少年认知发展的研究

（一）认知发展中的社会文化因素

文化人类学的跨文化研究是认知发展的社会文化环境－情境取向的最新发展趋势。文化人类学理论强调环境因素在认知发展中的作用。有研究者（Wertsch & Kanner，1992）指出，对人类心理活动的解释必须考虑活动所处的文化、历史和制度背景。适合当代美国环境的认知理论并不一定适合日本或俄国，文明社会和非文明社会的理论模型也不能通用，不同种族和部落的心理发展是不同的，甚至适合于某一学校中的认知活动模型并不一定适用于其他地方。

认知发展具有社会起源的假设引起了关于一般社会背景对认知发展作用的研究。有人（Tharp & Gallimore，1988）进行了一系列的关于社会关系与认知发展关系的调查研究。这些研究以夏威夷本地学生与加利福尼亚和亚利桑那（Arizona）的少数民族儿童为研究对象。学生所接受的教育大多为技能教育而不是价值观教育。研究发现，少数民族儿童的标准成绩测验得分显著高于同一地区的普通公立学校的学生。一般认为，少数民族儿童在学校中难以获得成功体验。但本研究表明，少数民族儿童无需放弃或贬低他们自己的文化背景就能在学校文化环境中获得成功发展，这表明教育能很好地服务于来自各种不同文化环境中的学生（Wertsch & Kanner，1992）。

许多研究者发现，不敏感的成人和儿童及其相互间低水平的社会互动会阻碍儿童的认知发展。此外，青少年思维发展的许多特征实际上与学校和成人社会的现实相抵触。基廷（Keating，1990）认为，现代都市文化衍生了破碎的思维过程和特殊的认知策略，而淹没了更有凝聚力的、深入反省的思维过程。与大众传媒进行大量接触的青少年一般知识浅薄，没有形成批判性思维能力，而只能依赖一些肤浅的原则和特定环境中固化的反应来思考和解决问题。例如，高频率出现的商业广告使我们不能对一些商品的选择标准进行批判性反思。当代文化的其他方面也存在类似的问题。基廷认为巨大的社会压力排挤了反思式的、批判式的问题解决策略，而这些策略对青少年发展却是非常重要的。因此，在当代，鼓励学校和家庭倡导批判性思维比以前更

加重要和急迫。

社会文化背景的影响还有助于证明个体认知能力的种族差异和个体差异。个体的认知差异不是由生物因素的差异引起的，而是由不同的社会化模式、社会和文化期望或一定类型问题的经验所引起的。把维果斯基的理论融入一个更一般的社会文化背景的理论之中可以拓宽对青少年认知发展的认识，从而更好地理解青少年在愈益复杂的多文化社会中所面临的压力。

（二）青少年形式运算思维的文化情境解释

青少年思维的文化－情境研究取向与皮亚杰和英海尔德的观察研究有相似之处。这两种取向都分析了个体活动的结构。所不同的是，皮亚杰以一个新逻辑作为所有思维的基础，认为思维发展有一个统一的基础，而文化－情境理论强调个体活动内容变异和思维过程的非同质性，认为必须分析个体在各种情境下的经常性活动和事件的结构。

不同情境要求不同程度的系统思维。文化－情境理论所考察的是各种思维尤其是形式运算思维在不同情境中的预期变异性。该理论认为，所有文化中的青少年都可能在某些情境中运用形式运算思维。因而青少年的形式运算思维与情境紧密联系，因情境的变化而发生变化，表现出不同的水平。

皮亚杰和英海尔德的很多实验要求学校儿童参与科学实验，发现科学规律的各种活动。根据文化－情境观点，使用这些特殊的科学程序作为评价形式运算的一般性标准是不合适的。形式运算思维像其他思维形式一样由活动和发生情境的具体特征决定。为更好地了解形式运算思维，必须进一步分析实验活动和形式运算思维的发生场景。

皮亚杰所要考察的理想化的科学解决问题的方式在日常生活中是不存在的。即使是研究专家解决问题的方式也经常有不科学的习惯。事实上，科学、系统的推理含有更多的形式运算的成分，而人们在解决日常的高智力问题时却经常表现出非逻辑性。专家级棋手并不经常思考走棋步骤的所有可能性组合，而是把他们回忆的过去经验的成功模式与整体棋局相匹配，采用一种整合式的思维方式。另外，科学家进行直觉思维也明显违反了科学推理的法则。

这些证据表明，形式运算的获得是有情境特殊性的，而不像皮亚杰所说，青春期的形式运算思维是一个整体系统性的常规模式。除了文化－情境取向的研究之外，信息加工的研究也表明，个体在青春期认知能力的提高既可以是连续的，也可以是非连续的，这取决于青少年对问题情境知识理解的深度。只有当一种新质思维在很广阔的情境范围内出现时，我们才可以说该认知阶段发生了变化。因此，为了解决青春期思维是否经历了阶段变化的问题，我们必须评估各种各样的社会情境和内容领域。

第四节　青少年认知发展的信息加工理论

在 20 世纪 80 年代中期，出现了解释儿童认知发展的另一种理论：信息加工理论。信息加工理论把人脑比作一个输入、存贮和使用信息的计算机系统。从信息加工的观点来看，认知发展是人的信息加工系统不断改进和完善的过程，是通过信息加工系统的自我适应来实现的。随着年龄的增长，儿童的信息加工能力也在不断提高，能够进行更加复杂和高级的思维。在解释个体的认知活动时，该理论强调儿童进行信息加工时随年龄增长而获得更多的知识技能，注重心理资源、信息加工速度、认知策略等方面的研究，并对不断复杂化的内部心理结构进行了抽象研究。

一、认知发展的信息加工研究范式

信息加工心理学把人类的认知比作计算机系统，通过编制计算机程序来模拟人的思维或认知活动。但人脑与计算机是物质构成和内部结构完全不同的两种事物，怎么能够做类比呢？这种类比学说的理论基础是什么？西蒙（H. Simon）等人提出的物理符号假设对上述问题做了回答。

西蒙认为，一个完整的物理符号系统应该具有对符号进行输入、输出、储存、复制、创建以及条件性迁移等基本操作的功能。计算机是一个典型的物理符号系统。而任何符号系统如果能表现出智力，它就具有上述六种功能，反之亦然，即任何符号系统如果具有上述六种功能就能表现出智力。由此可推知：（1）人既然具有智力，就一定是一个物理符号系统，就能进行信息加工；（2）计算机是一个物理符号系统，它能够模拟人的智力活动；（3）人和计算机都具有智力，但两者的活动方式和工作原理可以是不同的。一方面我们可以在计算机上进行机械、快速和巨量的运算，即进行人工智力的模拟；另一方面也可以按照人类的认知特征和实际过程来编制计算机程序，这样就可以用计算机在形式上描述人的认知过程，建立一种理论模型来说明人的认知过程。

信息加工理论把人脑比作一个输入、存贮和使用信息的复杂系统，一个复杂的计算机系统模型。但它怎样来研究个体心理的发展呢？物理符号主义假设是纯认知心理学的基本假设，并不是认知发展的假设。综合认知发展的研究，我们可以概括出信息加工关于认知发展的一些基本假设。

（1）人的认知活动可用刺激和反应间的心理过程和心理表征来描述和解释。这是对物理符号假设的简单概括。

（2）一个有简单认知成分参与的认知子过程是全部认知活动的基础，也就是说，认知活动可以分解为一些子过程，甚至是最简单的认知成分。

（3）个体的认知加工操作是协调一致的。该假设的主要目的在于探讨儿童的信息加工系统如何随儿童的成熟而变化的规律。

（4）认知发展是通过信息加工系统的自我适应来实现的。

二、信息加工认知发展理论

皮亚杰关于认知发展机制的理论过于抽象和概括，没有研究个体认知发展的细节问题。通过皮亚杰的理论，我们只能对认知的机制形成一种笼统的模糊的认识，却难以明了其具体的运作方式和过程。因此，许多心理学家从信息加工的角度对认知机制的运作方式进行了大量的实证研究。这里主要介绍凯斯和希格勒的观点。

（一）凯斯的认知发展理论

凯斯（R. Case）将皮亚杰的认知发展理论和信息加工理论相结合，运用典型的信息加工理论和方法，对儿童如何建立认知目标、如何克服短时记忆的局限以及如何产生问题解决的策略等进行了研究。

凯斯认为，根据儿童所产生的心理表征和心理操作或心理行为的不同，可以将儿童认知的发展分为以下四个阶段：

（1）感觉运动操作（sensorimotor operations）阶段。在这一阶段中，儿童的心理表征由感觉信号所构成，所产生的心理行为是身体行为；（2）表象性操作（representational operations）阶段。儿童在这一阶段所产生的心理表征是能持续一段时间的内在印象，所产生的心理行为是表征性行为；（3）逻辑性操作（logical operations）阶段。儿童在该阶段能够对刺激进行抽象的表征和加工并能进行简单的转换；（4）形式操作（formal operations）阶段。儿童在这一阶段中不仅能抽象地表征刺激，而且能够更复杂地转换刺激。

凯斯指出，在上述的每个发展阶段中都包括前面的阶段所具有的心理表征和心理操作或心理行为能力。他认为每一阶段内的发展取决于工作记忆的活动容量。工作记忆的基本能力在出生时或婴儿早期是恒定的，然而活动容量却会随着自动化程度的增加而增加。当个体更为高效地执行某一运算时，工作记忆就为另外的运算腾出了空间。对儿童某些具体认知任务的研究（如对桔汁问题的推理）支持了凯斯关于儿童认知发展阶段的理论。

关于个体的认知发展机制问题，凯斯从认知加工的有效性角度给予了解释。他将个体的心理区域分为存贮空间和操作空间两部分。存贮空间是指用以存贮信息的空间范围和所存贮的信息容量。操作空间是指在进行具体的认知操作时所需要的空间范围和所投入的心理能量。两者合称为心理空间。他认为，随着个体存贮空间的逐渐增大，操作空间的逐渐缩小，儿童对信息加工的能力就获得了提高。与信息加工有关的、具有不同功能的心理空间变化是儿童认知能力提高的机制之一。当儿童初学一种新的认知技能时，必须投入较多的操作能量去练习和掌握。对于年幼儿童，大部分认知技能都是陌生的，因此其操作空间在整个心理空间中所占的比例相对较大。随着儿童年龄的增长，各种认知技能的熟练程度（自动化水平）获得了提高，在具体操作时只需要投入较少的心理能量或资源就可以应付。这些达到自动化的技能和策略会不断地转入存贮空间，作为一种知识和认知结构成分存入长时记忆，为发展新的技能提供更坚实的基础和更广阔的背景知识。随着操作空间的心理能量向存贮空间的不断转移倾斜，儿童的认知结构会越来越稳固，认知策略越来越丰富，相应的认知能力也因此而获得了发展。可见，凯斯将心理能量在不同心理空间之间的转换和流动变化及能量存贮容量视为儿童认知发展的重要机制。

（二）希格勒的信息加工观点

在皮亚杰开拓的成就基础之上，希格勒（R. S. Siegler）致力于信息加工过程的思考。他采用全新的产生式系统，用规则评估法重新研究了皮亚杰的一些实验，是信息加工理论研究认知发展的典范。

希格勒认为，认知发展可以描述为解决问题时规则的日益增长和连续获得。他从不同发展水平的儿童在问题解决中使用的不同解决规则入手，来研究儿童的认知发展。关于发展的次序和规则连续性的研究，一般建立在皮亚杰的研究基础上。从这种意义上说，希格勒的研究是对皮亚杰理论的延伸和拓展。

受达尔文生物进化论的影响，希格勒试图发展一种关于个体认知发展的进化理论。他认为，从生物学的角度看，认知的基本特征之一就是竞争。认知的竞争表现在人类个体运用概念、规则及策略等进行的各种认知活动中。通过竞争，个体在认知发展上产生适应性的结果，而产生适应性结果的内在工作机制之一就是策略的选择和发现。希格勒理论中的重要思想是，将儿童认知的发展视为与生物进化有某些相似之处的一种适应性行为的发展。认知适应能力的发展与外在刺激、经验积累以及主体的自我调节等多方面因素相联系。

希格勒采用规则评估重新研究皮亚杰的天平实验。通过实验观察，希格勒归纳出儿童在解决天平问题时所应用的 4 条规则，这 4 条规则分别是：（1）如果天平两侧的重物重量相等，天平将处于平衡状态；如果天平两侧的重物重量不等，较重的一侧将向下倾斜。（2）如果天平某一侧的重物较重，这一侧将向下倾斜；如果天平两侧的重物重量相等，重物距离支点较远的一侧将向下倾斜。（3）如果天平两侧的重物重量及重物距支点的距离均相等，天平将处于平衡状态；如果两侧的重物重量相等，但重物距支点的距离不等，距离较长的那一侧将向下倾斜；反之，如果两侧重物距支点的距离相等，而重物重量不等，则较重的一侧将向下倾斜；如果两侧的重物重量及重物距支点的距离均不相等，则出现猜测或混乱。（4）如果天平某一侧的重物较重，但重物距支点的距离却较短；而另一侧的重物虽较轻，但重物距支点的距离却较长。在这种情况下则需要计算力矩（重物的重量 * 重物到支点的距离），力矩较大的一侧将向下倾斜。

在“规则评价法”中，希格勒根据上述关于解决天平问题的四条规则，将天平问题具体化为以下六个方面的问题：（1）平衡问题（balance problems）：在天平两侧的重物重量及重物到支点的距离均相等；（2）重量问题（weight problems）：两侧重物距支点的距离相等，但两侧的重物重量不等；（3）距离问题（distance problems）：两侧的重物重量相等，但重物距支点的距离不等；（4）重量－冲突问题（conflict－weight problems）：天平某一侧的重物较重（程度较大），另一侧的重物较轻，且距支点的距离较远（程度较小），这时，较重的一侧将向下倾斜；（5）距离－冲突问题（conflict－distance problems）：天平某一侧的重物较重（程度较小），另一侧的重物与支点的距离较远（程度较大），这时，具“较远距离”重物的一侧将向下倾斜；（6）平衡－冲突问题（conflict－ balance problems）：天平两侧的重物重量及重物距支点的距离均不等，但两侧的力矩相等，这时，天平仍处于平衡状态。

使用不同规则的儿童在解决上述六种类型的具体问题时将表现出不同的反应模式。希格勒对此进行了以下说明：（1）那些能够应用规则 1 的儿童，将能正确解决平衡问题、重量问题和重量—冲突问题，而不一定能够正确解决其他类型的问题；（2）那些能够应用规则 2 的儿童，除了能正确解决上述这三种类型的问题以外，还能正确解决距离问题；（3）那些能够应用规则 3 的儿童不仅可以正确解决前三个问题，而且还可以在机率水平（33%的可能性）上正确解决后三个含有各种冲突的问题；（4）那些能够应用规则 4 的儿童将能正确解决所有问题。

希格勒发现，儿童解决天平问题的能力存在年龄差异。绝大多数 5～17 岁的个体至少能应用上述四个规则中的一条规则解决天平问题。5 岁的儿童在解决问题时，较经常地使用规则 1；9 岁的儿童在解决问题时，较经常地使用规则 2 和规则 3；17 岁的青少年经常使用规则 3。在 5～17 岁所有年龄组中，都很少有人使用规则 4。后来的一些研究者也进一步证明了这个结论。

迄今为止，希格勒关于儿童认知发展的研究结论如下：

（1）不同年龄儿童在各种任务中的认知操作方式似乎与对规则的操作方式一样。他们通过连续的定性的明显规则来掌握许多概念。例如，前面描述的四个与尺度平衡有关的任务。

（2）对于任何给定的概念，后来发展起来的规则与早期发展起来的规则相比，在一系列验证这个概念的任务中，它们更容易预测正确的答案。更经常与最高级的规则做出同样预测的规则，与较少做出同样预测的规则相比，获得的时间较晚。例如，尺度平衡问题，在整个的一系列问题中，后来发展起来的规则3比早期发展起来的规则2更经常做出如规则4一样的相同预测。

（3）当儿童（或成人）关于概念的知识相对较少时，与他们拥有的知识较多时相比，在概念推理方面表现出更多的相似性。当他们的知识较少时，他们可能依赖更普遍的、适用于所有用途的规则——希格勒称他们为“后退规则”。例如，5岁儿童的行为就采取这一后退规则，也就是说，人们应该只是根据表面上呈现出的最显著或最重要的维度（在这个例子中指的是重量的维度）来推理和预测。希格勒和其他人发现这个年龄阶段的儿童在其他他们缺乏充分知识的概念领域，还趋向于以相似的“单一维度”的方式做出反应，例如皮亚杰的守恒任务。希格勒还认为，非常小的儿童在处理许多问题时，甚至不会使用后退规则。

（4）有限的编码可能会阻碍个体的发展。如我们在尺度平衡问题中所看到的，对一个相关的刺激维度没有充分编码的儿童，可能不能从旨在帮助他们获取更高级规则（这些规则对那个维度进行了正确的考虑）的经历中获益。改良的编码导致学习能力的提高，这可被视为认知发展的一个机制。

希格勒的理论也存在问题和局限性，从而遭到了批判。其中最重要的问题是关于人类的知识和思维有多少能够被充分地表述或用规则获取。但不管对他的规则评估方法和由此产生的认知发展的普遍化的评价是怎样的，希格勒的工作推动了信息加工取向的认知发展研究。

第五节 青少年的信息加工能力

在信息加工理论的指导下，研究者对儿童青少年信息加工的各种具体能力进行了大量研究。它从一个崭新的角度，细致、深入地刻画了青少年认知的特征和本质，使我们对青少年的认知能力有了一个更加深刻的认识。本节将从知识基础、信息加工容量和速度、元认知和科学思维等方面来描述青少年的信息加工能力。

一、青少年的知识基础

青少年信息加工能力的发展，主要是在思考和解决问题的过程中不断积累具有良好结构的知识基础的结果。了解青少年的知识基础和知识获得过程是认识青少年信息加工能力的重要途径。

（一）专家和新手的比较

关于青少年知识增长的研究大部分是对专家和新手进行的比较研究。这种研究的实验任务限制在某一特定领域（如国际象棋），一般包括两组被试，其中 组被试是专家级的，而另一组被试是新手。有研究考察了成人象棋新手和青少年象棋专家在两种条件下回忆棋子在棋盘中位置的情况。这两种条件分别是立即回忆和插入一段中性材料（如复述数字）后再让其回忆。研究结果表明，两组被试回忆棋子位置的成绩有很大差异，青少年专家能更好地回忆棋子位置，具有更大更复杂的组块化信息存贮，通过较少的努力就可回忆较多的信息。成人新手具有较多的数字认知经验，较少的棋类知识，其测验成绩低于青少年象棋专家的回忆成绩。由此可见，当直接比较知识和发展水平时，知识在任务中对认知成绩的影响更大，年龄或发展水平与专家知识无必然的相关。

在某些情况下，知识可以补偿一般认知能力的不足。有些在心理能力标准测验中得分很低的人，在自己的领域则是一名“专家”，在完成本专业任务时，成绩好于高智商的非专家控制组。由此可见，无论专家的智商如何，他们都能在自己的专业领域内表现出非常复杂的思维。该研究的发现启示我们，不要过分强调发展水平或一般智力的作用。与学习好的青少年相比，那些学习不好的青少年可能在其他方面拥有更多的技能和复杂的思维。

（二）知识基础与信息加工

知识基础影响下的人类信息加工过程有两种成分：一是可以概括化为概念和关系网络的知识结构；二是对内容进行连续的认知活动操作所需的一系列过程或策略。

1. 知识结构

知识结构有着重要的作用。比如说在物理学这一高度结构化的知识领域中，许多新手和专家在知识结构或内容成分之间存在差异。第一，物理专家比新手知道更多的不同领域知识的概念。新手也能定义或再认一些概念，例如，质量、密度和加速度。但是专家掌握的知识（例如，力、动力、摩擦系数等）更多，而且能够在更深入、更抽象的因果关系水平上解决物理问题。例如，专家能根据物理学规律（如能量守恒定律）对问题加以分类，而不是进行表面性的解释相似（如卷曲的弹簧）。第二，专家所储存的对每个概念的描述比新手更丰富，包括更多的概念间的关系和特征，也就是说专家的概念与长时记忆中的许多概念紧密相联。在专家储存的概念网络中，概念之间是相互关联的，这种相互关联使得专家在回忆任何一个概念时，都能从记忆中提取出相关的概念及其特征。有研究发现，物理专家比新手更容易在短时间内回忆出一组相关概念，他们经常在两组概念之间停顿，成组的概念组块化地储存在专家的长时记忆中。

2. 策略和认知过程

新手与专家在解决问题时使用的策略和认知过程也存在差别。专家更有计划性，在解决问题之前便对问题进行分类和分析，可以制定出有效的问题解决计划。此外，专家大量丰富的知识组织和储存也为他们解决问题提供了保障。

专家在以下两方面更具推理能力：一是在对自己专业领域内的复杂推理或判断方面更具才能；另一方面专家通常能够快速地利用简单的记忆解决问题（即直觉思维或灵感），而新手必须经过缓慢、费力的推理。因此，专家的优势是在他专长的领域具有进行准确思维的能力，在本领域内根本不必考虑很多，就可以解决许多问题。

（三）知识获得过程对青少年信息加工能力的影响

专业知识不仅通过大脑中已经存贮的解决问题的方法或策略促进青少年认知的发展，知识获得过程本身就可以增强青少年的信息加工能力。当个体非常熟悉概念、专业术语、问题模式和其他特定领域的相关信息时，他们进行加工所需的时间和心理能量就较少。这也就意味着，在同一时间内进入并保持在其工作记忆中的信息数量就更多，从而有效地提高了注意力或短时记忆能力。这种能力的提高至少有两个有益的结果：第一，在同一时间内更多的信息单元可以保持在注意范围或工作记忆中，更多的信息将会相互比较和关联。这有利于复杂问题的解决，因为复杂任务通常需要多方面的或更密切的相互关联的信息。第二，这种信息加工能力的增长可以使个体腾出一些心理空间和心理能量或资源，而这些心理能量和心理空间可被用于更高水平的活动或元认知过程。人们可以有余力去选择问题解决策略，调节认知活动，监控认知的有效性等。

在某一领域具有大量的知识和经验会对知识获得过程产生积极有利的影响，从而使个体进行高质量的信息加工。对专家和新手的研究发现，专家趋于记住问题情景的所有正确的特征（希格勒称之为“充分编码”），然后选择并运用正确的问题策略，进行具有较强逻辑性的推理。这样，专家在他所专长的领域执行任务时，就显得非常聪明、非常熟练。

二、信息加工容量和速度

（一）青少年信息加工心理资源的变化

大多数认知任务需要一定数量的心理资源，尤其是在第一次执行某任务时。大多数成人可以非常容易地在阅读和简单心算时对词汇进行解码，但对儿童来说完成这项任务则需要较大的努力。在个体的成长过程中，儿童的思维和行动开始出现自发的、预见性的注意和努力，后来，青少年能用较少的时间完成较多的心理操作步骤，有时能同时进行多种心理操作。

对个体信息加工心理资源变化的研究大多采用双任务设计（dual－task

design）的研究范式，即分别记录单独完成一种任务和同时完成两种任务的时间。如果两者都需要心理上的努力，那么同时完成两种任务的时间将比单独完成一种任务的时间要长，因为心理效能或心理资源必须在任务之间进行分配。同样地，如果同时完成两种任务和单独完成一种任务需要大致相等的时间，其中的一种任务必须是自动的或几乎不需要加工资源。

众多研究证明，这种任务所需加工资源的变化是经验的函数，也就是说，如果我们对某些任务非常熟悉，完成过程中就需要较少的注意力，注意力可以同时分配给其他任务。例如，当个体第一次坐在方向盘前驾驶时需要较多的甚至是全部的注意力，而当个体能够熟练开车后，则可以在开车的同时思考或做其他的事情，并能够监控自己的驾驶过程以保证自身的安全。因此，认知发展过程中技能的自动化是特别重要的，学会基础水平的技能并实现自动化可以为较高水平的综合技能的发展提供基础。至少在一定意义上，青少年概括化和灵活地处理信息的能力是相对大量地自动处理信息的结果。

（二）信息加工速度的提高

信息加工速度是决定个体信息加工能力的最重要因素之一。加工速度越快，在同一时间内可操作的信息就越多，工作记忆中就会同时有更多的信息处于活跃状态。信息加工速度的主要评价指标是反应时。反应时作为一种测量指标经常被信息加工研究所采用，它是从刺激呈现到人们刚要做出反应之间的一段时间或潜伏期。信息加工速度会因任务、被试年龄和知识基础的不同而不同。

第一，儿童在一些任务中的反应明显快于另一些任务。例如，在一项研究中，分别给10岁、12岁、15岁以及成人呈现速度不同（从最快到最慢）的四种任务。四种任务如下：（1）选择反应时（如果刺激箭头指向左，就按左边的反应键；如果刺激箭头指向右，就按右边的反应键）；（2）字母匹配（如果字母表中的两个字母是不同的，按左键；如果两个字母是相同的，按右键）；（3）心理旋转（按两个反应键之一，确定两面旗子的星星是在左上角或是在右上角，这两面旗子可能处于不同的空间方位）；（4）抽象匹配（按两个反应键之一，确定在左边或右边的字母背景与屏幕的背景是否相同，背景可能在字母、字母数量或方位上不同）。操作较慢的任务更复杂，包括了许多认知操作，而不仅仅是简单的对刺激的反应。

第二，对任务的加工速度随年龄增长而提高。在上面所描述的四项任务中，赫尔（Hale，1990）发现，在所有的任务中，10 岁儿童大约比大学生慢1.8 倍，12 岁的儿童慢1.6 倍，而 15 岁与大学生一样快。可见，儿童执行所有的程序都比成人慢，而且下降的速率大约保持恒定。而且，在童年早期和中期，儿童完成所有任务的模式保持平稳增长，在青春期只有稍许变化。这种加工速度上的发展变化反映出一个成熟而坚固的神经系统的稳定变化。

第三，良好发展的知识基础是信息加工速度的影响因素之一。通常，12 岁儿童识别字词或多位数字时只是 8 岁儿童完成同样任务所需时间的一半。12 岁儿童比 8 岁儿童知道更多的字词和数字，在这一年龄段，对字词识别的加工速度明显随阅读技能的获得而变化。这表明有丰富的知识基础的儿童比没有知识基础的儿童加工速度要快，而且效率要高。

人的认知系统在信息加工能力方面并不是无止境的，而是存在着一定的局限性，主要表现在：（1）信息加工的每一步操作都需要一定的时间和执行所需的资源；（2）只有数量很小的单元或信息“组块”可以在工作记忆中处于活跃状态。这种局限性在儿童中比成人中更明显。

三、元认知能力的提高

20 世纪 70 年代初期，在关于儿童认知发展的研究中，出现了一个新的概念——元认知。与此同时，出现了一系列关于元思维、元记忆、元理解、元学习等的相关研究，形成了关于个体认知发展研究的又一新热点。

（一）元认知的基本成分

元认知（meta－cognition）是对认知的认知，是“以各种认知活动的某一方面作为其对象或对其加以调节的知识或认知活动”（Flavell，2001）。元认知不仅包含个体对认知的认知，而且包含个体怎样支配自己的认知，即元认知由元认知知识和元认知监控组成。

元认知知识是指主体从客观世界中获取的与认知有关的知识。它包括以下三种成分：

1．关于认知主体的知识

关于认知主体的知识是指主体关于自己和他人作为认知加工者的所有知识。其中既包括对存在于个体内和个体间的认知差异性的认识，也包括对所有个体认知一般性特征的认识，也就是人类认知的普遍性。具体来讲，关于个体内的认识是指，一个具有较好的元认知知识的人应该了解自己和别人的认知能力和特点。比如，应该了解自己擅长哪些方面，不擅长哪些方面，同时也应该了解自己与别人相比所具有的优势和劣势。关于个体间的认识是指主体观察和内省自己和他人在不同时间、不同情景、不同认知活动中的表现。例如，你的父母与邻居相比，对别人的需要和感受更敏感，而你对此方面的认知就是个体间的认识（关于别人的社会认知技能的信念）。认知的普遍性是指人类认知所共有的一些规律性知识，例如，从莎士比亚到希特勒，再到你的邻居，最后到你自己。

2．关于认知任务的知识

这类知识包括两个子方面。一方面与个体在认知任务中所遇到的和处理的信息性质有关。信息性质会影响个体对信息的处理。例如，由经验可知，理解和记忆复杂的和不熟悉的信息时，更费时费力；而建立在信息不足、可靠性差的基础上的推论和判断更容易发生错误。另一方面与认知活动的任务要求的性质有关。个体能够认识到，即使是信息完全相同，有些任务也会比其他任务更难，要求个体付出的努力也更多。

3．关于认知策略的知识

关于认知策略的知识是主体关于完成某项认知任务所需要的认知方法的各方面知识，如认知策略的种类、不同认知策略的特点、各种认知策略应用的条件、认知策略的有效性等。举例来说，当有人问你如何记住一个电话号码时，你会毫无疑问地说，可以不断复述直到记住为止。你也许会有一些更高级的认知策略，例如，花费更多的时间学习更重要的或不容易学习的材料。

所谓的元认知监控是指主体在从事认知活动的过程中，把自己正在进行的认知活动作为意识对象，不断对其进行主动的计划、监视、检查和控制的过程，包括制定计划、实际控制、检查结果、采取补救措施等具体环节。例如，一位中学生坐在课桌前做家庭作业。他可能计划完成作业的步骤，自测一下明天测验中的一些词汇项目，目的是看看自己学习的如何，检验一下“词汇闪光卡片”是否有助于记忆，然后转向在句子中使用每一个单词的策略。这些就是元认知监控和自我调节活动。元认知监控能够产生新的元认知知识，如知道采用意义记忆的策略比死记硬背对记忆单词的意义更有效。

这些包含在监控中的元认知策略与直接的认知策略之间存在一定差异。认知策略的主要功能是帮助个体实现所从事的任何认知任务的目标；而元认知策略的主要功能是为个体所从事的认知任务或个体在此方面的进展提供信息。可以说，认知策略是为了促进认知进步，而元认知策略是为了对其进行监控。元认知监控有时也包括元认知的体验，它是指与认知任务相关的认知或情感的体验。元认知体验可以是简短的，也可以是冗长的，可以是简单的，也可以是复杂的。元认知体验对正在进行的认知任务发挥着各种有利的作用。例如，你突然意识到你并不理解你一直在读的文章，这可能促使你做出以下任何一种适应行为：你可能重读这篇文章；或者重新思考你早已理解的东西；或者提前阅读后面的内容，看看是否有进一步解除困惑的相关提示内容；或者谋求别人的帮助；或者通过减少问题的重要性来忽略。

（二）青少年元认知能力的发展

目前，心理学界对于青少年元认知能力发展的研究涉及到不同方面，如元记忆、元理解、元学习等。下面，我们将重点介绍青少年在记忆、理解、学习和问题解决四个方面的元认知发展。

1. 青少年元记忆的发展

元记忆是心理学家最先关注的元认知领域，也是元认知中最为重要的组成部分之一。和儿童期相比，青少年在元记忆知识和元记忆监控两个方面都有了明显的进步。

首先，青少年元记忆的发展表现在元记忆知识方面。研究发现，学龄前儿童甚至是小学低年级儿童的元记忆知识还处于一个相对较低的水平（Kretzer et al.，1975；左梦兰等，1990）。但进入学校以后，儿童的元记忆知识表现出了非常明显的进步，这表现在对记忆的目的和任务的理解、对自己记忆效果的评价和记忆的组织策略等方面。如庞虹（1992）的研究发现，从小学一年级、三年级到五年级，儿童有关组织策略的元记忆知识是随着年级的增高而不断发展。

在青少年期，个体的元记忆知识更加丰富起来，逐渐获得了大量的关于记忆任务、记忆策略和记忆者主体特征对记忆效果的影响等方面的知识，尤其是有关记忆策略的知识在这一时期有了快速增长。这与青少年认知能力的发展是相一致的。青少年的辨证逻辑思维能力的发展为他们概括越来越多的记忆活动体验以形成并积累元记忆策略知识提供了心理条件。普莱斯利等人（Pressley et al., 1987）提出的儿童记忆策略知识的发展模型认为，个体首先习得的是与特定作业或情景有关的具体策略，在获得大量有关具体策略使用的经验后，他才能够把策略推广到不同作业情景中，形成一般的元记忆策略知识。杜晓新（1992）对元记忆组织策略发展中年龄和教育的影响进行了比较研究，认为从初中到高中，学生在策略知识方面的发展是明显的。但这种发展更多地是受教育训练的影响，年龄是其影响因素之一但不是决定因素。学校教育为儿童提供各种使用记忆策略、对各种记忆策略的有效性进行估价的机会，促使学生逐渐自发地采用组织、复述或进行类的群集来帮助记忆。

还有的研究者以青少年对记忆能力的预计精确度为指标来考察个体的元记忆知识（李景杰，1989）。研究发现，10～15岁青少年对记忆能力的预计精确度基本上随年龄的增长而增长。其中，年幼儿童的发展速度较慢，年长儿童的发展速度较快，整个发展过程呈非直线型趋势。研究者还发现，青少年在较熟悉的环境中易表现出较高的元记忆知识水平（Ceci et al., 1985）。

其次，青少年元记忆的发展还表现在元记忆监控方面。早在元记忆研究的初期，弗拉维尔等人就发现，年幼的儿童还不能有效地监控自己的记忆，因而也不能准确地把握学习的程度。近年来对青少年的研究发现，他们的元记忆监控能力在总体上随着年龄的增长而逐渐提高（邓铸等，2000）。如李景杰（1989）的研究发现，中小学生的监控性判断呈现出波浪式发展：12岁和15岁出现两个高峰点，每个高峰点出现之前都有一个准备期。10～12岁个体的监控性判断水平没有显著地增长，10～12岁与13岁间、14岁与15岁间有明显差异，其发展的总趋势是不断增长的。杨宁等人（1994）进行了关于"中小学生记忆组织发展"的研究。该研究发现，初一和高一的被试能够较好地利用类的群集来组织记忆材料，而小学三年级的被试还不能很好地利用类的群集进行记忆；高中一年级被试对双字词记忆的主观组织程度要高于其他几个年龄组的被试；被试对记忆材料的客观组织记忆和主观组织记忆均随年级的升高而提高。这说明，青少年的记忆组织监控能力是随着年龄的增长而不断增长的。

但在来自 FOK（feeling of knowing）判断精确性的发展研究中，不同研究者得到的结果是不同的。其中的一个主要倾向是，研究者认为青少年的 FOK 判断精确性并不随年龄的增长而提高，甚至会出现下降，年轻人与老年人的 FOK 判断的精确性没有显著差异。如巴特费尔德等人（Butterfield，1988）的研究发现：6 岁、8 岁、10 岁儿童的 FOK 判断的精确性随年龄增长而降低，18 岁年轻人与 70 岁老人在 FOK 判断的精确性上没有差异。该研究在对被试判断进行信度检验时发现：青少年 FOK 判断的信度随年龄而增高，而成年人 FOK 判断的信度没有年龄差异，这说明青少年的 FOK 判断与成年人的 FOK 判断的稳定性不同，产生的机制也不同。可以说青少年的 FOK 判断是信息回收的副产品，而成年人的 FOK 判断则更多地依赖于对记忆状态的直接意识。

总的来看，青少年的元记忆监控能力随年龄的增长而发展。在低年级小学生的记忆监控比较简单和外显，需要依靠尝试回忆来估计学习的程度或进行 FOK 判断，而且他们还不能根据预测结果调整自己的学习策略和重新分配学习时间；小学高年级学生已开始依靠直觉意识进行监控判断，但还不能有效地依此进行记忆控制；到了中学，特别是大学阶段，青少年监控性判断的精确性虽然比小学阶段有所下降，但这恰恰说明他们能够依靠直觉意识快速地进行监控判断，并且能够自觉而迅速地从 FOK 判断中获得学习结果的自我反馈、有意识地组织学习材料和分配学习时间，形成新的学习计划，他们的记忆监控能力的发展已经基本完成。

2. 青少年元理解能力的发展

元理解是指认知主体对自身的阅读理解活动及其有关的各种主客观因素的认知、监控和调节（陈英和，1996）。元理解包括元理解知识和元理解监控两个方面。研究发现，随着年龄的增长，个体的元理解知识不断丰富，元理解监控能力也得到发展。到青少年期，个体的元理解能力已经发展到一个较高的水平。

董奇（1989）对我国10～17岁儿童和青少年的元理解发展进行了研究，发现：（1）在10～17岁之间，随着被试年龄的增长，他的元理解知识日益丰富，元理解监控也在不断提高；而且在这一年龄阶段被试元理解知识的增长没有表现出波动性；（2）被试的元理解知识与元理解监控之间存在显著相关；（3）被试阅读能力的各个品质（敏捷性、灵活性、深刻性、批判性、独创性）与其元理解知识、元理解监控能力的发展都具有非常密切的联系，相关系数达到了显著性水平，但存在着程度上的差异。研究者认为，被试的元理解知识、元理解监控与其阅读能力各品质发展水平之间存在非常显著的相关，这是与个体元认知知识本身的内容以及元认知监控所包含的具体环节相联系的。个体的元理解知识主要包括以下方面：有关阅读材料特点的知识；有关阅读任务及目标的知识；有关阅读策略的知识；有关本人特点的知识。而青少年的元理解监控能力集中体现为在实际的阅读过程中如何有效地协调上述四种因素的相互作用。因此，个体的元理解水平直接制约着其阅读能力的发展水平，并表现在阅读的敏捷性、灵活性、深刻性、批判性和独创性等几个方面。

陈红兵等（1992）探讨了中学生理解水平和元理解知识之间的关系。以初一、初二、高一和高二的学生为被试，将被试分为良好理解者和不良理解者，探讨其在元理解知识方面的差异。结果发现：（1）在有关个体因素（如兴趣、动机等）的元理解知识方面，良好理解者和不良理解者之间有显著差异，良好理解者能够较多地认识到个体因素及其与其他客观因素的交互作用对阅读效果的影响。如良好理解者能认识到自身兴趣与材料难度之间的交互作用、动机与环境的关系等；而不良理解者对个体因素的认识倾向于片面和简单化。（2）在有关材料和任务因素（如不同类型材料的特点、材料的组织方式等）的元理解知识方面，良好理解者比不良理解者能较多地认识到材料和任务的实质性特征。如良好理解者能正确指出不同文体的材料所具有的实质性特征，正确领悟不同的任务要求，指出个体对文理材料的理解方式应有所不同；而不良理解者则不能做出上述区分。(3) 在有关策略（如交流内容的加工策略、阅读的加工策略等）的元理解知识方面，良好理解者比不良理解者能较多地认识到较高水平的有效加工策略。如良好理解者能认识到应在不同的情况下选择不同的策略，而不良理解者则没有这样的认识。可见，元理解知识对个体的理解活动具有十分重要的作用。它能够主动地调节理解活动中各因素之间的关系。如果个体具有较多的、较高水平的元理解知识并能意识到因素之间的关系和变化，就能够根据不同的情景主动地分析调控自己的理解活动，从而有效地理解文章的内容，并表现出较高的理解水平。

赞布柯等人（Zabrucky et al., 1992）进行了个体对阅读理解监控的研究。该研究以三年级和六年级的良好阅读者和不良阅读者为被试，以含有不一致信息的段落和没有不一致信息的段落为材料，要求被试进行阅读。记录他们的阅读时间和回视情况。结果发现，年龄较大的被试比年龄小的被试、良好阅读者比不良阅读者的表现要好，尤其是在对自己的阅读过程进行主动监控方面。加纳等人的研究也证实了元理解监控能力的个体差异性（陈英和，1996）。由此可见，青少年的元理解发展既具有年龄差异，又存在着个体间的差异。

3. 青少年元学习能力的发展

元学习是指元认知在学生学习领域的应用，是元认知的一个子过程，主要是指学生对自己动机的意识以及对自己的策略原则及发展的控制（陆根书等，1994），即个体对自己所从事的学习活动进行自我调节和控制的能力，是一种自我监控学习的过程。它包括对两个维度的问题的回答：一是“我想从中得到什么?”（与动机有关），二是“我如何获得它们?”（与策略有关）。

元学习的能力具有不同层次。研究者认为，那些最初级的元学习能力在幼儿身上就已经有所表现。克拉克（转引自：陈英和，1996）发现，2 岁的儿童就可以对自己的语言学习进行自我调节；为了更为有效地与他人进行交流，他们经常自发地练习和纠正自己的发音、语法和对物体的命名。当儿童进入小学以后，其对学习的自我监控能力迅速发展起来，学习的时间稳定增加，学习的效果不断提高，学习策略更为有效，对学习时间的分配也更为合理。

青少年的元学习能力得到了进一步发展。董奇等（1995）对 10～16 岁中小学儿童和青少年的自我监控学习能力进行了研究。该研究就青少年自我监控学习能力的构成成分、发展规律以及在学习活动中的作用等问题进行了探讨，获得了以下结果。

（1）按照学习过程的进展，中小学生自我监控学习能力可包括8种成分（详见表6-3）。

表 6-3　　自我监控学习能力的构想成分及界定

成　分	涵　　义
Ⅰ　学习活动前的自我监控	
计划性	指儿童在学习前对学习活动的计划和安排。如学习之前先做好计划，对学习哪些内容、如何去学以及学习时间等进行安排。
准备性	指儿童在学习前为学习活动做好各种具体准备。如学习之前准备好学习用具，创设好学习环境，调节好情绪与精力。
Ⅱ　学习活动中的自我监控	
意识性	指儿童在学习活动中清楚学习的目标、对象和任务。如上课时知道老师为什么要讲这些内容。
方法性	指儿童在学习活动中讲究策略，选择并采取合适的学习方法。如在不懂的地方做上记号，听讲时弄清老师讲课的思路，采取理解记忆的方法。
执行性	指儿童在学习活动中控制自己去执行学习计划，排除有关干扰，保证学习的顺利进行。如坚持在完成学习任务后才能做其他的事情。
Ⅲ　学习活动后的自我监控	
反馈性	指儿童在学习活动后对自己的学习状况及效果进行检查、反馈与评价。
补救性	指儿童在学习活动后根据反馈结果对自己的学习采取补救性措施。如一旦发现某一部分内容学得不好时，就多花时间或想一些办法去学好它。
总结性	指儿童在学习活动后思考和总结学习的经验和教训。如总结自己或借鉴别人或书本上好的学习方法和经验，不断提高和完善自己的学习方式、方法。

（资料来源：董奇等，1995）

（2）从总体上看，随着年龄、年级的增长，儿童和青少年自我监控学习能力的各个方面和整体水平都在不断地发展与提高，但其发展的速度在各个时期是不同的。具体来说，在10～13岁（即小学四年级到初一）期间较小，而在13～16岁（即初一至高一）期间较大，呈现出先慢后快的趋势。儿童自我监控学习能力各方面的发展也具有不平衡性，有的方面（如补救性）一直发展很快，有的方面（如意识性、执行性、总结性）一直发展较快，还有的方面（如计划性、准备性、方法性、反馈性）则先慢后快。这与个体自我意识的发展水平、学习经验等因素有关。

（3）自我监控学习与学习效果的关系因年级的不同而有很大差别。在小学四年级时，儿童的自我监控学习能力及其各个方面与他们的学习成绩并不存在显著的相关关系；在初一，青少年自我监控学习能力中的方法性、反馈性水平与学习成绩具有显著相关，但其他方面以及整体水平与学习成绩的相关并不显著；到了高一，青少年自我监控学习能力中除计划性之外，其余方面以及整体的监控水平均与学习成绩具有显著正相关，其中方法性、反馈性、补救性、整体水平与学习成绩的相关达到非常显著的水平。这表明，自我监控学习能力对儿童的学习会因其年龄的不同而产生不同的影响。具体来说，自我监控学习能力对较低年级儿童的学习所产生的影响不明显，对学习成绩的影响不大，但对较高年级的青少年的学习产生了较大的影响，对他们的学习成绩具有显著的影响。这一结果与青少年自身的自我监控能力的高低和学习活动的复杂程度有关。和儿童相比，青少年的自我监控能力比较高，能够从事他所面临的越来越多的比较复杂的学习活动，在学习活动过程中，自我监控学习能力便成为影响学习质量和效果的重要因素。

此外，以内在控制焦点和外在控制焦点的学生为被试进行的研究发现，具有内在控制焦点的14岁学生和大多数16岁学生都能够选择与动机相匹配的学习策略，但记忆与推理能力都不好的14岁学生则还没有具备这种元学习能力（Biggs & Kirby，1984）。

鉴于元认知在学生学习中的重要作用，许多研究者对学习障碍儿童进行了有针对性的元认知训练，以改善他们的学习状况。训练者先讲明任务的具体做法，然后指导儿童在完成任务的过程中主动地运用内部言语定时监控自己的行为。在最初几次，训练者需要观测儿童的自我监控情况，及时表扬他们的正确行为，然后再逐步消除外在监控。国内也开展了一些元学习训练，如方平等人（2000）对初中生进行的数学学习策略训练。

4．青少年的元认知与问题解决

研究者所关注的另一个元认知领域是问题解决领域。研究发现，元认知独立地存在于问题解决的过程之中，并能弥补一般能力的不足，促进个体对问题的解决（Swanson，1990）。近年来，国内外的研究者从不同的角度对儿童和青少年在问题解决过程中所表现出来的元认知能力进行了研究。

张庆林（2002）对小学生类比问题的解决进行了研究，结果发现，小学儿童在问题解决过程中缺乏较强的元认知监控。在解决问题的过程中，有的儿童重复检验已经检验过的维度及值，有的被试得出的规则与问题所给的肯定样例不吻合，或并不适用于每一个已知样例。儿童还不能很好地监控自己的推理过程，特别是在解决靶问题过程中，他们经常遗忘主试所教的策略，表现出较弱的元认知监控能力。

章建跃、林崇德（2000）研究了中学生数学学科自我监控能力的发展。结果表明：中学生数学学科自我监控能力随学生年龄的增长、数学知识的积累而不断发展，这种发展具有年龄的阶段性特征，符合从他控到自控、从不自觉经自觉到自动化、迁移性逐渐提高、敏感性逐渐增强、从局部到整体等基本规律。并发现，当前中学生数学自我监控能力的发展落后于其他心理能力的发展，自我监控能力的培养是中学数学教学的一个薄弱环节。

对问题解决策略的元认知是元认知研究的一个重要内容。有研究者（梁宁建等，2001）考察了大一学生（年龄在18～20岁之间）对问题解决策略的理解。该研究使用问题解决策略量表，通过测试57名大学生对五种问题的解决策略（自由产生、类推、逐步分析、形象化重构和整合）在三种情景（人际交往、实际生活和学习过程）三个维度（经常使用、有效性、易于使用）下的评估，了解学生对有关问题（任务）解决的策略、方法、相关知识以及解决问题所应具备的能力，以评估学生是否能根据不同的问题情景，采用不同的问题解决策略做出不同反应。结果如下：大学生使用类推策略最多，自由产生策略最少。他们普遍认为这五种策略最适宜于用在学习情景中，在人际交往中的用处不大。该结果没有显著的性别差异。另外，大学生认为几乎每一种策略都需要综合、分析、判断和推理四种思维能力，其中自由产生策略需要用到更多的能力，包括创造能力。还有的研究者就策略监控与问题解决的关系进行了研究。研究结果表明，对策略的自我监控可以使个体更有效地解决一些难度较大的问题，从而证明了元认知监控对问题解决具有促进作用（童世斌等，1997）。

此外，研究者还就元认知性质的言语活动对问题解决的影响进行了研究。如研究发现（Berardi－Coletta et al.，1995），向学生问“你为什么那样做”之类的问题，可以激发元认知加工过程，某些适当的言语活动使人的注意力从指向问题本身转移到指向人自身的认知加工过程，从而能使人更好地监控、评价、调节、修正自己的认知活动，进而提高问题解决的效果。其他的研究也发现了类似的结果（Chi et al.，1989）。

四、青少年的科学思维

科学思维的本质是理论与实例的结合：实例支持或反驳理论；理论组织并解释实例。如医学诊断、法律实践等具有相似的思维操作过程。把儿童和青少年比喻为用“朴素理论”理解科学过程的“直觉科学家”对认识他们的认知能力是有益的，但也可能起误导作用。在运用科学假设检验理论的过程中，儿童和许多一般的成人并不像科学家那样思维。

有关研究表明，一方面，儿童的思维倾向于理论僵化和固着。儿童与普通成人经常在不考虑实例的情况下做出与之相矛盾的结论，或者选择有益于自己结论的片面的部分实例或对之加以歪曲。他们的推理过程偏向于一种赞成的理论。另一方面，他们坚信自己的观点百分之百正确。研究发现，50％的青少年和成人相信自己对诸如“犯人为什么会重复犯罪”这样复杂问题的回答是完全正确的。学龄儿童则难以理解“许多问题没有确定答案或无法解决”的观点。研究者认为，个体的思维所表现出来的以下特征主要是因为：

第一，儿童甚至普通成人通常不能恰当地区分证据与理论。他们难以抛下自己的理论或与理论相分离的观点看证据。他们难以理解检验一种理论的目的，甚至难以想到何种证据将会反驳自己的理论。因此，当要求被试提供证据以表明他们的理论正确与否时，他们不是提供独立于理论并能验证它的明显的证据，而是仅仅重述理论或给出一些理论的实例。而且当理论与证据实际上一致时，他们又与“事情就是这样”这一简单意义发生混淆。

第二，儿童和许多一般成人易于受资料限制。年幼儿童能够建构一种理论解释新近的结果，但是往往忽视结果在整体上的一致与不一致。青少年试图建构更广泛的理论，但他们紧抓住某种理论不放，即使出现新的证据他们也不抛弃它，甚至找出新结果来支持这种理论。

第三，儿童和普通成人需要一种新理论。当反驳的证据增多到不能再忽视时，他们会最终承认反驳的证据，但是这要在他们能产生一种能够解释反驳证据的新理论之后。他们不能独立地对待一种理论的证据，在接受这些证据之前，他们需要在一个因素与其结果之间建立一种看似合理的因果联系。

尽管在学龄儿童中，这些非科学的思维方法非常普遍，到青少年期（15岁后）甚至到成人期这些方法仍具有普遍性。然而到大学阶段，青年人的思维具有了更强的科学性（Kuhn，1989），这种发展变化是一种联系理论与证据的方式的重构。

人们必须拥有对自己思维加工的元认知意识才能控制自己思维中理论与证据的相互作用。必须思考自己的理论，而不仅仅是跟随它们。如果人们意识不到理论仅仅是理论，那么他们就不可能仔细地监控这些理论是如何被证据支持的。关于逻辑性质和局限性、智力策略为什么好于其他以及它们的适用范围是什么的元认知，对科学推理来说是必需的。换言之，科学思维者必须理解、监控和指导他们更高水平的推理。

第六节　智力理论与青少年的智力

智力理论与智力测验是研究青少年智力或认知发展的主要方法之一。皮亚杰理论对青少年思维和推理的研究主要关注个体认知发展的质的差异，信息加工理论强调心理资源和加工速度的量的差异。两者抓住了个体认知活动的发展变化，但忽略了青少年认知技能的个体差异。智力测验理论提供了关于认知和智力个体差异的重要信息，有利于揭示青少年智力和认知发展的个体差异状况。智力测验理论从传统的因素分析理论发展到信息加工智力理论，近来更是融合因素分析和信息加工而形成智力的多元系统理论。加德纳的多元智力理论、戴斯的PASS智力理论、斯腾伯格的智力三元理论都在智力研究方面取得了一定的突破。

一、传统智力理论

传统智力理论是一种心理测量学取向的理论，它包括智力的因素理论和智力的分层结构理论。关于智力的因素，斯皮尔曼根据人们完成智力作业时成绩的相关程度，认为智力包含一般因素（general factor）和特殊因素（special factor）。一般因素是所有智力活动所普遍共有的因素，而特殊因素是某一智力活动所特有的。最常用的斯坦福－比纳智力量表（S－B）和韦克斯勒智力量表基本上体现的是二因素智力理论。不同的研究者对智力因素的数量以及含义的认识是不同的。如，美国心理学家塞斯顿提出了智力的群因素论，他从多种智力活动中分析了言语理解、词语流畅、数字运算、空间关系、联想记忆、知觉速度和一般推理这七种基本因素。

除智力的因素理论以外，还有一种智力的分层结构理论，如阜南（Vernon，1971）综合一般因素、群因素和特殊因素提出了一个层次结构理论。他把斯皮尔曼（C. Spearman）的一般因素放在最高层，第二层是瑟斯顿确认的群因素，第三层是与各种智力测验有关的大量特殊因素。这种理论是二因素论和群因素论结合的产物。吉尔福特（J. P. Guilford ）则提出了智力的三维结构理论。他否认一般智力因素的存在甚至否认智力分为几个较少因素的可能性。他认为智力可分为三个维度，每一个智力因素都可以根据智力活动的三个维度来确定。第一个维度是思维操作即心理加工过程，包括5种：认知、记忆、发散思维、聚合思维和评价。第二个是思维内容即加工的信息类型，包括5种：视觉、听觉、符号、语意和行为（“视觉和听觉”在1959年时合称为形象，1977年吉尔福特把形状分为视觉和听觉）。第三个是思维结果即要求的反应类型，包括6种：单位、类别、关系、系统、转换和应用。这样人类的智力结构就可能包括5（操作）＊5（内容）＊6（结果）＝150种因素或不同的能力。

二、加德纳的多元智力理论

美国哈佛大学教育研究院教授加德纳（Gardner，1983）认为，智力是复杂而多维度的，传统智力测验偏重对知识的测量，缩小了人类智力的范围，甚至曲解了人类的智力。他提出，对智力的确认和测量应遵循以下标准：（1）解决问题的每一种技能都与生物本能有关；（2）要考察文化背景；（3）智力必须具有可辨别的基本能力的特征或一组特征；（4）智力对特定文化创造出来的符号系统应该是敏感的。根据上述标准，他找到了人类7种智力的存在证据，提出多元智力理论，在发展心理学界和教育心理学界产生了重要影响。

（一）数学逻辑智力

数学逻辑智力和语言智力是智商测验的主要基础，包括数学运算和逻辑思维的能力。传统心理学家已经对这两种形式的智力进行了大量的调查与研究，它们被认为是可以跨越不同领域或专业解决问题的“原始智力”。但对于获得有关数学逻辑问题答案过程的准确机制，至今仍没有一个令人信服的恰当解释。

（二）言语智力

把语言能力称为智力是传统心理学的主要观点，包括说话、阅读、书写等文字能力。语言在人类社会中具有重要作用，具体表现在语言的口头运用、语言的记忆潜力、语言的解释作用、语言对自身活动解释的潜力这四个方面。

人天生具有语言能力，儿童语言能力的发展，在各种文化和社会中都是一致的。即使是没有接受过哑语训练的聋哑儿童，也会发明他们自己的手语并加以使用。我们因此可以看出，这种智力是独立的，与认知输入和输出无关。

（三）空间智力

加德纳认为空间智力的核心能力是准确地知觉到视觉世界的能力，包括一个人对最初所知觉到的事物进行改造或修正的能力以及重造某些视觉经验的能力。空间智力存在于人类生活的许多方面，如航海、使用地图、下棋等。

关于大脑的研究证明了空间智力的存在。对右利手个体来说，大脑的左半球掌管着他们的语言功能，大脑的右半球掌管着他们对空间位置的判断。大脑右后部受伤的病人，会失去辨别方向的能力，容易迷路，其识别面孔和关注细节的能力也明显减弱。大脑右半球的某个部位受伤的病人，总是试图用语言技巧来补偿空间智力的缺陷。他们尽力大声辩解，甚至拼凑答案，但这些非空间策略很难成功地解决空间问题。下面我们以盲人为例来说明空间智力和视觉之间的区别。一个盲人能够通过间接的方法来判断物体的形状。他们按照一定的速度用手摸某个物体的边缘，便可以根据所用时间的长短，估计出物体的大小。盲人的触觉系统，相当于普通人的视觉系统。值得注意的是，盲人的空间智力与聋哑人的言语智力极具相似性。另外，视觉艺术的各个领域有时也会出现白痴天才。他们虽然患有十分严重的孤独症，却能画出极精确、细致的图画来。

（四）音乐智力

音乐智力是指人对音乐进行认知、加工和创作，包括对声音的辨别和韵律表达的能力。人类大脑右半球的一部分区域对音乐的感知和创作具有重要作用，但是音乐智力并不像语言那样有明确的大脑定位。音乐才能受脑损伤影响的程度与所受音乐训练的程度有关，且这种相关具有个体差异性。有证据表明，脑损伤的确会造成人的“失乐症”（失去唱歌和辨别音乐的能力），甚至是音乐能力的完全消失。

（五）身体运动智力

身体运动智力指一个人对身体运动的控制能力和熟练操作对象的能力。身体运动由大脑运动神经皮层控制。大脑的每一半球都控制或支配相对的另一侧身体的运动。对于一个惯用右手的人，运动的支配部位通常为大脑的左半球，反之则为右半球。特殊的运动失调症的存在是身体运动智力的证明。特定的身体运动明显有利于物种的进化。对于人类来说，这种进化就延伸到工具的使用。身体运动清楚地表明了儿童发育的时间表，这具有跨文化的一致性。

将身体运动视为解决问题的能力即智力，是不容易理解的。的确，表演一个哑剧或打网球和解数学题是不同的。但通过自己的身体表达一种感情(在跳舞时)、从事一种游戏（运动场上）或制造一种产品（设计发明），都是身体智力的表现。

（六）人际关系智力

人际关系智力又称社交能力，即与人和睦相处的交往能力。其核心是留意他人和判断他人的能力，特别是观察他人的情绪、性格、动机、意向的能力。具有较高人际关系智力的个体可以看到他人有意隐藏的意向和愿望。我们可以在宗教和政治领导人、教师、心理咨询专家和家长身上，观察到复杂微妙的人际关系智力的高级形式。

人际关系智力不依赖于语言。大脑研究报告一致指出，大脑前叶在人际关系的知识方面起主要作用。这一区域的损伤，虽然不会影响解决其他问题的能力，但会引起性格的很大变化。这部分区域受伤以后，人们会认为他已经变成另外一个人。

（七）自我认识智力

自我认识智力是认识自己并选择自己生活方向的能力，这是一种关于自己内心世界的认知能力。例如，了解自己的感情生活和情绪变化，有效地辨别这些感情，最后加以标识，并将之作为指导自己行为准则的能力。具有较好自我认识智力的人，脑中有一个关于自己的积极可行的有效行为模式。言语智力可用来表现自我认识智力，它使智力之间的相互作用具体化。

人际关系智力能够使个体了解他人、更好地与他人一起工作。自我认识智力可以使人更好地认识自己和处理个人的问题。在个体的自我意识中，个体可以感到人际关系智力和自我认识智力的融合。自我感觉和认识是人类的最神奇之处之一，是与个人有关的所有信息的象征，也是使所有个体自我完善的保证。

在对人类 7 种智力的确立过程中，加德纳参考了来自大脑的研究、人类的发展和进化，以及比较文化研究等方面的证据。这七种智力是彼此独立存在的。虽然每个成年人可能只有一种智力可以达到辉煌的境界，但事实上无论个体的文化程度如何，他都需要运用多种智力的组合来解决问题。智力是上述 7 种能力的融合，每一个人都具有多种能力，而这仅靠简单的纸笔测验是无法测出来的。一个人可能在任何一种智力上都没有什么天赋，但如果其拥有的各种智力被巧妙地组合在一起，也许能够出色地担当某一角色。当前智力测评最重要的事情，是评估众多技能的特定组合，以指出被评估者最擅长做什么，最适合从事什么行业的工作。

在青少年和成人阶段，智力则是通过对理想的职业和业余爱好的追求来表现的。正规的学校教育往往特别注重言语智力和逻辑智力，而忽视了个体的其他智力。实际上，即使在言语智力占支配地位的西方社会里，来自成人的证据也表明空间智力、人际关系智力、身体运动智力有时也起着关键性的作用。然而言语智力和逻辑智力却一直是大部分智力测试的核心，一直在学校教育中占据主要地位。

多元智力理论是一种较为完整的智力理论，包括的智力多达 7 种。加德纳把来自脑科学、生物进化和社会文化的证据进行经验总结，证明了这 7 种智力的存在，但却没有经过心理学实验的有力验证。此外，加德纳把 7 种智力看作是同等重要的，忽视了一般智力的存在，这也是其理论的不足之处。

三、PASS 智力理论

PASS 智力理论是戴斯（J. ·P. Das)、纳格利尔里（J. A. Naglieri)、柯尔比（J. R. Kirby）等人提出的智力动态过程理论。“PASS”是“计划－注意－同时性加工－继时性加工”（plan－attention－simultaneous－successive）四个英文单词的第一个字母的缩写，代表了个体认知功能系统中包含的分层级的四种认知过程，四者整合协作构成了 PASS 智力过程模型。注意又称注意－唤醒系统，是 PASS 过程模型的最低层，同时性加工和继时性加工系统是功能平行的同处于中间层次的两个认知过程，计划系统是最高层次。该理论具有较强的可操作性，他们已经以 PASS 理论为基础，编制了戴斯—纳格利尔里的认知评估系统（Das－Naglieri：Cognitive Assessment System，简称为 DN：CAS)，用以测验人类认知的动态过程。

PASS 智力理论建立在鲁利亚神经心理学的工作和认知心理学研究成果的基础之上。PASS 模型的三级认知功能系统直接源于鲁利亚的大脑三级机能联合区理论。鲁利亚认为，人类的认知加工包括三个相互协调的机能系统，一是负责调节皮层的状态和维持注意的机能系统，与脑干、间脑和两半球的中央区有关，维持一种合适的皮层唤醒状态。只有达到合适的觉醒状态，个体才能接受和加工信息，维持合适的唤醒水平对于有效的认知活动尤其重要，过高或过低的唤醒状态均会干扰信息的编码和计划，而恰当的唤醒水平提供了注意的特定方向，为有意注意（选择性注意和分配性注意）提供了可能。该机能是 PASS“注意”系统的神经生理学基础。二是使用同时性和继时性信息编码接受、加工和存储信息的机能系统，与顶叶、颞叶和中央凹后的枕叶有关，该机能是 PASS“编码”系统的神经生理学基础。该系统接受、加工和维持来自外部世界的信息，包括同步空间整合和暂时性系列组合两种加工类型。三是负责制定、调节和控制心理活动的机能系统，与额叶尤其是额叶前区有关。该机能是 PASS“计划”系统的神经生理学基础，它要求个体形成行动的计划、执行并证明计划的有效性。计划是人类智力的最本质所在，涉及提出新问题、解决问题、自我监控以及应用信息编码过程的能力，计划的产生、选择和执行是计划过程的三个主要方面。当然，三个认知过程都是在知识基础的背景中运行的。

另外，认知心理学为 PASS 模型提供认知过程的具体运作机制，主要是布罗德本特（D. E. Broadbent）关于知觉和注意的过滤器理论和信息交流的研究，亨特（E. Hunt）和兰斯曼（M. Lansman）关于注意和问题解决的研究，西蒙等人对人类认知的计算机模拟研究等。

PASS 模型的三个层次系统是在个体知识基础的背景中相互联系、相互配合、相互作用和相互影响的。编码和计划相互作用产生各种动作，并促进知识的获得，但同时这些较高级的认知功能（编码和计划）又依赖于合适的唤醒水平以提供学习的机会。所有的这些过程都受知识基础的影响。确切地说，知识基础是作为加工的调节器而发挥作用的。因此，有效的信息加工是按照特定的需求通过整合知识与计划、注意、同时性和继时性加工过程来完成的。

四、青少年的智力发展

青少年的智力随年龄的增长呈现出一定的发展变化的规律和模式。智力测验学家对智力的发展变化提出了以下观点：

推孟认为，智力在0～10岁之前飞速发展，几乎是一条直线的模式。10岁之后开始减慢，到18岁时停止增长。

韦克斯勒（D. Wechsler）等人研究发现，（1）一般人的智力发展在3～13岁期间呈均速发展趋势，13岁后发展速度下降。（2）智力低者发展速度慢，停止发展的年龄较早；相反，智力高者发展速度较快，智力发展的停止年龄也较晚。（3）智力发展大约在25岁达到顶峰，这一点与皮亚杰的认知发展理论不一致。

贝利采用贝利婴儿智力量表、S－B量表、韦克斯勒成人智力量表对同一组被试进行了36年的长期追踪，研究发现，13岁以前的智力测验分数直线上升，以后上升速度逐渐减慢，到25岁时达到顶峰，26～36岁保持稳定不变，36岁之后出现下降（如图6－2）。

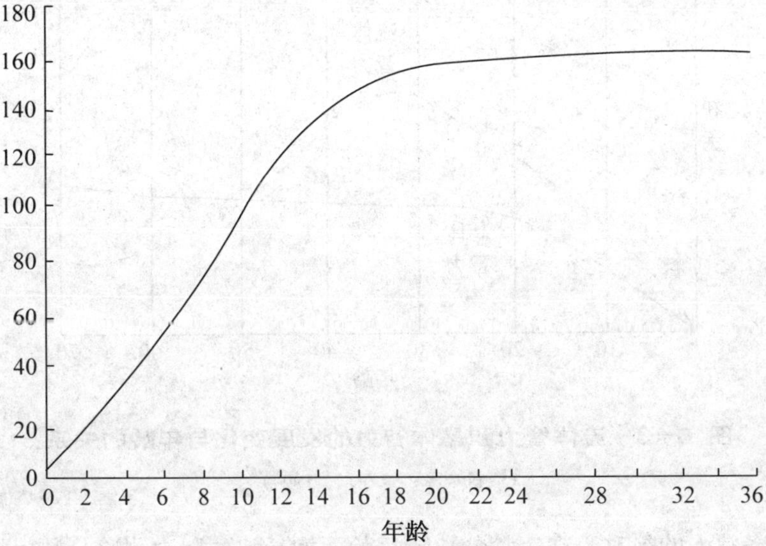

图 6－2　智力成长曲线

（资料来源：刘金花，1999）

上述分析是把智力作为一个协同一致的整体来研究的，但智力是一个内部结构组成完全同质的系统吗？卡特尔运用因素分析的方法把智力分为两种不同的形态。一种叫做流体智力（fluid intelligence），它以个体的神经生理素质为基础，随神经系统的成熟而发展。流体智力是人类认知的基本能力，受社会环境和文化教育的影响较少，表现为反应速度、记忆容量、图形认知等。这种智力在青春期之前都在快速发展，一般在20岁以后发展达到顶峰，此后发展速度放缓，30岁以后出现下降。另一种叫做晶体智力（crystallized intelligence），是指运用已有知识与习得技能去吸收新知识或解决问题的能力。晶体智力是以习得的知识经验为基础的认知能力，因此它与教育和学习有着密切关系。晶体智力的发展慢于液体智力，但不因年龄的增长而下降，青春期之后仍在上升，老年期也保持较高水平，甚至因为知识的积累还会出现增长。总之，晶体智力在人的一生中呈随年龄增长而升高的趋势。液体智力和晶体智力在个体一生中的发展模式见图6-3。

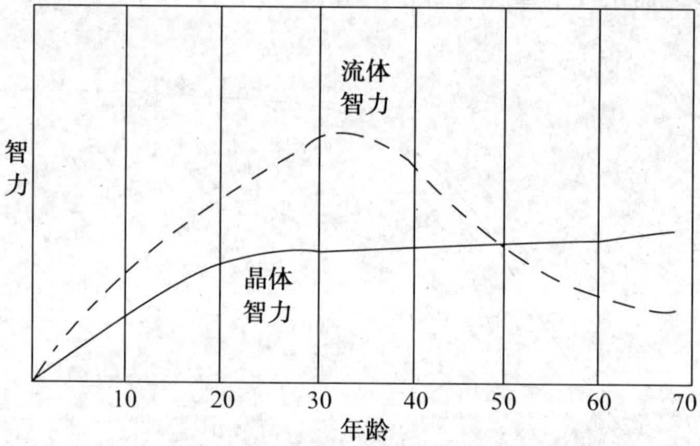

图 6-3　流体智力和晶体智力的发展变化与年龄的关系

（资料来源：张春兴，1994）

大多数人的绝对心理年龄分数随年龄而增长，而智力测验分数保持相对衡定。与儿童相比，青少年的智力测验分数能更好地预测他们成人后的智商。也就是说，青少年的能力测验比儿童的能力测验更能预测个体未来的成就。有研究表明，儿童的分数只能以35%的可能性告诉我们他（或她）成人后可能获得的相对地位。在青春期，相似测验的智力分数能以65%的校正可能性预测其成人后的认知成就。这说明，智力的个体差异随年龄跨度的增加而加大。

为什么会存在这种个体的发展差异呢？第一，没有适合所有年龄段个体的心理测验。一般来说，儿童、青少年和成人智力测验采用的是不同的题目，但 16 岁以后，最常用的青少年和成人智力测验题目是基本相同的。第二，青少年的经验特别适合于智力测验所考察的各种技能，如读写能力、文字言语能力等。青少年的智力正在逐渐接近成人的智力水平。实际上，智力分数在 16～21 岁之间很少增长，智力测验成绩经常低估大学生的学业技能和基本智力。第三，青少年的特殊智力进一步具体化，与儿童相比更加清晰和具体。所以我们不仅能较好地根据青少年的智力测验分数预测其成人后的智力，而且我们还能具体地说出他们智力的优势和弱点之所在。

☞讨论

斯腾伯格的三元智力理论

斯腾伯格（Sternberg，1985）发现，如果一个青少年在工作和生活的环境中，拥有高超的管理技能和组织能力比拥有特殊知识或专业技术对个体来说更有利的话，智力测验就应该考虑新手和专家如何获得和执行这些技能。这一智力理论，即便不能确定出对所有环境下的所有青少年都合适的智力测验，也应该是一种比现有智力测验更灵活的分析人类智慧的方法。

对于智力理论和智力测验，应该从三个方面进行考察：第一是智力的背景方面。智力广义上是指个体适应环境维持生存的能力。适应包括协调自己的环境，积极主动地根据自己的兴趣、能力和价值观改造环境，或者选择一个新环境。例如，一个想考学术院校的高中生进入了一个体育院校，他会发现只能胜任诸如篮球记分员等通过智力活动为公众服务的角色。斯腾伯格特别指出，个体的成功适应表现出来的智力并不是传统智力测验所测量到的内容。第二是经验的作用。完成大多数任务所要求的智力至少需要两种技能，一种与个体已有的经验有关，另一种是有效地解决新问题的能力。聪明人能从新问题中识别出熟悉的基本要素，但熟练地解决重复遇到的问题也很重要，这是一种专业领域内的特殊能力。斯腾伯格认为智力测验应考虑因经验多少的不同而产生的，解决新问题和快速地、自动化地熟练处理常见问题的能力。第三是信息加工的要素。不管需要解决问题的内容是什么，一定的技能对智力活动是必需的。斯腾伯格采用信息加工理论概括了智力测验中应该被测量的要素，包括执行过程（如定义问题，选择解决策略，监控其进程）、知识的获得和组织过程（如搜索记忆，查找新信息，区分相关和不相关信息，组块化或组织零碎信息为有意义的整体）、完成过程（得出问题的实际解决方法）。

经过多年的研究，耶鲁大学的教授斯腾伯格提出了三元智力理论（见图 6-4），他认为智力不是一个简单的因素构成，而是一种多元的复杂系统。在《超越 IQ——智力的三元理论》(Sternberg，1985）一书中详细论述了该理论的内容。

（一）情境亚理论（contextual subtheory of intelligence）

情境亚理论说明了智力行为发生的社会文化情境。个体在具体环境中表现出来的情境智力行为主要包括：(1)对现实环境的适应；(2)选择比个体现实环境更恰当的情境；(3)改造现实环境以使之更适合个体的能力、兴趣或价值取向。个体在日常生活中表现出对环境的适应功能；当环境与个体的价值取向、能力或兴趣不相符时，个体可以尝试改造环境以达到人与环境的和谐。当改造失败时，个体可能会选择一个新的环境，从而使人与环境达到更好的和谐。另外，如果个体选择失败，则可以继续改造旧环境。情境亚理论包括实践性智力和社会智力两种。从某种意义上说，我们可以通过检验个体在特定社会文化环境中的智力概念来判断适应、选择和改造的内容。由此产生的个体的"内隐"理论可以作为构建智力外显理论的框架。

（二）经验亚理论（experienced subtheory of intelligence）

经验的积累是一种连续不断的数量变化，从全无经验到经验丰富之间存在一种连续的增加，称为"经验连续体"。经验亚理论表明在特定任务或环境中，与情境相适应的行为，并不等于在该类行为的经验连续体的任何位置上都会产生同等"智慧"。当个体面临一个相对新的任务或情境时，或者在非常熟悉的特定任务情境中的自动化操作过程中，智力才能很好地展现出来。这两方面在一定程度上相互影响，有效的自动化加工将多余的资源用于对环境中新异刺激的加工，对新异刺激的有效适应能使个体及早产生对新任务环境经验的自动化加工。因此，我们不能简单地认定一个任务的完成是需要智力还是不需要智力。完成该任务在多大程度上需要智力取决于个体具有多少关于该任务的经验。当遇到一个完全新的问题时，个体没有任何经验而不知所措，表现出智力的程度较低；当遇到一个比较熟悉的问题时，个体会表现出较多的智慧；当遇到一个非常熟悉或自己专业领域内的问题，个体会表现出自动化加工和专家级水平的智力。

（三）成分亚理论（component subtheory of intelligence）

成分亚理论是构成智力行为的心理结构和机制。在经验连续体某一位置上产生的适应情境的行为是否为智力行为，还取决于其包含的某种心理过程的程度。斯腾伯格认为，智力的运行构成包括元成分、操作成分和知识获得成分。元成分控制信息加工过程，监督和评价信息加工过程；操作成分执行元成分建构的行动计划；知识获得成分进行选择性编码，联结和比较新旧信息以学习新信息。该理论说明了个体对环境适应、选择和改造的认知过程，确定某种行为在多大程度上属于智力行为。

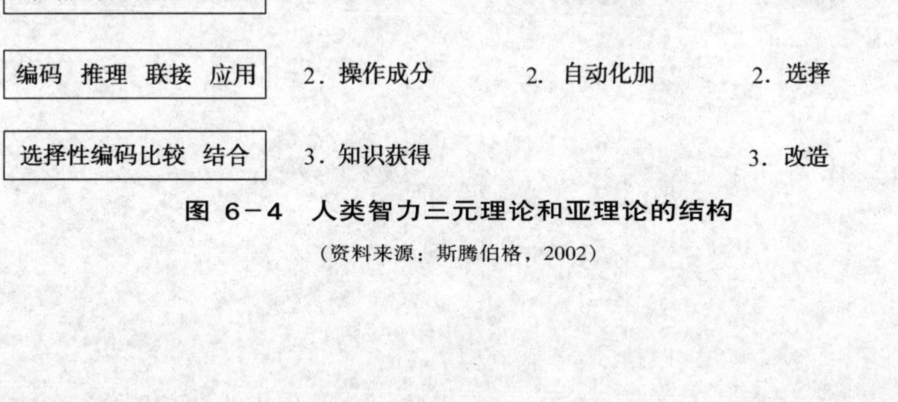

图 6－4　人类智力三元理论和亚理论的结构

（资料来源：斯腾伯格，2002）

上述三种智力不是独立的，它们是相互联系、协同作业的。简言之，情境亚理论将智力与个体的外部世界相联系，提出“哪些行为对个体而言是智慧的表现，这些行为在何处才显示出智慧”，明确了那些能够作为智力特征行为的具体内容。经验亚理论将智力与个体的内外部世界联系起来，回答了“行为何时是智慧的”的问题，表明在某项任务情境中，智力与经验多少之间的联系。成分亚理论将智力与个体的内部世界联系起来，它回答了“智力行为是如何产生”的问题，明确构成智力行为的心理机制。

关于儿童青少年认知能力的发展，斯腾伯格是一个非阶段论者。他认为，认知发展不是由于其认知结构本身的性质突变所导致，而是通过原有认知结构功能的不断被激活、工作有效性的不断提高及其各成分相互作用的熟练程度的提高而逐渐实现的。成分亚理论描述了个体认知结构的三种成分及其系统联系。个体的认知发展正是这三种成分反复相互激活的结果。操作成分及知识获得成分得到元成分的不断激活和作用，并给元成分提供反馈性信息，元成分据此对它们工作的有效性进行评价，进而使整个加工程序获得调整。随着这种内部调整过程的不断持续，加工策略会不断得到改进和增长，经验得以积累，各成分工作的自动化程度也会不断提高，从而推动了认知水平的不断提高。智力的成分理论突出了元认知能力在个体认知发展中的作用及认知发展过程中个体的主观能动性。儿童、青少年和成人在解决问题时，都同样是应用认知结构中的三种成分，其差别在于他们在各成分上所花费的时间及对各成分进行整合的速度不同。因此，认知能力的发展不是认知结构在本质上的飞跃性变化，而是各成分之间不断取得协调一致工作效果的渐进过程。

第七章

青少年社会认知的发展

社会认知（social cognition）是当前发展心理学家十分感兴趣的一个研究领域（Flavell & Miller，1998）。它所涉及的研究内容十分广泛。长期以来，发展心理学家关于社会认知的研究可以划分为三个方面：对人的行为、心理属性及其原因的认知发展；对权威、友谊、冲突等涉及两个体间的关系的认知发展；对群体内社会关系的认知，包括社会结构和社会角色等的认知发展。而上述每一方面又包括许多具体的内容和课题。近年来，随着“心理理论”研究的兴起，社会认知研究内容得到了进一步的扩展，该领域的研究也因此变得更为繁荣和活跃。

本章首先对社会认知研究的起源、社会认知的定义、社会认知（知识）的特性以及社会认知与智力的关系进行概述，然后分别阐述青少年的自我中心主义、观点采择、心理理论、权威和社会规则认知的特点。有关儿童社会认知发展的其他方面的内容，如友谊关系认知、自我认知、道德认知、性别认知、意图归因等，本章中不拟专门介绍，请参阅本书相应章节。

第一节　社会认知概述

社会认知作为一个独立研究领域，虽然历史相对比较短暂，但发展十分迅猛，已成为当前发展心理学中最活跃的研究领域。一般认为，社会认知研究开始于 20 世纪 70 年代中期或 80 年代初期。1980 年，美国心理学会（American Psychological Association，缩写为 APA）正式同意在《人格与社会心理学》(Journal of personality and Social Psychology）杂志上开辟“社会认知”的栏目，称之为“态度与社会认知”；1982 年“社会认知”杂志宣告出版，同年，第一本以社会认知为题的专著（Social Cognition）写成，作者为菲斯克（S. T. Fiske ）和泰勒（S. E. Taylor)；1984 年，由怀威尔（R. S. Wyer）和斯库尔（T. K. Skull）主编的《社会认知手册》(Handbook of Social Cognition）问世，该书内容丰富，比较充分地展现了这一领域的研究成果。从此，社会认知研究在当代心理学研究中逐渐占有了一席之地。

一、社会认知研究的起源

当代发展心理学关于社会认知的研究主要起源于两个方面：认知发展心理学和社会心理学。认知发展心理学对社会认知研究兴起的贡献主要来自皮亚杰。皮亚杰的一个重要观点是儿童的认知最初是自我中心的（Flavell, 1992)。众所周知，皮亚杰研究工作的重点是儿童对物理世界的认知发展，但他强调认知发展与情感或社会性的发展是平行的，认知的发展与社会化过程的各个阶段有着可能的类似性。前运算水平的个体的社会交流还没有达到相互协作的水平，不能认识到他人会有感知、概念、观点、情感，不会知道他人会有与自己不同的观点，或者不能正确地说出他人的观点，因而是自我中心的。皮亚杰及其同事运用自我中心及其他一些概念来解释诸如感知观点采择、自我中心交流（集体独白)、泛灵论以及关于意图、道德规则意识的理解等等，在儿童的社会认知发展方面进行了一系列开创性的研究。例如，皮亚杰关于儿童道德判断的研究揭示了由客观责任向主观责任过渡的发展的规律，即儿童的道德判断是从重视行为后果逐渐发展到以行为动机作为道德判断的依据。“三座山”实验揭示了具体运算阶段儿童自我——他人关系认知中的自我中心主义以及与自我中心相联系的角色采择能力的发展等。皮亚杰的这些研究工作和理论观点使人们认识到社会认知对个体行为的调节作用，同时为后人在该领域研究提供了课题和理论基础。

社会知觉、自我、归因等的研究是社会心理学的重要课题。社会知觉（social perception）是对社会性信息所形成的知觉，其内容包括人知觉、角色知觉、人际关系知觉、社会因果关系知觉、群体知觉等。社会知觉的许多内容本身就构成了儿童青少年社会认知发展研究的重要内容。自我是社会心理学研究一个古老的课题。自 19 世纪末期詹姆斯把自我区分为主我和客我之后，库利、米德、费斯廷格等众多的心理学家对自我进行了连续不断的研究。如库利提出了“镜像我”（looking - glass self）概念，米德提出了自我发展的“角色采择”理论，苏利文阐述了“重要他人”在儿童早期自我概念形成中的作用等等。他们都强调社会互动是自我发展的基础。如库利的“镜像我”理论认为，他人的作用就像一面镜子，个体的自我概念是对他人判断的反映。但由于行为主义的影响，这些社会心理学家关于自我研究的重点主要放在群体的作用和人际关系的影响上，而对自我的内部心理结构的研究相对重视不够。随着认知心理学的兴起，社会认知的研究逐渐开始把重点放在对自己和他人的认知上，如近年来的归因研究。归因理论主要是考察个体对自己及他人行为原因的推断。人们是认为行为的原因主要在个体自己（如个体的能力、态度、努力等特征），还是在于行为发生的环境？香茨（Shantz，1983）指出，许多社会认知发展研究考察了儿童是否运用以及在什么时候运用那些在成人身上发现的归因原则。社会心理学中的这些研究课题构成了当代发展心理学社会认知的另一个重要来源。

二、社会认知的定义

在一定意义上，“社会认知”这一概念是根据认知客体来定义的。发展心理学家通常把作为人类认识对象的客观世界划分为物理世界（physical world）和社会世界（social world）。个体的认知发展既包括对物理世界的认知发展，也包括对社会世界的认知发展，两者共同构成认知发展的完整内容。传统的认知发展研究主要侧重个体对物理世界和数理逻辑的认知发展，我们平时所说的“认知”或“认知发展”通常即指个体对物理世界和数理逻辑的认知发展。因此，国外近年来的发展心理学著作中大多在认知发展（cognitive development）之外另辟社会认知发展（social cognitive development）的章节，以示社会认知作为一个独立领域。

在心理学的文献著作中，“社会认知”的定义多种多样。这些不同的定义往往反映了心理学不同分支的研究者的不同的研究取向。例如，信息加工心理学对社会认知的界定是，社会认知研究包括所有影响个体对信息的获得、表征和提取的因素的研究，以及对这些过程与知觉者的判断之间的关系的思考（Hamilton，1984）。而社会心理学家则认为：社会认知代表着一种观点，即对认知过程的理解是认识人的复杂的社会行为的关键（Isen & Hastorf，1984）。一些发展心理学家也提出社会认知的定义。克鲁斯和利顿（Crusec & Lytton，1988）指出：社会认知研究的对象是那些发生在他人和自己身上的心理事件以及人们对社会关系的思考。

当代著名的发展心理学家弗拉维尔（Flavell & Miller，1998）近期提出：社会认知的对象是人以及人类的事件，它是关于人和人的行为的知识与认知。具体来讲，社会认知的内容包括：（1）关于他人的行为、心理属性及原因的认知；（2）关于两个体间关系，包括权威、友谊、冲突关系等的认知；（3）关于群体内关系，包括社会角色和社会结构的认知；（4）关于诸如感知、愿望、意图、信念、伪装、思维及知识等心理状态（mental states）的概念。所谓社会认知发展是正在形成中的关于各种各样可能的心理状态和活动的觉知和一般知识；它也是一种发展中的，关于一个人何时和为什么可能或应该试图认识这类对象的觉知；最后，它是各种各样用以认识这类对象的认知技能的发展（弗拉维尔等，2002）。

三、社会性知识与非社会性知识的区别

社会性知识（social knowledge），如关于他人心理状态与心理活动的知识、关于道德和习俗的知识等，与对事物的物理属性的认识、数理逻辑知识等非社会性知识（non－social knowledge），虽然都是人类认知的产物，有着共同的神经生理基础，但两类知识存在着一些不同之处。对两者差异的了解有助于更好地认识社会认知的特性。美国发展心理学家香茨（Shantz，1983）将这两类知识的差异概括为四个方面。

（一）客体特性

从客体特性上看，社会性客体与非社会性客体的区别表现在以下两个维度上：（1）静态性——易变性。社会性客体与非社会性客体相比，其外在表现随时间而具有更大的变化性。与花瓶、岩石相比，人总是处于不断的变化之中，如人的形体、服饰、声音等。因此关于社会客体的知识所要注意的是客体变化之中所显示出的规律性，而非静态中所固有的规则性。（2）变化的动力源。物理客体发生变化的作用力大多存在于客体之外，而大多数社会客体的变化却不能归因为外力的作用。

（二）知觉者的特性

作为知觉者，人对外界信息并不像照相机一样只是以一种被动的方式予以复制，相反，人的感知能力、知识经验、动机状态都影响着对信息的选择和加工。认知主体的这些特性因客体是否具有社会性而有不同的含义。其差别表现在三个方面：（1）相互主观性。当认知的对象是人时，知觉者认识到他与自己有相同的特性，因此通过对自己的观察、反省便可以知道对方的特性，即所谓的"以己度人"。最近几年兴起的儿童心理理论（theory of mind）研究发现，二三岁婴儿的社会认知已表现出相互主观性（Frye & Moore，1991；Bretherton，1991）。（2）因果归属。当知觉的客体是人时，相对于物理客体而言，知觉者通常表现出更强的探索其行为原因的愿望。（3）自我中心的评价。与非社会性客体相比，人对社会性客体的反应有其特别之处：其一，由于他人对我们的目标可能有影响，所以他人的出现和存在会激起我们对目标的关心；其二，他人可以使我们产生关于自己与对方在态度、能力等方面的社会性比较，而这些则是对物理客体认知中所不存在的。

（三）人类行为的随意性

人类的行为不单是外力作用的结果，其大部分是由内部力量引起的，它们受意识的调节和支配，因而人类的行为具有很强的随意性。同时，与对物理客体的认知情形不同，个体对他人的认知通常是在实际与他人的社会互动之中进行的。在这种实际的互动过程中，彼此之间的行为反应不仅受当前认知的影响，还受以前认知及交往经验的调节。

（四）两类客体的活动原则不同

物理客体是按物理规律运动的，要认识物理客体可能出现的状态，我们就得对物理学的原理有所了解；人则是按心理原理和社会规范活动的，要了解人的行为，我们必须了解人的情感和动机，利用有关他人的知识和社会规范的知识。

四、社会认知能力与智力的关系

个体的社会认知能力与智力是什么关系？两者之间是否存在高相关？社会认知能力是否就是一般智力的一种表现？这是一些有趣的问题，同时也是研究中无法回避的问题。一般认为，智力是保证个体有效地认识客观事物的稳固的心理特征的综合，即感知（观察）、记忆、想象、思维、言语和操作能力的综合，其核心成分是思维能力。依照我国老一辈著名心理学家潘菽的观点，智力是与认知这一动态心理过程相对应的相对静态的、稳定的心理特性。因而，如果儿童的社会认知仅仅是其一般认知的一种表现，其发展水平完全由一般认知发展所决定，或者两者的发展是完全平行的，那么，儿童的社会认知能力与其智力水平之间必定存在较高的正相关关系。近年来国外一些研究者对儿童智力与社会认知能力之间的关系进行了研究。大多数研究发现，儿童的社会观点采择能力与智商（IQ）之间的相关系数一般在0.20～0.40之间，有的研究则发现两者之间无相关关系（Shantz，1983）。美国发展心理学者佩里格雷尼（Pellegrini，1985）运用韦克斯勒智力测验量表测查了小学3～6年级儿童的人际理解能力和手段—目的问题解决能力跟IQ之间的关系，发现两种社会认知能力与IQ之间存在着中等强度的相关关系（相关系数分别为0.57和0.45），这也是目前有关研究所发现的关于儿童社会认知能力与智商之间相关系数的最大值。鲁宾（Rubin，1978）发现，儿童的智商（IQ）与六种观点采择作业水平之间的相关在学前期为最高（0.39），在小学五年级为最低（0.10）。儿童的观点采择能力与智龄（MA）的相关系数在0.43～0.77间，与其实际年龄（CA）之间的相关系数在0.40～0.78之间（Shantz，1983）。这就是说，儿童的观点采择能力与智龄、实际年龄等个体的发展性指标的相关高于与智商这一个别差异指标的相关。

根据上述研究所获得的结果，我们可以认为，儿童的社会认知能力并非只是其一般认知能力的一种简单的表现或反映，同时两者的发展也不是完全平行的。

当代一些新的智力理论家拓展了智力的内涵，不再把智力单纯看做一种以思维能力为核心的认识能力，他们赋予人类智力以更丰富的内涵，认为智力是个体有目的地适应和改造环境的能力，包括思维、推理和问题解决能力等技能，也包括一些平常的为人处世的能力（艾森克，2000）。加德纳（H. Gardner）的多元智力理论提出，智力是“使个体能够解决问题或产生符合文化背景要求的成果的一个或一组能力”。他提出了七种智力，分别是空间智力（Spatial intelligence）、音乐智力（Music intelligence）、言语智力（Linguistic intelligence）、逻辑数学智力（Logical－Mathematics intelligence）、人际智力（Interpersonal intelligence）、内省智力（Intrapersonal intelligence）和身体运动智力（Bodily－kina esthetic intelligence）。其中，人际智力是指人际交往、敏感认知他人的需要与情绪状态以及采择他人的观点的能力；所谓内省智力是指个体的自我认知、自我意识或自我反省的能力。以上两种成分或能力实际上就是社会认知能力。因此，加德纳把个体的社会认知能力看做智力的一种。而传统的智力理论大多没有把社会认知能力纳入智力的范畴。

第二节　青少年的自我中心主义

个体社会认知发展可以从机能和内容（或对象）两个方面进行考察，虽然两者在个体认知活动中紧密结合在一起。社会认知机能是个体认知的基本方式和水平特点，它是个体认知活动的基础。自我——他人关系的认知是社会认知的一个最基本的方面。对自我——他人关系的认知或者人际理解（Selman，1990）是个体最重要的社会认知机能，同时又是其他领域认知发展的基础。皮亚杰认为，个体对自我——他人关系的认知发展的基本趋势是从自我中心主义逐步过渡到能够采择他人的观点。幼儿社会认知是以自我中心为特点，随着年龄的增长，在社会互动的作用下，儿童的自我中心主义逐渐减少，相应地，其观点采择能力或人际理解能力逐渐增强。但是，到青少年阶段，个体在人际认知中又会表现出一种新形式的自我中心主义。为了更好地理解青少年阶段的自我中心主义，有必要先了解自我中心主义与去自我中心的含义。

一、自我中心的含义

自我中心（egocentrism）这一概念最早是由皮亚杰在《儿童的语言和思维》(皮亚杰，1980）一书中提出来的。所谓自我中心是指个体不能区别一个人自己的观点和别人的观点，不能区别一个人自己的活动和对象的变化，把注意集中在自己的观点和自己的动作现象上。

按照皮亚杰的观点，在理解儿童的自我中心这一概念时要注意把握以下几点：第一，自我中心不是指一个人有意识地集中注意他自己而不去注意其他事物。第二，自我中心不含有自私或自高自大的意思。自我中心，并不是儿童的自我有所扩张。皮亚杰在其论述中曾举一例来说明这一问题。一天，两个男孩和他们的姨妈一起去给妈妈买生日礼物。大一点的 7 岁男孩子挑选一串珠宝类的精美工艺品。三岁半的男孩子选择一辆小汽车。这个小男孩并不是自私或贪心，他小心地包好礼物，带着期待妈妈喜欢礼物的表情，把它交给妈妈。他的行为是“自我中心”的，他没有考虑他妈妈的兴趣与他自己的兴趣并不相同，这与自私绝不能等同。第三，不要把自我中心与“秘而不宣”混为一谈。皮亚杰认为，儿童的反复思考不容许他保持秘密，儿童有一种借助于形象或符号的思维，这种思维不能直接交流，当儿童达到一定年龄（大约在 7 岁左右）时，他就难以把自己的思维保持在心里，他什么都要说出来，没有言语的克制力。

二、去自我中心

在皮亚杰的理论中，去自我中心（decentralism）和自我中心是紧密联系着的概念。自我中心是一个稳定而无意义的错觉，意味着对世界的相对性和协调观点缺乏应有的理解，在认识活动中将主客体混淆，而把自我的看法不自觉地强加在周围的人和事上。究其本质，自我中心是由于思维缺乏可逆性，而缺乏可逆性的机制则在于同化与顺化的对抗。随着主体对客体的相互作用的深入和认知机能的不断平衡、认知结构的不断完善，个体能从自我中心状态中解除出来，皮亚杰称之为去中心化。皮亚杰认为，在儿童的发展过程中，存在一个去中心化的过程。认识上的自我中心不仅发生在幼儿期，事实上，他可以发生于任何一个发展阶段，因此，从自我中心状态到解除自我中心的过渡是认识在任何发展水平上的特征。这个过程的普遍性和必然性，使皮亚杰把它称之为发展规律。从出生到青少年的智力发展中，儿童从四个不同水平上解除自我中心。

第一次是在出生到 2 岁之间，从 4 个月到 7 个月开始，婴儿逐渐认识到自己的行为和外部环境的关系，开始去自我中心的过程。直到第 18 个月到第 24 个月时这一过程才得以完成，皮亚杰称之为一场“哥白尼式的革命”。它使得婴儿不再把一切事物都归功于自己，学会把自己看成是由许多永久客体组成的世界中的一个客体，是一个在时间和空间上客观存在的人；在情感方面，婴儿则从不能区分自我和外在环境，开始向着群体交往或情绪交流发展，从而通过人与人之间的交流而区分自我和别人，或是通过对事物的各种好奇心的驱使而区分自我和外界事物，从完全分不清主体与客体的混沌状态发展到能理解世界是由客体组成的。此次去自我中心的实质就是自我和外在环境的分化和在实物动作水平上的协调。

第二次自我中心表现在前运算阶段，前运算阶段儿童带有强烈主观色彩的自我中心化意味和那种不具交流功能也不想让别人听懂的自我中心化言语，使得别人（老师、家长、同伴）很难与之交流，交流与合作从而成为其社会化过程中的一个严重障碍。随着年龄的增长与社会交往（尤其是与同伴交往）的发展，儿童能够认识到别人的观点和看法的存在，从而在概念或概念化了的活动上区分并协调自我和别人的关系，完成了第二次去自我中心化。具体表现为：从 5 岁到 6 岁开始，社会交往引起一个逐渐结构化或社会化的进程，自我中心化言语濒于消失，象征性的游戏向着有组织、有规则的游戏发展，儿童开始理解物体之间的客观关系并且在人们之间建立合作的关系，在道德情感方面则逐渐向着相互尊重和互惠的方向发展。

第三次自我中心出现在具体运算阶段，前一阶段的去自我中心使儿童获得了社会性合作的技能和认知运算的结构，使其得以运用初步的逻辑运算来解决具体问题。而本阶段的自我中心则表现为不能把感知事件和心理建构区分开来。他们不能单独运用自己的知觉进行思考，不能区分什么是知觉，什么是思维。一些与感知相悖（如“假设煤是白的”）的假设性说法对他们来说是绝对不可能接受的。随着年龄的增长，他们逐渐能够对自己的思维进行反省，这种自我中心才得以消除。在具体运算阶段的末期，儿童便能协调自己的知觉与思维的关系、知觉内部之间的关系，从而对事物有了客观的认识。

第四次自我中心出现在形式运算阶段，它是青少年期最持久的特点之一。由于能进行抽象的运算、能反省自己的思维或思想，这使得青少年儿童表现出以下几个特征：(1) 开始把自己看成是与成人平等的；(2) 发现并无限崇拜自己新获得的逻辑思维的巨大能量；(3) 不满足于现实生活与社会，而追求理想或理性的东西；(4) 向往未来，并为自己设计了美好的生活计划和改造社会的方案；(5) 开始建立自己的一套关于社会、政治、人生等方面的理论或思想体系，逐步形成自己的“理念世界”。因此，该阶段的青少年认为自己的思维能力是无限的，他们沉湎于无休止的脱离现实的“改造社会”的议论中，不能将自己主观的理念世界与客观世界区分并协调起来。这个时期的去中心化使儿童从抽象的改造社会转变为实际的活动家，开始严肃地考虑实际职业和工作，产生了一种成人感。

皮亚杰认为，任何一次自我中心的解除，必须有两个条件：第一，意识到自我是主体，并把主体与客体区别开来；第二，把自己的观点和他人的观点协调起来，而不是把自己的观点当作绝对真理。

三、青少年的自我中心

青少年的自我中心主义实际上是指青少年高度的自我意识，这种高度的自我意识体现在两方面：一方面，青少年认为别人也像他们自己一样关注他们；另一方面，这种自我意识还表现在他们的个体独特感（personal uniqueness）上。身体发育的成熟、社会人际关系的扩大以及认知能力的发展，使得青少年的自我意识高度发展。他们过分重视自己的见解与洞察力，却没有想到别人也有他们自己独特的、与众不同的理论和观点。尽管青少年也会认识到他人的思想，但他们还不清楚别人所关注的对象与自己所关注的对象不同这一事实（Elkind，1967）。

阿尔金德（Elkind，1976）认为青少年的自我中心主义可分为两种社会思维类型——假想观众（imaginary audience）和个人童话（personal fable）。假想观众是指注意获得行为（attention - getting behavior）——希望被他人注意、觉察，希望自己"在舞台上"（on stage）。青少年认为周围许多人都在注意他们的思想、感觉和行为。例如，如果某一青少年的裤子上滴了一滴墨水，他会认为别人也像他本人那样注意这滴墨水，或许知道他可能手淫了。当一个青少年女孩走进教室时，她会想所有的人都在注意她的表情。此外，青少年关注衣服的样式、体型，脸上的粉刺和青春豆，在卧室里像摇滚歌星那样跳舞，想象周围坐满了崇拜他的歌迷等。上述表现均是青少年早期假想观众现象的表现，个体认为自己生活在一个舞台上，他们是主要演员，其他人都是观众。

按照阿尔金德的观点，个人童话是青少年自我中心中关于个人独特性的认识。青少年专注于他们自己的思想，关注假想观众的重要性，这使得青少年形成了个体的独特感和个体永久性（permanence）。个体独特感使得青少年感到没有人了解他们的真正感受。例如，某一青少年女孩认为她和她的男友结束了关系，她的母亲不可能感受到她所受的伤害。为了维持他们的个体独特感，青少年可能精心编造一个充满幻想的关于自我故事，把自己沉浸在一个远离现实的世界里。同时，青少年的个体独特感使他们觉得自己远离世界上的许多世俗需要，他们会说，"我与众不同"，"这种事不会发生在我身上"。个人童话经常表现在青少年的日记里。

阿尔金德认为青少年的自我中心主义在青少年早期达到顶峰，但一些研究者（Gray & Hudson，1984；Riley，Adams，& Neilsen，1984）认为这一点难以得到证实。事实上，青少年自我中心的某些方面在整个青少年期都存在，甚至在整个成人期也存在。森格（Singer，1992）认为自我中心主义可能永远都不会消失，即使是成人，他们也倾向于过高地估价别人对自己的思想、行为、财产等的兴趣和反应。成人与青少年的区别仅在于，成人把自己看成是淋浴间的话剧明星，而青少年则认为自己是卧室里的摇滚歌星而已。

近几年来发展心理学家对青少年的自我中心主义进行了大量的研究。研究的兴趣主要集中在以下几个方面：自我中心主义包括哪些内容，自我——他人关系的本质是什么，自我中心的思维为什么出现在青少年阶段，以及自我中心主义在青少年行为问题中的作用是什么等。例如，阿尔金德（Elkind，1985）认为青少年的自我中心主义是由他们的形式运算思维引发的。然而，其他的心理学家们认为，青少年的自我中心主义不仅仅是一个认知现象。他们认为假想观众是由于个体思维的假设性（形式运算思维的特征）和在假想环境中独立于自我之外预期他人反应的能力（观点采择）共同决定的（Lapsley & Murphy，1985）。

第三节　青少年观点采择的发展变化

美国发展心理学家塞尔曼（R. Selman）特别强调观点采择在儿童社会认知发展中的作用。他认为，观点采择使个体在整个社会认知发展中处于一种核心地位，儿童对来自自己和他人的各种不同观点或视角进行协调的能力的发展标志着对社会关系的认知的重构。个体对友谊、权威、同伴以及对自我的认知发展水平，在很大程度上是其社会观点采择能力发展水平的反映和体现。在此意义上，观点采择构成了个体社会认知不同方面发展的重要基础。正是由于社会观点采择在儿童社会认知乃至整个社会性发展中所特有的重要意义，近二三十年来儿童观点采择或角色采择的发展问题一直是社会认知发展研究领域中倍受关注的课题之一。

一、观点采择的含义与特性

观点采择（perspective－taking），经常被形象地比喻为“从他人的眼中看世界”或者是“站在他人的角度看问题”（Shantz，1983）。塞尔曼（Selman，1980）把观点采择定义为个体“区分自己与他人的观点以及发现这些不同的观点之间的关系的能力”。观点采择是与自我中心相对立的，观点采择要求个人在对他人作出判断或对自己的行为进行计划时把他人的观点或视角考虑在内。其实质个体在认识自我——他人关系上能够脱离自我中心，即能够站在他人的角度，从他人的视角看待事物。为此个体必须能够发现自己与他人之间潜在的差异，把自己的观点（视角）和他人的观点区分开来。但是，区分自己与他人的观点并不等于采择他人的观点，只有在区分自己与他人观点的基础上对他人的观点做出准确的推测，才是真正采择了他人的观点。

观点采择作为一种社会认知机能，具有以下特性：

（1）观点采择是一种推断，而非对事物的知觉，它需要超越“直接给予的信息来对另一个人做出判断”（Higgins，1983）。弗拉维尔等人指出，观点采择是一个人藉以理解或确定人的某种特性的过程。随着儿童的发展，这些特性日益具有推断的性质（对他人的需要、意图等做出推断），而不是直接感知（如对他人的面孔的知觉）。因此，根据当前情景中直接获得的信息所做出的判断不属观点采择的范畴。因此，角色采择是与推理相联系的，而且推理的水平是可以变化的。

（2）需要把两种以上的心理成分联系在一起。随着观点采择能力的发展，儿童在做出判断时所涉及到的心理成分随之增加，而且儿童对各相关成分之间关系的思考的能力也随之增强。米勒等人的研究（Miller et al.，1970）指出：观点采择具有递推性质（recursive nature）。儿童观点采择发展的趋势是从直接对他人特点的反映（最少量的成分）发展到对他人对另外一个人的特点的反映（至少两种成分）再到对他人对另外一个人对又另外一个人的特点的反映（至少3个心理成分）。随着观点采择递推性质的增强，个体在做出判断时其工作记忆中同时保持的心理成分不断增多。

（3）需要对自我进行控制。观点采择的另一特性是个体在做出判断时有时需要对自我进行控制，以防止自己的观点影响对他人观点的判断。皮亚杰理论指出：婴儿期及前运算阶段儿童在自我——他人关系的认知方面处于严重的自我中心状态，从具体运算阶段起，随着运算能力的获得，儿童逐步从自我中心状态中解脱出来，开始能够区分自己和他人的观点，获得观点采择能力。例如，在皮亚杰著名的“三山”模型空间观点采择实验中，由于所处空间位置相对于不同的三座山，儿童形成了关于“三山”的不同的视觉表象。

儿童要对另外一个处于不同位置的儿童所看到的山的样子做出正确的判断，就必须控制自己的关于“山”的表象（自己的观点），即假定自己处在该儿童的位置，对其所看到的山的样子做出推断。只有这样才能准确认识对方在某一情境的想法、感受、动机以及可能采取的行为。

二、观点采择的发展阶段与青少年观点采择能力

从20世纪70年代起，塞尔曼及其同事利用类似于柯尔伯格的两难故事的方法对儿童在友谊、权威、亲子关系等不同社会交往情景中社会观点采择的发展进行了一系列的横断研究和追踪研究（Selman，1980），并在此基础上建构起颇具特色的儿童观点采择发展阶段理论。

塞尔曼研究儿童观点协调所采用的方法是向儿童呈现一系列人际关系两难故事情景，利用这些故事与儿童进行深度访谈。“霍莉爬树”是其中被广泛引用的一个两难故事（Selman，1976）：

霍莉是一个8岁的女孩。她喜欢爬树。在邻居所有的孩子中她最会爬树。一天，当她从一棵高树上爬下时，从离地面不高的树枝上掉了下来，但没有摔伤。她的爸爸看到了，很担心，要求霍莉以后再也不爬树了。霍莉答应了。后来有一天，霍莉和她的朋友们遇到了肖恩。肖恩的猫夹在树上下不来了。必须立即想办法把猫拿下来，不然猫就会从树上摔下来。只有霍莉一个人能够爬上树把猫拿下来，但她记起曾答应爸爸再也不爬树了。

为了考察儿童对霍莉、爸爸和肖恩的观点的理解，塞尔曼向儿童提出以下4个问题：霍莉知道肖恩感到怎样吗？如果霍莉的爸爸发现她又爬树，他会感到怎样？霍莉认为，如果她爸爸发现她又爬树，会怎样做？你会怎样做？

塞尔曼根据不同年龄儿童对这些问题的回答，把3岁到青春期儿童观点采择的发展划分为5个阶段或水平：水平0（3～6岁）自我中心的观点采择；水平Ⅰ（6～8岁）社会信息的观点采择；水平Ⅱ（8～10岁）自我反省的观点采择；水平Ⅲ（10～12岁）相互的观点采择反应；水平Ⅳ（大致12～15岁以上）社会的或习俗的观点采择。各阶段儿童观点采择的发展特点及对两难故事中各问题的反应见表7－1。

表 7－1　社会观点采择的阶段

阶　段	霍莉爬树故事中的典型反应
0. 自我中心或未分化的观点（3~6岁）	
儿童只知道自己的观点，意识不到别人的观点。他们认为，不管自己认为霍莉该怎样做，别人都会这样想。	儿童通常认为霍莉会去救那只小猫。当被试被问及霍莉的爸爸对霍莉违反诺言会怎样做时，这一阶段的儿童认为他会“很高兴，因为他喜欢猫”。换言之，这些儿童自己喜欢猫，而且假定霍莉和她的爸爸也喜欢猫。他们认识不到，别人可能会有与自己不同的观点。
1. 社会信息的观点采择（6～8岁）	
儿童认识到人们能有与他们自己不同的观点，但相信这是由于个人所接受到的信息的不同。这一阶段儿童仍然不能考虑别人的想法，并事先知道别人对这一事件会怎样反应。	当问儿童霍莉的爸爸是否因霍莉又爬树而生气时，儿童会回答:“如果他不知道霍莉为什么爬树，他会生气。但是，如果他知道了霍莉为什么爬树，他就会认为霍莉爬树是有很好的理由。”这些儿童的意思就是，如果双方所得到的信息一样，他们就会得出相同的结论。
2. 自我反省的观点采择（8～10岁）	
儿童知道，即使接受的信息相同，自己和他人的观点也会发生冲突。他们能够考虑对方的观点。他们还能认识到别人也会站在自己的角度看问题，所以能够预期对方对自己行为的反应。但是儿童不能同时考虑自己和他人的观点。	如果问儿童霍莉会不会去爬树，儿童会说:“是的，她爸爸会理解她为什么爬树的。”这就是说，儿童注意的是霍莉的爸爸对霍莉的观点的考虑。但是，如果问霍莉的爸爸是否希望霍莉爬树，儿童通常回答不会。这表明，儿童采择的是霍莉爸爸的观点，在考虑他爸爸对霍莉安全的关心。

续表

阶段	霍莉爬树故事中的典型反应
3. 相互的观点采择（10～12岁） 儿童能够同时考虑自己和他人的观点并且认识到别人也这么做。到这一阶段，互动的每一方能够站在他人的角度看问题，而且在做出反应之前能够从他人的角度看待自己。儿童还能假定存在着一个与互动无关的第三者的观点并能预期互动的每个参与者（自己和他人）对同伴的观点的反应。	在这一阶段，儿童会采择一个与此事无关的第三者的观点来描述“霍莉两难故事”的结果，并表明霍莉和她的爸爸都会考虑对方怎么想的。例如，一个儿童这样说：“霍莉想去救猫，因为她喜欢猫，但是她知道她爸爸不让她爬树。霍莉的爸爸知道他曾告诉过霍莉不能爬树，但他不知道猫被夹住了。不管怎样他可能会惩罚她以坚持他的规则。
4. 社会和习俗系统的观点采择（大致12～15岁以上） 这一阶段的青少年试图通过与他生活于其中的社会系统的观点（即“概括化他人的观点”）的比较来理解另一个人的观点。换言之，青少年期望他人考虑和采纳其社会群体中大多数人所持的观点。	这一阶段的青少年会认为霍莉的爸爸会生气并因霍莉爬树而惩罚她，因为父亲通常要惩罚不听话的孩子。然而，青少年有时候认识到，其他一些人不那么传统，或者有着与“概括化他人”的不同的观点。如果这样，被试会说，霍莉爸爸的反应将取决于他在多大程度上与其他的父亲不一样以及对服从的重视程度。

（资料来源：Schaffer，1993，P.137）

从表中可以看到，儿童观点采择发展的趋势是从只知道自己的观点而不知道他人的观点这样一个极度的自我中心状态（阶段0）发展到同时在头脑中保持两种以上观点并且能够与“概括化他人”的观点做出比较的这样一个熟练的“认知理论家”（阶段4）。我们可以看出，塞尔曼刻画的儿童观点采择发展阶段与皮亚杰的认知发展阶段之间有着密切的关系。塞尔曼曾用纵向研究设计考察了不同认知发展阶段儿童的观点采择水平，结果表明：儿童观点采择的发展阶段与认知发展阶段之间存在平行关系。认知发展中处于前运算阶段的儿童，其观点采择的发展处于第一或第二水平（自我中心的或社会信息水平），具体运算阶段儿童的观点采择处于第三或第四水平（自我反省的和相互的观点采择），大多数形式运算阶段儿童达到了观点采择的第五即最后一个水平。

赛尔曼根据其长期研究结果指出，10 岁左右的儿童能以第二人的观点进行角色选择，他们能够站在别人的立场来看问题，但是仍然不明白一个人的感觉和想法是如何与另外一个人的感觉和想法产生联系的。但到了青少年早期阶段，个体进入了相互的观点采择阶段，他们能够以第三方身份看待问题，同时能够明白一个人的观点和行为是如何影响另一个人的，即能看到人际间的互动以及互动对彼此的影响。个体的社会认知达到这一水平，其人际关系的应对方式自然也不同于过去。例如，过去碰到与父母意见发生分歧，他很可能直接做出反抗反应；而现在他在行为上或许仍然采取反抗方式，但在思想上，他会考虑到父母、社会在这一问题上的看法，以及自己与父母互动对彼此的影响等等。

在青少年中晚期，观点采择进入了一个更高的阶段，即社会和习俗系统的观点采择阶段。在此阶段，青少年开始能够理解个体在某一问题上的看法和观点是受多种因素影响的，其中社会群体中主要的观点对个体的看法和观点有重要影响。

因此，随着青少年的认知能力的发展，他们最终获得了社会观点采择的能力。而社会观点采择能力的获得与发展，使得青少年与同伴及父母之间的交往质量进一步提高，因为他们有能力让持不同观点的人接受他们的观点。库得克（L. A. Kurdek）和克里尔（D. Krile）在 1982 年的研究发现，受欢迎儿童具有出色的观点采择能力，维恩伯格等人（Vernberg et al.，1994）的研究发现社会观点协调能力影响青少年在新的社区中友谊关系的形成。克拉克和迪莉娅（Clark & Delia，1976）考察了不同年龄阶段的青少年说服他人帮助他们做事情的策略（如说服他们的家长给他们买新音响）。研究发现，与其他年龄组相比，青少年常常指出买音响对父母有益，试图以此策略来说服父母（“如果我有了自己的音响，你们就不会受到这些音乐的影响了”），他们通常不采用单一从自己立场阐述买音响必要性的策略（“我想拥有自己的音响，其他孩子也想”）。在青少年早期，个体的推理发生了转变，进入了共同的观点采择阶段。研究发现，当青少年在争论中能够采纳父母的观点时，家庭中的交流才变得更加有效，同时也变得更加有意义（Silverberg，1986）。

第四节　青少年的心理理论

心理理论是发展心理学中一个新兴的研究领域或流派。其探讨的核心问题是儿童对他人心理或心理状态（mental states）以及心理与行为关系的认知发展。近年来，我国心理学界也开始关注这一研究领域。

一、心理理论的含义

我们都知道，人都有心理活动，不管我们自己还是他人都有对客观世界的看法或信念。同时，人的行为是以他们对客观世界的信念为基础的，人关于客观世界的信念对其行为起着引导作用，尽管这些对客观现实的看法或信念是不断发生变化的，有时甚至是错误的。因此，通过了解他人的心理，我们可以对其行为做出解释预测。一个人如果能够把个体理解为拥有欲（愿）望、信念和对世界有自己的解释的人，并且认识到个体的行为是以其心理或信念为基础的，那么他就拥有了心理理论（theory of mind）能力。换言之，所谓心理理论，乃是指个体对自己和他人心理状态（如需要、信念、意图、感受等）的认识，以及以此为基础对相应行为做出因果性预测和解释（Happe et al.，1998）。通过心理理论，个体可以对他人的行为做出解释。史密斯（Smith，1998）认为，把普通人对他人心理的认知称之为“理论”，其目的主要是为了强调个体对心理世界认知的两个方面：其一，心理状态是一种主观的存在，我们无法直接触摸，因而只能从他人的言行对其进行推论。其二，理论通常是指一套相互有联系的观点或思想。他人的心理世界同样包含一系列相互联系的内容或方面，如情绪、欲望、假装、欺骗、信念和关于客观世界的各种不同的信念。成人对这些方面的理解或认知无疑是一套十分丰富、复杂的概念系统。因而，可以把它适当地比喻为一套“理论”。

如前所述，心理认知或社会认知的最突出的特点是认知双方的相互主观性，即个体能够认识到，作为认知对象的他人与我们自己一样拥有心理，包括情感、欲望、信念以及对现实的解释，并且他们是根据自己关于世界的信念来行动的。而这种认知中最为关键的一点是要认识到他人可能有着与自己不同的信念。因为一个人关于客观世界的信念是他对客观现实的心理表征，而不同的人会以不同的方式来表征现实。

韦尔曼（Wellman，1990）描述了关于成熟的心理理论的结构与内容（见图 7－1）。图 7－1 表明，成人认为我们的感知影响我们所想的信念，我们所认为的（信念）会使感知产生偏差，各种心理及生理状态产生愿望，信念与愿望会产生行为意图，并可能进而导致目标定向的行动，这种行动的成功与否会产生情绪反应，进而产生新的心理与行为活动。因而，成人所发展起来的心理理论（关于心理的知识）是一个关于整个心理的结构和内容的性质及运行的认识系统。

作为一个新兴的研究领域，目前发展心理学家关于儿童心理理论的研究主要集中在儿童对他人信念以及信念与行为关系的认知发展方面，所采用的主要研究策略是通过儿童对他人信念（belief）的认知来考察儿童心理理论的发展。其中最为经典的实验任务是在韦墨和普纳设计（Wimmer & Perner，1983）的“错误信念任务”（the False Belief Task）。该实验任务是用布娃娃向儿童讲述一个故事：一个男孩叫马克西（Maxi），他将一些巧克力放到了一个蓝色碗柜里，然后离开了房间。这时，马克西的妈妈走进来，将巧克力放到了另外一个绿色碗柜里。问儿童：“马克西回来后，会到哪里去找巧克力”。研究者发现，4 岁儿童能够认识到马克西会到蓝色碗柜里去找巧克力，而 3 岁儿童则回答说他会到绿色碗柜里去找。近年来该领域的众多研究均证明这种发展变化的普遍性，4 岁以前儿童还不能认识到他人会有错误信念，在 4 岁时会有一个从没有心理理论到有心理理论的突然变化。

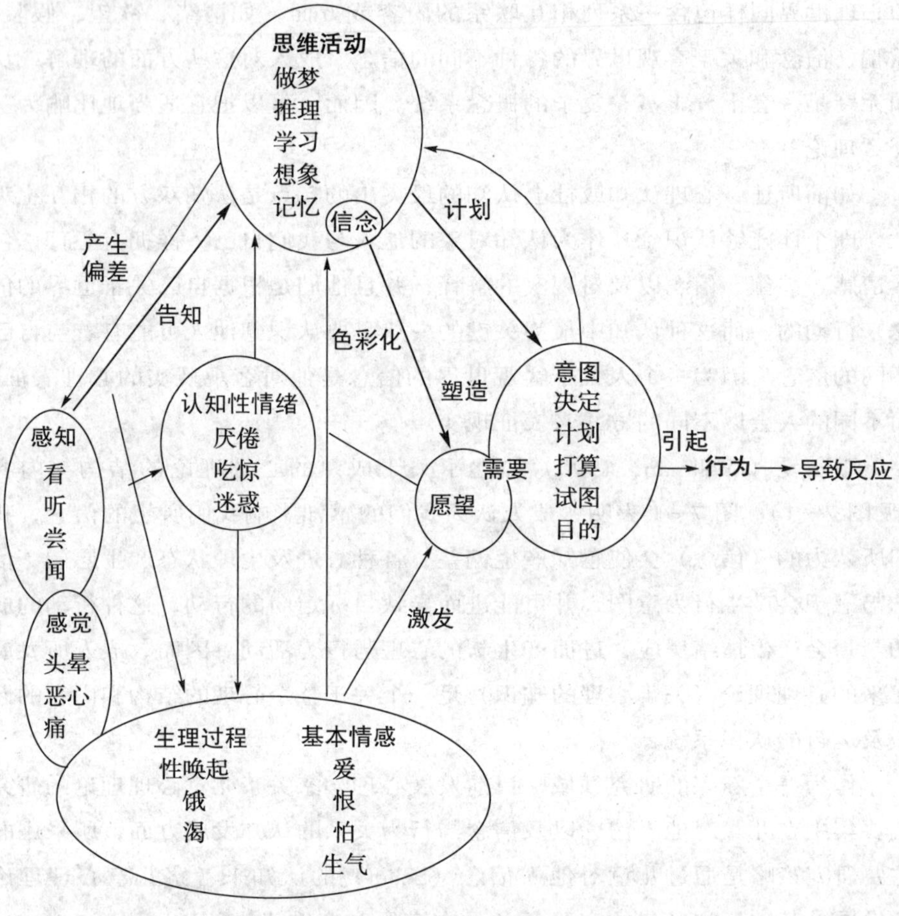

图 7-1 信念-愿望推理

（资料来源：Wellman，1990）

二、儿童早期心理理论的发展

（一）4 岁以前儿童对他人心理状态的区分

一般认为，儿童的心理理论在 4 岁左右开始形成，其标志是成功地完成“错误信念任务”的作业任务。但是，这并不意味着在此之前儿童的心理理论完全处于空白状态。从 2 岁左右开始，儿童对他人心理状态认知的一些基本能力逐步发展起来，这些能力的出现与发展为儿童心理理论的形成准备了必要的前提条件。

1. 言语活动中对心理状态的区分

沙茨等人（Shatz et al., 1983）收集了儿童自发使用的一些表示心理状态的术语，对他们进行分析，以考察儿童对他人心理状态的区分。结果发现，3岁儿童已自发地把现实和对现实的信念进行对比，表明他们已经能够区分心理状态和外部现实。

在另一项研究中，韦尔曼等人（Wellman & Estes, 1986）向3岁儿童呈现两个人物，告诉被试人物甲有饼干，乙正在想饼干。然后要求被试回答两种饼干（物理的和心理的），哪块饼干可以被故事中的人物看到或摸到？研究结果显示，3/4的儿童能够作出正确的判断。这表明这一年龄的儿童已能够对物理客体和心理客体做出区分。

2. 理解看见（seeing）和知道（knowing）之间的关系

从2岁起，儿童对看见和知道之间的关系就有一些理解。例如，莱姆泊斯等人（Lempers et al., 1977）让2岁儿童把粘在箱子底部的一张图片给另外一个人看，儿童认识到他需要把箱子底倾斜，以便另一个人能够看到箱子底部的图片。这个年龄的儿童还能认识到，如果一个人用手遮盖着眼睛，这人要看到图片，就必须把手拿开。

到3岁时，儿童能够明白，如果他把什么东西藏了起来，那么，另外一个人就看不到这个东西了。换言之，3岁儿童对看见一个物体和知道这个物体之间的关系已有所了解。马桑基等人（Masangkay et al, 1974）在实验中利用一幅卡片，卡片的一边画着一只猫，另一边画着一只狗。让卡片一边对着实验者，另一边对着儿童。要求儿童回答实验者和儿童各看到什么。结果发现，3岁儿童能够认识到他自己和实验者所看到的卡片是不一样的。不仅如此，3岁儿童还能意识到，如果人们看到什么东西，他们就会知道这个东西的存在，反之，如果他们看不到这些东西，就不会知道它们的存在。例如，一个放在盒子里的东西，如果儿童甲看到了，他就会知道盒子里有什么，如果乙没有看到，他就不知道盒子里有什么东西。概而言之，3岁的儿童已经初步知道，不同的人对世界有着不同的知识。

但是，直到4岁儿童才能认识到，不同的人对于同一物体可能会有不同的看法或观点。

3．理解外表与真实的区别

对于成年人来说，把物体的外在形象和物体的本质属性区分开来不是件困难的事。例如，一个用蜡制成的苹果，我们都知道它的样子（外表）像个苹果，但实际上是一块蜡。换言之，我们能够认识把事物“是什么”和“像什么”区分开来，即我们能够用不同的方式来考虑一个事物，我们可以把它表征为一个苹果，也可以把它表征为一块蜡。但是对于4岁以前的儿童，他们通常难以正确区分物体的外表和本质。弗拉维尔等人（Flavell et al.，1986）曾对儿童区分事物的外表和事物的本质的能力进行过考察。在研究中，他们向儿童呈现一块岩石状的海绵。让儿童离这块海绵一段距离（这时海绵可被看做是一块岩石）。然后让儿童有机会去触摸海绵，儿童会发现它是一块海绵。然后问儿童两个问题：它像什么？（正确的答案是像岩石）它实际上是什么？（正确的答案是它是海绵）弗拉维尔等人的研究表明，3岁儿童还不能同时理解对同一物体的两种相互矛盾的表征。在该实验中，一旦儿童知道它是一块海绵时，他们对两个问题的回答都是“它是一块海绵。”也就是说，这个年龄的儿童只能考虑对事物的一种解释或表征。只有到4岁以后，儿童才能明白，一个物体可以用它的样子来表征，也可以用实质来表征。

4．对他人行为的预测

2岁儿童已能认识到他人是有欲望的，而且人们的这些欲望会影响其行为方式。韦尔曼（Wellman，1990）通过故事法研究了4岁以前儿童对他人行为的预测能力。故事中的人物名叫山姆。他想找到他的兔子然后把兔子带到学校里去。实验者告诉儿童山姆的兔子被藏在两个地方中的一个。让儿童看到山姆到一个地方找。在这个地方山姆要么找到了他的兔子（他想要的东西），要么找到的是一只狗。在山姆找了一个地方后，问儿童“山姆是到另一个地方去找，还是到学校去。”对于这一问题，2岁儿童能够做出正确回答：如果山姆找到了兔子，他就会到学校去。如果他找到的是一只狗，那么他就会继续去找他的兔子。换言之，儿童是根据对他人欲望的了解来预测其行为的。

到 3 岁时，儿童不仅能够理解他人有欲望，而且还有对世界的信念。韦尔曼向 3 岁儿童呈现两个位置（例如一个是书架，另一个是玩具箱子），让儿童看到书架和箱子里都有书。然后向被试介绍“有一个儿童叫爱米，她不知道箱子里有书。爱米想找一些书，那么她会到哪里去找”。研究结果发现，2/3 的儿童的回答是正确的（爱米会到书架上找书）。该实验表明，3 岁儿童已能够初步认识到信念与行为的关系，人们的行为是受其关于事物的信念引导的。

（二）4 岁以后儿童关于他人心理知识的发展

如前所述，4 岁以前儿童已能够认识到，他人关于客观世界的信念有可能是不准确或者错误的。也就是说，他们已能够认识到，人们对客观世界的表征并不一定与实际情况相吻合。把心理表征与客观事实区分开来是儿童心理理论发展中的一个里程碑，是儿童对他人心理认知发展中的一个质的飞跃。但是这并不意味着儿童对心理认知发展的终结。

从前面介绍的关于儿童心理理论的实验研究中可以看出，这些实验中所使用的测验任务所涉及的只是所谓的“一级信念”（primary belief）（即我认为萨莉会到篮子里去找小球）。而在现实的社会互动中，人们经常需要对他人的“二级信念”（secondary belief）进行认知。所谓对二级信念的认知，乃是指对他人关于另外一个人的信念的推断或认知，实际上也就是对他人心理活动的递推性思维（recursive thinking）。有关研究者（Perner & Wimmer, 1985）曾采用下面的故事将儿童对二级错误信念的理解进行了考察。

约翰和玛丽在公园里玩。他们看到了一个人在卖冰淇淋。玛丽想买冰淇淋，但身上没有带钱。这样她就回家去取钱。约翰回家去吃午饭，而卖冰淇淋的人则离开公园到学校去了。玛丽拿着钱往公园走。这时她看见卖冰淇淋的人正往学校里去。她问卖冰淇淋的人要往哪里去，并说她要跟着他去学校买一块冰淇淋。约翰吃完午饭来到玛丽家。玛丽的母亲告诉他玛丽去买冰淇淋了。约翰离开玛丽家去找玛丽。

讲完故事后，实验者问儿童“约翰认为玛丽去哪里买冰淇淋”。研究者发现，直到6岁以后儿童才能正确回答这个问题。由此可见，儿童对“二级错误信念”任务的正确认知要比“一级错误信念”晚两年才能达到。

总之，年幼儿童能够运用心理状态去预测和解释行为，甚至在婴儿期就有许多社会认知活动。随年龄的增长，儿童评价心理状态，运用心理状态的知识进行人际感知与理解社会关系的能力越来越熟练。儿童的心理理论最初是愿望支配的，即愿望心理理论（desire theory of mind），然后发展到愿望—信念心理理论（desire - belief theory of mind），再发展到信念—愿望心理理论（belief - desire theory of mind），直到积极的解释性心理理论（active - interpretive theory of mind）。年幼儿童是欲念支配的，到4岁左右能够认识到他人的信念构成了他们是谁以及他们的行为的重要部分。再之后，儿童就会积极地建构对他人及自己的行为的解释。如皮洛（B. H. Pillow）1991年对儿童的社会认知偏差的研究发现，5~8岁的儿童能够理解儿童A认为儿童B毁坏他的飞机模型是故意的而非善意的，因而儿童A会得出B的行为是故意的这样的认知偏差。

三、青少年内隐人格理论

如前所述，心理理论是对他人心理活动和心理状态的认知推断，由于个体心理活动和心理状态的内容十分丰富，由此个体心理理论包含多种成分。不同年龄阶段个体心理理论具有不同的发展水平和特点，儿童早期的心理理论是以信念或欲望心理学为特征的。进入青少年阶段，个体对心理的认识不仅内容更加丰富，而且变得更为复杂和抽象，他们能够对他人的个性与社会行为进行认知推断。近年来，发展心理学关于青少年心理理论的研究重点集中在青少年的内隐人格理论方面。

（一）内隐人格理论的含义

内隐人格理论（implicit personality theory）不是指心理学家的人格理论，而是普通人关于人格的概念，即个体对人的基本特性（如智力、品德和人格特征等）持有的基本认知图式或朴素理论。内隐人格理论的说法来自于心理学家凯利（G. A. Kelly）。他认为，每一个普通人对人都有他们不同于别人的独特的理解，都认为人们的个性品质是相互联系的，因而只要认识了其中一个占重要位置的特征，就可以推知其他品质。从功能的角度来说，内隐人格理论是人们适应多变的社会情境的一种方式。人们建立起了自己对人的理解，就可以使自己所处的周围环境结构化，从而可以对自己及他人在一个社会情景中的行为进行预测。由于受社会文化以及个体的社会地位、动机、情绪情感等因素的影响，每一个人所形成的内隐人格理论是不相同的。因此，个体的内隐人格理论是通过经验的途径建立起来的非科学的观念，没有系统的科学依据。

（二）青少年的内隐人格理论

从心理理论的观点来看，发展心理学对内隐人格理论的研究就是要考察儿童何时将某一特质或特性理解为一种有组织的、持久的、具有某种心理状态（如有意伤害他人，乐观的信念，或乐于助人等）的倾向，以及这种理解在个体身上的发展。

学前儿童就已经表现出了某种关于特质的认知。当同时呈现心理和物理选择时，学前儿童就表现出喜欢用心理特征来描述和解释行为。5岁或7岁的儿童开始将特质视为可以用以预测行为的稳定的心理现象，但这时的特质理解还是有缺陷的，如过高预测具有积极品质的人将在无关领域取得好成绩，并且，他们在描述他人时仍较少提及个人的特质，即使提到，也往往是笼统的、刻板的。直到儿童中期，个体对他人的描述卄始集中于特质，包括一系列不那么笼统的特质。他们经常运用描述诸如态度、兴趣、能力、品德等心理状态的特征词（如乐于助人、好学等）来描述他人。但儿童中期的个体对人物的描述仍相当差，不同特性之间的整合较差，对所描述的特性的说明较少或欠充分。

在青少年阶段，个体在解释人格时与儿童有了很大的差异。与儿童相比，他们的内隐人格理论更接近人格研究理论者的观点。青少年期的个体能够将特性看做是某种关于他人的有组织的综合写照。研究表明，青少年的内隐人格理论主要有三个方面与儿童不同（Santrock，2001）：首先，如果给予有关他人的一些信息，青少年更倾向于把当前信息和以前的信息结合起来进行考虑；相反，儿童在解释个性时往往仅仅凭借现有的当前资料做出判断。其次，与儿童相比，青少年更易看到个性的情境性和可变性，而儿童通常把个性看做是一成不变的。第三，在描绘他人的个性时，青少年不像儿童那样仅仅注意个体的表面特征，相反他们更有可能探索个体个性的更深一层的、复杂的、甚至隐蔽的原因。青少年对一个人的个性中出现的似乎相互矛盾的特质和不同深度的特征敏感。利用关于外表与事实的心理理论知识，青少年能够认识到这个人可能“显得”这样，但实际“深层的”是那样。弗拉维尔在《认知发展》第四版中提供了一个13岁的儿童描述他的朋友的例子:“因为他独特的雄辩作风，他看起来像是班里的诙谐者，但实际上，他感受到了对他自己的知识发展的深刻责任。”弗拉维尔指出:“也许由于他们具备了对心理的解释和建构性的认识，他们知道，必须求助于倾向性、动机、个人发展史、环境的因素和力量，或其他方面的内外在原因，才能够解释和调和行为上明显的不一致性”（弗拉维尔等，2002）。

以下这些陈述选自一个发展方面的关于个体如何看待他人的调查研究，从这些陈述中我们可以看出内隐人格理论的发展进程（转引自 Santrock，2001）。

麦克西坐在我的旁边，褐色的眼睛，高高的个子，脑袋不大，但有尖尖的大鼻子。(7岁6个月)

他身上发出一种不好闻的味道，脏兮兮的。他没有幽默感，非常迟钝；他老是打仗并且很残酷；他非常笨，总是做愚蠢的事情；棕色的头发，冷酷的眼睛。我想他是班上最可怕的男孩子。他嗓子沙哑，老是咀嚼他的铅笔、剔牙，我觉得他很让人恶心。(9岁11个月)

安蒂非常谦虚。接近生人时，他比我要羞涩；但在熟悉的人或喜欢的人面前，他非常健谈。他总是脾气很好，我从未见他发过脾气。在评价他人时，他易低估别人的成绩，但从未赞扬过自己的成绩。他似乎不向他人宣扬自己的观点。他很容易神经质。(15岁8个月)

她对别人很好奇，但天真幼稚，因此她问的问题总是太多让人感到很恼火而拒绝回答，但她却对此毫无知觉。(成年早期)

（三）内隐人格理论的跨文化差异

有关内隐人格理论的跨文化研究发现，当要求对人的行为的原因进行解释时，东亚人更倾向注重情境因素对人的行为的影响，较少犯基本归因错误（指在对人的行为进行归因时，只注意行为者自身因素对行为的作用，而忽视情境因素对行为的影响）；而西方人易忽视情境因素对人的行为的影响，易犯基本归因错误，并易作特质归因（Norenzayan，Choir，& Eastern，1999；Nisbett，Peng，& Norenzayan，2001）。另有研究者（Cheung，2001）在编制本土文化的中国人格评估问卷时发现，中国人有四个人格因素基本上类似于西方大五人格理论中的四个因素：外倾性、神经质、宜人性和良知性。还发现，中国人所特有的一个因素："中国传统性"（Chinese Tradition）。"中国传统性"是对个人维系人际关系和谐及内心和谐的评价，这表明中国人强调人际关系的作用。

上述差异与东西方文化在思维方式和社会文化价值观上的差异是一致的。东亚人倾向于整体性的具体关系思维和辩证思维，强调整体关系背景、相对性和变化，强调集体的制约性和集体主义价值观，注重集体的作用，视自我与他人为依赖于社会关系的存在，因而在对人的认识上注重情境因素，强调社会责任、人们之间的相互依赖以及个体与他人的关系等；而西方人则倾向于形而上学的抽象分析和形式逻辑思维，强调把握对象抽象的和固定的内在特性，强调个体的独立自主性和个体主义价值观，注重个人的作用，视自我和他人为较少受社会环境影响的自主的社会原子，因而在对人的认识上易做特质归因。

第五节　青少年对权威和社会规则的认知

权威（authority）是指使人信从的力量或威望，如权威著作，或者在某种范围里最有地位的人或事物，如医学界的权威。权威对社会控制具有重要的意义。规则（rules）是规定出来的、供大家共同遵守的制度或章程。社会规则对人的行为具有指导和调节作用。权威认知和社会规则认知是社会认知的重要内容，同时这些方面的认知状况对个体的行为与社会适应具有重要作用。与儿童中期相比，青少年的权威和社会规则认知表现出了一些新的特点。

一、青少年对权威的认知

（一）权威的含义

在心理学研究中，关于权威的定义不完全相同。达蒙（Damon，1977）认为，权威是由于人们之间的社会权力不同和对有更大社会权力的人服从的要求所导致的一种社会关系。我国著名心理学家朱智贤教授（1989）认为，权威是“个人或群体对其他人或群体的影响”。权威有两种表现形式：（1）正式权威，也称官方权威，这种权威按法律、章程、条例等通过正式手续赋予某群体或某个人以某种权力。由于掌握这种权力在解决具有社会意义的问题时所产生的影响，这种权威受主体在群体中的角色所制约。（2）非正式权威，也称民间权威，民间权威又可分为大群体中的民间权威和非正式小群体中的权威。具有这种权威的人本身并没有权力，然而由于他的某些突出的个性品质，特殊的生活经历或某种学识在广大人民群众的影响，或在非正式小群体中出于某人在人际关系中的吸引力和所处的地位而产生的影响，并得到其他成员自发的承认。

（二）权威认知发展阶段与青少年权威认知的特点

美国心理学家达蒙编制了儿童权威认知的发展研究的实验任务。他采用道德两难故事法研究了儿童权威认知的发展。在故事中，他设计了儿童熟悉的生活情境，并围绕父母权威与同伴权威的约束、实施权力的依据或基础提出一系列问题。根据不同年龄的儿童对两难问题的反应，推断其对权威与服从的认知发展的趋势。下面是一个典型的例子（Damon，1977）：

> 我们讲的是皮特与他的妈妈约翰逊夫人的事情。约翰逊夫人让皮特每天清扫他自己的房间，要求他在打扫完房间、收拾好玩具之后才能出去玩。但是，有一天，皮特的朋友米歇尔过来告诉他所有的伙伴正要去野餐。皮特想去，但房间还非常乱。他对妈妈说，他现在没时间清扫房间，以后他会打扫好的。妈妈不同意，因而他只好呆在家里，没有参加野餐。

围绕上述故事，达蒙设计了一系列问题，如皮特应该做什么？为什么？

他妈妈这样做公平吗？如果他溜出去并且没被发现会怎样？依据不同年龄的儿童对这些两难故事问题的反应，达蒙将儿童权威认知的发展分为前后相继的6个水平或阶段。

水平1。儿童不能将权威人物的要求与自身的愿望区分开来，对权威持一种盲目崇拜和依赖的态度，在行为上倾向于无条件的服从。在故事情境中，儿童将皮特自己的想法与妈妈的要求混为一谈，认为妈妈要求做的即是皮特自己想做的，妈妈与皮特的想法一致或相同，根本不存在冲突。

水平2。儿童意识到权威人物的要求与自身愿望之间的冲突，并通过对权威的单向的服从，消除这种冲突，避免可能的麻烦。权威人物因其身体上的优势特征（如身高）而在儿童心目中合理化，进而构成服从行为的根据。儿童认为，妈妈之所以有权让皮特做事，是因为妈妈是比皮特长得高大的成人，为了避免给自己带来不快和麻烦，就需要无条件服从。

水平3。儿童把权威看做拥有至高无上的社会地位或体力优势、全知全能的人。基于这种认知所产生的崇敬与对权威惩罚的畏惧构成儿童服从行为的依据。在故事情境中，儿童认为，无论妈妈提出什么要求，皮特都必须认真诚实地去做。否则就有可能招致父母的惩罚。

水平4。儿童的服从行为基于交换或互惠原则，将服从作为对权威过去付出的一种报偿或为获得某种报偿而做出的必要投资和努力。在儿童心目中，权威的优秀品质是获得和巩固其地位的基础。在故事情境中，儿童认为，皮特应该服从妈妈是因为妈妈已经为他付出很多，不遵从妈妈的要求在情感上是不公正的，而且可能致使妈妈将来拒绝付出。

水平5。儿童开始放弃对权威人物的盲目崇拜的情绪支配下的无条件服从，而代之以理性的评价与有条件的服从。权威被理解为权力相同但经验不同的个体之间的一种关系。权威的合理性在于其领导或控制他人的特定能力。这一时期，在儿童自律性发展的同时，公正感也逐渐增强。儿童认为，妈妈具有丰富的经验与知识，知道如何最合适地安排皮特的生活，因而有权让皮特干活，但如果她违背已做出的诺言，皮特就可以不服从干活的要求，出去与朋友一起玩。

水平 6。儿童将能为集体成员带来福利、为集体所认可的人奉为权威。服从与具体情境相联系而不再是对享有优越地位的个体的一种普遍反应。在这一时期儿童的心目中，绝对的权威已不存在，取而代之的是与具体情境相应的“相对”权威。在此意义上，在特定情境中，权威人物具有适应该情境的品质或特性。在两难故事中，儿童认为，皮特必须服从妈妈是因为妈妈拥有丰富的教育经验和知识，知道他最应该干什么；但如果野营，而只有皮特一个人具有有关的知识，这时全家人包括父母都应服从皮特，即皮特就成为宿营情境中的权威。

与儿童相比，青少年的权威认知有明显的变化。张卫、沈家鲜等人（1993）的研究发现，年幼儿童注重父母的成人身份和行为维度，而 13 岁左右的儿童更注重知识、回报和关心。在公平——父母的权威冲突中，年幼儿童不能分辨公平与权威，随着年龄的增长，儿童逐渐由盲目服从发展到追求公平，再发展到考虑其他因素的服从。而 13 岁时，由于儿童自主性和独立性的进一步加强，活动范围的进一步扩大，便开始了对父母的又一次反抗期，虽然此时儿童观点采择能力也进一步发展，但反抗意识的增强，使儿童可能再一次反抗服从，追求公平。

但由于社会文化条件对不同群体影响的不同，研究结果可能受“群组效应”的干扰，因而权威认知随年龄发展的趋势未必具有跨文化的普遍性。在研究方法上故事中设定的两难情境并不代表生动的现实情境。在涉及儿童自身利益的真实生活情境中，儿童对两难问题的处理往往有更复杂、成熟的理性思考的参与，而且儿童权威认知发展的速率也存在个体差异，因而达蒙的研究可能并未真实反映儿童达到各水平的年龄。

另一方面，两难故事研究所反映的儿童对权威与服从的认知与其具体行为之间并不存在必然的一致性，承认父母权威的合法性未必导致对权威的现实遵从。儿童在真实情境中的行为除以特定认知为一般前提外，还受崇敬、畏惧、愤怒等情绪情感因素与意志品质的影响，行为的产生是一个融知情意于一体的系统过程。

二、青少年对社会规则的认知

（一）社会规则范畴

按照规则在如下两个维度——破坏规则所带来的后果的严重性以及规则是适用于每个人还是仅仅适用于特定的社会群体的成员——上的差异，可以区分出三类规则：道德规则（moral rules）、社会习俗（social conventions）和个人规则（personal rules）。其中，道德规则是最为普遍的，它是基于公正原则和他人福祉的。人们通常认为道德规则是普遍的、神圣的，不能违反。社会习俗是适用于某一社会的规则，诸如关于男性和女性的恰当的行为是什么的描述，或者谁具有权威、这些权威如何实施、怎样得到认可等等的规定。而适用于更小范围或群体的习俗规则，如某一社区、同伴群体或职业群体的规则，则为群体规范（group norms）。最为具体的水平的是控制特定事件的个人规则，如“每天睡觉前要刷牙”、“先做作业，后看到电视”。个人规则通常是个体为调节他们自己的行为而制定的。有关青少年对道德规则的理解与认知，在道德发展部分（第十章）我们做了论述。道德规则、习俗规则、个人规则的区分标准见表 7-2。

表 7-2　　社会规则认知范畴及适用领域举例

道德规则
定义：必须遵守的社会规则，是基于公正原则和他人福祉的
举例：身体伤害，如不能打、踢、推人等 心理伤害，如感情伤害、嘲讽 公正和权利，如偷窃、不遵守诺言 亲社会行为，如拒绝帮助身处不幸的人
习俗规则
定义：适用于某一特定社会的规则
举例：学校的规则，如在课堂上老师讲课时不能讲话 讲话的规则，如对男士要称“先生” 穿着和服饰的规则，如不能穿睡衣去学校 性别角色，如男生不能留长发 礼节，如在吃饭时不能弄出很大的声音

续表

个人规则
定义：由个人创造的用以调整个体自己的行为和生活的规则
举例：个人卫生，如每天要刷牙、勤换床单
社会关系，如不要忘记给父母打电话，不能忘记给朋友祝福生日
经济的，如不能透支银行账户

（资料来源：Turiel，Killen，& Helwig，1987）

社会习俗知识是通过对社会系统的认知而获得的，是指社会系统内部约定俗成的统一的行为规范，它对于社会系统中人们的社会互动起着结构性的作用。不同的文化背景下，人们有不同的说话、穿着、性别角色、行为态度等的模式。如西方人用刀叉吃饭，中国人则用筷子吃饭。尽管形式不同，但习俗有同样的功能：它为某一群体中成员的行为方式提供了共同的期望模式，并由此而调整着人们的社会互动。与道德规则相反，习俗规则具有环境相对性和可改变性。特里尔等人（Turiel，1983；Wainryb & Turiel，1994）认为，道德与社会习俗是两种不同类型的社会知识，它们在不同类型的社会互动中平行发展，道德推理与对社会习俗的推理是两个独立的范畴。众多研究一致地发现，儿童很早就能够区分道德规则和习俗规则，对违反这两类规则的行为的评价和反应是不同的（Nucci & Killen，1991）。努奇（L. Nucci）向儿童和青少年呈现一些卡通图片，这些图片描述了违反道德规则、违反习俗规则和违反个人规则的例子，要求被试判断每件事情的严重性程度。结果表明，所有年龄的被试都认为违反道德规则是最为严重的，其次是违反社会习俗，最后是违反个人规则。

（二）青少年的道德和社会习俗观

随着个体观念的变化，青少年对道德和社会习俗的观念也发生了变化。在童年期，青少年认为道德是绝对的，道德规则来自于父母和教师的权威，是非判断的依据是具体的规则。然而在青少年阶段，道德的强制性受到了质疑，因为青少年开始明白道德规则是主观的、是可以改变的。到青少年晚期，个体的道德推理建立在公正、平等的基础上，即道德规则超越了具体的情景，可用于大量的两难情境中（Kohlberg，1976）。

个体对社会习俗的认知也遵循了同样的顺序（Turiel，1978）。在童年中期，儿童认为社会习俗（如排队买票）来自于权威。他们可能不理解为什么要排队买票，但当别人告诉他必须排队买票时，他们就会遵从成人的意见去排队。然而在青少年早期，他们认为社会习俗不论从起源上还是从执行过程来看都是可以改变的，习俗仅仅是社会的期望。他们认为人们排队等候是因为他们希望这样，而不是被迫的。一个十几岁的孩子在谈到排队时有可能这样说:“为什么仅仅因为别人的期望你就去排队买票？法律并没有要求你去排队，是不是这样?”

然而随着年龄的增长，青少年逐渐明白社会习俗是社会用以管理人们行为的方法和手段。习俗可能是专制的，我们遵守习俗是因为我们知道在各种环境里我们都要做出社会所期望的行为，社会习俗已经根植于我们的社会系统之中，个体通常习惯性地去遵守这些规则。我们排队买票并不是为了符合任何规则而是我们已经习惯了这样做而已。

最后，人们明白社会习俗在协调人们的相互关系中起到了重要作用。有些人认为不同环境对人们的行为有不同的要求，这些要求使社会及其组织结构得以正常运行。持此种观点的人正是规则和习俗的制定和维护者。如果没有排队买票这一规则的约束，身体强壮、善于争抢的人则总是首先买到票。青少年晚期的个体知道排队买票不但利于影院而且维护了每一个人的利益，使每一个人都有同等买票的机会。换言之，我们耐心地排队买票是因为我们都认为这样是公平的。

表 7－3 总结了个体在青少年前期和青少年期社会认知的主要区别。从表中我们可以看出，在表中所列的四个领域中其共同的特征是：思维日趋抽象，更具假设性和相对性。

表 7-3　　青少年前期与青少年期社会认知比较

领　域	青少年以前的思维	青少年期的思维
观点采择	青少年能够站在别人的立场看问题，但在理解一个人的观点影响另一个人这方面仍有困难	青少年能够站在第三者的立场来看问题，到青少年晚期，能够采择社会系统的观点
内隐人格理论	对人的描述开始集中于特质，但这种描述较为笼统，不同特性间的整合较差，对所描述的特性的说明较少、欠充分	对人的个性的解释接近人格研究理论者的观点，能够将特性看做是某种关于人的有组织的综合写照，能够认识和探索个体个性的更深层、复杂的原因
道德推理	道德以来自权威的具体规则为基础	道德来自于人们的一致意见或来自于抽象的规则
社会习俗	习俗来自于规则或来自于权威的命令	习俗来自于期望或来自于社会规范，认识到规则在社会生活中的调节作用

☞讨论

青少年关于政治问题的思考

到青少年期，随着个体生活范围的扩大，他们能够接触到更多的人，接触到更多的信息，同时，认知能力的发展使得他们也能够开始思考更多的问题。其中，包括诸如政治、法律、社会控制等问题。毫无疑问，对社会政治问题的思考是青少年社会认知的重要内容，他们思考这些问题的方式与儿童中期的个体有很大的差异。

艾德尔森（J. Adelson）和他的同事曾考察了青少年对政治问题的推理的发展变化。他指出，尽管9岁的儿童就会认真地思考社会的性质，但他们对政治问题几乎不能理解。而14岁左右的青少年的政治推理有了重大变化。这种变化在不同性别以及不同国家的青少年身上具有普遍性。

在有关法律的思考中，当被问及“法律的目的是什么”时，十二三岁的儿童的反应依照的是具体的人和事，而十五六岁的青少年则依照抽象的原则来回答（Adelson，1972）。

十二三岁的儿童的回答：法律的作用就像它在学校里的作用一样，使人们不受伤害，如果没有法律，人们就会杀人。因此，（有了法律）人们不会行窃或杀人。

十五六岁的儿童的回答：保证安全和政府运行，限制人们的所作所为。从根本上说，它们是人们的行事指导。

当问“政府能否将私人财产拿来为公共目的使用”时，年长的青少年显示出了假设推理能力，表明他们能够考虑问题的多个方面。在如下的例子中，向青少年呈现这样一个问题情境：政府想要通过一块地建一条公路，而土地的主人不卖这块地。对此，一个年长的青少年的回答是：“如果这个地方具有战略意义，必须通过这儿，我不太确定我要怎么做。但如果这是块平地，不经过这儿，你绕个弯可以通过，那我想政府就在路上绕个弯吧。”（Adelson，1972）

问十二三岁的儿童关于犯罪、惩罚和报复等问题，考察他们对于社会控制的看法。年幼的青少年提出：严重的惩罚是对付违法者的最好的办法。因而，艾德尔森得出结论：“年幼青少年的独裁主义是无处不在的”。当问一个13岁的男孩如何教育人们不去犯罪时，他回答说：“监狱通常是个好东西，但是还有其他的……在19世纪，人们对罪犯进行拷问。现在我想教育人们的最好的办法是关禁闭。”

随着年龄的增长，青少年的回答中会出现改革和复原（rehabilitation）的思想。年长的青少年会考虑到法律的有益的一方面，而年幼的青少年只是从法律控制人的不好的行为方面考虑。当法律不起作用时，年长的青少年认为或许法律需要更改了，而年幼的青少年倾向于认为应该加重惩罚。

青少年对于政治推理的这种转变与皮亚杰所指出的个体认知能力的发展变化是相一致的。年幼青少年的思维仍带有某些具体性，他们能够同时考虑的方面较少。而到青少年中晚期，形式运算思维的充分发展使得他们能够提出可变、灵活和均衡的关于社会政治体系的概念。

许多青少年期的个体都是愤世嫉俗的，他们能够看到社会政治生活中的问题，对许多社会和政治问题不满意，但又不能提出切实可行的办法，常常受到幻想和空想的政治观念的吸引而产生政治理想主义（political idealism）。当让青少年直接去想象一个理想的社会时，他们所提出的构想总是一些概括化的陈词老调："应该是这样的社会：每一个人都过得很好，相互知道对方有什么困难，试图坐下来解决他人的问题，和睦地生活"。"现在我想我想要的惟一的一种社会就是我们现在所有的这样的社会，尽管它有其缺点和不足，我想现在我们可以有一个好一些的政府"。"哦，我会建立一个社会，在有犯罪时帮助人们，…… 我会把这些罪犯关一辈子，因为如果他们出来他们会再干那些。就这些。"（转引自 Cole & Cole，1996）

当问及青少年"能否消除犯罪？贫困？"等问题时，他们对这些问题的回答越来越悲观。这表明，年长的青少年相当清楚不可能有对社会疾患的政治解决办法（Torney - Purta，1990）。同时，因为他们正在确定自己以区别于父母一代，他们仍然为一些人的承诺所吸引，这些人宣称只要有恰当的信念和行为方式，对生活的更为理性的组织是有可能的。

显然，进入青少年期后，个体能够思考诸如法律、社会控制以及贫困、犯罪等社会问题，他们似乎也很关注、乐于思考这些问题。他们能够认识到社会及政治生活中存在的某些问题，进而可能会以一定的形式来表达他们的不满，在现代社会的许多公民权利运动——如美国60年代的公民权利运动——中，其主力都是青少年。但他们对这些问题的思考仍欠充分，年幼青少年的思考还带有某些具体性，认识不全面，并且他们难以提出解决这些问题的实际的办法。

第八章

青少年的情绪和情感

情绪和情感是个体对客观事物的态度体验，是对客观事物与主体需要之间关系的反映。情绪、情感的产生既受环境事件、生理状态的影响，又受认知过程的影响，其中认知过程是决定其性质的关键因素。情绪、情感在人类的精神生活和社会实践中，有着极为重要的作用，具体表现为适应功能、动机功能和社会调节功能。青少年身心发展尚不平衡，成人感与幼稚感并存，往往使之面临着更多的矛盾和冲突，因而在情绪、情感的表现上也显得更为复杂多样。一方面，青少年仍然会表现出情绪的强烈性、狂暴性、可变性、冲动性等特点；另一方面，情绪表现的内在文饰性、持久性以及体验的丰富性、深刻性等发展趋势也逐步呈现出来。在青少年情绪、情感的发展过程中，同伴关系，特别是同伴亲密关系起着重要的作用，它直接影响青少年自我同一性的建构和社会化发展的进程。值得注意的是，青少年阶段不仅可塑性很强，同时也充满了情绪情感矛盾。在这个时期，很容易出现这样那样的情绪情感问题，如自卑感、焦虑、抑郁、孤独等。这就需要教育工作者了解青少年情绪情感的发展，对其中的薄弱环节，进行有针对性的疏导和调节，从而促进其心理的健康发展。

为了更好地理解青少年的情绪、情感问题，本章首先对情绪、情感进行概述，主要包括情绪的含义以及有关情绪的理论。在此基础上，结合情绪、情感的一般原理，通过与儿童期情绪、情感特点的比较，论述青少年情绪、情感的发展特点。为了突出亲密感在青少年心理发展中的重要作用，在简单介绍亲密感的含义和理论观点的基础之上，详述了青少年亲密感发展的全过程。本章最后介绍青少年常见的情绪困扰及障碍，并提出相应的应对措施。

第一节　情绪和情感概述

心理学界有关情绪和情感的研究，已有一百多年的历史。从早期的经典理论到目前信息加工的认知理论，为我们展现了情绪理论的演化历程。本节将对情绪和情感的代表性理论观点进行介绍。

一、情绪和情感的含义

（一）情绪的定义

情绪（emotion）涉及我们生活的每一个方面，我们清醒的每一刻，都伴随有感觉的差异、变化以及情绪的冲动，还会体验到不同的心境和情感。那么，情绪的含义是什么呢？

迄今为止，对情绪还没有明确的界定。情绪之所以难以界定，可能是由于情绪的成分太复杂。表面上看，情绪往往表现为一些生理特点的变化。但实际上，情绪包含的内容远远不止这些，它是一种多层次的、复杂的心理活动。由于理论家各自研究的角度、重点和方法不同，或强调认知因素，或强调行为表现，或强调主观感受，或仅着眼于情绪的强度，因而，至今对情绪尚无明确界定。这里仅对几种典型定义作一介绍：

（1）《简明牛津英语词典》将情绪定义为“一种不同于认知或意志的精神上的情感或感情”。很明显，这一定义主要反映了个人的主观情感。当我们使用“情绪”一词时，通常会把它描述为愉快的或不愉快的、温和的或强烈的、短暂的或持久的、以及对我们的行为是妨碍的或是促进的。

（2）1952 年，美国心理学家德雷弗（A. Daliffer）在他的《心理学词典》中指出，情绪是由于身体各部分发生变化而引起的有机体的一种复杂的状态。在精神上，它是伴随着强烈的情感并按照某种具体方式去行动的冲动。这一定义增加了两大成分——身体状态和行为倾向，比第一个定义更加全面，范围更广阔。但是，在定义中并没有考虑到认知因素。

（3）美国心理学家扎伊德（Izard）认为，情绪定义必须包括生理基础、表情行为和主观体验三个方面的特点。情绪与有机体的需要紧密联系，它是以需要为中介的一种反应形式。客观世界的刺激并不全都能激发人的情绪，只有那些与人的需要有直接或间接联系的事物，才会使人产生情绪体验。通常，能满足人的某种需要的对象会引起肯定的情绪体验（如满意、愉快、喜悦等）；反之，那些对需要的满足起妨碍和干扰作用的对象就会引起人们否定的情绪体验（如不满意、痛苦、忧愁、恐惧、愤怒等）。

（4）我国心理学家彭聃龄（1987）认为，"情绪和情感是人对客观事物的态度体验及相应的行为反应。"它包括刺激情境及其解释、主观体验、表情、神经过程以及生理唤醒等内容。

从上面所列举的定义可以看出，由于对情绪界定的视角不同，侧重点不同，对情绪也很难有一个明确的界定。因此，我们试图从另一个角度来描述或探讨情绪——不去界定它，而是探讨其结构成分。在综合众多有关情绪定义以及现代情绪理论的基础上，我们认为情绪主要包含以下四种成分：（1）身体变化，主要指外在的行为表现，即情绪的表达形式。（2）行动倾向，情绪是行动的准备阶段，能促使或阻止行为的发生。（3）有意识的情绪体验，当我们感知事物时，往往会产生情绪体验，如愉快、悲伤、愤怒等。（4）认知成分，即对外界事物的评价。

（二）情绪的表达

情绪表达（emotional expression）是指个体将其情绪经验经由行为活动而表露于外，从而显现其心理感受，并藉以达到与外界沟通的目的（张春兴，1994）。情绪的表达方式多种多样，主要包括语言文字、肢体语言以及面部表情等。在心理学上，对情绪表达的研究主要集中于三个方面：（1）情绪经验的形成，即情绪表达的先天性与后天性之争。自从达尔文 1872 年出版了《人与动物的表情》（The expression of emotion in man and animals），其间一百多年来，对情绪表达的先天性和后天性问题一直争议未决。现在，关于这个问题形成了对立的两派：一种观点是分化性情绪理论（differential emotions theory）；另一种观点是动力系统理论（dynamic systems theory）。前者认为，婴儿出生后不久就存在不同的情绪，并且已经拥有一些基本的原型性情绪，即情绪是天生就带来的；而动力系统理论则认为，只有在婴儿与环境的互动中，一系列情绪成分得以组合以后，才会出现不同的情绪。(2) 情绪经验的双向特征，即情绪经验不只限于单向表达，而多半具有沟通对象。情绪表达的主体及其对象必须都能识别且理解某些情绪的表达方式，才能达到情绪沟通。因此，社会心理学家对情绪的表达和情绪识别特别感兴趣，他们把情绪沟通作为人际交往的一种重要途径。(3) 对非言语的情绪表达，包括面部表情、姿态表情和声调表情等。三者中，面部表情所携带的情绪信息具有特异性，在情绪的沟通与交流中起主导作用。因此，对面部表情的研究更全面、更系统，同时也是发展心理学家更加关注的一个研究领域。另外，除面部表情外，人类还可以通过身体的姿态（如动作、手势等）以及讲话的声调表达自己的情绪情感，例如狂喜时捧腹大笑，愤怒时摩拳擦掌，以及悲哀时语调低沉、语速缓慢，喜悦时语调高昂、语速较快等。

（三）情感与情绪的关系

情感（feeling），就广义而言，它与情绪一样，是个体对客观事物的态度体验；从狭义上讲，它又不完全等同于情绪，它是和人的社会性需要相联系的一种较为复杂而稳定的态度体验，如道德感、审美感、理智感、爱与恨的体验等。因此，情绪与情感既有联系又有区别。

严格地说，二者有以下区别：(1) 从需要角度看，情绪是和有机体的生物需要相联系的体验形式，如喜、怒、哀、乐等；而情感则往往与人的高级的社会性需要相联系，如与人交往时的友谊感，与遵守行为准则规范相关的道德感，与精神文化需要相关的美感和理智感等。(2) 从产生的角度看，无论种系发展还是个体发展，情绪发生较早，为人类和动物所共有，而情感体验则发生得较晚，是个体发展到社会化进程的一定阶段才产生的。(3) 从稳定性角度来讲，情绪具有较大的情境性、激动性和暂时性，它往往随着情境的改变和需要的满足而减弱或消失；而情感则具有较大的稳定性、深刻性和持久性。可以说，稳固的情感体验是情绪概括化的结果。

情绪和情感虽有区别，但具体到某一个体身上，却很难严格区分。稳定的情感是在情绪的基础上形成的，同时又通过情绪反应得以表达，离开情绪的情感是不存在的。情绪也离不开情感，情绪的变化往往反映情感的深度，在情绪发生的过程中，常常深含着情感。因此，情绪和情感是彼此依存、不可分割的。

(四) 情绪和情感的功能

情绪、情感是人的精神活动的重要组成部分，在人类的心理生活和社会实践中有着极为重要的作用。

1. 适应的功能

达尔文1872年出版的《人与动物的表情》引发了人们对情绪适应功能的思考。有研究者（孟昭兰，1985）认为，低等动物无情绪而言，只有当特定的行为模式、生理唤醒及相应的感受状态成分出现后，才具备了情绪的适应性。人类个体发展复演了动物种系发生的过程，并继承和发展了动物情绪这一高级适应手段。如婴儿出生时，还不具备独立行动和觅食等维持生存的基本能力，因此，他们要靠情绪信息的传递，得到成人的哺育。成人正是通过婴儿的情绪反应观察他们的需要，并及时调整自己的行为反应。因此，情绪适应功能从根本上说是服务于改善人的生存和生活条件的。同时，由于人生活在高度文明的社会里，情绪的适应功能的形式有了很大的变化，例如，个体用微笑向对方表示友好，通过移情和同情来维护人际联结等。总之，情绪自产生之日起就成为适应生存的一种心理工具。各种情绪的发生时刻都在提醒着个人和社会去了解自身或他人的处境与状态，以求适应良好。

2. 动机作用

著名情绪心理学家汤姆金斯（S. Tomkins）是从动机的角度来分析情绪的重要代表人物。他十分明确地提出，情绪是基本的动机系统，情绪对动机和生理驱力起放大作用。例如，人在窒息的情况下由于缺氧而产生恐慌情绪，而恐慌情绪则放大了对氧的需要驱力。情绪本身即可视为动机，具有动机作用。情绪情感是激励人的活动行为、提高人的活动效率的动力因素之一。适度的情绪兴奋性、可使身心处于活动的最佳状态，进而推动个体有效地完成工作任务。研究表明，适当的紧张和焦虑能促使个体积极地思考和成功地解决问题，而没有一点紧张，或者过度紧张或焦虑则不利于问题的解决。

3．社会调节功能

功能主义者对情绪的另一种解释是，情绪具有社会功能，即情绪可以协调人们之间的社会交往和人际关系。情绪是人类社会生活和人际交往不可缺少的一个重要环节。从心理学的角度看，虽然言语交际是人类社会交往的重要形式，但情绪的作用并不亚于语言，特别是在个体早期生活中，如婴儿与抚养者之间的沟通主要靠表情维系。费尔德（Field，1994）认为，照料者通过了解婴儿发出的信号，为婴儿保持最佳的刺激水平，从而控制婴儿的情绪唤起。费尔德称此为“调适”（attunement），没有它，婴儿的行为将变得混乱。另一方面，情绪对早期同伴关系的发展也起着重要作用。霍夫曼（Hoffman，1984）将这一发展过程概括为四个阶段。第一阶段为整体移情阶段（globe empathy），如儿童通过情绪感染，获得他人情绪苦闷的信号，自己也感到不愉快。第二阶段是自我中心移情阶段（egocentric empathy），如儿童知道别人是苦闷的，但只有他们自己也感到苦闷时才做出同病相怜的反应。第三阶段，儿童开始认识到他人与自己的情绪是不同的。最后一个阶段，儿童对他人体验的真正移情开始发展。只有具备了这种能力，个体才会逐渐体会到他人的内心情绪状态，与同伴建立更和谐的合作关系，达到共同的目标。在成人的人际交往中，情绪作用的功能更大。

总之，人与人之间的感情交流可使人产生同情，互相感染，甚至使人相互接近和依恋。情绪通过表情的渠道使人们之间能够相互理解，产生共鸣；它是人与人之间建立相互依恋的纽带，能够培植友谊，并以十分微妙的表情动作传递交际的信息。表情不仅能帮助人们辨认当时的环境刺激以及对方的态度，而且还产生与这一交际场合相适应的行为方式。

二、情绪理论

（一）早期经典理论

1．詹姆士－兰格情绪理论

采取科学观点，对人类情绪变化做出系统性解释的先驱首推美国心理学家、功能主义创始人詹姆士（W. James）。他在1884年提出了一种“反常识”理论，认为：人快乐是因为笑，人伤心是因为哭，人恐惧是因为战栗。而人们通常的看法是：人因为伤心而哭，因为快乐而笑，因为恐惧而战栗。因此，其理论的核心是：情绪并非由外在的刺激引起，而是由身体的生理变化唤起的。詹姆士认为，情绪是内脏器官和骨骼肌活动在脑内引起的感觉。

此后不久，丹麦生理学家兰格（C. Lange）于1885年提出了类似的情绪理论。只不过兰格强调血液系统在情绪发生中的作用。虽然强调的身体部位不同，但他们的基本观点是一致的。因此，后人将两人的理论合二为一，称为詹姆士－兰格情绪理论。该理论的重要贡献在于，它指出了情绪与有机体生理变化的直接联系，强调了外周生理活动在情绪产生中的作用。

詹姆士－兰格情绪理论虽然遭到了后来研究者的质疑，但它在情绪心理学发展史上的首创贡献却是不可抹杀的，它推动了关于情绪机制的大量研究，为情绪的研究提供了有价值的研究方向和理论框架。

2. 坎农－巴德情绪理论

首先反对詹姆士－兰格理论的是美国生理学家坎农（Connon）及其学生巴德（Bard）。他们提出的质疑概括如下：（1）虽然在情绪状态下会发生生理变化，但在不同情绪唤醒状态下，个体的生理变化可能是一样的。如恐惧时固然会心跳加速，而愤怒、甚至高度兴奋时也会心跳加速。因此，仅仅根据生理变化难以分辨各种不同的情绪。（2）实验证明，切断动物内脏器官与中枢神经系统的联系，情绪反应并不完全消失。而通过药物人为地引起与某种情绪有关的生理反应，却并不产生真正的情绪体验。（3）就人类而言，人们通常不能完全知觉自己身体内部的所有生理变化。即使人们在恐惧或愤怒时，能感到心跳气促，但情绪状态可能引起的内脏及各种内分泌的变化，个体是感知不到的。根据这些事实，坎农提出了著名的丘脑学说。该学说的核心观点认为，情绪经验和生理变化是同时发生的，并通过实验证明，皮层下部位、特别是丘脑是情绪表现的神经生理基础。

总体来说，坎农比詹姆士－兰格更进了一步。他提出了情绪发生的特定脑中枢，引起了人们对情绪的神经生理机制方面的注意。但丘脑学说忽略了外周变化的意义以及大脑皮层在情绪发生时所起的作用。

(二) 情绪的认知理论

现代情绪心理学研究认为，情绪产生是由环境事件（刺激因素）、生理状态（生理因素）、认知过程（认知因素）三个条件所制约的，其中认知因素是决定情绪性质的关键因素。

1. 阿诺德的“评定－兴奋”说

美国心理学家阿诺德（M. Arnold）首先把认知作为情绪产生的一个重要因素，她于20世纪50年代提出了情绪的“评定－兴奋”学说。该理论认为，刺激情景并不直接决定情绪的性质，从刺激出现到情绪产生，要经过对刺激的估量和评价，情绪产生的基本过程是刺激情景－评估－情绪。同一刺激情境，由于对它的评估不同，就会产生不同的情绪反应。阿诺德认为人们几乎是无时无刻、不由自主地评价着所遇到的任何事情。阿诺德曾举例说，在森林里看到熊和在动物园里看到熊的感受肯定是不同的。所以，阿诺德认为，情绪的产生取决于人对情境的认知和评估，通过评价来确定刺激情景对人的意义。就刚才的例子而言，当意识到熊会对你产生伤害时，你将产生恐惧害怕的情绪反应；而当你感到在笼子里的熊不会对你造成威胁时，你在动物园里就会很放松。在其学说的推动下，人们概括出情绪产生的三个来源，即外部环境刺激、身体生理刺激和认知评价刺激。“评定－兴奋”学说的重要贡献在于把情绪和认知联系起来，提出了较为完善的情绪心理学理论。

2. 沙赫特的认知－生理情绪理论

迄今为止，几乎所有论述情绪理论的著作无不提到美国心理学家沙赫特（S. Schachter），他不仅深刻阐述了认知因素在情绪唤起中的作用，而且进行了一系列设计精巧的实验，为情绪的认知理论提供了最早的实验依据。

沙赫特提出情绪受环境、生理唤醒和认知过程三因素的制约，其中认知因素对情绪的产生起关键性的作用。他认为，情绪经验来源于个体对刺激情境及身体生理变化两方面的认知，所以这一理论也被称为情绪二因论。因该理论重视当事人自己的认知解释，又被称为情绪归因理论。

总之，情绪的认知理论的主要贡献在于，它重视人的认识活动在情绪产生中的决定性作用。但由于该理论过分注重情绪的发生，而相对忽略了情绪的作用，因此也难以全面认识情绪的性质。

（三）关于情绪的新理论

认知理论把情绪与认知相联系，极大地开阔了人们的研究思路。随着情绪心理学家研究的逐步深入，20 世纪 60 年代初，在重视认知因素的同时，一些新的研究理论开始出现。其中，最有代表性的是情绪的动机－分化理论和情绪相对历程理论。

1. 情绪的动机－分化理论

前面介绍的几种情绪理论，均强调情绪的起源和发生，相对忽视了情绪的作用，这就不可避免地导致对情绪基本性质认识的片面性。难道情绪仅仅是认识活动的副产品吗？它对个体的生存和发展、认知和人格、行为和交往是否有影响呢？这类问题的提出导致了新的研究途径的出现以及新理论的建构。其中以汤姆金斯和伊扎德的动机－分化理论为代表。

该理论认为，情绪不是认识活动的副产品，而是独立的心理过程，情绪有其自身的机制，并在人的心理生活中起着独特的作用。汤姆金斯直接把情绪看做是一种动机，而伊扎德一方面接受认知的观点，另一方面继承了汤姆金斯的动机理论，创建了涉及范围更广的、更系统的动机－分化情绪理论。他从完整的人格出发，把生理驱力、情绪、认知和行动均纳入人格的框架。其主张人格是由体内平衡、生理需要、情绪、知觉、认知、行动等六个子系统构成的；这些子系统又组合为生理需要、情绪、感情－认知相互作用、感情－认知结构四种动机系统。很明显，情绪在其中起着核心作用。这样，他就把生理水平上的驱力，以及认知水平上的评价，由情绪的动机性质整合起来，为情绪的研究提供了新的发展方向。

2. 情绪相对历程论

情绪相对历程论（opponent－process theory of emotion）是由美国心理学家索罗门和考比特提出的（转引自：张春兴，2000）。该情绪理论超越了以往不同理论争议的焦点，既不关注情绪的产生，也不探讨情绪与刺激情境、身心变化以及认知三方面的关系，而是从另外的角度来解释特定情绪的变化历程。

情绪相对历程论是对情绪状态产生时特殊生理变化的一种假设：大脑中

掌管情绪的部位，可能存在一种组织，这种组织在某种情绪状态下会产生与此状态相反的情绪。如痛苦的情绪产生时，相对的快乐情绪也会随之产生，反之亦然。以高空跳伞的过程为例，高空跳伞者从机门跳下至尚未张伞这段时间，是情绪最为惊恐紧张的时刻。按情绪相对论的解释，当恐惧紧张情绪达到颠峰并开始下降之际，与恐惧紧张相对的兴奋快乐情绪即将开始形成。也就说，当降落伞张开，身体下降的速度减缓而且个人又可操纵方向之后，兴奋快乐的情绪状态取代了原来的紧张情绪，直至落地，此时，快乐情绪又达到另一高峰。随后，情绪逐渐归于平静。这一理论的主要贡献在于开拓了情绪理论研究的新思路。从上面的描述看，这一理论解释了情绪发展变化的历程，并且，比较符合俗语中“苦尽甘来”、“乐极生悲”等说法。

第二节　青少年情绪情感的发展特点

人类的情绪情感是一种非常复杂的心理现象，具有多成分、多维度、多种类、多水平等特点。青少年期是一个较婴儿期、幼儿期、儿童期更为长久的发展阶段。较长的时间跨度和丰富多彩的社会交往决定了青少年期具有比任何人生阶段都复杂的情绪表现。随着自我意识的发展和社会经验的丰富，青少年的情绪由强烈的外部表现逐步转变为较稳定的内心体验。同时，情绪体验的时间不断延长，出现了心境化趋势；体验的内容更加深刻、丰富，自我认识和社会性因素引起的情绪反应逐渐占据主导地位。

一、情绪的表现方式由外在冲动性向内在文饰性转变

青少年初期，情绪的特征之一就是情绪容易冲动，爆发快，强度大，而且很不稳定。同样一个刺激，青少年对其产生的情绪反应强度要大得多，甚至达到震撼人心的程度。但另一方面，这种表面情绪表现的强度并不与体验的深度成正比，一种情绪容易被另一种情绪所取代，具有不稳定性的特点。

那么，是什么原因导致了青少年的情绪表现具有这些特点呢？一方面，这与此时个体的生理成熟程度有关。现代生理学研究发现，青少年期个体的

神经活动兴奋过程往往比抑制过程占优势，刺激在神经传导过程中易造成泛化和扩散现象。个体的肾上腺发育在 11～20 岁之间会加速，而肾上腺激素的分泌增加与情绪的高兴奋性、冲动性有直接的关系。另一方面，这与个体在青少年期社会需要的增多、自我意识的增强密切相关。青少年有各式各样的需要，从基本的生存需要到求知需要、亲密情感需要，乃至创造、贡献的需要等等。上述这些需要的满足程度会直接引起他们强烈的情绪表现。然而，由于知识经验不足，认知结构不完善，青少年的预期和评价往往与客观事物不一致，从而导致其产生强烈的情绪反应。此外，进入青少年期之后，随着社会活动范围的不断扩大，自我意识的不断发展，内心世界日益丰富，个体对外界事物的感受性也日益增强，对许多事物都充满了新奇，觉得不可思议。这就使得青少年在儿童期形成的认知结构，往往不能同化外来的各种新刺激，从而导致原来认知结构中产生的预期不能与现实相吻合，客观事物大大地超出预期，产生强烈的情绪反应。因此，在日常生活中，青少年常常遇事易冲动，大惊小怪。

随着阅历的增长和经验的丰富，青少年开始逐渐认识到，情绪的任意发泄和冲动，对达到自己的要求不但没有帮助，反而会影响同他人的关系，对自己不利。同时，由于自我意识的逐渐完善，自我控制和自我调节能力的增强，青少年期情绪的发展也开始逐步走向成熟。主要表现为：青少年中后期的个体开始对冲动的情绪进行克制和忍耐，情绪反应的强烈程度逐渐降低，情绪的波动性逐渐减少。与此同时，由于内心体验的增加，情绪的稳定性也增强。这就引发了青少年期情绪表现的另一个特点——“文饰性”。

情绪的文饰性是青少年情绪的另一大特征，主要表现为情绪的表里不一致，就像戴着一幅假面具一样，让人捉摸不透其内心真实的情感。譬如，受了委屈，明明心里很难过，却在众人场合装得若无其事；在受到表扬后明明心里很高兴、得意，却故意显得满不在乎。在青少年男女交往中更是常常会看到这样一种微妙的现象：明明对某异性充满了爱慕，非常渴望去接近，但由于自尊或客观情境的限制，总是有意无意地表现出无动于衷，或者做出庄重的、回避的姿态。这种表现形式即为情绪克制，即情绪表现服从社会要求。

青少年期出现情绪文饰性的主要原因在于青少年自我意识的发展和意志力的增强，他们已意识到自己在特定的社会情境中适当表达情绪的重要性。而他们衡量这种适当性的重要标准就是看他们的行为是否符合社会期望，是否能够在他人的心目中留下了好印象等等。也就是说，青少年开始关注情绪的社会适应性问题。譬如，在严肃的场合，他们不会因为一点小事而捧腹大笑，也不会因事与愿违而大发雷霆。相反，他们更善于用意志力控制自己的情绪，使其在更符合社会期望的前提下满足自己的需要。这种善于支配自己情绪和情感的表现，是青少年自我意识发展和意志力增强的结果。

二、情绪持续时间逐渐增长，出现心境化趋势

无论是外显的情绪反应，还是内心的情绪体验，青少年与儿童持续的时间都有很大的不同。总的来说，随着年龄的增长，持续时间会逐渐延长。在儿童时期，儿童的情绪表现虽然强烈，但持续时间短暂，是爆发性的。无论刺激强弱都能立刻达到完全的兴奋状态，但消失得也快，情绪反应的频率往往也比较高。但随着年龄的增长，特别是到了青春期后，情绪的爆发次数减少了，但是作为一种心境，持续的时间会延长。

心境是指比较平静而持久的情绪状态，具有弥漫性特点。心境化，就是情绪反应相对持久稳定，情绪反应的时间明显延长。一方面表现为延长反应过程。如，有的青少年在受到批评之后，事后会为此而闷闷不乐好几天。另一方面，表现为延迟做出反应。如，有这样一位大学生，在和室友玩扑克牌时与人发生争执并被嘲笑，当时闷声没有发作，晚上睡在床上，却越想越气，最后半夜里翻身起床与那位同学理论，并在情急之下持刀刺人。

青少年的情绪既具有易激动、易兴奋等特点，同时又具有心境化的特征，这似乎是矛盾的，但这正是其情绪由不成熟向成熟发展的表现。青少年在摆脱儿童期的情绪反应快、转变快、缺乏心境化状态等特点的同时，逐渐发展了对情绪的自我控制能力，使强烈的情绪反应得到一定的调节，转化为心境状态。心境是与意识相联系而体验到的情感状态，不像情绪那样激烈，也不易在短时间内消失。儿童几乎没有连续的心境体验，情绪随情境的变化而变化。而青少年则能够体验到某种心境，沉浸于其中。但是，青少年的心

境体验还不是很稳定持久的。一般来说，女性的心境体验比男性多，男性较多地体验到振奋的心境，而女性则较多地体验到伤感的心境。在青少年前期，这种心境的迅速交替现象是很常见的。到了青少年后期，心境体验逐渐趋于稳定和持久。

三、情绪体验的内容更加深刻丰富，社会性情绪占主导地位

随着知识结构的完善，社会经验的丰富以及想象能力的发展，青少年的情绪体验日益深刻，体验的内容日益广泛，道德感、理智感、美感等社会性情绪情感逐渐上升到主导地位，社会性情绪的水平也不断提高。譬如，青少年在观赏自然景色和欣赏艺术作品时，会伴有各种情绪体验。但这类情绪表现与基本的生物性情绪是不同的，前者更多的和社会性需要相联系。前苏联心理学家曾对700名8～15岁的学生进行实验研究，结果表明，10岁学生的主导需要开始由生物性转变为社会性。我国的调查研究也发现，小学生的物质需要比较突出，随着年龄的增长，到中学时精神需要则表现得更为重要。这就表明，社会性情绪在个体发展到青少年期时才逐渐上升为主导地位。在日常生活中常看到这种现象：儿童的喜怒哀乐大多与吃喝玩乐等基本需要有关，而青少年的悲欢忧喜则多与学习、工作、人际交往等相联系。

与儿童相比，青少年具有更深刻的情绪体验。以亲密的友谊关系为例，儿童期也有友谊，但这种友谊似乎更多是以相互间的直接接触为基础，一旦两人分开，这种友谊显得并不十分必要，而且很快就会被忘掉。这种童年期的友谊往往不能超越空间，缺乏稳定性。而青少年之间的友谊却更多地是以相互了解为基础，以共同的兴趣和爱好为条件，甚至还考虑到共同的品质、志向、信仰、价值观等抽象性、社会化的特点。此外，随着抽象逻辑思维能力的提高，青少年的智力品质，特别是思维的深刻性得到发展，他们的情绪体验则表现得更具有深刻性。正是这种深刻性，才使得青少年的友谊得以超越时空，变得更加牢固。

随着认知能力的发展，青少年对具有社会性的、抽象性的内容更加关注，从而极大地丰富了情绪体验的内容。不仅如此，青少年的情感也变得更加细腻、敏感和微妙。比如，同样是美感，对儿童而言，仅仅是一个笼统的

情绪体验；但对青年人来说，美感则显得更加丰富，他们不仅能对自然、社会、艺术等方面的内容广泛地唤起美感，而且能区分出不同的境界。

另外，由于知识经验的增多，青少年的想象力更加丰富。青少年经常对未来事件充满憧憬。其实，憧憬是对未来的人或事的一种朦胧的向往，没有具体向往的对象。譬如，青少年期随着性的成熟，会产生一种特殊的兴奋，开始注意自己的打扮，本能地希望展示自己，以引起他人特别是异性的注意。当一个人独处时，心中会不时浮现出一丝惆怅的感觉，好像现实中缺少了什么，似乎有一种期盼，可是却又说不清楚，并由此引发出一种莫名其妙的空虚感和孤独感，处于一种忧郁的心境之中。忧郁的心境和憧憬，既有一丝快乐，又有一点难受，既有幸福又有伤感。忧郁和憧憬相互伴随，成为青年期特有的一种新情感。正是这种新情感，使青少年的精神生活变得丰富多彩，现实生活显得绚丽灿烂。所以，人们常常说，青少年期是一个多"梦"的时期。

四、情绪的结构更加复杂，表情认知能力得到很大发展

研究者一般认为，人有几种最基本的情绪，如愉快、愤怒、悲伤、厌恶等。之所以称为基本情绪，是因为它们都是先天性的，随着个体的成熟而自然获得的。无论是正常的婴儿还是先天失明的婴儿，无论是现代文明还是原始文明中的婴儿，都具有这几种共同的基本情绪和情绪表现。然而，随着婴儿在社会文化环境中的成长，情绪不仅日益分化，而且也相互结合构成特定的组合模式。比如，爱不是一种单一的情绪，它含有不同程度的兴趣、愉快；同样，敌意含有愤怒、厌恶、轻蔑等成分。而焦虑情绪则是一种更为复杂的模式，它可能含有恐惧、厌恶、内疚、羞怯、痛苦等不同成分。这些复杂的情绪并不是在青少年期才开始产生的。在童年期，已经在情绪不断分化的基础上形成了一些复杂的情绪，如爱、恨等。但是由于儿童认识能力的局限性，这些复杂的情绪具有很大的不稳定性，没有真正的结构化，而且多以具体的人和事物为转移，没有抽象化和概括化。到了青少年期，随着认识能力的发展，他们能够更多地接触到抽象的社会性材料，并能进行抽象思维，从而能在深刻认识的基础上把不同的情绪成分联结在一起，形成稳定的情绪

结构。

情绪与其他心理过程的一个显著区别在于其独特的表现形式——表情。随着青少年情绪结构的复杂化，其表情认知能力也得到了很大的发展。表情指各种情绪体验在身体姿势、语言表达及面部上的外在表露，主要包括面部表情、姿态表情和声调表情。在社会生活中，表情是情绪反应最敏感的指标，具有独特而重要的社会交往功能。近年来我国心理学工作者对表情，特别是面部表情的发展进行了大量有价值的研究（黄煜峰等人，1986；武珍等人，1987)。结果发现，婴儿出生 4 个月后，就可通过面部的肌肉活动来表现快乐、厌恶、愤怒、痛苦等不同的情绪，约 6 个月左右还会表达恐惧等情绪。在十三四岁之前，个体表情认知的发展速度比较快，之后基本处于一种稳定发展状态。研究还发现，对不同情绪类型的表情认知水平略有差异。对人类六种基本表情正确认知率能达到 75%的年龄为：高兴和愤怒 4～5 岁，轻蔑 9～10 岁，厌恶 11～12 岁，惊讶和恐惧最晚十三四岁才能够正确认知(周秀章，1986)。这就说明，到了青少年期，个体基本表情认知初步成熟。但是某些复杂的表情，如苦笑、献媚等，因缺少此类情绪体验而发展很晚，因此，对献媚等表情的认知最为困难（彭聃龄，1985)。伴随着表情认知的发展，青少年期个体表情的自觉运用和控制得到进一步完善，为青少年使用非语言手段提高社会交往能力创造了条件，也为情绪文饰现象在青少年期的出现提供了可能性。

姿态表情不像面部表情那样能准确细致地区分特定的情绪，但同样可以传递大量的情绪信息。同时由于姿态表情比面部表情更具有不随意性，因而个体更难以控制自己的姿态表情。

总之，在整个青少年期，青少年的情绪一直向稳定化、丰富化和深刻化发展，也就是说，青少年并不是一开始就具有情绪的这些特点，而是逐步实现的。同时，我们也应看到，尽管青少年在这些方面相对优于年幼儿童，但其自身的情绪发展也不够成熟。一直到成年期，情绪发展的使命才基本完成。

第三节　青少年的亲密感

在青少年期，随着社会经验的丰富，社会交往的增多，青少年将自己的活动与情感逐渐从对父母的依恋中解脱出来，并在同龄朋友中追求新的活动伙伴和情感寄托。美国心理学家霍林沃斯（L. Hollingworth）把这种现象称为心理上的“断乳”。这就是我们要讨论的一个重要话题——青少年的亲密感。青少年期亲密感的获得在个体一生的心理发展中起着至关重要的作用，它直接影响着青少年自我同一性的建构和社会化发展的进程。

一、亲密感的含义

亲密感（intimacy）是指人与人之间的一种情感依恋，其外在表现就是人与人之间建立了亲密关系。一般而言，两个人之间的亲密关系有以下几个特征：一是关心对方的身体健康状况；二是自愿向对方敞开心扉，吐露有关自己的一些隐私和敏感性的话题；三是有共同的兴趣爱好、共同的活动。

从人类个体的发展历程来看，亲密感贯穿于人的生命全过程。无论是刚出生的婴儿，还是耄耋老者，都有对亲密感的需要。研究结果表明，在儿童期，如果没有朋友，会引发很多的心理和社会问题（Hartup，1992）；在成年期，即使只有一个朋友对个体的心理健康也是极其有益的，也就是说，得到他人情感支持的人很少会出现心理和身体上的紊乱（Myers etal.，1975）。毫无疑问，亲密关系对各个年龄段的人来讲都是非常重要的。

为什么在青少年期亲密感的发展如此重要呢？原因之一是：直到青春期，真正的亲密关系，即以坦诚、诚实、守信为特征的关系才首次出现。虽然儿童间也有友谊，但主要以活动为指向，如共同游戏和玩耍，他们对朋友的概念仅仅是玩伴而已。相比之下，青少年的友谊具有较强的情感基础，朋友之间是相互理解、相互关心的亲密关系（Newcomb & Bagwell，1995）。另一个原因是：青少年社会世界发生了本质的改变。从儿童期过渡到青春期，同伴的地位在儿童的社会生活中越来越重要，相对而言，父母的地位却有所减弱，到青春期中晚期，异性同伴之间的关系又成为主流。因此，我们可以把同伴关系的变化看做是亲密感发展的一个重要方面。

青少年期亲密感的发展是与这一时期青少年生理的、认知的和社会性的发展息息相关的（Savin - Williams & Berndt，1990）。首先是青春期的生理变化，这使青少年有了许多共同话题；其次是这一时期认知能力的增强，尤其是社会认知能力的发展，为青少年准确地理解人际关系提供了认知基础；再次是这一阶段社会关系、社会角色的变化，这为青少年提供了单独交往的机会。

总之，在整个青春期，青少年亲密关系的变化不仅反映了这一阶段情感发展的历程，而且也为其成年期各种人际交往奠定了基础。

二、关于青少年亲密感的理论观点

（一）沙利文的人际发展理论

沙利文（H. Sullivan）是精神分析社会文化学派的重要代表人物之一。他从精神病，特别是精神分裂症的临床经验中，逐渐形成了他的人际关系学说，并在此基础之上建立了他的人格理论。具体来讲，沙利文反对弗洛伊德的本能说，强调社会文化和人际关系对亲密感的影响，认为亲密感的形成和发展是人与人之间相互作用的结果。沙利文认为人生而具有两种先天的需要：一是对满足的追求（主要在生物学方面），二是对安全的追求（主要在心理方面）。他同时强调，人是社会性的动物，从幼儿起就与周围环境发生交互作用，寻求满足的实现和安全的获得。发展到青春期，青少年面临的挑战就是努力满足不断变化的人际需求。当需要得到满足时，就会有安全感，当需求没得到满足时很可能就会导致焦虑感。

沙利文认为，处于不同发展阶段的儿童有不同的人际交往需求（Sulliven，1953)(见表 8 - 1)。沙利文还指出，个体心理的发展是连续的、累积的，早期交往成败的经验将会影响后来的人际关系，过去的坚实、安全的人际关系将有助于当前人际关系转变的顺利完成。例如，一个对与他人建立关系产生强烈焦虑的个体很难形成新的人际关系，因为这将会对本来就不确定的安全感形成威胁。

表 8－1　不同年龄阶段儿童的人际需求

年龄阶段	人际需要
婴儿期（0 岁到 2～3 岁）	与人接触和被照顾的需求
童年早期（2～3 岁到 6～7 岁）	在儿童游戏中体验成人生活的需求
童年中期（6～7 岁到 8～10 岁）	交友的需要和被同伴社会群体接受的需要
前青少年期（8～10 岁到 12～14 岁）	从同性好友中获得亲密感的需求
青少年早期（12～14 岁到 17～18 岁）	性接触的需求以及与异性同伴建立亲密关系的需求
青少年晚期（17～18 岁到成年）	融入成人社会的需求

（资料来源：Sullivan，1953）

沙利文认为，青少年的亲密感首先是在同性同伴中发展起来的。后来，才发展为异性之间的性亲密关系。而且，前一时期良好关系的建立，为后面关系的顺利发展奠定了基础。青少年面临的主要任务之一就是从前青少年期的同性亲密关系向青少年晚期异性亲密关系的转变。因此，沙利文把童年期与成年期之间的时期分为三个阶段：前青少年期、青少年早期和青少年晚期。

前青少年期，青少年开始脱离对父母的依恋，把注意力转向同性伙伴，通过频繁的交往，与少数人建立了亲密的关系。从此，这些成为好朋友的青少年开始变得无话不谈，甚至连自己的一些个人隐私也成为他们之间的公开秘密，并建立起一种以诚实、忠诚和信任为特征的纯洁友谊。沙利文认为这种亲密关系有助于改善和修复童年时期出现的一些人际关系问题。譬如，好朋友可能会帮助一位幼年经历过消极人际关系的青少年克服来自家庭的不安全感。然而，对那些缺少与他人建立亲密关系能力的青少年而言，强烈的不安全感将会导致他们产生焦虑。因此，沙利文认为，前青少年期是否形成了亲密的同性关系对以后的异性交往具有深刻的影响。

随着青春期的到来，个体进入了青少年早期。这一时期主要以第二性征的出现、性觉醒和性冲动为标志。沙利文认为，这一时期的青少年人际需求发生了改变，从亲密的同性关系向亲密的异性关系转变。像所有的人际转变一样，青少年在与异性交往的过程中也伴随有焦虑情绪。因此，对安全感较弱的青少年而言，可能会因为害怕而不敢与异性进行深入交往，这样就会影响异性亲密关系的形成。

根据沙利文的观点，青少年期的主要任务就是使个体亲密感的需求得到满足，无论与同性还是异性都有正常频繁的交往，从而建立亲密的关系。他把青少年期看做是经历不同人际需求的发展阶段，把青少年拥有不同类型的人际关系看做是解决新感情、新恐惧和满足新人际需要的一种有效方法。对大多数年轻人而言，经历了异性亲密关系之后就进入了青少年晚期。

（二）埃里克森的亲密观

新精神分析主义者埃里克森（Erikson，1968）一方面继承了弗洛伊德的人格结构理论，另一方面却认为，在考察儿童发展时既要考虑到生物因素的影响，又要考虑到社会文化因素的作用。他根据自己的临床经验，建立了以自我发展为核心的人格理论。这一理论把人的一生分为前后相继的八个阶段，在每一发展阶段，都有特定的带有普遍性的心理社会任务需要完成，如果一个阶段的任务完成了，就顺利进入下一阶段，如果完不成任务，就会出现心理社会危机。

埃里克森认为，青少年期和成年早期面临两项任务：一是发展同一性，避免同一性混乱；二是发展亲密感，克服孤独感。埃里克森对亲密性的埋论探讨虽没有像研究同一性问题那样深刻，但他对二者关系的研究却具有重要的实际意义。埃里克森认为，青少年只有建立了自我同一感才能获得真正的亲密感，没有形成安全的自我同一感的青少年常常害怕与人交往，而且也不愿意与他人建立更亲密的关系，他害怕在这种亲密关系中失去自我。因此，在还没有确立自我同一感的个体之间形成的亲密关系，虽然表面看上去很亲热，实际上他们并没有真正地敞开心扉，彼此之间很难暴露自己的真实感受。根据埃里克森的观点，这种虚假的亲密感在青少年期出现并不足为怪。对这些青少年来讲，在对自己还没有一种清晰的认识之前，他们很难对他人投入更多的感情，更不会向他人袒露自己的心胸。

另外，埃里克森还指出，已建立了真正亲密关系的个体之间虽然有很多共同点，同一性彼此达到了融合，但他们并没有失去自我同一性。如，挚友之间虽然有共同的价值观和兴趣爱好，甚至对某一问题有同样的看法，但是，他们仍旧是作为一个独立的个体而存在，并没有失去自我。

总之，埃里克森认为，形成安全的自我同一感是青少年建立真正亲密关系的必要条件。青少年只有建立了稳定的自我同一感，才能在以后的亲密交往中，避免发生失去自我的危险。

（三）青少年期的依恋理论

依恋（attachment），一般是指个体对某一特定个体的长久持续的情感联系。在发展心理学中，依恋通常指婴儿与成人（父母或其他看护者）的情感联结。有些研究者却提出了一种全新的观点（Sroufe，1979），认为依恋情感在人生的各个阶段都会发生，从婴幼儿对抚养人的依恋，一直到老年人对儿女或配偶的依恋。并且这一心理发展过程是连续的，儿童早期的依恋类型直接影响后期的情感联结。根据这一理论观点推论，青少年期的情感联结就是婴儿期依恋关系的延续和发展。个体在婴儿期形成的依恋关系类型将继续影响青少年期形成亲密关系的能力。关于这一点，已经得到了许多研究者的证实。

有些研究者指出，个体早期的依恋关系是其在以后发展历程中所采用的一般人际关系模型的基础，称其为“内部工作模型”。这种模型决定着个体在与他人的交往中是持信任的态度还是持怀疑的态度。根据这一理论观点，在婴儿期具有安全型依恋关系的个体在青少年期将会有一个更积极健康的内部工作机制（Kobak & Sceery，1988）。而早期形成不安全型依恋的个体将有一个不太健康的模型。另外，研究还发现，在婴儿期表现出不安全型依恋关系的个体在后来的恋爱关系中对别人的拒绝更敏感（Feldman & Downey，1994）。同理，在婴幼儿时期经常受到家长体罚的儿童，与没有遭受体罚的儿童相比，更难与他人形成亲密关系（Parker & Herrera，1996）。

早期依恋关系的累积性也是影响青少年期人际交往的一个重要原因。虽然关于儿童依恋的追踪研究（从婴儿期到青少年期）很少，但有些研究却得出了有意义的结果，如有研究表明，焦虑型依恋婴儿在童年期更可能出现心理和社会问题（Renken et al.，1989）。同样，童年期同伴关系中出现的这些问题可能会影响青少年社会技能的发展。另外有研究表明，和同伴建立积极的亲密交往不仅对青少年期的发展有重要的意义，而且为以后人际关系的健康发展提供了有利保障。总之，这些研究也像沙利文和埃里克森的理论一样，分析并回答了亲密感的产生和发展。

三、亲密感的发展历程

（一）“友谊”含义的变化

当问及“你如何判断谁是你的好朋友”时，不同年龄阶段的儿童会有不同的回答。例如，幼儿园小朋友可能会回答“我有时在他的房间里睡觉，当他与小朋友玩游戏时，总让我也一起玩”。六年级的儿童则认为，朋友之间应该互相坦诚、无话不谈；当遇到麻烦时，朋友应给予及时的帮助；并且朋友间的关系要比一般同学间的关系更为密切。以上事实充分说明：儿童对于友谊概念的认知随着年龄的增长而发生变化。心理学家托马斯（Thomas，1981）也曾做过这方面的研究，比较幼儿园儿童、三年级以及六年级学生对亲密友谊这一概念的理解。结果表明，各个年龄阶段的儿童都把“亲社会行为”和“共同活动”作为友谊的内涵，对亲密和忠诚，幼儿园的儿童却没有把它们作为友谊的内涵，从三年级到六年级人数却急剧上升。另一项研究（Bigelow & LaGaipa，1975）也得出了类似的结论：直到七年级，学生们在对友谊的界定中才提到“亲密”、“有共同兴趣和爱好”或“相似的态度和价值观”等（见图 8-1）。

儿童对友谊内涵的理解的日益深刻丰富，与其认知和社会性发展密不可分。进入青少年期，由于抽象思维能力的发展，青少年对抽象概念的理解能力增强，开始能够理解“亲密”、“忠诚”等词语的含义。并且，青少年的社会判断能力也更准确，更多地以人的内在心理而非外在特征为判断标准。因此，随着对亲密感需求的增长，青少年开始把“亲密”作为友谊内涵的一个重要方面。

另有研究表明，青少年之间的关系越亲密，他们越重视朋友之间的忠诚和相互接受，这一现象在女孩身上表现得更加明显。沙利文解释说，这可能与这一年龄阶段女孩的人际交往开始向异性转变有关。由于她们对同异性约会有严重的焦虑及不安全感，导致她们对同性朋友更加信任和忠诚。有趣的是，一旦好朋友之间发生了冲突，其强度会更大，更激烈，并且双方会更加伤心，因为他们彼此投入了更多的感情。但另一方面，他们之间的协调也比较容易，激烈的冲突更可能激发他们共同做出努力，恢复原有关系。

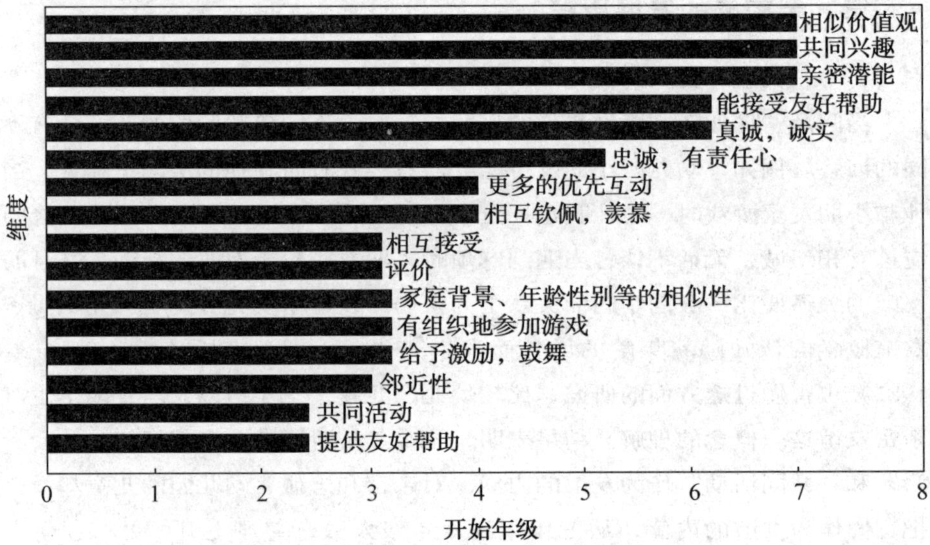

图 8－1 关于“友谊”内涵的年龄差异

（资料来源：Bigelow & LaGaipa，1975）

（二）亲密表现的变化

如上所述，青少年越来越把“亲密和忠诚”等特征作为友谊的重要内涵。那么在实际的人际关系中，他们是否有更多的亲密表现呢？

首先，研究者表明，不同年龄阶段的儿童对好朋友的亲密性信息的了解存在年龄差异（Diaz & Berndt，1982）。四年级和八年级的儿童对其好朋友的非亲密性信息（如，年龄、家庭状况和学习成绩等客观指标）的掌握程度没有差异，但对好朋友的私人的或保密的信息（如他们的朋友正担心的事情以及值得骄傲的事情等），八年级的青少年明显掌握得更多（Jones & Dembo，1989）。这与沙利文的观点是一致的，即在前青少年期和青少年早期，青少年的友谊变得越来越个性化。

其次，在整个青少年期，青少年对好朋友的行为表现、心理变化更敏感（Newcomb & Bagwell，1995），这可以看做是他们的亲密能力日益增长的另一表现。有研究表明，直到四年级，儿童在分享和合作时对待朋友与其他同学的方式之间没有差别。但当他们到达八年级时，与其他同学相比，对朋友会更加慷慨、提供更多帮助。有趣的是，青少年在身体上和生理上对他们的朋友也很敏感（Berndt，1982）。研究表明，两朋友之间的行为和情绪状态在很多情况下是同步的。显然，朋友之间实际上存在着一些微妙的相通之处（Field et al.，1992）。

最后，青少年期的个体在帮助或安慰朋友时逐步增强了其移情能力和社会理解力。与儿童相比，青少年更能理解他们的朋友遇到困难时的感受，并且伴随有同样的情感体验。总之，青少年期，青少年之间的亲密关系很单纯，不带有任何功利性。他们帮助朋友解决各种各样的问题，仅仅是为了给朋友提供帮助和支持（Denton & Zarbatany，1996）。

（三）亲密“对象”的变化

根据沙利文的观点，青少年期个体亲密行为的指向对象也发生了显著变化。在整个青少年期，青少年与同伴之间的亲密行为急剧增多，而与父母的关系却相对有所下降。研究表明，在5～8年级的某个阶段，亲密关系发生了重大转变。在这期间，同伴变成了最重要的亲密对象，并超过了父母和兄弟姐妹的地位。这是否说明青少年的亲密指向由父母转向了同伴，父母在青少年发展中的地位和作用减弱了呢？最近的一项研究（Buhrmester，1996）考察了整个青少年期一直到成年早期，不同年龄水平的青少年与父母、同性朋友以及恋人之间的亲密关系。结果表明（见图8-2），青少年与父母之间的亲密程度在5～10年级呈下降趋势，但从10年级一直到成人早期呈逐渐上升趋势。这与同性朋友和恋人的亲密性在整个青少年期呈稳定上升趋势，但飞速发展的阶段不同。在青少年早期，个体与同性朋友的亲密程度飞速发展，与恋人的亲密交往到青少年晚期才产生。因此，我们可以肯定地说，在青少年期，随着同伴地位的与日俱增，家庭成员的重要性并没有因此而下降。在整个青少年期，青少年与父母一直保持着亲密的关系；父母——特别是母亲，往往是青少年的重要伙伴；父母继续影响着青少年的行为和决定。与此研究结果一致的一项研究也发现，从7～10年级，随着年级的增长，越来越多的青少年把同伴作为生活中的重要他人，而把父母看做重要他人的青少年数量并没有显著变化。即每个年级，大约都有95%的青少年选择父母作为自己最亲密的人（Blyth，Hill，& Thiel，1982）。

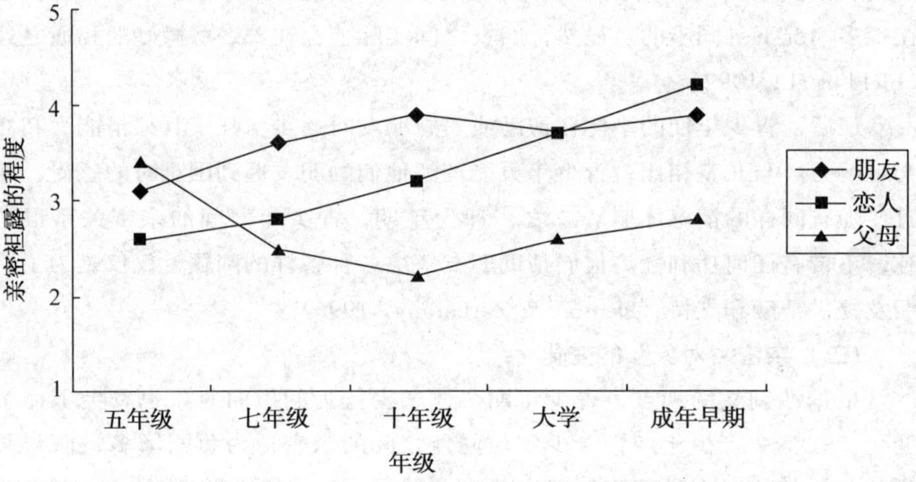

图 8-2 青少年与父母、朋友和恋人之间亲密关系的发展趋势图

（资料来源：Buhrmester，1996）

另外，有关青少年社会支持对象或资源的研究也得出了类似结论(Kneisel，1987)，并且这一结论具有跨文化的一致性。总之，虽然青少年逐渐开始把朋友作为一个重要的情感支持源，但这并没有阻止其对父母的需要和“利用”。并且研究结果表明，青少年在父母面前能更自由地发泄自己的消极情绪；而在朋友面前却有所收敛，这可能是因为他们害怕自己行为不当而失去朋友，却不必担心家庭关系会破裂。

那么，发生这一变化的原因以及父母和同伴在青少年发展中的地位到底是什么样的呢？

首先，父母和同伴在儿童社会性发展所处的地位及所起的作用不同。有研究表明，即使在关系最亲密的家庭中，青少年与父母之间的关系也是以力量的不平衡为典型特征的，由于丰富的阅历和经验，父母总是以抚养者、建议者以及解释者的身份出现。而相比之下，青少年与同伴之间的交往则更加平等，更可能为青少年提供表达不同意见和进行平等情感交流的机会（Hunter，1984）。另一个更重要的原因是他们来自不同的家庭。随着个体社会化进程的发展，青少年需要走出家门，寻找家庭之外的亲密关系，并为家庭外成员角色同一性的建构奠定基础。

其次，心理学家把青少年与父母和同伴的关系看做是相互影响的两个重要方面（Gavin & Furman，1996），认为这两种亲密关系对青少年发展都非常重要，因为二者以不同的方式对青少年发展的不同方面产生影响——儿童既能从与成人的交往中学到许多宝贵的知识和技能，又能通过与同龄人在一起沟通和交流信息。许多研究结果表明，青少年与其父母的关系质量在很大程度上影响青少年与同伴的关系质量（Cooper et al.，1993）。一个有关学生转校时社会支持源发生变化的研究反映了两种亲密关系的不同功能（Dunn et al.，1987）。也有的研究发现，来自家庭成员的支持能更有效地帮助青少年适应新学校的各项要求，而来自同伴的支持则能更有效地帮助青少年缓解心理压力，如压抑和焦虑等。如果缺少一个支持源（如来自同伴的），另一个支持源（如来自父母的）就显得特别重要（Ohannessian et al.，1994）。例如，最近的一项研究发现，那些没有亲密友伴的青少年，家庭支持在其健康适应中尤为重要，但对于家庭关系紧张的青少年而言，来自朋友的支持非常关键（Gauze et al.，1996）。然而，值得注意的是，父母、兄弟姐妹及其他人的支持不能完全代替学校同伴的支持作用，同样，来自同伴和兄弟姐妹的支持和帮助也取替不了父母的位置（Gore & Aseltine，1995）。换言之，青少年期最佳的社会发展不仅需要青少年与父母之间建立健康的关系，而且也需要与同伴进行亲密交往，二者缺一不可（Barber & Olsen，1997）。

（四）从同性交往向异性交往的转变

根据沙利文的理论，前青少年期和青少年早期的友谊关系出现了十分明显的性别分离现象，男生很少提及与女生的友谊关系，女生同样也很少承认与男生的交往。特别是在前青少年期，性别是建立友谊关系的首要决定因素。那么，出现这一现象的原因是什么呢？这一年龄阶段的男女青少年有各自不同的兴趣爱好，各自参加不同的同伴活动。同时由于性意识的觉醒，他们也意识到彼此之间有众多的差异。斯科菲尔德（Schofield，1981）以访谈法考察了青少年对这一现象的看法，如询问被试“学校餐厅里的男女生为什么要分开坐?”他们的回答是“男生在一起谈论足球和体育运动，而那些女孩子也有自己的主题”。因此可看出，青少年友谊关系中性别分化的出现是因为个体更喜欢参与同性同伴的活动，而并非是讨厌异性同伴。斯科菲尔德在研究中还发现，由于担心与异性同伴的接触可能会被别人误认为有男女恋情，这一时期青少年与异性同伴的交往会有所减少。

然而，随着年龄的增长，青少年逐渐由与同性交往向与异性交往过渡。而在这期间，男女混合的群体交往或活动成为过渡的中间状态。如，在与异性单独交往之前，会有一段时间的群体交往作为以后交往的铺垫。出现这一现象的原因可能是，青少年对与异性建立亲密关系有很大的社会压力，并伴有焦虑感。而在男女混合群体的背景下，男女之间通过互相调侃、开玩笑以及做游戏可相互了解，缓解交往压力。另有研究（Sharabany，Gershoni，& Hoffman，1981）发现，在整个青少年期，同性个体之间的亲密关系是持续发展的。尽管在青少年晚期，异性之间的亲密交往成为青少年人际交往的主流，但它也不会取代同性之间的亲密关系。也就是说，虽然这种亲密的异性同伴可能会逐渐成为青少年个体的重要他人，但他们并没有与原来的好朋友疏远或断绝关系，而是一直保持着密切的联系。

总之，青少年期个体建立友谊关系的对象和范围越来越广，社会交往越来越频繁。青少年晚期，青少年有了亲密的异性同伴，但新型同伴关系的出现并没有取代原有同伴关系，而是在原有基础上的增加。

四、亲密同伴关系的功能

许多研究结果证明，青少年期亲密感的获得（亲密友谊关系）在个体一生的心理发展中起着至关重要的作用。

首先，青少年期亲密感的发展有利于青少年自我同一性的建构和性别的社会化（Hartup，1993）。沙利文和埃里克森都曾强调亲密的同伴关系有助于和谐同一性的建立。青少年对未来往往充满着憧憬和幻想，他们常与朋友谈论自己向往的职业、择友的标准以及渴望的生活方式等，而这些问题都与自我同一性相关。有研究表明（Buhrmester，1990），青少年时期的亲密同伴关系对个体心理健康的意义要大于儿童期亲密关系的作用；自我报告至少有一位亲密同伴的青少年比没有相应感情体验的同伴往往有更高的自尊水平，即亲密关系的建立会影响青少年的自尊水平。但至今还没有研究证明，究竟是青少年之间亲密交往促进了其自尊水平，还是自尊水平高的个体更可能建立起亲密关系？

其次，由青少年向成人过渡的过程中，个体通过与同伴频繁交往，了解了很多在父母那里无法得到的信息，学习了大量的生活经验。譬如，青春期随着第二性特征的出现，身体各方面变化产生的种种疑虑，以及如何处理与异性同伴之间的关系等方面的信息，都是从同伴那里获得的。因此，青少年的同伴交往经验对促进性别社会化具有重要的意义。

虽然亲密同伴关系对青少年的发展有着如此重要的积极影响，但如果在某一环节出了问题，它也会带来很大的消极影响。米查尼克（Mechanic）认为，过多地与亲密同伴探讨私人问题会导致过度的内省，从而产生自恋等诸多心理问题。还有人认为，青少年过度的自我关注会导致一系列的心理问题（Savin－Williams & Berndt，1990）。

另外，交什么样的朋友以及交往的内容等因素在一定程度上也决定着亲密同伴关系的作用（积极的或是消极的）。研究发现，被大多数同伴欢迎不如有几个知心朋友，有大量泛泛而交的朋友远不及有几个至交好友。尽管并非所有友谊关系都是亲密持久的，有些亲密关系可能会中断，但其存在时却能为个体提供支持、陪伴，使个体有机会表露自我，获得亲密的情感体验。另一方面，假如同伴的行为方式是消极的，那么同样，同伴的作用也会是消极的，使其具有同样的行为模式。

总之，并不是所有的亲密关系都能促进青少年积极的发展，只有健康的亲密同伴关系才能促进青少年的身心健康发展。否则，这种关系也会导致攻击、破坏，甚至犯罪等不良行为，出现焦虑、孤独、自卑等情绪困扰。

第四节　青少年常见的情绪困扰及情绪调节

青少年期，作为向成年期过渡的阶段，既是一个可塑性很强的时期，同时又是一个充满情绪情感冲突的时期。一方面，青少年情绪情感具有温和、细腻、固执等特点；另一方面，却又具有强烈、狂暴、可变性等特点。可以说，在青少年的情绪表现中，充分体现出半成熟、半幼稚的矛盾性特点。因此，这一时期往往被认为是情绪情感的“多事之秋”。在这一阶段，青少年很容易出现情绪情感困扰问题，如自卑、抑郁、焦虑、孤独等。所以，充分认识青少年情绪情感发展过程中存在的一些问题，并及时进行有针对性的疏导和调节，从而促进青少年身心的健康发展，就显得尤为重要。

一、青少年情绪情感发展中易出现的问题

青少年情绪、情感发展不成熟，他们虽然在情绪、情感上有各种要求(如独立的要求)，但由于缺乏足够的能力或经验而表现出不理智、易冲动的特点，往往会导致青少年在情绪、情感的发展过程中出现一些问题。其具体表现为：

第一，情感倾向趋于稳定，但易受外界的不良影响。随着青少年各方面的逐渐成熟，特别是自我意识增强，出现了“成人感”，世界观也初步形成，对外界事物有了一定的判断标准。但由于缺乏社会经验，他们意志力往往比较薄弱，容易受外界的种种诱惑和不良影响。

第二，强烈爆发的情绪和温和细腻的情感交织并存，有时会因冲动而犯错误。在青少年时期，既有“惊涛拍岸”般的激动，又有“和风细雨”式的柔情，青少年的情绪不够稳定，两极性明显，有时很固执，有时则容易从一个极端走到另一个极端。

第三，情感的自我调节能力有所提高，情感表露越来越具有文饰、内隐性的特点，并且内向性和表现性共存。青少年不再像儿童那样坦诚，而是常把情感积聚心中，情绪出现心境化，但过度地掩藏情绪，会导致情绪的压抑。

第四，亲密感迅速增强，同时出现两性爱恋的萌芽。亲密感的发展在这一阶段主要表现在与同伴的关系之中，因为青少年期个体与同伴的交往日益频繁，同时友谊的内涵也有了质的变化。相对于儿童友谊的空间临近性和具体直观性等特点，青少年的友谊感大大增强，对友谊的理解和体验也更为深刻，择友的标准也逐渐由外部表现转向内部特质。应该说，健康而真挚的友谊是青少年之间相互促进、相互帮助的动力。但是如果不正确引导，就有可能发展成讲江湖义气，拉帮结派，甚至违法犯罪。同时，青春发育期的生理变化引起了情感上的变化，歌德曾说:“哪个少年不怀春，哪个少女不钟情”，骚动的情感需要得到适当的释放才能获得平静。但随着青少年情感自我调节能力的提高，情感表露越来越带有文饰、内隐的性质，他们往往把内心的冲动与激情深深地压抑起来。这种内在矛盾长期积累起来，将会严重地影响青少年的生活与学习，甚至会引发青少年的心理障碍。

总之，以上几个方面是青少年情绪情感发展的薄弱点。对广大家长和教育工作者而言，既要认识到青少年期情绪、情感的发展特点，又要积极引导教育，使其获得一种积极健康的良好心境。也就是说，当看到自己的孩子或学生出现上述情绪表现时，不要视为个性特征，而要认识到这是年龄阶段特征，是共性。同时，如果不积极引导的话，青少年也会出现一些情绪困扰，如自卑、焦虑、抑郁及孤独等。

二、青少年常见的情绪困扰

（一）青少年自卑感的特点及其克服

自卑感（feeling of inferiority）是指个体觉得自己低人一等的惭愧、羞怯、畏缩甚至灰心的复杂情感，是自我评价的重要体现。自卑感常被分为两类：主体自卑感与客体自卑感。前者指由于个体的生理状况、能力、个性特征、价值倾向、自我观念等因素导致的自卑感；后者指由于个体所处的客观环境如家庭经济状况、地域环境等外部环境导致的自卑感。有自卑感的人往往表现为对自己能力或品质评价过低，对自我存在的价值感到怀疑，对自己想做的事不敢肯定，轻视自己或看不起自己。过度的自卑感还会使人脱离现实，造成生活适应困难，阻碍人格的健康发展。

青少年自卑感的特点表现在下面几个方面：

（1）自我评价过低。这是自卑的实质，表现在对自己的生理条件（如外貌、身高等）以及学习、交往等各方面能力的评价过低。

（2）概括化、泛化的特点，即由于某一方面的原因而造成的自卑情绪极容易泛化到其他方面。例如，有的同学会由于身材长的不好引起自卑，使他感到自己的言谈举止及社会交往能力均不如别人。

（3）敏感性和掩饰性。具有自卑感的青少年往往对自己的不足和别人的评价都很敏感，常常把与己无关的言行看成是对自己的轻视。由于担心自己的缺陷被人知道，因而常加以掩饰或否认，有时表现出较强的虚荣心。具有自卑感的青少年常用回避与别人交往的方式来避免别人看出自己的缺陷和不足。他们常把自己禁锢起来，从而产生孤独的体验，容易形成闭锁性的性格。

自卑感的形成是个体的主客观因素交互作用的结果。其中个体的自我观念，特别是自我评价对自卑感的形成起关键性的作用。如果个体对自己的主客观条件认识和评价不当，就会形成自卑感。我国学者黄曼娜（1999）探讨了中学生自卑感的影响因素，发现影响中学生自卑感的因素既有主观的，如自敬、社交信心、学业能力、外表、体能和性别等，也有客观的，如不同的环境（学校和班级等）。

另外，青少年自我意识的发展也是产生自卑感的一个重要原因。随着年龄的增长，青少年的自我概念出现了理想自我和现实自我。由于身心发展的不平衡性，青少年理想自我与现实自我的差异较大，青少年对现实中自我的评价往往不能达到所期望的理想自我的标准。因此，当两者发生矛盾时，就容易产生消极的自我评价，丧失达到理想自我的信心。美国心理学家埃利斯（Ellis, 1962）认为，一些负性的情绪体验，如自卑、抑郁、焦虑等，是由于个体对事物的某些不合理的观念造成的。

针对上述特点，青少年可以通过自我调控的方法克服自卑感。首先，要正确认识自己，扬长避短，树立自尊。相反，如果一味地拿自己的劣势与别人的优势比，就很容易陷入极度的自卑状态，进而出现人格问题。其次，放弃过高的奢望，使理想自我和现实自我之间的差距缩小，逐步恢复自信，克服自卑感。青少年期是一个充满“梦幻”的时期，青少年喜欢在头脑中设计

"理想自我"，而他们的"理想自我"有时会高出"现实自我"许多，这种矛盾常常引发自卑感。如黄曼娜研究（1999）发现，普通中学、职业中学的学生比重点中学的学生更自卑，因为中学生大都希望自己学业出众，上重点中学，但由于自己能力有限，只能上普通中学或职业中学，从而产生自卑感。其实，普通中学和职业中学的学生就应该放弃过高的愿望，调整自己努力的方向，找一个比较容易并且很有把握达到的目标，成功后再找一个目标，当一次次体验到成功的喜悦后，自信心便逐渐建立起来。随着自信心的恢复，自卑感也就慢慢降低甚至消退。最后一种克服自卑的方法就是"代偿法"，也就是要及时发现自己的优点，以某方面的特长或优点来有效地取代或补偿其他缺陷，藉此弥补因缺陷而丧失的自尊和自信，减轻精神痛苦，走出自卑阴影。

（二）青少年焦虑的表现及产生原因

焦虑是一种复杂的消极情绪，是人们在社会生活中对于可能造成心理冲突或挫折的某种事物或情境进行反应时的一种不愉快的情绪体验，个体预期到一些可怕的、可能会造成危险或需要付出努力的事物和情境将要来临，但又感到对此无法采取有效的措施加以预防和解决时，便会产生焦虑。此时心理会产生紧张的期待情绪，表现出不明原因的忧虑和不安。引起青少年焦虑的原因主要表现为以下几个方面：

（1）因适应困难而产生焦虑。这是在青少年中比较常见的情况。由于生活和学习环境的转变，造成对新环境难以很快适应，因而引起各种焦虑反应。

（2）考试焦虑是青少年中比较常见的一种消极情绪体验，是他们过分担心考试失败并渴望获得更好的分数而产生的一种紧张的心理状态。考试焦虑一般在考试前数天就表现出来，随着考试日期的临近而日益严重。研究表明，一些能力不如他人或对自己能力的主观评价不如别人的学生，以及那些对获得好成绩有强烈愿望的学生容易产生较高的考试焦虑。通过提高自己专业学习的能力，提高对自己能力的评价，或者把对好成绩的期望降低到适当的水平，都可以减轻考试焦虑。

（3）大学生中另一常见的焦虑类型是对身体健康状况过分关注而产生的焦虑。许多中学生因学习紧张，脑力劳动强度太高，会出现健康水平下降的现象，如失眠、疲倦等。当那些过分关注自己身体健康状况的青少年出现了这些症状时，便容易产生焦虑感。要克服焦虑，首先要对人的脑力活动有正确的认识，合理安排时间，注意劳逸结合，增强体育锻炼，而不应该沉湎于对自身身体状况的过分关注中。过分的关注会通过暗示作用加重身体的不适感，加重焦虑情绪。

（三）抑郁表现及产生原因

抑郁是青少年中常见的情绪困扰，是一种感到无力应付外界压力而产生的消极情绪，常伴有厌恶、痛苦、羞愧、自卑等情绪体验。抑郁像其他情绪反应一样，人人都曾体验过。对大多数人来说，抑郁只是偶尔出现，为时短暂，时过境迁，很快就会消失。但也有少数人长期处于抑郁状态，导致抑郁症。性格内向孤僻、多疑、不爱交际、生活中遭遇意外挫折的人容易陷入抑郁状态。情绪抑郁的青少年的主要表现是：情绪低落、思维迟缓、郁郁寡欢、闷闷不乐、兴趣丧失、缺乏活力，干什么都打不起精神；不愿参加社交，故意回避熟人，对生活缺乏信心，体验不到生活的快乐；并伴有食欲减退、失眠等现象。长期处于抑郁状态会使青少年的身心受到严重损害，无法进行有效的学习和生活。

关于抑郁情绪的发生问题，心理学家已进行了大量的研究。有研究者认为，抑郁发生的主要原因在于个体掌握外界客观知识的能力与个体合理理解现象、在一定的社会情境中恰当理解问题的能力之间存在反差。心理学家早就认识到，认知的不协调、不一致或者认知的冲突将产生情绪问题。早期人格理论关于心理冲突的思考，以及社会心理学中的一些理论（如认知平衡理论、认知不协调理论）对我们理解抑郁具有一定的启发作用。近期关于自我差异的理论直接给我们提供了抑郁发生的可能的解释。自我差异理论系统地论述了抑郁情绪与自我概念及自我导向的差异之间的关系。该理论认为，现实自我与理想自我的差异将会导致抑郁情绪的产生，个体对有关客体的知识相对丰富，便会产生能够解决相对较多问题的期待，这种期待与个体的理想自我相关联。然而，个体实际的社会判断能力以及个体认知结构并不能满足这种期待，而这种情形和个体的实际生活体验与个体的现实自我是相关联的。现实自我与理想自我之间的认知不协调在引导动机解决问题失败之后，个体将有可能产生消极的适应，并且它往往与失败、悲观、情绪的低落以及进一步产生负性认知相联系，从而产生抑郁情绪。

（四）孤独及其克服

有关对高中生和大学生的调查研究发现，青少年晚期是人生中最孤独的时期之一。虽然我们通常认为年龄越大，感觉越孤独，但大量的研究表明，青少年和青年人报告了最高的孤独水平。研究者认为，青少年可能已经产生了对亲密感的需求，但能够满足这种需要的社会关系还没有建立起来，因此，他们经常陷入孤独之中。这种情况通常可以通过与同伴进行沟通来缓解，因为当了解到同龄人也有同样的情感体验时，青少年就会减轻自身的孤独感。

当青少年早期和中期的朋友开始疏远、分离时，潜在的孤独感就会增长。青少年阶段学校环境的改变——如进入新学校，将会使高中生难以维持小学或初中时建立起来的友谊关系。在有关友谊的调查中，被个体提名的好朋友的数量在青少年早期的4～6年级达到了最高峰，而随后逐渐下降。到成年期，人们报告只有一个最好的朋友，关系很亲密的朋友也很少，大部分都只是熟悉而已（Savin－Williams & Berndt，1990）。

如果从初中到高中的过渡降低了青少年社会网络的亲密性，那么，从高中到大学的转变造成的损失可能更大。根据对学生孤独感的大规模研究发现，几乎一半的大学生在入学第一个月中都有过孤独感。许多青少年认为，到大学以后，他们对中学友谊的满意度急剧下降。更加不幸的是，很多青少年在刚进入大学的第一年，并没有立即建立新的友谊。因此，对大学新生进行一定的心理健康指导是非常必要的。

孤独感的克服与青少年的态度密切相关。虽然孤独的青少年也与其他青少年一样参加了一些集体活动，但他们对待朋友关系的期望和态度与其他人不同。那些已建立起亲密友谊关系的青少年对友好的社会生活一直有一种渴求，而那些孤独的青少年更可能告诫自己并不需要朋友，学业比社会交往更重要。经历了“理智”的思考后，他们可能更加为自己的独处提供借口和机会。孤独的青少年很少对人倾吐心声，不在乎自己的人际关系，并且经常想当然地认为他们已经获得了很多的亲密感。因此，大学的老师和辅导员在帮助这些学生克服孤独感时，不仅要鼓励他们更多地参加一些社会交往活动，还要帮助他们改变原来的观念和态度。

三、调节青少年情绪，培养青少年良好的情感品质

（一）指导青少年了解自己的情绪情感特点

不同的青少年有不同的情绪情感特点。例如，按气质类型划分，人们大致可以归纳为四种气质类型，不同气质类型的个体在情绪情感方面表现出一定的差异。胆汁质类型的青少年情绪产生快，强度大，容易爆发激情，外部表现特别明显，“近乎粗犷”；多血质类型的青少年很容易产生情绪，强度也大，但自控性好，外部表现生动，富于感染力；粘液质类型的青少年不易产生情绪，强度一般不大，外部表现平淡，给人一种“情感贫乏”的印象；抑郁质类型的青少年，很容易产生情绪，且强度较大，自控性较差，给人一种“多愁善感”的印象。

在学校教育中，教师应指导青少年深入了解自己的情绪情感特点，了解他们在情绪体验、情绪表达和情绪认知等方面的优缺点，并帮助其分析自己的需要，努力培养积极向上、健康活泼的情感体验。一般而言，除了在日常生活中观察学生，了解其情绪情感特点外，教师还可让学生做有关的自陈问卷，让学生更好地了解自己。另外，还可在学生之间对情绪情感特点作相互评价，让他们通过别人的眼睛来了解自己。

（二）预防青少年的高焦虑状态

在学习中适度的焦虑可以维持注意，促进学习，但长期的高度焦虑则会对青少年的身心造成严重影响，有些学生因难以承受这种焦虑，还会产生厌学情绪。造成学生高度焦虑的原因是多方面的，学业压力过大无疑是不可忽视的原因。为了预防和克服青少年学生的高度焦虑状态，教师应从以下几个方面入手：（1）教师在教学过程中应制定切实可行的教学计划，对不同的学生进行层次教学，将教学目标定在青少年学生的“最近发展区”之内。（2）教师应努力营建一种轻松和谐的师生关系，指导青少年正确处理同伴关系，真正实现师生间的理解与沟通。在和谐、真诚、关心、理解的气氛中，青少年会产生学习上的安全感和自信心，这样就可以避免遭受各种精神上的威胁和挫折，他们自我实现的学习动机就会自然而然地表现出来。更重要的是，在这种气氛中，青少年还可以学会自我评价、自我管理、自我促进。

（三）培养青少年高尚的情操

情操是一种比较稳定和含蓄的高级情感，它与一定的高级社会性需要相联系，与一定的社会价值观念相结合，主要包括道德感、理智感和审美感三类。培养青少年高尚的情操，是学校教育不可忽视的重要方面，也是促进青少年良好情感品质形成和发展的重要方法。只有情操高尚的人，才会有远大的理想，饱满的热情，坚定的意志和健康的心理。因此在学校教育中，教育工作者应充分利用各种学习、生活和社会实践的机会，对青少年学生进行道德感、理智感和审美感的陶冶，让他们获得深刻的情绪体验，形成高尚的情操。

（四）教给青少年自我调节的具体方法

"解铃还需系铃人"，教师或其他的教育工作者可以从各个方面帮助青少年，但都只是外力的作用。这种外力在一定程度上缓解压抑、焦虑及孤独，但只有发挥个体的主观能动性，使其对生活中遇到的困难和不适应有一个正确的认识，才能"治本"。因此教师应该教给青少年一些切实可行的情绪调节的方法，及时进行自我调节。当青少年学生出现烦恼和苦闷时，教师可以根据个体差异、问题的类型等条件的不同，分别给予青少年学生一些有益的忠告。（1）如果根据现有的条件，问题是有可能予以妥善解决的，我们应该帮助青少年学生将注意力放在如何解决问题上，以积极乐观的态度面对问题本身，从根本上铲除引起烦恼和苦闷的根源；（2）如果问题一时难以妥善解决，我们应该提醒青少年学生改变认识角度，换一个角度重新审视这一问题，进行积极的注意力转移；（3）还可以通过换环境来暂时排除苦恼或干脆以适应的方式加以"渲泄"，以达到释放心理能量、调节内心平衡的目的。

☞讨论

埃里克森和沙利文的观点之争

埃里克森和沙利文在有关青少年期亲密感和同一感发展孰先孰后的问题上存在意见分歧。沙利文认为亲密感是在前青少年期发展起来的，亲密能力的发展早于自我同一感的发展（自我同一感是在青少年后期才发展起来的）。

埃里克森却认为自我同一感的确立必须发生在亲密感发展之前，因为个体为了避免在与他人相处中失去自己必须首先对自己有一个清晰的认识。到底同一感与亲密感的发展孰先孰后呢?

大量的研究（转引自：Steinberg，1999）通过分别测量同一性和亲密感，然后比较这两个方面分数来回答这一问题，并提出了如下假设：如果埃里克森的观点是正确的，那么个体只有获得同一性以后，才可能在亲密感上得高分，并且在亲密感上得分高的所有个体在同一性上的得分必然很高；与之相对，如果沙利文的观点是正确的，那么个体只有获得亲密感以后，才可能在同一性上得高分，并且所有在同一性上得高分的个体在亲密感上也都得高分。

然而到目前为止，研究结果并没有完全证实任何一种假设。总体来讲，两方面的得分显著相关（即有和谐同一感的个体，更可能有亲密的人际关系，反之亦然），但很难下结论说一个领域的发展导致了另一领域的发展。似乎不同个体遵循着不同的发展路线，有些人先确立了同一感，再发展人与人之间的亲密性，然而有些人却有相反的发展模式。

后来，有研究者提出了心理发展性别差异理论以解释沙利文和埃里克森之间的观点差异（Josselson et al., 1977）。此观点认为，亲密感对青少年女孩比男孩更重要，有关自我同一性和亲密感的心理社会危机更可能会出现在女孩身上。对青少年男孩而言，亲密感也许不是自我发展过程中的一个重要方面。因此，沙利文的观点可能更适合女孩，而埃里克森的观点更适合男孩。

事实上，埃里克森和沙利文的观点发生分歧的一个原因是，理论家强调了亲密性的不同方面。沙利文主要关心青少年对亲密感的需求以及获得亲密感的能力要求，因此他更重视青少年早期的发展。而埃里克森关心亲密感的表达和实施，因此关注青少年晚期。因此我们认为，放弃孰先孰后的争论，指出在青少年期同一性的发展（从某种意义上，也可以看做是个体化的发展）与亲密感的发展（从某种意义上，是指关系的发展）是共同发展、相互促进的，则更有意义。亲密关系既是青少年面临同一性问题时的安全背景，同时越来越和谐安全的自我同一感的发展为青少年建立和加强与他人的关系奠定了坚实的基础。

第九章

青少年自我的发展

个体的自我是一个由多种成分构成的动力系统，对于自我的理解一般涉及两个维度：个体维度和发展维度。从个体维度来说，自我具有两个基本特征：一是区别于他人的“分离感”，即意识到自己是一个独立的个体，在身体和心理等方面具有自己的独特性，同时这也使个体能够更好地认识他人；二是跨时间、跨情境的“稳定的同一感”，即一个人知道自己是长期持续存在的，不随环境及自身的变化而否认自己是同一个人（张文新，1999）。从发展的维度来看，自我的特征在于：它起因于社会，其发展是个体的社会化（socialization）和个体化（individuation）的统一；自我是一个过程，而不是一个静态的实体；自我是一个结构，自我的发展意味着结构的改变；自我是作为一个整体而起作用的（洛文格，1998）。

自我的发展一直持续人的生命全程。在青少年期，个体的生理、认知机能和社会期望的变化第一次聚合在了一起，使其整个自我系统的发展表现出了明显的阶段性特征，这尤为显著地体现在青少年自我概念和自尊的发展上。同时，青少年期的个体也面临着新的人生发展课题——同一性的发展，解决同一性对同一性扩散成为这一时期个体所面临的主要心理社会任务。本章将在对青少年自我发展进行概述的基础上，进一步系统地介绍整个青少年期自我概念、自尊和同一性的发展。

第一节 青少年自我发展概述

青少年期又被称为“自我的第二次诞生”、“自我的发现”时期，婴儿期所产生的自我的萌芽在这一时期得到了前所未有的发展。青少年期的一切问题既是以自我为核心而展开的，又是以解决好自我这个问题为目的的（林崇德，1995）。青少年期自我的发展对于个体的一生来说都非常重要，它是个体人格稳定发展的奠基时期，并影响着个体道德判断以及价值观的形成。同时，青少年自我的发展也与性格缺陷、犯罪和精神疾病等社会问题相联系。可以说，自我的发展影响着青少年实际发展的各个方面。

一、青少年自我的发展

（一）自我的终生发展观

在整个生命全程中，个体看待和感知自己的方式一直是处于变化之中的，个体自我的发展是一个终生发展的过程。从终生发展的角度来看待青少年自我的发展不仅能够使我们从整体上系统地认识自我，而且能够更好地理解青少年期的自我。

新精神分析学派的代表人物——埃里克森对自我的终生发展进行了最为细致的描述。他创立了强调自我适应和自我发展的精神分析心理学，最早提出了自我同一性的概念，并在古典精神分析的“磐石”上创立了以自我同一性为核心的心理社会发展或自我发展的八阶段生命周期理论。埃里克森认为，自我的发展开始于童年期并在整个生命周期中继续着它的发展历程，其中，自我同一性的发展是青少年期的中心任务（Erikson，1968）。概括来说，埃里克森对自我的终生发展的描述主要体现在两个方面：自我形成的过程和自我发展的阶段。

1．自我的形成过程

埃里克森认为，自我最初是通过“心力内投”和“投射”的过程而产生，继而其发展通过自居作用，再后通过同一性的形成而得以实现，这一过程体现了自我形成和转化的各种形式。具体来说，婴儿最初通过“内投”(introjection）建立起了一种自我的感觉。“内投”从字面意义上说是在早期关系体验的基础上形成的关于他人（一般是父母）形象的结合。在早期交往中产生的良好体验能够给婴儿创造一个安全基地，由此婴儿开始探索照料者之外的关系。随后，自居作用使儿童喜欢一些重要他人，并且会对其行为和态度产生一种认同的心理倾向。但是，“心力内投”和自居作用并不能说明真正的自我同一性。真正的自我同一性必须由青少年自己在与社会环境相互作用的过程中，通过把自己在别人眼中的形象和他找到的适合自己的职业不断结合才能形成。由此可以看出，自我同一性的形成包含有新的内部心理结构的出现。这一新的结构并不是儿童期基于对重要他人认同而形成的同一性的总和，相反，它是一种更为自主的结构，能够使个体调节儿童期形成的同一性而不是被这些已经形成的同一性所调节（Kroger，2000)。

2. 自我形成的阶段

埃里克森提出了自我发展的八阶段生命周期理论，并确认了在生命全程的不同发展阶段所要解决的主要心理社会任务（见图 9－1）(Erikson，1968)。从图中可以看出，同一性对同一性扩散是青少年期的核心任务。埃里克森认为，这一阶段任务的解决既受前些阶段任务解决状况的影响，又为成年期的任务解决奠定了基础。因而，建立同一性的任务不仅仅局限在青少年期，它也是信任对怀疑、自主对羞怯或疑虑、主动对内疚、勤奋对自卑这些早期心理社会阶段任务解决中的焦点问题。在青少年期之前，信任对怀疑矛盾的解决为个体更好地接触世界提供了保证；在自主对羞怯或疑虑阶段个体产生了成为自己的愿望；通过主动对内疚阶段的协调，学前儿童预期将来社会角色的经历反映了他们后期执行中的内疚程度；小学阶段儿童勤奋对自卑任务的解决则为个体以后发现和完成同一性任务的态度奠定了基础。

自我在青少年期以后的发展阶段中有着自己进一步的心理社会任务，青少年期自我同一性对同一性扩散任务的解决为个体适应成年期的生活奠定了基础。在青少年期实现的自我同一性与同一性扩散之间的平衡实际上为个体随后在成年早期、中期及晚期出现的亲密对孤独、繁衍对停滞、整合对绝望等心理社会任务的顺利解决提供了可能。在青少年后期建立起来的自我同一感决定了个体发展亲密关系的程度，自我同一性任务完成中产生的障碍与成年期个体所经历的亲密方式障碍是相联系的。同时，个体解决同一性对同一性扩散任务的方式也与他们在成年期做出的贡献——为自己的孩子或者社会做出具有个人意义的贡献相联系。此外，同一性问题在生命最后的整合对绝望的心理社会任务中会重新露面——在其中个体发现最终意义的存在性任务，并且在生命结束之前接受自己以及自己惟一的生活。埃里克森的人格或自我发展结构强调了所有阶段的相互依赖，为理解自我同一性以及生命周期的不同阶段所必须解决的其他心理社会任务提供了一个颇有帮助的模型。

婴 儿 期	信任对怀疑							
儿童早期		自主对羞怯						
幼 儿 期			主导对内疚					
学 龄 期				勤奋对自卑				
青少年期					**同一性对同一性扩散**			
成年初期						亲密对孤独		
成年中期							繁衍对停滞	
成年后期								整合对绝望

图 9-1　埃里克森的心理社会发展阶段理论图式

（资料来源：Erikson，1968）

（二）青少年的自我

在自我的终生发展过程中，青少年期自我的发展受到了研究者的广泛关注。一般认为，青少年期是自我发展的关键期和转折期，这主要是基于以下几方面的原因：第一，青少年期自我同一性的变化包含了个体自我感觉的第一次实质性的重新组织和重新建构。虽然同一性的一些重要变化确实发生在童年期，但是青少年期对这些变化则具有更多的自我意识。这是因为青少年已经具有了充分理解这些重要变化的认知基础，他们能够强烈地感知到这些变化（Steinberg，1999）。第二，青少年的生理和心理在这一时期都发生了重大变化。在生理方面，青少年身体上的突然而剧烈的变化使他们将认识的对象重新指向了自我，这在很大程度上改变着青少年的自我概念及其人际关系；并且，经历青春期的身体变化本身可能会促使青少年的自我形象产生波动及对他（她）到底是谁进行重新评价（Bulcroft，1991）。在心理发展方面，青少年早期认知能力的增强改变了他们思考问题的方式、价值观以及人际关系，并且也使青少年能够以新的方式来思考和认识他们自身。在青少年期，个体认知能力最为显著的发展就是——能够系统地考虑假设的和未来的事件。也正是基于此，青少年期个体所考虑的典型问题是“我将来会成为什么样的人?”而在青少年期以前，由于儿童的思维具有具体形象性，对于他（她）而言，考虑自己成为一个不同的人是非常困难的。第三，青少年期社会角色的变化使青少年需要面临一系列以前没有涉及过的新选择和新决定。在当代社会中，青少年期特别是青少年中、后期是需要对工作、婚姻和未来做出重要决定的时期。面对这些自我社会定位的重大决断，青少年很容易会考虑到“我是谁”以及“我将到哪里去”的问题，并且对这些问题的考虑也是非常必要的。这些问题的顺利解决一方面依靠个体的自我同一性水平，另一方面也会在很大程度上促进个体自我同一性的发展。由此可以看出，青少年期个体在生理、心理以及社会角色上的同时性变化决定了自我的发展必然要经历一次实质性的重新组织和建构，这也充分体现了青少年期自我发展的重要性。

当然，我们在认识到青少年的生理、心理以及社会角色变化对自我发展的重要影响的同时，理解这些变化的交互作用以及这些交互作用在整体系统中所带来的与自我相联系的重新适应也是非常重要的（Kroger，2000）。埃里克森指出，个体的生理特征、独特的心理需要、兴趣和防御以及个体所处的文化环境是影响自我同一性形成的三种因素，并且他进一步指出了这三种因素的交互作用对自我发展的重要性（Erikson，1968）。个体的生理特征，如性别、外貌以及身体的能力和局限为个体提供了“身体自我”的感受，健康的自我要求个体根据相应的身体变化来改变自我认识；自我的心理因素，如个体独特的情感、兴趣、需要以及心理防御等，使个体产生了具有跨时间、跨情境一致性的“我”的感受；个体的社会文化环境为个体提供了表达与识别生理、心理需要以及兴趣的机会。因此，面对生理上的巨大变化，青少年初期的个体开始对此进行思考并赋予其意义；他们也会接受许多与自我同一性相联系的文化或角色信息，这些信息可以使他们更好地理解成年期（Paikoff & Brooks - Gunn，1990）。同时，我们也必须要认识到，青少年经历生理变化的时间也正是个体从小学转入中学的时期。这样，个体在发展的不同领域中所经历的多重转换会为自我同一性的发展带来一定的困难，并且会在一定程度上导致自我同一性的综合调整。正如埃里克森所认为的，最佳的自我同一性的发展包括在较大的社会环境中发现自己的社会角色和微环境，从而与个体的生理、心理能力与兴趣进行良好的“吻合”。当个体的生理、心理和社会环境发生变化时，自我同一性的再形成也将会持续在人的整个生命全程中。

青少年期个体在生理、心理以及社会角色等方面所发生的变化，以及这些因素的交互作用使得青少年期的自我表现出了一定的独特性。

（1）青少年由对外部世界的注意转向了内部世界，开始将注意力集中到发现自我、关心自我的存在上来。这是青少年期自我发展的最主要的特色。在儿童期，个体是在与外部世界发生联系的过程中认识自我存在的。到了青少年期，个体开始注意到自己的内部世界中还存在着“本来的”、“本质的”自我，开始将注意力转移到自己的内部世界。自我意识和内省成了青少年期的两种思想模式。而且，青少年可能认为其他人也像他们一样注意自己，从而导致了某种程度上的自我中心化。青少年对内部世界的注意并不意味着他们不去注意外部世界或者对外部世界的注意减弱了。与儿童期不同，青少年期个体对外部世界的注意和关心是建立在以探求自我为核心内容基础之上的注意和关心。青少年会更广泛地关注社会，从而获得更多、更深刻的社会知识来促进其内在自我意识的发展和形成。

（2）青少年自我的分化。在青少年期，随着个体认知水平的提高、社会经验的增多以及对自己注意的增加，儿童期那种稳定、笼统的“我”被打破，分裂成两个“我”：一个是主体的我（I），即作为观察者的我；另一个是客体的我（Me），即作为被观察者的我。主体我和客体我的分化使青少年了解到了以前从未注意到的“我”的许多方面和细节。同时，在青少年期，“我应该成为怎样的一个人?”成为个体经常思考的一个问题，从而出现了理想我和现实我。理想我是个体在头脑中塑造的、自己期望的未来自我的形象；现实我则是通过个人的实践而反映到头脑中的、现在的真实自我的形象。另外，随着青少年社会交往程度的提高，自我也出现了个体我与社会我的分化，个体我是个人对自己的认识和评价；社会我是别人对自己的认识和评价。从一定意义上来说，不管是理想我还是现实我，个体我还是社会我都是客体我的进一步分化。

（3）青少年的自我存在矛盾性。青少年的自我在分化的同时其内部也出现了矛盾性。首先，理想我和现实我的区分可能会使青少年产生矛盾和困惑。一般来说，理想我总是高于现实我，理想我与现实我之间的适度差距会成为自我完善的动力，从而促进青少年的发展。但是青少年期现实我与理想我之间的差距往往很大，这就会使他们陷入矛盾和痛苦之中。人本主义心理学家罗杰斯（C. Rogers）认为，理想我和现实我差距过大是个体适应不良的标志。其次，个体我和社会我的区分也使青少年的自我出现了矛盾。研究发现，青少年期的自我评价与他人评价之间存在差距，但是差距的大小往往因评价内容的不同而不同，其中对性格特征（包括道德）的评价差距最大。此外，哈特（S. Harter）认为，在不同的关系背景中（如父母、老师、同伴、恋人等)，青少年会把自我分化成多重角色，而青少年期尤其是青少年早期的个体尚处于整合这些不同角色的发展之中，这在一定程度上会导致这些不同自我之间的潜在矛盾性。哈特（1986）分别让 7 年级、9 年级以及 11 年级的学生对自我进行了描述，结果发现，9 年级学生矛盾性自我的数量要显著高于7年级的学生，11年级的学生在矛盾性自我的数量上有所下降，但是仍高于7年级的学生。

二、当前青少年自我研究的理论范式

青少年自我发展的独特性吸引着许多研究者从不同的角度对青少年的自我发展问题进行了探讨。同时，自我系统的复杂性也使不同的理论家从多个维度对自我进行了界定。概括来说，在埃里克森提出了自我发展理论以后，人们对自我的探讨集中体现为以下五种研究范式（Kroger，2000）。

（一）历史研究范式

历史研究范式的主要代表人物有鲍梅斯特（Baumeister，1987）、库什曼（Cushman，1990）、纽鲍尔（Neubauer，1994）等，他们从历史的角度（historical perspectives）来理解自我，探讨了为什么在那些没有明确规定成人角色以及青少年人生哲学的社会中，个体的自我同一性会成为一个相对困难的问题。换句话说，自我同一性的历史研究范式考察了促使人们关注自我同一性的历史条件的变化。他们认为对自我的理解依赖于历史的相对性。“在一名历史学家看来，当代所有的关于自我同一性的讨论都是发生在历史上特定条件下的特定时刻”（Grotevant & Bosma，1994）。那些条件包括古老的社会秩序的瓦解，同时伴随着由此引起的个人的同一性问题。例如，在美国历史上，当第一代移民在远离自己祖先的土地上为他们的自我而奋斗的时候，自我同一性就曾经成为个体关注的一个问题。鲍梅斯特（1987）明确指出：“我所研究的自我是历史发展过程中的一个问题。”

20世纪早期，许多欧洲国家和北美洲国家经历了日益增长的工业化和财富积累的过程，这使得许多中、上层中产阶级的子女在青少年期仍然在学校读书而不是到工厂工作，这样，青少年在童年期被赋予的、从父母那里继承过来的同一性就变的过时了。同时，在此以前的社会价值系统对儿童期的定义也是零碎的。因此，这时个体对同一性的关注尤其是青少年对同一性的关注就成为了一个主要的问题（Neubauer，1994）。由此可以看出，在许多西方社会的历史上，当讨论到类似的价值和自我定义时，就引发了青少年和成年人中的同一性问题。社会科学历史学家认为，如果要理解青少年和成年人的同一性的发展，就必须考虑到这样的社会历史环境。

自我同一性的历史研究范式使研究者认识到：自我是一种社会建构的产物。这一范式指出了社会发展变化对社会团体中个体同一性发展的重要而深刻的影响。但是，历史力量本身对既定历史时期个体自我的界定是不充分的，它忽视了个体内部的心理动力系统与社会历史环境的交互作用。应该说，社会历史条件的变化仅仅是个体同一性发展的外因，自我同一性的实质性发展还要取决于个体对社会历史条件以及既定社会对青少年期望的接受和认同。

（二）结构——阶段范式

结构——阶段范式继承了皮亚杰的研究传统，吸收了其关于个体心理图式发展的同化和顺应的观点，主要关注自我发展的内部结构的变化。这一研究范式认为，通过内部结构个体能够理解自己的生活经历并赋予其一定的意义（Hy & Loevinger, 1996; Kegan, 1994）。对于个体来说，内部结构相当于一个心理过滤器，它通过同化和顺应的过程对外部的信息进行选择，并且随时间的变化呈现出一种顺序性的、可预测的发展模式，每种连续性结构的出现都能使个体以日益复杂的方式认识他（她）的生活经历。从儿童期到青少年期，从青少年期到成年期，个体自我的发展并不仅仅是在已有意义结构的基础上简单地增加信息，而是基础结构自身的变化。这就使个体在发展的过程中可以以不同的方式来解释和理解自己的经验。因此，结构——阶段范式一般注重从结构上来定义自我发展的阶段。近些年来，在自我发展领域，洛文格（Hy & Loevinger, 1996; Loevinger, 1976）和凯根（Kegan, 1994）所提出的理论就是这一研究范式的典型代表，他们的理论模型直接阐述了自我的潜在结构问题。

洛文格把自我看做是人格的“主要特质”，寻求经验的一致性既是自我的一个方面又是自我的基本功能，自我通过选择性地排除与当前状态不一致的经验而使自我保持其稳定性、同一性和连续性（Hy & Loevinger, 1996）。她认为，随着时间的变化自我的发展会表现出阶段性的特征，并且具有一定的可预测性。随着自我的发展个体会选择和利用与以前迥然不同的生活经验方式。在关于年龄和阶段的问题上，洛文格试图描述能够适用于一系列年龄的各个阶段，试图描述每一阶段所共有的特征，而不管他们的年龄；同时为了避免混乱，洛文格没有运用数字而是运用名称来确定了每个阶段。通过运用修订的句子完成测验评分系统，洛文格确定了一系列的“过滤性结构”或者说自我的组织结构，这些结构在儿童期、青少年期和成年期的发展过程中不断进化发展。当前，洛文格所确认的结构或者说她所确定的自我发展的阶段如下：前社会阶段、共生阶段、冲动的阶段、自我保护阶段、遵奉阶段、自我意识水平、公正阶段、个体化水平、自主阶段以及整合阶段。经过这一序列的发展，儿童跨越了为达到个人目的而去操纵他人的结构阶段，从自我中心的、由冲动来控制自己的方式转向了青少年初期对宏观社会系统规则的遵守。从青少年中期到青少年后期以及在以后的发展中，个体的自我结构会更加分化，从而使他们能够根据个人的价值来过滤生活经验。早期的自我组织与年龄有着紧密的联系，但是在青少年中期以后的发展中，自我组织的比较成熟的阶段与年龄的关系不再像青少年中期以前那样密切。

凯根认为自我并非指情感、认知等某一方面，而是指个体心理及其行为表现的全部，它主要是相对于“他人”而言的，自我的发展实际上反映了“自我——他人”这对“主客体关系”的发展。凯根（1982，1994）提出了具有潜在结构的意义建构的等级发展序列，这种意义结构会使人们以日渐复杂的方式来理解自己的生活经验。凯根对这一变化发展的动力进行了合理解释，并详细讨论了较稳定的结构之间的转换过程。他运用主客体平衡（自我——他人的分化）概念对结构模式之间的转换进行了描述。主体（subject）是指个体在心理上对“我”（me）的植入（embed），并且不能把自己与“我”分离开来；客体（object）是能以某种方式进行操作或作用的。自我同一性发展的过程是指曾经的主体变成了一个新的主观的客体。例如，青少年的早期阶段可能会植入他人的意见，但却是主观的。到了青少年后期，发展上的转换使青少年能够反思和考虑他人的观点而不是对他人的观点进行主观认识。凯根提出了主客体平衡变化的五阶段序列：冲动的、唯我的、人际的、法规的和个体间的平衡。这些平衡反映了自我——他人的日益增长的分化。青少年时期是个体从唯我性自我，经人际性自我，向法规性自我过渡、发展的时期，即由分化到整合，再到分化的时期。

由上述可以看出，洛文格和凯根的理论都关注个体内部的自我结构以及这些结构如何使个体理解自己的生活经验内容，他们从自我发展的结构角度提供了关于自我发展的深刻见解。但是，这些理论模式在很大程度上忽视了自我的某些具体内容在塑造既定自我结构中的作用。事实上，一些自我的内容可能会使结构的转换比较困难，从而在一定意义上保持了已经存在的结构。例如，个体持有的强烈的宗教信仰会成为自我的一种经历，并且被周围支持的团体所强化，这就难以使个体以较为复杂的方式建构关于宗教的意义。诺姆（Noam，1992）进一步指出，个体生活中的某些偶然事件也会引起自我建构的困难，他们会在结构转换期间封锁一些感受，从而限制个体成长的可能性。

（三）社会文化范式

社会文化范式从社会文化的角度来看待自我，认为自我的变化是文化中所定义的角色或地位的变化，通常与个体的生理及社会性知识的变化相对应。社会文化范式的早期代表人物主要是马格丽特·米德。当前从社会文化角度对自我进行的许多研究主要是对米德的交互作用观点的继承和发展。米德认为，人们是通过与他人进行言语和手势的交流，感知到他人对自己的反应方式，进而形成对自我的认识。个体不仅能够意识到自己对他人的影响，而且能够运用这一意识来决定未来自我的交流。个体与不同的对象之间会形成不同的关系，从而形成了针对不同对象的系统关系序列。因此，米德认为，“自我只能在群体中发展”，“自我只能在与他人的关系中存在”，“多重人格在某种意义上是正常的”。这样，个体自我经验的统一可以说是对社会经验统一的一种反映（Kroger，2000）。

最近的许多理论家如拉普斯利等（Lapsley，Enright，& Serlin，1985；Shotter & Gergen，1989）继承了米德的观点，继续把自我看做是既定文化背景中，文化为个体发展提供的可能性和限制性的结果。格根及其同事（Gergen，1991；Shotter & Gergen，1989）考察了个体所生活的社会环境对其自我的形成、限制及定义方式所产生的影响。个体与重要他人的关系是影响自我形成的重要社会环境，其中语言和行为起着主要作用。“人们主要是根据自己与他人谈话中的植入方式（植入他们自己的或者是植入他人的讨论）来对自我同一性作出归因”（Shotter & Gergen，1989）。这样，个体从文化背景或者主流文化中获得的信息就为自我的建构提供了某些潜在的和限制性的知识。

金斯伯格等人（Slugoski & Ginsburg，1989）对上述观点的发展主要体现在对埃里克森关于同一性论述的批评上。他们认为，埃里克森所提出的制约自我同一性形成的“危机”（crisis）与“自我投入”（commitment）不只是个体的内部心理过程，更是一种受文化支持的推理模式（modes of discourse），这一模式能够在一定程度上使个体对他们的行动做出合理性和意义性的归因。他们进一步指出，埃里克森在他的理论中忽视了这种情况：在许多社会中，青少年根本不可能想到关于未来的其他选择。最近格根（1991）认为，现代化通讯技术要求人们与更多的个体和社会机构发生各种各样的联系，这导致了社会饱和度。在格根看来，由于自我是社会交往的结果，关系的多样性导致了自我的矛盾性，由此产生了自我的延迟。格根认为，社会饱和隐含着自我的矛盾，由此所带来的确定感的丧失会进一步影响个体的自我观与世界观。

社会文化研究范式关注社会环境以及他人反馈对个体自我的塑造过程，这有助于人们更好地理解自我。但是，这一理论很难解释既定社会环境中的个体差异性，自我不能仅仅被看做是社会信息自身的一个产物。同时，社会文化的力量过于稳定，它不能解释即时情境中的要求和限制对自我产生的影响（Kroger，2000）。

（四）叙述范式

自我的叙述范式认为，自我是在我们生活经历的发展中形成的，当我们把这些生活经历写下来的时候，我们也就生活在这些经历之中。当前叙述范式的心理学家，如麦克亚当斯（McAdams，1988）力图通过人们所讲述的生活故事来理解人们的自我同一性。用叙述范式的术语来说，只有个体的经历被讲述出来之后，自我同一性才会存在，因为讲故事的过程也是一个自我建构的过程。麦克亚当斯认为，语言是自我同一性建构、合理化与保持的原始材料。在这一范式中，他们把传记作为生活故事进行研究以尝试理解人们是如何认识生活并赋予生活以意义和连续性的。麦克亚当斯（1988）认为，“我们创造着故事，并且根据叙述性的设想来生活……随着故事的发展与我们的自我同一性的形成，我们就生活在我们所写下的故事之中。”同一性的叙述范式可以被看做是把内部的心理过程与社会信息、要求进行相互联系的尝试。

麦克亚当斯（1996）在自我的研究中区分了主体我（I）和客体我(me)。他把主体我看做是通过叙述的经历而创造自我的过程，而客体我则被定义为主体我所构建的产品。主体我是经历的来源，并且会随时间而发展到更加复杂的意义构建水平。客体我是一个发展着的自我特质的集合，个性特质、关系、经历等是客体我的组成因素，这些因素对于主体我的工作具有潜在意义。麦克亚当斯相信，自我的“告白”在整个时间流逝和不同的经历中提供了自我的连续性和同一性，因此它合成了客体我的许多因素。自我同一性就产生在主体我与客体我的结合之中。生活故事是描绘主体我把客体我的因素进行暂时序列安排的一种典型方式，这一暂时序列具有场景、情节和角色。因此，生活故事就是一种心理的构建。对个体生活故事的测查一般要考虑五个问题：从结构和内容上来说，什么是生活故事？生活故事的功能是什么？生活故事如何随着时间的变化而变化？生活故事具有何种个体差异？客观的生活故事有什么构成？

叙述性范式强调了对整个人的理解以及个体对生活经验的整合方式，而不是理解孤立的价值、成就或其他的人格特征。通过传统的经验研究是很难测查到这些整合过程的。但是，这一范式也存在着几个重要的不足：叙述分析只是寻求对个体生活故事的理解和解释，而不是对大样本进行测察以获得自我同一性发展的重要模式。通过对个体的考察，人们可以获得对自我同一性过程的深入理解，这可能会成为大样本实证研究测查的基础。但是，这并不是叙述分析所关注的真正目标。并且，如果缺乏一个组织和解释个体生活经历的一般性理论框架，叙述范式在描述自我发展的一般过程上仍然会有所限制（Marcia & Strayer，1996）。此外，叙述分析所获得的数据会由于讲述者的意义建构而受到限制。例如，一位思维简单、快乐中心主义者与一位惯于运用较复杂的推理模式、能够从多种观点对问题进行整合的叙述者的生活经历将会有很大不同。

（五）心理社会范式

心理社会范式采取了结构——阶段范式和社会文化范式的中间立场，通过内部结构特征与特定社会所要求的社会任务之间的交互作用来看待自我的发展，试图整合社会、个体的心理内部动力系统以及生物因素在个体自我的发展、保持中的作用。这一范式认为，自我的发展就是社会心理任务的进步。社会心理范式的主要代表有埃里克森和莱文森（D. Levinson）。在此，我们将主要介绍莱文森的观点。

莱文森通过访谈法对男性和女性的社会心理发展进行了广泛研究，并分别出版了《男性生活的季节》和《女性生活的季节》两本书（Levinson，1978，1996）。在这两本书中，他在自己研究基础上提出了男性和女性在青少年后期和成年期的生活过程中所经历的一系列可预测的、与年龄相联系的心理社会发展阶段。并且，莱文森在研究中发现，男性和女性的心理社会阶段从发展的时刻表上来说是非常相似的，但是男性和女性在家庭以及职业工作分类上出现了显著差异。许多女性表示要为反对社会所普遍认可的女性社会角色而努力，并且为争取更大的性别平等而奋斗。这一努力渗透到了她们所生活的社会心理阶段中，而这在男性中是不会出现的。莱文森理论中的一个主要的概念是个体生活结构，它是指个体在既定时间中的生活模式或者个体进入社会的手段。一种生活结构包括三种因素：个体生活的社会文化世界的本质（阶级，宗教，种族，家庭，朋友网络，职业结构，以及特定的社会条件，如战争、解放运动、经济萧条）、个体参与社会的方式以及在个体生活中自我所实现的方面。莱文森关于生活结构的研究中对这些因素以及他们的交互作用都给予了同样重要的地位。在莱文森的研究中，男性和女性的成年早期的过渡发生在17岁到22岁之间，这标志着童年期的结束并为进入成年期的生活结构建立了基础。这一时期的主要任务就是生活结构的发展与考验，这一生活结构将会在自我和成年人的世界中建立一种有效的联系。进一步过渡发生在28岁到33岁之间。下一个过渡发生在40岁到45岁之间，又称为中年过渡。任何一个主要的过渡都带来了对以前所发生一切的深刻的重新评价（Kroger，2000）。

虽然莱文森的模型在可预测的生命过渡上产生了巨大影响，但是它是基于对特定社会文化背景中的男性和女性进行访谈的基础上发展起来的，缺乏跨文化研究的支持。此外，莱文森的访谈样本是40岁左右的成年人，他据此来描述早期生命阶段具有回溯性，并且对于成年后期自我同一性过渡的描述也具有预测性，但这些都在一定程度上削弱了莱文森理论的有效性。

第二节　青少年自我概念的发展

自我概念（self－concept）是关于自己的能力、外表和社会接受性等方面的态度、情感和知识的自我知觉（Byrne，1986），即个体把自己当成一般的客观事物所做出的知觉和评价。自我概念是自我系统中的认知成分，它不仅为个体提供了自我认同感和连续感，使个体的存在和发展富有意义和价值，而且在面临重要任务时，自我概念能够调节、维持个体有意义的行为。在青少年期，一个非常重要的转变就是个体自我概念的变化。随着青少年生理发育的成熟、认知能力的提高以及社会角色的改变，青少年的自我概念表现出了显著不同于以往的特点。从目前来看，青少年期的自我概念正成为国内外研究的热点，有关自我概念的理论建构不断深化，其相关研究也日渐增多。

一、自我概念的结构

西方最早对自我概念进行系统研究的心理学家是詹姆士（W. James）。认为，自我概念分为物质自我、社会自我、精神自我和纯粹自我四个成分，其中物质自我是基础，社会自我高于物质自我，精神自我在最上层，各成分的总和构成了总体自我概念。随后，皮尔斯（E. Piers）以及罗森伯格（M. Rosenberg）等人都对詹姆士所提出的这一单维结构进行了发展。但是，早期自我概念的研究由于受理论、测量技术和统计方法的局限，研究比较混乱，经常受到指责和批评。20 世纪 70 年代之后，情况有所改观：谢弗尔森（R. Shavelson）等人提出了自我概念的多维度、多层次模型，为自我概念的实证研究提供了理论指导；同时，项目反应理论（IRT）和概化理论（GT）等测量理论以及元分析（Meta－Analysis）、结构方程建模（SEM）等陆续地应用和推广，也为自我概念的研究提供了方法论和统计技术上的支持。这样，自我概念的研究出现了重大突破。在此，我们将主要通过介绍谢弗尔森等人提出的多维度、多层次模型来说明自我概念的结构。

谢弗尔森等认为，自我概念是通过经验和对经验的理解而形成的自我知觉，或者说，自我概念是个体的自我知觉，这种知觉源于对人际互动、自我属性和社会环境的体验。谢弗尔森指出，自我概念具有以下 7 个特征：(1) 具有一定的组织或结构。在这一结构中，人们对所遇到的关于自己的大量信息进行分类或划分范畴，并把不同的范畴相互联系起来。(2) 自我概念是多侧面的，自我概念的特定侧面反映了特定的个体或群体所采纳的范畴系统。(3) 具有等级性。自我概念结构的最底层是对行为的知觉，在此之上是对语文、历史等学业的分支领域的推断，进而是对自己在学业和非学业两个领域的推断，最后是对一般自我的推断。(4) 个体的一般自我概念是稳定的，但随着结构等级的下降，自我概念越来越具有情景特殊性，并逐渐变得不稳定。(5) 自我概念的维度随着年龄的增长而增加。(6) 自我概念既包括对自我的描述性内容也包括对自我的评价，前者如“我很快乐”，后者如“我在学校表现不错”。(7) 自我概念能够和其他结构如学业成就区别开来，即自我概念具有较高的结构效度。以这种定义规范为基础，谢弗尔森等人综合了前人的研究成果，于 1976 年从系统论的角度提出了一个多维度多层次的自我概念结构模型（Shavelson，1976）。在这一模型中，一般自我概念在最顶层，具体的行为在最底层，是自我概念形成的基础；在从底层向高层整合的过程中，结构变得逐渐清晰。谢弗尔森等将一般自我分为两个方面，即学业和非学业的自我概念，学业自我概念又细分为具体学科的自我概念，如数学自我概念、英语自我概念等。非学业自我概念又分为社会自我概念、情绪自我概念和身体自我概念（见图 9－2）。

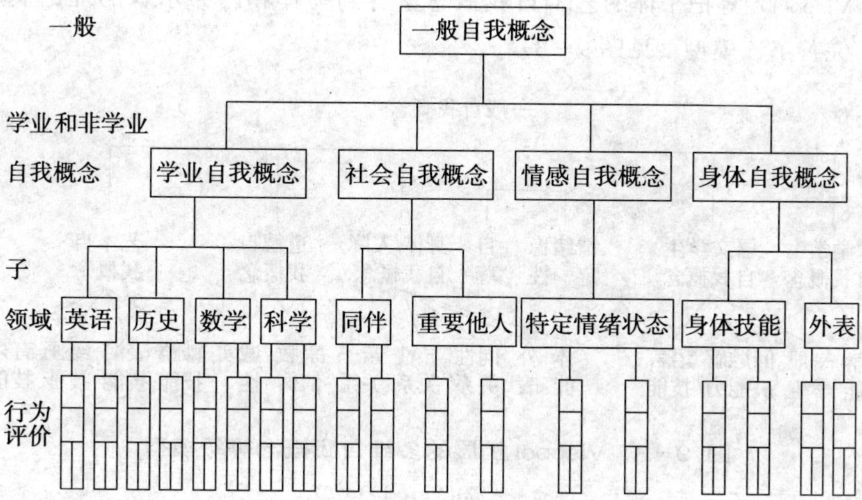

图 9-2　自我概念的多维度多层次模型

（资料来源：Shavlson，Habner，& Stanton，1976）

谢弗尔森的自我概念多维度多层次理论模型提出之后，许多研究者根据自己不同的理论构想对其进行了进一步的修正和完善。桑和海提（Song & Hattie，1984）发展了自我概念的等级模型，将学业自我概念分为能力、成就和班级三个方面，进而又将非学业自我概念分为社会自我概念和自我表现自我概念。社会自我概念包括家庭和同伴两个方面；自我表现自我概念包括身体和自信两个方面，并且根据这一模型编制出了 Song - Hattie 自我概念量表。20 世纪 80 年代初，马什（H. Marsh）等人以谢弗尔森提出的自我概念理论为指导，编制了自我描述问卷（SDQ）。SDQ 分三种，分别用来测定青春期前、青春期学生和成人的自我概念。1985 年，马什和谢弗尔森对该理论模型进行了修订，总结出两个基本的学业自我概念，即学业语文自我概念和学业数学自我概念。后来，马什等对该模型又做了进一步整合。例如，在第二层次的自我概念中，把非学业自我概念细分为身体/人际自我概念和道德自我概念；把学业语文自我概念细分为听、说、读、写四种自我概念。此后，马什和谢弗尔森的理论模型又经历了一些发展。1995 年，维斯伯尔

(P. Vispoel) 等把个体的艺术自我概念整合到马什和谢弗尔森的理论模型中，完善了该模型（见图 9－3)。

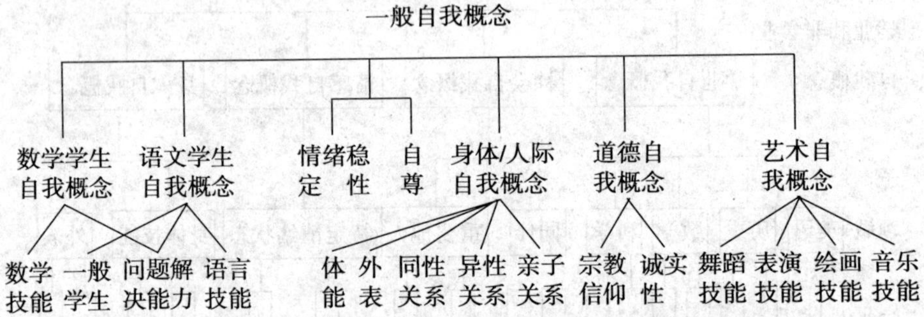

图 9－3 Vispoel 扩展的多维自我概念等级模型

（资料来源：Vispoel，1995）

此后，伯恩（Byrne，1996）对谢弗尔森等提出的自我概念结构模型中的社会自我概念模型进行了修正，这一修正主要是基于以下几点：(1) 伯恩等认为同伴为重要他人的一个部分，所以这两个具体的社会自我概念可以合为一个部分；(2) 由于自我概念形成于与他人的社会比较和社会互动，并得到了实验支持，所以一般社会自我概念可以分为反应具体的生活背景的两个方面：学校环境和家庭。社会自我概念——学校又细分为社会自我概念——同学和社会自我概念——老师，同样，社会自我概念——家庭又细分为社会自我概念——同伴和社会自我概念——父母。

国内已有的研究表明，中国人的自我概念与西方人的自我概念有相当大的差别。郑涌等人（1997）在对大学生自我概念问卷结构进行内容分析的基础上，构想出了大学生自我概念的理论维度，并据此设计了问卷项目，对编制的自我概念问卷作因素分析，结果显示出了中国大学生自我概念的交际、友善、信义、容貌、学业、志向、家庭、成熟和自纳等维度。此外，进一步因素分析还显示出大学生自我概念以内外组织为基础的层次结构。沃建中、申继亮（1993）制定了中、小学教师的自我概念量表，量表包括主体自我、镜像自我、理想自我三个子维度。每个子维度包括身体自我、社会自我、职业自我、人格自我四个次子维度。但是，总体来讲，我国关于青少年自我概念结构的研究还需要进一步的系统化和深入化。

二、青少年的自我概念

青少年期是个体自我概念发展的关键时期。这一时期，青少年了解自己、关心自己成长的兴趣日益增长。随着认知能力的提高，青少年也开始以更加复杂和独特的方式来认识自己。因此，青少年的自我概念无论在内容上还是在结构上都与个体早期的自我概念有着很大不同。一般来说，青少年期自我概念的发展表现出了以下特点：

（一）青少年自我概念的抽象性和理想化

皮亚杰认为，青少年期的认知发展已经进入了形式运算阶段，这一时期的青少年开始以更加抽象和理想的方式来思考问题。他们能够想象纯粹假设的情境或完全抽象的命题，并且能够对此进行逻辑推理。这最为明显地体现在他们日益提高的对自我思维的认识方式上。正如一名青少年所说的，"我开始考虑为什么我在考虑我是谁。接下来我将考虑为什么我要考虑为什么我要考虑我是谁。"形式运算阶段青少年思维的抽象性本质也伴随着思维的理想性和可能性。青少年开始广泛地思索自我或他人的理想特征或特质，往往通过一些理想化的标准对自己和他人做出比较。并且，青少年期个体的思维经常会考虑到未来的可能性。对于这些新发现的理想标准，青少年难免会感到不安，因此青少年在适应这些新标准的过程中感到困惑也是正常的。

青少年思维的抽象性和理想性也使青少年倾向于以抽象性和理想化的方式进行自我描述。哈特（1997）发现，大多数儿童倾向于以相对简单、具体的术语来描述他们自己，青少年则更可能采用复杂、抽象的自我描述，并且其中较多地涉及心理品质的描述。下面是一位 14 岁女孩对自己的抽象描述："我属于人类。我有点优柔寡断。我不知道我是谁。"再看一下她对自己的理想化描述："我能够真正关心他人的感受，我感觉敏锐。我想我看上去是很漂亮的。"当然，也不是所有的青少年都以理想化的方式对自己做出描述，多数青少年能够逐渐地对真实自我和理想自我做出较好区分。

(二)青少年的自我概念在结构上更加分化

在从童年期向青少年期过渡的过程中，青少年的自我概念在结构上更加分化。与儿童相比，青少年在进行自我描述时更倾向于把自己的一些特质和品质与特定的情境相联系，而不是泛泛地使用这些特征或特质。例如，早期的儿童可能会说，“我很友好”，但是到了青少年期他可能会说，“在我心情好的时候，我对人很友好”，“当我遇到老朋友时，我是友好的”。可以说，认识到自我在不同情境中会有不同的表现是个体自我概念分化水平不断提高的一个明显表现。另外，青少年自我概念的分化还在于青少年在自我描述时考虑到了“谁做描述”的问题（Steinberg, 1999）。青少年能够将自己和他人的观点区分开来。当要求青少年对自我的社交行为做出描述时，青少年会说:“人们一般认为我在交往方面是很大方的，但是在第一次遇到不认识的人时我也有点腼腆。”“有些人认为我是很文静的，但是我的好朋友都知道我是很活跃的。”

随着青少年自我概念的分化，青少年的自我概念在内容上出现了多种领域的区别，也可称之为“多重自我”。即在不同的社会关系、社会角色以及社会文化背景中，青少年的自我概念也是不同的。许多研究者发现（Santrock, 2001），青少年往往会联系与自己的父亲、母亲、好朋友以及恋人或同伴等人的交往对自我进行描述，而且他们联系不同的社会关系所做出的自我描述也是有变化的。并且，当青少年联系不同的社会角色（如学生、运动员或职工）来对自我进行描述时，他们的自我概念也会发生变化。此外，不同的种族以及文化背景也创造着青少年不同的自我概念。

(三)青少年自我概念的组织性和整合性增强

随着自我概念分化程度的日益提高，青少年的自我概念逐渐呈现出了较好的组织性和整合性（Harter, 1990）。从个体的自我描述来看，早期儿童对自我的一些特质或品质的描述就像一些杂货物品的陈列清单，具有异质性和随意性。但是，处于青少年期的个体却能够把自我形象的不同方面整合成一个较有逻辑性和连贯性的整体。并且，青少年也会尽力地把一些存在明显差异的信息进行整合，使其具有较高的组织性（例如，“当我第一次与人见面的时候，我有点退缩，但是熟悉了以后，我是非常友好的”），从而维护自我的统一。

青少年期形式运算思维的出现促进了一致、有序的自我的整合和发展。形式运算思维的萌芽能够使早期的青少年认识到不同角色中自我概念的不一致。随着形式运算思维的发展，它将进一步成为青少年整合自我概念冲突的认知基础。研究发现（Damon & Hart，1988），14～15 岁的青少年虽然能够认识到他们在不同角色中自我概念的不一致性（例如，与父母、朋友或恋人的交往），但与 11～12 岁以及 17～18 岁的青少年相比，他们更容易对这些不一致产生困惑。由此可以看出，整个青少年期的自我概念实际上经历了分化、困惑和整合的过程，青少年后期基本上达到了自我概念的整合。

（四）青少年的自我概念存在年龄差异

自我概念维度的分化随着主要生活任务的变化而变化。例如，中小学阶段以学习为主；到了大学，学习与交往同时成为两大基本任务；大学毕业后，工作和家庭开始变得重要起来，在这一过程中自我概念的维度和强度也会发生相应的变化，表现出年龄上的差异。青少年期的个体正是经历由小学转入中学，由中学转入大学或直接参加工作的时期，他们在适应不断转换的“微环境”的同时，也经历着社会角色的转变。因此，许多研究者运用不同的理论模型研究了青少年期自我概念的年龄发展特征。谢弗尔森在其理论中提到自我概念会随着年龄的增长而发展。大量的发展性研究发现，自我概念的发展曲线是起伏跌宕的，尤其在某些关键期和转折期（Marsh，1989）。弗瑞曼（Freeman，1992）的研究发现，一般自我概念的发展曲线是起伏变化的，从小学到初中逐年下降，青春后期显著上升，大学毕业后又下降，到中年之后又再次回升，然后随着年龄的增长又平静下来。这种趋势发生的时间、起伏的高度因自我概念的内容不同而不同。因此，某些特殊年龄阶段的自我概念引起了研究者的浓厚兴趣。马什运用他编制的三个 SDQ 量表对数千名 6～18 岁的学生进行了测量，结果发现，总的自我概念和绝大多数分量表都表现出自我概念在 7～9 年级开始下降，9～11 年级开始回升，呈 U 型曲线，11～14 岁是自我概念的最低点（Marsh，1989）。

我国学者周国韬、贺岭峰（1996）运用修订后的 Song－Hattie 自我概念量表对500名11～15岁学生的自我概念进行了研究，其结果与马什的研究结果基本一致，11～15岁学生的各项自我概念（身体自我除外）基本上表现出了U字形发展趋势，小学五年级至初一显著下降，初一至初三逐年显著上升，初一（13岁）是自我概念发展的最低点。刘惠军（1999）进一步运用Song－Hattie自我概念量表考察了整个中学阶段学生自我概念的发展，结果发现，中学生在学业自我方面不存在年级差异，而在非学业自我方面存在显著的年级差异，尤其是在同伴自我、身体自我和自信自我三个维度上年级差异显著。其中，初一是整个中学阶段非学业自我概念发展的最低点（与上述研究一致），初一至初二期间非学业自我概念迅速发展，初二以后至高中阶段发展缓慢，呈现出相对稳定的态势。由此可见，自我概念的发展同其他心理特质的发展一样存在着关键期，而这个关键期就处于初中阶段。

（五）青少年的自我概念存在性别差异

自我概念是一个具有特定文化内涵的社会心理学范畴，社会的偏见或刻板印象会在人们的自我概念中表现出来。由于男性和女性在生理特征上的差异以及不同文化背景中社会期望和社会角色的不同，男女自我概念的发展表现出了各自不同的特点，这在青少年时期表现得尤为突出。弗莱厄蒂（J. Flaherty）的研究表明，青少年自我概念存在性别差异的固定模式：男孩在成就/领导方面有高于女孩的自我概念，在意气相投性/社会能力方面的自我概念却较女孩低（转引自：宋剑辉等，1998）。马什和帕克发现在前青少年期和青少年期，男孩在身体能力自我概念上有优势，女孩在语文自我概念上有优势；青少年期的男孩在数学自我概念上有优势（转引自：张野，刘晓明，2002）。在自我概念的具体维度上，数学自我概念的性别差异得到了较为广泛的探讨。米西等人系统回顾了有关这方面的文献后指出：在小学阶段，数学成绩和数学自我概念的性别差异不明显，但在初中和高中阶段女孩有较低的数学成绩和数学自我概念。他们发现，当学生经历了初中和高中阶段，数学自我概念会下降，但女孩比男孩下降得早且快。并且，数学自我概念的下降先于数学成绩的降低，因此他们认为是社会化因素影响了自我概念，从而进一步导致了数学成绩的下降，这一现象在小学后期和中学早期尤为明显（转引自：宋剑辉等，1998）。概括来说，学业自我概念的性别差异表现在以下两个方面：一是女生的语文自我概念高于男生，二是男生的数学自我概念高于女生。

我国学者周国韬等人（1996）的研究发现，男生同伴自我的发展比女生滞后一年，这可能是因为男生的成熟期要比女生晚一至两年的缘故；同时，初一、初二女生的身体自我概念要明显低于男生。刘惠军（1999）的研究也发现了类似的结果，中学生在身体自我和班级自我两个维度上具有性别差异，这集中体现在初二女生的得分要显著低于男生。研究者认为，这一方面体现了处于青春初期的女生对性成熟带来的种种生理变化（如身材、月经、青春痘等）的不适应所导致的身体自我评价的降低；另一方面也体现了社会定型在青春期女性心理上产生的特定影响。在我们的文化中，女性是劣势性别，男性是优势性别。青春期女性在生理上的成熟使她们的女性意识逐渐增强，因为她们在心理与行为上也逐渐趋同我们文化中的女性社会定型，进而影响到她们的自我评价，使其对自我概念中部分内容的期望降低。

三、关于青少年自我概念的相关研究

青少年期自我概念的重大变化必然会对青少年心理发展的其他方面产生重要影响。哈特（1985，1986，1997）的大量研究表明，某一具体领域的相关能力自我概念与某一领域内的行为成就密切相关。因此，青少年的自我概念与个体心理其他方面的关系成为许多研究者比较感兴趣的研究领域，尤其是自我概念与学业成就、人际交往的关系引起了研究者的关注。

（一）自我概念与学业成就

青少年的自我概念与学业成就之间的关系是许多研究者都非常关注的一个问题，但是所得的结果却很不一致。一般来说，对于这一领域的研究基本上采取了两种思路：一种思路是直接测量青少年的自我概念各维度与学业成就的相关；另一种思路是考察学业不良的学生与一般学生或优秀学生在自我概念上的差异。

海提（1992）在1992年从702个自我概念与学习成绩的相关研究中随机抽取了128个，对其中的1136个相关进行了元分析，发现这些相关的范围在−0.77到0.96，平均为0.21，包括944个正相关，22个零相关，170

个负相关。而且这种相关因年级、社会地位、文化、种族、测验量表的不同而变化。有研究发现，自我概念与学习成绩、智力几乎没有相关或相关很低。也有一些研究证实了二者之间有正相关，但因性别、年龄、学校以及自我概念的理论建构的不同而不同。马什等人（1983）的研究发现学业成绩与学业自我概念存在显著的正相关，但与一般自我概念的相关却不显著。伯恩（1984）也指出，学业成就与特定的学业自我概念之间密切相关。因此，采用学业自我概念甚至文科或理科的自我概念来研究其与学业成就的关系更有意义。我国学者周国韬等人采用修订的 Song - Hattie 自我概念量表对 11～15 岁学生自我概念的发展进行了研究，发现除身体、自信子量表外，自我概念各子量表、分量表、总量表与语文、数学成绩均存在显著正相关。学习成绩与学业自我概念的相关大于与非学业自我概念的相关。马什等人（1984）在对年长学生的研究中发现，数学和语文成绩之间具有高相关，它们与各自的自我概念也存在高相关，但这两个自我概念之间几乎不存在相关，有趣的是，一旦数学成绩的影响被控制住，语文成绩和数学自我概念间为负相关；一旦语文成绩被控制住，数学成绩和语文自我概念间为负相关。根据上述关系，马什等人提出了一个 I/E 参考标准模型（Internal/External Frame of Reference Model），用来解释语文、数学成绩与语文、数学自我概念之间错综复杂的关系（图 9 - 4）。根据该模型，语文和数学自我概念是在参考框架——内部与外部的关系比较中形成的。

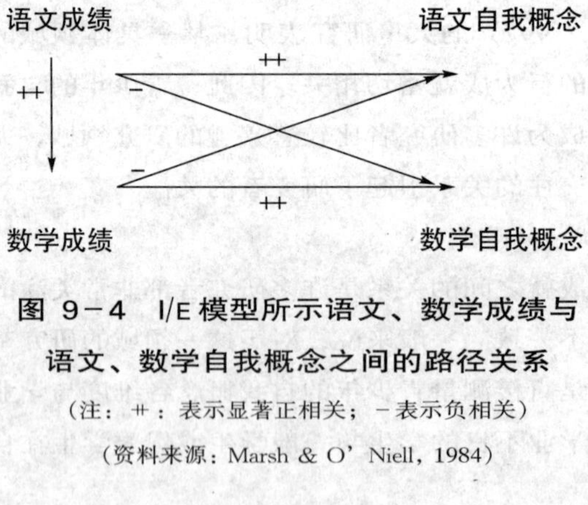

图 9-4　I/E 模型所示语文、数学成绩与语文、数学自我概念之间的路径关系

（注：++：表示显著正相关；-表示负相关）

（资料来源：Marsh & O’ Niell, 1984）

学业不良儿童自我概念发展特点的研究则从另一个侧面为自我概念与学业成就之间的相关提供了证据。我国学者俞国良等人（1996）运用修订后的 W. H. Fitts 自我概念量表对 10～15 岁学习不良儿童的自我概念的发展状况进行了测查，结果表明，在总体上，一般儿童的自我概念发展水平在自我概念的各个维度上都远远高于学习不良儿童，学习不良儿童与一般儿童在自我概念的各个维度上均存在着极其显著的差异。王春燕等人（2001）采用马什自我描述Ⅱ型问卷（SDQⅡ）对260名7～9年级的优生和学业不良儿童进行了测查，结果表明，优生和学业不良儿童在自我概念上存在显著差异，从总体上看，优生的自我概念发展水平在各个维度上都远远高于学业不良儿童。由于自我概念是一个互相联系的有机整体，一方面的表现不佳会影响学生其他方面的自我认识。正是由于学习上不断经历失败，学习不良学生对自己在学习上的能力产生怀疑，丧失了信心。可以说，自我概念的形成受到学业成绩的影响，而已经形成的消极自我概念又反过来压制他们学习的积极性，两者相互影响，从而形成了恶性循环。

（二）自我概念与社会交往

青少年正处于生理、心理迅速发展的时期，其生理和心理的迅速发展对他们自我概念所产生的冲击必然会在其社会交往中体现出来。研究表明，进入中学阶段，青少年的人际关系发生了明显的变化（Andrew et al., 2001）。他们对父母和教师的心理和情感依赖日益减少，而更倾向于与同伴建立良好的人际关系（Steinberg, 1992）。但也有研究发现，随着中学生的日益成熟，他们与父母的关系逐渐改善，父母对中学生社会技能的发展及学业成就依然有很大的影响。我国学者沃建中等人（2001）的研究表明，从初一到初二，中学生人际交往水平明显下降，到了初三，其人际交往水平则表现出大幅度的攀升，到了高中阶段人际交往一直保持在一个较高的水平上。这与青少年自我概念发展的年龄特点基本上是吻合的：初一到初二正是青少年自我概念发展的关键期，过分的自我关注直接导致了人际关系质量的下降，初三以后，青少年的自我概念逐渐趋向分化和整合，开始重新审视自己和他人的关系，开始从别人的角度去考虑问题，因此人际交往也有了很大的改观。

此外，李蓉蓉等人（2002）采用自编的人际关系取向问卷以及马什等人编制的自我描述问卷，探讨了大学生的人际关系取向与自我概念的关系。研究结果表明，大学生总体的人际关系取向与总体的自我概念具有显著相关，并且人际关系取向与语言自我概念、一般学业自我概念、解决问题自我概念、外貌自我概念、同性和异性关系自我概念、亲子关系自我概念、诚实可依赖自我概念、自尊自我概念呈高相关。有研究指出，语言自我概念、异性关系自我概念、亲子关系自我概念、问题解决自我概念、自尊自我概念可统称为人际关系自我概念。因此，他们之间的相关充分说明了人际关系取向与自我概念的关系。可以说，自我概念的形成在一定程度上影响着大学生人际特质的形成，而已形成的人际关系反过来也会对自我概念的形成和发展产生影响。但是，从目前来看，我国有关自我概念与社会交往的相关研究还比较少，有待于进一步的系统化和深入化。

第三节　青少年的自尊

自尊是指个体对自己所持有的一种肯定或否定的态度，这种态度表明个体相信自己是有能力的、重要的、成功的和有价值的。简言之，自尊就是一种个人的价值判断，它表达了个体对自己所持的态度（Coopersmith，1967）。在自我研究领域，自尊与自我概念是两个比较容易混淆的概念。由于两者存在着密切的关系，所以有的研究者对两者不做区分或混用两个概念，例如在前一节提到的谢弗尔森的自我概念模型，同时也可以看做是一个自尊的结构模型。但是绝大多数的研究者认为，自尊和自我概念是自我系统的两个不同的成分或结构。如果说自我概念是个体对有关自我的描述和评价过程，那么自尊则是指个体自我评价的结果以及由此而产生的情感（张文新，1999）。青少年期是自我发展的关键期或转折期，青少年自尊的发展对个体整个自我系统及其心理的发展具有重要意义。一方面，自尊作为个体自我系统的核心成分之一，其发展状况不仅与青少年的心理健康直接相联系，而且对学生整个人格的发展都具有重要影响；另一方面，自尊作为一个起中介作用的人格变量，对青少年的认知、动机、情感和社会行为均有重要而广泛的影响（Campbell & Lavallee，1993）。鉴于自尊发展尤其是青少年自尊发展所特有的重要性，许多研究者对自尊的结构、青少年自尊发展的特点以及青少年自尊发展的影响因素等问题进行了细致、深入的研究，下面将分别予以介绍。

一、自尊的结构及分类

自尊的结构和分类一直是自尊研究的基本问题之一。由于理论构想和研究方法的不同，研究者在这一问题上各持己见，从不同的角度对这一问题做出了回答。

（一）自尊的结构

自尊由哪些成分构成？各种成分之间是如何相互作用的？其内在结构如何？长期以来，研究者基于不同的理论构想或实证研究对此提出了多种观点。从目前来看，关于自尊结构的观点存在着从单维到多维的不同。

詹姆士认为，自尊就是指个体的成就感（the sense of accomplishment），自尊取决于个体在实现其所设定目标过程中的成功或失败的感受。他提出了一个著名的公式，即：自尊＝成功（success）/抱负水平（pretension）。在这里，重要的不是个体所获得的实际结果，而是个体对所获结果的认知过程，即个体对所获结果重要性的主观评价。很显然，詹姆士是从单维来认识自尊结构的。

波普和麦克黑尔（Pope & McHale，1988）认为，自尊是由知觉的自我（perceived self）和理想自我（ideal self）两个维度构成的。知觉的自我就是指自我概念，是个体对自己存在和不存在的各种技能、特征和品质的客观认识。理想自我是个体希望成为什么人的一种意象，这种意象并不是一种轻浮的愿望（如我想成为著名影星等），而是一种想拥有某种特性的真诚愿望。当知觉的自我与理想自我相一致时，自尊就是积极的；当知觉的自我与理想自我不一致时，自尊就是消极的。

斯蒂芬海根（R. A. Steffenhagen）等人进一步提出了自尊结构的三维度模型（转引自：魏运华，1997）。这一模型又包括三个相互联系的亚模型，即物质/情境模型、超然/建构模型、自我强度意识/整合模型。他们认为，在物质/情境模型中，自尊包括自我意象（self－image）、自我概念（self－concept）和社会概念（social－concept）三个成分，而每个成分又都包括地位（status）、勇气（courage）和可塑性（flexibility）三个元素；在超然/建构模型中，他们认为，自尊包括身体、心理和精神三个成分，每种成分都包括成功、鼓励和支持三个元素；在自我强度意识/整合模型中，自尊包括目标取向、活动程度和社会兴趣三个成分，每个成分都包括知觉、创造和适应三个元素。

库伯史密斯认为（Coopersmith，1967），自尊是由以下四个方面构成的：（1）重要性，即是否感到自己受到生活中重要人物的喜欢和赞赏；（2）能力，即是否具有完成他人认为很重要的任务的能力；（3）品德，即是否达到了伦理标准和道德标准；（4）权力，即影响自己生活和他人生活的程度。

此外，我国学者魏运华（1997）通过问卷调查和结构访谈的方法，确立了中小学生自尊的结构模型。他的研究发现，中小学生的自尊主要由六个结构因素组成，即外表、体育运动、能力、成就感、纪律、公德与助人。威特金森和董奇（Watkins，董奇，1994）则认为，自尊主要由生理能力/运动、生理外貌、同伴关系、亲子关系、语文、数学、学校、一般等八个结构因素组成。麦伯亚（Mboya，1995）将自尊分为家庭关系、学校、生理能力、生理外貌、情绪稳定性、音乐能力、同伴关系、健康等八个结构因素。

以上我们介绍的不同研究者对于自尊结构的观点都在一定程度上揭示了自尊的本质或者自尊的某些侧面，但各有其不足。一维结构模型和二维结构模型对自尊的理解虽然过于简单，但容易理解，且具有很强的可操作性。多维结构模型对自尊的理解更为深刻、全面，但操作起来也更为麻烦，有的成分或元素甚至超出了自尊的内涵，可能是与自尊的内在结构关系密切的外在影响因素（魏运华，1997）。同时，所谓模型，只是一种假设，这种假设的真实性和有效性还有待进一步的研究予以证实。并且，自尊是一个社会性很强的概念，具有文化本土的特点，人们对于自尊的理解也不可避免地受到其所处本土文化的限制。因此，确定不同模型的文化适用性也是研究者需要解决的一个重要问题。此外，在分析自尊结构的同时，对于各种结构因素之间相互作用的考虑也是非常必要的。

（二）自尊的分类

1．现实自尊和理想自尊

现实自尊和理想自尊的划分主要是由詹姆士的自尊公式引出的，即自尊是个体成功与抱负水平的比值。考察现实自尊和理想自尊间的差距是自尊领域研究的重要内容。临床学的研究认为，个体现实自尊和理想自尊之间的巨大差异能够导致个体的矛盾和困惑，是其精神失调的最初标志。后来的研究者对这一观点提出质疑。他们认为，这种差异不应仅仅被看做是一种失调，它同时也是成熟的一种标志，现实自尊和理想自尊之间的差距可以为个体自尊的发展提供动力。

2. 总体自尊和分化自尊

由于研究者对自尊的理解和认识不同，在自尊研究的历史过程中，有的理论家强调总体自尊的重要性，而有的理论家强调自尊是一个分化的集合体(Coopersmith，1967)。一般来说，对于总体自尊和分化自尊之间的关系，研究者形成了两种不同的观点：一种观点认为，随着儿童年龄的增长，自尊越来越分化，如果在个体发展史的某一点上存在总体自尊的话，那么，随年龄的增长，个体的总体自尊会分化为几个不同的方面；另一种观点认为，总体自尊和分化自尊是有区别的两个方面，每个方面都有值得研究的价值，并指出，那些认为个体在总体自尊上的潜在变化将会转移到自尊的特殊方面的想法，既没有逻辑上的依据，也没有得到经验研究的支持。有研究发现，学业能力的自尊与总体自尊的相关是0.33，即二者只是部分的交叉，远没有达到完全一致。哈特（1982）认为，一般自尊不同于分化自尊，一般自尊的大部分变异也不能从自尊的各组成部分中来解释，两者间不能相互代替。

3. 内部自尊和外部自尊

根据自我评价的对象不同，近年来有的研究者把自尊分为内部自尊和外部自尊。外部自尊是指从别人对自己的反应中来评价自己并由此内化而产生的一种情感。对外部自尊影响较大的因素主要来自别人的评价、反应以及个体生活中的成败经验。内部自尊主要来自个体的内部评价、自我接受和自爱，它具有主动、稳定和动态的特点。个体内部自尊主要受儿童实际的行为和能力、过去的成功和失败经验的影响（张文新，1999)。

4. 浮动自尊（Barometric self - esteem）和基线自尊（baseline self - esteem）

罗森伯格（M. Rosenberg）认为，在自尊领域中，区分浮动自尊和基线自尊是非常重要的。浮动自尊是指个体感觉到自己的情感不时地迅速转变和波动的程度。例如，当你进入一个满是生人的房间的一瞬间，即使你是一个非常自信的人，你也会感到紧张和不安，只有在与房间中的人进行了一段时间的友好交往以后，你才可能重新找回自信。换句话说，在浮动自尊中个体体验着自尊的波动。与此相反，基线自尊在短时间内则不可能发生大的变化，并且也不可能波动。在你进入一个满是生人的房间时，既使你感到了短暂的不安，但是你内在的或者说基线自尊是不会变化的。事实上，具有较高基线自尊的个体很容易摆脱这种短暂的不安感，因为这种不安感与情境的关系要大于与个体自身的关系（Steinberg，1999）。

二、青少年自尊的发展

青少年期个体生理上的成熟、认知能力的提高以及社会角色、微环境等的一系列改变毫无疑问会带来个体自我评价的变化，这种变化直接影响着青少年自尊的发展。其中，青少年自尊发展的稳定性、可变性与青少年自尊发展的差异性是青少年自尊发展研究所关注的两个重要方面。

（一）青少年自尊发展的稳定性与变化性

霍尔认为，青少年期是一个充满“暴风骤雨”的时期。这一论点指出了青少年期个体所受压力的程度，并直接引发了研究者对于青少年自尊发展的稳定性与变化性的关注。尽管国内外的研究者在此领域做了大量工作，但是由于研究的角度和研究方法的不同，不同的研究者对于青少年自尊发展的稳定性与变化性的看法也不一致。

达塞克等（Dusek & Flaherty，1981）指出：“进入青少年期的个体与他走出青少年期的时候相比基本上没有什么变化。”阿拉斯克等（Alasker & Olweus，1992）认为，青少年的自我感觉会逐渐稳固并且不大可能因为经验的不同而发生波动，青少年的自尊随着年龄的增长将变得更加稳定。换句话说，儿童期具有高自尊的个体在青少年期也会具有高自尊。并且，在青少年期，个体的自尊水平不会降低。但是，一些研究却支持了青少年期个体自尊的波动性。西蒙斯等（Simmons，Rosenberg，& Rosenberg，1973）对前青少年期和青少年期的自尊进行了一系列的“经典研究”，探讨了青少年自尊波动发生的时间和原因。研究发现，青少年在12～14岁最可能出现自我意象的波动。与年长的青少年（15 岁以后的青少年）以及青少年期以前的个体（8 到 11 岁）相比，在青少年早期，个体具有较低的自尊、较高的自我意识以及较不稳定的自我意象。并且，早期的青少年也较年长的青少年更倾向于对自己和自己的行为感到羞愧（Reimer, 1996）。总体来说，前青少年期个体与早期青少年在自尊方面的差异要大于青少年中期和青少年晚期之间的差异。这表明，自我意象的最显著的波动发生在由儿童向青少年过渡的时期（Simmons, Rosenberg, & Rosenberg, 1973）。哈特（1998）的研究也发现，从初中一年级开始，青少年的自尊发生转折，表现出下降的趋势。我国学者张文新（1997）运用修订后的库伯史密斯自尊问卷对初中生的自尊进行了初步研究，结果表明，整个初中阶段学生的自尊是不稳定的，存在着极显著的年级（年龄）差异。初一学生的自尊得分极显著地高于初二和初三的学生，但是初二与初三学生的自尊之间不存在显著差异。也就是说，从初中二年级（约 14 岁）开始，自尊出现了一种下降趋势。由此可以看出，我国青少年自尊发生转折的时间要比国外的青少年晚一年左右。研究者认为，与初一相比，初中二年级青少年的自尊下降主要与其自我意识的增强、生理的迅速发育成熟和学习的压力增大等因素及其交互作用有关。

综上所述，关于青少年自尊的研究结果是不一致的，有的研究发现了青少年自尊的波动，有的研究则认为青少年期的自尊十分稳定。那么，我们如何来整合这些不同的研究结果呢？根据罗森伯格的观点，在看待自尊研究时，区分浮动自尊和基线自尊是非常重要的。那些报告青少年期的自尊具有高度稳定性的研究测查的可能是个体的基线自尊，基线自尊不可能随时间而发生很大的变化。因为决定个体基线自尊的可能是个体的一些相对稳定的因素，诸如社会地位（中产阶级的青少年与家庭不富裕的同伴相比，具有较高的自尊）、性别（男性比女性具有较高的自尊）、出生顺序（长子或独生子女具有较高的自尊）、学术能力（能力高的青少年具有较高的自尊）（Jackson, Hodge, & Ingram, 1994）。相反，那些发现了早期青少年的自尊或自我意象具有波动性的研究可能关注于青少年的浮动自尊，而浮动自尊是很容易发生波动的。因此，事实可能是这样的，虽然个体的基线自尊在整个青少年期不会有很大变化，但是青少年早期是个体浮动自尊波动很大的时期（Rosenberg，1986）。从这个角度来看，关于青少年自尊研究的不同结果实际上是反映了同一事实的不同方面。

（二）青少年自尊发展的差异性

青少年自尊发展的差异性也是理解青少年自尊发展的一个非常重要的方面。正如一些研究者所指出的，如果我们仅仅关注发展的整体趋势，那么我们就会掩盖整个发展轨迹中重要的个体差异（Steinberg，1999）。对于青少年自尊发展的个体差异，我们可以从两个方面来理解：不同个体之间自尊的发展变化是否具有差异性；相同的个体在自尊的不同维度之间是否具有差异性。

赫希等（Hirsch & DuBois，1991）的研究发现，有些青少年的自尊在整个青少年期表现出了高度的稳定性，而有些则不然。该项研究将儿童在从小学六年级向初中过渡期间自尊的发展趋势划分为四种显著不同的类型。其中，约35% 的青少年具有稳定的高自尊，约13%的青少年具有严重的低自尊，约52%的青少年在只有两年的时间内发生了显著的变化：其中约21%的青少年自尊水平直线下降，约31%的青少年的自尊水平有所提高。布劳克和罗宾斯（Block & Robins，1993）的纵向研究表明，个体从14岁到18岁或者从18岁到23岁中，平均自尊未发生重大变化，总体来说，他们自尊的发展表现出了跨时间的稳定性。但是，布劳克和罗宾斯指出，平均模式会掩盖青少年经验中的重要区别，因为对许多青少年来说，平均意味着几乎没有出现什么变化。但是事实上，他们发现，从14岁到23岁这9年间，超过60%的被试的自尊或者有了很大增长或者有了很大下降。很明显，在这些研究中，自尊保持相当稳定这一总体性结果不能充分描述个体青少年自尊的发展。因此，许多研究者甚至极端地认为，研究青少年的自尊发展是否具有稳定性这一问题是没有意义的。

在自尊发展的不同维度上，我们也可以看出青少年期自尊发展的差异。现在许多研究者认为，青少年既可能在整体意义上评价自我，也会从学业、运动、外表、社会关系与道德品行等几个不同的方面评价自我。因此，对于一个青少年而言，很可能在学业能力方面拥有高自尊，在体育运动方面具有低自尊，而在身体外表、社会关系或道德品行等方面具有中等水平的自尊。

并且，既使是在自尊的同一维度上，他们的自尊也可能具有很大差异。研究发现，青少年在与父母关系中的自我评价截然不同于在与同伴的友谊关系中的自我评价（Harter，Waters，& Whitesell，1997）。另外，某些方面的自尊要较其他自尊对青少年总体自尊的影响大一些。一般来说，青少年的身体自尊是其整体自尊的最重要的预测指标，其次是同伴关系的自尊（Hater，1990），而学业能力、运动能力或道德品行等方面的自尊是相对次要的预测指标。并且，值得一提的是，身体自尊对女青少年的影响要大于对男青少年的影响（Hater，1990；Usmiani & Daniluk，1997）；而且总体而言，女青少年的身体自尊要低于男青少年（Jackson，Hodge，& Ingram，1994）。因此，如果不考虑青少年自尊的不同维度以及相关联的具体背景，而简单地将青少年的自尊描述为“低”或“高”是不能准确勾勒出青少年期自尊发展的画面的。换句话说，在一种整体或一般意义上对青少年的自尊进行考察的效度问题值得考虑。

三、影响青少年自尊发展的因素

青少年期虽然是自我发展的关键期，但并不是所有个体的自尊都会经历相同程度的波动，也不是所有青少年的自尊水平都具有可比较性。换句话说，青少年自尊的发展具有个体差异性。那么，是什么因素影响了青少年的自尊发展并使他们表现出个体差异呢？

（一）主体因素

1. 外表吸引力

身体外表的吸引力是影响青少年自尊发展的尤其重要的因素。随着个体年龄的增长，青少年的生理发育日渐成熟，越来越强烈的性意识使得青少年越来越关心自己的体型、相貌等身体外表特征。研究指出，急剧的身体生长和其他方面的变化都可能对身体形象造成破坏并导致自我评价的混乱与自尊的降低。那些对自己的身材、外表不满意的个体常常会产生低自尊，这种影响在青春期表现得尤其强烈。哈特（1989）的研究发现，身体外表与青少年的整体自尊相关最大。同时，他还发现，个体知觉到的外表吸引力与整体自尊的相关不仅存在于青少年期，也存在于生命全程中，从儿童早期一直到中年都是如此。劳德等人（Lord & Eccles，1994）的研究进一步发现，青少年身体外表吸引力的自我概念是他们整体自尊最强的预测因素。

2. 性别

性别也是影响个体自尊发展的一个重要因素，并且这种影响在青少年期表现得尤为显著。总体来说，性别对青少年自尊发展的影响是一个颇有争议的问题，它取决于研究者对自尊的界定以及与自尊相关的背景因素。许多研究为青少年自尊的性别差异提供了支持。西蒙斯等人（1973）的研究发现，早期的女青少年与男青少年相比，她们的自尊水平较低，自我意象较不稳定，她们更可能提及关于自我的消极面，对自我的能力缺乏信心，常常为他人是否愿意与其在一起而担心。布洛克和罗宾斯（Block & Robins，1993）的纵向研究发现：总体来说，从儿童早期到青春期，男性的自尊趋于增高，而女性的自尊则趋于降低；每个年龄都是男性的自尊分数较高，男性和女性分数间的差异从 14 岁到 23 岁变的越来越大；女孩的自尊到了青春期以后比男孩的自尊下降的幅度大。黄曼娜（1999）的研究也发现，在整个中学阶段，女生的自卑感要比男生强烈。青少年期男生和女生在自尊发展上的差异可能主要基于以下原因：第一，与男青少年相比，女青少年更关心身体的吸引力、交友与同伴接受性，同时她们也担心自己的学业成绩，而取得好的学业成绩是女青少年感到被学校中的主导群体所接受的基本而重要的条件之一。男青少年虽然也会为这些事情而担忧，但他们更多是以一种平常的心态，而不是焦虑。第二，女孩到了青春期，已经获得了“应该怎样”的性别刻板观念。在许多文化中，男性是优势性别，女性则是一种劣势性别，因此女性对自己的存在价值、社会交往和体育运动能力的判断下降，自信心开始动摇，从而导致了自尊的降低。第三，青春期的女性更注重自我感受、内心体验、自我评价，并且青春期的女孩要比男孩更多地感受到矛盾的品质，更多地报告内部的冲突（Hater，1985）。然而，我们也应该认识到，女青少年并不是在自尊的每个维度上都比男青少年低，并且在两个群体之中都会存在着个体差异现象。

此外，也有许多研究者指出，青少年的自尊并不存在显著的性别差异。他们认为，由各个项目分数相加而得到的总体自尊分数的过程不能充分证明自尊的性别差异，“也许男孩和女孩赞同了不同的项目，但她（他）们的总分是相等的。”（Wylie，1979）同时，在考察青少年自尊发展的性别差异时，考虑与个体相联系的背景因素也是非常必要的。张文新关于我国初中生自尊的研究发现，初中阶段青少年学生的自尊总体上不存在显著地性别差异，但是，性别与城乡因素的交互作用影响着青少年自尊的得分。具体表现为：城市女生自尊的得分高于男生，但是农村女生自尊极显著地低于男生。因此，对于青少年自尊发展的性别差异性问题，我们应该相对来看，而不能绝对化。

3. 自我知觉的不一致

希金斯在其“自我不一致理论”（self－discrepancy theory）中指出，我们的许多焦虑和抑郁来自如下两个问题之间的不一致：即我们认为我们实际上是什么人（即现实自我）与我们希望是什么人（即理想自我）之间的不一致。希金斯认为，理想自我总是高于现实自我，但是如果差异太大，而且我们又意识到了这种差异，就会产生情绪不良和挫折感，甚至会产生抑郁，而低自尊恰恰是抑郁症的一种基本症状（Ronald，1995）。哈特等在研究中所描绘的自我知觉剖析图（self－perception profile）对这一理论提供了最有力的支持（见图9－5）。图中分别描述了两个儿童对自我能力的评价和对领域重要性的评价对他们自尊的影响。儿童C和儿童D都感到他们在学业与运动能力上相对贫乏，而且他们都对自己在其他三个领域中的能力与表现的评定较高（社会认可、行为举止、容貌外表），可是儿童C有很高的自尊，而儿童D却自尊很低。这就非常直观地体现了自我知觉的不一致性对儿童自尊的影响。

哈特等人在对普通青年、大学生和成人的几项调查中得到了同样的结果，即在对某些领域重要性的评价与对在该领域的能力的判断之间的不一致性越大，个体的自尊就越低。哈特等人进一步运用相关研究发现，重要领域的能力与自尊的相关（r＝0.6～0.72）远远超过了不重要领域的能力与自尊之间的相关（r＝0.30）。弗莱特（Flett，1991）的研究也表明，具有追求高水平社会要求的完美的被试表现出了一种值得注意的倾向——抑郁和低水平的自尊（转引自：刘毅、张华，1998）。

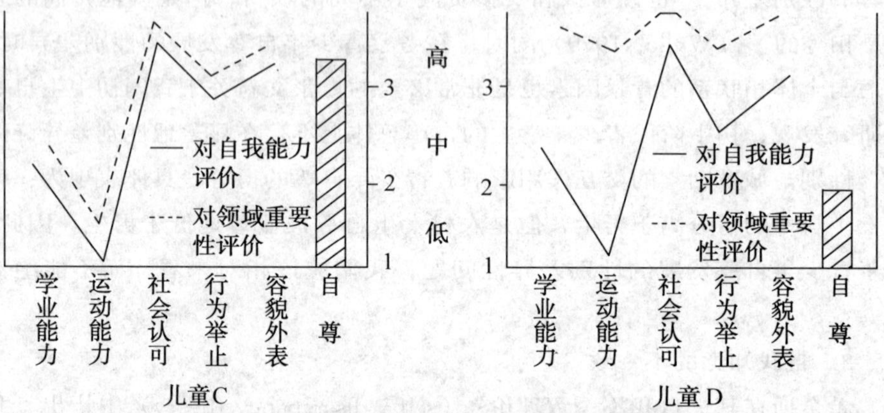

图 9-5 两个儿童在特殊领域中能力得分

（资料来源：刘毅、张华，1998）

实际上，对于自我知觉的不一致与个体自尊之间的关系也可以从詹姆士的理论中找到根源。詹姆士认为，个体的自尊水平是个体所取得的成功与其抱负之比，即自我尊重 = 成功/抱负。对于低自尊的个体，存在两条提高自尊的途径：或者提高其能力水平，或者降低其雄心与抱负，这两者均适用于减少能力与重要性之间的不一致，进而提高其自尊。

（二）家庭因素

家庭是个体最早的生活场所，父母（或其他养育者）既是个体最初的交往对象，也是个体的“第一任教师”。从个体诞生之日起，父母的教养方式、父母的社会经济地位、家庭情感氛围、家庭结构等因素就在很大程度上影响着个体的发展。其中，父母教养方式、父母的社会经济地位与个体自尊的关系尤为密切。

1．父母教养方式

家庭成员特别是父母对待青少年的态度或教养方式直接影响青少年自尊的发展。萨拉哈等对 11～15 岁青少年的研究发现，那些对其出生家庭有较高认同感的青少年要比有较低认同感的青少年的自尊水平更高（转引自：魏运华，1999）。在谈到与自尊相关的因素时，库伯史密斯及其同事指出，父母的评价是一个非常重要的因素。库伯史密斯（1967）专门调查了父母的抚养方式对个体自尊形成和发展的影响，结果发现，高自尊个体的父母抚养方式具有以下特点：第一，接受、关心和参与。第二，严格，即高自尊儿童的父母认为，重要的是使孩子达到更高的要求，而不仅仅满足于使孩子高兴，并认为孩子在严格的训练下会更快乐。第三，采取非强制性约束。第四，民主，尽可能给予孩子表达自己观点的权力以及有时按自己的方式办事的权力。

近年来，许多研究者对青少年的自尊与父母教养方式的关系进行了探讨。卡瓦什等人的研究（1985）发现：父母对子女的接受程度与青少年的自尊有极显著的正相关，而父母对子女的控制则与青少年的自尊有极显著的负相关。我国学者张文新等人（1998）运用库伯史密斯的自尊问卷与父母教养方式评定量表（EMBU）探讨了青少年的自尊与父母教育方式的关系。结果发现，在总体上，青少年的自尊与其报告的父母教育方式的各个维度之间均存在密切的关系。具体表现为：青少年的自尊与父母的情感温暖与理解之间存在极其显著的正相关，而与其感受到的父母的惩罚严厉、拒绝否认、过度干涉和过度保护之间存在着显著或极显著的负相关；父母的教养方式对青少年的自尊具有较好的预测作用。该研究还发现，在不同的青少年群体中，青少年的自尊与父母教养方式之间的关系既具有一致性，同时也存在某些差异。魏运华（1999）运用自编的儿童自尊量表以及父母教养方式评定量表，以小学四、五、六年级和初中一二年级的少年儿童为被试，探讨了父母教养方式对少年儿童自尊发展的影响。研究结论与张文新等人的结果类似，同时，他们发现，父母的教养方式不仅影响儿童自尊发展的水平，而且影响儿童自尊发展的速度。

2．父母的社会经济地位

父母的社会经济地位主要反映在父母的职业、受教育水平和家庭经济收入之中。来自西方的许多研究表明，父母的社会经济地位是青少年自尊发展的重要影响因素。一般说来，中产家庭青少年的自尊高于贫困家庭青少年的自尊，这种差异在整个青少年期又进一步增大。其原因可能是中产家庭青少年的学业成绩一般优于贫困家庭的青少年，这种优势又进而增强了他们的自尊。我国学者张文新（1998）的研究发现，城市初中生在总体上自尊极显著地高于农村初中生的自尊得分，但存在城乡与性别两因素的交互作用。这一方面为父母的社会经济地位对青少年自尊的影响提供了支持，同时也启示我们：青少年的自尊和父母的社会经济地位之间的关系可能是十分复杂的，不能机械地看待青少年的自尊与父母的社会经济地位之间的关系。

（三）学校因素

学校是青少年期个体的主要活动场所，在学校这一微环境中，学生的师生关系、同伴关系和学业成就等在很大程度上制约着青少年自尊的发展。

1. 师生关系

学校对青少年自尊发展的影响主要体现在教师身上，尤其对于早期的青少年来讲，教师对其自尊的影响作用更大。师生关系既能提高自尊，又能降低自尊。概括来说，国外关于师生关系与青少年自尊的研究发现：当教师在教学中不仅重视学生技能的发展，而且重视学生的情感状态，特别是自尊时，教学会更有效；教师所偏爱的教学风格会影响青少年的自尊；教师期望对青少年的学业成绩和自我价值有着直接影响；师生间的日常接触对青少年自尊的影响最大。我国学者魏运华（1998）的研究表明：满意的师生关系；教师对学生的支持、关心、鼓励；期望、参与等有助于儿童自尊的发展。

概括来说，教师对青少年自尊的影响主要体现在两个方面：一方面，教师是社会行为规范的直接体现者和传递者，他们通过各种手段和途径把这些价值标准和行为规范传递给学生；另一方面，教师是学生模仿的榜样，并且在有些家庭中得不到母爱或父爱的学生，会从教师身上寻求感情上的满足。

2. 同伴关系

当儿童进入青少年期以后，同伴交往在个体社会关系网络中占据重要地位。与父母和教师相比，同伴能为青少年发展技能和能力提供更多的标准和机会，并且同伴的意见和评价直接影响着他们的自我评价。只有置身于同伴之中，个体才能体验到自己是怎样的一个人；只有与同伴进行比较，才能形成对自我的认知和评价；只有接近同伴，得到同伴的接纳，并与同伴进行积极的相互作用，青少年的自尊才能得到有效发展。许多理论家也认为，同伴关系本身构成了个体自尊的一个分维度。有研究发现，那些与同伴关系密切、同伴接受性高或对同伴关系较为满意的个体往往具有较高水平的自尊，而那些没有形成亲密的同伴关系或遭到同伴拒绝的个体其自尊水平往往较低。我国学者魏运华（1998）的研究表明，在青少年早期，满意的同伴关系会促进儿童自尊的发展，那些受同伴欢迎，并在同伴中具有一定“权威”和“地位”的个体，其自尊水平相对较高；那些对同伴的失败和痛苦具有同情心，对同伴的成功和喜悦感到高兴的儿童，其自尊水平也较高；而那些对同伴具有攻击性和破坏性的个体，其自尊水平较低。

概括来说，青少年的同伴关系对其自尊发展的影响主要表现在以下几个方面：第一，亲密的同伴关系有利于青少年建立同伴间的依恋关系并获得社会支持，从而有助于缓解社会生活压力对青少年的消极影响；第二，由于青少年大多选择社会背景和个性特征相似的个体作为自己的同伴，这有利于青少年建立与同伴较为一致的价值观，促进自尊的稳定性；第三，同伴的接纳能够强化青少年的自我效能感和归属感，有利于保持青少年自尊的稳定性。

3．青少年的学业成就

个体的学业成就与青少年自尊发展之间的关系始终受到人们的关注。在学校中的成功体验是影响自尊发展的重要因素。许多理论家认为，学业上的成功会导致自尊的提高，而自尊的提高反过来也会对学业成就产生影响。谢弗尔森等的研究甚至表明，学生的学业成绩与自尊存在着因果决定关系（转引自：魏运华，1998）。对于两者之间是否存在因果关系目前还存在一些争论，但是它们之间的紧密相关是毋庸置疑的。怀利（Wylie，1979）在对大量的研究进行总结后指出，自尊与学业成绩的相关在0.10～0.50之间，大多数在0.30～0.40之间。当自尊测验涉及个体更为具体的学业表现技能时，这些相关可能会更高。该领域的跨文化研究表明，虽然亚裔美国少年的自尊尤其容易受到学业成功的影响，但是事实上，在所有的种族和文化群体中都能够发现两者之间的较高相关（Szeszulski，Martinez，& Reyes，1994）。我国学者魏运华（1998）对青少年早期的研究表明，学业成绩越好，青少年总体自尊和能力、成就感、纪律等发展水平也越高。研究者认为，这主要是因为学生的主导活动是学习，他们主要通过学业成绩来评价自己能力的高低，并通过学业成绩来体验成功与失败，尤其在我们国家，学业成绩本身就是能力和成就感的重要体现。另外，刘明（1998）的研究表明，高自尊水平的高中生与优生在学业成败归因方式上存在较大的相似之处，他们更多地将学业成败归因于自己内在能力和努力程度的结果；低自尊水平的高中生与差生表现出更多的相似之处，他们更多地将学业成败归因于自己缺乏能力。这就在一定程度上对青少年的自尊与学业成就之间关系的内在机制做出了解释。总之，当前的大量研究支持了学业成功能够提高个体自尊的论点，但是关于自尊的提高是否能够改善个体的学业成绩这一问题，当前仍然存在争议。

第四节　青少年同一性的发展

如果有一个概念可以普遍地描述青少年期的自我发展，那它就是同一性发展。埃里克森认为，青少年期的发展课题就是同一性对同一性扩散(Erikson，1968)。自我的形成是以同一性确立而获得的稳定的心理状态为标志的。自我概念和自尊分别构成了青少年期自我发展的认知维度和情感维度，同一性的发展则涉及到了在过去、现在、未来这一发展的时间维度中青少年对自我的整合。同一性的形成对个体的发展具有重要意义。自我同一性的形成意味着个体个性的获得与建立，如果个人没有“内在的、实体的同一性”，那就不可能有稳定的自我形象和对自我的全面把握，自我实现也就无从谈起，并会影响到健康人格的确立；自我的同一还意味着个体基本心理结构、价值取向和追求水平的稳定，意味着个体本质体现的连贯。可以说，自我同一性的确立是青少年健康成长、较好地适应社会和实现自身价值的重要前提。

一、同一性的基本问题

什么是同一性？同一性形成的关键期在什么时候？同一性的形成是一蹴而就的吗？对这些问题的阐释是理解青少年期同一性发展的基本前提。

(一) 同一性的基本含义

“自我同一性”(ego - identity) 是埃里克森的人格或自我发展理论体系中的一个重要概念，它是用来说明青少年时期心理发展的关键和人格成熟状态的一个术语。埃里克森认为，自我同一性是一种发展的结构，有时指一个人对其个体身份的自觉意识，有时指他对个体性格连续统一体的无意识追求，有时指自我综合的无言操作，有时则指对某一群体理想和特征的内心趋同（洛文格，1998）。鉴于埃里克森对同一性定义的多样性，不同的研究者在此基础上也从不同的角度提出了对同一性的理解。马西亚 (J. Marxia) 认为，同一性一旦形成，就会赋予个体曾经是谁的历史性感觉，现在是谁的有意义认识以及将来会成为谁的认识。朱智贤等认为，同一性是指个人的内部和外部的整合与适应之感（朱智贤、林崇德，1988）。王焕琛等认为，同一性是指个体寻求内在合一及连续的能力（王焕琛、柯华葳，2001）。

尽管对同一性的界定存在多样性，但是一般来说，同一性可以从三个层面上来理解：第一，同一性是指在过去、现在和将来中，对“自己是谁?”“自己还是原来的自己”，“自己自身是同一实体的存在”等问题的主观感觉或意识。它重视主观的意识体验，强调的是内外部的整合及自身内在的不变性和连续性。第二，同一性意味着以社会性存在确立的自我，也就是说被社会认可的自己、所确立的自我形象。例如，“我是中国人”，“我是学生”等。第三，同一性是一种“感觉”。如“感觉到身体很舒适”、“清楚自己在干什么”的感觉。当这三种自我同一性的意识在自己心中确实产生的时候，我们称之为自我同一性的形成或确立（张日昇，2000）。

另外，埃里克森指出，同一性作为一个自我形象 (self - portrait) 是由不同的成分构成的，这些成分包括 (Santrock, 2001)：

- 职业/事业同一性 (vocational/career identity)　个体愿意从事的事业和工作。
- 政治同一性 (political identity)　个体是保守的，自由主义的还是中间派。
- 宗教同一性 (religious identity)　个体的精神信仰。
- 关系同一性 (relationship identity)　个体是单身，结婚还是离婚等。

- 成就，智力同一性（achievement，intellectual identity）　个体追求成功和增强智力的动机程度。
- 性同一性（sexual identity）　个体是异性恋，同性恋还是双性恋。
- 文化/种族同一性（cultural/ethnic identity）　个体来自世界的哪个地方或哪个国家以及个体对他或她的文化遗产的认同强度如何。
- 兴趣（interest）　个体喜欢做的事情，包括运动、音乐、业余爱好等。
- 人格（personality）　个体的人格特征（如内向或外向，焦虑或平静，友好或敌对等）。
- 身体同一性（physical identity）　个体的身体形象。

因此，个体的同一性并不是一个不可分的总体，它是由多个方面构成的。从不同的方面来看待同一性，不仅有利于我们把握同一性的内涵，理解同一性的发展，而且对于同一性的研究也具有重要的启发意义。

（二）同一性状态

1. 同一性状态的分类

埃里克森的研究者马西亚认为（1966），在埃里克森的同一性发展理论中包含着四种同一性状态（或同一性地位）(identity status)，即个体解决同一性危机的方式：同一性扩散、同一性早期完成、同一性延缓以及同一性形成。在关于同一性状态的研究中，马西亚关注了个体在三个领域所进行的同一性探索：职业、意识形态（价值和信仰）以及人际关系。在对个体进行访谈和问卷调查的基础上，马西亚根据青少年的危机（crisis）和自我投入(commitment）两个变量的程度对个体同一性的发展状态进行评定，分别把个体归入了同一性的四种状态。危机是指个体对与自己密切相关的问题，诸如社会角色、职业、理想、政治信念等是否有过茫然或迷惑不解的时期，个体需要在许多有意义的选择中做出抉择（需要注意的是，这里的危机并不等于危险）。自我投入是指为认识自己、实现自我并达到某一目标而倾注全力，表现为对将来要做的事情进行个体性的探索。

根据马西亚的解释，同一性扩散是指个体既没有体验危机（也就是说，个体还没有探求有意义的选择)，也没有自我投入。换句话说，他们不仅没有对职业和理想选择做出决定，而且对这些问题也很少表现出兴趣。同一性早期完成是指青少年做出了自我投入，但是没有体验危机。当父母以权威的方式把义务传递给青少年时，往往会产生这种状态。在这种情况下，青少年没有足够的机会来独立地探索不同的人生道路、意识形态以及自己的职业。同一性延缓是指青少年正处于危机之中，但是没有给予他们责任或义务，或者对他们的责任只是进行了模糊的定义。同一性形成是指青少年已经体验了危机，并且也进行了积极投入。表 9－1 对于同一性的这四种状态做出了简要说明。同时，在同一性状态的每一个子类中也有一些细微的差异：例如，同是处于同一性早期完成状态，有些个体的早期完成是暂时的，有些个体的早期完成则是稳固的（Kroger，1995）。

表 9－1　　同一性状态

	同一性延缓	同一性早期完成	同一性扩散	同一性形成
危机	正处于体验之中	没有体验过	没有体验过	已经体验
投入	没有出现	出现	没有出现	积极地投入

（资料来源：Marcia，1966）

马西亚提出的关于同一性状态的研究一方面支持了埃里克森的理论，激发了许多关于同一性状态的研究，另一方面也受到了来自许多研究者的批评，他们认为马西亚提出的同一性发展的四种状态过于简化了埃里克森的理论。日本学者加藤厚（1983）在马西亚提出的两个变量的基础上又追加了“现在的自我投入的愿望”这一变量，从而构成了 3 变量、12 项目的同一性状态测定量表，同时又补充了两个中间状态，形成了六种同一性状态：即同一性形成（A 状态），权威接纳状态（F 状态），同一性形成——权威接纳的中间状态（A—F 中间状态），积极的延缓状态（M 状态），同一性扩散状态，同一性扩散——积极的延缓中间状态（D—M 状态）(转引自：张日昇，2000)。我国学者张日昇也对中国青少年（高中生、大学生）的自我同一性进行了实证研究，确立了我国高中生、大学生同一性发展状态的分布（见表

9-2)。并且发现，在“现在的自我投入”维度上，大学生要比高中生更能表现出积极地投入到现实生活中去的心理倾向。而在“过去的危机”维度上，男女大学生比高中生有更强烈的危机体验，并表现出较强的“将来自我投入的愿望”。

表 9-2　中国青年（高中生，大学生）同一性状态系数分布

		高中		大学		性差		发展差	
		男子	女子	男子	女子	高中	大学	高中	大学
同一性形成地位	人数	16	12	28	11				
(A地位)	%	3.9	3.1	7.1	3.4				
同一性形成——权威接纳	人数	93	62	85	49				
中间地位(A、P地位)	%	22.5	15.9	21.6	15.2				
权威接纳地位	人数	43	37	29	20				
(P地位)	%	10.4	9.5	7.4	6.2				
积极的延缓地位	人数	24	27	22	10				
(M地位)	%	5.8	6.9	5.6	5.9				
同一性扩散——积极的延	人数	225	242	218	210				
缓中间地位(D、M地位)	%	54.5	62.2	55.5	65.2				
同一性扩散地位	人数	12	9	11	13				
(D地位)	%	2.9	2.3	2.8	4.0				
合计		413	389	393	322				
		100.0	100.0	100.0	100.0				

* $P<0.05$

（资料来源：张日昇，2000）

青少年的同一性状态与其心理发展的其他方面密切相关。许多研究发现：同一性形成者比其他的个体在心理上更加健康，他们在成就动机、道德推理、同伴亲密性反思以及事业成熟性上的得分最高。同一性延缓的个体在焦虑测量上的得分最高，在自主问题上表现出了最高的冲突水平，他们自身

也不是很严格，表现出了较低的决断性。同一性早期完成的个体表现出了最高程度的决断和偏见，对于社会赞许有着最为强烈的需要，具有最低的自主水平以及与父母的最为强烈的亲密性。同一性扩散的个体表现出了最高水平的心理和人际问题：他们的社会退缩非常强烈，并且表现出了与同伴的最低水平的亲密性（Adams，Gullotta，& Montemayor，1992；Fulton，1997）。

2．同一性状态的转换

埃里克森指出，青少年期的同一性是不断地丧失与获得的过程，同一性问题的解决不是一劳永逸的，它在人的一生中尤其是在青少年期和成年初期会反复出现，个体也会从某一同一性状态转向另一状态。在马西亚看来，年少的青少年主要处在同一性扩散、同一性早期完成以及同一性延缓这三个时期。另外一些研究者认为，同一性的最重要的变化发生在青少年中、晚期而不是发生在青少年早期。沃特曼（Waterman，1992）的研究发现，从高中以前一直到大学后期，达到同一性形成的个体数量是不断增加的，同时处于同一性扩散状态的人数不断减少。与大学一年级和中学生相比，大学高年级的个体更容易达到同一性形成状态。一项对青少年的追踪研究表明（Adams & Fitch，1982），曾处于同一性扩散状态的学生中约有60%在一年以后发生了变化，曾处于同一性延缓期的学生中也有近50%发生了变化。在另外两项长达四年的追踪研究中，也发现了类似的结论，50%和33%的同一性扩散者发生了变化，以及91%与100%的同一性延缓期在其间发生了变化。这些变化实际上是可以理解的，因为扩散与延缓期本来就属于不稳定的类型。但是，在上述研究中也同时发现了约有1/3的同一性形成者和早期完成者在一年或四年内发生了变化，也就是说，那些曾经解决了同一性危机的青少年实际上并没有真正解决——至少没有在最终意义上解决。在某些心理学家看来，这种对非成熟状态的同一性的回归是正常发展过程中的一个环节，通过这个环节个体稳定的自我同一性才最终得以形成（Kroger，1996）。正如马西亚所指出的，从自我投入的角度来说，最初的同一性并不应该是我们所期待的最终结果。

许多关注同一性状态的研究者认为，个体积极的同一性发展一般模式是经历了所谓的“MAMA”循环，即延缓（moratorium）—形成（achievement）—延缓（moratorium）—形成（achievement）(Archer，1989)。这些循环可能在整个生命全程中都在重复着（Francis，Fraser，& Marcia，1989)。但是，至于为什么在同一性发展的过程中会发生从一种状态向另一种状态的变化以及这些变化是如何发生的迄今尚不清楚，与此有关的少数研究也只能告诉我们这种变化更多地是由内部因素（如对生活的不满）所引起，而不是具体的生活事件或生活环境的变化所致（Santrock，2001)。

（三）同一性对同一性扩散——青少年期的发展课题

埃里克森认为，个体一生的发展会经历8个连续而又不同的阶段（见图9-1)，个体在每一阶段都不可避免地要面临一个任务，这个任务虽然在其他阶段也以这样或那样的方式存在着，但由于生物与社会因素的交互作用使得它在某一特定时期格外突出。他指出，青少年期的发展课题是同一性对同一性扩散。在埃里克森看来，这一任务的解决一方面依赖于其前的各种危机的良好解决，即那些没有获得“信任感”、建立“自主性”、形成“主动性”、养成“勤奋”品质的儿童在青少年期是很难形成同一性的。另一方面，这一任务的解决依赖于青少年与他人的交往。通过重要他人的反应，青少年能够选择将来构建他们成年期同一性的因素，也就是说，在青少年的交往中，他人就像一面镜子能够为青少年反馈关于他是谁或他应该是谁的信息（如“我是有能力的或笨拙的”等)。因此，同一性的形成既是一个心理过程，也是一个社会化过程，它是青少年自身与社会共同作用的结果——青少年形成了同一性的同时社会也认同了青少年（Steinberg，1999)。

在指出青少年期是同一性发展的关键期的同时，埃里克森也提出了“心理延缓期”的概念。根据埃里克森的观点，在现代社会中，同一性发展本身所固有的复杂性使青少年需要一个心理延缓偿付期，即在这一时期内，青少年可以合法地延缓在社会中所必须承担的责任和义务。也就是说，在承继儿童期之后的青少年，自觉没有能力持久地承担各种任务，因此需要在做出某种决断的时候先要进入一种“暂停”的时期，以尽可能地避免同一性提前完结的内心需要。通过心理延缓期的方式可以鼓励青少年延长在校学习的时间，从而使他们能够认真地考虑将来的计划，而不用做出一些无可挽回的决定。青少年可以利用这一时期，触及各种人生观、思想态度、价值观，尝试着从中选择一些，再检验一下是否是符合自己。经过多次反复循环，从而最终确立自我同一性。如果个体前几阶段的任务没有很好解决或所生活的社会环境没有为青少年提供合适的心理延缓期，青少年同一性的形成就可能会出现问题，即可能导致青少年同一性的整合失调，使他们无法认识自己或确认自我，形成一种不连续的、混乱的和不完整的自我感觉，这也就是“同一性扩散”。

二、青少年期的同一性建构

同一性建构是指整合个人变化、社会要求和未来期待的一个过程。埃里克森指出，同一性建构包括创造一种同一感，即个人感觉到的人格同一和他人所承认的在不同时间中的相似性。换句话说，青少年同一性建构的过程也就是其形成和获得同一性的过程。青少年期的同一性建构对个体一生的同一性发展以及完整人格的形成具有尤为特殊的意义。这是因为，在青少年期，个体的生理、认知机能和社会期望这三者的变化第一次聚合在了一起，这一聚合使得“青少年分化、整合儿童期的同一感以建构通往成年期的合理化道路成为了可能”（Marcia，1980）。马西亚认为，青少年期自我的发展经历了早期“解构”、中期“重构”和后期“巩固”三个阶段。从青少年早期、中期、晚期建构的变化来看待青少年期同一性的发展，将能够获得对这一问题的最好理解。下面我们将分阶段加以介绍。

（一）青少年早期的同一性——同一性的解构

青少年早期一般是指 11 岁到 14 岁这一阶段。在这一时期，青少年要体验人生中的许多新事件：青春期的生理变化、较复杂的思维方式、对自我的重新定义、发展与同伴的新型关系、适应由小学到中学系统的复杂要求等。这些急剧的生理、心理和社会知觉的变化唤起了早期青少年对同一性问题的重要思考，他们开始重新考虑童年期的价值观和身份（Kroger，2000）。因此，一些研究者常常把青春早期描述为同一性建构的“毁灭性阶段”或“同一性的解构”。对于一些青少年来说，这一“毁灭性阶段”非常强烈，常常带来混乱、沮丧，当然也有兴奋；然而对于另外一些青少年来说，这些扰乱则相当少或者说这些青少年在这一阶段显得“相对平静”。这种差异的出现主要取决于个体的生理成熟、心理发展以及社会环境的相互作用。在一定意义上说，理解这三者的相互作用是探讨青少年期同一性建构的根本。

青少年初期，个体的生理发育由童年期的平稳变化进入到了突然的、迅速变化期：第二性征开始出现，逐渐具有了成人的体重和体形，生殖能力逐渐成熟，即个体进入了“青春期”。生理上的急剧变化对早期青少年同一性的发展形成了冲击。这一时期，把新的身体形象融合到自己的同一感中是早期青少年的一个重要任务（Kroger，2000）。研究发现，这一整合过程存在着明显的性别差异。一般来说，男孩对于身体形象的感知比较积极，女孩对于身体形象的感知则较为消极（Dorn，Crockett，& Petersen，1988）。这是因为男孩看到了体型和身体力量增长的优势，而女孩则注意她们体重的增加和脂肪的积累。同时，那些较容易被别人发现的生理变化（如女孩的乳房的发育、月经的出现等）对个体同一性的影响要高于那些不易被人发现的生理变化（如体毛的出现等）(Brooks-Gunn & Ruble，1982)。并且，青春期生理变化的时间对于早期青少年同一性的发展也具有重要意义。伯璋斯基和隆巴多（Berzonsky & Lombard，1983）采用回溯性的研究方法对此问题进行了研究，发现青春期的成熟时间与同一性发展之间具有直接关系：那些经历同一性危机的男性所报告的青春期出现的相对较晚，而经历同一性危机的女性与同伴相比，其青春期出现的时间则相对较早。也就是说，早期青少年的青春期体验在时间上与大多数的同伴存在显著差异可能使个体产生同一性危机。因此，与晚期成熟的男孩和早期成熟的女孩相比，早期成熟的男孩与晚期成熟的女孩不易于经历个人决策的同一性危机。另外，布尔卡洛夫特（Bulcroft，1991）的研究发现，生理发育较为成熟的男孩一般有较高的同伴地位以及较好的独立性，而且，这种现象在青少年早期表现得更为强烈。这就在一定程度上影响到了早期青少年的关系同一性。总之，早期青少年需要发展一种更广意义上的同一性以包含青春期强烈、迅速的生理变化。

青少年早期生理上的变化必然会反映到青少年的心理过程和社会反应上来，从而进一步影响早期青少年的同一性发展。在青少年早期有着许多必要而强烈的心理任务：他们首先需要从父母以及重要他人处分化出自己的兴趣、需要、态度以及品质；接着，需要把新发现的身体变化和性需求整合到个体的同一性之中（此刻建构的同一性区别于以前的同一性，但是又有相关）；然后，运用文化中适宜的表达方式把这些新能量引导到社会提供的合理化道路上，这是所有文化对青少年提出的新要求。埃里克森指出，个体需要一个延缓期把过去儿童期的同一性成分整合到现在的同一性中。但是，埃里克森并没有详细地指出定位于早期青少年的具体任务，而是更为一般性地概括了青少年期与同一性相关的任务。凯根（1982）指出了埃里克森理论中的缺陷，“我认为埃里克森在‘勤奋感’与‘同一感’之间遗漏了一个阶段……他的理论实际上缺少了潜伏期倾向独立的阶段与同一性形成阶段（青少年晚期）之间一个阶段：联系、包含以及高度的投入关系。”因此，凯根（1982）在埃里克森的八阶段心理社会任务之外又补充了归属感对遗弃感阶段（Affiliation versus abandonment stage），并且认为这一阶段的任务就是青少年早期的主要心理社会冲突，即是否被同伴群体所喜欢和接受成为许多早期青少年重要的同一性问题。许多关于青少年早期关系的研究都证实了与归属感对抛弃感相联系的同一性的存在。克罗格（Kroger，2000）的研究发现，有三分之二的青少年对不是他们群体中的同伴表现出了最小的容忍力，例如“如果某人不是我们群体中的成员，他会对我们的秘密构成威胁”（11岁的女孩）。因此，归属感和抛弃感的主题，即被他人接受和孤立，看来是青少年早期最主要的同一性问题。这可能是因为，归属的需要和被认可、被支持的感觉（这些由家庭和后来的同伴群体提供）是青少年早期同一性形成的必要条件。马西亚进一步讨论了青少年早期主要的同一性任务，其中包括开始从“内化的父母”（internalized parent）的命令中“解放”出来的需要。这一内化的父母是指来自父母的禁令和期望，在整个儿童期，这些禁令和期望内化到了个体的自我之中，它能够使儿童在父母不在现场的时候表现的较为自主。但是“内化父母”所提供的标准的连续性、无反思性以及僵化性对青少年期是不适应的。因此，早期的青少年开始寻求家庭以外的渠道来释放自己的能量（Levine，Green，& Millon，1986）。事实上，整个青少年期同一性发展的一个明显的特征就是寻求自主需要与依靠需要之间的平衡。这样，社会的影响就在青少年早期的同一性建构中表现了其重要性。

社会对青少年早期同一性建构的影响主要表现在社会对青少年角色的界

定以及青少年早期出现的特征所得到的社会反应两方面。在早期许多社会中，对于个体的成熟都有非常隆重的宗教庆祝仪式。当代社会并没有对儿童和青少年或成年人的地位做出清楚的描述。但是青少年却对自己的角色有着某种期望。例如，在中国，个体必须要接受完九年义务教育才能离开学校，规定个体在18岁以后正式进入成人期，具有正式的中国公民的身份证，享受选举权和被选举权，并且能够成为正式的劳动成员而参加工作；在美国，个体一般在15岁或16岁才能够获得驾驶证，并且法律允许个体工作和离开学校。但是，只有到18岁才具有选举权。埃尔金德（D. Elkind）认为，对青少年的发展水平提供明确的社会性标记是充分认识青少年特殊需要的根本。但是马西亚（J. Marcia）却认为，缺乏明确的社会纲领能够促进青少年同一性的发展。因为在过渡阶段，社会或文化所认可的一些仪式的暂时缺乏能够保证早期青少年的充分性探索，如果在这一过程中青少年能够获得社会性支持就能够为青少年的同一性发展提供良好的环境。皮亚杰也认为，儿童学习环境的某种程度上的无结构性、模糊性、冲突性等特征能够为儿童提供充分的探索性经验，这是激励儿童认知发展的必要条件。另外，青春期的变化所获得的社会反应也是早期青少年同一性发展的关键因素。佩克夫（R. L. Paikoff）等人认为，青春期的变化与社会反应共同起作用。如果社会变化发生在青春期的某一点上，它所产生的影响更为强烈，因为这时期个体的心理唤醒水平更高。在一定意义上，早期青少年的生理、心理需要和认知能力的变化所获得的社会反应对于回答“我是谁?”“我将到哪里去?”这些问题起重要的帮助作用。

（二）青少年中期的同一性——同一性的重构

青少年中期一般是指15到17岁这一个阶段。在青少年早期急剧的生理和认知变化之后，青少年中期的主要任务是调节和巩固这些变化以整合到不断完善的同一性中（Kroger，2000）。如果说青少年早期的个体经历了同一性的毁灭阶段，青少年中期则开始重建同一性（Marcia，1991）。从一定意义上说，青少年中期的个体开始了埃里克森所描述的同一性的形成过程，尽力地寻求同一性对同一性扩散之间的最佳平衡。正如青少年早期一样，个体的生理、心理和社会环境以及三者的交互作用仍是制约青少年中期同一性重构的重要基础。

青少年中期的大多数个体开始把他们的生理变化看做是理所当然的事情。但是青春期生理变化的巩固以及新获得的肌肉协调、力量和耐性的发展也对这时期青少年同一性的发展具有重要意义。个体新得到的生理技能包括力量和耐力可能会导致青少年中期的个体尤其是男性产生一些危险或不计后果的身体行动，这些行动有可能会导致一些严重的后果。

从心理的发展来说，青少年中期的个体已经发展了较高水平的认知能力。一些青少年进入了皮亚杰的形式运算阶段，这样，他们能够理解包含命题逻辑、假设推理、组合逻辑、控制变量以及或然推理的运算。这些能力是同一性形成过程中所包含的认知操作的关键。这些认知技巧在青少年早期开始出现，青少年中期逐渐巩固下来。同一性的形成要求具有与形式运算相联系的灵活、抽象的思维技能以及现实检验技能。并且，通过运用发展较好和组织性较强的形式运算逻辑，个体可能会想象未来的各种可能性选择，这是同一性形成的基础。研究表明，许多形式运算技巧和同一性达到的程度之间具有正相关（Marcia，1993）。但是，我们应该清楚，形式运算推理的巩固仅仅为个体达到同一性提供了必要条件。

在青少年中期，个体开始认真地考虑以前所认同的选择和决定，为成年期需要承担的责任和义务奠定基础，埃里克森所提出的心理延缓期则为这一任务的解决提供了契机。在青少年中期，一个重要的任务就是形成性别同一性。虽然幼儿期的个体就已经建立了性别同一性，但是清楚地定义自己是男性还是女性并且把自己的性别同一性整合到个体的同一感中则是青少年中期的重要任务。“青少年不是简单地在以往的自我上增加新的性别感觉。他们必须对自我重新加以整合，从而使新加入的信息适合于自我。”（Cobb，1995）另外，埃里克森认为，找到适合自己的有意义的职业定向是年轻人最烦恼的事情之一。这会导致青少年早期、中期以及晚期的相关同一性产生波动。许多研究者认为，让青少年中期的个体进行尝试性的职业探索和决策是很有帮助的。研究发现，在高中阶段，那些探索了多种职业可能性的学生在做出职业选择时更倾向于与他们的个人需要相一致（Grotevant，Cooper，& Kramer，1986）。此外，在青少年中期，由于其认知能力的提高，青少年开始考虑关于价值观、道德以及生活的意义等这些更为广泛的问题。而对于道德的考虑以及有意义的价值观的发展在青少年中期的同一性形成过程中起着重要作用。

同一性是通过个体的生理和心理发展与社会文化的相互调节而形成的，社会文化本身能够支持和鼓励同一性的形成。一些社会机构为同一性的塑造提供了一般性的构架并允许同一性的表现，这集中体现为一些社会或文化为青少年同一性的形成提供了某种延缓期。反过来，这些社会机构也要依靠他们的年轻成员的同一性来保持与过去的联系并同时推动其将来的发展。

（三）青少年晚期的同一性——同一性的巩固

青少年晚期是指 18 岁到 22 岁这一阶段。这一时期个体要对童年期形成的重要认同进行筛选并把它们整合到新的同一性结构和自我系统之中。与此同时，他们也在寻找有意义的表达自己以及被社会所认可的方式。因此，青少年晚期是个体最有可能实现同一性定义的时期，因此又被称为同一性的巩固时期。这一时期的心理社会任务包括：寻找职业道路、发展与伴侣的亲密关系、形成与家庭联系的新方式、发展一系列有意义的价值观以带到成年期的生活之中。对青少年晚期同一性发展的理解，我们同样要考虑个体的生理、心理以及社会环境的相互作用。

青少年晚期，个体生长的速度显著下降，生理发育已基本成熟，自我的生理感觉已经稳定。晚期的青少年已经意识到了他们的生理特征以及能力的优势和限制，也意识到了哪些能够发生变化，哪些必须理所当然地接受。这些都是构成青少年同一感的重要因素。可以说，在青春期就已经形成的两性之间以及个体之间的许多生理差异对于青少年晚期乃至以后个体的同一性发展都具有重要意义。

青少年晚期个体的认知能力持续发展，许多青少年已经进入到了皮亚杰所提出的完全形式运算阶段，并且出现了辩证性思维。这样，他们具有了日益增长的抽象性推理能力，并且能够较为自主地来考虑问题，这必然会影响到个体对有意义的价值观和社会角色的思考。晚期青少年认知能力的发展在一定程度上缓解了青少年晚期解决同一性问题的压力。但是，到目前为止，对于个体的认知能力和同一性问题这两者之间的具体关系及其机制还需要进一步地探讨。

另外，青少年晚期出现了两个最为重要的心理发展：第二次的个体分离过程（the second separation - individuation process）以及对新型亲密关系的接受（Kroger，2000）。这是个体心理功能的两个相关紧密的维度。布洛斯（P. Blos）首先注意到了青少年过渡中的个体分离现象，它是指个体开始接受以前留给别人承担的一些责任。第一次个体的分离产生于生命的头三年，主要任务是自我与他人、客体分离，产生最初的自我独立感。第二次个体的分离出现在青少年期。当前的研究指出，青少年晚期是在第二次个体分离中取得重要进展的时期。青少年晚期的个体分离过程导致自我产生了更加自主的感觉，这是通过对“内化的父母”重新加工而实现的。自主感的增长带来了与他人的新型关系的发展，从而促进了关系同一性的发展。第二次的个体分离过程也包括心理内部的重构，从而使青少年具有了较高的独立评价、决断以及承担责任的能力。这些都在一定程度上促进了个体各方面同一性的形成。在埃里克森看来，青少年晚期同一性形成的过程一般能够很好的进行，因为这时期个体对于合适的社会角色和价值已经做出了暂时性决断，许多青少年也找到了理想的社会标准。以前基于对重要他人的认同而产生的同一性被基于对自己的技能、优势、兴趣和才能的个体评价之上所形成的同一性所代替。这样，青少年中期所重构的同一性在青少年晚期得到了很好的巩固。在同一性的问题找到解决方法的时候，亲密性的问题就出现了。埃里克森把亲密对孤独看做是成年早期的主要任务，个体对不同类型亲密性的接受与个体同一性问题的解决是一致的。青少年晚期的亲密性既包括亲密的友谊关系也包括恋人关系。亲密一般被定义为“个体日益增长的建立以情感的联系、开放和忠诚的交流以及持久的情感责任为特征的关系的能力”（Whitbourne，1991）。个体建立这种关系的能力是在同一感的确定性和稳定性的基础上形成的。如果同一感没有获得，与他人的亲密关系就会带来同一性分散和消失的威胁，在这种情况下，与他人的关系可能就是比较表面或者是远距离的。

社会在青少年晚期的同一性形成过程中也起到了关键作用，因为在这一时期，社会机构正准备把晚期的青少年接受和确定为大的集体秩序中的初级

（没有实际经验）成员。鲍梅斯特等（1996）认为，应该用“适应”一词来考虑同一性与广泛的社会秩序之间的关系：“较为精确的说，个体的同一性是对社会环境的适应”。个体必须在一些环境中找到自己的生理和心理需要的满意感，因此，鲍梅斯特认为，人们根据能够帮助他们在一个特定环境生活的信息来修正他们的同一性。对个体来说，不同的社会要求不同的适应形式。这样，在特定的社会背景中，个体生理的成熟、心理机能的发展以及社会的要求使青少年晚期个体的同一性形成成为了可能，同时同一性的形成也为青少年晚期的个体在进入成年期以后更好地适应社会奠定了良好基础。

三、影响青少年同一性建构的背景因素

当青少年期的生理、心理发生变化时，个体与周围环境的关系也在发生着变化，从而构成了制约青少年同一性建构的不同层次的背景。整个青少年期的同一性建构都是在一定的环境中进行的，了解影响青少年同一性建构的背景因素具有重要价值。当前的许多研究表明，家庭、同伴、学校以及工作环境等是影响青少年同一性形成的重要背景因素；并且，这些因素所形成的微环境会相互制约，共同影响个体同一性的发展。

（一）家庭

青春期的生理变化在影响青少年心理发展的同时也带来了家庭关系的重组。当青少年表达自己的兴趣与思想、寻求在家庭中较为平等的地位时，常常会出现冲突，而亲子冲突进一步导致了家庭关系的变化。许多关于亲子交往的研究发现，在向青春期过渡的过程中直至青少年早期，亲子冲突增加，青春期过后一般会减弱（Steinberg & Hill，1978）。

父母是青少年同一性发展过程中的重要他人。有关家庭与青少年同一性发展的研究主要集中在父母的教养方式、家庭的交流方式以及青少年与父母的情感质量等几个方面。一些关于父母教养方式与青少年同一性发展的相关研究发现，民主型的父母，能够促进同一性的形成；权威型的父母能够导致同一性的早期完成；溺爱型的父母，则导致了青少年的同一性扩散。许多研究也考察了不同的家庭交流方式与同一性发展之间的关系。一般来说，家庭交流方式包括个性化（individuality）和沟通性（connectedness）两个方面。

个性化包括两个维度：自我表现，即提出并交流观点的能力；分离感，即运用交流的模式来表达自己与他人的不同。沟通性也包括两个维度：相互性，即对他人观点的敏感性和尊重；渗透性，即对他人观点的接受。库珀（C. Cooper）等人的研究发现，既鼓励个性化（鼓励青少年发展自己的观点）又鼓励相互沟通的家庭氛围能够促进同一性的形成，这可以为青少年探索广阔的社会环境提供安全基地。但是，当沟通性强而个性化弱的时候，青少年常常处于同一性的早期完成状态；相反，当沟通性弱时，青少年常常处于同一性扩散状态。一个相关的观察研究发现，在支持性的家庭背景中，能够与他人相互尊重地分享观点并善于接受挑战的青少年的自我发展水平较高（Hauser et al., 1984）。进一步的研究发现，青少年与父母的情感质量与家庭中的个性化和沟通性等家庭交流方式有着很强的相关。给予青少年自己解决问题权利的支持性家庭能够促进个体的同一性沿着健康模式发展（Harter, 1990）。青少年与父母之间的情感质量对于同一性的发展也具有重要意义。许多研究一致发现，亲子关系亲密的家庭环境最能够促进青少年自主性的发展（Barber & Olsen, 1997）。还有研究发现，当母亲赞同青少年的行为，但是对他们之间关系的情感质量不满意时，青少年表现出了最高水平的同一性危机，在母亲报告的母子冲突频率较高的家庭中，青少年也表现出了高水平的同一性危机；当父子对彼此的行为和相互之间关系的情感质量最不满意时，青少年也表现出了高水平的同一性危机，但是青少年的同一性危机是与低水平的父子冲突相联系的（Paterson, Pryor, & Field, 1995）。

当然，我们从这些研究中并不能决定家庭因素与青少年同一性之间的因果方向，可能是处于不同同一性地位的青少年引发了不同的教养行为，影响了家庭的交流方式和亲子间的情感质量，也可能是不同的教养方式、交流方式和亲子情感质量促进或阻碍了青少年的同一性发展。

（二）同伴群体和友谊

许多研究表明，父母和同伴能够促进青少年同一性不同方面的发展。父母影响着青少年对未来的态度以及对于社会现实的知觉，同伴却能够在分享新经验中为个体学习新的社会技能和获得社会支持提供基础。并且，青少年在友谊关系中可以体验到同一性的表达。同时，当青少年与“内化的父母”

之间的联系松散时，朋友和同伴群体也能够填补青少年的内部心理空隙。

同伴群体和友谊是影响青少年同一性发展的重要背景因素。在向青少年期过渡的过程中，个体与同伴的关系会发生重要转变。进入青少年期以后，个体已经不再基于共同活动来选择朋友，而是根据共同的兴趣、价值观和信念来选择朋友，也就是说，青少年寻求的是支持性和理解性的朋友。并且，朋友和同伴群体也是青少年同一性发展的重要参照系，来自朋友和同伴群体的反馈可以成为自我的一面镜子。当青少年的心理内部发生混乱时，朋友和同伴群体能够为个体同一性的发展提供参照；并且来自同伴的社会支持对青少年的总体价值感具有重要的预测作用（Harter，1990）。也有研究发现，在青少年中期，互相认同为好朋友的青少年在同一性状态以及与自我同一性相联系的目标上表现出一定的相似性。还有的研究指出，青少年的问题行为与所参与的同伴团体有着密切的相关（Barber & Olsen，1997）。

另外，在整个青少年期，朋友和同伴群体在青少年同一性形成过程中的作用会发生一定的变化。青少年早期的同伴群体主要是由同性别的朋友构成，中期的青少年一般进入了与异性同伴的松散联系之中。这样，青少年中期的同伴群体就提供了体验与单一的伴侣建立联系的基础。青少年中期的同伴群体也促进了个体性意识与性角色的同一性。青少年晚期，在个体逐渐发展了成对关系的同时，同伴群体的重要性减弱。

（三）社会环境

1．学校

青少年的大部分时间是在学校中度过的，学校构成了制约青少年同一性建构的重要背景因素之一。学校对青少年的同一性的影响主要涉及教师、学校的结构特征以及课程设置等方面。拉斐尔等人考察了教师对同一性状态的知觉和反应（Raphael，Feinberg，& Bachor，1987）。研究发现，延缓状态一般被评定为最积极和健康的，而同一性扩散状态则是最为消极和不健康的。教师表现出了对延缓期学生的最大的注意，而对同一性扩散状态的学生给予的注意则最少。因此，不同的同一性状态引发了教师不同的反应，这反过来又影响到了整个班级的互动模式。在关于学校结构的研究中发现，一些学校的结构要比另外一些学校的结构更能促进青少年的同一性发展（Roker &

Banks，1993）。罗克等对公立学校和私立学校的女青少年同一性状态的研究发现，私立学校的女生处于同一性早期完成状态的比例显著高于公立学校，这在政治同一性方面表现得尤为突出。与私立学校的女生相比，公立学校的女生在政治同一性上更可能处于延缓期或扩散期，在职业同一性上更可能处于形成期和延缓期。此外，课程设置也在很大程度上影响着青少年的同一性。德赖尔（Dryer，1994）概括了课程结构化设置促进中学青少年同一性发展的方式。第一，能够提高同一性的课程应该促进学生的探索，有责任性的选择以及自我决定。第二，鼓励角色扮演以及不同代际之间的社会互动，并对过去与现在的关系做出恰当理解。第三，提高青少年的自我接受能力，教师和教练要为青少年提供积极的反馈。第四，青少年的课程设置要符合青少年的心理社会需要。

2. 工作环境

在青少年期，尤其是在青少年后期，已经有一部分的青少年离开学校投入到了工作之中。工作环境本身为探索、发展以及巩固青少年的能力和价值提供了重要基础。因此，考察不同的工作环境如何满足和支持青少年同一性发展的需要是非常重要的。但是关于这方面的研究还比较少。莫拉斯（Morash，1980）的研究发现，在青少年后期，与大学中的青少年相比，参加工作的青少年其同一性的形成主要受由工作环境所需进行生活决断的压力的影响。但是，阿切尔和沃特曼（Archer & Waterman，1988）的研究发现，在控制了年龄、社会经济地位与地理环境影响的情况下，大学中的青少年与那些参加工作或边读边工作的青少年相比，其同一性的发展要更快一些。

鉴于学校和工作环境对个体同一性发展的重要性，亚当斯和马歇尔（Adams & Marshall，1996）探讨了社会环境影响青少年同一性形成的理论模式。他们认为，所有的社会都为青少年的发展提供了一定的环境，在这些环境中，青少年能够学会仿效角色并产生对他人的认同，即提供了同一性形成的基础。那些能够为自我的保持和发展提供基线价值的社会环境是良好同一性形成的条件。社会团体或机构的高凝聚性和一致性的期望可能会促进个体的认同和模仿，但却会限制同一性的形成。同时，他们也认为，任何环境的影响都受到个体的内部心理过程以及人际间交往的调节作用。但是，这些过程具体是怎样以及是如何影响青少年同一性发展的还有待于进一步的考察。

☞讨论

当前关于埃里克森的同一性观点的思考和修正

埃里克森提出的同一性发展理论是目前这一领域影响最大的理论之一，它的提出激发了人们对于个体同一性发展研究的兴趣和对一系列同一性发展问题的关注。尤其在最近的几十年中，许多研究者对此进行了大量探讨，不仅从本质上揭示了埃里克森同一性理论的内涵，而且也在一定程度上对这一理论进行了修正和完善。

埃里克森认为，青少年期所面临的中心任务是同一性对同一性扩散。我是谁？我是什么样的人？我将如何安排我的生活？我有什么特别之处？我如何独立地走向成功？等一系列与同一性相联系的问题成为青少年关注的中心。在解决这些问题的过程中，青少年会体验到危机（crisis），并会在心理延缓期中为危机的解决提供更好的机会。在成功地解决这些问题或角色冲突之后，青少年会形成一种新的自我感（同一性形成），这一自我是对以前自我的更新，涉及到了自我系统各方面的变化，并且这一崭新的自我也可以让自己和社会所接受。如果青少年没有解决好这些问题，他们就会进入到同一性发展的另一个极端：同一性混乱（identity confusion）。同一性混乱一般会经历两个过程：个体的退缩，使自己孤立于同伴、家庭之外或使自己沉浸在同伴的世界之中，在群体中丧失自己的同一性。

埃里克森认为，个体同一性发展的两个核心成分是人格和角色体验。在心理延缓期中，青少年会尝试不同的角色和人格，直至发展起稳定的自我感。例如，他们可能在这一时期比较好辩和挑剔，在另一时期则比较合作和友好；在某一天会非常整洁，另外一天中则会非常邋遢。对于青少年来说，这些不同的人格体验是使他们找到自己的社会适应性定位所做出的准备性努力。当青少年逐渐认识到他们将要对自己和自己的生活负责的时候，他们就会探索将来成年期的生活方式。在这一过程中，青少年就会逐渐放弃那些不必要的角色。另外，青少年不仅会尝试多种多样的角色，而且他们也可能会采取多种方式来追求同一种角色。在埃里克森看来，个体应通过成为真正的自己来形成有意义的同一性，而不是在广阔的社会中埋葬自己的同一性。

从目前来看，同一性的发展已成为青少年心理发展研究中所要思考的首要问题，这与埃里克森的贡献是密不可分的。在埃里克森研究的基础上，许多研究者进一步对此进行了深入而广泛的探讨，形成了一些关于同一性问题的新的思考，这主要表现在以下三个方面。

第一，同一性的发展是一个长期过程，在很多情况下，这一过程要比埃里克森的“危机”所隐含的过程更具渐进性（gradual），并且很少有大的转变（transition）(Baumeister，1991)。这实际上更加强调了早期已形成的同一感对个体同一性发展的影响。如果说埃里克森的同一性理论体系代表了一种明显的阶段论观点，那么这一观点毫无疑问地强调了同一性形成所需要的量的积累过程，同时也更加突出了同一性的终生发展观。

第二，同一性的发展非常复杂（Marcia，1989）。同一性的形成既不是始于青少年期，也不在青少年期结束。它是伴随着个体的依恋、自我感的发展以及婴儿期独立性的出现开始发展，并且在老年阶段伴随着对自己一生的评价和整合而到达终点。青少年期同一性的发展之所以重要，是因为在这一时期个体的认知机能、生理和社会期望的变化首次在一个点上汇合，个体在这一时期需要对童年期所形成的同一感进行整合和修正，从而构建通往成年期的道路。青少年期同一性问题的解决并不意味着个体的同一性在生命中的其他阶段会保持稳定，同一性的发展持续一生。

第三，许多研究者对埃里克森所描述的个体发展所经历的阶段顺序提出了质疑，这尤为显著地体现在同一性发展的性别差异研究上。在埃里克森看来，所有的个体都是以相同的顺序经历人生发展的八个阶段的，前些阶段任务的解决能够促进后一阶段任务的顺利完成，各个阶段的顺序是不变的。但是，许多研究者认为，男性和女性以不同的顺序经历埃里克森所描述的人生发展阶段。一种观点认为，对于男性来说，同一性的形成要在亲密对孤独阶段之前，但是对于女性来说，亲密关系的发展要早于同一性的发展（Douvan & Adelson, 1966)。这是因为，对于女性来说，她们更为关注关系和情感联结，并且这些对于她们来讲是比较重要的；但是对于男性来说，他们则更为关注自主和成就感。研究发现，青少年期女孩明显的自我感是与她们对人际关系中的关怀和反应相联系的（Rogers, 1987）。也有研究发现，大学女生的强烈自我感是与他们解决人际关系中关怀问题的能力相联系的，同时她们也继续保持着自我和他人的沟通（Skoe & Marcia, 1988）。事实上，对于女性同一性发展的概念化和测量应该包含人际关系的内容（Patterson, Sochting, & Marcia, 1992）。另外，对于女性来说，同一性探索的任务要比男性更为复杂。这是因为，女性可能需要在更多的领域建立同一性。尤其是在当今时代，女性所面临的选择日益增多，因此女性有时会面临更多的迷惑和冲突，对于那些希望能够成功地整合家庭和职业角色的女性来说，这一点表现得更为明显（Archer, 2000）。

总之，当前的研究者在埃里克森的同一性理论框架基础上，更加强调了同一性在人的生命全程发展中的重要性。他们在承认同一性发展是青少年期发展的关键任务的同时，指出了埃里克森用“危机”来描述同一性发展的局限性。并且，许多研究者对埃里克森所描述的个体发展所经历的阶段顺序提出了质疑。但是，不能否认，现有的研究都是在埃里克森的理论框架之内对其进行的修正和完善，并且都在一定意义上证实了同一性发展的普遍性及其对个体终生发展的重要性，这对青少年心理的发展具有尤为特殊的意义。然而，埃里克森的同一性理论构想毕竟是形成于 20 世纪的五六十年代，在当前的多元化和信息化的社会文化背景中，我们应该赋予其同一性理论以新的内容和构想。此外，不同文化中个体同一性的发展可能存在着一定的差异。尤其是在当前的中国文化背景下，改革开放的政策和多极化的国际格局使人们面临着多样化的价值观和多重角色选择。在众多的机会和选择面前，传统文化中所既有的同一性和个体所面临的选择之间就会产生冲突。那么在这种社会背景中，个体如何完成自己的同一性过程也是当前心理学领域尤其是青少年研究中需要解决的问题。

第十章

青少年的道德发展与价值观

道德（morality）一词源于拉丁语 Mores，含有礼节（manners）、习惯（customs）、习俗（folkways）之意。它是人们共同生活及行为的准则和规范，是社会意识的特殊形式。道德研究涉及哲学、伦理学、心理学、社会学、教育学等领域。心理学意义的道德可从两个层面去理解，其一是“知”的道德，即对是非善恶事理的判断；其二是“行”的道德，即对道德理念的具体实践（张文新，1999）。在发展心理学中，道德发展是指个体随着年龄的增长，逐渐掌握是非判断标准以及按该标准去表现道德行为的过程。

心理学家们一致认为，青少年期是年轻人思索道德问题的时期：什么是正确的？什么是错误的？应以什么作为行为基础和判断他人行为的标准？研究证实，青少年对这些问题的思考如同对科学问题的思考一样，要经历一个不断发展变化的过程。

本章首先介绍有关的道德认知发展理论，然后是青少年道德判断发展特点、青少年的道德与亲社会行为、道德发展的影响因素与道德教育，最后是青少年的价值取向与人生价值观。

第一节 道德发展理论

道德发展的一个重要方面是道德认知的发展。自皮亚杰开创道德认知发展研究的传统以来，关于道德的认知发展理论一直在道德发展理论中占主导地位。皮亚杰（J. Piaget）、柯尔伯格（L. Kohlberg）、特里尔（E. Turiel）、吉利根（C. Gilligan）、艾森伯格（N. Eisenberg）等都对道德的认知发展做出了不同的解释。本节主要介绍皮亚杰和柯尔伯格的道德发展理论。

一、皮亚杰的道德发展理论

个体对社会关系的理解和判断是皮亚杰道德理论的核心。在皮亚杰看来，发展就是个体与环境不断地交互作用以及个体对自身经历的建构的过程。因此，他对道德的分析是从个体如何根据自己的经历对社会关系、规则、法律、权威和社会习俗做出判断的角度出发的，即皮亚杰关注的是个体道德判断的发展。就像他所宣称的："我们建议所要研究的是道德判断而不是道德行为或情操"（皮亚杰，1984）。

皮亚杰认为一切道德的实质在于个体学会遵守一定的规则系统。他对儿童道德判断的研究首先是关于规则的，包括社会性游戏中对游戏者具有强制性作用的规则以及成人制定的那些具有特别道德意义的规则。皮亚杰研究儿童的道德发展，是从观察儿童玩弹珠游戏开始的。他发现儿童玩弹珠时，他们对游戏规则的解释方式是随年龄的增长而改变的。他试图发现儿童对这些规则的想法：是相信规则具有神秘的特性，还是认为它本身就具有决定性？是同意法律的他律性，还是已经意识到了自身的自律性？在转向考察成人制定的具有道德意义的规则时，皮亚杰以儿童对于说谎的想法作为考察对象。此外，皮亚杰还考察了儿童对在与同伴的交往中所产生出来的一些概念的看法，如"公正"等。

皮亚杰采用临床访谈法对儿童的游戏规则进行了考察。考察的内容包括两个方面：规则的实践与规则的意识。规则的实践主要考察个体是怎样适应这些规则的，在每个年龄段和每个心理发展阶段是怎样遵守这些规则的，所问的问题是“你怎样玩弹珠”；规则的意识是考察儿童对这些规则的意识程度，以及随着规则练习的不断发展（随年龄的增长）儿童所产生的责任类型，所问的问题是“能否发明一个新的规则”以及“这个新规则能否产生一种新的游戏”。在规则的实践与规则的意识中，皮亚杰重点研究了规则意识。下面是皮亚杰采用“临床访谈法”来研究儿童规则意识发展的一个例子。

对话

本恩：10岁，对于规则的意识仍处于第2阶段。

……

皮亚杰：发明一个规则。

本恩：我不能那样立刻发明一个规则。

皮亚杰：是的，你能够。我能看得出来，你比你看起来要聪明些。

本恩：好，让我们说，当你在四方形内时，你没有被抓住。

皮亚杰：好，别人也一样能成功吗？

本恩：噢，是的，他们喜欢那样做。

皮亚杰：那么，人们也能那样玩吗？

本恩：噢！不，因为那会有欺骗。

皮亚杰：但是你所有的同伴都喜欢那样做，不是吗？

本恩：是的，他们都喜欢。

皮亚杰：那么为什么这是欺骗呢？

本恩：因为是我发明了它；它不是一个规则！它是一个错误规则，因为它是在这个规则之外的。一个公正的规则乃是在这个游戏之内的。

对儿童关于说谎的想法和公正概念的考察，皮亚杰采用的是对偶故事法（包含道德价值内容的对偶故事）。其中有一对故事是（皮亚杰，1984）：

A. 一个叫约翰的小男孩，听到有人叫他吃饭，就去开吃饭间的门。他不知道门外有一张椅子，椅子上放着一只盘子，盘内有15只茶杯，结果撞倒了盘子，打碎了15只杯子。

B. 有个男孩名叫亨利，一天，他妈妈外出，他想拿碗橱里的果酱吃，一只杯子掉在地上碎了。

哪个男孩犯了较重的过失？为什么？皮亚杰发现：6岁以下的儿童大多认为第一个男孩的过失较重，因为他打破了较多的杯子；年龄较大的儿童则认为第一个男孩的过失较轻，因为他的过失是在无意间发生的。

通过对儿童关于游戏规则的意识与执行的访谈以及对儿童的说谎及公正观念的研究，皮亚杰认为儿童道德认知发展可分为以下三个阶段：

第1阶段：前道德阶段（premorality）。此阶段大约出现在五六岁以前。这一阶段的规则实践纯粹是运动性质和个人性质的。规则还不具有强制性。因为这些规则纯粹是运动性质的，或者因为儿童好像是无意接受这些规则的，或者是觉得这些规则很有趣才接受它们，因而它们就不是要求负责的现实。在前道德阶段，规则对儿童的行为没有约束力，儿童还不能对个体的行为做出恰当的判断。

第2阶段：他律道德（heteronomous morality）阶段。此阶段大约出现在五六岁至十岁、十一岁之间。在这一阶段，儿童认为规则是神圣而不可违背的，是由成人制定的，是永恒不变的。此阶段的儿童只是严格地从字面意义上理解外部规则，所以又被称为“道德实在论”（morality realism）者，即儿童把责任和依附于责任的价值看成是固在的、不受内心支配的。它至少具有三个特征：一是责任受外界所支配，强调对外界既定规则的服从；二是道德实在论要求遵守规则的词句，而不是它的精神实质；三是道德实在论导致客观的责任感，即个体评价行为的依据是行为的后果而非行为的动机。

第3阶段：自律道德（autonomous morality）阶段。始自11岁以后。在这一阶段，儿童认为规则是人们经过协商而制定的，具有一定的相对性。如果个体能使公共舆论赞同他的意见，他也可以改变这些规则。在这一阶段儿童对行为的评价，除了看行为的结果，还要考虑当事人的动机，故而称之为道德相对主义。

皮亚杰对儿童道德判断的研究集中体现在《儿童的道德判断》一书中。此书是发展心理学研究儿童道德发展的里程碑，在理论和方法上均为儿童道德发展的认知研究奠定了坚实的基础。当然，皮亚杰的理论也存在不足，一些研究者对皮亚杰的研究方法和所采纳的规则提出了批评（张文新，1999）。

二、柯尔伯格的道德发展理论

继皮亚杰之后，采取认知取向研究道德发展并提出系统理论的心理学家是美国哈佛大学教授柯尔伯格。迄今为止，柯尔伯格提出的道德认知发展理论是最重要、最有影响的道德发展理论。

（一）柯尔伯格关于道德发展的主要观点

柯尔伯格沿着皮亚杰开辟的研究儿童道德判断的路线，在儿童道德认知发展与道德教育领域取得了丰硕的研究成果，构建了其关于道德发展的哲学、道德发展的心理学以及道德发展的实践策略的庞大理论体系。这些观点在其道德发展理论中具体表现为其关于道德问题的观点（道德涉及什么）、道德发展的观点以及道德教育的观点。

关于道德涉及什么，柯尔伯格认为道德问题不再是反思维多利亚时代的那些不可容忍的世俗态度，而应该是关于人类事业的公正原则及其行动，这一道德原则是普遍的、必然的。他在其著作中多次表达了这一思想，如“道德问题从根本上说是公正问题”（Kohlberg，1984a）；“道德在本质上表达了对每一种文化都是有效的一套判断和决策的理性原则，它体现了人类利益和公正原则。……儿童能独立思考、能考虑公正原则及他人的利益”(Kohlberg，1972)；“一种道德原则乃是一种普遍有效的不偏不倚的决策或判断方式，而不是一种具体的社会规则。……康德的绝对命令——‘只有当你愿意每个人都在同样的情境下应该这样做时，你才能这样做’——这是一项原则。它是对行为选择的一种指导，不是对行为的一种规定。它不为文化内容所限制；它既超越又包含特定的社会准则。因而，它具有普遍适用性”（Kohlberg，1981）。

在道德发展问题上，同皮亚杰一样，柯尔伯格认为儿童能够主动地建构其内心世界、行动的意义以及认识世界的工具。儿童的道德认知发展是整个认知发展的一部分，儿童的道德成熟过程就是道德认知发展过程。儿童有他们自己的关于价值观问题的思考方式，能主动地形成他们的道德观念，这些道德观念又形成有组织的思维方式。柯尔伯格区分了道德判断的内容和结构。道德判断的内容是指思考了什么，包括有关的道德事实，供参照的道德观念及其相应的看法，具体指个体在对道德两难故事反应中所用的问题(issue)、规范和要素（element)。道德判断的结构是指怎样思考问题或思考的方式，是对具体道德内容进行思维加工的方法和过程。柯尔伯格指出："我们强调思维的形式而非内容"（Colby & Kohlberg, 1987a)。柯尔伯格根据道德判断的结构对道德发展的阶段做出界定，按照道德判断的结构的不同，将个体的道德发展划分为三个水平六个阶段。其中，道德发展阶段的概念是柯尔伯格道德发展理论的核心。柯尔伯格认为道德发展阶段具有四个基本特征，即结构的差异性、不变的顺序性、结构的整体性和层级的整合性。

（二）柯尔伯格的研究方法

柯尔伯格对儿童道德判断发展的研究采用的是开放式两难故事形式。所采用的每个故事中都包含一个传统的道德哲学问题：生命的价值和财产、人们相互间的责任和义务、法律和规则的意义等等。在这些道德问题之间存在着冲突，没有非常容易的解决途径。下面是柯尔伯格所用的两个两难故事。

两难故事1：海因兹偷药

在欧洲，有一个妇女因为得一种特殊的癌症快要死了。医生认为只有一种药可以救她，就是同一个城市的药剂师刚刚发明的一种镭。这种药的制作很贵，但是药剂师索价是药的成本的十倍。他花200元制造镭，却索价2,000元。病女人的丈夫海因兹向他认识的所有人借钱，但只借到约1,000元，这只是药价的一半。他对药剂师说他的妻子快要死了，可否便宜些买给他，或者让他晚些付钱。但是药剂师说："不行。我发明了这种药，就要用它来赚钱。"海因兹绝望了，他破门而入药店，为妻子偷来了药。

问题：（1）海因兹应不应该这样做？

（2）实际上这样做是对还是错？为什么？

两难故事2：阿莱克斯的问题

乔的父亲向他许诺：如果乔可以挣到外出野营的50美元，就可以去野营。后来父亲改变了主意，要乔把挣得的钱给他。乔撒谎说他仅挣了10美元，并用剩下的40美元去野营。在他去野营之前，他把有关钱和对父亲撒谎的事告诉了他的弟弟阿莱克斯。阿莱克斯该不该告诉他父亲？

问题：（1）应该告诉，为什么？

（2）不应该告诉，为什么？

柯尔伯格运用皮亚杰的临床访谈技术，先向被试读故事，让被试就故事中所涉及的冲突选择一个立场。柯尔伯格关心的不是被试最终的选择，而是儿童在这一选择背后的推理，即儿童为维护他/她的选择，所给出的证据和理由。因此，儿童的回答没有对错，只是回答中所隐含的推理水平不同，它们代表着人们思维过程的结构。柯尔伯格正是将这些结构——推理类型——划分为道德发展的三个水平六个阶段。

（三）柯尔伯格的道德发展阶段及阶段的序列

柯尔伯格最初的研究是对 72 名 10～16 岁的男性被试的追踪研究，他与其同事每隔三到四年对被试进行一次访谈，研究达二十年之久，从而可以描绘道德跨时间的发展过程。由于原始样本都是男性，并且大部分为工人和中产阶级，所以柯尔伯格与其他研究者后来又调查了其他群体，包括女性样本和跨文化群体。这些新的研究结果也都证实了原始的研究发现，为柯尔伯格的道德发展阶段理论提供了高度可靠和有效的研究基础。柯尔伯格提出的道德发展的三个水平六个阶段见表 10－1。

不过，柯尔伯格第三次修订的标准问题道德判断测量量表只能测量到前 5 个阶段，并不能测量作为普遍伦理原则取向的第 6 阶段。也就是说，该模型的 1～5 阶段是经过证实的，阶段 6 并没有经过证实。正如柯尔伯格自己所指出的："我对于最高阶段 6 的适切性的讨论，乃是哲学的，也是理论性的。在这一点上，我们所得到的实证研究结果并未清晰地描绘出该阶段。我的同事和我相信，阶段 5 是可以肯定地以在美国、土耳其和以色列等地区所进行的追踪研究来支持。但是，在我们所进行的追踪研究中，没有一个样本已经达到最高的阶段 6。我们所得到的阶段 6 样本，或是来自历史上的人物，或是受过相当哲学训练的人物。…… 也许阶段 6 所具有的心理学实证的意味较小，而只是为道德发展的方向做出具体的说明，那就是：伦理道德的发展乃是继续前进的。"（Kohlberg，1981）因此，虽然阶段 6 没有得到实证的证明，但作为一个完整的理论模型，应该将这一阶段包括在内。同时，在某些极为特殊的情况下，人们也会表现出阶段 6 的推理水平。

表 10－1　　柯尔伯格的道德发展阶段

判断的基础	发展阶段	阶段的特征
前习俗　道德标准存在于外部的、近似于物理事件中，存在于不好的行为中，或出于近似于生理要求而不是人或准则的要求。	阶段 1	服从和惩罚定向：以自我为中心，为逃避惩罚而服从高一级力量或权威。相信客观的责任，行动是否道德依据它对身体的后果来确定。
	阶段 2	朴素的自我中心定向：正确的行为是可工具性地满足自己的需要（偶尔可满足他人的需要）的；意识到价值是相对于每一个人的需要和观点而言的；朴素的平等主义和交换互惠定向。
习俗　道德标准存在于扮演好的或正确的角色中，在于遵从传统秩序和满足他人的期望	阶段 3	赞许、使人高兴和助人定向：与大多数人的刻板印象或自然角色行为一致，按意图进行判断。
	阶段 4	权威性与维持社会秩序的道德定向：完成自己的责任、尊重权威、保持既定的社会秩序定向，尊重他人的既得期望。
后习俗　道德来自于普遍适用的原则	阶段 5	契约－尊重法律定向：认识到为维护一致而制定的规则可能是武断的、非理性的；根据契约确定义务，避免侵犯他人的意志或权利，避免侵犯大多数人的意志和福利。
	阶段 6	良心或原则定向：不但是对规定的社会规则，而且对适于普遍逻辑和良心的选择原则；连同互相尊重和信任，良心是一个直接的媒介。

（资料来源：Sprinthall & Collins，1995）

柯尔伯格认为儿童道德判断的发展都是按顺序经过这几个阶段的，不能超越，只能循序渐进，即道德判断系统与特定年龄和发展阶段相联系。就个体来说，他在一定的发展阶段上往往不是使用单一阶段的推理，而是通常使用几个相邻阶段的推理，即其道德发展阶段是交叉的。为此，柯尔伯格提出"优势阶段"（dominant stage）来说明个体的道德发展。一般地，对一个人来说，如果某一阶段的使用率超过50%，就是优势阶段。个体道德发展的阶段是以优势阶段来进行划分的。图10－1提供了柯尔伯格根据最初的纵向研究样本（72名男性被试）得出的发展趋势。尽管在不同年龄，不同阶段的比例可能有变化，但发展的序列总是一致的。对发展的年龄趋势的分析表明，在这一纵向研究中，没有一个被试跨越某个发展阶段而达到另一发展阶段。图10－2为柯尔伯格的跨文化研究结果。这些结果显示：由于文化和社会经济因素，不同文化群体之间有一些整体的差异，如来自土耳其乡下村庄的被试比来自美国、台湾等地的被试，阶段1的反应比例更高；城市青少年比农村被试在16岁时阶段4的推理的比例更高。但是，不同文化群体的道德判断发展趋势是一致的：在10岁时是以前习俗水平为主，到16岁习俗水平占优势，即低阶段的比例随年龄增长而下降，高阶段的比例则随年龄增

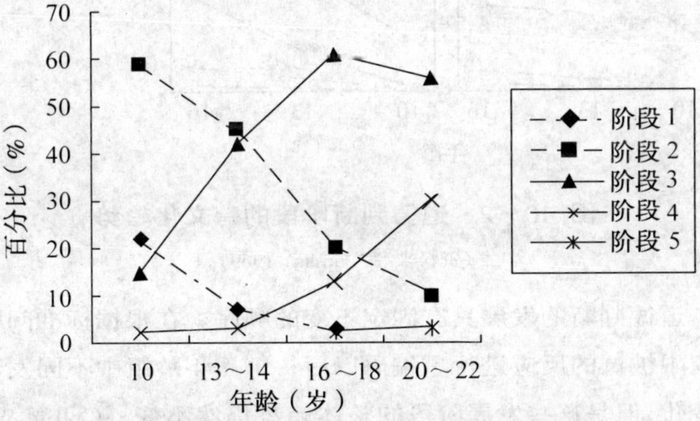

图 10－1　道德判断发展的年龄趋势

（柯尔伯格的纵向研究资料，1979年重编码）

（资料来源：Sprinthall & Collins，1995）

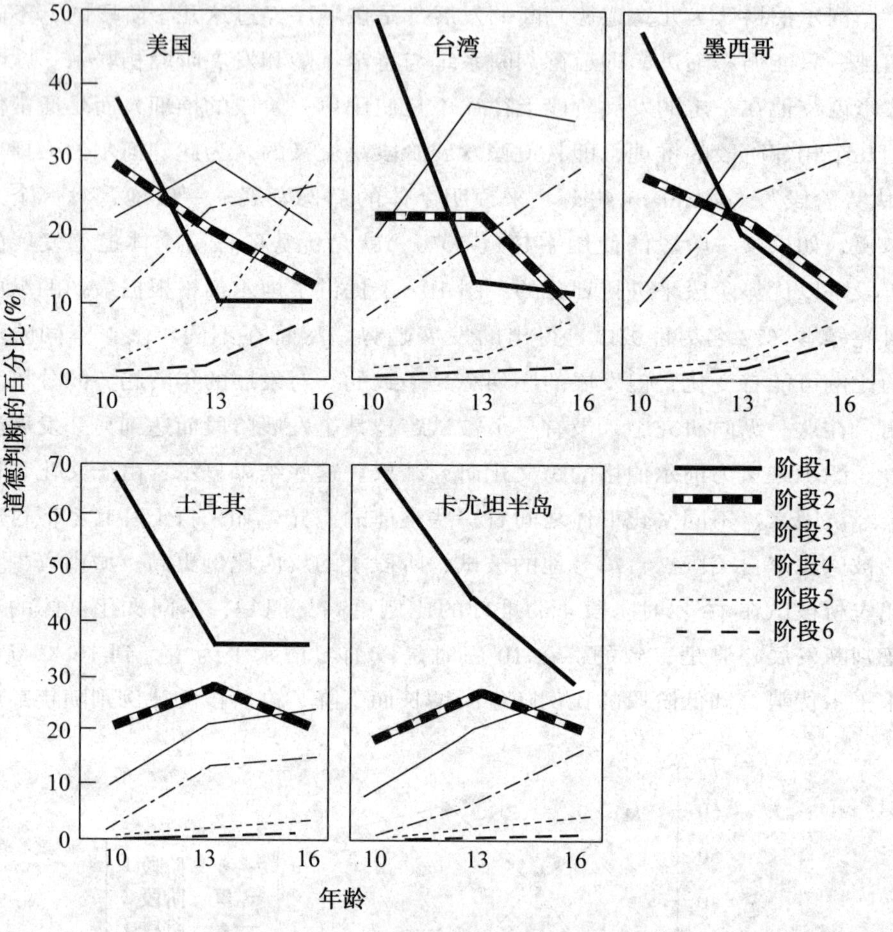

图 10－2　道德判断阶段的跨文化趋势

（资料来源：Goslin，1969）

长而上升，道德判断的发展具有固定不变的顺序。在根据标准问题记分手册对这些研究中被试的反应进行重编码以后，每一年龄组中不同发展阶段的比例发生了变化，但是这些发展阶段的整体趋势仍然不变（Colby & Kohlberg，1987b）。

（四）对柯尔伯格的道德发展理论的评价

柯尔伯格从 20 世纪 50 年代开始，在三十多年的时间里致力于儿童青少年的道德发展的研究，构建了关于道德发展的哲学、道德发展的心理学以及道德教育策略等庞大的理论体系。其中，他提出的道德发展阶段论（三个水平六个阶段）是其道德发展理论的核心。

同皮亚杰一样，柯尔伯格对道德的研究所关心的是道德行为背后的理由和推理。他以皮亚杰的研究工作为基础，提出了一个更具发展性的理论。皮亚杰强调儿童期，柯尔伯格的理论认为道德发展要经过青少年期直至成人期，对青少年和成人的分析更为透彻；皮亚杰用他律和自律两个维度来描述儿童的道德推理的发展，而柯尔伯格认为他律和自律不能把所有的道德推理类型都包括进去，道德推理还包括对社会需要系统的识别（阶段4）及其识别以后的发展（对某些个体来说），即认为一些抽象的道德原则应该具有普遍的价值；同时，皮亚杰只局限于理论思考和实证研究，并没有将其理论和研究发现应用于教育实践，而柯尔伯格则不断地将其理论推广到教育实际中去，提出了具体的道德教育策略，产生了实践效果。总体上说，许多研究结果都从不同的侧面证实了柯尔伯格的道德发展阶段论。

但是，对柯尔伯格的理论和研究方法也有不少批评。第一是针对其道德两难故事和记分方法。科蒂尼斯和格里夫（Kurtines & Greif，1974）指出：柯尔伯格最初的道德判断阶段分数是根据被试在两难故事上的得分而来的，而这些故事是凭直觉提出的，它们之间的相关并不高，其记分也过于主观、不可靠。因此，仅从柯尔伯格第一次获得的关于儿童道德发展的顺序的样本中并不能得出儿童道德判断的发展顺序不变的结论。针对这一批评，柯尔伯格修改了其记分方法，提出了“标准问题记分”（Standard Issue Scoring）。

对柯尔伯格理论的批评的第二个方面是道德规范与社会习俗的区分。社会习俗规则可以通过协商改变而不会影响社会，只是当个体拒绝遵从社会习俗时通常被看做是不道德的，如一身流氓阿飞打扮会被认为不道德的，实际上它只是不合社会习俗。而道德规范规则是真正的规则。前者如“在公共场合不能脱衣服”，后者如“不准杀人”。特里尔（Turiel，1983）指出柯尔伯格混淆了道德原则与日常的社会习俗规则。特里尔观察到4岁的儿童就能够理解这两个范畴之间的不同，认识到道德规则比社会习俗更具约束力。更为重要的是，青少年经常表现出对社会习俗的质疑甚至是挑战，这是由他们在这一时期的思维特点决定的。到18岁，甚至25岁时，青少年才逐渐认识到社会习俗的作用。对社会习俗的违背，并非是不遵守道德规范。

对柯尔伯格理论的批评，还涉及道德发展的普遍性与文化差异以及对道德判断的形式与内容的区分问题。对道德推理的跨文化研究显示道德推理水平有很大的文化变异。大多数研究显示，生活在技术不那么复杂的社会或规模相对较小社区的人们在柯尔伯格量表上很少表现出阶段3以上的推理，他们的推理大多在阶段1或2水平上（Tietjen & Walker，1985）。柯尔伯格解释说，是社会刺激的文化差异造成了在形式运算推理上的差异，从而造成了道德推理的差异。对此，人类学家施韦德（Shweder，1982）认为，在柯尔伯格的发展阶段序列中包含了特定文化的价值判断。特别是按照柯尔伯格的观点，在形式运算思维与道德判断之间有着非常重要的联系，从而推知在道德判断上发展阶段较低的个体的认知发展水平也低，这使柯尔伯格的理论倍受争议。

除上述对柯尔伯格理论的批评外，还有研究者提出了其他的问题：如吉利根提出柯尔伯格的理论忽视了道德范畴的一个非常重要的维度——关怀道德，存在性别偏见；柯尔伯格只重视道德判断，而忽视道德行为等等。我们将在本章以下部分论述这些问题。

第二节　青少年期道德判断的发展特点

道德判断在个体的不同发展阶段表现出不同的特点。青少年期的道德判断表现出一定的年龄差异和性别差异，还因道德两难问题内容的不同而不同。

一、青少年期的道德判断阶段

（一）青少年早期的道德判断阶段

如图10－3所示，处于青少年早期阶段的（13～14岁）个体的道德判断以阶段2和阶段3为主，这一时期的道德推理有80%以上是处于阶段2

和阶段 3，在这两个阶段上接近相等。因此，这一年龄段的青少年是从维护自身的物质利益或赢得他人赞同的角度来看待道德问题的。

阶段 1 和 2 的道德推理几乎总是非常具体的，个体总是按照免受身体惩罚或获得物质利益来做出道德判断和选择。相比之下，阶段 3 的推理是比较抽象的，这时需要考虑：他人是如何看待这些问题的？他人对这些问题的感受如何？即处于这一阶段的个体可以采择他人的社会观点。同时，这一阶段也意味着真正的移情——在感情上将自己置身于他人的角度——的开始。处于这一阶段的个体可以从一个更广的视角看待道德问题，而不再是仅从狭隘的自身利益出发。13～14 岁的青少年的许多推理还是前习俗水平的（特别是阶段 2），即自我物质利益还决定着他们价值选择的许多方面。但是，和 10 岁时相比，前习俗水平的道德判断有明显的下降，阶段 3 的模式将起更重要的作用。然而，从前习俗水平到习俗水平的转变要到高中阶段才能完成。

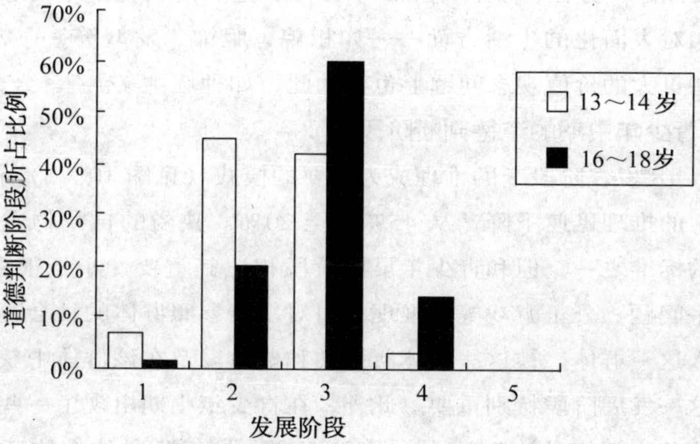

图 10－3　青少年早期和中期所运用的道德判断百分比

（纵向研究被试资料，1979 年重编码）

注：百分比总和不等于 100，因为一些得分混合在一起不能归入某一发展阶段

（资料来源：Sprinthall & Collins，1995）

值得注意的是，研究发现在小学阶段，有 15％的学生的道德判断发展

也处于阶段 3。在此有一个非常重要的区别，小学时期儿童在进行道德判断时遵从父母，为的是使父母高兴。到了青少年早期，一方面阶段 3 的比例有明显增长，达到 40%以上；另一方面，这时的参照群体发生了变化，处于这一时期的青少年更多地从其同伴群体中寻求赞同。也就是说，在儿童期，儿童是以父母和教师等成人作为去“讨好”、寻求一致的群体；而在青少年早期，同伴群体成为新的、也是更强的参照群体，成为价值选择的新的来源。

不管参照群体是成人还是同伴，处于道德发展第 3 个阶段的个体还不能按照理性的、稳定的、自主支配和民主的价值观进行道德判断。这一水平的道德判断的最大缺点是参照群体缺乏稳定性。因此，青少年可以被许多他人所支配，诸如父母、同伴等等。他们缺乏应对关于自己及道德规范的重大问题的能力，容易受外界刺激的影响。对于生活中较难的问题，只要特定的人群赞同、认可某一新的、非常简单的解决办法，处于这一阶段的青少年就会被吸引而赞同这一办法。非常重要的一点是：这一阶段青少年的思维方式不但易于在相对表面化的生活方面——如相貌、服饰、发型等——表现如此，而且在一些重大的价值观念问题上也会如此，如种族主义。

（二）青少年中期的道德判断阶段

到 16～18 岁，阶段 3 的推理成为主要的模式（见图 10－3）。在这一时期，阶段 2 的推理迅速下降，从 45%降至 20%。狭隘的自我物质利益还是道德判断的标准之一，但和青少年早期阶段相比其重要性小了很多。约 2/3 的关于公平问题、公正游戏等的推理是由对主要参照群体的社会遵从所决定的。能加入这一群体、被这一群体所接纳和尊重以及在该群体中获得好的声望等，在这一发展阶段特别重要。此外，在青少年中期出现了一些阶段 4 的推理，尽管其比例相对较低（14%）。处于这一推理阶段的个体开始按照一系列广泛的规则和社会法律来处理价值问题。与阶段 3 相比，这一阶段的规则和法律更稳定、更具普遍性。另外，从阶段 3 到阶段 4 的转变还涉及参照点的变化。在第 3 个阶段，个体进行道德推理的参照点是社会群体，其思维是受他人支配的；在第 4 个阶段，有了新的参照点——法律，个体思维受内部支配，具有了理性思考问题的能力。能够做计划、分析和评论问题是阶段

4 与阶段 3 在思维过程上的主要不同。换句话说，高一级阶段包含前一阶段的推理，并且增加了新的能力和判断，因此个体能够更加全面和理性地思考和权衡问题。

（三）青少年晚期的道德判断阶段

在青少年晚期，道德判断阶段发生了一些新的变化。如图 10－1 所示。在这一时期，阶段 3 的比例与青少年中期相比已经有所下降，但此阶段的推理仍然为主要的道德判断模式，这说明青少年在这一时期仍然较多地考虑到人际期望、人际关系。而在青少年中期出现的所占比例较小的阶段 4 的推理在青少年晚期有了明显增加，从 14％增加到 34％左右。个体对社会的责任以及社会秩序的维持等在青少年道德判断中所占的比重越来越大。

青少年的道德判断在这个时期还有了一个质的变化，即出现了习俗水平的道德判断。柯尔伯格的研究发现，约有 3％的被试开始使用阶段 5——以契约为定向的道德判断。达到这一水平的个体开始认识到价值和权利优于社会依附和契约。一些“相对的规则”只有是公民时才应该遵守，因为它们是一种社会契约。而某些非相对的价值和权利，诸如生命和自由，则应该在任一社会中都必须遵守。但是这一阶段在青少年的道德判断中所占的比重很小。有关研究也发现，大多数青年和成人都使用阶段 3 和阶段 4 的推理。只有大约 10％ 的少数人在 20～25 岁以后达到了后习俗水平（Colby & Kohlberg，1987a）。

（四）年龄组中的变异

每一年龄组的道德判断模式并不适于该年龄组的所有个体。年龄组的道德判断模式是基于常模，基于最普遍、一般的思维系统的。换句话说，如果某一个体在一半以上的时间里运用阶段 3 的推理，他（她）就被归为这一阶段。但是，道德判断模式在每一个人身上都有一些变异，个体可能会运用某些相当于亚阶段的思维——即稍微高于或低于常模的阶段的推理。对多个年龄范围的学生按综合的道德成熟情况评分，其变异如表 10－2 所示。表 10－2显示，在青少年早期，存在阶段 1 与 2 混合的水平、阶段 2 水平、阶段 2 与 3 混合的水平、阶段 3 水平以及阶段 3 与 4 的混合水平。在青少年中期与晚期也显示出了类似的变异模式。

表 10-2 不同年龄组道德发展阶段的变异情况

柯尔伯格的道德发展阶段	年龄组(岁) 10	13～14	16～18	20～22
阶段 1、2 混合	47.6	8.1	2.2	0
阶段 2	33.3	16.2	11.1	0
阶段 2、3 混合	14.3	56.8	17.8	9.4
阶段 3	4.8	16.2	44.4	31.3
阶段 3、4 混合	0	2.7	24.4	40.6
阶段 4	0	0	0	18.8

注：横线所示为这一年龄组的道德发展阶段

（资料来源：Sprinthall & Collin，1995）

因此，我们不能想当然地认为某一个体的道德推理会必然地处于一个阶段，并且仅处于这一阶段，不能仅仅以某个阶段作为衡量个体道德推理水平高低的标准。如果某个人运用了阶段 2 的推理，并不意味着他一定处于这一阶段。因为这一阶段可能是他的常模阶段，但在处理其他问题时，他可能会使用更为复杂或较为简单的推理。青少年阶段的道德判断存在两个非常有意思的方面：常模（或年龄组趋势）和变异。13～14 岁组和 16～18 岁组的青少年都表现出五个阶段和亚阶段的道德推理，而 10 岁儿童与 20～22 岁个体则表现出四个阶段的道德推理。因此，在两个主要的青少年年龄段（13～14 岁、16～18 岁）上，道德判断的变异最高。

二、青少年道德判断的性别差异

柯尔伯格的道德发展理论有相当大的影响，但也颇受争议。这些争议之一即关于道德判断的性别差异问题。有研究资料（Holestein，1976）显示：在青少年道德推理的前几个测验上，男孩得分比女孩高。霍尔斯坦（Holstein，1976）对道德推理的研究发现男性青少年处于阶段 4 的最多，而女性青少年在阶段 3 上最多（见图 10－4）。由此，吉利根对柯尔伯格的理论提出了强烈的反对。她指出（Gilligan，1977）：不但柯尔伯格的记分体系对女性不利，而且在柯尔伯格的后习俗水平推理框架（阶段 5 和 6）中根本没有将同情和关怀考虑进去。女性的道德推理指向人际间的关系，涉及对他人的关怀和同情，即女性是关怀道德取向。而柯尔伯格的道德判断是公正取向的，其原则水平的推理太客观、太强调理性，因而更适合于男性。用这一标准来评价女性，便使得她们对道德两难问题的反应不如男性。另外，对柯尔伯格所采用的访谈法，吉利根也提出了批评。她指出，在访谈过程中，当评价人提到有关关爱、关怀、同情和喜欢等的重要性时，会马上被归到第 3 阶段（社会服从）。

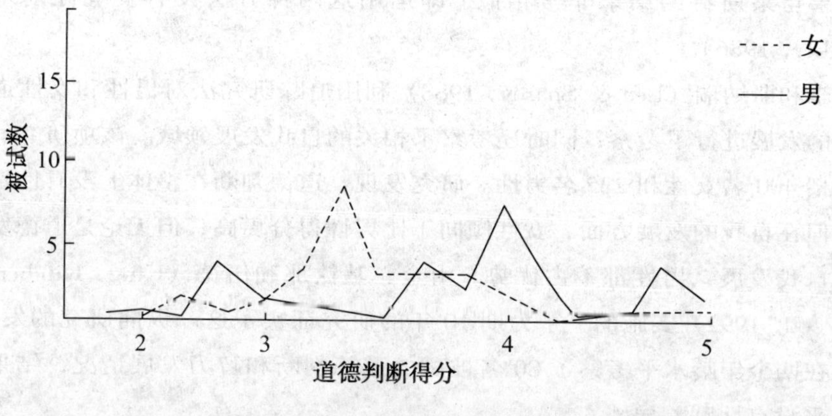

图 10－4　青少年道德判断阶段的性别差异

（资料来源：Cole & Cole，1996）

于是，许多理论家开始按照吉利根的发现来重新考察柯尔伯格的理论，以确定柯尔伯格的研究是否真的只适合于男性。这样，就产生了大量关于道德判断的性别差异的研究。托马（S. J. Thoma）和莱斯特（J. Rest）首先对此进行了全面考察。他们设计了一个客观的道德判断访谈版本——确定问题测验（Defining Issues Test，DIT），用以评价道德发展水平。对中学生和大学生的分析结果（如表 10－3 所示）清楚地表明：在原则推理水平（柯尔伯格的阶段 5 与 6 的综合）上没有性别差异，即使有也很小。

表 10-3　性别的影响：道德判断水平、原则水平推理得分

	男性 (N=1401)	女性 (N=1391)
初　中	(N=528)　19.1	(N=519)　19.7
高　中	(N=424)　28.7	(N=436)　30.4
大　学	(N=449)　44.1	(N=436)　45.8

(资料来源：Rest，1986)

针对吉利根对柯尔伯格研究方法的批评，沃克对莱斯特的客观方法和柯尔伯格的开放式两难故事法这两种道德判断研究方法进行了分析。沃克分析的结果与莱斯特的结果非常相似，即运用这两种方法没有发现性别差异（Walker，1986）。

李和斯纳瑞（Lee & Snarey，1988）利用追踪研究法对男性和女性道德判断的发展进行了考察，同时还考察了相关的自我发展领域。该项研究的被试包括 400 名女性和 225 名男性。研究发现，道德判断在整体上没有性别差异；但在自我的发展方面，女性倾向于比男性得分更高；但无论是道德发展还是自我发展，男性都不占优势。由金、基钦那和伍德（King，Kitchener，& Wood，1992）实施的一个为期 10 年的研究证实了这一纵向研究的发现。他们在四个年龄水平考察了 80 名被试的道德判断和智力发展情况，结果发现几乎没有性别差异。

对于不同文化中道德判断的性别差异问题，有的研究者（Lind et al.，1987）运用与莱斯特的 DIT 相似的方法在中欧和西欧进行了研究。他们用 M-U 测验（Moralisches-Urteil-Test），对这些国家的男女学生进行了大样本比较，没有发现性别差异。在波兰，运用莱斯特的 DIT 的“三故事”版本对儿童、青少年和成人进行的大规模研究也证实了这一点。此外，里格比（Rigby，1989）的研究表明，过失青少年在对权威的道德态度上没有性别差异，男女青少年都可能会反对权威。因此，认为女性表现出更多服从的说法并不正确，至少对过失青少年来讲是这样。

三、对个人问题和性两难问题的道德判断

以上研究中所使用的两难问题都是标准两难故事，这些故事的模式同“海因兹偷药”、“阿莱克斯的问题”的模式相似。其典型的做法是，要求被试对有关生命的价值、言论自由、遵守法律等一般性问题，以及类似的、在某种程度上不涉及个人的抽象的民主公正问题进行推理。柯尔伯格有意选择这种有一定个人和心理距离的两难问题，以便能够测查被试道德推理的一般情况，而不涉及被试直接的个人经验和经历。但是，这种方法却存在下列问题：如果两难故事更关注个人，被试的道德判断是否还会是这样的发展水平？他们能否对在真实生活中可能碰到的问题进行同样的推理？

为了考察这些问题，柯尔伯格和吉利根对青少年进行了研究。他们巧妙地重新编写了标准的道德两难故事，将其改为性两难问题（Gilligan, et al., 1981）。通过三个这样的两难故事，研究者根据常规的柯尔伯格的道德发展的阶段体系，对青少年推理水平进行了记分，将青少年对标准两难故事的推理与性两难故事的推理进行比较。结果如表 10－4 所示。

表 10－4　　　中学生的道德判断得分

	女孩（N＝24）	男孩（N＝24）
在柯尔伯格标准困境故事上的得分	351	340 *
在有关性内容的困境故事上的得分	314	318 +

* 男女孩平均得分（分别为 351，340）间的差别在统计或理论意义上不显著。

+ 男女孩平均得分（分别为 314，318）间的差别不具意义。

（资料来源：Gilligan et al., 1981）

总的来看，当两难故事中含有性内容时，无论是男孩还是女孩，其道德推理水平都有显著下降。男女被试在标准道德两难故事上，其推理介于阶段3（300 分）和阶段 4（400 分）之间，即他们正由对同伴群体的社会遵从阶段向以法律作为价值判断的根据的阶段过渡，中学阶段男孩和女孩的道德判断不存在差异。当两难故事的内容更关乎个人时——对性尝试问题进行推

理，男孩和女孩的判断水平都有所下降，下降了近半个阶段。

男女两组中学生的得分都有明显下降。按人数记，24 名男生中有 20 人的推理水平下降了；24 名女生中有 19 名女孩下降了。这一结果说明面对更关乎个人的困境时，青少年的推理水平比在一般问题上要低。

第三节　青少年的道德与亲社会行为

除道德认知以外，道德行为也是道德心理研究的一个非常重要的领域。道德行为（moral behavior）是指在一定的道德意识支配下表现出的对他人和社会有道德意义的活动，是个体道德意识的外在表现，是实现道德动机的手段。同时，与此紧密相关的一个概念是亲社会行为。亲社会行为（prosocial behavior）是旨在有益于他人的行为，如助人、安慰、分享、合作等。马森和艾森伯格（Mussen & Eisenberg, 1977）把亲社会行为定义为“旨在帮助他人或群体并使其受益而行为者却不期待获得外部奖酬的行为，这类行为经常需要行为者一方付出一些代价、作出自我牺牲或冒一些风险”。

道德行为与亲社会行为的产生和发展是一致的。亲社会行为的发展过程就是儿童的道德认识水平提高、道德情感丰富的过程。但道德行为与亲社会行为又有一定的区别，前者更强调道德认知和道德动机对行为的支配和调节作用，后者更多地着眼于行为本身。从发展的角度来讲，个体最早表现出来的通常是亲社会行为。以后，亲社会行为与特定的道德认知和动机相结合才构成道德行为。因此，亲社会行为的训练和培养常常成为儿童尤其是年幼儿童道德教育的切入点。由此，道德行为可以看做是亲社会行为的一个子集，即凡是道德行为都是亲社会的，但并非所有的亲社会行为都是道德行为，只有那些受道德意识支配的亲社会行为才是道德行为。

本节将介绍关于道德与亲社会行为的理论模型，青少年的亲社会行为与移情，以及道德、亲社会行为与道德认知的关系。

一、有关道德与亲社会行为的理论模型

关于道德与亲社会行为的理论模型主要包括莱斯特的四成分说和艾森伯格的亲社会行为模型。

（一）莱斯特关于道德行为的四成分模型

莱斯特是柯尔伯格的学生。他提出了道德行为的四成分模型。这一模型认为，从接触道德情境到做出道德行为包含有四个成分。这四个成分是：第一，理解与解释情境，包括想象个体在某种情境中可能的行为过程，估计行为后果对有关团体或个体的权益所产生的影响等。这一过程涉及感知、评价和解释等认知过程。此外，在对突出、令人注目的情境的解释中可能需要一定的情感唤起。第二，选定一个问题情境对其进行评价，即进行道德推理。这一成分要求把社会规范和道德原则整合到道德考虑中。柯尔伯格和皮亚杰的阶段理论所描绘的就是这一成分。第三，做出决定，产生道德动机。尽管道德理想表明行动的一个可能过程，但可能还有另外的选择，这些选择是由竞争的价值观（谨慎、自我保护的等）而产生的。"因此，在形成道德行为过程的同时，个体可能还会形成基于其他价值观的行为过程。很多情况下，其他的价值观对一个人非常重要，以至他们会超过道德价值，或者与道德价值协商妥协"（Rest，1983）。第四，执行行动计划或方案。这一成分需要勇气、毅力、决心和能力，即行动的自我力量。

这一模型的每一个成分都与重要的研究传统有联系。这一成分模型显示：在道德思考中认识和情感过程起作用，涉及道德推理和价值冲突，并且需要行动的决心和能力。道德行为并不是由某一种认知过程直接推导出来的，柯尔伯格的道德判断不能解释全部的道德行为。除了道德判断的水平外，其他因素也会影响个体实际表现出的道德行为，如理解处于困境中的他人情感的能力，不顾非道德的价值观和动机而采取行动的自我力量等等。托布和莱斯特等人的研究（Thoma，Rest ，& Davison，1991）证实了这一观点，指出道德判断与行动的关系受行为者维度的调节。斯托布（Staub，1978）的研究则揭示：助人行为与情境的不明确性有关，如果被试没有弄清发生了什么事，就不会有自愿助人的行为。这表明了第一个成分在道德行为产生中的作用。

（二）艾森伯格的亲社会行为理论模型

20 世纪 80 年代中期，美国儿童心理学家艾森伯格提出一种颇具特色的亲社会行为的理论模型，对亲社会行为发生、发展的心理机制作了全面、深刻的剖析。这一亲社会行为模型认为亲社会行为的产生包括三个阶段：对他人需要的注意阶段、确定助人意图阶段、意图和行为相联系阶段（Eisenberg & Mussen，1989）。

第一，对他人需要的注意。艾森伯格认为，在助人之前首先要确认他人有某种需要或愿望。注意到他人的需要是亲社会行为的起始阶段。能否注意到他人的需要受到个体因素（包括个体的先行状态和特质特征等）以及个体对特定情境的解释两方面的影响。

个体因素，包括对他人的积极评价、角色采择的能力和倾向等，在一定程度上影响到对他人需要的注意。这些个体因素受个体社会化历史的影响，同时又因个体的认知发展情况而变化，如观点采择能力会随年龄增长而提高。特定的情境因素，如他人需要的明晰程度、潜在受助者的身份等，也会影响个体对情境的解释，从而影响到对他人需要的注意。

第二，助人意图的确定。个体一旦注意到了他人的需要，便需要确定是否要助人。艾森伯格认为这一过程包括两种情况：一是非紧急情况下助人意图的确定，二是紧急情况下助人意图的确定。

大多数情况下的助人是在非紧急情况下的。在这种情况下，个体是否助人受多种因素的影响，其中认知因素和人格因素起主要作用。认知因素对亲社会行为意图的影响主要包括两个方面：一是对亲社会行为的主观效用分析，即对亲社会行为的代价和受益的主观评估，如果个体认为助人的代价很大，则助人的可能性会减小。二是对他人需要原因的归因分析，如果个体把潜在受助者需要的原因归为受助者不可控制的外部因素，就可以萌发助人的动机；如果把原因归为可控的内部因素，则可能萌发不助人的动机，如认为受助者的经济困难是因为工作不努力，则可能不去帮助他/她。人格因素的作用主要包括：关于“助人”和“仁慈”特质的自我认同，自尊，个体的价值观、需要和偏好等。如果个体认为自己是仁慈的，或自认为是利他主义者，则其亲社会行为倾向会更强。

艾森伯格提出，非紧急情况下认知与人格因素对助人动机的作用并不是孤立的，两者之间存在着交互作用，这种交互作用体现在特定情境中个人目标层次上。在特定的情境中，个体可能存在几种需要、目标或价值取向，某些目标、需要是道德的，有些则是不道德的，它们之间会产生冲突，这其中认知和人格因素会起作用。这种冲突的解决决定着个体是否助人。

紧急情况下助人意图的确定主要受情感因素的影响。情感因素包括由注意到他人需要而产生的移情、同情、内疚感或个人痛苦等。个体可以由对他人的移情产生同情，进而产生亲社会行为动机，确定帮助他人；如果由移情而产生个体痛苦，可能会为减轻个人痛苦而产生助人动机，但如果存在更简便、代价更小的减轻个人痛苦的方法，如离开现场，则就可能不会产生助人动机。情感力量除可以直接驱动产生助人动机外，还可能以特定情境中的个人目标层次为中介而产生助人动机。如果情境诱发了个体的高水平的同情，则利他的目标可能比获得社会赞许或自我奖赏的目标更强烈，从而促使个体产生助人的动机。

第三，意图与行为相联系的阶段。仅仅有助人的意图，个体并不一定做出亲社会行为，助人意图与亲社会行为之间并非完全相关。两者之间的联系还受个人的有关能力（包括助人的特定技能、自我效能感、自我调节技能、有效策略的知识、人际问题解决能力等）、人与情境的变化两个方面的影响。在某些情况下，助人行为和意图之间不一致的原因是潜在助人者没有能力或者感到无能为力。如进行适当的训练（提供与助人有关的知识和技能），则在某种情况下可以增强个体的助人行为，增强助人行为与意图之间的一致性联系。

亲社会行为的实施本身也会强化以后的亲社会行为，这表现在：第一，亲社会行为的实施会增强助人者关于助人形象的自我认知和利他性的内部归因，个体为保持这种形象更可能做出亲社会行为。第二，个体所做出的亲社会行为可能改变个体有关的道德价值观，从而有利于亲社会行为的产生。第三，亲社会行为者在行为中得到了物质的、社会的或情感的报偿，可能为继续得到这种报偿而做出更多的亲社会行为。第四，亲社会行为实施的经验会提高个体的角色采择能力、增强个体的自我效能感等，从而影响以后的亲社会行为。其中前三个方面是通过对阶段二——助人意图确定的影响而对最终的亲社会行为发生作用的。

二、青少年的亲社会行为与移情

亲社会行为是旨在有益于他人的行为，如助人、安慰、分享、合作等。这类行为经常需要行为者一方付出一些代价、做出自我牺牲或冒一些风险。亲社会行为的实施可能有许多原因，包括自我中心性的、他人定向的或出于对实际利益的关心。其中，对道德的发展具有重要意义的一种亲社会行为是利他行为（altruistic behavior）。利他行为通常被界定为旨在有益于他人的、有利他动机的自愿的行为，是由诸如对他人的关心或内化的价值观、目标和自我报偿等内在动机驱动的行为，而非为避免惩罚或期望得到具体的社会报偿而做出的行为。由于利他行为强调内部的动机与价值观，因此与对道德发展的理解尤其相关。然而往往难以区分利他主义驱动的行为与那些相对并不高尚的动机引发的行为，因此我们必须关注更为宽泛的亲社会行为领域。

情感，尤其是与移情相关的情感在亲社会价值观、亲社会动机与行为的发展中起重要的作用。移情（empathy）通常被界定为由他人的情绪状态激起并产生的与其一致的情绪反应（Eisenberg & Fabes，1998）。移情反应会导致同情，也可能会导致个人压力和痛苦，抑或两者兼而有之。同情（sympathy）是个体的一种情感反应，通常源于移情作用（但它可以由观点采择或其他认识过程直接产生），包括悲伤或对处于困境中的个体的关注（而不是与他人相同的情感感受）。个人压力和痛苦也是由于受到他人状态的感染，但它是由于对他人情感产生了替代性的感受而产生了一种消极的情感反应（如焦虑、不舒服等），具有自我中心性。

（一）青少年亲社会行为的发展

多年以来，道德研究一直以认知发展观为主。这一观点认为：只有在儿童能够进行诸如道德推理和意图理解等社会认知过程之后，道德才发展起来（皮亚杰，1984）。因而，对年幼儿童的亲社会与道德行为相对缺乏研究。直到20世纪70年代，研究者才开始考察年幼儿童的亲社会行为。在这一领域，霍夫曼的理论工作有着很大的启示意义，他提出了与亲社会行为相连的四种水平的感觉，相应地说明了亲社会行为发展的四个水平。按照这一理论，在第一个水平，婴儿期的儿童就能以一种或几种简单的移情形式（如反应性的哭，模仿等）去体会他人的痛苦，但这时儿童还不能区分自己与他人的痛苦，只是体验到一种普遍的痛苦；第二个水平是自我中心的移情，这时儿童对他人痛苦按照自己寻求安慰的方式做出反应，如要自己的妈妈去安慰别的孩子，即使别的孩子的妈妈在场；第三个水平是儿童能够进行观点采择，能够体验到他人更多的情绪，亲社会行为反映了对他人独特的需要和特定情境的意识；第四个水平是到儿童晚期或青少年早期，儿童的移情反应不再限于他人即时的、特定情境中的痛苦。随着认知能力（包括复杂的观点采择能力和抽象思维能力）越来越成熟以及对自己和他人连续存在的意识的出现，儿童能够对他人普遍的状态（包括剥夺、压迫和无能力）进行移情，因此，能够理解一个群体或阶层的人们的困境（诸如贫困、政治上受压迫或者心理障碍），并对此做出反应。

与这一理论观点相一致，对亲社会行为的实证研究也表明年幼的儿童已经能表现出亲社会行为（Bischof－Kohler，1991），在生命的第二年，分享和助人行为更加明显（Zahn－Waxler & Radke－Yarrow，1982）。但研究者对亲社会行为的发展模式还不太清楚。现有文献支持这样的结论：随着儿童年龄的增长，利他的关心及相关的亲社会行为增多（Bar－Tal，Raviv，& Leiser，1980）。但这一线型趋势并非适用于所有年龄的儿童或所有测量。拉德克－亚罗等人 1983 年的研究发现：（1）儿童的安慰、关心他人和同情的年龄趋势在 2 岁以后就不一致了；（2）助人与年龄的关系是正向的或者无关；（3）分享随年龄而增多，但主要是对假设对象的分享。显然，亲社会行为的发展模式因具体的亲社会行为类型和情境特征而有差异。对于青少年期的亲社会行为发展，格林和施奈德的研究（Green & Schneider，1974）报告亲社会行为在青少年期表现出连续的增长趋势。而拉德克－亚罗等人的研究发现，进入青少年期以后，个体的助人倾向有所减弱。

为了重新考察亲社会行为的年龄变化，费伯斯和艾森伯格（Fabes & Eisenberg，1996）对儿童亲社会行为的发展特点进行了元分析。他们选择的研究符合下列条件：（1）被试不是临床样本，而是正常儿童；（2）被试是不超过21岁的儿童或青少年；（3）亲社会行为的指标是真实的而非假扮的亲社会行为，也不包括对合作与竞争的研究，等等。这项元分析研究包括来自125项研究的265个结果，这些研究中的儿童分为如下几个年龄组：（1）婴儿期（3岁以下）；（2）学前期（3～6岁）；（3）儿童期（7～12岁）；（4）青少年期（13～17岁）。这项元分析研究发现，尽管亲社会行为的年龄差异有时会随研究的特征（如被试的年龄、所测量的亲社会行为类型、数据收集方法的不同等）而变化，但整合所收集的研究及研究特征，亲社会行为的年龄差异具有显著的、正向的效应，从而支持了这一结论：亲社会行为的发生率随着年龄的增长不断增大。这说明亲社会行为在青少年期仍有增长。

但是，与儿童期相比，青少年期亲社会行为的发展模式更不清楚，存在更大的变异。随着年龄的增长，他们的道德推理更为成熟，可能对助人的原因有了更充分的理解。但是到青少年期，一方面，青少年的认知、人格特征、行为能力等个体差异变大，如富有责任心的个体、同情和亲社会行为水平发展较高的个体可能会表现出较多的亲社会行为；另一方面，青少年面临的社会任务和环境越来越复杂多样，他们可能受到许多人际和情境变量的影响，这些变量影响个体能否真正做出助人行为，因而亲社会行为表现的情境变异也变大。

（二）移情与亲社会行为

儿童在生命的头一二年里最初表现出移情的迹象。因为它出现得如此之早，并且有相当的普遍性，所以某些理论家认为，移情是人类的一种先天的特征或倾向。而一些研究则发现，婴幼儿的移情反应并不是很普遍。现在，研究者一般认为，移情的真正发展是与个体认知能力的发展相关的，随着个体年龄的增长和认知能力的提高，移情反应的能力也得以增强和扩展。霍夫曼提出了儿童移情发展的4个阶段模型。按照这一模型，儿童晚期或青春期的个体已经形成了“他人是具有自己独特的生活历史和同一性的个体”的概念，角色获得能力也日益提高。这时，个体已能准确地评估判断他人的情绪状态及其起因，移情不再拘泥于具体的、直接的情境，而是扩展到了更抽象、更概括的情境。

许多心理学家和哲学家曾提出：亲社会行为，特别是利他主义通常是由移情或同情激起的。霍克等人（Coke et al., 1978）曾进行过两项实验，为移情和助人行为的因果关系提供了有力的证据。两项实验都是向被试提供有关他人的不幸、困境和需要的信息。所不同的是，对实验一的被试在接触到这些信息后给予安慰剂丸，假定会引起生理放松或唤醒状态。随后，要求被试对这位不幸者提供帮助。结果发现，在情绪的“唤醒”状态下，服用安慰剂丸的被试倾向于把情绪的唤醒归因于安慰剂丸的作用，而不认为这是移情，所以很少对不幸者提供帮助；但在“放松”状态下，被试倾向于把情绪的唤醒归因于对不幸者困境的移情作用，从而更愿意为不幸者提供帮助。在实验二中，在被试接触到他人不幸的信息时，给他们提供关于情绪唤醒水平的虚假信息。结果发现，那些被诱使相信自己正体验着最强的移情唤醒的被试，最有可能对不幸者提供帮助。大量关于移情与亲社会行为之间的关系的相关性研究，也为两者之间的关系提供了证据。

对移情与亲社会行为之间关系的考察，很重要的是要区分对移情的各种测量。在一项元分析文献综述中，艾森伯格和米勒（Eisenberg & Miller, 1987）发现亲社会行为与移情的图画/故事测量、或者儿童自我报告的对处于痛苦或危难中的他人的录像的情绪反应无显著关系；相反，对年长青少年和成人来讲，非自我报告的移情反应测量与自我报告的亲社会行为有显著正相关。巴特森（Batson, 1991）提出：同情与他人定向的行为动机密切相关，相应地也与他人定向的利他性助人行为相关；相反，个体自身的痛苦或悲伤涉及到减轻自己痛苦的自我动机，因此只有在减轻个人痛苦的最简单方式是驱除他人痛苦时，个人的痛苦才与亲社会行为相联系。巴特森及其同事对成人的实验室研究证实了这一点（Batson, 1991）。在一系列研究中，艾森伯格及其同事也获得了类似的发现。显然，当前的研究支持这一结论，即同情能够引起亲社会动机和行为。

三、亲社会、道德行为与道德判断

道德研究领域一直以道德认知发展观为主，其中主要的是柯尔伯格提出的道德发展阶段论。对于柯尔伯格的理论，同时也涉及整个道德发展研究的一个争论之处是：道德两难问题的假设推理与实际的道德行为的关系。人们普遍认为道德推理并不必然导致道德行为，但是，许多研究发现在道德推理水平与观察到的行为之间确实存在着显著的，有时是非常显著的相关。

布莱西（Blasi，1980）对有关价值发展与实际行为关系的79项研究进行了元分析。他的研究发现，在58项研究中道德发展阶段（柯尔伯格的界定）与行为间有稳定的正向关系，即70%以上的研究显示了两者之间的积极结果。

麦克纳米（McNamee，1978）对大学生进行过一项经典的实验（这项实验有时被称为"善良的撒玛利亚人寓言故事测验"）。在这一研究中，告诉被试他们要参加一项心理研究。将同意接受标准两难道德故事访谈的大学生带入测验的房间。当实验者和被试要进入房间时，一个自称是实验的下一个被试的学生拦住了他们。这个学生说他刚刚吸食过毒品，非常难受。他之所以来参加实验是因为他觉得实验者是心理学家，可以帮助他。但实验者却回答说，他是心理学研究者，不是临床医学家。"吸毒者"坚持请求帮助，希望实验者能帮他。实验者回答说他不懂得毒品，不知道如何帮他。并告诉"吸毒者"将重新安排他的测验时间。"吸毒者"慢慢地离开房间。被试就面临这样一个选择：继续做无关的旁观者，还是介入这件事，进行干预。

研究结果如图10-5所示。道德判断发展阶段和乐意提供帮助行为之间呈线性关系：几乎3/4达到原则水平（阶段5）的大学生对这个痛苦的学生提供帮助，38%阶段4的大学生提供帮助，阶段3有27%，阶段2有9%。因此，道德判断阶段得分与紧急两难情景中的实际行为之间存在明显的联系。

除了观察助人行为的实际发生率，麦克纳米还询问被试是否会帮助一个痛苦的人。这一问题的目的是要鉴定出那些说应该去帮助，但实际上没有给予帮助的人。有趣的是，3/4以上的处于阶段3水平的被试说他们应该去帮"吸毒者"，但只有1/4左右的被试实际提供了帮助。这就意味着在口头表示要帮助和实际的帮助行为之间有50%的差异。很明显，因为在阶段3时社会服从达到最高点，被试很容易赞同利他的说法。

布莱克尼（Braebeck，1984）进行了一项名为"发言者"的研究。在这一研究中，她创设了一个表面上看是真实的情境。在实验中学生们被告之：布莱克尼教授正在做一本书稿的校样，要他们检查一小部分的对错。这部分材料是关于著名心理学家华生（J. B. Watson）逐步使小阿尔伯特害怕兔子的故事。当学生读完故事后，另一名实验者拿着一份专业期刊进来，说刚刚发表的信息表明布莱克尼教授的文章有两处重大错误，并对错误进行了解释。他离开后，布莱克尼教授进来。她感谢同学们的帮助，付给了他们钱，并让他们写下对文章的修改建议。她暗示到，修改时不用考虑语法错误，因为编辑会检查的。图 10－6 为研究结果。

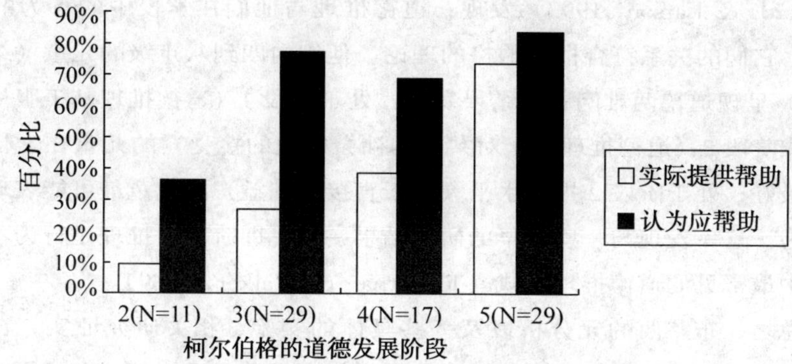

图 10－5 不同道德发展阶段的大学生帮助“吸毒者”的百分比

（资料来源：McNamee，1978）

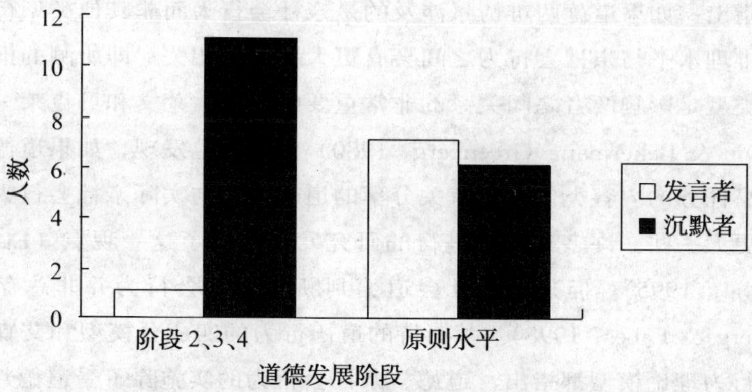

图 10－6 处于两难情境中的“发言者”

（资料来源：Braebeck，1984）

结果显示25个人中只有8人愿意写下注释，指出教授在关于华生和小阿尔伯特这部分内容上犯了明显的错误。其中7人在柯尔伯格量表上被评为是原则水平。只有1个处于其他阶段的学生愿意指出这一错误。布莱克尼同时发现，在控制平均成绩和性别后，道德判断得分可以预测被试指出错误的意愿性，这说明了道德判断对道德行为的影响。

在对处于从儿童中期向青少年期过渡的儿童的研究中，里查兹及其同事（Richards & Larson，1993）发现：道德推理与他们在学校中的行为的质量有关，它们的关系符合柯尔伯格的理论。他们向四到八年级的儿童（约9到14岁）呈现道德两难问题，结果发现：处于阶段1（道德推理基于服从和惩罚）或阶段3（道德推理基于对共有的社会规范的接受）的儿童在学校中的表现最好；处于阶段2推理水平（基于直接的利益）的儿童最可能表现出不良行为。这一发现与一些较早的研究结果一致，即阶段2推理是行为不良青少年中最常见的道德推理形式（Trevethan & Walker，1989）。

总之，布莱西的元分析以及一些具体的实验、相关研究证实，在亲社会、道德行为与柯尔伯格道德发展阶段之间存在着关系。但这些结果并不理想。在上述所引用的每一研究中都有原则水平推理的被试没有做出道德、亲社会行为，或做出非道德的行为。艾森伯格和费伯斯（Eisenberg & Fabes，1998）指出：如果道德两难情景涉及的是亲社会行为而非其他类型行为的推理，则推理水平与亲社会行为之间会有更大程度的相关。即所测的推理内容与行为类型是影响两者之间关系的非常重要的变量。莱文和贝克莱－格林伯格（Levin & Bekerman－Greenberg，1980）的研究也发现，如果道德两难情景与分享任务的内容类似，则有关分享的道德推理与实际亲社会行为之间的相关性更大一些。许多对儿童进行的研究发现支持了这一观点（Eisenberg，Carlo et al.，1995）。但是，亲社会道德判断与亲社会行为并非总存在相关（Eisenberg & Fabes，1998）。莱斯特的道德行为的四成分模型和艾森伯格的亲社会行为理论模型都指出，道德、亲社会行为的实施除了受道德判断水平的影响外，还受其他变量——如同情反应、社会能力等——的调节。

第四节　道德发展的影响因素与道德教育

如前文所述，青少年在不同的年龄阶段表现出不同的道德认知和道德行为特点。那么，这些特点是怎么形成的？它们的影响因素是什么？我们又该如何提高个体的道德判断水平，促进其道德发展？本节将对道德发展的影响因素以及道德教育问题进行简要阐述。

一、道德发展的影响因素

作为个体心理发展的一个方面，道德发展同其他的心理方面一样受多种因素的影响，包括个体自身的内部因素与外部因素。此处主要介绍家庭因素和心理障碍对青少年道德判断的影响。

（一）家庭因素对道德判断的影响

儿童最先同时也是最广泛地接触道德规则是在家庭中。埃姆勒和霍根（Emler & Hogan，1981）推测，道德或者说对社会规则的遵守，是在依恋的形成过程中开始的。他们指出，安全型依恋的婴儿更愿意积极地遵从父母的指令。凯利和鲍尔（Kelley & Power，1992）指出，儿童对不同犯罪类型的区分与他们的父母非常相似，特别是对一些父母已清楚解释过的犯罪类型的区分。对年长儿童的其他研究显示，父母的道德价值观与儿童的道德价值观之间存在连续的相关（Janssen et al.，1992）。显然，家庭中的亲子关系以及父母的特征会对儿童的道德价值观及其社会规则遵守情况产生直接影响。

鲍尔斯（Powers，1988）考察了青少年与父母的互动对其道德发展的影响。她提出了一个分类系统以分析家庭中关于道德两难问题的谈话，发现了与青少年道德发展有关的三个消极特征和三个积极特征：经常就一个问题展开讨论，互相挑战（但不是冲突），以及积极、坦诚交流的家庭气氛有利于道德发展；而争吵，虚伪，拒绝的消极的家庭气氛阻碍道德发展。同时，她的一个最重要的发现是：家庭的情感氛围非常关键，其中表扬、鼓励和非竞争的幽默能促进家庭成员公开的参与；讽刺、敌意、威胁和贬低价值等会引发紧张和冲突，阻碍成员的参与和发展。显然，参与、支持和澄清性的讨论对于促进青少年推理能力的发展非常重要。鲍尔斯指出，与父亲的冲突和紧张会导致道德判断的水平较低。而道德判断水平较高的母亲更能耐心地去澄清不同的观点，从而更有利于青少年的道德发展。对青少年所持的不同的观点，母亲不易为自己辩护以至于与青少年相对立。总之，父亲几乎总是想使孩子顺从自己，而母亲可以倾听孩子的心声，与孩子进行很好的交流。

沃克和泰勒（Walker & Taylor, 1991）对家庭互动模式的考察发现，父母在谈话中的讨论风格可以很好地预期儿童的道德发展，父母用归纳式或苏格拉底式的方式——鼓励儿童表达自己的道德观点——的儿童在道德推理测验上得分较高。我国研究者寇域（1997）对青少年的道德判断发展与家庭亲密度的关系进行了考察，结果发现道德判断与家庭亲密度有显著正相关，其中特别是情感亲密度、相互作用亲密度以及思想观念亲密度对道德发展有显著的正向影响。这些研究发现从正面证实了上述鲍尔斯的研究发现。

（二）心理障碍与道德发展

布莱克尼等人的研究对人格障碍与道德发展阶段问题做出了解释。他们发现，有严重障碍的青少年经常以不符合发展阶段的方式进行道德选择。约3/4的有心理障碍的女性样本不符合发展的顺序。他们发现了三种分裂式的阶段混乱：第一种是被试一半的回答处于某一阶段，另一半回答处于两个阶段之上或之下，很明显不符合已有的理论和研究；第二种是被试确实处于某一道德发展阶段（如阶段1或2），但是显出在两个或三个阶段之上进行附加推理的倾向，如推理分散在阶段3、3/4混合和阶段4；第三种不正常的模式是推理低于年龄组的常模水平。比如一个女孩在海因兹问题上，她说偷药是不对的，“不遵守法律将造成混乱。……人们都行窃、杀人——工厂和商店得关门……没有钱、没有农场、没有人照管动物。社会将停止。”（明显是阶段4的推理）她补充说：“照我来看，我得留点神，我想没准哪天我需要他为我偷东西。”（Blakeney & Blakeney, 1989）这样她就由阶段4到了阶段2水平，明显倾向于低级水平的推理。因此，这一研究发现表明：至少是有一部分心理障碍青少年的道德推理不符合发展阶段及发展阶段的顺序原则。行为不良青少年所回答的原因可能会有两个阶段的差距，或者在高于常模的阶段 3 和阶段 4 水平上进行思维，或者是倾向于进行低级阶段的推理。这些发现为道德发展框架的构建提出了重要的问题。更为重要的是，这些发现提示，对有心理障碍的青少年需要运用新的心理治疗方法。

二、道德教育

对于道德发展与亲社会行为，我们会自然地考虑这样一个问题：能否创造条件来促进儿童青少年的道德发展？对这一问题的回答是肯定的，道德是可以通过教育来促进的。道德教育的方式主要有课堂道德故事讨论和移情训练等方法。

（一）课堂道德故事讨论

目前，运用最普遍的促进初中及高中阶段青少年道德发展的技术，是提供一系列开放式的道德困境故事来讨论和分析。这一方法是基于道德认知发展概念，是在柯尔伯格的学生布拉特（Blatt，1966）的博士论文的基础上，经验证和充实而发展起来的。其基本方法是，通过教师引导学生讨论道德两难故事，引起学生的道德认知冲突，激发学生进行积极的道德思考以促进学生道德判断水平的提高。因为这种讨论主要是在课堂上进行的，所以称之为"课堂道德故事讨论"。

课堂道德故事讨论方法的实施包括两个重要方面：一是引发儿童的道德冲突和不确定性，二是向儿童提供高于其原有发展水平一个阶段的道德推理方式。具体来讲，这一方法的程序是：

（1）测验并进行分组。运用专门的测验技术评估青少年的道德发展水平，并在评估的基础上进行分组。分组的原则是：①每组学生分属连续的 2 个或 3 个阶段；②组内每个阶段的学生人数要大致相等，约 8～12 人。

（2）选择和准备道德两难故事。道德两难故事要包含真正的冲突；要考虑小组成员的理解能力和水平，能为大家所理解；要有新奇性，能够引发学生的讨论。

（3）形成讨论的正确方向，包括向学生解释讨论的目的、原理和意义，解释学生在小组和小组讨论中的作用，以及解释教师在讨论中的作用。

（4）引导学生进行讨论，具体实施方法可参照表 10－5。

表 10－5　　如何进行道德两难故事讨论

A. 开始

1. 首先，直接提出事实材料：确保内容是明确的
指出问题所在
确保所有的人都参与

2. 开始实际的讨论，运用开放式问题结尾：“X 该怎么做？为什么，或者主要原因是什么？”借以考察青少年的推理情况。

如果有任何原因不清楚，可以问一些澄清性问题。如：“你可以多说点吗……？”“你是说……？”或者问问那些明白 X 原因的其他学生。

目标：确保每个人都能公开表述自己的观点。如果需要，可以在提问过程中使用“等待时间”策略。

B. 继续讨论

以下技术有助于讨论的继续，并能使参与者做出更详细的阐述：

1. 选择性结果：“如果这个人做 A、B 或者 C，会怎么样？”
2. 角色转换：“如果你是 X、Y 或 Z，你的理由是什么？请你设身处地地想一想。”
3. 感受和情感：“你认为 X 感受如何？处于这样一个情境中，你会有何感受？这些感受可能会导致什么结果？”
4. 个人经历：“你碰到过类似的事情吗？你的想法、感受、行为表现是什么？如果再碰到这些事情，你是否会有些改变？”
5. 改变一个关键因素：“让我们假设故事中的这个人不是一个与你非常亲近的人。你根本不认识他。那样事情会有哪些改变呢？”
6. “有人说”：“有人说从没有一个理由足以让一个人去犯法。你如何看待这一观点？”
7. 让讨论者互相争论：“亨利，你怎么回答爱弥？”“看起来，吉尔和特奥持相反的意见……”

C. 结束

1. 与问题相关的提问：“我们已从这么多不同的角度看了这一问题，关键性问题或者最具说服力的问题是什么？有没有什么特别的因素让你改变你的观点？”
2. 与公正相关的提问：“按照要对所有的人都公正、公平的观点，解决这一问题的最好办法是什么？”

（资料来源：Sprinthall & Collins，1995）

（5）停止。一旦小组成员按阶段依次讨论了一个道德两难故事的所有

论点后，这次讨论可以宣布结束，或者提出另外一个道德两难故事，留给学生课后讨论。

在课堂道德故事讨论中，教师起着关键的作用，要鼓励并帮助学生明晰地说出选择的理由。这一点非常重要，特别是在小组讨论的开始阶段，但教师不要干涉学生的陈述。学生需要时间思考以及教师的支持，以说清楚他们自己的推理。教师或成人作为讨论的指导者，要做到：

首先，必须能够鉴别推理水平的种类。为此，需要问一些阐明性的问题。例如，假设正在进行海因兹偷药的困境故事讨论。一个学生说："海因兹应该偷药，因为我会那样做。"这时，我们没有得到足够的信息来评价他的推理水平。因此，你得继续问："好，但是为什么你会那样做？"这一问题可能会导致另一死角，比如"我认为有时偷一次东西是好的（或可以的）。"这时仍需进一步明晰问题，问"你是如何确定这个'有时'的呢？"这时学生可能会说出一些原因，例如"人的生命比……更重要。"这样就可以确定他的道德判断水平了。

其次，在讨论的第二阶段，要教会学生倾听另一个学生的不同水平的推理——换句话说，要学生互相注意、倾听并做出反应。比如，在上例中，可能有一两个学生说"生命比财富更重要"（阶段 5 和 6 水平）；另外的学生会说"偷窃商店是犯法的"（阶段 4）；而可能还有的会说"如果他能想办法将罪过转嫁到别人身上，便可以去偷"（阶段 2）。因此，帮助学生学会倾听、理解不同的回答和推理模式是很重要的。这时，指导者通常可以运用角色转换技术——叫持有某一观点的学生从他人的角度来思考这一问题。有时，这一方法被称为"道德音乐椅"，因为需要在讨论中转换观点、角色，从而去体会其他阶段的推理。在此需要注意的是要保证每个人都要进行角色转换。

讨论一般持续 45～60 分钟，最短不少于 30 分钟，最长不超过 90 分钟。实践表明，这种讨论能有效地促进儿童青少年道德判断的发展。并且由于道德判断的发展是道德行为成熟的一个重要条件，这种讨论也能在一定程度上促进儿童青少年的道德行为趋于成熟。洛克沃德（Lockwood，1978）对 11 个关于道德的发展性研究中发现，这些措施基本上都能促进学生道德判断或推理的发展。同时，洛克沃德的综述还指出，对青少年来讲，为提高道德讨论的效果，有两个方面非常重要——持久性和内容。他指出，三周或三周以下的短期计划几乎没有持久效果，而“固定”的人文和社会研究学习课程由于离现实生活太远，对价值判断也不能产生持久的影响。

（二）移情训练

作为亲社会行为的动机基础，移情能够激发和促进个体亲社会行为和道德品质的发展。前文中关于道德与亲社会行为的理论模型以及对移情与亲社会行为关系的考察都揭示了移情在道德与亲社会行为发展中的作用。因此，我们可以通过移情训练来对青少年进行道德教育。

把移情训练技术作为一种道德教育技术的研究还不多。我国研究者李辽（1990）曾进行过有关青少年移情与亲社会行为关系的研究。他在自然教育情境下，以初二和高一学生为被试，采用“移情训练系列法”进行了实验。其具体方法是：

活动一：情绪追忆。要求被试追忆自己生活经历中亲身感受过的情绪情感体验（包括悲痛、快乐、烦恼、愤怒、沮丧、惊恐等），从中选择印象最深刻的情绪情感体验，向别人诉说，并如实地表述引起这一体验的具体情境、原因和事件内容。

活动二：情感换位。从现实生活中出现的具有代表性的问题出发，编制一些假定的替代性社会情绪情感的情境。这些情境要求被试从他人的角度体验特定的事件，并让被试针对假定的情境展开讨论，使之正确体验处于这些情境中的他人的情绪情感反应，并产生积极的行为反应倾向。

活动三：作品深化。在活动二的基础上，因势利导，把被试对假定情境的感受和认识引向更深的层次，提出“做人，应该将心比心，设身处地为他人着想”的主题，让被试结合自己的生活实际写一篇作文。

活动四：作品评析。通过对作文的反馈来加深个体对主题活动的理解。

在这一系列的活动中，活动一和活动二由班主任主持，活动三和活动四由语文老师主持。主试在活动前要指导主持者理解和掌握活动内容，在活动后要听取主持者关于活动情况的汇报。研究结果表明：实验组的被试在训练后，个体的移情能力明显高于训练前，亲社会行为也有了明显增多；并且，实验组被试的移情能力和亲社会行为都明显高于控制组。

另外，费希巴赫等人设计了“移情训练程序”，在实验室情境中对儿童的移情能力进行训练。虽然他的训练对象是小学三四年级的学生，但其方法对青少年道德教育同样是可以借鉴的。这一程序的训练包括：（1）以图片的方式呈现假定的情绪情感情境，让学生想象在这种情境中他人是如何进行情境知觉的；（2）让学生说出知觉这种情境的原因，帮助其正确识别情绪情感线索，并训练他们用语言准确表达情绪情感；（3）用语言暗示的方法，通过表情动作和言语导向，提醒学生对情境线索中的情绪情感反应给予注意，以便提高其对他人的情绪情感的敏感性。经过这样的训练后，教师评定的学生的亲社会行为明显增加，攻击行为明显减少。

课堂道德故事讨论主要是为了促进道德判断和道德推理的发展，移情训练是为了培养道德情感。除了这两种方法外，我们还可以从道德行为习惯的培养、道德价值观的形成、道德社会化等方面进行道德教育。

第五节　青少年的价值取向与人生价值观

价值观（values）是一种外显或内隐的、有关“什么是值得的”的看法，它是个人或群体的特征，可能会影响人们对行为方式、手段及其结果的选择。杨国枢在 1992 年、1994 年提出，价值观是人们对特定行为、事物、状态或目标的一种持久性偏好。价值取向（value orientation）则是强调价值观作为一个多水平、多维度观念体系所具有的选择、取舍功能。

青少年期正是个体人生观、价值观开始形成并逐步稳定的时期，其人生观与价值观一旦形成会对其当前及今后的生活产生重要影响。与道德推理和判断形式的发展相比，价值观和价值取向受社会文化的影响更大，具有很大的社会文化依从性。不同的文化传统和社会制度下的青少年具有不同的价值观，相应地，基于这些价值观所进行选择时的价值取向也会有差异。随着我国改革开放、市场经济体制的建立等，我国的社会经济和文化环境发生了很大变化，青少年的价值观也会发生一些变化。因此，价值观与价值取向研究构成了青少年心理学研究的一个重要领域。概括来讲，我国青少年的价值观所涉及的维度主要为两个方面：个人——社会（包括集体、朋友、父母、权威等）关系，人生价值观。

一、青少年个人——集体主义价值取向

在价值观研究中，关于个人主义——集体主义取向的研究是最多的。王重鸣等（1997）对此进行了研究，结果表明：总体上，青少年的价值观是偏向集体的，但同时也表现出在愿意归属集体的前提下仍想保持自己的个性的特点，这一特点随着年龄的增长越来越明显。被试的集体——个人主义价值观存在着年龄和地区差异，表现为随着年龄的增长，青少年的集体——个人价值观越来越趋向于个人主义，乡村青少年比城市青少年更趋向于集体。通过采取反映集体——个人价值观的词语（如国家安全、社会秩序、自由、生活享受等）对被试价值观的考察发现，与美国被试相比，我国青少年在诸如国家安全、尊敬长者等集体倾向的词上得分较高，表明我国青少年比美国青少年更倾向于集体。同时，这一研究没有发现青少年价值观的性别差异。

公私观念是关于如何看待和处理公与私的关系的认识，涉及个人主义与集体主义的价值取向。当代青少年的公私观念是什么样的？是主张“大公无私”、“先公后私”，还是主张“先私后公”甚至“自私自利”，抑或主张“公私两利”？其公私观念与公私行为的关系如何？针对这些问题，张进辅（1993）对青少年学生的公私观念进行了考察。

对青少年学生关于公私关系的观念的考察的结果表明：第一，从总体上看，青少年学生关于公私关系的基本观点按比例依次为：公私两利→先公后私→大公无私→先私后公→自私自利。其中，赞同“大公无私”和“先公后私”的人数超过50%，这表明半数以上的青少年在观念层次上倾向于强调集体和国家利益。这是我国文化价值观念对青少年影响的结果。赞同“公私两利”的比例相当高，父母对青少年的评定也显示为这一特点，表明了近年来青少年公私观念的变化。第二，初中、高中与大学之间差异极其显著，表现为从初中、高中到大学集体主义取向逐渐减少。这可能与青少年自我意识的逐步发展、所接受的社会信息增多有关。

研究者还要求被试就五种关于公私关系的基本观点分别回答：“你的行为

一般符合哪种情况”和“你认为你的同学的行为一般符合哪种情况”，以探讨青少年学生对处理公私关系的行为的自评和他评之间的关系，并进而考察其公私观念与公私行为表现之间的符合情况。结果发现：第一，无论是自评还是他评，青少年学生选择“公私两利”的比例均占首位，且大大超过其余四项，说明这是青少年学生处理公私关系的主要形式。第二，行为的自评与他评存在差异，表现为自评偏向于集体主义取向，而他评时偏向于个人主义取向。在 649 名被试中，仅有1.7%的被试将自己的行为评定为“自私自利”，而却有14.3%的被试对其他同学的行为做出个体主义取向的评定。由于我国文化强调集体主义，青少年显然把集体主义看做是积极品质，从而自评时对它更多地倾向于肯定，而对消极品质更倾向于否定。对行为评定与公私观念之间符合情况的考察发现，其公私观念与行为的评定之间存在着不一致。他们的公私观侧重于集体主义取向，在行为自评中仍存在这种倾向，但其强度已经减弱；而在行为他评中，则表现出个人主义取向的倾向。青少年的公私观念与行为的自评及他评之间均存在明显的差异。

林崇德、寇域（1998）采用改编的贝尔斯（Bales）和库奇（Couch）价值测量量表和 25 个反映不同品质的词语，对青少年的四种价值取向——接受权威、平等主义、个人主义和基于需要的表达——进行了考察。其结果发现：随着年龄的增长，青少年的权威价值取向降低，平等价值取向微弱下降；初高中阶段的青少年最重视平等价值取向，其次是个人主义的价值取向，最不重视“需要表达”的价值取向，表现出不同于小学和大学生的特点；总体上讲，青少年的价值取向没有性别差异，男女青少年对接受权威、基于需要的表达、平等主义和个人主义四种价值取向表现出一致性的认同。显然，青少年的权威价值取向与平等价值取向的阶段特点及发展情况与他们的道德判断存在很大的一致性，也与其价值发展影响源有关。

二、青少年的人生价值观

人生价值观是一种信念，表现为个体的人生目标是什么，选择什么样的生活道路和方式。其中，价值目标是个体人生价值观的核心。人生价值观对青少年的生活道路与生活方式的选择起指导作用。

在各种价值观测量工具中，罗基奇（Rokeach，1973）的价值调查表（Value Survey）是最常用的价值观测量工具，广泛用于各种比较研究和跨文化研究之中。这一测量工具包括两种价值体系：生活目标（终极性价值观，terminal values）与行为方式（工具性价值观，instrumental values），前者表示理想化的终极状态，包括舒适的生活、兴奋的生活、成就感、世界和平、美的世界、平等、合家安宁、自由、幸福、内心平静、成熟的爱、国家安全、享乐、拯救灵魂、自尊、社会承认、真正的友谊、智能；后者是达到理想化终极状态所采用的行为方式或手段，包括有抱负、心胸宽广、有才能、快活、整洁、勇敢、宽恕、助人、诚实、富于想象、独立、有理想、逻辑性、钟情、服从、有教养、负责任、自控。终极性价值观会影响个体对人生目标的选择，包括个人价值和社会价值；工具性价值观会影响个人的生活方式，包括道德价值和能力价值。

黄希庭等人（1989）采用罗基奇的价值调查表对我国2000余名13～22岁的青少年学生的价值观特点进行了调查。其结果表明：（1）我国青少年学生的价值观总体上来看是相当一致的，在终极性价值观中，有所作为、真正的友谊、自尊、国家安全被列为最重要的价值观，内心平静、舒适的生活、兴奋的生活、拯救灵魂被列为最不重要的价值观；在工具性价值观中，有抱负、有能力、胸怀宽广所得评价最高，整洁、自我控制和服从的评价最低。这一总体趋势在不同性别和年级的青少年身上的表现是一致的。（2）随着年龄的增长，青少年对“自由”、“成熟的爱”、“社会承认”等终极性价值观，“钟情”、“独立”等工具性价值观的重要性的评价逐渐增高，对“世界和平”、“富于想象力”的评价逐渐降低。（3）在某些具体的价值观上存在性别差异，表现为男性青少年更看重勇敢等，而女性青少年更看重自尊。（4）我国青少年的价值观与西方文化下青少年的价值观存在明显差异，表现出对社会文化价值观的内化。同时，这一研究还指出：在终极性价值观和工具性价值观每一组项目的18个等级（18个项目）上均有被试进行选择，表明青少年价值观存在很大的差异性。

张进辅（1998）采用自编词汇选择问卷对639名大学生的人生价值观进行调查。问卷的词汇包括三部分：描述人生价值目标的词汇、描述人生价值手段的词汇以及描述人生价值评价的词汇。要求被试在各部分分别选出三个最符合自己实际情况的词汇，并按对自己的重要程度或符合程度排序。该研究的结果发现，(1) 大学生最为重视的人生价值目标依次为：事业成功、国家强盛、纯真爱情、身体健康、知识渊博、心情舒畅、真诚友谊、家庭和睦、美满婚姻、世界和平，而一些涉及奉献的价值目标（如奉献社会）、某些传统的价值观（如光宗耀祖）及涉及宗教的价值目标（超度灵魂）等排序靠后。(2) 大学生最愿意采用的价值手段为：拼搏进取、诚实守信、深谋远虑、勇于竞争、量力而行、百折不挠、自我控制、洁身自好、随机应变、埋头苦干，而甘为人梯、循规蹈矩、委曲求全等排序靠后。(3) 总体上，男女大学生在人生价值目标及手段上存在较大一致性，同时，在某些价值目标（如独立自主、世人仰慕）、手段（如洁身自好、不择手段）上也表现出某些差异。

总之，我国青少年的价值取向与人生价值观总体上表现出我国文化背景下特有的特点，如看重国家与集体利益，倾向于集体主义，与西方文化背景下的青少年的价值观有明显不同。并且表现出这一年龄段的发展特点，如倾向于平等主义，在人生目标上看重有所作为、事业成功、自由、爱情、友谊等。显然，这些价值取向的形成是个体在成长过程中内化社会的价值取向的结果。同时，社会经济的发展变化对青少年的价值观念存在影响，他们在总体上倾向于集体主义的同时，也要求保持自我与个性，城市青少年比乡村青少年更多地表现出个人主义。青少年期的价值取向与人生价值观也表现出较大的变异性。

☞讨论

道德即公正吗

——关于道德范畴的内涵

到 20 世纪 70 年代，柯尔伯格的理论成为道德发展研究领域，特别是在关于青少年和成人早期的研究中的主导理论。柯尔伯格的道德发展理论提出之后，关于青少年道德的研究迅速增多，诸多研究者提出了各种理论

(Eisenberg & Fabes, 1998)。这些观点大多涉及到了道德的本质问题，即人们所指的道德是什么？是否就是如柯尔伯格所认为的道德，即“公正”？

吉利根（Gilligan, 1982）首先指出柯尔伯格忽视了道德范畴的另一主题——“关怀”，提出了关怀取向的道德，试图对道德发展理论和研究的内容进行扩展。在吉利根看来，公正关注的是权利，而关怀关注的是对他人的责任；公正看重的是个体的自主，而关怀看重人际关系；公正旨在避免不恰当的干扰和妨碍，而关怀寻求的是去帮助他人；公正强调抽象的规则和原则的运用，而关怀强调对社会环境的感受性；公正强调严格的平等与公平，而关怀强调同情；公正道德的发展是指向个体化和抽象的，而关怀道德的发展指向联系和包含。

尽管吉利根所宣称的“公正取向代表了男性的声音，而关怀取向代表了女性的声音”的说法受到许多争议，未得到系统的实证研究的支持。但是，关怀道德这一概念指出了柯尔伯格的理论中最初所忽视的道德范畴的一个非常重要的方面。柯尔伯格自己也认识到关怀与公正是对一个人的尊重的两个方面（Kohlberg, Boyd, & Levine, 1990）。对亲社会行为的研究也揭示了与关怀道德有关的道德内涵。艾森伯格等人（Eisenberg, Carlo, Murphy, & Van Court, 1995）的亲社会行为的追踪研究显示：与儿童相比，青少年的亲社会行为更为复杂。高水平的道德与高水平的观点采择的关系与其他对亲社会行为发展的研究相一致，与柯尔伯格的理论和研究也一致。

对于关怀与公正之间的关系，目前存有争议。一些理论家指出吉利根的理论优于柯尔伯格的理论，因为前者认识到了社会关系中所必然包含的基本的道德本质（Day & Tappan, 1996）。但是，大多数发展心理学家认为关怀与同情是公正与个体权利的补充，因而要承认柯尔伯格的理论作为公正道德发展理论的价值，同时要扩充道德概念（Eisenberg, 1996; Eisenberg & Fabes, 1998）。柯尔伯格认为原则水平的道德推理包含这一金科玉律——己所不欲，勿施于人。因此，较高一级阶段的推理系统（原则水平的推理）可能同时包括作为公正的正义和作为关怀的正义。

将关怀、同情以及人际关系等亲社会的因素加进柯尔伯格对公正和人类权利的考虑，扩充了关于道德范畴的概念。但是坎贝尔和克里斯托弗

(Campbell & Christopher，1996a，1996b）认为道德不仅仅如此，还包括其他内容。他们指出，目前对道德行为和道德发展的研究过于受康德的道德哲学的影响，这导致了对公正的形式原则（柯尔伯格、特里尔等的理论）以及对他人的关心（吉利根和艾森伯格的理论）的过分强调。他们通过对儒家、西藏佛教、印度教，特别是亚里士多德的幸福论思想的考察，提出了道德的“德性”（virtue）概念。这一道德概念强调品质、德性和人类的繁荣，其道德准则包括坦诚、正直、追求个体独特的超越等。

艾森伯格（Eisenberg，1996）和赫尔维西、特里尔和努奇（Helwig，Turiel & Nucci，1996）指出：目前的道德发展研究受到哲学和心理学的多方面的影响，包括幸福论，而不是如坎贝尔和克里斯托弗所认为的那样是康德主义的。此外，赫尔维西、特里尔和努奇还认为幸福论者的观点本身存在问题，因为这一观点将道德扩充到包括对人格或个性的考虑，其中包含了许多个人目标和价值观，这些个人目标和价值观是随个体和文化而变化的。坎贝尔和克里斯托弗明确拒绝道德相对主义，试图寻求道德的理性基础。但是如何避免相对主义、建构理性呢？显然，幸福论者不能对道德哲学提供充分的基础。尽管如此，还是有些个体在某些发展水平上、在某些文化中，运用了幸福论者的概念。因而，对道德问题的探讨也应包括幸福论者的德性概念。

总之，道德范畴不仅涉及公正，还包括关怀道德以及作为德性的道德，完整的道德发展理论必须能够解释这些。尽管一般来说，道德发展理论可能对某些道德范畴的概念的解释比对另一些概念的解释更合理，但它必须试图解释所有概念的发展，甚至包括尚不充分的概念——如道德的德性概念。

第十一章

青少年性别角色和性心理的发展

性别角色和性心理是“性”的两个维度。性别角色是社会关于男女两性的行为模式的期望系统，是性的社会文化维度；性心理更多地与生理性征相联系，是性的生物学维度。青春期，由于第二性征的出现和性机能的趋向成熟，青少年生物学的一面凸显出来，各种性心理特征相继出现，“性”成为青少年许多心理和行为发生的“理由”。受性心理发展的影响，青少年的性别角色表现出两极分化的特点，女青少年表现出更为女性化的行为，男青少年表现出更为男性化的行为。青春期似乎经历了第二次性别的诞生，青少年真正认识到自己作为男性或女性的内涵。这种认识影响到青少年心理发展的各个方面，使青少年男女表现出不同的心理特征。

本章从性别角色和性心理两个维度来讨论青少年的“性”。学术界有关性别角色的研究主要涉及两个方面：（1）男性和女性分别具有什么特征？他们之间有什么差异？（2）这些特征和差异是怎样形成的？关于青少年性别角色的发展就从这两方面入手分别讨论青少年的性别差异、性别角色特征以及性别角色发展的理论。对青少年性心理的讨论则包含了性心理特征与性行为两个方面。

第一节　青少年的性别差异

男性、女性在生理特征、行为方式以及心理现象的某些方面表现出不同的特征，这在心理学上称为性别差异（gender difference）。性别差异的存在是性别角色发展的前提，正是由于两性间差异的存在，男女接受着不同的角色定位，按照符合自己性别的方式在社会中生活。性别差异的产生有生理上的原因，同样不能排除社会环境的影响。在人生发展的不同阶段，性别差异的方面也不尽相同。有些差异从出生到死亡一直存在（如生殖上的差异），有些差异直到青春期才出现，而有些差异青春期以后就逐渐消失。因此，青少年期是性别差异最为集中、趋向显著的时期。

麦考比和杰克林（Maccoby and Jacklin，1974）考察了 2000 多种有关性别差异的论文和著作，结果发现男女实际存在的差异有：（1）男性比女性更具有攻击性；（2）女孩比男孩具有更强的语言能力；（3）男孩在视觉空间能力方面占有优势；（4）男孩在数学能力方面占有优势。布洛克（J. Block）对麦考比和杰克林的结论提出了批评，她指出，他们所概括的研究中的被试大多是 12 岁以下甚至年龄更小的儿童，而许多性别差异只有到青春期才出现，因此用儿童作被试所得到的结果有可能缩小了性别差异的范围。

与布洛克的观点相反，近年来越来越多的研究者认为以往关于性别差异的研究夸大了两性间的差异。研究者受自己的兴趣所驱使，致力于寻找男女间的不同，而忽视了两性间的相同之处以及同性别个体之间的更大差异。一般来说两性差异有三种可能的形式，可用图 11－1 来表示：在图 C 中，男性和女性之间没有交叉，表明二者之间存在普遍的平均差异，在某一方面男性和女性是完全不同的，比如男女两性在生殖上的差异。在图 A 和图 B 中，两性之间有交叉，但男性、女性同性别内部的个体差异要比图 C 显著。尤其在图 B 中，男性和女性内部的差异要比两性之间的平均差异显著，也就是说个体间的差异要大于两性间的差异，这是最为普遍的性别差异模式。我们下面将要讨论的性别差异多属于这一模式。

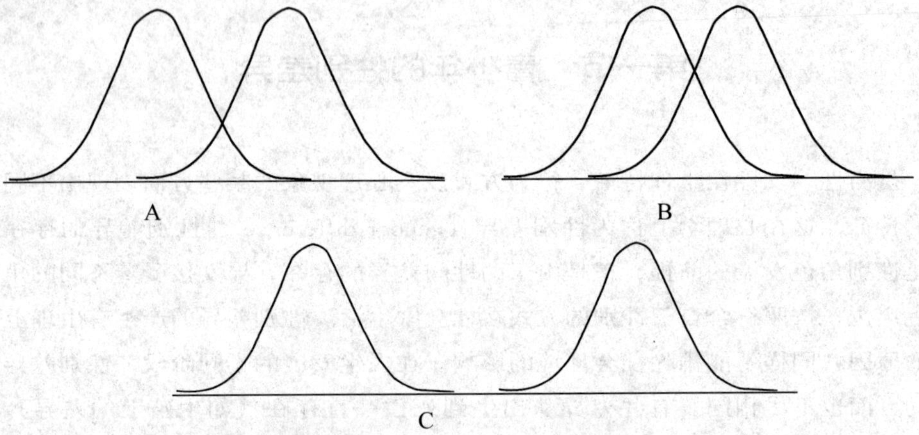

图 11－1 性别差异的几种模式

一、认知领域的性别差异

许多研究表明，青少年在一般智力上不存在显著性别差异，即男女的智商水平总体上是均等的。而在常人的印象中却是男孩比女孩聪明，其原因何在？一方面是因为男性智力的个体差异范围比女性大，智力低常的男孩比女孩多，智力超常的男孩也比女孩多，因此从整体上看，男女之间并不表现出智力水平上的差异。其二是男女之间的差异并非在智力水平，而在智力结构。在常人认为更能代表智力水平的数学推理和空间能力上，男孩优于女孩。

（一）数学与空间能力的差异

男女儿童的数学能力在童年中期以前尚未表现出显著差异，但从青少年期开始，男孩的数学能力平均水平开始高于女孩。本补和斯坦利（Benbow and Stanley，1983）研究发现，在学术性向测验（Scholastic Aptitude Test）定量分析分量表的测验中，男孩成绩显著高于女孩，即使是平均分间的最小差异，男孩也高出女孩 30 个百分点。我国施铁如（1993）对中学生的研究也表明，女生数学成绩明显低于男生。

空间能力是一种具有复杂结构成分的能力，不同的研究对其界定也不相同。林和彼德森（Linn and Petersen，1986）通过对以往有关空间能力的研究进行因素分析，提出空间能力的三个因素：空间知觉（spatial perception）、心理旋转（mental rotation）和空间想象（spatial visualization）。对应于这三种成分，空间能力测验包含三种任务：空间知觉任务要求排除干扰信息，寻找水平或垂直部分；心理旋转任务要求在头脑中转换二维或三维图像；空间想象任务需要分析不同的空间表征之间的关系。林和彼德森对1974年到1982年间出版的38篇关于男孩女孩空间能力的研究进行了元分析，结果显示：在空间想象任务中不存在性别差异，而在空间知觉和心理旋转方面男孩的表现确实优于女孩。心理旋转方面的性别差异约出现于10岁左右，空间知觉方面的性别差异18岁以后更加显著。数学推理能力是以空间知觉能力为基础的，因此从初中开始男孩的数学能力超过女孩。

来自生物学的解释认为大脑两半球在进入青春期之前会发生功能分化，大脑右半球侧重空间功能的过程会持续到青春期。有研究表明（申继亮，1993），晚熟的儿童比早熟的儿童在空间测验中成绩更好。由于荷尔蒙的影响男孩进入青春期比女孩晚两年，所以男生在空间推理方面比女生成绩好。也有研究者认为，虽然荷尔蒙可能起一定作用，但证据表明环境因素的作用更为至关重要。与女孩相比，男孩在一个空间更为复杂的环境中长大，人们更多地鼓励男孩参加户外活动，参加有助于空间能力发展的活动。在女性拥有更多行动自由的文化环境里，并未发现这种空间能力上的性别差异（Fausto－Sterling，1992）。

提出男女间存在数学及空间能力的差异，并不是让女生放弃数学。上述差异是男女两性整体水平上的差异，不排除个别女生数学能力优于男生的现象。有些女生之所以数学成绩低于男生可能并非能力上的原因而是认识上的偏差所致。她们受这种能力差异观点的影响，把以前数学上取得的优异成绩归因于努力而非自己的能力，而且对未来在数学课程中获取成功的期望很低，这就导致女生的数学成绩比男生越来越差。

（二）言语能力的差异

大多数心理学家认为，女孩在言语能力上占优势，特别是在词汇、阅读理解和言语创造性方面。这种优势在青少年期表现得更加明显。我们不难发现，一个女中学生常常会把一件事情描述得活灵活现，而一个男生往往把生动的事情描绘得简单无味。而且女生语言类科目的学习成绩一般好于男生。

施铁如（1993）对中学生的研究表明，性别与青少年的学科成绩有显著相关，女生的语文和英语成绩显著高于男生。

对于言语方面的性别差异，也有研究者持完全相反的意见。张春兴认为到了青少年期，女生在语文能力方面的优势会逐渐消失，而男生在数学能力方面的优势却继续增加。这种学术性向两性间差异转变的现象到青少年中晚期（中学——大学）就更趋明显。导致研究结论不一致的原因可能在于测验内容的不同。对于年龄小的儿童，言语测验的内容多是一些需要记忆和表达的题目，而到了中学尤其是高中以后人们更关注言语能力的理解和推理方面。女生在言语的表达上优于男生，而在言语理解和推理方面则可能逊于男生。表 11－1 是能力倾向测验三个分测验的常模，从表中可以看出女性在语言的运用方面占优势，男性在言语操作方面占优势。

表 11－1　两个年龄组男女儿童三个不同能力分测验的常模

年龄(岁)	性别	言语推理	语言运用(拼写)	语言运用(句子)
13	男	15.8	25.9	20.2
	女	14.6	37.9	28.6
17	男	29.3	59.1	40.9
	女	25.2	72.1	45.8

值得注意的一点是，无论在言语领域还是在数学领域，男女间的差异正呈一种日趋缩小的趋势。范歌德（A. Feingold）对分别于 1960 年、1966 年、1974 年和 1983 年参加学术能力倾向初步测验（PSAT）的 7 万多名高中生的分数进行了元分析，结果表明：1974 年之前，女孩在该测验言语部分的成绩优于男孩，从 1974 年开始，言语方面的性别差异消失了，数学方面的性别差异也在逐渐消失。其原因可能在于社会对性别的限制越来越少，人们可以更自由地选择自己的性别空间。这进一步反映在父母对子女的教育方式上，表现为父母不再以更加分化的态度对待男女儿童。

（三）认知风格的差异

许多心理学家认为，最能代表一个人认知风格的是空间能力。美国心理学家哈曼·威特金（Herman Witkin）和其同事曾做过一系列实验来确定男女的认知风格（cognitive style）。他们所用的典型测验是“棒框测验”（实际测量的是个体的空间能力）：被试在黑暗的房间面对闪光的框架和标杆，框和杆都倾斜了一定的角度，被试的任务是将标杆调整到真正的垂直。由于框架的倾斜干扰了调节任务，使人们在调整标杆时容易发生判断错误。能够排除干扰，准确判断标杆垂直的人被称为认知风格方面场独立性的人，而不能排除干扰易判断错误的人在认知风格方面叫做场依存性的人。威特金等人通过多次实验发现，女性在做这种测验时比男性犯更多的错误。因此他认为，在认知方式上，女性是场依存性的，男性是场独立性的。女性更多地依赖背景做出判断，而男性一般能摆脱背景的干扰做出正确判断。

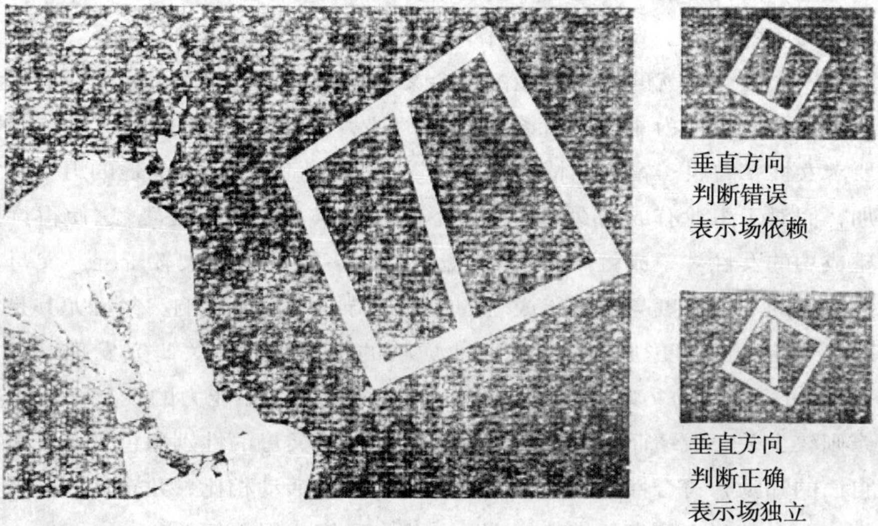

图 11－2　棒框测验

（资料来源：海德，1987）

男女认知风格的差异从青少年期开始表现出来，许多证实男性空间能力优于女性的研究都能说明男女具有不同的认知方式。这种差异是否具有普遍意义，是由什么因素造成的？我国侯公林等人（1997）对此作了进一步研究，他们对医学专科学校医疗专业男女混合班的男生和女生以及妇产科专业女生班的女生进行了测验，结果发现：男女混合班男女两性在认知风格上存在显著的性别差异，男性的场独立性明显高于女性；妇科专业女生班的女生与男生并不存在场独立性－依存性认知风格上的差异；妇科专业女生班的女生场独立性明显高于男女混合班女生。这说明男女虽然存在着场独立性－依存性认知风格上的性别差异，但这种现象不具有普遍意义。男女认知风格的差异与社会环境有关，异性的存在作为一种环境变量，影响着男女的认知风格。这是一个非常有意思的结果，实际上许多性别差异都是由于异性的存在而更得到强化。

（四）成就和成就动机的差异

男女间成就的差异表现出非常有趣的变化，青春期以前女生的学业成就优于男生，而青春期以后随着年龄的增长，无论在学业上还是在工作上男性所取得的成就整体上高于女性。对于此种现象可从两方面进行解释。

其一，男女成就的差异可能由社会文化和性别角色作用引起。我们大多数的文化是以男性为主的，社会要求男性要“有出息、有主见、靠自己”，而要求女性“善良、富有同情心、温柔”等。人们对于出人头地的男子赞赏有加，而对于事业有成的女子却唏嘘不已，称其为“男人婆”。这使得许多有望成功的女性“望成就而却步”，把精力更多投注在相夫教子上。父母对男孩女孩的不同态度与青少年成就的性别差异也有重要影响。父母尤其是父亲对儿子比对女儿更强调事业或职业成功的重要性。有关研究发现（张文新，1999），男孩的父亲更多地注意男孩的成就和认知能力的发展，女孩的父亲则较少关心成绩而更关心女儿的人际交往。父母的性别角色观念影响儿童自己的知觉，符合性别的活动与不符合性别的活动相比，儿童认为前者更重要，并对其确立较高的满意标准，希望自己完成得更好。

其二，男女两性成就动机的差异在某种程度上导致成就的差异。斯宾塞和其同事（Crusec and Lytton，1988）区分了三种成就动机的独立因素：工作（work）——希望努力学习并从事一份好的工作；熟练（mastery）——达到优秀水平；竞争（competition）——希望打败别人。其研究发现，女生在工作方面得分高于男生，而男生在熟练和竞争方面得分高于女生。另有研究表明，在竞争情况下女性的成就动机不如男性强烈（海德，1987）。在工作中有较多的竞争，因此女性难以取得像男性那样的成就。

二、个性与社会性方面的性别差异

青少年性意识的觉醒促使他们努力表现得与异性不同，这种不同更容易在个性特征、行为方式和人际交往方面表现出来。与认知方面的性别差异不同，某些个性与社会性方面的性别差异更多地受社会文化的影响。

（一）自我系统的差异

关于青少年自我系统发展的性别差异，在第九章已作了较为详细的介绍。此处我们再次提及，目的在于对认知方面存在的数学能力、言语能力以及成就的性别差异做出“自我”的归因。自我作为起中介作用的人格变量，对个体的认知、动机、情感和社会行为表现均有长远影响。自我系统各成分表现出的性别差异也影响着青少年男女在认知以及社会性方面的表现，在这些成分中，自我概念和自尊的作用已得到了许多研究的证实。

研究表明，个体的自我概念存在性别差异，男孩在数学和身体技能方面的自我概念得分高于女孩；女孩在阅读方面的自我概念得分高于男孩（Burnett, 1996）。海蒂（Hattie，1992）从702个自我概念与学习成绩的关系研究中随机抽取了128个，对其中1136个相关进行了多元统计分析，发现这些相关从-0.77～0.96,平均为0.21,包括944个正相关，22个零相关，170个负相关。从这一统计数据来看，自我概念与学业成就之间存在某种程度的正相关，个体在某方面积极的自我概念会导致较高的学业成就。这可以部分地解释男女青少年在数学、言语以及成就方面存在的性别差异。

自尊方面，布洛克和罗宾斯（Block & Robins，1993）的研究表明，从儿童早期到青春期，总体来看，男性的自尊趋于增高，女性的自尊趋于降低。女孩的自尊到了青春期以后比男孩下降的幅度大。米亚莫图等人（Miyamoto et al., 2000）也发现，男青少年自我报告的自尊水平高于女青少年。另一方面，迈克法林等人（McFarlin et al., 1984）发现，高自尊者因具有高成功期望，因而比低自尊者在遭遇失败后，更能坚持，更渴望获得成功；相反，低自尊者因对自己最初失败持消极反应，导致坚持力低且行为表现能力也差。其他许多人的研究也获得相同结论（吴淑敏，2000）。女青少年的自尊随年龄增长日益低于男性，因此她们在获得成功和取得成就方面的比例低于男性。

自我概念、自尊与学业成就之间是一个双向影响的过程，前二者既能影响后者，后者反过来也会导致自我概念和自尊水平的改变。

自我系统存在的另外一种重要性别差异是自信心的差异。美国心理学家兰德斯（A. Landers）曾做过这样一个实验：请若干对大学生来评价二十对画，让他们回答每对画中哪一幅画更有吸引力（这些画事先经众人评价具有同等吸引力）。每对被试中有一人（假被试）事先与兰德斯有默契，按他的授意评画，极力鼓吹与另一人相反的意见。另一被试如果改变主意转而同意假被试的意见，就说明他（她）的自信心比较低。实验结果表明，男性坚持自己看法不动摇的人数比女性多 1/3 左右。因此，兰德斯得出结论：男性比女性更具有自信心。当然，这个实验的准确性方面还有待商榷（比如之所以女性改变看法的人多也可能因为女性比男性更容易被劝说），但是“男性比女性更具有自信心”这一实验的结果却得到了许多研究的支持。布洛克和麦克马汉发现，如果在考试后立即要求学生根据自己在考试中的情况预测能得多少分，女性自我估计的分数要比男性低。施铁如（1993）的研究也表明：在估计自己期末考试成绩在班中的名次时，男生比女生更多地估计自己排在前面；对下一学期提高学习成绩的信心，男生也显著比女生高。

男女两性自信心的差异基本上是由社会文化环境造成的。在以男性为主的社会里，人们对男性的成功给予了更高的期望，更关注男性的成就，更希望男性成为有信心的人。女性自信心强反而被看作为张扬、狂妄，为了迎合社会，大多数女性表现得比较含蓄、内敛，尤其在对待自己的态度上。

（二）攻击性的差异

在性差研究中，最能得到研究一致支持的性别差异非攻击性莫属。男女在攻击性方面的性别差异在学前期开始出现，持续一生。吉恩（Geen，1992）把男女两性在攻击性方面的性别差异概括为以下两个方面：

1. 攻击倾向的差异

男性比女性具有更强的攻击倾向。这种差异来源于两性生物学方面的差异，其证据有以下四个方面：（1）几乎在所有文化中男性都比女性更具有攻击性；（2）在生命早期，男孩的攻击性就高于女孩；（3）在灵长类动物中雄性的攻击性高于雌性；（4）攻击性与性激素有关，使用这些激素物质会影响个体的攻击性。

2. 反应性的差异

男女两性行为反应性的差异主要表现在四个方面：（1）反应方式。男性更多地使用身体攻击，女性更多地使用言语攻击。（2）对攻击的抑制性。大量研究表明，做出攻击行为后，女性比男性更容易产生犯罪感和害怕情绪。女性的这些情绪反应会对其日后的攻击产生抑制作用。（3）对情境认知反应的差异。男性最容易因为来自他人的身体或言语攻击而愤怒，而女性最容易因为来自他人的傲慢而愤怒，男女两性在遇到挫折情境时的认知反应存在差异，而这种差异可能会对其日后的攻击反应产生影响。（4）目睹攻击后的反应差异。与女性相比，男性在接触暴力电视后更容易产生攻击。

在人生发展的不同时期攻击性别差异的大小与表现形式也不相同。学前期攻击的性别差异主要表现在攻击行为的发生频率上，男孩的攻击行为显著多于女孩。青少年期攻击行为的发生率低于学前期，其性别差异也逐渐减小。然而就攻击的类型和严重程度而言，青少年期的性别差异进一步扩大：女孩比男孩更多地采用间接攻击，男孩更多地采用直接攻击；男孩比女孩实施程度更为严重的攻击，在中学打架斗殴、寻衅滋事者多为男孩。辛德等人（Synder et al., 1987）的研究表明，到了青春期，少年法庭中罪犯的性别差异至少增加到青春期以前的四倍；美国 NYS 的调查显示，自我报告的犯罪行为的性别差异是青春期以前的三倍，自我报告的严重暴力侵犯在 18 岁时的性别差异增加到六倍，并且越是严重的暴力行为性别差异越大。

另外，攻击的性别差异还表现在欺负行为上。欺负作为发生在校园中的一种暴力现象近年来备受研究者关注。张文新（2002）对我国中小学生的研究表明：男生和女生在欺负—受欺负的倾向性、对待欺负—受欺负问题的态度以及所遭受的欺负行为类型等三个方面都存在差异。男孩比女孩更可能成为欺负者；女孩总体上对待欺负问题的态度比男孩更积极，她们更同情受欺负者；男生受直接身体欺负的比例显著高于女生。

(三) 亲子关系的差异

青少年期，个体由于生理上的成熟而导致心理上发生了一系列巨大变化(如成人感、自我意识高涨、强烈要求获得自主、对父母权威提出质疑等)，这进一步影响了青少年与父母的关系，使青少年的亲子关系不如儿童期和成人后期那样亲密。在这一亲子关系的变化时期，男女青少年的亲子关系表现出不同的特点。

对男孩来说青春期的发展意味着独立、自主和自立，而对女孩来说发展则意味着与别人更多地发生联系；对男孩来说青春期是脱离父母实现自我潜能和自我奋斗的时期，而对女孩来说脱离父母并不是发展的目标，女孩希望改变与父母关系的形式，但她们会维持现有的关系。张文新与富利内(Fulligni & Zhang，2002）的合作研究表明，中国男青少年与父母冲突均高于女青少年，且与母亲亲合低于女青少年，表明女青少年与父母亲有着更为和谐、融洽的关系。这与方晓义、董奇（1998）的研究结果一致，反映了中国文化背景下社会对男女性别角色的不同期待。男孩从小就被父母鼓励要独立、有主见、有出息，女孩则从小就被教导要善良、温柔、富有同情心、顺从等。这种不同的角色期待在个体社会化过程中被内化为一种稳定的“性别图式”，并引导其表现出与传统性别角色要求相一致的行为。当与父母发生分歧时，男孩更倾向于坚持己见，女孩则更倾向于服从父母权威。另一方面，在中国传统文化中“重男轻女”的思想使父母对男孩往往寄予更高的成就期望，因而对男孩的要求较女孩更多也更为严厉，所以同样一种不良行为，父母与男孩发生冲突的可能性要高于女孩。

在亲子冲突的性别差异问题上，国外学者却得出了不同的结论（Laursen et al., 1998)，他们发现女青少年与父母冲突多于男青少年。这种分歧可能有文化的因素，但更可能在于不同的研究用于测查亲子冲突的具体项目不尽相同。事实上，男女青少年与父母产生冲突的问题不同，在有些问题上女青少年与父母更容易发生冲突，而在另一些问题上男青少年更易与父母产生矛盾。

(四) 同伴关系的差异

青少年的同伴关系主要表现为两种类型：友谊关系与同伴群体关系。

同伴群体具有一定的组织结构，一般以性别为标志分为男孩群体与女孩群体。在这种群体结构中，儿童的地位是由各自所具有的不同支配能力所决定的。青少年同伴群体的性别差异主要表现在三个方面：(1) 同伴群体的结构差异。与男生群体相比，女生群体更具结构性，女孩与同伴群体的联系比男孩更紧密（Urberg et al., 1994）。男女生的社会网络不同，从青春期开始，女孩强调把理解和亲密作为友谊的重要方面，倾向于两三个人交朋友，形成亲密并排外的关系；而男孩的活动则主要集中在更大的群体中。(2) 支配等级差异。女生群体的支配等级不如男生群体那样明显。处于支配地位的男生更加经常地使用身体接触、身体威胁以及言语训斥来显示自己的社会地位，而女孩领导者则通过更加难以觉察的方式表达她们的社会地位。例如，通过肯定某些同伴而排斥另一些同伴，或通过忽视别人请求的方式来表达她们的社会地位。(3) 功能差异。对男生来说，同伴群体有助于帮助他们学会合作，并参与他们自己不能单独完成的大量活动或冒险行为；而对于女生来说，同伴群体则有助于帮助她们发展理想的人际交往技能和对人际关系的敏感性。

在友谊关系方面，女孩更倾向于维持特定的人际关系，女孩间的友谊有着较强的排他性。她们有更强的爱和关怀的冲动，较易动感情；同时她们也更害怕失去爱并为此而焦虑和嫉妒。因此，与男孩相比女孩在友谊关系上表现出更多的依恋色彩和相互依赖性。另外，根据方晓义的研究（1997），男生和女生在最亲密友伴的相似性方面也存在着性别差异，男生最亲密友伴在消极方面的相似性更多，女生最亲密友伴在积极方面的相似性更多。

第二节　青少年性别角色的发展

性别角色（gender role）是指社会大众视为代表男性或女性的典型行为与态度，或符合大众愿望与理想的男性或女性的典型行为与态度（张春兴，1998）。简单地说，性别角色是社会约定俗成用于表现男女差异的社会行为模式。

既然性别角色由社会约定俗成，因此不同时代、不同文化对性别角色有不同的规定。在大部分主流文化中，传统的男女性别角色模式是泾渭分明的。人们期望男性成为独立的、竞争的和权利定向的，期望女性成为依赖的、富有爱心的和人际关系定向的。传统的男性和女性特征见表 11－2。据认为，只有符合上述特征的男女才能在社会生活中适应良好。

表 11－2　　男性和女性的角色特征

男性特征	女性特征
独立	情感化
很有攻击性	文雅温柔
自信	善于理解体谅他人
富有支配性	喜欢艺术和音乐
主动	心思细密
雄心勃勃	家庭定向
决策果断	易哭
富有冒险精神	敏感
富于竞争性	不善决断
喜欢数学和科学	

（资料来源：海德，1987）

近年来，传统性别角色对个体发展的限制日益受到抨击。1964 年罗斯（Rossi）提出了“双性化”（androgyny）概念，认为双性化是最合适的性别角色模式。双性气质意指同时具有男性气质和女性气质两种心理特点。双性化性别角色模式是一个二维的模式，它承认女性心理是从非女性到非常女性，男性心理也是从非男性到非常男性，只有在男女两性双向上都有高分的人才能被称为双性人。在双极图式上，双性人位于第一象限（见图 11－3）。

贝姆对双性气质进行了一系列研究，其研究结果表明双性化的个体具有较高的自尊、较少的心理疾病、较好的社会适应能力，而且双性化的人比其他类型的人更受欢迎。

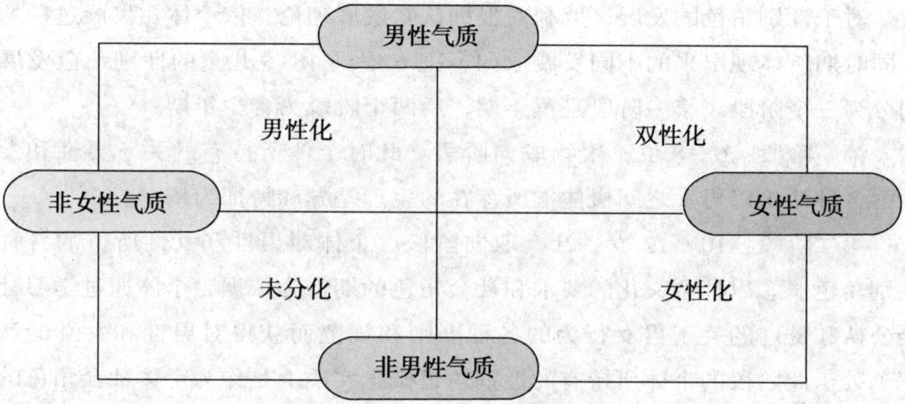

图 11－3 贝姆对四种性别类型的分类

（资料来源：Bem，1974）

一、青少年性别角色的发展特点

根据埃里克森的同一性理论，青少年期性别角色发展的中心任务是获得性别角色同一性。在这一时期他们需要确定自己要承担的角色，把自己认为自己是什么样的人与自己在别人眼中是什么样的人统一起来，并对儿童期的各种同一性成分进行整合，寻求连续感和一致感。即“我是我应该成为我的我，包括将来成什么样的和我在别人眼中是什么。”

在获得性别角色同一性的过程中，男孩与女孩有着不同的经历。与男孩相比，青春期的女孩在整合自身性别角色的过程中走得更为艰难，面临着更多的矛盾和不确定性。在学校，她们被要求像男孩一样独立、竞争和进取，但是离开学校后女孩所拥有的这些品质不再被珍惜。相比较而言，男青少年建立性别角色同一性的途径更为单一。我国陈枚（1989）的研究表明，男生在性别角色社会化过程中的内心危机较少，发展较稳定；女生有较大的心理冲突，易产生自我同一性危机，在性别发展和自我塑造中有较多的不安和困惑。但是随着社会的发展，人们给予女性角色更多的自由，相对于男孩人们更能容忍女孩表现出的跨性别兴趣和行为。总而言之，很难说性别角色同一性对男孩或女孩是一个更为困难的过程。

对于性别角色的发展，厄利安根据认知发展理论，依个体在发展过程的不同时期所体现出来的不同发展取向，把 6 岁到 18 岁儿童的性别角色发展划分为三个阶段。第一阶段是童年期，后两个阶段为青少年期。

第一阶段：6～8 岁，生物取向阶段。此时个体所持有的关于男性和女性的各种认识以男女之间机体上所存在的生理差异和特征为依据。

第二阶段：10～12 岁，社会取向阶段。个体对男性和女性所持的各种性别角色概念以社会文化的要求和社会角色的期待为依据，个体通过学习社会公认和赞许的关于男女行为的各种准则和规范而获得对男性和女性的认识。处于此阶段的个体所持有的性别角色概念实质上是作为个体社会角色的一部分而存在的，是与社会文化的期待和影响一致的，在个体看来，它又是难以改变的。

第三阶段：14～18 岁，心理取向阶段。个体所持有的性别角色概念不再是以社会准则和规范为惟一根据，而是以男女各自具有的内在心理品质为主要依据。对于此阶段的个体来说，性别角色不再以生理性状和社会角色（如父亲、母亲、丈夫、妻子等）为主要内容，而以个体在心理上所表现出的性别特征为核心。

实际上，处于青少年期的个体很少有人能真正达到第三阶段的标准。青少年对性别角色的认识多数还是社会取向的，且具有一定程度的刻板化。有研究者认为，在青春期，由于性意识的觉醒，青少年会产生相当强烈的与性别相联系的愿望，他们的性别角色态度会重新恢复到早期曾有的刻板状态（Schaffer，1996）。男孩比女孩表现出更强的性别角色刻板化。卡瑞（Curry）和霍克（Hock）对高中低年级学生进行研究发现，男孩从 29 个维度上区分男性和女性角色，而女孩仅从 8 个方面区分。

二、性别角色发展理论

男女两性如何形成不同的性别角色？对于该问题的解释形成了不同的性别角色理论。这些理论主要偏重于三个方面：心理因素、生物因素和社会因素。心理定向的理论强调控制性别发展的认知过程；社会定向的理论关注的是性别角色的社会决定因素；生物定向的理论认为男性和女性生殖器官的不同引起的性别差异构成了性别角色发展和分化的基础。

（一）生物定向的理论

在生物定向的性别角色理论中，最有代表性的当属弗洛伊德的心理分析理论。心理分析理论是由弗洛伊德提出的最早的性别理论之一。他认为性别角色的发展最初开始于儿童对父母的性兴趣。在4岁以前，男孩女孩都认同自己的母亲，4～6岁是性别差异发展的阶段。在此阶段，男孩对母亲产生性欲望，嫉妒其父占有了母亲的时间吸引了母亲的注意。但是由于父亲的强大，男孩害怕父亲报复，于是抑制自己对母亲的性欲冲动，并做出对父亲认同的关键性转变。在认同父亲的过程中，他继承了作为父亲所具有的特征和品质，从而习得了性别的认同。女孩则不同，她没有阴茎，她认为缺少阴茎是妈妈的责任，因而抛弃对母亲的爱转而依恋父亲。可是为了获得父亲的爱，她又不得不去模仿母亲的角色，因而获得了女性性别角色。该理论还认为，由于男孩存在阉割焦虑，他对父亲的认同更强烈，所以男孩一般性别类型化的程度更高。

由于经典心理分析理论缺少实验支持，乔德鲁（Chodorow，1978）后来对其做了修正。他认为性别认同开始于婴儿期，而不是弗洛伊德所说的性器期。男婴和女婴最初都认同自己的母亲，然而因为母亲与女儿同性，女孩与母亲间的认同可能比男孩与母亲间的认同要强烈。在发展过程中，女孩继续以母亲为模式，在心理上也与母亲默契相依。因此女孩的性别概念以相互联系为特征，这使她们成为人际关系定向的。这种人际定向是女人参与养育行为的主要原因。男孩的发展模式与此相反，他们不断与母亲分离，根据与女性的差异确定自己的身份。他们开始鄙视女性，试图建立自己的独立性和个体性。

生物学因素在性别角色的获得过程中起着非常重要的作用，正是由于男女生理特征的不同才产生性别的分类。尤其到了青春期，第二性征的出现、性机能的逐渐成熟使得男女角色更加分化，男青少年表现出更为刻板化的传统男性角色特征，女青少年也表现出更为女性化的行为举止，因为他们认为这样能增强自己的性吸引力。由此看来，心理分析理论用生物学因素解释性别角色的获得有其正确的一面。但是该理论忽视文化环境的作用，认为性别角色行为是不学而能的，因而招致众多研究者的批评。

（二）心理定向的理论

1．认知发展理论

性别角色发展的认知发展理论以皮亚杰理论为基础，最初由柯尔伯格提出。该理论强调性别认知在性别角色发展中的重要作用，认为儿童只有首先形成关于其性别的认知结构之后，才会表现出性别化行为。性别认知结构中最重要的部分是“性别恒常性”。儿童只有在认识到其性别将永远恒定后，才会表现出一贯的性别化行为。

柯尔伯格的认知发展理论强调性别发展的主要变化发生于童年期。儿童在六七岁左右（具体运算阶段）获得性别恒常性，认识到个人的性别是与内在的生理特性相联系的永恒属性，它不依赖于头发长度、衣服样式以及活动方式等外部特征。性别恒常性的获得是性别角色发展过程中的一个里程碑。性别恒常性获得以后，儿童能够依据性别范畴自发地对与性别有关的信息进行分类，通过这种分类，儿童对信息刺激做出适合其性别的解释。与此同时，儿童积极寻找适合自己性别的特征，模仿与自身性别角色相联系的行为、态度和价值观念。

到了青少年期，认知发展到达了形式运算阶段，形式运算思维的抽象性和逻辑性等特征使青少年能够对自我进行分析，反思自己的行为方式所具有的性别色彩。青春期正是个体开始关注职业选择和生活方式的时期，认知能力的发展使青少年越来越意识到不同的职业和生活方式背后所隐藏的性别本质。他们开始关注自己作为一个男性或女性在各个方面的表现是否与自身性别同一。总而言之，青少年期认知发展的变化促使个体对自己曾经承担的性别角色进行反思，重新确定自己的性别态度。

许多年来，柯尔伯格的理论吸引了众多的注意，但他的主要观点却未得到实验研究的支持。儿童在远未获得性别恒常性之前，就已经表现出对与自己的性别相联系的玩具的偏爱（Bussey and Bandura，1999）。虽然稳定的性别恒常性要到6岁左右才能获得，但在此之前，儿童已表现出性别化行为。因此柯尔伯格关于成熟的性别概念是儿童性别发展的必要前提条件的观点是站不住脚的。

2．性别图式理论

几年前曾经很流行这样一个脑筋急转弯：

卫生局局长正在开会，其儿子小明匆忙跑进来喊道："不好了，我爸爸和你爸爸打起来了！"

请回答小明在撒谎吗？

正确答案是小明没有撒谎，卫生局长是他妈妈。对于该问题为什么许多人难以解答？这正是性别图式理论所要阐述的问题。

"图式"（schema）是认知心理学的一个概念，是人对具体问题的一般知识框架，它组织和指导个体的知觉。"性别图式"是个体据以对有关性别的信息进行组织的认知结构，是一套与性别相关的信息、知识和信念。儿童处于一定的社会文化环境中，他在理解这种文化所定义的性别角色的过程中，有关男性和女性特征的信息就在他的大脑中固定下来，形成一个图式。随着图式的不断分化和复杂化，儿童与性别相联系的行为和态度日益分化。性别图式和性别化行为两者的发展是平行进行的，而不是先后进行或同一进行的。

性别角色刻板印象在某种程度上根源于性别图式加工，通过这种加工，个体自动地把人、特质和行为划分成男性和女性这两个范畴，同时把自我概念同化到性别图式中去，习得该社会文化所规定的性别角色。对于上面提到的脑筋急转弯问题，许多人之所以难以解答正是因为在他们的性别图式中，局长应该由男性担任。

许多研究对性别图式理论提供了实证支持。贝姆曾做了一个研究，测量大学生对 60 个特质形容词如"独立"、"女人气"、"竞争"、"爱孩子"等的反应。她首先按照贝姆性别角色问卷把 48 名男性和 48 名女性划分为性别刻板化者、性倒错者、双性气质者和未分化气质者，然后逐个在屏幕上放映上述表示特质的形容词，让被试判断这个形容词是否符合自我描述，然后做出"是我"和"非我"的判断。在这个实验中，被试对特质词的反应时间尤为重要。研究结果证实，不管是赞同与性别相适宜的特质还是排除与性别不相适宜的特质，性别刻板化被试都比其他三组被试的反应明显要快。这说明性别刻板化者头脑中存在性别图式。

虽然贝姆提出性别角色经由性别图式加工而获得，但她却认为性别图式加工是人类发展的一种既不必要也不需要的结果。她通过许多实验证实，具有较少性别图式的双性化气质，是一种最佳的性别角色模式。

性别图式理论与认知发展理论的性别角色发展观有两点不同：(1) 不把儿童成熟的性别认知结构看做是性别化行为发展的必要前提。(2) 强调性别图式的信息加工功能。也就是说，并不像柯尔伯格所说的那样，只有形成了“性别恒常性”以后才会出现行为的性别分化。色宾等人（Serbin et al., 1993）的研究发现，即使到了童年中期，儿童的性别认知（图式）和性别化行为仍不存在完全的一致性。产生这种状况的原因可能在于，儿童性别图式的发展主要受认知成熟的制约，而性别化行为主要受环境因素的影响。因此，性别图式理论与认知发展理论相比，承认社会因素对儿童性别角色发展的影响。这种影响主要表现在：(1) 激活儿童的性别图式；(2) 为儿童提供性别图式内容。

(三) 社会定向的理论

许多研究表明，大多数与性别相联系的模式化的特质和角色更多地来源于文化而非生物遗传。玛格丽特·米德（1988）于30年代观察比较了新几内亚三个原始部落社会中男女性别角色分化的情形，发现男女性别角色行为的分化主要取决于社会文化因素。其研究发现，在阿拉佩什部落，男女都表现出我们社会公认的女性特点；而蒙杜古马部落的男女两性都是蛮横无理的，都带有强烈的攻击性，很少表现女性性格；在德昌布利，男女角色与我们社会中完全颠倒过来，女人们外出从事一切重要的工作，担负着养家糊口的责任；而男人们整日忙于家务，形成了爱唠叨、爱猜疑、彼此为敌的性格。因此，许多研究者对社会环境在性别角色发展中的作用进行了剖析，形成了社会定向的性别角色理论。

1. 社会学习理论

社会学习理论是在行为主义的基础上发展起来的，因此更重视社会环境的作用。按照该理论的观点，无论性别角色中的性别刻板印象，还是性别角色规范，都是青少年在生活环境中由成人，特别是父母和教师塑造而成的。这一理论特别重视父母对青少年“性别适宜性行为”的强化在性别角色形成中的作用。儿童和青少年之所以习得与自己性别一致的行为，乃是因为当他们表现出与自己性别相适应的行为时就受到成人的奖赏，而表现出与自己性别不相适合的行为时就受到惩罚。最初，这种强化只限制在男女该做什么和不该做什么范围内。不久以后，社会强化开始影响到观察过程本身，儿童停止对异性行为模式的观察，只关注同性的行为模式。

除强化以外，儿童青少年对生活以及电视、电影中的榜样人物的观察学习和模仿也是其获得性别角色的重要机制。该理论设想儿童往往模仿同性成年人多于模仿异性成年人，即男孩主要模仿父亲和其他男人，女孩主要模仿母亲及其他女人。而且模仿与直接强化会产生相互作用，例如女孩可能模仿了母亲的行为后而得到鼓励，进一步促进性别化过程。

关于社会学习理论，需要思考两个问题：(1) 父母和其他人真的对男孩和女孩的行为进行有区别的强化吗？(2) 儿童和青少年是不是真的模仿同性别父母及其他人的行为多于模仿异性？已有的研究似乎只支持前者，而不支持后者。费哥特（Fagot，1978）的研究发现，父母确实在儿童很小的时候（20～24 个月）就以不同的方式对待男孩和女孩。他们通常鼓励女孩学习跳舞、打扮、玩洋娃娃等行为，但不鼓励她们跑跑跳跳。而对男孩，父母则鼓励他们玩积木和卡车，但不鼓励他们去玩洋娃娃和表现出寻求帮助的行为。

证据并不支持儿童和青少年模仿同性多于模仿异性这一观点。研究发现，父母的性别模式与儿童的性别模式间相关较低，最男性化的父亲并不一定比别的男子更可能有男性化的儿子，最女性化的母亲也不一定比别的女人更可能有女性化的女儿。海泽灵顿（Hetherington，1966）发现，无论是男孩还是女孩都善于模仿在家庭生活中占统治地位的父亲或母亲的个性特征，不一定要与自己的性别相同。

2．群体社会化理论

群体社会化理论是目前比较新的一种关于儿童性别角色发展的理论。该理论重视群体的影响而相对忽视家庭，认为家庭在儿童性别角色发展中的作用不大，起重要作用的是同伴群体。群体社会化理论的倡导者哈瑞斯（Harris，1995）认为，同伴群体在青春期以前主要以性别为分类标准，分为男孩群体和女孩群体，群体内存在同化和异化两种影响：同化即一致性趋向，在家庭之外，儿童总是在言谈、穿着、行为上极力与同性别的孩子一致；儿童群体奉行多数人认同的规则，如果一个群体中的成员与其他人行为不一致，他一定会受到别人的排斥，直到他改变自己的行为，此即异化。由于这两种作用的存在，处于不同性别群体的男孩和女孩形成了对比鲜明的性别角色和同伴文化。

根据群体社会化理论，在儿童中期，由于自我分类对两性群体的影响，导致了男女差异的加大和重叠的减小。当不存在对立的性别、男女差别不明显时，性别化行为就会很少。色宾等人（1993）的研究证实了这一推论：他们在实验室中放置带有性别刻板印象的各种玩具（有汽车、钉锤、玩具枪等男性化玩具，也有娃娃、橱具、服饰等女性化玩具），然后分别让单一性别（只有男孩或女孩）和混合性别（男孩女孩都有）儿童自由把玩。经观察发现，在单一性别情况下儿童对玩具的选择性别取向并不太明显，女孩子也同样喜欢带有男性特征的玩具；但在混合性别的情况下男女童选择玩具的取向就截然不同，男孩更多地玩男性化玩具，女孩更多地玩女性化玩具。

以上讨论了三种定向的理论对性别角色获得的解释，这些理论在三个方面存在分歧：(1) 主动获得与被动接受。认知发展理论强调性别同一性的获得是儿童主动寻求适合自身性别行为的过程，而其他两种理论认为儿童只是被动地受父母强化或社会环境、先天遗传的影响。(2) 先获得性别同一性还是先模仿同性别的人。心理分析理论和社会学习理论认为个体依存父母在先，获得性别同一性在后；认知发展理论则认为个体首先获得性别同一性，然后才会依存同性别父母。(3) 遗传和环境。心理分析理论强调遗传的作用，社会学习理论重视环境的功能，认知发展理论则综合了二者，强调认知发展和环境之间的相互作用。表 11－3 以男孩为例对三种理论进行了比较。

表 11－3　三种理论对性别角色发展的解释（以男孩为例）

心理分析理论	社会学习理论	认知发展理论
1. 爱母亲，但害怕父亲的报复 ↓ 2. 与父亲同化 ↓ 3. 性别同一性	1. 依存父亲，父亲是主要的强化源 ↓ 2. 通过模仿父亲与父亲同一 ↓ 3. 性别同一性	1. 性别同一性形成 ↓ 2. 模仿父亲 ↓ 3. 依恋家庭

（资料来源：Gullotta，1989）

第三节　青少年的性心理和性行为

个体进入青春期后，随着内分泌因素的诱导，身体发生了许多引人注目的变化，其中对心理影响最大的是性器官的发育成熟和第二性征的出现。随着性器官的成熟，个体开始出现了性欲，同时出现了多种多样与性欲有关的心理活动和行为。本节首先探讨青少年期的各种性心理现象，对其进行理论解释；然后讨论备受关注的青春期性行为活动。

一、青少年的性心理

性心理，简单地说是指人在性方面的心理现象，是性意识、性欲望、性情感以及性梦等性心理活动的总和。其中性意识是指人对性的认识和态度，包括性知识、性兴趣、性幻想、性好奇、性吸引、性兴奋等等，由于性意识涵盖了大部分性心理现象，有些研究者将其与性心理通用。据调查，青少年期各种性心理现象并非同时出现，而是存在发展的先后顺序。青少年首先对自身性发育产生好奇，进而想了解一切与性有关的事情，而后在性欲驱使下产生性冲动，通过性梦、性幻想以及手淫等来释放性欲。

（一）青少年的性心理特征

1．性兴趣和性知识

性兴趣的产生一般在 9～14 岁之间，主要表现为对性知识、自身性征的兴趣以及对异性的兴趣。青少年的性兴趣已截然不同于童年时的性兴趣，儿童的性兴趣出于对性的好奇，正如对其他事物的好奇一样。而青少年的性兴趣则是由身体内部性欲的驱使所致。青春期对性产生兴趣是非常正常的事情，它促使青少年男女获得更多关于自已以及异性的知识，更深刻地理解性别差异的内涵，促进性心理的健康发展。

关于青少年掌握性知识的情况，主要通过调查他们对性概念的理解来进行研究。戈德曼（Goldman）兄弟 1982 年在四个不同的国家实施了一项大规模的关于儿童性知识的研究，研究中的许多题目要求儿童解释“青春期”、

"怀孕"等词语的意思。11 岁、13 岁、15 岁三个年龄段的结果如表 11－4 所示，表中给出了能正确解释所测词汇的被试的百分比。

表 11－4　儿童对性词汇的理解：11 岁、13 岁、15 岁完全理解的百分比

	年龄（岁）	澳大利亚（%）	英格兰（%）	北美（%）	瑞典（%）
强　奸	11	25	38	10	47
	13	73	65	64	87
	15	100	87	87	86
处　女	11	8	15	0	13
	13	48	38	39	70
	15	83	63	61	93
怀　孕	11	20	18	13	50
	13	27	45	30	77
	15	38	50	52	87
性　病	11	0	0	0	0
	13	3	0	0	3
	15	20	10	20	20
青春期	11	0	0	0	17
	13	3	3	9	20
	15	5	3	3	43

（资料来源：Durkin，1997）

表中结果表明，青春早期对"强奸"、"处女"等词汇的理解迅速增长，但有些词汇如"性病"、"青春期"等理解得较晚，多数青少年 15 岁时仍不能掌握这些词汇的含义。由于瑞典为 7～16 岁的儿童开设了关于性教育和人际交往的必修课，因此从上表可以发现瑞典的青少年比其他三国的青少年对性知识的了解更多。

我国邓明昱等人 1986 年对重庆和成都的青少年进行了性心理调查，这些青少年掌握性知识的情况如表 11－5 所示。

表 11－5　重庆、昆明地区 10～18 岁青少年掌握性概念的百分比

类　别	男生%	女生%	类　别	男生%	女生%
睾　丸	79	29.2	月　经	52.1	98.4
阴　茎	90.5	40.1	避　孕	44.9	48.0
卵　巢	41.7	73.7	怀　孕	79.3	85.3
阴　道	55.8	86.8	手　淫	60.7	49.8
遗　精	72.2	24.4	性　欲	48.3	19.8
射　精	52.9	9.8	性　感	19.9	14.2
阳　萎	18.5	2.7	强　奸	77.7	67.4

（资料来源：邓明昱、王效道，1989）

从对概念的了解程度来看，男生明显超过女生的有：睾丸、阴茎、遗精、手淫、性欲、强奸、阳萎；女生明显超过男生的有：卵巢、阴道、月经、怀孕。这说明青少年对性知识了解的程度与本身的生理结构和功能有关。同时该结果还表明，青少年对自己身体器官的了解要好于对性心理（如性欲、性感）的了解。由于青少年对异性生殖器官了解非常之少，而此时正值他们对异性兴趣浓厚之时，如果没有正规的渠道进行引导，他们很可能借助一些不良媒体或与异性发生关系来满足自己的好奇心。

目前，我国青少年的性知识主要来源于报刊杂志、电影电视，从学校、家长那里获取性知识的人为数很少（从学校课程中得到性知识的仅占16.2%，从家长那里得到性知识的仅占 7.6%）。高亚兵等人（2000）对家长的调查表明，只有 15.6%的家长对孩子传授性知识。社会文化环境中的性知识，既难保证其科学性，又缺乏针对性，这种非正规教育途径获得的性知识经常会引发青少年对性的错误认识，影响其性心理的健康发展。因此通过正规渠道对青少年进行性教育是家庭和学校必须重视的一个问题。

2. 性幻想

性幻想即有关性的白日梦，是指人在清醒状态下所出现的一系列带有性色彩的心理活动。幻想是心理防御机制之一，人们借助于幻想对内心某些被

禁止的愿望获得部分代偿性满足，减轻对自我的压力，消除焦虑。青春期是性幻想的活跃时期。邓明昱等人（1989）的研究表明，约1/3以上的青少年有过或经常有性幻想，其发生比例随年龄增长而增加，发生率无性别差异。青少年男女，情窦初开，对异性产生强烈的爱慕和渴望，却又没有勇气（也没有条件）向心目中的对象表露爱慕之情，于是便把在文艺作品、影视节目中所见到的两性性爱情景重新组合，用自己的想象力编成由自己参与的性活动过程，以满足自己的性欲要求。性幻想中的对象可以是熟悉人，或者是图画、小说中的人物，也可能是模糊易变的虚构人物。性幻想往往伴有相应的情绪活动。尤其是情绪十分投入之时，既可能表现得洋洋得意，也可能偷偷伤心落泪。有时，这种幻想可导致性兴奋及性器官充血，男性则可有阴茎勃起及射精，或伴有手淫。

几乎所有的人，无论是男人还是女人，都有程度不等、内容不同的性幻想。这些人中的绝大多数，都能正常地成长，正常地生活，也能正常地与人交往，包括与异性交往。因此，多数学者认为，性幻想是人类性心理发展所不可避免的过程，是性成熟过程中的一种正常心理现象。但是，若个体过分沉溺于其中，也会带来一些不良的心理反应，如注意分散、记忆下降、抑郁等，导致学习效率降低，严重者可能出现性心理障碍。

3．性梦

性梦即睡眠时所做的与性有关的梦。青春期，青少年生理上的成熟与社会规范、自身社会化要求发生矛盾，由性成熟所带来的性欲望与性冲动，不能得到适当满足而被压抑下去。在意识中被压抑的愿望，可能在潜意识中显露出来，于是，性的要求和冲动便在梦境中得到实现。与性幻想不同，性梦是潜意识的表现，而性幻想是在清醒状态下的白日梦。

性梦是发生率最高的性心理活动。根据邓明昱等人1989年的研究，男生在15岁、女生在14岁发生性梦的人数比例已接近50%。潘绥铭1991年对北京高校学生所做的一次随机调查表明，95%的男生和56.7%的女生已经做过性梦。产生性梦的原因很多，有生理上的，也有心理上的。性梦是一种正常的生理心理现象，但若过度沉溺其中，学生就会从正常的性梦转变成白天想入非非。久而久之，就可能产生真去做梦中之事的强烈动机。若刻意压制这种动机，可能形成封闭、自卑或暴躁的个性；若不压制，可能发生不负责的性活动。

（二）青少年性心理的发展阶段理论

1. 弗洛伊德的性心理发展理论

弗洛伊德是最早提出性心理发展理论的心理学家，他的性心理发展理论来源于对精神病人童年经验的分析。他认为性欲作为一种本能在儿童期就存在，性心理也不是到了青春期才开始发展，性心理的发展有两个重要（或者说活跃）时期——幼儿期和青春期。幼儿期的性表现有三个基本特征：就起源而言，它本身与一个重要的生理功能相联系；还没有性对象，因此是自体享乐的；其性目标由快感区支配，幼儿期的快感区主要在口唇和肛门。青春期，生殖器官成为主导快感区，快感区的兴奋来源于肉体接触、内生殖器官和精神生活方面。与幼儿期不同的是，青春期性兴奋的产生，内生殖器官和精神生活起着更为重要的作用。个体可以在没有外在刺激的情况下，通过性幻想或性梦得到性满足。幼儿期的性对象是父母，青春期的性对象是父母之外的其他人。

以这些基本观点为前提，弗洛伊德根据快感区的不同进一步将性心理的发展划分为五个阶段：

Ⅰ口唇期：从出生后到1岁。在这一时期婴儿性快感的满足主要借助口唇，在吃奶的吸吮中获得快感，进而将吸吮动作泛化，嘴唇的一部分、舌头、皮肤的任何能够触及的部分都可以被当作吸吮的对象。在这一阶段，如果口唇需要受到压抑的话，个体成年后会厌食或常发生歇斯底里性的呕吐；如果口唇需要满足过多，个体成年以后将成为热衷于接吻的人，而且有变态接吻的倾向。

Ⅱ肛门期：大约从1岁开始，持续到2岁。在这一阶段，排泄成为婴儿性快感的主要目标，婴儿从排泄活动中得到极大的快乐。如果这一阶段性心理发生冲突，便溺训练过严，儿童不能自主控制排便，就会形成肛门型人格。这种人不是过于放肆、无礼，就是极度吝惜、保守。

Ⅲ性器期：亦称性蕾期，从3岁到6岁。弗洛伊德认为，直到生殖器期的最初阶段，婴儿的性能量都是指向自身，从自己的身体上获得性满足。在生殖器期的后期则发生了重大变化。幼儿开始将性能量里比多指向外界对象，男孩的性欲指向母亲，女孩的欲望指向父亲。男孩的欲望指向母亲时，总要无意识地与父亲争夺爱，敌视父亲。这种冲突导致阉割情结，男孩害怕父亲，害怕他惩罚自己的恋母感情，阉割自己的生殖器，于是放弃对母亲的爱恋，转而与父亲同一。女孩的性心理发展也大致经过了一个从恋父到放弃恋父，与母亲同化的过程。在这一阶段，儿童人格、性别同一性、道德良心都开始形成，这是人生发展的最重要阶段。

Ⅳ潜伏期：6 岁到 12 岁。在经历了恋母情结之后，儿童的性心理进入潜伏期，在此时期，儿童的性欲保持沉寂状态，对异性漠不关心，游戏时大多寻找同性伙伴。

Ⅴ生殖期：12 岁到 20 岁。青春期性腺的成熟增多了里比多冲动，性的能量像成年人一样涌现出来，生殖器成为主要的快感区。此期的性快感与性器期有所不同，性器期的快感是由快感区的兴奋所带来的，而这一阶段的快感是由物质的释放所造成的，具有最大的强度。如果生殖器期的心理冲突得到圆满的解决，个体就会将里比多能量转向家庭之外的人身上，开始成熟的异性恋。

在弗洛伊德看来，只要能成功地解决以上所有性心理阶段的冲突，个体就能达到一种完美的境界，他在性、社会关系和心理健康方面都是成熟的，具有坚强的自我，能够控制不适宜的性冲动。

弗洛伊德的性心理发展阶段的划分引来了许多批评，其中最激烈的批评集中在婴儿的性欲问题上，婴儿的口唇快乐和排便快乐是不是性欲，它们在人格的构成中是否如弗洛伊德说的那样重要？令人遗憾的是，弗洛伊德的性心理发展模式仅仅是一些假设，并未得到科学的证明；而对他观点的批评也都出自假设，亦没有科学的证明。

2．赫洛克的性心理发展阶段

美国心理学家赫洛克（H. Hurlock）把青春发育期的性心理发展分为四个时期：

Ⅰ性的反感期（疏远期）。当自己身上发生青春发育期的生理变化时，青少年由于发现了人类的性生理奥秘，因此产生了对性的不安、害羞和反感，认为恋爱是不纯洁的表现，对异性采取回避、冷淡和粗暴的态度。

Ⅱ向往年长异性的牛犊恋期（14～16 岁）。在这一阶段，青少年像小牛恋母牛似地倾倒于所向往的年长异性的一举一动。对所向往的年长异性想入非非，很想讨他（她）的喜欢。

Ⅲ接近异性的狂热期（17～19 岁）。这一阶段，青少年一般只把年龄相当的异性作为向往的对象，在各种集体活动中，男女青年都努力设法引起异性对自己的注意。他们尽量创造机会与自己喜欢的异性接近。但由于双方都从理想主义出发，自我意识太强，所以冲突也多，接近的对象常常变换。

Ⅳ浪漫的恋爱期（20 岁以后）。浪漫恋爱的显著标志是爱情集中于一个异性，对其他异性的关心明显减少。喜欢与自己选择的对象在一起，而不愿意参加集体性的社会活动，经常陷入结婚的幻想之中。

赫洛克的性心理发展阶段理论与青少年发展的现实情况比较一致。进入青春发育期的青少年在正常情况下，大都会经历这几个阶段，只是各个阶段时间的长短有所不同，每一阶段也会由于性成熟和社会文化影响，持续的时间长短不同。疏远期的长短似乎更多地受社会文化影响。在我国，由于开放的社会文化的影响，青少年异性间的疏远期逐渐缩短。这也从一个方面说明了我国青少年性心理成熟有提前趋势。一个人的性心理是否成熟，不但表现在他能否以正确态度对待自己出现的各种性心理现象，表现在他是否有科学合理的性观念，还表现在他能否以对个人、对他人有利的方式表现自己的性需求。这就涉及到我们下面要讨论的性行为活动问题。

二、青少年的性行为

性行为，从狭义上来说仅指两性器官的结合，从广义上说还应该包括手淫、拥抱和接吻。本书中的性行为指广义的性行为。性行为带有较浓的文化色彩和时代烙印，因此本部分对青少年性行为的讨论从三个方面进行：青少年性行为的基本特点；影响性行为的因素；不同文化中性行为发展的趋势。

（一）青少年性行为的基本特点

多数青少年第一次的性经验是自我满足的性行为——自己单独进行的性

行为（如手淫）。高中以后，青少年从自我性欲满足发展到社会性的性行为。社会性性行为指那些卷入另一个人的性行为。男性和女性参与各种性行为的先后顺序是极为相似的，其顺序为：拥抱、亲吻和爱抚→隔着衣物的性器官接触→直接的性器官接触→性交（Steinberg, 1999）。

青少年男女在经历性活动的方式上存在巨大的性别差异，他们的性别社会化截然不同。男青少年第一次典型的性活动是在青春早期，表现为手淫。从一开始男青少年的性别社会化就把性置于人际关系背景之外。男青少年在开始约会之前，一般都经历过了性兴奋，知道怎样唤起自己的性兴奋。对女性来说，青春期性的发展是围绕努力把一种亲密关系整合进早已存在的性意识中而展开的。在第一次性行为中，男孩一般把性和亲密性区别对待，他们不太在乎自己第一次与之发生性关系的女孩是否是自己真正喜欢的。

青少年发生第一次婚前性行为的原因存在显著的性别差异。男性中有51%认为是好奇和性的愉悦，有25%认为是由对伴侣的爱引起的；在女性中结果正好相反：大约50%把原因归于对伴侣的爱，25%归之于好奇和性的愉悦；只有很小一部分男性和女性回答他们参与性行为是为了获得生理上的快乐（Michael et al., 1994）。

（二）手淫

手淫指任何产生性欲唤起的自我刺激，不管这种唤醒是否牵涉到性器官。青少年到了一定年龄时，性器官迅速发育，垂体产生的促性腺激素刺激性器官分泌性激素，血液中性激素增多时，会引起性欲。性欲的产生使人有一种紧张感、焦虑感，所以必须通过某种方式泄欲以缓解对机体的压力。对于青少年来说，遗精和手淫是性冲动释放的主要方式，不仅释放了多余能量，还促进了性腺发育。

研究表明，手淫是青春期最典型的性行为活动，有着较高的发生率。邓明昱等人（1989）对10～18岁中小学生的调查显示，手淫的比例随年龄增加而呈现出上升－下降的趋势，男生的峰值在15岁(48.8%),女生的峰值在13岁(46.0%)。牛德金调查了376名14～22岁的学生，发现有手淫行为的男生有70%，女生有47.2%。刘铁榜等人（1997）对中学生的调查显示，有 39.1%的男生、20.4%的女生报告自己有过手淫行为。潘绥铭对大学生的调查结果是，89.7%的男生和 49.4%的女生承认自己有过手淫。一项美国的研究表明，到青春期末，所有男生和大约 3/4 女生有过性器官手淫，男生报告手淫的人数是女生的两倍，手淫的男生其手淫比女生更为频繁（Leitenberg et al., 1993）。

透过上述数据我们可以看出，青少年手淫行为的发生存在性别差异、年龄差异和文化差异。男生手淫发生率高于女生；随着年龄增长，报告有过手淫行为的比例呈增加趋势；美国青少年手淫行为的发生率高于中国。众所周知，态度在某种程度上决定人的行为以及对行为的承认与否，青少年对手淫的不同态度是否造成了这种差异？许多学者对此进行了研究。在邓明昱的研究，当要求被试对手淫做出评价时，有 90%多的青少年认为手淫是“不道德行为”、“危害健康的行为”、“流氓行为”等。在牛德金的调查中，男生中有 23.2%认为手淫是病，23.3%认为是犯罪行为；女生中有 15.4%认为是病，40.2%认为是犯罪行为。刘铁榜等人的研究发现，女生比男生更多地认为手淫是一种下流行为。这种对手淫的态度可能影响了女生对手淫发生率的报告。与中学生相比，大学生对手淫持一种更为正确的态度，60.8%的男生和 61.2%的女生认为手淫无害。

手淫无害，这已是被科学所证实的结论，但有研究（刘铁榜等，1996）却表明有过手淫行为的青少年比无手淫的青少年有更多的身心症状，心身健康的总体水平也较低。该研究者认为，出现这种现象的原因不在手淫本身，而是青少年对手淫的不正确态度与应付方式对心身健康产生了影响。其后来的研究也表明，由于女生比男生对手淫持更为消极的看法，有手淫行为的女生比男生有更多的心身症状。因此，培养青少年对待手淫的正确态度就成为青春期性教育的重要内容。

（三）婚前性行为

1. 婚前性行为的文化差异

个体对待婚前性行为的态度直接影响其发生率。研究表明，人们对婚前性行为的态度存在时代和文化差异。美国 1969 年做的调查显示，只有 21%的美国人认为婚前性行为“不是错误的”；但到了 1979 年，这一比例增长到

55%。Reiss（1967）曾确定了美国性行为的四个标准，见表 11－6。

表 11－6　　婚前性行为的四个标准

单一标准	不允许有婚前性行为
双重标准	女人不允许有婚前性行为,男人可以
只要相爱就可以	如果伴侣彼此相爱,可以有婚前性行为
放任的,即使不相爱也可以	即使两人互不相爱,也可以发生性关系

（资料来源：Reiss，1967）

"单一标准"或"双重标准"直到 1950 年是最普遍赞同的标准。马(Durkin，1997）比较了美国和台湾的大学生对婚前性行为的态度，研究证实,"只要相爱就可以"当时在美国是最普遍的标准；而"单一标准"在台湾的中国学生中最普遍。也有一些学生表现出"双重标准"，认为女人比男人更应受到限制。最近，台湾家庭计划研究所以高中和专科学生为被试所作的关于性知识、性态度及性行为的调查表明，有 85.2%的学生对婚前性行为表示认同，并且有 1/10 的学生在受访时已有过婚前性行为。

在我国，由于改革开放、经济发展等各方面的原因，人们尤其是青少年对待婚前性行为的态度也在发生改变。近期，李爱兰等人对北京市大学生进行的性观念调查显示，有半数以上的学生认为婚前性行为是可以接受的。在被调查学生中，男生有 15%，女生有 13%有过婚前性行为。另一项以高中生为被试的调查显示，有 15.5%的高中生赞成婚前性行为。上海性研究中心 1989～1990 年对全国中学生进行的抽样调查表明，中学生中有 0.9%有过性行为经历，如果按 1989 年国家统计全国有 6000 万中学生，那么有性行为经历的中学生有 50 多万人。

显而易见，人们对婚前性行为的态度直接影响到其参与程度。受人们对待婚前性行为态度的影响，当前青少年性行为的发展表现出三种趋势(Steinberg，1999)：（1）参与婚前性行为的人数迅速增长。如在美国，高中生参与婚前性行为的比例从 60 年代中期的 20%增长到 70 年代初期的 35%，到 70 年代末期又增长到大约 50%，到 90 年代已超过 50%。（2）第一次参与性行为的年龄呈下降趋势。在 1971 年，第一次参与性行为的年龄为 16.4 岁，到了 1976 年，降低到 16.1 岁。90 年代这一年龄更低，几乎 1/3 的青少年 15 岁之前就发生过性行为。(3) 女青少年婚前性行为的发生率增幅巨大。1965 年以前，美国性活跃的男孩和性活跃的女孩的比例差别很大。1965 年以后有过性经历的男高中生的比例增长到三倍，而目前有过性经历的女高中生的比例是 30 年前的五倍。在大学生中，这一比例男生增长了 60%，女生增长了 300%多。如今婚前性行为发生率的性别差异已非常之小。

2. 婚前性行为的影响因素

性行为有各种文化的和生物的影响源，这些影响源共同发挥作用影响青少年对性卷入和行为标准的态度，同时为他们提供性交往的机会或阻碍他们进行性交往。根据已有的研究，将青少年性行为的影响因素概括如下：

(1) 性吸引力：看上去性成熟而且身体特征吸引人的青少年比晚熟或没有吸引力的青少年更可能卷入性行为。

(2) 宽容：社会对性的宽容度越高，性放纵的程度就越高。

(3) 父母的标准和亲子关系：父母对婚前性行为宽容，其子女也多持放任态度。有过早期性行为并在外工作的母亲与居家做主妇的母亲相比，前者的女儿有更强的参与性行为的倾向。不过影响因素不是“母亲在工作”，而是“工作的母亲”性观点更为宽容，尤其当她们是专业工作者时。

父母的严厉、管教和控制程度也影响青少年的性态度和性行为。如果把父母的严厉程度分为三级水平：不严厉、适度严厉与非常严厉，那么适度严厉的父母其子女性放任程度最低，不严厉的父母其子女性放任程度最高，父母非常严厉的性放任程度居中。

亲子关系的好坏对早期性行为产生间接影响。充满爱和温情的家庭生活能够满足青少年大部分的情感亲密性需求，削弱外部的消极影响，减少青少年的行为问题。在家庭内没有建立良好关系的青少年更可能通过在同伴群体中建立情感上的支持关系而使自己得以补偿。年轻女性尤其把性表达作为建立情感上的支持关系的一种方法。有研究表明，与未卷入或很少卷入性行为的女青少年相比，性活跃的女青少年更少得到来自于父母的支持性交流。

(4) 同伴标准：青少年倾向于形成与同伴接近的性标准，而且当同伴使性活动看起来令人激动又兴奋时，他们更可能参与。另外，参加不良群体的青少年更可能卷入早期性行为。

朋友和父母对青少年性行为的影响在不同年龄作用大小也不相同。在青春早期，父母施加的影响作用最大；朋友对性行为的影响到大学初期作用最大。

(5) 药物运用：运用药物的青少年比不运用药物的青少年更可能发生婚前性行为。最易引发婚前性行为的因素是饮酒。

此外，家庭的社会经济地位、父母的受教育程度、缺少父亲等因素都有可能成为诱发婚前性行为的因素。值得注意的是，以上影响源并非互相独立，它们之间具有复杂的相互作用。如，虽然具有性吸引力的青少年更可能卷入性行为，但是他们的早熟也可能会引起父母更多地关注他们的性潜能，针对他们的性潜能设置许多约束或惩罚措施，这又在一定程度上减少了性行为的发生。这些影响源之间的相互作用存在性别差异，女孩更易受社会影响，男孩更易受生物学影响。

(四) 早恋

“早恋”是青春期性成熟过程中，两性之间出现的一种过度亲密的互相接近，是性心理开始转化为性行为的一种朦胧性的实践。之所以称为“早恋”是因为发生于生理和心理都未发育完善的青少年之间，早于一般水平的恋爱。“早恋”是一个笼统的词语，它涵盖了可能发生在恋爱双方之间的各种行为，如拥抱、接吻、爱抚、性器官接触甚至性行为。

据调查，“早恋”在我国中学生中有较高的发生率。在邓明昱的调查中，青少年“早恋”的比例为：初中生 13.5%，高中生 25.6%，这一结果是学生报告的，实际情况可能更多。有研究者最近对北京、上海、广州三大城市大中学生的调查显示：赞成谈恋爱者与已经有恋人者超过了 30%。由教育部基础教育司组织、北京师范大学教育系负责具体实施的一项全国性的调查显示：赞成中学阶段谈恋爱的高中生占 23.8%。

“早恋”多年来一直被学校和家长视为“洪水猛兽”，对其进行“严防狠打”，上述数据却显示“早恋”现象不但仍然存在，而且还有上升趋势。这一方面存在深层次的进化论方面的原因：人类的祖先生存环境恶劣，寿命很短，能够存活到性成熟期非常不易。因此有了生育能力后如果不立即进行繁殖，就可能失去繁衍后代的机会。早恋反映了现代人类的性本能活动仍然重复着过去的历史。另一方面，社会的进步给予个体更多的学习与成熟的时间，从性成熟到个体自立、结婚，其间有一段很长的“性待业期”。而且，近年来青少年的性成熟期普遍提前，更加长了“性待业期”。这段时期，如果缺乏对性的了解，没有成人给以适当正确的引导，青少年很容易发生“早恋”。

“早恋”是青少年性心理发展的正常现象，符合青少年情感和性心理发展的一般规律。但是，如果发展过了头，会对青少年的身心产生难以弥补的损伤。根据邓明昱（1989）的研究，青少年中与异性有过拥抱、接吻、抚摸全身等非正常接触的男生比例为19.8%，女生为17.4%。这正是我们所不愿看到的。上述婚前性行为的发生也与“早恋”不无关系。另外，美国科研人员的研究显示，在17岁前谈情说爱的青少年，由于无法应付初恋带来的情绪困扰，将为日后患精神疾病埋下隐患。

因此，我们虽然承认“早恋”是一种正常现象，但不能对其听之任之。作为成人，对待“早恋”不应“堵”，而应“导”。一方面对青少年加强性知识和性道德的教育，另一方面帮助青少年分析“早恋”可能带来的危害，同时还要积极鼓励男女同学间的正常交往，尽量削弱“早恋”的不良影响。

☞讨论

无性化教育，当否

性别角色（gender role）是社会关于男女两性的行为模式的期望系统，具体来说就是对男女如何待人接物、如何表现自己的规定。传统的性别角色是两极分化的，社会对男性和女性角色做了严格限制，男性特质与女性特质互不相容。独立、竞争、自信、主动、成就动机强被认为是男性具有的特质；依赖、合作、被动、温柔、家庭定向被认为是典型的女性特征。社会推崇男性特质而贬低女性特征，这种传统在某种程度上导致了性别歧视，女性因为自身性别而受到不公平的对待，如求职难，薪水低，难以担任主管等等。对于男性而言，传统的性别角色并不总是对其有利，他们也体验着男性性别角色所带来的巨大压力。男性寿命短于女性，男性比女性更容易感染某些疾病，这除了生理因素外，环境影响下的角色压力也是原因之一。

20 世纪 70 年代以来，贝姆等人对双性化性别角色模式进行了大量研究，对传统的男性化和女性化特质提出了挑战。双性化既不是性错位，也不是同性一体的同义语，而是指个体同时具有理想的男性化特征和理想的女性化特征。双性化的个体可以是自信而又温柔的男性，也可以是富于支配性而又善解人意的女性。双性化人格的个体结合了男性与女性心理素质的优点，在爱好、行为、习惯、学习、就业等方面都有更好的可塑性和适应内外环境的能力。研究证明：双性化人格比单纯的男性化、女性化人格的个体有更高的自尊水平，能构成更为理想的心理健康模式。

基于此，有些研究者认为应该倡导无性化教育，培养儿童的双性化人格。他们还指出，传统的性别类型化鼓励儿童学习特定的技能和角色，这或许与他们的兴趣和能力并不相符。性别类型化使儿童可选择的领域变得狭窄，使他们被迫在有限的行为范围中进行选择，这会极大程度地限制人类潜能的发挥。

无性化教育要求教育者不存在性别偏见或性别刻板观念，把个体看做人而不是男人或女人。不用性别去规范儿童的心理和行为，凡是理想化的特征和行为模式任何性别的儿童都应有机会获得。这在理论上是培养理想的双性化个体的可行途径，然而在实践中却存在诸多矛盾。首先，在当代社会，传统的性别角色观念依然占据主流，任何个人都难以超越社会大环境的影响。儿童不是生活在真空中，他们周围的人、事、物都是带有性别标签的，难免会对儿童的行为产生潜移默化的影响。其次，当儿童感受到教育者传达的性别角色信息与实际生活中人们的表现不同时，他们内心就会产生矛盾，这种矛盾会造成儿童的无所适从，难以获得性别同一性。

总而言之，双性化人格是一种理论上理想的性别角色模式，其在实践中的可适宜性还有待验证。但无论如何，随着社会的进步，男女两性应该有更自由的性别角色发展空间，这一点是毋庸质疑的。

第十二章

青少年的心理社会问题

有人将青少年阶段称为“危险期”或“惊涛骇浪期”。青少年期是儿童向成年发展的过渡阶段。此阶段的心理发展表现出矛盾性的特点，心理上感知的成人感与现实的幼稚性经常产生冲突，造成了个体认知－行为的失调，从而产生了一系列的心理社会问题，如抑郁、焦虑、吸毒、甚至自杀等问题行为。

心理社会问题是青少年在发展过程中遇到的重要问题，对个体的心理和行为能否得到健康发展起到重要作用，它直接关系到青少年能否良好地适应社会。这一领域已得到研究者的广泛重视，并进行了一系列深入的探讨。本章首先阐述了青少年心理社会问题的内涵，目的在于对其本质达到一致性的认识。然后进一步探讨了心理社会问题的性质及其相互关系，在此基础之上，又提出了进行心理社会问题研究的一般原则。根据划分的标准，我们将青少年的心理社会问题分为滥用药物（如吸烟、饮酒行为等）、外部失调（如反社会行为等）、内部失调（如抑郁、自杀等），并从家庭因素、环境因素、个性特征等几个方面对影响青少年心理社会问题的因素进行了探讨，最后并提出了矫正与应对的策略。其中特别注意对影响因素的探讨，目的是为矫正与应对策略提供一定的理论依据。

第一节 概 述

青少年心理社会问题的内涵是什么？青少年心理社会问题的性质及其相互关系是什么？我们在研究青少年的心理社会问题时应遵循什么原则？这一直是心理学研究者想搞清楚的问题。下面将从这几个方面进行论述。

一、青少年心理社会问题的内涵

青少年的心理社会问题（psychosocial problems in adolescence）是指青少年在发展过程中所表现出来的不符合或违反社会准则与行为规范，或者不能良好地适应社会生活，从而给社会、他人或自身造成不良影响甚至危害的问题。由于影响青少年心理社会问题的因素复杂多样，因此对青少年心理社会问题的划分也呈现出多样化的特点。随着近年来研究的深入，研究者倾向于将青少年的心理社会问题主要划分为滥用药物、内部失调和外部失调等三个方面。所谓滥用药物，主要是指胡乱地、过度地服用药物，例如酒精、尼古丁等合法药物，大麻、古柯碱和 LSD 等违法药物，以及兴奋剂、镇定剂等处方药物。内部失调，主要是指那些趋向于内部的问题，具体表现为情绪或认知上的烦恼、压力，如抑郁、焦虑或恐怖症等。外部失调，主要是指那些趋向于外部的问题，表现为行为方面的问题，如少年犯罪、反社会性的攻击行为和离家出走等。

人们通常认为，滥用药物应当属于外部失调。但众多最新研究表明，滥用药物行为可能伴随着抑郁等内部失调。然而，与出现在内部失调中的滥用药物相比，我们更加关注在反社会行为的青少年中出现的药物滥用问题。原因在于：一方面，药物滥用具有重复发生性特点，并且在外部失调和内部失调中都可能伴随出现；另一方面，许多曾尝试过药物的青少年既不出现内部失调也不出现外部失调。也就是说，在某种程度上，药物使用问题具有相对独立性的特点。因此，我们倾向于把药物滥用单独作为一种问题行为，而不把它归为内部失调或者外部失调。

二、青少年心理社会问题的性质及其相互联系

心理学家发现，心理社会问题具有聚类丛生性和蔓延性的特点，即一种类型的问题行为的出现会增加另一种类型的问题行为出现的可能性，这种现象被称为“问题行为综合症”（problem behavior syndrome）。从广义上而言，在每一种心理社会问题内部，特定的问题行为之间的联系往往非常密切。不仅如此，而且不同的问题行为更趋向于在某一特定的群体中聚类丛生。有关研究发现，与儿童和成年阶段相比，在青少年中这种现象更加普遍，并且具有犯罪行为的青少年，更可能出现性生活混乱、学业不良和暴力等问题行为（Luster & Small, 1994）。不少国内的研究也发现，青少年的各种问题行为之间均存在正相关关系，青少年学生的吸烟、饮酒、性行为等问题行为往往有着共同的原因和基础。

研究者们对青春期心理社会问题的聚类丛生现象进行了大量研究，并且提出了许多有关“问题行为综合症”起源的理论，下面将分别加以介绍。

（一）外部问题综合症

1. 杰瑟的问题行为理论

该理论由美国社会心理学家杰瑟（R. Jessor）及其助手提出。他们认为，青春期外部问题出现有其潜在的原因，主要表现为青少年在个性以及社会环境方面的不依惯例性、不寻常性（Menard & Huizinga, 1994）。不依惯例的个体总能容忍不合常规的行为，社会观点和态度比较松散、自由，但不能良好地适应周围环境。不依惯例的环境往往是由许多持有上述观点的个体组成的。不依惯例的个体更喜欢做出各种冒险行为，包括尝试违法药物、不采取避孕措施而发生性关系、进行违法活动以及危险驾车等。如此多的行为问题共同蔓延的一个原因是：不依惯例的个体在不合常规的环境中更易于进行各种各样的冒险活动。

虽然杰瑟的理论并没有明确提出关于不依惯例的起源假说，但是提出了许多有关的可能性解释。其中一种观点强调生物基础对冒险行为或不依惯例行为的作用，认为个体做出不正常行为的倾向是由遗传决定的。第二种观点强调以生物为基础（既包括遗传也包括习得经验）的唤醒与感觉追

寻方面的个体差异。第三种观点强调早期的家庭生活环境对儿童的不良行为倾向的影响，认为问题行为的出现是个体对所生活的敌对环境的一种适应性反应。

2. 丹尼斯·坎德尔（Denise Kandel）的理论观点

社会学家丹尼斯·坎德尔提出了与杰瑟不同的观点，认为问题行为具有一种潜在的根本特征，不同类型的非正常行为都有明显不同的起因，但是一种问题行为的出现可能会增加另一种问题行为产生的可能性。例如，使用除大麻以外的违法药物（古柯碱、海洛因等），可能会增加青少年未婚先孕或自杀的可能性。因此，问题行为的群集丛生性并不是由于个体具有不依惯例等潜在特征，而是因为一些活动本身（特别是药物滥用行为）更易使个体卷入另外的问题行为。

3. 社会控制理论

社会控制理论认为，如果不能良好地适应家庭、学校和工作场所等社会机构，个体更易于在各方面背离常规，做出不依惯例的行为（Hawdon，1996）。这种观点认为，各种问题行为的群集丛生并不是源于个体自身的问题（例如，天生的不依惯例或对危险行为的生物学倾向），而是源于一些年青人接触社会存在的"潜在弱点"。这种"潜在弱点"导致了不依惯例态度的发展，并与不依惯例的群体建立同伴关系，或是卷入一种或几种致使一系列危险活动产生的问题行为中去。

（二）内部问题综合症

与外部问题相比，对内部问题综合症的研究则相对缺乏，但这并不意味着在青少年当中不存在着内部问题。研究发现，抑郁的青少年更可能经历焦虑、恐慌、强迫症、自杀的念头以及各种由心理压力造成的骚动与不安（Petersen et al.，1993）。

如前面所述，不同的外部问题会反映出潜在的反社会综合症，各种内部问题的出现也是由共同的潜在因素所造成的。这种潜在因素通常被称为"消极侵扰"（negative affectivity）。通常，"消极侵扰"越多的个体越容易产生抑郁、焦虑失调等一系列内部问题。如同外部问题一样，影响内部问题的因素有生物方面的，也有环境方面的，从而使其发生具有一定的稳定性。

三、杰瑟关于青少年问题行为的模型

1977 年，美国社会心理学家杰瑟提出了有关青少年问题行为的模型，对影响青少年心理社会行为的因素做出了解释。该模型认为，影响青少年心理社会行为的因素主要包括："前史变量"，如家庭地位和结构、社会化的影响等，它们形成了青少年的发展环境；"社会心理变量"包括人格、个体对社会环境的感知等；青少年拥有的一系列行为选择权，其中有的得到成人权威的认可（如学习活动），而有一些却得不到认可（如吸烟）。模型如图 12－1 所示。模型中的双向箭头表示作者赞同交互作用的观点，其中行为、人格以及对环境的感知两两之间就具有交互作用的含义。例如，青少年可能因为个性倾向而卷入性活动，但是卷入这种活动本身（或者是她并不想停止这项活动）可能又影响了其个性方面的发展（她可能更加公然地从事性活动），这又与对社会环境感知的变化有关（她可能更容易找到性伙伴，或者对有关父母对她的社会生活控制的观点进行再评价）。

在美国进行的一项有关青少年的纵向研究中，杰瑟等人发现了青春期明显的社会心理模式，这为其理论模型进一步提供了支持。他们发现，在被称作人格的变量中，对成绩、不容忍异常行为和笃信方面的重视存在普遍下降的趋势，而对独立以及社会评论（如拒绝社会主流的价值观念）的重视则呈上升的趋势。与感知到的环境有关，父母的控制减少，而对同伴异常行为的支持和赞同增加。这些个体和个体间的变化在某种程度上可预测个体实际行为的发生，比如随着过度饮酒、性经历、药物使用等问题行为的增加，而去教堂做礼拜等日常性的行为就要减少。

而且，更重要的是，需要在青少年社会发展的更宽泛的环境中看待青少年的问题行为。按照杰瑟的观点，尽管其中行为是有问题的，但是在某种程度上，它们也能发挥一定的积极作用，通过激励的作用，青少年能够缓解过渡阶段中面临的一些挑战，增强自主性。

过渡倾向（transition proneness）。杰瑟强调"过渡倾向"的重要性，即青少年违反与其年龄相关的行为规范或规则的倾向。认为，个体的过渡倾向

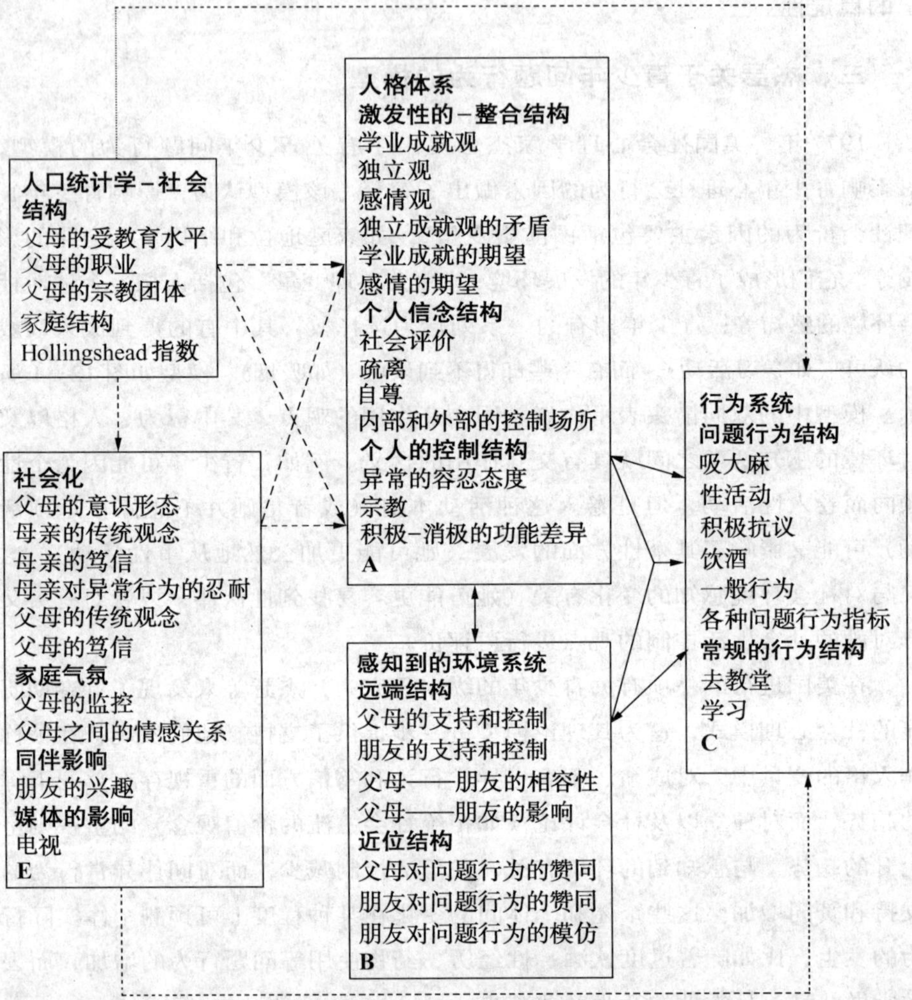

图 12-1 杰瑟的问题行为理论的结构模型

（资料来源：Jessor, R. & Jessor, S. 1977）

越大，从事过渡行为的可能性就会越大。与此相似，斯塔廷和马克森（Stattin & Magnnsson, 1989）提出了一个非常重要的中介变量，即青少年自我感知到的比其同龄人更趋于成人化的程度，这一变量影响了青少年对朋友以及社会活动的选择，而这些选择是为了表达或支持他们相对成熟的信念。反之，对特定环境的选择也影响了个体的观念、实践和机遇。

家庭与青少年问题（the family and adolescent problems）。有研究者发现，青少年的问题行为与家庭环境因素存在着密切相关。斯腾伯格和巴伯（Barber）对心理控制和行为控制进行了区分，认为个体的发展既需要心理的自主，又需要行为的监控，而不同的家庭提供的条件是存在差异的。一方面，剥夺青少年自主发展的机会（例如父母进行过分的心理控制的家庭）可能会使青少年面临退缩等内部问题的危险；另一方面，给予青少年大量的自主，但是不能给他们提供适当的行为指导，也同样会使青少年面临外部问题的危机。

四、一般原则

青少年期是个体生理和心理迅速发展变化的时期，加上社会环境的复杂多变性，个体会受到各种不良因素的影响，不可避免地会出现各种心理社会问题，这也是青少年在过渡时期所遇到的重要的发展课题之一。然而，我们的各种媒体往往对青少年的烦恼和困境进行了过分夸大的描述，以至于使我们很容易相信“青春期就等于问题期”。为了明确这些问题，在具体分析青春期出现的特定心理社会问题之前，阐明一些有关的一般原则是非常必要的。

（1）应该区分偶尔发生的尝试性行为与带有危险或麻烦的持久性行为。研究表明，偶尔出现的、通常无危害性的尝试性行为的发生率要远远超过持久性行为。例如，大多数青少年在高中毕业前都有过饮酒的经历，而且大都有喝醉的经历；但是相对很少一部分青少年会产生酗酒问题或因饮酒而对他们的学校生活和人际关系产生不利影响。同样，尽管绝大多数青少年在青春期做过违反规则的事，但是极少数的年青人会走向犯罪道路。

（2）需要明确的是，有些心理社会问题虽产生和开始于青春期，但其根源或症结却存在于发展的早期阶段。例如，一些青少年在青春期出现了犯罪和过失行为，在分析其产生的原因时，人们往往把注意力指向于青春期这段时间。但研究表明，大多数青少年重复发生的违法行为在其早期的学校和家庭环境中就已开始萌发了，甚至有些问题在学前期就很明显（Moffitt,

1993)。因此，我们不能简单地因为问题暴露于青春期就归结于这只是一个青春期的问题。

(3) 许多青少年经历的心理社会问题在本质上具有相对短暂性，进入成人期后会自动地消失，并且极少会反弹。这种现象在吸毒、酗酒、少年犯罪等心理社会问题中尤为明显。青少年期吸毒、酗酒、失业和犯罪的发生率都高于成年期，但是大多数有过吸毒、酗酒、失业以及犯罪行为的青少年长大后会改过自新，成为遵纪守法的公民。问题行为一直持续到成人期的个体除了拥有一个有问题的青春期以外，很可能拥有一个有问题的童年期。

(4) 青春期的问题行为并不是个体青春期经历的正常身心变化所导致的直接结果。青春期荷尔蒙分泌引起的变化只对青春期的行为产生中等程度的影响，青春期的反抗不是典型的，并不是常态的，而且只有少数青少年经历纷乱的同一性危机。

第二节　青少年的药物使用和滥用

在有关药物的使用方面，社会传递给青少年的信息是非常混乱的。一方面，有关媒体鼓励青少年在诱惑面前说“不”；另一方面，各种电视节目以及社会名人的所作所为又告诉青少年，与朋友共度快乐时光时，没有美酒和香烟的陪伴是不可能的。许多研究者认为，青少年使用一定量的药物是正常的，但是药物的使用应受到年龄和使用程度的限制（Furby & Beyth - Marom, 1992)。特别是现代青少年，他们要比先前的同龄人更广泛地使用药物，而这种现象隐藏着与这个年龄群有关的更多其他问题。在青少年中最普遍和最危险的药物使用就是吸烟和饮酒。这一方面是因为烟草和酒精具有与生俱来的危险性，另一方面，人们通常认为吸烟和饮酒是导致其他药物滥用的“门槛”或“入口”。

在我国，国务院早在 1979 年就在《关于宣传吸烟有害与控制吸烟的通知》中指出:“鉴于青少年正处在生长发育时期，最容易受烟草中有害物质的毒害，建议教育部门在学校进行宣传教育，并作为纪律，禁止中小学生吸烟。”在《中学生守则》中，第六条也规定：“生活俭朴，讲究卫生。不吸烟，不喝酒。”但是我国青少年中吸烟、饮酒的人数越来越多，成为迅速增长的香烟和酒精的消费群体。鉴于此，本节专门对青少年药物使用中的吸烟和饮酒问题进行论述。

一、青少年的吸烟行为

世界卫生组织的公报指出，目前世界上共有烟民11亿，占15岁以上人口的1/3。如果不采取有力措施，那么20至30年后香烟将每年杀害1000万人，成为疾病中的头号杀手。特别是在我国，目前有3亿“瘾君子”。每个成年中国人每年平均吸烟1900支，大大超过世界的平均水平。据世界卫生组织预测，若不采取积极措施，那么2020年前，目前还不满20岁的中国青少年将有5000万人死于吸烟。这一统计结果确实令人震惊，青少年吸烟问题以及由吸烟引发的严重后果应该引起社会各界的重视，对青少年吸烟的预防和干预更是迫在眉睫。

（一）青少年吸烟的现状

研究发现，青少年已成为当今社会中迅速增长的香烟消费者群体。1996年，我国卫生部组织的抽样调查发现，初、高中男生吸烟的比例分别达到34%和45%；在我国3.5亿吸烟者中，青少年吸烟者有500多万。梅家模等人研究发现，江西省中学生曾经吸烟者已达到30%左右。方晓义等人（方晓义等，1996）的研究表明，北京市中小学中的吸烟者约占20%。也有研究表明，与联合国组织的1986年在北京进行的类似研究相比较，在将近5年的时间里，北京市中小学生的吸烟人数有了较大增长。男生增长了2倍多（从18%增长到38%），女生吸烟人数增长更快，接近40倍(0.4%增长到14%）。

青少年的吸烟行为还表现出明显的年龄或年级发展趋势。有关研究发现，从小学六年级、初二到高一，吸烟率依次增长，分别为10%、23%和27%。其中经常吸烟者的比例增长更为明显，从小六的4%增加到高一的32%。

青少年开始接触香烟的年龄越来越呈低龄化趋势，而且青少年的吸烟行为还直接关系到其成人期及以后的吸烟行为。大约有50%的年青人不到12岁就吸过烟，约有70%的青少年都有过吸烟的经历，而且有30%的青少年比较经常地吸烟。弋达德（Goddard，1989）的研究也发现，英国11岁的儿童中分别有17%的男孩和12%的女孩开始吸烟，在青少年时期有17%的男孩和12%的女孩成为经常吸烟者。而我国卫生部的调查表明，75%的成人吸烟者是在15～24岁开始吸烟的，女性15岁以上吸烟率为7.04%。青少年平均吸烟率为20%。的确，青春期的吸烟行为要比使用酒精或大麻产生更多长期的有害健康的后果，可能因为是一种更易成瘾的药物，能使人一直持续到成年期。

（二）影响青少年吸烟行为的因素

影响青少年吸烟行为的因素是非常复杂的，国外研究者用图表示出与吸烟行为有关的各种变量之间的关系。如图12－2所示，我们就其中一些主要的因素加以论述。

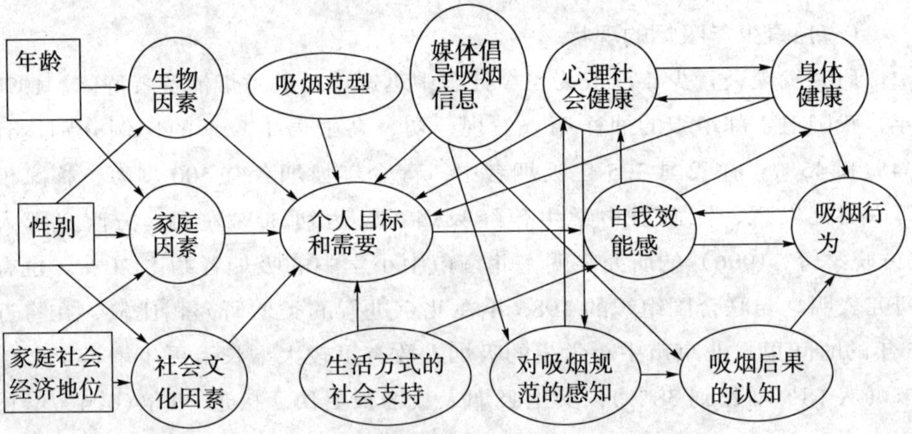

图 12－2　影响青少年吸烟行为因素的相互关系

（资料来源：Taylor，1993）

1．青少年吸烟行为与家庭背景

家庭是儿童最初的生活场所，也是儿童青少年社会化的重要场所，对青少年的心理和行为的发展有着重要的影响。对于青少年的吸烟行为，家庭起着重要的作用，其中特别表现在父母及同胞的吸烟行为和态度、家庭环境以及家庭的社会生活背景等三个方面。

首先，父母和同胞的吸烟行为和态度影响着青少年的吸烟行为。社会学习理论认为，个体社会行为起源于以偶然强化为中介的直接学习和模仿。根据社会学习理论的观点，周围环境的示范作用（吸烟行为）和强化作用（态度）是影响青少年吸烟的主要因素。许多研究一致发现，父母的吸烟行为和态度对青少年的吸烟行为产生很大的影响。许多儿童是从自己的父母那里开始吸第一支烟的。有关研究发现，父母吸烟的青少年吸烟的比例明显超过父母不吸烟的青少年的比例，父母均吸烟的青少年吸烟的比例是父母均不吸烟的青少年的两倍以上（Grube，1986）。父母对吸烟持赞同态度的青少年吸烟的可能性远远超过父母对吸烟持反对态度的青少年。但也有研究表明，父母对吸烟的赞同态度对青少年吸烟行为的影响很小（Grube，1986）。同时有关研究还表明，同胞是否吸烟与青少年的吸烟行为也有关系。

其次，家庭环境也影响着青少年的吸烟行为，父母监控和亲子关系是其中最重要的两个因素。根据社会控制理论，影响青少年问题行为的形成和发展的主要因素来自两个方面，即直接控制和间接控制，而直接控制和间接控制又相互影响到彼此对青少年问题行为的作用效果。所谓直接控制，是指家长通过纪律规范对子女行为进行约束，是对惩罚或奖励的应用。它至少包括常规规定、家长监控以及纪律或惩罚三个不同的因素。而间接控制，一般是指通过家长和子女之间的情感联系，即亲子依恋，来对青少年问题行为进行控制和约束。社会控制理论认为，若青少年与社会联结的关系减弱，那么出现问题行为的可能性就会增大。已有的研究表明，母亲的情感温暖、家庭凝聚力、家庭沟通以及父母的监控与青少年的吸烟行为有明显的负相关（Silverberg & Small，1991），而父亲的惩罚严厉、拒绝否认、过分干涉分别与初中生的吸烟行为存在显著的正相关。1987 年，约翰（John）和威廉姆（William）用线性回归的方法对家庭环境变量进行了比较全面的考察，结果发现：父母的信任与关心、惩罚、家庭的社会活动、冷漠、婚姻状况与青少年吸烟行为有显著的联系，而家庭沟通、气氛、人数等因素与青少年吸烟行为没有显著的联系。此外，在家庭结构变量中，我国的研究发现，核心家庭比非核心家庭的吸烟率要略低一些。

最后，家庭的社会生活背景也与青少年的吸烟行为有着密切的关系。这方面的研究主要是针对父母的职业、受教育水平、经济收入等因素展开的。有关研究发现，来自社会经济地位较低家庭中的孩子吸烟的可能性更大。但斯旺(Swan)等人的研究发现这两者没有明显的联系。目前，在这一问题上，不少研究者认为，即家庭的社会经济地位与青少年的吸烟行为之间存在一种微弱的负相关。我国学者方晓义等人的研究发现，社会生活背景与初中生的吸烟行为没有关系。这可能是因为我国一向强调人人平等，所以社会生活背景对个体的影响远没有西方国家那样明显，相应地对初中生吸烟行为的影响也很小。不过，父母的文化、经济状况与初中生的吸烟行为的关系还是有一定的趋势上的变化，即随着父母经济状况、受教育水平的提高，孩子的吸烟率有逐渐下降的趋势。这说明家庭的社会经济地位与初中生的吸烟行为还是存在微弱的相关。

实际上，家庭诸因素是互相联系，密不可分的，任何一种因素都不可能单独起作用。因此，为了在众多有影响作用的家庭变量中找出真正有影响作用的那些变量，我国学者方晓义等采用多因素逻辑回归法分析了家庭诸因素对初中生吸烟行为的影响，结果表明，在所有的家庭变量中，只有家庭沟通、母亲吸烟行为和态度三个变量对初中生的吸烟行为有显著预测作用。究其原因，研究者认为，与西方国家不同，对于女性吸烟，我国社会一般持更为强烈的反对态度，而对男性成年人吸烟较为认可。当孩子看见母亲吸烟时，表现出更多的是惊奇，因此，同样是吸烟行为，母亲在青少年吸烟行为中所起的榜样作用可能更大些。同时，由于家庭分工的不同，母亲更多地参与青少年的日常生活，母亲的吸烟态度更可能影响孩子，对孩子的强化作用也相应会更大一些。与西方不同，我们国家更加重视家庭和亲情的联系，因此家庭的沟通对青少年的行为产生较大的影响。

2. 青少年吸烟行为与同伴因素

青少年时期个体正处于向成人社会的过渡阶段，同伴关系在儿童青少年发展中具有成人无法替代的独特作用。同伴在确定一个人的角色和自我价值方面能提供支持和引导，同伴群体对青少年的行为具有参照作用。现有的研究普遍表明，同伴也是影响青少年吸烟行为的主要因素之一，吸烟的青少年的同伴也往往吸烟。另一方面，吸烟的青少年有时会将他们的一些习惯归因于同伴的期望以及他们感知到的拒绝来自同伴的香烟的自我效能感的缺乏。

友伴至少通过四种方式对青少年的吸烟行为产生影响。第一，做出一些成人化的事情被看做是青少年走向成熟的标志，这可能在一定程度上能够表明青少年在同伴群体中地位的重要性。大多数青少年首次吸烟是在同伴在场的情况下发生的。许多青少年认为吸烟在很大程度上是与同伴进行交往的中介工具，接过同伴递过来的香烟，打开火机，点燃香烟这一系列动作往往被看做是非常自然的交往的开始。

第二，同伴吸烟的态度和行为直接影响青少年的吸烟行为，易使同伴群体的社会态度趋于一致。来自同伴的直接压力与青少年的吸烟行为呈显著的正相关，而常规压力与青少年的吸烟行为呈显著的负相关。无论是感知到的同伴吸烟行为，还是同伴实际的吸烟行为，与青少年的吸烟行为均有显著性相关。但是，感知到的同伴吸烟行为比同伴实际的吸烟行为能更好地预测青少年的吸烟行为。而且与一般同伴相比，亲密同伴对青少年吸烟行为的影响更大。劳尔（Lauer）等人发现，同伴不吸烟和同伴吸烟的青少年吸烟率分别为4%和38%；同伴赞成吸烟的青少年比同伴不赞成吸烟的青少年更可能吸烟。而且吸烟的同伴越多，则青少年吸烟的可能性越大。人们一般普遍认为男孩吸烟者要多于女孩，但最近有关西方青少年的研究表明，女孩的吸烟率不断增加（Waldron et al.，1991）。沃尔德伦（Waldron）等人调查了1.1万多名美国青少年，结果发现，吸烟的女孩更可能持有非惯例性或非规范性的态度，而且较少参加体育运动，还认为吸烟有助于减肥。这些同伴群体的观念往往影响了女孩的吸烟行为和态度。而且，同伴的影响并不是完全一致的，有证据表明，高自我效能感的青少年不易受同伴的影响，吸烟和使用其他药物的可能性比较小（Stacy et al.，1992）。

第三，同伴团体的性质也影响青少年的吸烟行为。莫斯巴赫（Mosbach）和利文撒尔（Leventhal）用结构访谈法把团体划分为四种类型：讨人喜欢的团体，一般的团体，爱好体育活动的团体，易产生问题的团体。结果发现，易产生问题团体的吸烟比例最高，而讨人喜欢的团体吸烟的比例是最低的。这说明，并不是因为同伴影响了青少年的吸烟行为，而是因为青少年选择了一个与自己吸烟行为一致的同伴团体，这无疑扩展了同伴与青少年吸烟行为关系的研究领域。

第四，同伴有助于青少年形成有关吸烟习惯的自我归因以及期望的认知基础。艾瑟及其助手（Eiser et al., 1987）认为，由其他吸烟者所提供的信息可能影响吸烟者对自己吸烟行为的归因。青少年认为，吸烟可以消除疲劳，缓解神经紧张，利于人际沟通、显示成熟和潇洒。这些信息由吸烟者传递给青少年，为他们提供了有关吸烟的认知基础，使更多的青少年开始吸烟。

3. 青少年的吸烟行为与青少年自身因素

如前所述，家庭和同伴是影响青少年吸烟行为的重要因素，但这些都是影响青少年吸烟行为的外因，青少年自身对抽烟的态度、认识、观念以及青少年人格和心理特征也可能影响青少年的抽烟行为。研究结果已证实，青少年对抽烟危害的认识与其抽烟行为成反比。同时研究者发现，男青少年对抽烟危害的认识与其抽烟行为的相关程度高于女青少年。佩德森（Pederson, 1985）发现吸烟者对吸烟行为持更为积极的态度，吸烟态度是影响青少年，尤其女生吸烟行为最重要的决定因素。然而，有的研究也发现，吸烟与不吸烟的青少年在吸烟对健康危害性的认识方面几乎没有差异。

青少年的心理和人格特征也与青少年的吸烟行为密切相关。与不吸烟的青少年相比，吸烟的青少年更具有反抗性和攻击性，自尊较低，倾向于寻求刺激和冒险，有较强烈的遵从同伴的倾向，焦虑、抑郁、无助感较强，缺乏移情能力。然而，他们的领导才能却强于不吸烟的青少年。

二、青少年的饮酒行为

据估计，美国成人饮酒者已达两千万，其中一半儿是从青春期就开始饮酒的。毋庸置疑，饮酒是大多数中学生面临的一个问题。青少年在朋友的聚会或者年长的朋友甚至父母那里都可能饮酒。而且，与其他药物不同，适度的饮酒在大多成人社交圈内是被接受的。因此，青少年认为饮酒是一种高级化的成人行为，甚至认为酒精本身的危害性很小。然而，经常饮酒不但会使青少年形成对酒精的依赖，造成生理和心理的不适，而且还会使青少年产生各种危险。

（一）青少年饮酒行为的现状

酒精是现代社会中最危险也是最普遍接受的药物之一。来自美国的数据表明，约有 90% 的青少年喝过酒，大约 60% 的经常饮酒。在大多数国家，饮酒年龄是受法律限制的——通常是 18 岁，或者更大一些。法律的约束使人们认为饮酒是一种成人行为。因此，对于向成人过渡的青少年而言，他们认为开始饮酒是加速成人化进程的一种方式。而且研究表明，心理和生理成熟比较早的个体开始饮酒的年龄也比较早。

研究者发现，由于认为饮酒可以有助于竞争，青少年往往不愿学习其他的竞争技能。并且有相当比例的青少年认为，饮酒的目的是为了喝醉，并将其作为一个正当的行为目标。普勒金伦（Pulkkinen）和纳拉斯克（Narusk）的研究发现，在芬兰 25% 的男青少年，16% 的女青少年，爱沙尼亚 14% 的男青少年，4% 的女青少年都将喝醉作为喝酒的目的之一。康诺利等人（Connolly et al., 1992）还发现，在 15 岁的新西兰青少年中，其中 68% 的青少年预测他们将来很可能会喝醉。

青少年饮酒开始出现低龄化趋势。最近的研究表明，1/4 以上的八年级学生报告自己经常喝酒，接近 10% 的六年级（约 11～12 岁）学生在调查的前两周至少 5 次或 5 以上喝过酒（Matza，1990）。

青少年的饮酒行为因性别而存在差异。男青少年的饮酒人数明显超过女青少年，而且男性比女性面临更多的来自饮酒的危害（方晓义，1995）。到目前为止，受性别角色观念的影响，人们普遍对女性饮酒持一种否定态度，把饮酒的女孩与不良社会形象联系起来，周围环境也对女孩施加了更多压力；而对于男孩，饮酒产生的压力相对较少，因此，结果呈现出明显的性别差异。

通常，青少年使用各种药物时遵循着一定的顺序，饮酒行为也是如此。一般来说，青少年尝试啤酒和葡糖酒要早于抽烟或更烈性的酒，然后才开始使用大麻，最后是其他禁止药物。我国的研究发现，饮过啤酒、葡萄酒、吸过烟和饮过烈性酒的青少年分别占 63%、55%、20% 和 12%（方晓义，1995）。尽管青少年的药物使用可能遵循这样的顺序，但这并不意味着轻度饮酒必然导致饮烈性酒，饮烈性酒必然导致使用大麻或更严重的药物。

在我国，刘梅燕等人（1997）对1017名福州市中学生的饮酒状况进行了调查，结果发现饮酒者639人，饮酒率62.83%,其中偶尔饮酒、轻度饮酒、中度饮酒和重度饮酒者分别占83.26%、10.64%、3.29%和2.82%。有99.77%的学生以喝啤酒为主，在家里饮酒者占74.02%,与家人共饮的占72.61%,经常或有时醉酒的占17.68%,有经常喝酒的朋友者占11.58%。从数据上看，中度和重度饮酒者共占饮酒者的6.11%,由此推算，全国中学生过量饮酒的人数是相当可观的。另外，有醉酒史的学生占17.68%,仅从这一点来看，中学生饮酒的现状亦不容忽视。

（二）影响青少年饮酒行为的因素

什么原因导致过度饮酒？过度饮酒是一种先天病态还是后天习得的？对此，心理学家提出了不同的理论观点。概括起来，这些理论主要从生物——生理（包括遗传或者天生的因素）和心理——文化（包括个性或学习因素）两个方面进行了阐释。这两种观点侧重点不同，前者关注生理方面对酒精的需要；后者则强调心理或文化因素对饮酒的影响。

1. 青少年饮酒与家庭因素

与吸烟行为一样，家庭诸因素对青少年的饮酒也会产生影响，许多青少年是与父母在一起开始首次饮酒的。一般来说，父母对饮酒的态度和行为影响青少年的饮酒行为。如果父母对青少年饮酒采取忽视和容忍态度，会进一步增强青少年将酒精作为支持源或者以此缓解压力的动机。严重酗酒的父母对青少年的饮酒行为往往采取默许的态度，并认为这是青少年向成人过渡的过程中非常普遍的一种现象。斯塔廷等人（Stattin et al., 1989）发现，早熟女孩的父母对女孩的饮酒行为表现出不太严厉的态度，而且可能更希望他们的女儿饮酒。这可能因为早熟的女孩看上去比她们的同伴要成熟，因此父母认为她们更可以做出一些成人化的行为。

父母对处于青春期青少年的支持程度也是非常重要的一个方面。低水平的家庭支持与不良的家庭功能与青少年的饮酒都有密切的关系。饮酒的青少年的家庭关系相对冷漠、敌对、冲突不断。感知到较少家庭支持和家庭温暖的青少年，更可能利用酒精作为其缓解压力的手段。母亲依恋和父母监控对青少年的饮酒行为也有明显的影响，具体表现在青少年的饮酒行为将随母亲依恋和父母监控程度的降低而呈明显下降趋势（方晓义，1995）。

有的研究者认为，饮酒具有代代相传性，这可以从生物——生理理论去解释，因为酒精影响了新陈代谢的进程以及中枢神经系统，研究者认为遗传或天生的因素使得酒精上瘾的易受性增加。研究表明，父母饮酒的儿童即使由没有血缘关系的人抚养长大，他们出现饮酒问题的可能性也要高于父母不饮酒的领养儿童。在我国，有关研究也发现（刘梅燕，1997），父母经常饮酒者，子女的饮酒率达 73.36%～100%；而父母不饮酒者的子女饮酒率只占 41.06%～52.02%。

2. 青少年饮酒与同伴

同伴关系在青少年发展中具有成人无可替代的作用，为了获得同伴群体的认可，青少年不断地调整自己的言行，遵从同伴文化。在饮酒方面，亦是如此。青少年许多有关饮酒的信息都是从同伴群体中获得，这些信息不断建构着青少年对饮酒的认知结构；或者迫于同伴的压力开始接触酒精。

许多青少年认为喝酒是非常重要的社会习俗，除了信仰伊斯兰教的国家以外，大部分的青少年都赞同这种说法。布什（Bush）的研究发现，青少年更多的是在家庭以外的场所喝酒（例如，同伴的聚会），而且饮酒量随着群体的大小而增加；饮酒是被同伴群体所赞许的一种行为，青少年的一些社会活动也往往是在饮酒的场合组织起来的。青少年将饮酒看做是“社会群体成员”的标准，可为结交朋友提供便利，特别是结交异性朋友。纽科姆和本特勒（Newcomb & Bentler，1988）研究发现，与同伴相比，严重饮酒的青少年常表现为较高的社会整合和适应能力。在许多西方国家，饮酒在社交活动中具有普遍性，拒绝喝酒的行为会引发来自同伴的消极反应或直接压力。另一方面，同伴饮酒行为的程度、同伴饮酒人数的多少均与青少年的饮酒行为有密切的关系。当饮酒的同伴越多，同伴饮酒程度越高时，青少年面临的压力会越大，就越可能采取与同伴一致的行为而饮酒。

3. 青少年饮酒与自身因素

除了外部因素以外，青少年的主观因素，包括个性特征以及对饮酒行为的态度等，都可能影响青少年的饮酒行为。研究发现，低挫折忍耐力、愤怒、抑郁、学业困难以及冲动性的人格特征都容易引发饮酒问题。然而也有的研究表明，抑郁并不必然会导致青少年的饮酒行为，可能抑郁是源于过度饮酒。因此，人格特征与饮酒行为之间是否存在直接关系还没有得到充分证实。为什么一些具有上述人格特征的人并不饮酒，而一些饮酒者却不具有这些人格特征。而且，很难确定是一定的人格特征引起了饮酒行为，还是饮酒导致了这些人格特征的产生。

我国学者方晓义（方晓义，1993）的研究还发现，青少年对饮酒危害的认识与饮酒行为呈负相关，而且男青少年对饮酒危害的认识要明显低于女青少年。从受饮酒危害认识的影响程度看，男青少年的饮酒行为比女青少年更易受影响，但这种易受性只表现在轻度饮酒行为的危害认识；而在重度饮酒的危害认识方面，女青少年受影响的程度超过男青少年。

另外，许多研究表明饮酒具有跨文化的差异性。种族、社会经济状况和社会文化环境等都可能影响青少年的饮酒行为。例如，犹太人和中国人普遍认为饮酒仅限于特殊场合。摩门教徒和穆斯林信徒对饮酒有严格的戒律。而欧洲人形成了在日常生活中饮酒的文化，结果使得欧洲人平均每人的饮酒量都高于美洲人。来自英国的数据表明，在高中学生中大约有 1/2 男生和 1/3 的女生承认在过去 30 天每天饮酒。比例最高的是白人(48.1%)、男性墨西哥美国人(45.3%)和男性本土美国人(48.1%)，比例最低的是美国亚裔男性(19.4%)、黑人(9.3%)和美国亚裔女性(10.7%)。在我国，少数民族的饮酒量要多于汉族，北方人比南方人饮酒量多，农村人的饮酒量要超过城里人。

三、青少年药物滥用的预防与诊治

个体对药物的使用存在两个易受期，第一个是对化学药物的依赖期，一般开始于 12～21 岁，18～25 岁达到高峰期。因此，要对初中和高中的学生进行干预，使其远离化学药物特别是酒精和香烟的诱惑；对于大学生，更要与他们的饮酒吸烟行为做直接的斗争，因为研究表明，这些化学药物成为导致大学生丧命的主要原因。另一个易受期是中年晚期，在这个时期，人们更愿意把饮酒作为面对生活压力、身体不适和社会支持不良时的一种应对策略。也有资料显示，如果人们在 20 岁或 21 岁之前不吸烟，以后很可能就不会吸烟。因此，学校自然成为进行干预的主要场所。

对青少年药物使用的预防和干预主要针对三个要素：药物的提供，青少年可能接触到的药物环境，药物使用者潜在的特征（Newcomb & Bentler, 1989）。尽管政府和媒体都投入了大量的精力和财力针对第一个因素做了大量工作，即企图控制或限制对青少年药物的提供，但专家认为更现实的方法应是改变青少年使用药物的动机以及其生活环境，因为大量证据表明，将药物完全从社会中清除出去几乎是不可能的。相反，提高香烟和酒的价格反而能够减少青少年的使用。

针对另外两种因素，人们直接或间接地对青少年药物使用进行了干预。间接的干预主要指通过提高青少年心理发展水平或者帮助青少年发展替代性的活动和兴趣，以便减少对药物的依赖和使用。然而，这种方法到目前为止还没有成功的案例。另外，针对药物进行的直接干预主要包括：以信息为基础的努力（对青少年进行有关药物危害性的教育）、社会技能训练（教给青少年如何拒绝药物）以及将信息和一般的心理干预相结合的一些方法（对青少年进行有关药物危害性的教育，并同时对其进行提高自尊的训练）（Newcomb & Bentler, 1989）。

现在专家普遍认为，只进行有关药物的教育，不能阻止药物的使用。就其规律而言，教育可能会改变个体的认知，但是很少会影响他们的行为。

到目前为止，最成功的干预模式是将青少年社会技能的训练和针对其相关成员的广泛干预相结合，干预的目标不只是青少年，还包括他们的同伴、父母和老师等。这种模式在减少青少年饮酒、吸烟和其他药物滥用等方面均非常有效，特别当这种干预开始于前青春期，一直持续到中学时，效果会更明显。总之，大多数专家认为仅仅从青少年的角度进行干预，而不考虑青少年生活环境的的影响，这样往往是不奏效的。

目前，所有的干预项目都普遍存在着一个问题，即通常不能区分出药物使用和药物滥用。药物滥用是一种对药物使用的不良适应方式，它会导致明显的损害或痛苦，并会在长时间内持续复发。滥用与使用是有程度区别的。尽管我们试图通过发展青少年的适应能力和人际交往技能来避免他们使用药物，但是对药物滥用和误用的干预更具迫切性和挑战性。由于这些概念的混乱，专家们担心部分青少年被错误地认为滥用药物而成为被干预的对象（因为许多父母对青少年正常的药物使用过度警惕），反而会导致青少年与药物更加亲密，从而成为药物滥用者。因此，如前面所述，针对青少年的家庭而不仅仅是青少年本人所进行的干预措施是最可能成功的。

第三节　青少年的反社会行为和其他外部问题

尽管社会学家以及心理学家对青春期反社会行为的界定、起因及应对措施意见不一，但比较一致地认为，违法行为在青少年中存在的普遍性远远超过其他年龄阶段的个体。这可能源于对“身份冒犯”（Status offenses）行为的界定，这种界定是局限于未成年人的。例如旷课、离家出走或酗酒等“身份冒犯”行为，对成年人来说不是违法行为，但是对青少年来说却违反了已建立的行为准则。

在青少年的反社会行为中，一般性的攻击行为发生频率有所减少，甚至在某些文化背景中，身体攻击在青春期反而被社会接受。而严重的暴力犯罪（强奸和谋杀等）和财物犯罪（抢劫、盗窃等）在前青春期和青春期都有所增长，在高中阶段达到高峰，成年早期略微下降。由于谋杀、纵火、强奸、抢劫或袭击而被拘捕的每六个人当中就有一个未满 18 岁的嫌疑犯。因此，结合实际我们将重点对青少年的犯罪问题进行探讨。

一、青春期反社会行为的一般特点

不少学者对青少年的违法行为进行了研究。弋尔德（Gold）曾对美国青少年违法行为的状况进行了调查，发现超过 80％的青少年承认曾经违法犯罪。柯切勒（Kirchler）等人发现，相当一部分的意大利青少年承认有“小的犯罪行为”。在新西兰超过 90％的男青少年承认在 18 岁以前曾从事过违法行为。

在我国，根据一项来自西安市雁塔区人民法院的最新统计显示，从 1997 年到 2001 年上半年，青少年犯罪案件占整个刑事案件的比例由 0.55％上升至 9.5％，犯罪人数比例由原来的 0.4％上升至 15.5％，两项统计分别增长17倍和38倍。而青少年犯罪年龄却逐年下降，从1998年至今，青少年作案平均年龄下降了2岁，由17.6周岁降为15.7周岁。

自1965年至1988年之间，特别是自从1984年开始，仅仅由于恶劣的袭击（为了使人遭受严重的伤害而对别人的攻击，典型地使用武器做工具）和杀人而被拘捕的比例在青少年中大幅度的增加，但在成年人中未发现这种明显增长趋势（Zimring，in press）（见图12－3）。

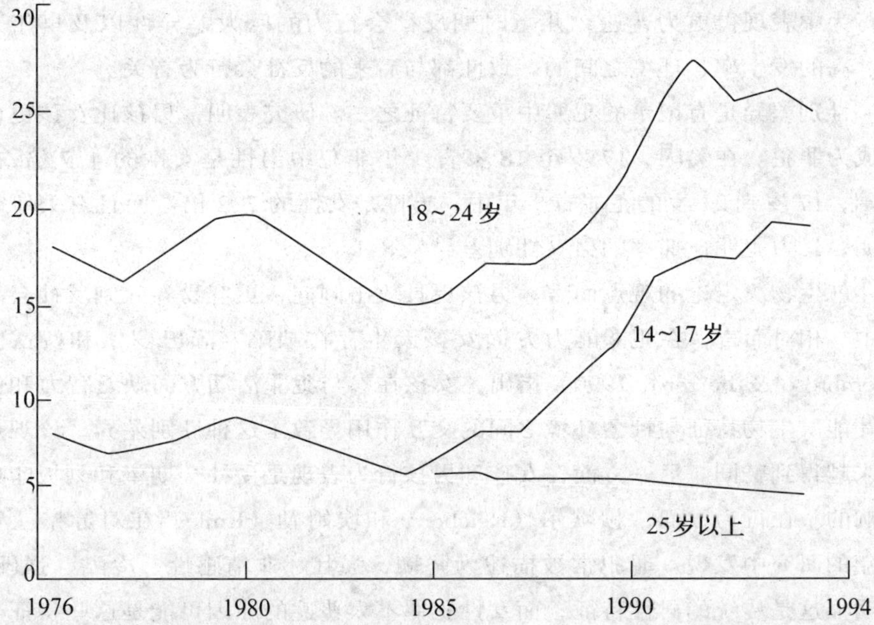

图 12－3 由于犯罪杀人被逮捕人数的增长趋势

（资料来源：FBI，1996）

青少年的犯罪行为呈现出一定的年龄特征。来自美国的有关青少年暴力侵犯的调查表明，暴力侵犯几乎总是始于青春期。自我报告的严重暴力侵犯（包括恶意侮辱、抢劫或强奸）在12岁到20岁之间骤然上升，而在11岁以前发生的危险率（第一次侵犯）几乎是零（＜0.5%），但到了13～14岁增加到两倍，到了16岁猛增到5.1%。然后到了16岁和18岁之间减少了一半，20

岁以后下降到不到1%。因此，27岁之前参与严重暴力侵犯的人有1/2以上是在14岁到17岁之间实施第一次暴力侵犯的，几乎所有的侵犯者在21岁之前实施第一次侵犯。不仅第一次侵犯增长得很快，青春期侵犯行为的总体发生率也是非常高的，而且青少年被捕率也出现低龄化趋势，例如，1994年35%的被捕青少年年龄在15岁以下。尽管大量证据表明，大多数少年犯罪人在成年以后不会变成犯罪人，但是，大多数成年犯罪人都有少年犯罪记录，这表明在一些犯罪人中存在明显的犯罪行为的连续性。这种连续性在越轨行为中表现得更为普遍，儿童时期反社会行为的巨大差异性以及早年开始、高的发生率、环境之间的一致性都与后来的反社会行为有关。

性别差异是有记录的犯罪中重要特征之一。研究表明，男孩比女孩更可能成为罪犯。在美国，17岁至18岁青少年罪犯中男性是女性的4.7倍；在英国，17岁到21岁的犯罪青少年中，男性是女性的7.2倍。而且有关研究表明，暴力犯罪逮捕率的男女性别差异是8:1。

就生物决定论的观点而言，男孩更具攻击倾向，更容易卷入到反社会活动中。相对而言，在犯罪能力方面女孩天生存在缺陷。隆巴罗索和费雷罗（Lombroso & Ferrero，1990）指出，女孩在参与犯罪活动方面缺乏智力和创新才能。生物特征与社会环境之间的交互作用导致了这种性别差异，该观点越来越得到赞同。另一方面，女孩和男孩行为表现是受社会期望和刻板印象影响的。在行为方面，赖歇尔（Reicher）和埃姆勒（Emle）在对苏格兰青少年的研究中发现，罪犯常被描述为坚韧、强壮、非情感性、冷酷、强硬。很明显这是传统的男性特征，而女性犯罪不太普遍的原因可能是这些特征与女孩的刻板印象是截然相反的，从而影响了对女性犯罪的判断。然而，随着社会的发展，当女性从传统角色的束缚中摆脱出来，进入传统上由男性控制的领域时，就会增加女性犯罪的机会。一些近期的研究数据显示，越来越多的女性参与了犯罪，这种现象致使媒体认为这是女权主义所导致的消极结果之一。

目前为止，大部分有关青少年过失行为的数据均来自官方的拘捕记录。但是应当注意，官方的数据可能会出现“少报”和“选择性报告”的现象。“少报”是指青少年的犯罪由于没有被权威察觉或者没有经由官方的处理程序而未被警方记录。例如，一位因偷盗而被抓的青少年受到了店主的惩戒而没有交给警察处理（大约仅有 1/3 的犯罪行为曾被警方记录）。“选择性报告”是指社会低层或少数民族的青少年比犯同样罪行的其他青少年更易被拘捕、被苛刻地对待。因此，在官方的统计数字中，贫穷的或少数民族青少年的犯罪率会猛涨。

为了克服官方记录的不足，许多研究者开始直接接触青少年，直接询问他们卷入各种暴力或“身份冒犯”的情况。这些研究结果不一定准确描述了青少年犯罪的现状，但是有些结论仍值得关注。

首先，调查结果表明，很大比例的青少年（大约在 60% 至 80% 之间）曾经一次或多次进行过违法犯罪活动。几乎 1/2 的男生报告说自己应对青春期的某一袭击行为负责。

其次，官方记录表明大量的少数民族青少年卷入到犯罪活动中，然而对青少年本身的调查研究却说明这种种族差异要小得多。根据大多数关于青少年的调查，白人、黑人、西班牙裔美国人中的青少年卷入某种类型犯罪活动中的比例几乎是相等的，而且严重犯罪行为的发生率也是均等的。在严重犯罪活动中存在社会阶层的差异，然而，由于过分宣称了少数民族青少年在贫穷中的比例，也过分夸大了少数民族青少年在犯罪行为中的比例。

最后，调查表明，少数民族的青少年更有可能被拘捕而且更有可能被对青少年的“公正制度”苛刻对待。由于小的冒犯，黑人被拘捕的可能性要比白人高出七倍，而且严重犯罪的拘捕率也要高出两倍。一般来说，少数民族青少年与有着同样罪行的白人青少年相比，更容易被送进管教所。因此，对非白人青少年易违法的刻板印象，部分是由于这个群体较高的拘捕率，并不只是由于犯罪和犯罪活动的比例较高。

二、青春期反社会行为的成因

儿童并不仅仅是一块白板，他们的一些特征并不完全是由环境塑造的，同时也受到自身发展的影响，而自身的发展又受到别人反应的制约。在早期出现的个人气质与性格方面的个别差异更多取决于生理活动的基本参数，而个人复杂的心理功能的分化，只能通过与社会环境的相互作用产生。因此，涉及青少年的犯罪行为成因，更可能取决于遗传基因、环境因素的交互影响。

（一）家庭因素

家庭是儿童社会化的重要场所，其中父母对儿童的养育模式、亲子互动以及家庭环境都可能影响青少年的犯罪行为。英国剑桥大学的约翰逊教授（Johnson，1997）为解释少年犯罪行为的心路历程而建构了理论模型，用以说明青少年犯罪的影响因素。由图 12－4 可以看出，个体的发展，自幼儿期与其父母有亲密关系开始，而后由家庭到学校，再由学校到社会。期间心理发展历程是否导向正常，起始点就是亲子关系。

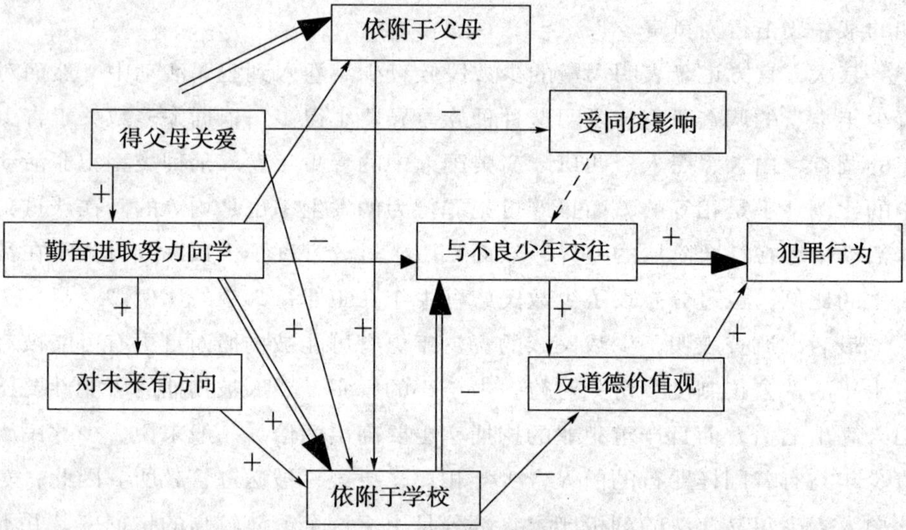

图 12－4 从教育环境看青少年犯罪的心路历程

（资料来源：Johnson，1979）

说明：图中箭头表示因素间的相关关系。双箭头表示因素间的高度相关；带正号的箭头表示因素间的正相关；带负号的箭头表示因素间的负相关；虚线箭头表示因素间的交互关系。

研究结果证明，青少年犯罪人的家庭更可能使用体罚式的管教方式。早在 1959 年，班杜拉和沃尔特斯（R. H. Walters）就通过研究发现，青少年犯罪人的父母经常使用嘲笑和体罚等方式，而守法青少年的父母则更多地使用归纳和“爱的取消”等方式。其他研究发现，年幼品行障碍儿童青少年的母亲在子女发生越轨行为之后，更可能使用命令和批评。而且帕特森强调，越轨家庭的特征是使用严厉但是并不一致的惩罚，而不是使用惩罚本身。

研究表明，大多数的青少年犯罪者都是男生，而且相当一部分是父母离异或来自贫困家庭。一项大规模的研究发现，惯犯通常来自组织失调的家庭，他们的父母多采用敌对的态度，表现出不适当行为或采取忽视态度，对孩子使用不科学的对待方式，不能逐渐地向孩子灌输正确的行为标准和自我监控的心理基础（Coughlin & Vuchinich，1996）。而青少年累犯也认为，他们的家庭缺乏凝聚力，缺乏感情表达，家庭缺乏成就和娱乐，亲子冲突多，父母信任低，其结果是青少年学会使用反社会行为满足其需要。

青春期以前的青少年犯罪趋向于在家庭内部蔓延，许多早年就产生违法行为的青少年的同胞兄妹也往往有同样的行为问题。特别是当家庭规模比较大（有 4 个或更多子女的家庭）时，儿童有更多的机会把他们的同胞兄弟姐妹作为社会学习的榜样和来源。另一方面，青少年的反社会行为会导致父母对他们采取更加不积极的对待方式，促使他们与其他具有反社会行为的孩子交往，攻击性高的孩子就这样陷入了恶性循环。

（二）同伴因素

青少年时期父母的影响逐渐让位于同伴的影响，同伴的支持成为青少年犯罪的重要决定因素。研究表明，许多青少年犯罪行为是在群体情景下产生的，青少年受到同伴的压力而做出趋同于群体的行为。对同伴压力的易受性存在年龄差异，易受性在前青春期和青春期的中期阶段开始增强，然后开始下降，因而往往青少年犯罪率在前青春期很低，在青春期中期达到高峰，在青春期末期开始下降。

亚文化理论认为，青少年犯罪同伴群体直接引起青少年犯罪。青少年犯罪交往的形成，被看成是接触周围存在的青少年犯罪亚文化群的结果，这种亚文化群对青少年的交往具有重大的影响。帕特森（Patterson，1986）认为，同伴对攻击性青少年和缺乏社会技能青少年的排斥，会使其结交具有类似情况的同伴。有的纵向研究发现，青少年选择少年犯罪群体，而青少年犯罪群体教会青少年进行少年犯罪行为。

社会学习理论并不承认青少年犯罪亚文化群，该理论指出，同伴群体通过同伴赞许的塑造、强化机制促进青少年犯罪行为的获得及维持。因此，青少年犯罪的结果在一定程度上依赖于越轨同伴对强化源的控制。许多研究也表明，青少年犯罪人观察自己喜欢的同伴的反社会行为，这些同伴为其类似行为的发生提供了社会支持。

（三）个性特征

除了家庭和同伴等外在影响因素外，还有一些潜在的、特有的个性特征决定青少年问题行为的产生。首先，也是最重要的，大部分青少年约在8岁时就有了关于暴力和攻击行为的历史。儿童早期出现的特定的反社会人格特征可以预测青少年及其以后的犯罪行为。其次，研究表明，犯罪的青少年更容易冲动，比同伴更易产生多动症，或者是官方认为的注意力不集中、多动失调（ADHD）。其中ADHD表现为冲动、注意力不集中、松懈和过量的活动等特点，尤其表现在学习情景中。第三，有关研究发现，犯罪青少年与正常青少年在认知和道德发展方面存在差异。犯罪青少年在标准化的智力测验中较其同伴得分要低，有人指出犯罪青少年在某些时候智商要比其同伴平均低8分（Quay，1987）。另外，青少年犯罪者往往在学校的表现也很差，道德水平不高。第四，攻击性青少年大都有先前同伴关系不良的经历。

道奇（K. A. Dodge）及其助手关于反社会行为认知方面的研究表明，攻击性高的青少年更容易进行“敌意性归因”。具有“敌意性归因偏见”的个体与同伴相比，更可能把意图模棱两可的行为理解为故意的敌意行为，并为了报复而表现出更多的攻击行为。

（四）社会经济地位

犯罪学中一项传统的假设认为，社会经济地位低的人更可能从事非法活动。在这假设之下，研究者发现青少年的暴力和攻击行为与贫穷存在着密切的相关关系。首先，在贫民区的家庭中，父母较少对孩子进行有效的、积极的抚养和监控，这些有效性的减少导致了暴力和攻击的增长。其次，这种相对集中的贫穷阻碍了社会机能的发挥，使得社会机构很难提供青少年需要的指导和监督。第三，与中产阶级的社团不同，在失业者团体中的青少年不是通过事业的成功显示其存在与力量，相反，他们是利用攻击来显示其存在和力量。最后，无论是在家里还是邻居间，这种暴力的揭露本身又会促成暴力的发生。

另外，研究还发现种族和阶层与青少年犯罪存在一定的关系。在白人占主导地位的社会中，犯罪在非白人中是非常普遍的。例如，在美国，黑人和墨西哥裔美国人的实际犯罪率要高于白人。南澳大利亚土著居民占总人口的1.2%，但是被拘留的年青人中28%的是土著居民。英国也存在同样的情况。阶层与青少年犯罪的关系比较复杂，结论也往往是矛盾性的。当以官方记录（例如逮捕率、犯罪的发生率）为测评标准时，通常会发现犯罪率存在阶层间的差异。而采用自我报告的方法时，并没有发现这种显著差异（Wolfgang et al.，1987）。因此，犯罪学家推断，在政策以及法律体制中存在的偏见和不公平可能是促成这种差异的原因。

三、青少年反社会行为的预防与治疗

攻击性、多动性等特点是童年期比较稳定的特质，因此问题行为常具有持续性特点。对个体从童年期到成年期的跟踪研究表明，儿童早期的行为问题与后来的反社会行为有很高的相关（Ronka & Pulkkinen，1995）。许多早期有反社会行为的青少年成年后，还是被诊断为反社会性人格失调或持续拥有青春期的犯罪行为，这种反社会行为被称为“持续一生的反社会行为”。与之相对应，有些反社会行为开始于青春期，程度不是很严重，而且可能在个体成年以后自动消失，这种反社会行为被称为“限定于青春期的反社会行为”。这两种反社会行为的起因是不同的，因此对它们的干预也应该存在差异。

为了降低“持续一生的反社会行为”的发生率，首先应该预防早期来自家庭方面的干扰。家庭是青少年犯罪行为的发端，通过家庭的支持和学前期的干预可阻止早期学业问题的产生。这些预防措施的实施却远没有想象的容易。社会总是对家庭干预持犹豫态度，总是等到麻烦的迹象已经出现后才开始干预，这样的效果并不好。违法者通常认为攻击是一种解决问题的有效手段，干预者企图去改变违法者的这一信念并教给他们一些替代攻击的可接受的解决问题的技能。但实验结果证明，这种针对个体的干预方案的效果并不明显。研究发现，以家庭为基础的干预（例如父母的训练或家庭治疗）比针对个体青少年的干预更可能成功，但是这种方法比较费力、费时（Henggeler Melton & Smith，1992）。而且所有的干预几乎都面临一个问题，即危险性很大的年青人在一起会无意识地增加一些违法行为的影响，干预本身会在违法同伴中形成友谊。

“限定于青春期的反社会行为”的治疗相对容易，因为患有这些行为问题的青少年已经内化了一些基本的行为规范和道德标准，这有助于青少年控制其不良行为。下面介绍比较有效的几种策略。首先，可以在个体水平上帮助青少年，教会他们如何抵制同伴的压力，不付诸攻击去解决冲突，并让父母对孩子进行监控，减少青少年卷入不良同伴群体的机会。其次，通过对课堂、学校和邻居的干预，营造可以降低反社会行为和鼓励亲社会行为的大环境。最后，当违法行为出现时，要严肃对待，并确信青少年明确不良行为的严重后果，防止再犯同样的错误。

总之，反社会行为的成因是复杂的，是个体与环境因素交互作用的结果。任何一种干预措施，甚至是比较全面的措施，都不可能持久地预防所有时期的危机。因此，一项成功的干预措施，必须以个体发展的一般特点为基础，将青少年特定的个性与需求与其生活背景相结合，尽可能早地进行干预，保证措施的适用性更强、更持久。干预的目的不仅仅是为避免和减少反社会行为的发生，而且应该能够促进青少年各方面的积极发展。

第四节　青春期的抑郁、自杀和其他内部问题

大多数青少年能够比较平稳地渡过青春期，很少会产生情绪以及自我同一性方面的失调，但是在某些情况下，青春期的一系列生理和心理的变化和要求，会使青少年感到绝望、苦恼，对未来持悲观态度，极易产生内部心理问题。本节结合青春期这一阶段的特点，重点对青少年的抑郁和自杀等内部问题进行探讨。

一、青少年抑郁

抑郁常用来描述一种普遍的悲伤、隐晦、痛苦或者失望的情绪状态。大部分人都会在生命中的不同时期经历过短暂的抑郁，而这是青春期最普遍的心理困扰。临床抑郁的症状不仅是指各种感觉，而且还包括情绪、认知和行为特征。抑郁最明显的情绪上的症状就是压抑、沮丧、对热闹活动不感兴趣、愤怒或负罪感。此外，抑郁常伴有个体思维方式的转变，比如注意力不集中、记忆功能衰退或者很难做出决定等。另外，抑郁也有动机方面的症状，包括冷漠和厌倦等。最后，抑郁通常伴有身体上的症状，例如厌食、失眠和精力不旺盛等。

（一）青少年抑郁的普遍性

临床抑郁症是一种最常见的心理障碍。研究发现，人一生中至少一次患抑郁症的比例约为 10%。在青春期由于压力的增大，抑郁情绪、抑郁症状和抑郁性失调在青少年中普遍增多。根据一项大规模的研究表明，1/2 以上的青少年感到悲伤和绝望，1/3 以上的青少年“对于未来感到没有任何希望”，大约 1/4 的青少年经常感到抑郁。在我国，仅就北京市的中学生来说，抑郁的检出率高达 27. 7%，还有 15. 6%的中学生处于忧郁边缘状态（刘振兴，1992）。

抑郁失调存在显著的性别差异。许多研究一致发现，女性患抑郁症的比例是男性的两倍。有趣的是，前青春期男孩患抑郁的情况比女孩更常见，而青春期之后女孩的抑郁性失调比男孩更普遍，而且这种抑郁性失调的普遍性一直持续到成年期。对于男女抑郁症比率的差异问题，人们从不同的角度给予了解释。从生物学的观点看，抑郁的性别差异是由于荷尔蒙变化的性别差异。社会理论解释则强调角色冲突，认为经历更多压力的个体更易产生抑郁和其他类型的内部问题（Petersen et al.，1993）。女性既要履行传统的女性角色，又要履行现代妇女的角色，常面临更多的角色冲突，因此更易产生抑郁。同时研究表明，与男孩相比，女孩由于身体的变化在前青春期通常承受更大的压力，对她们来说，青春早期是一段充满更多压力的时期。另外，在童年期女孩比男孩更容易受到两性间的辱骂，而这是青春期抑郁产生的一个非常重要的危险因素。然而，我国的相关研究却表明，中学生忧郁情绪的发生不存在性别差异（刘振兴，1992）。因此，有关这一问题尚需我们进一步探讨。

许多研究表明，面对压力时，女孩更容易把感觉朝向内部，例如沉思某事并感到失望，而男孩更可能通过转移注意力或把感觉指向外部，利用攻击行为或滥用药物以及酒精等表达出来（Nolen，Hoeksema，& Girgus，1994）。因此，即使面对同样程度的压力，女孩更可能变得抑郁。从某种意义上说，对压力的反应方式上的性别差异，表明了某种素质上的差异，这可以帮助解释为什么男孩的外部失调比较普遍，而女孩内部失调的普遍性比较高。

（二）青少年抑郁和内部失调的原因

关于青春期抑郁和其他类型的内部问题的发生原因提出了大量的理论解释，现有研究一般认为内部问题是由环境条件和预先决定的个体因素交互作用的结果。近年来，抑郁的“素质——压力模型”受到了心理学家的关注。该模型认为，当面临一贯的易产生抑郁反应的压力源时，具有易产生内部问题素质的个体可能产生抑郁情绪。相反，不具有“先天素质”的个体，即对于抑郁没有一种先天倾向性的个体，能够承受大量的压力，反而不会导致任何心理问题。然而对抑郁有一种强烈的先天倾向性的个体，在面临大多我们都认为非常正常的“压力情景”时，也可能会产生抑郁。

研究表明，归因方式、人格、自我、应对方式等心理或认知方面的素质与抑郁的产生有关。在归因方面，斯威尼（Sweeney）对104个有关这方面的研究进行元分析，发现对消极事件进行内部、稳定和整体的归因与抑郁有关。在人格方面，有关研究发现，情感依附型抑郁和摄取型抑郁是两种分别以依赖型和自我评价型人格为基础的抑郁，而且社会奖赏型人格和自主型人格也与抑郁相关。在自我方面，自我评价低、自我意识水平高、低自尊等特征的个体极易产生抑郁。有的研究关注“抑郁个体”的认知风格，认为具有失望、悲观和自我谴责倾向的个体更可能以一种导致抑郁的方式来理解生活中的事件（Gladstone & Kaslow，1995）。并且随着青春期假设思维的产生，更有可能出现抑郁情绪。

另外，一些生物因素也是抑郁产生的原因。一般认为，至少某些抑郁症是生理功能失调的结果。研究者特别注意视丘下部——垂体轴强烈激活的先天倾向性。倾向于强烈的HAP激活的个体对于压力更易产生一种生物上的反应，更易于导致抑郁和其他内部失调。最近有关研究表明，青少年抑郁的产生可能与青春期荷尔蒙的分泌有关。抑郁症还表现出家庭倾向性，遗传在抑郁症中起着重要作用，双极抑郁症比单极抑郁症更易受遗传影响，但这并不意味着抑郁症可以遗传给家庭的所有成员。

研究者认为与青少年抑郁有关的压力成分和环境条件主要表现在以下三个方面。首先，家庭中的矛盾和冲突多，青少年不断地目击攻击行为或者成为父母相互攻击的受害者，遭受拒绝或惩罚，生活在这种家庭中的青少年更易产生抑郁，而且离异家庭中的青少年的抑郁发生率更高。第二，不受同伴欢迎或同伴关系不良的青少年更易产生抑郁。第三，抑郁的青少年比不抑郁的青少年报告更多一贯和强烈的压力。转学、与异性约会或应对家庭关系的转换等都会导致压力的升高，而且这些社会心理因素可能会促成和加剧个体消极认知风格的发展。我国学者刘振兴（1992）的研究表明，与抑郁极度相关的因素对中学生的影响呈现层次性，依次是：自感学习压力大、自感自己性格的某些弱点、与同学或好友发生矛盾、自感升学或选择职业失望、家庭亲人关系不好、与老师产生了矛盾、与异性同学交往思想波动大。

（三）青少年抑郁及内部问题的预防与治疗

抑郁会影响青少年的学习和生活，当青少年处于抑郁状态时，往往不能集中精力，缺乏自我效能感，学业状况通常会恶化，而患有严重抑郁症的青少年则常伴有其他方面的心理社会问题，包括犯罪行为、逃学、焦虑失调、药物滥用和饮食失调等。因此，对青少年的抑郁症状进行预防和诊治具有非常重要的意义。

对青少年抑郁的诊断和研究必须非常谨慎，在矫正和治疗之前必须注意以下几点：首先，青春期的抑郁通常伴随着其他心理或行为上的问题，包括焦虑、恐怖症、犯罪行为和药物滥用等。第二，许多专业工作者几乎将青春期可观察到的问题均归因于个体内在的抑郁，认为在青少年中出现的学校恐怖症、逃学、神经性的食欲减退等行为背后隐藏着真正的问题——抑郁。然而，现在研究发现并不是所有具有行为问题的青少年都必然抑郁，抑郁和其他问题通常是由同一病症引起的（Cantwell & Baker，1991）。因此，应该仔细地诊断青春期出现的各种心理社会问题背后是否隐藏着抑郁，并不是所有的抑郁和行为问题总是相伴出现的。第三，由于普遍认为青春期是麻烦重重的时期，这种刻板印象导致许多父母和教师认为各种问题都是由于青春期正常的生理和心理变化所引起的，而没有辨认出真正的心理问题。父母能够描述出处于青春期的儿女的形象：不适当地否定（认知方面的证据）、对事情感到厌倦（动机方面的证据）、对饮食不感兴趣（身体方面的证据）。然而却意识不到潜在的真正的问题——抑郁，不能及时对青少年进行专业的诊治。如果青少年持续三种或更多的抑郁症状达两周，也许就该考虑请教专业人员的帮助。

附　微弱的“抑郁失调”的诊断标准

1. 一天中大部分时间处于抑郁或易怒的情绪状态下，而且这种情况经常出现，至少持续了一年的时间。
2. 当抑郁出现时，至少存在以下两种情况：
   a. 胃口不佳或暴饮暴食
   b. 失眠或嗜睡
   c. 精力不旺盛或疲劳
   d. 低自尊
   e. 精力不集中或很难做出决定
   f. 感到失望
3. 引起临床上重大的痛苦或社会、学校等其它重要领域的损伤。

（资料来源：美国精神病理协会诊断和统计手册（DSM－IV）美国华盛顿 1994，pp. 349）

为了预防青少年抑郁，人们做了大量的工作和努力，因为预防比出现“抑郁”后的事后诊治更有效。“初级预防”的方法强调教给所有的青少年应对压力的方法和生活技能。“高级预防”的目的是针对那些处于“抑郁”边缘和危险境地的青少年，例如父母是抑郁症患者的青少年或处于压力状态下的青少年。

当抑郁的症状真正出现在青少年中时，就要借助专业手段对其进行治疗。对青春期“抑郁”的治疗与其他方面症状的诊治非常相似。临床医生认为比较有效的治疗方法包括生物治疗、认知治疗和家庭治疗。生物治疗的基础认为抑郁症，至少某些抑郁症，是生理功能失调的结果。神经化学的观点认为，抑郁由神经元之间传递的某种神经递质不足引起，使用抗抑郁的药物可以改变这种状况。心理认知疗法的代表人物是贝克，他认为抑郁症可能是由错误观念引起的，错误的观念导致了患者消极地看待自我、世界和未来。图 13－5 简要描述了贝克对抑郁症形成的看法。

早期关系中出现的问题

↓

内隐的机能障碍图式

↓

与内隐机能障碍有关的负性生活事件

↓

消极的自发观念

↓

抑郁症

图 13－5　贝克的抑郁症认知模型

（资料来源：Power & Champion，1992）

心理认知疗法试图帮助抑郁的青少年正确理解他们抑郁的根源，对患者的思维方式进行重新建构，增强他们对日常活动的耐受程度，或者改变他们的认知风格。家庭疗法强调对改变青少年症状产生影响的家庭关系的变化模式。家庭疗法能够帮助父母掌握处理特定问题行为的技能，与青少年进行有效的沟通，在需要时给予适当的支持和援助。

以上我们探讨了对青少年抑郁进行有效干预和治疗的方法，但在实践中，许多治疗者并不局限于使用某一种特殊的方法。他们能够根据来访者的实际情况改变治疗方法，或将不同方法中的某些成分加以整合。这种折衷主义的方法，具有灵活性，而且实践证明获得了很好的效果。

二、青少年的自杀行为

随着科学的进步，一般疾病造成的人类死亡率逐渐下降，但是由于生活压力的增大，人类也面临另外一种严重的威胁——紧张和适应不良。自杀就是这种严重威胁导致的后果之一。目前，在大多数西方国家，自杀是十大主要死因之一，而在青少年中自杀也是排在第二、三位的死亡原因。在美国，每年约有 20 万人试图自杀，而在一生中有过自杀念头的美国人约有 500 万。官方的统计表明，美国每年有 26000 人“成功”地进行了自杀。这意味着每隔 20 分钟就有一个美国人自杀成功。但实际的数字可能比官方的统计还要多（至少两倍），因为有些死亡都被归入比较容易接受的其他原因。由此可见，自杀行为应该引起人们的广泛关注，特别是对于青少年而言，自杀往往是他们强烈需要家庭和朋友的情感支持和帮助的信号。

（一）青少年自杀的普遍性

根据沃尔科（C. E. Walker）1978 年的资料表明，自杀是 15～24 岁青少年中最重要的死因之一。根据美国最新的调查，有 5%～10%的美国青少年自杀未遂，大约 30%的青少年有过自杀的念头。自杀是青少年中继车祸之后的第二位死亡原因，而且一些车祸本身也是一种自杀行为。在我国，自杀者中 15～24 岁的青少年占 50%～70%左右，自杀的平均年龄仅为 22.5 岁(王登峰，1999)。

尽管在青春期中期自杀的比率迅速上升，并且一直持续到成人期，但是与青少年相比，自杀是成人期更普遍的死亡原因。“成功”的自杀在年龄稍大的成人中比青少年中更普遍，而且男性的比例要高于女性。然而，与成人期相比，自杀未遂者在青少年中更普遍，其中女孩的比例要高于男孩。

统计表明，成人自杀的比例增长缓慢，然而在过去四十年间，青少年自杀的比例却在迅速增长。从 1955 年至 20 世纪 70 年代末期，15～19 岁自杀的青少年呈四倍增长，而且在 20 世纪 80 年代晚期再一次出现增长，每年都有 50 多万的美国年青人企图自杀，60%的青少年说他们私下知道其他的青少年企图自杀（Ackerman，1993）。

自杀的手段也存在性别差异。男性多借助手枪、炸药和上吊等残暴手段，而女性多选择非暴力手段，如使用安眠药来自杀。这可能也是男性自杀“成功率”高的一个原因。但这种趋势目前有所改变，很多西方国家（包括美国在内）中女性自杀“成功率”的增长速度远大于男性。

一项长达 7 年的对 505 名企图自杀的儿童和青少年的研究表明，自杀行为的发生场所依次为家里（约 73%）、公共场所（12%）、学校（7%）和朋友家中（5%）。87%的企图自杀者在实施自杀时附近一般有人，大多情况下是父母在场。这一事实表明父母是最容易辨别和阻止自杀行为的人。大多自杀行为出现在冬季，一般在下午或傍晚。而且研究表明，只有 1%的人真正想自杀成功，自杀多选用比较容易获救的方式。由此看见，大多数青少年并不想以自杀来结束自己的生命，只是向外界求助和呼吁无望而被迫采取的一种消极行为。

（二）青少年自杀的成因与影响因素

人们对自杀的成因问题从不同的角度进行了阐释，并且形成了一定的理论观点。社会文化的观点认为，自杀与各种社会因素有关，比如职业、家庭、居住城市的规模和社会经济状况等等。而内部精神的解释（intrapsychic explanations）则忽略社会因素对自杀的影响，以弗洛伊德的精神分析理论为代表，自我毁灭性的行为被看做是直接对自己内部喜爱的事物的敌对结果（这个喜爱的事物是个体自己认定的）。也就是说，个体自杀是真正的愤怒所致，自杀行为是对自己内部不和谐的一种反映。如果这种愤怒的感觉到达了致命的程度，就会导致自杀。生物化学的观点认为，自杀行为受到生物化学因素的影响，5-羟吲哚乙酸（5HIAA）含量过低的人更可能自杀。

系统的研究指出了四种已确定的易导致青少年自杀的危险因素：患有精神病学方面的问题，特别是抑郁或药物滥用；家庭成员有自杀的历史；经常处于压力状态下，特别表现在成就和性方面；经受过父母的拒绝、家庭分裂或家庭冲突（Wagner，1997）。涉及以上任何因素的青少年更容易产生自杀的想法，而且自杀未遂的青少年再次企图自杀的机率更大。结合以上有关自杀起因的论述，下面分别就影响青少年自杀行为的主要因素加以阐述。

1. 家庭因素

与其他心理社会问题一样，青少年的自杀行为受到诸多家庭因素的影响。首先，研究发现，自杀的青少年面临更多的家庭经济压力，其父母的失业率是非自杀的青少年的两倍，从而导致其父母过度地关注经济问题，而不能给青少年提供及时的帮助。有关研究发现，自杀的青少年多来自非完整家庭，其中父母双全的家庭占不到一半。而且，有自杀企图的青少年的家人医学病症和心理疾病的发生率很高，而且自杀的人数也多。

其次，家庭的不稳定性和家庭压力以及不良的家庭气氛与自杀都有关系。自杀的青少年往往在童年早期经历过创伤。父母往往以吸烟和滥用药物来缓解压力，为青少年提供了不良的榜样模型。家庭关系密切融洽时，青少年自杀的发生率相对较少。家庭状况不稳定，经历更多家庭变动的青少年，更容易发生自我同一性危机，选择自杀来解除这种危机。

最后，亲子关系的颠倒容易导致青少年自杀，亲子关系的颠倒是指父母与儿童之间传统角色行为的转换，即在亲子互动过程中，儿童做出一些传统上类属于父母的行为（例如，照料、支持、看护、劝告），而父母则更愿意表现出本应儿童做出的行为（例如，寻求支持，无助行为，或者无力竞争）。角色颠倒往往比较频繁地出现在单亲或独生子女的家庭中。角色颠倒容易使青少年产生焦虑、痛苦、挫折和敌对情绪。青少年不能正确处理成人行为带来的负担，往往谴责自己的无能。他们可能试图去改变家庭环境，逃避这种环境，或者在压力下彻底崩溃。他们将自杀看做是摆脱孩子和成人行为这种双重身份的惟一途径。

2. 个性特征

大量研究表明，青少年的个性特征会影响青少年的自杀行为，主要表现在以下几个方面：

（1）过度敏感。在一定的情境中，几乎所有的青少年偶尔都会表现过分敏感性特点，但是高敏感性的青少年会在中度干扰的情境中表现出极端态度。因此，大多数青少年自杀的心理过程具有很强的突发性和模糊性，多属一时在激情状态下心理失控而形成的冲动性自杀。

（2）受暗示性。萨巴思（Sabbath）的研究发现，企图自杀的青少年多认为父母希望他们死。父母的这种希望可能是有意识或无意识的，说出来或没有说出来，真实的或不真实的，但是对于易受暗示性的青少年来说，他们可能更易遵从这种感知到的希望。在易受暗示性企图自杀的青少年中，父母的作用是非常明显的。洛伦德（Lorand）和施内尔（Schneer）的研究发现，父母的残酷性行为往往会使青少年认为自己是不受欢迎的。格拉泽（Glaser）发现，与孩子的亲合力比较低的父母大多不愿意或不能够向青少年正确演示和表达他们的爱。这些父母可能对青少年有一种更深层的关爱，但是这些易受暗示性的青少年将这种情感疏离理解为父母希望他们死。88%的青少年在家中自杀，而且父母往往就在隔壁的房间内，由此可见，父母的态度和行为对青少年的自杀行为影响很大。

（3）抑郁。严重的抑郁往往伴随着自杀的企图，但通常很难识别出来，因为青少年很少泄露出他们的抑郁情绪。统计表明，有80%的自杀未遂者起初都患有抑郁症，抑郁与自杀行为存在高度相关。这表明抑郁在自杀行为的产生中占有非常重要的地位，但是这种关系并不是那么简单。例如，有关研究发现，严重抑郁的病人很少会自杀，这些病人一般表现为动作迟缓，能量低下，这阻碍了达到自杀所需要的活动水平。在抑郁症状开始消退的时候，病人才开始重新积聚自杀所需要的能量和动力，这时自杀比较容易发生。在抑郁持续阶段，自杀的发生率为1%，而在抑郁之后，自杀的发生率约为15%。

（4）观念与信仰。许多青少年对死亡概念的理解不够成熟，将自杀看做是完全转换世界和解决问题的手段，或者是以此方式与自己喜欢的但早已死去的人会面。这种不合理的想法通常会在媒体的影响下得到强化和美化。另外，一些虔诚的宗教信仰者认为上帝是全能和全知的，他们甚至怀疑自己是否能够继续生活下去，企图通过自杀离开这个世界而去找上帝。如同在中世纪通过马上枪术比赛解决冲突一样，极端信仰宗教的青少年希望上帝去解救他们，如果上帝认为他们的生命是有价值的，上帝就会把他们从死亡中挽救过来，这些不合理的想法都会使青少年产生自杀念头。

（三）环境特点

环境因素对青少年自杀行为的影响主要表现在以下几个方面：

（1）压力。在多数情况下，青少年环境中的特定问题对他们的不成熟提出了挑战，并导致了情感的波动。大多数压力是来自家庭的，塔克曼和康农（Tuckman & Connon）发现几乎1/3的自杀者，都承受着来自家庭的压力。

自杀并不总是压力直接导致的结果，而是不能得到社会支持所致。自杀并不是因为不被人们关心或爱戴，而是不能成为别人“需要”的“重要他人”，比如办公室里惟一的秘书，家庭中惟一挣钱养家糊口的人。

另一个主要的压力源是来自学校适应方面的，从整体上看，这些企图自杀的青少年在学校里称得上是优秀的学生，当学业失败引发自杀时，真正的原因并不是学业失败本身，而是由于自我评价（自尊）丧失，认为没能达到父母的期望而产生压力，表现为学习兴趣的减退以及抑郁和退缩。另外，企图自杀的青少年，大多在学校里不能建立一种亲密的同伴关系，容易遭受同伴拒斥和忽视，这种人际关系的破裂，容易导致青少年自杀。

（2）缺乏对环境的控制能力。科德（Corder）研究指出，感到无力改变环境是自杀的主要原因。根据人们控制自己生活的方式把个体划分为内控型和外控型两类。“内控型”的人将控制看做是自发产生的，并认为通过自己的行动能够影响所发生的事情。“外控型”的人将控制看做是外界因素强加的，认为生命带有偶然性或意外性。一些外部的东西确实不容易控制，而另外一些只是人们假想它不能控制。外控型的个体与内控型的个体相比，更可能做出自杀行为。

（3）社会文化因素。达克海因（Durkhein）将自杀分为自私自利（egastic）、反常状态（anomic）、宿命论（fatalistic）、利他主义（altruistic）四种类型，并认为前两种适合于现代西方社会，而后两种适合于工业化之前（preindustrial）的社会。虽然，目前尚未有足够的证据表明人类自杀行为的心理特征有截然的区别，但在不同的文化背景下，自杀的心理仍有一定的特点。匈牙利是世界上自杀率最高的国家，每10万人中就有33.1人，自杀率相对较低的国家（少于每10万人中有9人）有：希腊、意大利、以色列、荷兰等。而在某些社区中，自杀率几乎等于零，如澳大利亚的土著人，这可能是由于他们对死亡的极端恐惧所致。

有关自杀的宗教禁忌以及社会对待死亡的态度是决定自杀率的重要因素。天主教和伊斯兰教都强烈谴责自杀行为，因此，天主教徒和阿拉伯国家中自杀率很低。日本是在特殊情景下对自杀持赞许态度的少数国家之一，特别是切腹自杀被认为是日本人特有的忠诚方式，带有浓厚的宗教与道德色彩。基特穆拉（Kitamura）比较了西德和日本青少年自杀的情况，发现由于两国文化背景的差异，无论在流行病学、社会因素以及心理学方面都存在特征性的差异。

三、青少年自杀行为的干预策略

当对青少年的自杀行为视而不见或者不采取任何措施，这些青少年会面临更大的危险甚至再次自杀，因此对他们早期失调信号的及时觉察是非常必要的。有关自杀的研究一致表明，自杀率在青少年中呈上升趋势，这也说明自杀几乎在每一个人身上都可能发生。有关专家研究发现以下容易导致自杀的十大因素：

- 无序的家庭生活
- 父母的婚姻不美满
- 父母或亲密朋友的死亡
- 最近行为方面的明显变化，特别表现为退缩或与家庭、朋友的孤立
- 先前有过自杀未遂或企图自杀的想法
- 抑郁或妄想——强迫行为
- 学业失败或学业成绩下降
- 谈论或真的奉送自己珍爱的东西
- 出现心不在焉、冲动等情绪变化或者发生意外事故的倾向
- 睡眠状况出现紊乱，失眠或嗜睡，特别表现在白天

在自杀研究者中的“3P”（Perceptible，Predictable，Preventable），即可知觉、可预见、可预防，要求对任何自杀线索都很敏感。然而，要预先识别出有自杀倾向的人却不容易。因为有时企图自杀的青少年不会表现出任何的可辨别的线索，自杀带有突发性和冲动性，甚至于自杀的原因不易察觉。所以，我们要对任何可能的线索都保持高度敏感，尤其要注意言语和行为线索。

另外，自杀研究者逐渐意识到家庭以及朋友等个体生活中的重要他人也必须参与到干预中去。选择何种策略主要依赖于家庭和个体在问题解决过程中的能力表现。这些策略包括帮助青少年应对目前的状况，理解特定的变

化，倾吐苦闷，消除想自杀一定就是神经错乱的前兆等不合理观念。如前所述，家庭对青少年的自杀行为有很大的影响作用。因此，包括以对父母进行有关教养方式和策略方面的指导为主要内容的家庭疗法对青少年自杀行为的干预起到了很好的效果。教给父母辨别出抑郁或自杀迹象的方法，并留心儿童放学后的活动，了解各种药物的作用和易接近性。父母的关爱和支持能够帮助和促进青少年社会认知以及智力能力的发展，融洽的亲子关系能够增强家庭的凝聚力及和谐性，缓解青少年面临的成长压力，减少自毁性行为的发生。

四、青春期的压力及其应对

目前，接近1/2的青少年报告在家里或学校应对压力时感到困难。这些压力源包括重大的生活变动（例如，父母离婚、转学、家庭中某成员突然患重病、不断的家庭冲突）以及日复一日的激烈争战和竞争等（例如学校考试、被同学取笑、与同胞和父母争辩）（Compas，1987）。

这些压力源可能导致内部失调（如焦虑、抑郁、头痛、自杀等）和外部失调（如做出违法行为或者出现问题行为），而一些青少年可能通过滥用酒精和药物来缓解这种压力。对来自不同种族和家庭环境的青少年，以及他们面对相对良性（如与浪漫的伴侣分手）或相对严重的压力源（例如面对战争的损伤）时的研究中，人们也证明了压力和青少年心理社会问题之间的这种联系（Sack & Clarke，1996）。

然而，对一些青少年而言，即使是相同的压力源和压力强度却对他们的心理或身体根本没有影响。因此，尽管研究者认为压力对安宁生活有消极的影响，但是压力和功能紊乱的关系并不十分明确。是什么使得一些青少年更易于受到压力而不是其他因素的影响呢？心理学家指出了三个方面的因素：

首先，两种或多种压力源相伴出现时，它所产生的影响会剧增。研究表明，压力趋于产生多种影响，同时面临两种或多种压力源的青少年（例如父母离异和转学）所产生的心理问题是只经历其中一种压力源的青少年的两倍（Rutter，1978）。

第二，拥有一些保护性因素或资源的青少年（来自内部的，例如高自尊、健康的同一性发展、自信等；或者是外部的，例如得到他人的社会支持等）与同伴相比，他们遭受压力的消极影响的可能性要小（Compas et al., 1995）。有亲密朋友和良好的社交技能的青少年比缺少好朋友或人际交往淡漠的青少年能较好地处理诸如父母离异或升学所产生的压力。更重要的是，家庭关系融洽、亲子关系和谐的青少年与没有这种家庭支持的青少年相比，在经受压力时出现心理社会问题的可能性小。最近美国有关青少年健康问题的纵向研究（以 12000 美国青少年为被试）表明，亲子关系融洽、情感联系紧密可能是保护青少年免受伤害的惟一重要的因素（Resnick et al., 1997）。

最后，一些青少年在处理压力时更多地使用有效的应对策略。研究应对策略的专家区分出了"以问题为焦点的应对"和"以情绪为焦点的应对"之间的差异（Compas et al., 1988）。"以问题为焦点的应对"包括逐步地改变压力的来源，缓解压力；而"以情绪为焦点的应对"包括努力去改变对于压力的情绪反应。例如，如果非常担心即将到来的期末考试，采用"以问题为焦点的应对"策略的青少年可能为了复习而与其他学生组成学习小组，而采用"以情绪为焦点的应对"策略的青少年可能为了让思想分散考试这件事而出去看电影或参加聚会。更为常见的是，"以问题为焦点的应对"策略是去积极地、主动地处理、解除压力，而"以情绪为焦点的应对"策略是消极地、被动地回避或分散压力。

在某些情境中，"以情绪为焦点的应对"也是非常有效的，这些压力情境一般是自己难以控制的，例如打针或疼痛的拔牙。在这些情景中，尽力分散注意力或使自己平静可能会减缓压力。但是，一般来说，特别当压力是可控制时，使用"以问题为焦点的应对"策略的青少年的适应性比较好，很少有抑郁情绪，而且很少产生行为问题。

☞讨论

互联网与青少年的心理社会问题

互联网又称网络，是指由于电子计算机、远程通讯等技术联结世界各个国家、部门及个人的高速信息交互系统。随着信息技术的应用和发展，网络不仅结构性地改变着人类赖以生存的地缘空间，而且在深刻地改变着人们的工作、生活以及思维方式。互联网使用对青少年的影响，特别是对青少年心理社会行为的影响，已经引起了社会的普遍关注。

目前的研究结论认为，互联网对青少年的心理社会行为的影响主要表现在认知、情绪情感、行为以及自我意识等方面。

一、互联网对认知过程的影响

格拉尼克和拉梅（Granic & Lamey，2000）研究发现互联网的自组织的特性可能导致使用者的思维模式出现五个方面的变化：要素主义思维转向虚幻感；情境化的批判思维技能的发展；体现自我同一性的元认知的出现；思维流畅性增加；效能感的发展。更为具体地说，由于互联网的使用，以线性的要素主义为特征的现代人的思想模式可能转化为后现代主义的非线性的思维模式。奥尔森（Olson，1994）认为，这种转变可能类似于那些在中学阶段由于大量知识的学习而导致的认知过程出现的大量的变化，如抽象思维的发展、普遍道理的学习。

也有的研究者通过研究发现，互联网的时间感、空间感、现实感的知觉（perception of reality）、自我感（sense of self）会在互联网中发生改变。

二、互联网对行为过程的影响

对大多数人来说，他们会从互联网的使用中受益；但对一部分人而言，当使用变成滥用的时候，他们的生活就可能会出现病理性的行为问题，如互联网成瘾、互联网依赖等。

互联网对人的社会交往方式和社会交往技能可能产生影响。杨（Yong，1996）发现互联网成瘾者主要使用互联网进行社会交往，而不存在与互联网相关问题的人则使用互联网来保持已有的人际关系。也有的研究表明，网上聊天与发送电子邮件正成为人们认识新朋友的一种非常平常的方式。

而在我国也有不少上网成瘾的报道，尤其中学生由上网所引起的自杀、出走、猝死事件值得引起关注。

三、互联网对情绪情感、自我意识的影响

互联网使用不仅对人的认知、行为过程有影响，它同时对人的情绪情感以及自我意识有影响作用。

首先，互联网可能会给用户带来积极的心理体验。斯普劳尔和法拉吉（Sproull & Faraj，1995）认为互联网这种社会性技术可以给用户以归属感和人性支持。其他的研究发现，互联网的使用会使社会联系增加，让用户感觉舒服与力量感。但是，互联网的使用也会给用户的情绪情感带来消极影响。特克尔（Turkle，1996）发现一些被试因为上网交友而导致社会孤立和社会焦虑的产生。也有的研究发现，过多使用互联网会导致孤独和抑郁的增加，具体地说，他们的研究发现互联网的过多使用，即使是因为交流而使用互联网，也会导致社会卷入的减少与幸福感降低。

其次，互联网使用存在一个很重要的特征，即大多数的互联网使用者独自使用互联网，“电子化的个体”正在逐步增加。因此，互联网较可能对自我意识的发展与人格的倾向性产生影响。

最后，某些网上活动可能会给具有较好计算机技巧的人赢得尊重与地位，可能对一个人的自我评价产生影响。

在我国，互联网发展时间虽短，但势头强劲，特别是在城市中大有普及之势，特别是青少年用户猛增。社会也开始关心互联网使用对青少年的影响，但目前在这个领域的研究还刚刚起步，基本上还处于初步描述阶段，系统的实证研究还非常少，有关的研究成果主要集中在以下几个方面：（1）青少年上网的一些基本情况；（2）青少年上网的主要动机和网上行为；（3）青少年掌握网络知识的途径和目前上网的主要困难；（4）青少年对互联网的态度。

随着网络的发展，加强网络对人的影响，尤其是对青少年的心理社会行为的影响，就显得尤为重要。

参考文献

Ackerman, G. (1993). A congressional view of youth suicide. *American Psychology*, 48, 183~184.

Adams, G. R. & Marshall, S. K. (1996). A developmental social psychology of identity: Understanding the person-in-context. *Journal of Adolescence*, 19, 429~442.

Adams, G. & Fitch, S. (1982). Ego stage and identity status development: A cross-sequential analysis. *Journal of Personality and Social Psychology*, 43, 574~583.

Adams, G. Gullotta, T., & Montemayor, R. (1992). *Adolescent identity formation*. Newbury Park, CA: Sage.

Adegoke, A. (1993). The experience of spermarche among selected adolescent boys in Nigeria. *Journal of Youth and Adolescence*, 22, 201~209.

Adelson, J. (1972). The political imagination of the young adolescent. In J. Kagan & R. Coles (Eds.), *Twelve to sixteen: Early adolescence*. New York: W. W. Norton.

Adolson, J. (1981). *Handbook of adolescent psychology*. New York.

Alasker, F. & Olweus, D. (1992). Stability of global self-evaluations in early adolescence: A cohort longitudinal study. *Journal of Research on Adolescence*, 1, 123~145.

Archer, S. (1989). Gender difference in identity development: Issues of process, domain, and timing. *Journal of Adolescence*, 12, 117~138.

Archer, S. L. & Waterman, A. S. (1988). Psychological individualism: Gender differences or gender neutrality? *Human Development*, 31, 65~81.

Archer, S. L. (2000). Intimacy. In A. Kazdin (Ed.), *Encyclopedia of Psychology*. Washington, dc, and New York: American Psychological Association and Oxford University Press.

Armsden, G. & Greenberg, M. (1987). The inventory of parent and peer attachment: Individual differences and their relationship to psychological well-being in adolescence. *Journal of Youth and Adolescence*, 16, 427~453.

Barber, B. & Olsen, J. (1997). Socialization in context: Connection, regulation, and autonomy in the family, school, neighborhood, and with peers. *Journal of Adolescent Research*, 12, 287~315.

Bar-Tal, D., Raviv, A., & Leiser, T. (1980). The development of altruistic behavior: Empirical evidence. *Developmental Psychology*, 16, 516~524.

Bartholomew, K. & Horowitz, L. M. (1991). Attachment styles among young adults: a test of a four-category model. *Journal of personality and social psychology*, 61, 226~224.

Batson, C. D. (1991). *The altruism question: Toward a social-psychological answer*. Hillsdale, NJ: Erlbaum.

Bauman, K. E. & Fisher, L. A. (1986). On the measurement of friend behavior in research on friend influence and selection: Finding from lonfitudinal studies of adolescent smoking and drinking. *Journal of Youth and Adolescence*, 15, 323~340.

Baumeister, R. F. (1987). How the self became a problem: a psychological review. *Journal of personality and social psychology*, 52, 163~176.

Baumeister, R. F. (1991). Identity crisis. In R. M. lerner, A. C. Petersen, & J. Brooks-Gunn (Eds.), *Encyclopedia of adolescence* (Vol. 1). New York: Garland.

Baumeister, R. F., & Muraven, M. (1996). Identity as adaptation to social, culture, and historical context. *Journal of Adolescence*, 11, 56~95.

Baumrind, D. (1991). The influence of parenting style on adolescent competence and substance use. *Journal of Alcohol and Substance Abuse*, 4, 41~67.

Beavers, W. R., & Voeller, M. V. (1984). Family models: comparing and contrasting the olson circumplex model with the beavers systerm model. In: Olson, D. H., Miller, B. C., *Family studies: review yearbook* (Vol. 2), Sage Publications, 45~56.

Bem, S. L. (1974). The measurement of psychological androgyny. *Journal of consulting and clinical psychology*, 42, 155~162.

Benbow, C. P. & Stanley, J. C. (1983). *Sex differences in mathematical reasoning ability*. Morefads, Science, 222, 1029~1031.

Bence, P. (1992). Patterns of the experience of mood. *Paper presented at the biennial meetings of the society for research on adolescence*. Washington.

Berardi－coletta, B., Buyer L. S., Dominowski, R. L. (1995). Metacognition and problem－solving: A process－oriented approach. *Journal of experimental psychology: Learning, memory and cognition*, 21(1): 205～223.

Berman, W. H., & M. B. (1994). Sperling "The Structure and Function of Adult Attachment." *Attachment in Adults: clinical and developmental perspectives*. edited by M. B. Sperling and W. H. Berman. New York: The Guilford Press.

Berndt, T. & Hoyle, S. (1985). Stability and change in childhood and adolescent friendships. *Developmental Psychology*, 21, 1007～1015.

Berndt, T. & Perry, T. (1990). Distinctive features and effects of early adolescent friendships. In R. Mintemayor, G. Adams & T. Gullota (Eds.), *Advances in adolescence research*, 2, 269～287.

Berndt, T. (1982). The features and effects of friendship in early adolescence. *Child Development*, 53, 1447～1460.

Berzonsky, M. D., & Lombardo, J. P. (1983). Pubertal timing and identity crises: A preliminary investigation. *Journal of Early Adolescence*, 3, 239～246.

Besevegis. E (1996). *Conflict and Development in Adolescence*. DSWO Press: 93～102.

Bidell, T.R., & Fischer, K. W. (1992). Beyond the stage debate. Action, structure and variability in Piagetian theory and research. In R. J. Sternberg & C. A. Berg(Eds.), *Intellectual development*. Cambridge, England: Cambridge University Press.

Bigelow, B., & LaGaipa, J. (1975). Children's written descriptions of friendship. *Developmental Psychology*, 11, 857～858.

Biggs J. B. & Kirby, J. R. (1984). Difference of learning Processes within ability Groups. *Educational Psychology*, 4, 21～39.

Bischof－Kohler, D. (1991). The development of empathy in infants. In M. E. Lamb & H. Keller (Eds.), *Infant development: Perspectives from German－speaking counties*, pp. 245～273. Hillsdale, NJ: Erlbaum.

Blakeney, C., & Blakeney, R. (1989). *A logic to the madness: Toward a theory of moral disorder*. Berkeley, CA: The Institute for Clinical Developmental Psychology.

Blasi, A. (1980). Bridging moral cognition and moral action: a critical review of the literature.

Psychological Bulletin, 88, 1~45.

Blatt, J. (1966). Studies of the effect of classroom discussion upon children's moral development. Unpublished ph. D. dissertation. Chicago: University of Chicago.

Block, J. & Robins, R. B. (1993). A longitudinal study of consistency and change in self-esteem from early adolescence to early adulthood, *Child Development*, 64, 909~923.

Block, J., & Robins, R. (1993). A longitudinally foretelling drug usage in adolescence: Early childhood personality and environmental precursors. *Child Development*, 59, 336~355.

Blos, P. (1967). The second individuation process of adolescence. *Psychoanalytic Study of the Child*, 22, 162~186.

Blyth, D., Hill, J., & Thiel, K. (1982). Early adolescents' significant others: Grade and gender differences in perceived relationships with familiar and non-familiar adults and young people. *Journal of Youth and Adolescence*, 11, 425~450.

Bowerman, C. E., & Elder, G. H. (1964). Variations in adolescent perception of family power. *American Sociological Review*, 29, 551~567.

Bowlby, J. (1998). *Asecure base: clinical applications of attachment theory*. London: Routle-dge.

Braebeck, M. (1984). Ethical characteristics of whistle blowers. *Journal of Research in Personality*, 18, 41~53.

Bretherton, I. (1991). International communication and the development of an understanding of mind. In: D. Frye & D. Moore(Eds.), *Theories of Mind*. Lawrence Erlbaum Associates Publishers, 49~76.

Bronfenbrenner, U. (1979). *The ecology of human development*. Cambridge: Harvard University Press.

Brook, J. S. (1997). Drug Use and delinquency: Shared and Unshare Risk Factors in African American and Puerto Rican Adolescents. *Journal of Genetic psychology*, 158, 25~39.

Brooks-Gunn, J., & Reiter, E. (1990). The role of pubertal processes. In S. Feldman & G. Elliott (Eds.), At the threshold: *The developing adolescent* (pp. 16~23). Cambridge, MA: Harvard University Press.

Brooks-Gunn, J., & Ruble, D. N. (1982). The development of menstrual-related beliefs and behaviors during early adolescence. *Child Development*, 53, 1567～1577.

Brooks－Gunn, J., & Warren, M. (1985). The effects of delayed menarche in different contexts: Dance and nondance students. *Journal of Youth and Adolescence*, 14, 285～300.

Brooks－Gunn, J., & Warren, M. (1989). Biological contributions to negative affect in young girls. *Child Development*, 60, 40～55.

Brooks－Gunn, J., Graber, J., & Paikoff, R. (1994). Studying links between hormones and negative affect: Models and measures. *Journal of Research on Adolescence*, 4, 469～486.

Brown, B. (1990). Peer groups. In S. Feldman & G. Elliot (Eds.), *At the threshold: The developing adolescent*. Cambridge, MA: Harvard University Press.

Brown, B., Mounts, N., Lamborn, S. & Steinberg, L. (1993). Parenting practices and peer group affiliation in adolescence. *Child Development*. 64, 472～495.

Buchanan, C., Eccles, J., & Becker, J. (1992). Are adolescents the victims of raging hormones? Evidence for activational effects of hormones on moods and behavior at adolescence. *Psychological Bulletin*, 111, 62～107.

Buchanan, C., Holmbeck, G., Allison, S., & Hughes, J. (1996). *Measuring beliefs about adolescence*. Paper presented at the biennial meetings of the Society for Research in Child Deleopment, New Orleans.

Buchman, C., Maccoby, E., & Dornbusch, S. (1996). *Adolescence after divorce*. Cambridge, MA: Havard University Press.

Buhrmester, D. & Furman, W. (1987). The development of companionship and intimacy. *Child Development*, 58, 1101～1113.

Buhrmester, D. (1990). Intimacy of friendship, interpersonal competence, and adjustment during preadolescence and adolescence. *Child Development*, 61, 1101～1111.

Bukowski, W. & Hoza, B. (1989). Popularity and friendship: Issues in theory, measurement, and outcome. In T. Berndt and G. Ladd (Eds), *Peer relations in child development*. New York: Wiley.

Bukowski, W., Gauze, C. & Newcomb, A. (1993). Differences and consistency between same－sex and other－sex peer relationships during early adolescence. *Developmental Psychology*, 29, 255～263.

Bulcroft, R. (1991). The value of physical change in adolescence: Consequence for the parent - adolescent exchange relationship. *Journal of Youth and Adolescence*, 20, 89～105.

Burnett, P. C. (1996). Gender and grade differences in elementary school children's descriptive and evaluative self - statements and self - esteem, *School psychology international*, 17, 159～170.

Bussey, K. & Bandura, A. (1999). Social cognitive theory of gender development and differentiation. *Psychological review*, 106 (4), 676～713.

Butterfield , E.C., Nelson, T.O., & Peck, V. (1988). Developmental aspects of the feeling knowing. *Developmental Psychology*, 24, 654～663.

Byren, B. M. (1984). The general/academic self - conception methological network: A review of construct validation research. *Review of Educational Research*, 54, 427～456.

Byrne, B. M., & Shavelson, R. J. (1996). On the Structure of Social Self - Concept for Pre - , Early, and Late Adolescence: A Test of Shavelson, Hubber, Stanton (1976) Model. *Journal of Personality and Psychology*, 3, 599～611.

Campbell, J. D. & Lavallee, F. L. (1993). Who Am I? The role of self - confusion in understanding the behavior of people with low self - esteem. In R. F. Baumeister (eds): *Self - esteem—the puzzle of low self - regarded*. New York: Plenum press.

Campbell, R. L. & Christopher, J. C. (1996a). Moral development theory: a critique of its Kantian presuppositions. *Developmental Reiview*, 16, 1～47.

Campbell, R. L. & Christopher, J. C. (1996b). Beyond formalism and altruism: the prospects for moral personality. *Developmental Reiview*, 16, 108～123.

Cantwell, D., & Baker, L. (1991). Manifestations of depressive affect and adolescence. *Journal of Youth and Adolescence*, 20, 121～134.

Caplan, N., Choy, M. H., & Whitmore, J. K. (1991). *Children of the boat people: A study of educational success*. Ann Arbor: University of Michigan Press.

Carter, D. B., & Levy, G. D. (1988). Cognitive aspects of children's early sex - role development: The influence of gender schemas on preschoolers' memories and preferences for sex - typed toys and activities. *Child Development*, 59, 782～793.

Caspi, A., & Moffitt, T. (1991). Individual differences and personal transitions: The sample case of girls at puberty. *Journal of Personality and Social Psychology*, 61, 157～168.

Ceci, et al. (1985). A day at the races: The study of IQ, experience, and cognitive complexity. *Journal of Experimental Psychology: General*, 155, 225～266.

Chassin, L., Presson, C., Sherman, S., Montello, D. & McGres, J. (1986). Changes in peer and parent influence during adolescence: Longitudinal versus cross－Sectional perspectives on smoking initiation. *Developmental Psychology*, 25, 827～834.

Chen J Q., & Goldsmith L T. (1991). *Social and behavioral characteristics of Chinese only children and its research concern*. Presented at the Biennial Meeting of the Society for Research in child Development.

Chen, X., Rubin, K. & Li, D. (1997). Relation between academic achievement and social adjustment: Evidence from Chinese children. *Developmental Psychology*, 33, 518～525.

Cheung, F M. (2001). Indigenous Chinese personality constructs: Is the five－factor model complete? *Journal of Cross Cultural psychology*, 32, 407～433.

Chi, M. T. H. (1978). Knowledge structures and memory development. In R. Siegler (Ed.), *Children's thinking: What develops*? Hillsdale, NJ: Erlbaum.

Chi, MTH., Bassok, M., Lewis, MW., Reimann, P., & Glaser, R. (1989). Self－explanations: How students study and use examples in learning to solve problems. *Cognitive Science*, 13, 145～182.

Chodorow, N. (1978). *The reproduction of mothering: Psychoanalysis and the sociology of gender*. Berkeley: University of California Press.

Clark, R. & Delia, J. (1976). The development of functional persuasive skills in childhood and early adolescence. *Child Development*, 47, 1008～1014.

Clausen, J. A. (1993). *American lives*. New York: Free Press.

Cobb, N. (1995). *Adolescence: Continuity, change, and diversity* (2nd Ed.). Mountain View, CA: Mayfield.

Coie, J. & Dodge, K. (1983). Multiple sources of data on social behavior and social status in the school: A cross－age comparison. *Child Developmen*, 13, 815～829.

Coke, J. S., Batson, C. D., & Mcdavis, K. (1978). Empathy mediation of helping: A two－stage model. *Journal of Personality and Social Psychology*, 36, 752～766.

Colby, A. & Kohlberg, L. (1987a). *The measurement of moral judgment* (Vol. 1): *theoretical foundation and research validation*. New York: Cambridge University Press.

Colby, A. & Kohlberg, L. (1987b). *The measurement of moral judgment* (Vol. 2): *Standard Issue Scoring Mannual*. New York: Cambridge University Press.

Cole, M. & Cole, S. R. (1996). *The development of children*. New York: W. H. Freeman and Company.

Collaer, M. & Hines, M. (1995). Human behavioral sex differences: A role for gonadal hormones during early development? *Psychological Bulletin*, 118, 55～107.

Collins, W. (1990). Parent－child relationships in the transition to adolescence: Continuity and change in interaction, affect, and cognition. In R. Mintemayor, G. Adames, & T. Gullotta (Eds.), *Advances in adolescent development*, 2, 85～106.

Collins, W. A. (1988). Research on the transition to adolescence: Continuity in the study of developmental processes. In M. Gunnar & W. Collins (eds.), *Minnesota Symposium on Child Psychology* (Vol. 21)(pp 1～15). Hillsdale, N. J.: Erlbaum.

Compas, B. (1987). Coping with stress during childhood and adolescence. *Psychological Bulletin*, 101, 393～403.

Compas, B., Hinden, B., & Gerhardt, C. (1995). Adolescent development: Pathways and processes of risk and resilience. *Annual Review of Psychology*, 46, 265～293.

Compas, B., Malcarne, V., & Fondacaro, K. (1988). Coping with stress during childhood and adolescence. *Psychological Bulletin*, 101, 393～403.

Conger (1977). *Adolescence and Youth－Psychological Development in a Changing World*. New York.

Conger, K. & Conger, R. (1994). Sibling relationships during hard times. In R. Conger and Elder, Jr. (Eds.), *Families in troubled times: adapting to change in rural America* (pp 235～252). New York: Aldine de Gruyter.

Conger, R., et al. (1992). A family process model of economic hardship and adjustment of early adolescent boys. *Child Development*, 63, 526～541.

Conger, R., et al. (1993). Family economic stress and adjustment of early adolescent girls. *Developmental psychology*, 29, 206～219.

Conger, R., et al. (1994). Economic stress, coercive family process, and developmental problems of adolescents. *Child development*, 66, 80～97.

Connolly, G. M., Casswell, S., Stewart, J., & Silva, P. S. (1992). Drinking context and other influences on the drinking of 15－year－old New Zealanders. *British Journal of Addiction*, 87, 1711～24.

Connolly, J. & Konarski, R. (1994). Peer self－concept in adolescence: Analysis of factor structure and of associations with peer experience. *Journal of Research on Adolescence*, 4, 385～403.

Connolly, J., Furman, W., & Konarski, R. (1999). *The role of peers in the emergence of romantic relationships in adolescence*. Manuscript under review.

Connolly, J., Goldberg, A., Pepler, D., & Craig, W. (1998). Development of romantic behaviors and perceptions in early adolescence. Paper presented at the meeting of Society for Research in Adolescence. San Diego, CA.

Cooper, C. (1988). Commentary: The role of conflict in adolescent－parent relationships. In M. Gunnar, ed., 21st *Minnesota symposium on child psychology*, Hillsdale, N. J., Erlbaum, pp. 181～187.

Cooper, C., Carlson, C., Keller, J., Koch, P., & Spradling, V. (1993). Conflict negotiation in early adolescence: Links between family and peer relational patterns. Paper presented at the biennial meetings of the Society for Research in Child Development, New Orleans.

Coppersmith, S. (1967) *The antecedents of self－esteem*. San Francisco: Freeman.

Coughlin, C., & Vuchinich, S. (1996). Family experience in preadolescence and the development of male delinquency. *Journal of Marriage and the Family*, 58, 491～501.

Crikszentmihalyi, M. & Larson, R. (1984). *Being adolescent*. New York: Basic Books.

Crusec, J. E. & Lytton, H. (Eds.) (1988). *Social development: History, theory and research*. Spring－Verlag.

Csikszentmihalyi, M. & Larson, R. (1984). *Being adolescent*. New York: Basic Books.

Cushman, P. (1990). Why the self is empty. *American psychologist*, 45, 599～611.

Dacey, J. S. (1982). *Adolescence today*. London: Scott, Foresman and Company.

Damon, W. (1977). *The social world of the child*. San Francisco: Jossy－Bass.

Damon, W. & Hart, D. (1988). *Self - understanding in childhood and adolescence*. New York: Cambridge University Press.

Daniels, D., Dumn, J., Furstenberg, F., Jr. & Plomin, R. (1985). Enviormental differences within the family and adjustment differences within pairs of adolescent siblings. *Child Development*, 56, 764~774.

Darling, N. & Steinberg, L. (1993). Parenting style as context: An integrative model. *Psychological Bulletin*, 113, 487~496.

Day, J. M. & Tappan, M. B. (1996). The narrative approach to moral development: from the epistemic subject to dialogical selves. *Human Development*, 39, 67~82.

Degirmencioglu, S. & Urberg, K. (1994). Cross - gender friendships in adolescence: Who chooses the 'other'? Paper presented at the biennial meetings of the Society for Research on Adolescence, San Diego.

Dekovic, M., Noom, M. J., & Meeus, W. (1997). Expectations Regarding Development During Adolescence: Parental and Adolescent Perceptions. *Journal of Youth and Adolescence* (vol. 26)3, 253~272.

Denton, K., & Zarbatany, L. (1996). Age differences in support processes in conversations between friends. *Child Development*, 67, 1360~1373.

Diaz, R. & Berndt, T. (1982). Children's knowledge of a best friend: Fact or fancy? *Developmental Psychology*, 18, 787~794.

Dorn, L. D., Crockett, L. J., & Peterson, A. C. (1988). The relation of pubertal status to intrapersonal changes in young adolescents. *Journal of Early Adolescence*, 8, 405~419.

Douvan, E. & Adelson, J. (1996). *The adolescent experience*. New York: Willey.

Dowdy, B. & Kliewer, W. (1998). Dating parent - adolescent conflict, and behavioral autonomy. *Journal of Youth and Adolescence* (Vol. 27)4, 473~492.

Dowdy, B. & Kliewer, W. (1998). Dating Parent - adolescent Conflict, and Behavioral Atonomy. *Journal of Marriage and the Family* (Vol. 54), 737~747.

Dryer, P. H. (1994). Designing curricular identity interventions for secondary schools. In S. L. Archer (Ed.), *Interventions for adolescent identity development* (pp. 121~140). Thousand Oaks, CA: Sage.

Dubas, J., Graber, J., & Petersen, A. (1991). A longitudinal investigation of adolescents' changing perceptions of pubertal timing. *Developmental Psychology*, 27, 580~586.

Duncan, P., Ritter, P., Dornbusch, S., Gross, R., & Carlsmith, J. (1985). The effects of pubertal timing on body image, school behavior, and deviance. *Journal of Youth and Adolescence*, 14, 227~236.

Dunn, S., Putallaz, M., Sheppard, B., & Lindstrom, R. (1987). Social support and adjustment in gifted adolescents. *Journal of Educational Psychology*, 79, 467~473.

Dunphy, D.(1963). The social structure of urban adolescent peer groups, *Sociometry*, 26, 230~246.

Durkin, K. (1995). *Developmental Social Psychology*. *Blackwell*, *USA*. 523~524.

Durkin, K. (1997). *Developmental social psychology - from infancy to old age*. Blackwell.

Dusek, J. & Flaherty, J. (1981). The development of the self - concept during the adolescent years. *Monographs of the Society for Research in Child Development*, 46 (No. 191).

Dyer, G. & Tiggemann, M. (1996). The effects of school environment on body concerns in adolescent women. *Sex Roles*, 34, 127~138.

Edward, A. D. (1976). *Adolescence*: *Theory and Experience*. Published by Charles E. Merrill Publishing Company, 52~66.

Eisenberg, N. & Fabes, R. A. (1998). Prosocial development. In W. Damon(Series, Ed.) & N. Eisenberg (Vol. Ed.), *Handbook of child psychology*(Vol. 3): *Social*, *emotional*, *and personality development* (*5th Ed*.), pp. 701~778. New York: Wiley.

Eisenberg, N. (1996). Caught in a narrow Kantian perception of prosocial development: Reactions to Campbell and Christopher's critique of moral development theory. *Developmental Review*, 16, 48~68.

Eisenberg, N. & Mussen, P. H. (1989). *The Roots of Prosocial Behavor in Children*. Cambridge: Cambridge University Press.

Eisenberg, N., Shell, R., Paternack, J., Lennon, R., Beller, R., & Mathy, R. M. (1987). Prosocial development in middle childhood: a longitudinal study. *Developmental Psychology*, 24, 712~718.

Eisenberg, N., Zhou, Q., & Koller, S. (2001). Brazilian adolescents' prosocial moral judgment and behavior: relations to sympathy, perspective taking, gender - role orientation, and demographic characteristics. *Child Development*, 72(2), 518~534.

Eiser, J. R., Morgan, M., & Gammage, P. (1987). Belief correlates of perceived addiction in young smokes. *European Journal of Psychology of Education*, 23, 75~85.

Elkind, D. (1967). Egocentrism in adolescence. *Child Devlopment*, 38, 1025~1034.

Elkind, D. (1976). *Child development and education: A Piagetian perspective*. New York: Oxford Universisy Press.

Elkind, D. (1985). Reply to D. Lapsley and M. Murphy's Developmental Review paper. *Developmental Review*, 5, 218~226.

Emler, N. & Hogan, R. (1981). Developing attitudes to law and justice: an integrative review. In S. S. Brehm, S. M. Kassin, and F. X. Gibbons (Eds.), *Developmental Social Psychology: theory and research*. New York: Oxford University Press.

Emmerich, W. & Shepard, K. (1984). Cognitive factors in the development of sex - typed preferences. *Sex Roles*, 11, 997~1007.

Ennett, S. & Bauman, K. (1996). Adolescent social networks: School, demographic, and longitudinal considerations. *Journal of Adolescent Research*, 11, 194~215.

Epstein, N. B., Bishop, D. S., Baldwin, I. M. (1984). *McMaster Model of Family Functioning: a View of Normal Family*. In: D. H. Olson, & B. C. Miller, *Family Studies: Review Yearbook* (Vol. 2), Sage Publications, 75~98.

Epstien, C. (1980). *Brain growth and cognitive functioning: Characteristics and implications*. Columbus, Ohio: NMSA.

Erikson, E. (1968). *Identity: Youth and crisis*. New York: Norton.

Eveleth, P. & Tanner, J. (1990). *Worldwide variation in human growth*. New York: Cambridge University Press.

Fabes, R. A. & Eisenberg, N. (1996). *An examination of age and sex differences in prosocial behavior and empathy*. Unpublished data, Arizona State University.

Fagot, B. I. (1978). The influence of sex of child on parental reactions to toddler children. *Child Development*, 49, 459~465.

Farell, M. & Rosenberg, S. (1981). *Men at midlife*. Boston: Auburn House.

Fausto－Sterling, A. (1992). *Myths of gender: Biological theories about women and men* (2nd ed.). New York: Basic Books.

Federal Bureau of Investigation (1996). *Uniform crime reports for the United States*. Washington, DC: U.S. Government Printing Office.

Feiring, C. & Lewis, M. (1991). The transition from middle childhood to early adolescence: Sex differences in the social network and perceived self－competence. *Sex Roles*, 24, 489～510

Feldman, S. & wood, D. (1994). Parents' expectations for preadolescent sons' behavioral autonomy: A longitudinal study of correlates and outcomes. *Journal of Research on Adolescence*, 4, 45～70.

Flanagan, C. (1990). Change on family work status: Effects on parent－adolescent decision making. *Child development*, 61, 163～177.

Flannery, D., Torquati, J., & Lindemeier, L. (1994). The method and meaning of emotional expression and experience during adolescence. *Journal of Adolescent Research*, 9, 8～27.

Flavell, J. H. (1992). Perspectives on perspective taking. In H. Beilin & P. Pufall (Eds.), *Piaget's theory: Prospectc and possibilities*. Hillsdale, NJ: Erlbaum.

Flavell, J. H., Miller P. H. (1998). Social cognition. In W. Damon (editor－in－chief), D. Kuhn & R. S. Siegler. *Handbook of child psychology: Cognitions, perceptions, and language*. Toronto: Wiley, (Vol. 2): 851～898.

Flavell, J. H. (1977). *Cognitive development*. Englewood Cliffs, NJ: Prentice－Hall.

Flavell, J. H., Friedrichs, A. G., & Hoyt, J. D. (1970). Developmental changes in memorization processes. *Cognitive Psychology*, 1, 324～340.

Flavell, J. H., Green, F. L., & Flavell, E. R. (1986). Development of knowledge about the appearance－reality distinction. *Monographs of the Society for Research in Child Development*, 51 (1, Serial No. 212).

Freeman, D. (1983). *Mararet Mead and Samoa: The make and unmaking of an anthropological myth*. Cambridge. MA: Harvard University Press.

Freeman, W. H. (1992). Self as Narrative: the place of lige history in studying the life span. Thomas M, Richard (Ed), *The self*. State University of New York Press.

French, D., Conrad, J., & Turner, T. (1995). Adjustment of antisocial and nonantisocial rejected adolescents. *Developmental Psychology*, 7, 857～874.

Frisch, R. (1983). Fatness, puberty, and fertility: The effects of nutrition and physical training on menarche and ovulation. In J. Brooks－Gunn & A. Petersen(Eds.), *Girls at puberty*. New York: Plenum.

Frye, D. & Moore D. (Eds.) (1991). *Children's theorie of mind: Mental states and social understanding*. Hillsdalem NJ: Erlbaum.

Fulligni, A. J., Eccles, Jacquelynne S., Barber, B. L., & Clements, Peggy. (2001). Early adolescent peer orientation and adjustment during high school. *Development psychology*, 37(1), 28～36.

Fulligni, A. J. & Zhang, W. (2002). Attitudes toward family obligation among adolescents in contemporary urban and rural china, Post paper in 9th conference of society for research in adolescence.

Fulligni, A. J. (1999). Attitudes toward family obligation among American adolescents with Asian, Latin American, and European backgrounds. *Child Development*, 70, 1030～1044.

Fulton, A. (1997). Identity status, religious orientation, and prejudice. *Journal of Youth and Adolescence*, 26, 1～11.

Furby, L. & Beyth－Marom, R. (1992). Risk taking in adolescence: a decision－making perspective. *Developmental Review*, 12, 1～44.

Furman, W. & Buhrmester, D. (1985). Children's perceptions of the personal relationships in their social networks. *Developmental Psychology*, 21, 1016～1024.

Furman, W. & Buhrmester, K. (1983). Developmental changes in young children's conceptions of friendship. *Developmental Psychology*, 54, 549～556

Furman, W. & Buhrmester, K. (1984). Children's conceptions of friendship: A multimethod study of developmental changes. *Developmental Psychology*, 20, 925～931

Furman, W. & Wehner, E. (1994). Romantic views: Toward a theory of adolescent romantic relationships. In Montenayor, R., Adams, G. R. & Gullota, G. P. (eds.), *Advance in Adolescent Development*, 6, 168～195.

Furman, W. (1989) The development of children's social networks. In Belle, D. (ed.),

Children's Social Networks and Social Supports. New York: Willey.

Furman, W. (1998). Friends and Lovers: The role of peer relationships in adolescent romantic relationships. In Collins, W. A. & Lauren, B. (eds.), *Relationships as Developmental Contexts: The 30th Minnesota Symposia on Child Development*. Erlbaum, Hillsdale, NJ.

Galambos & Silbereisen (1987). Income change, parental life outlook, and adolescent expectations for job success. *Journal of Marriage and the Family*, 49, 141~149.

Gardner, H. (1983). *Frames of mind: The theory of multiple intelligence*. New York: Basic Books.

Gauze, C., Bukowski, W., Aquan-Assee, J., & Sippola, L. (1996). Interactions between family environment and friendship and associations with self-perceived well-being during early adolescence. *Child Development*, 67, 2201~2216.

Gavin, L. & Furman, W. (1989). Differences in adolescents' perceptions of their peer groups. *Developmental Psychology*, 25, 827~834.

Gavin, L. & Furman, W. (1996). Adolescent girls' relationships with mothers and best friends. *Child Development*, 67, 375~386.

Ge, X., Conger, R., & Elder, G., Jr. (1996). Coming of age too early: Pubertal influences on gils' vulnerability to psychological distress. *Child Development*, 67, 3386~3400.

Geen, R. G. (1992). *Human Aggression*. Milton Keynes: Open University Press.

George, I., Williams, S., & Silva, P. (1994). Body size and menarche: The Dunedin study. *Journal of Adolescent Health*, 15, 573~576.

Gilligan, C. (1977). In a different voice: Women's conceptions of the self and of morality. *Harvard Educational Review*, 47, 481~517.

Gilligan, C. (1982). *In a different voice: Psychology theory and women's development*. Cambridge, MA: Harvard University Press.

Gilligan, C., Kohlberg, L., Lerner, M., & Belenky, M. (1981). *Moral reasoning about sexual dilemmas: Technical report of the U.S. Commission on obscenity and Pornography* (Vol. 6). Washington, DC: U.S. Government Printing Office.

Gillmore, M., Morrison, D., Lowery, C., & Baker, S. (1994). Beliefs about condoms and their association with intentions to use condoms among youths in detention. *Journal of*

Adolescent Health, 15, 228~237.

Ginsburg, H. & Opper, S. (1979). *Piaget's theory of intellectual development* (*2nd ed.*). Englewood Cliffs, NJ: Printice-Hall.

Gladstone, T. & Kaslow, N. (1995). Depression and attributions in children and adolescents: A meta-analytic review. *Journal of Abnormal psychology*, 23, 597~606.

Goddard E. (1989). Smoking among Secondary School Children in England in 1988. *Office of Population Censuses and Surveys*, London.

Goldstein, B. (1976). *Introduction to human sexuality*. Belmont, Calif.: Star.

Gore, S. & Aseltine, R., Jr. (1995). Protective processes in adolescence: Matching stressors with social resources. *American Journal of Community Psychology*, 23, 301~327.

Goslin, D. A. (Ed.) (1969). *Handbook of socialization theory and research*. Chicago: Rand McNally.

Gottman, J. (1986). The world of coordinated play: Same- and cross-sex friendship in young children. In J. M. Gottman & J. G. Parker (eds.). *Conversations of Friends*: *Speculations on Affective Development*. Cambridge University Press, New York: 139~191.

Graber, J., Brooks-Gunn, J., & Warren, M. (1995). The antecedents of menarcheal age: Heredity, family environment, and stressful life events. *Child Development*, 66, 346~359.

Graham, C. (1991). Menstrual synchrony: An update and review. *Human Nature*, 2, 293~311.

Granic, I. & Lamey, A. (2000). The self-organization of the internet and changing model of thought. *New ideal in psychology*, 18, 93~107.

Gray, W. & Hudson, L. (1984). Formal operations and the imaginary audience. *Developmental Psychology*, 20, 619~627.

Green. F. P. & Schneider, F. W. (1974). Age differences in the behavior boys on three measures of altruism. *Child Development*, 45, 248~251.

Greenberg, M. & Siegel, J., & Leitch, C. (1983). The nature and importance of attachment relationships to parents and peers during adolescence. *Journal of Youth and Adolescence*, 12, 373~386.

Grossman, M. & Chaloupka, F. (1994). Saffer, H., & Laixuthai, A. Effects of alcohol price policy on youth: A summary of economic research. *Journal of Research on Adolescence*, 4, 347～364.

Grotevant, H. & Cooper, C. (1988). The role of family experience in career exploration during adolescence. In P. Baltes, D. Featherman, & R. Lerner (Eds.), *Life－span development and behavior* (vol.8). Hillsdale, N.J.: Erlbaum.

Grotevant, H. D. & Bosma, H. (1994). History and literature. In H. A. Bosma, T. l. g. Graafsma, H. D. Grotevant, & D. J. delevita (Eds.), *Identity and development: An interdisciplinary approach* (pp. 119～122). Thousand Oaks, CA: Sage.

Grotevant, H. D., Copper, C. R., & Kramer, K. (1986). Exploration as a predictor of congruence in adolescents' career choices. *Journal of Vocational Behavior*, 29, 201～215.

Grube, J. W., Morgan, M. & McGree, S. T. (1986). Attitudes and normative beliefs as predictors of smoking intentions and behaviours: a test of three models. *British Journal of Social Psychology*, 25, 81～93.

Grumbach, M., Roth, J., Kaplan, S., & Kelch, R. (1974). Hypothalamicpituitary regulation of puberty in man: Evidence and concepts derived from clinical research. In M. Grumbach, G. Grave, & F. Mayer(Eds.), *Control of the onset of puberty*. New York: Willey.

Guerrs, N. & Slaby, R. (1990). Congitive mediators of aggression in adolescent offenders, 2: Intervention. *Developmental Psychology*, 26, 269～277.

Gullotta, A. (1989). *Adolescent life experiences*. California: Wadsworth.

Gurucharri, C. & Selman, L. (1982). The development of interpersonal understanding during childhood, Preadolescence, and adolescence: A longitudinal fellow－up study. *Child Development*, 53, 924～927.

Hafetz, E. (1976). Parameters of sexual maturity in man. In E. Hafetz (Eds.), *Perspectives in human reproduction*, Vol. 3: Sexual maturity: Physiological and clinical parameters. Ann Arbor, MI: Ann Arbor Science Publishers.

Hale, S. (1990). A global developmental trend in cognitive processing speed. *Child Development*, 61.

Hallinan, M. E. & Smith, S. (1989). Classroom characteristics and student friendship cliques. *Social Forces*, 67, 898~919.

Halpern, C., Udry, J., & Suchindran, C. (1996). Monthly measures of salivary testosterone predict sexual activity in adolescent males. Paper presented at the biennial meetings of the Society for Research on Adolescence, Boston.

Happe, F. G. E., Winner, E., & Brownell H. (1998). The getting wisdom: Theory of mind in old age. *Developmental Psychology*, 34, 358~362.

Harris, J. R. (1995). Where is the child's environment? *A group socialization theory of development*, 102(3): 419~457.

Harris, J. R. (1995). Where is the child's environment? *A group socialization theory of development*, 3, 419~457.

Harter, S. (1982). The perceived competence scale for children. *Child Development*, 53, 87~97.

Harter, S. (1985). Competence as a dimension of self - evaluation: Toward comprehensive model of Self worth. In R. L. easy (Ed), *The Development of the self*. New York: Academic Press. 55~121.

Harter, S. (1986). Manual: *Self - Perception Profile for Adolescents*. Denver, Co: university of Denver.

Harter, S. (1989). Causes, correlates, and the functional role of global self worth: A life - span perspective. In J. Kolligian & R. Steinberg (Eds.), *Perceptions of competence and incompetence across the life span*. New Haven, CT: Yale University Press.

Harter, S. (1990). *Identity and self development*. In S. Feldman & G. Elliott (Eds.), *At the threshold: The developing adolescent* (pp. 352~387). Cambridge, MA: Harvard University Press.

Harter, S. (1998). The development of self - representations In W. Damon (Series Editor) & N. Eisenberg (Volume Editor), *Handbook of child psychology*: Vol. 3: Social, emotional, and personality development (5th Ed). New York: Willey.

Harter, S., Waters, P. & Whitesell, N., (1997). Relational self - worth in adolescents: Differences in perceived worth as a person. *Child Development*, 68.

Hartup, W. (1983). Peer relations. In E. M. Hetherington (Ed.) *Handbook of child psychology: Socialization, personality, and social development*. New York: Willey.

Hartup, W. (1989). Social Relationships and their developmental significance. *American Psychologist*, 44, 120~126.

Hartup, W. (1992). Friendships and their developmental significance. In H. McGurk (Ed.), *Contemporary issues in childhood social development* (pp. 175 ~ 205). London: Rouledge.

Hartup, W. (1993). Adolescents and their friends. In B. Laursen (Ed.), *Close friendships during adolescence: New directions for child development* (pp. 3~22). San Francisco: Jossey-Bass.

Hattie, J. A. (1992). *Self-concept*. Lawrence erlbaum associates, Inc. 181~189.

Hauser, S. T., Powers, S. I., Noam, G. G., et al. (1984). Familial contexts of adolescent ego development. *Child Development*, 55, 195~213.

Hauser, S. & Bowlds, M. (1990). Stress, coping, and adaptation. In S. Feldman & G. Elliott (Eds.), *At the threshold: The developing adolescent* (pp. 388~413). Cambridge, MA: Harvard University Press.

Hawdon, J. (1996). Deviant lifestyles: The social control of daily routines. *Youth and Society*, 28, 162~188.

Hayward, C., Killen, J., & Taylor, C. (1994). Timing of puberty and the onset of psychiatric symptoms. Paper presented at the biennial meetings of the Society for Research on Adolescence, San Diego.

Helwig, C. C., Turiel, E., & Nucci, L. P. (1996). The virtues and vices and moral development theorists. *Developmental Review*, 16, 69~107.

Henderson, K. A. & Zivian, M. T. (1995). The development of gender differences in adolescent body image. Paper presented at the meeting of the Society for Research in Child Development, Indianapolis.

Henggeler, S., Melton, G., & Smith, L. (1992). Family prevention using multisystemic therapy: An effective alternative to incarcerating serious juvenile offenders. *Journal of*

Consulting and Clinical Psychology, 60, 953～961.

Herman－Giddens, M., Slora, E., Wasserman, R., Bourdony, C., Bhapkar, M., Koch, G., & Hasemeier, C. (1997). Secondary sexual characteristics and menses in young girls seen in office practice: A study from the Pediatric Research in Office Settings Network. *Pediatrics*, 88, 505～512.

Hetherington, E. M. (1993). An overview of the Virginia longitudinal study of divorce and remarriage with a focus on early adolescence. *Journal of family psychology*, 7, 39～56.

Hetherington, E. M. (1996). Effects of parental absence on sex－typed behaviors in Negro and white preadolescent males. *Journal of Personality and Social Psychology*, 4, 87～91.

Hetherington, E. M. & Stanley－Hagan, M. (1995). Parenting in divorced and remarried families In M. Bornstein (Ed.) *Handbook of parenting*, Vol. 3: *Status and social conditions of parenting* (pp, 233～254). Mahwah, NJ: Erlbaum.

Higgins, E. T. (1983). Role taking and social judgement: Alternative developmental perspectives and process. In J. Flavell and L. Ross (Eds.), *Social Cognitive Development*, 255～290.

Hill, J. (1983). Early adolescence: A framework. *Journal of Early Adolescence*, 3, 1～21.

Hill, J. P. & Holmbeck, G. N. (1986). Attachment & autonomy during adolescence. *Annals of Child Development*, 3, 145～189.

Hirsch, B. & DuBois, D., (1991). Self－esteem in early adolescence: The identification and prediction of contrasting longitudinal trajectories. *Journal of Youth and Adolescence*, 20, 53～72.

Ho, D. Y. F. (1994). Filial piety, authoritarian moralism, and cognitive conservatism in Chinese societies. *Genetic, Social, and General Psychology Monographs*, 120, 347～365.

Ho, D. Y. F. (1996). Filial piety and its psychological consequences. In M. H. Bond (Ed.), *The handbook of Chinese psychology*. Hong Kong: Oxford University Press.

Hoffman, M. L. (1984). Interaction of affect and cognition in empathy. In: C. Izard, J. Kagan & R. Zajonc (Eds.), *Emotions, Cognition and Behavior*. New York: Cambridger University Press.

Hollingshead, A. (1975). *Elmtown's youth and Elmtown revisited*. New York: Willey.

Holstein, C. (1976). Development of moral judgment: A longitudinal study of males and females. *Child Development*, 47, 51~61.

Hoover, JH, Oliver, R, & Hazler, RJ. (1992). Bullying: perception of adolescent victims in the Midwestern USA. *School Psychology International*, 13, 5~16

Horrocks, J. E. (1969). *The Psychology of Adolescence*. Boston: Houghton - Mifflin. Hundleby, J. D., & Mercer, G. W. (1987). Family and Friends as Social Environments and Their Relationship to Young Adolescent's Use of Alcohol, Tobacco and Marijuana. *British Journal of Addiction*, 21, 734~744.

Hunter, F. (1984). Socializing procedures in parent - child and friendship relations during adolescence. *Developmental Psychology*, 18, 806~811.

Hy, L. X. & Lovinger, J. (1996). *Measuring ego development* (*2nd Ed*.). Hillsdale, NJ: manuscript, University of Lund, Sweden.

Inhelder, B. & Piaget, J. (1958). *The growth of logical thinking from childhood to adolescence*. New York: Basic Books.

Izard C. (1977). *Human emotion*. New York:Plenum Press.

Jackson, L., Hodge, C., & Ingram, J. (1994). Gender and self - concept: A reexamination of stereotypic differences and the role of gender attitudes. *Sex Roles*, 30, 615~630.

Jakobsen, R., Rise, J., Aas, H., & Anderssen, N. (1997). Noncoital sexual interactions and problem behaviour among young adolescents: The Norwegian Longitudinal Health Behaviour Study. *Journal of Adolescence*, 20, 71~83.

Janssen, A. W. H., Janssens, J. M. A. M., & Gerris, J. R. M. (1992). Parents' and children's levels of moral reasoning: antecedents and consequences of parental discipline strategies. In J. M. A. Janssens, M. & Gerris, J. R. M. (Eds.), *Childrearing: influence on prosocial and moral development*. Amsterdam: Swets and Zeitlinger.

Jessor, R. & Jessor, S. (1977). *Problem behavior and psychosocial development: a longitudinal study of youth*. New York: Academic Press.

John, W. S. (1996). Parent - adolescent Conflict. Adolescent. 186~190 B & B press.

Johnson, R. E. (1979). *Delinquency and its origins*. Cambridge: University Press.

Johnson, R., Johnson, D., Wang, M., Smiciklas - Wright, H., & Guthrie, H. (1994).

Characterizing nutrient intakes of adolescents by sociodemographic factors. *Journal of Adolescent Health*, 15, 149～154.

Jones, G. & Dembo, M. (1989). Age and sex role differences in intimate friendships during childhood and adolescence. *Merrill Palmer Quarterly*, 35, 445～462.

Jones, M. (1965). Psychological correlates of somatic development. *Child Development*, 36, 899～911.

Katz, D. & Stotland. E. A. (1959). Preliminary statement to a theory of attitudes structure and change. In S. Koch (Ed.), *Psychology*: *A study of a science*(Vol. 3): *Formulations of the Person and the social context*. New York: McGraw Hill.

Kawash, G. F., Kerr, E. N., & Clewes, J. L. (1985). Self－esteem in Children as a function of perceived parental behavior. *Journal of Psychology*, 113 (3), 235～242.

Keating, D. P. (1990). Adolescent thinking. In S. S. Feldman & G. R. Elliott(Eds.), *At the threshold*: *The developing adolescent* (pp.54～89). Cambridge, MA. Harvard University Press.

Keating, D. P. (1991). Adolescent cognition. In R. M. Lerner, A. C. Petersen, & J. Brooks－Gunn(Eds.), *Encyclopedia of adolescence* (*Vol*. *1*, *pp*. *119* ～ *129*). New York: Garland.

Kcgan, N. Z (1994). *In over our heads*: *The mental demands of modern lige*. Cambridge, MA: Harvard University Press.

Kegan, R. (1982). *The evolving self*: *Problem and process in human development*. Cambridge, MA: Harvard University Press.

Kelley, M. L. & Power, T. G. (1992). Children's moral understanding: development and social contextual determinants. In L. T. Winegar and J. Valsiner (Eds.), *Children's Development within Social Context* (*Vol*. *2*): *Research and methodology*. Hillsdale, NJ: Erlbum.

Kenny, M. (1987). The extent and function of parental attachment among first－year college students. *Journal of Youth and Adolescence*, 16, 17～27.

Kevin Durkin. (1995). *Developmental social psychology*: *from infancy to old age*, Blackwell publisher Inc, Oxford, UK.

Kinderman, T. A. (1993). Natural peer groups as contexts for individual development: The case of children's motivation in school. *Developmental Psychology*, 29, 970～977.

King, P., Kitchener, K., & Wood, P. (1992). *Moral and intellectual development beyond the college years*: A ten－year study. Paper presented at the annual meeting of the Association for Moral Education, Athens, GA.

Kloep, M. (1995). Concurrent and predictive correlates of girls' depression and antisocial behavior under conditions of economic crisis and value change: The case of Albania. *Journal of Adolescence*, 18, 445～458.

Kneisel, P. (1987). Social support preferences of female adolescents in the context of interpersonal stress. *Paper presented at the biennial meetings of the Society for Research in Child Development*, Baltimore.

Kobak, R., & Sceery, A. (1998). Attachment in late adolescence: Working models, affect regulation, and representations of self and others. *Child Development*, 59, 135～146.

Koff, E. & Rierdan, J. (1996). Premenarcheal expectations and post－menarcheal experiences of positive and negative menstrual related changes. *Journal of Adolescent Health*, 18, 286～291.

Kohlberg, L. (1972). The cognitive－developmental approach to moral education. *Humanist*, 32, 13～14.

Kohlberg, L. (1976). Moral stages and moralization: The cognitive～developmental approach. In T. Lickona (Ed.), *Moral Development and Behavior*. New York: Holt, Rinehart & Winston.

Kohlberg, L. (1981). *Essays in moral development*. Volume 1: the philosophy of moral development: moral stages and the idea of justice. San Franscico: Harper & Row Publishers.

Kohlberg, L. (1984). *Essays in development* (*Vol. 2*): *the psychology of moral development: the nature and validity of moral stages*. San Francisco: Harper & Row Publishers.

Kohlberg, L., Boyd, D. R. & Levine, C. (1990). The return of stages 6: Its principle and moral point of view. In T. E. Wren (Ed.), *The moral domain*, pp. 151～181. Cambridge, MA: MIT Press.

Kolhberg, L. (1966). A cognitive – developmental analysis of children's sex – role concepts and attitudes. In E. E. Maccoby (ED.), *The development of sex differences* (pp. 82～173). Stanford, CA: Stanford University Press.

Kracke, B. (1993). Bilpsychosocial influences on male adolescents' initiation and intensification of substance use. Paper presented at the biennial meetings of the Society for Research in *Child Development*, New Orleans,.

Kretzer, M. A., Leonard, C., & Flavell, J. (1975). An interview study of children's knowledge about memory. *Monegraphs of the society for research in Child Development*, 40.

Kroger, J. (1995). The differentiation of "firm" and "development" foreclosure identity statuses: A longitudinal study. *Journal of Adolescence Research*, 10, 317～337.

Kroger, J. (1996). Identity, regression, and development. *Journal of Adolescence*, 19, 203～222.

Kroger, J. (2000). *Identity development: Adolescence through adulthood*. Sage Publication, Inc.

Kuhn, D., Langer, L., Kohlberg, L., & Hann, N. (1977). *The development of formal operations in logical and moral judgement*. Genetic Psychology Monographs, 95, 97～188.

Kupersmidt, J. & Coie, J. (1990). Preadolescent peer status, aggression, and school adjustment as predictors of externalizing problems in adolescents. *Child Development*, 61, 1350～1362.

Kurtines, W. & Greif, E. B. (1974). The development of moral thought: review and evaluation of Kohlberg's approach. *Psychological Bulletin*, 81, 453～470.

Lamborn, Mounts, Steinberg & Dornbusch (1991). Patterns of competence and adjustment among adolescents from authoritative, authoritarian, indulgent, and neglectful families. *Child Development*, 62, 1049～1065.

Lapsley, D. K. & Murphy, M. N. (1985). Another look at the theoretical assumption of adolescent egocentrism. *Developmental Review*, 5, 201～217.

Lapsley, D. K., Enright, R. D., & Serlin, R. C. (1985). Toward a theoretical perspective on the legislation of adolescence. *Journal of Early Adolescence*, 5, 441～466.

Larson, R., & Lampman－Petraitis, C. (1989). Daily emotional states as reported by children and adolescents. *Child Development*, 60, 1250～1260.

Laursen, B. (1995). Conflict and social interaction in adolescent relationships. *Journal of Research on Adolescence*, 5, 55～70.

Laurson, B., Coy, K. C. & Collins, W. A. (1998). Reconsidering changes in parent－child conflict across adolescence: A meta－analysis. *Child Development*, 69, 817～832.

Lee, L., & Snarey, J. (1988). The relationship between ego and moral development. In D. Lapsley and F. Power (Eds.), *Self, ego, and identity* (pp. 151～178). New York: Springer.

Leila B., Cohen, E., & Hamilton, E. (1999). Maternal sensitivity during infancy and subsequent life events relate to attachment representation at early adulthood. *Dvelopmental psychology*, 35, 3, 693～700.

Leitenberg, H., Detzer, M. J., & Srebnik, D. (1993). Gender differences in masturbation and the relation of masturbation experience in preadolescence and/or early adolescence to sexual behavior and adjustment in young adulthood. *Archives of sexual behavior*, 22, 87～98.

Lempers, J. D. & Clark－Lempers, D. S. (1994). A functional comparison of same－sex and opposite－sex friendships during adolescence. *Child Development*, 8, 89～108.

Lempers, J. D., Flavell, E. R., & Flavell, J. H. (1977). The development in very young children of tacit knowledge concerning visual perception. *Genetic Psychology Monographys*, 95, 3～53.

Levin, I. & Bekerman－Greenberg, R. (1980). Moral judgment and moral reasoning in sharing: a developmental analysis. *Genetic Psychological Monographs*, 101, 215～230.

Levin, J. B., Green, C. J., & Millon, T. (1986). Separation－Idividuation Test of Adolescence. *Journal of Personality Assessment*, 50, 123～137.

Levinson, D. J. (1978). *The seasons of a man's life*. New York: Knopf.

Levinson, D. J. (1996). *The seasons of a woman's life*. New York: Knopf.

Levy, G. D. & Carter, D. B. (1989). Gender schema, gender constancy and gender role knowledge: The roles of cognitive factors in preschoolers' gender－role stereotypic attitudes. *Developmental Psychology*, 25, 444～449.

Lind, G., Grocholweska, K., & Langer, J. (1987). Do women have a different morality? An empirical study of female and male students in Austria, Germany and Poland. In L. Unterkirchner & I. Wagner(Eds.), *The other half of society*. Vienna: Verlag.

Linn, M. & Petersen, A. (1986). A meta－analysis of gender differences in spatial ability: implications for mathematics and science achievement. In J. S. Hyde, & M. C. Linn. (Eds), *The psychology of gender: advances through meta－analysis*, 67～101.

Livson, N. & Peskin, H. (1980). Perspectives on adolescence from longitudinal research. In J. Adelson(Eds.), *Handbook of adolescent psychology*. New York: Wiley.

Lobel, T. E. & Menashri, J. (1993). Relations of conceptions of gender－role transgressions and gender constancy to gender－typed toy preferences. *Developmental Psychology*, 29, 150～155.

Lockwood, A. (1978). The effects of values clarification and moral development curricula on school－age subjects: a critical review of recent research. *Review of Educational Research*, 48, 325～364.

Lombroso, C. & Ferrero, W. (1990). *The Female Offender*. New York: Appleton.

Lord, S. E. & Eccles, J. S. (1994). James revisited: The relationship of domain self－concepts and values to Black and White adolescents' self－esteem. Paper presented at the meeting of the Society for Research on Adolescence, San Diego.

Luster, T. & Small, S. (1994). Factors associated with sexual risktaking behaviors among adolescents. *Journal of Marriage and the Familiy*, 56, 622～632.

Maccoby, E. E. & Jacklin, C. N. (1974). *The Psychology of Sex Differences*, Stanford, CA: Stanford University Press.

Maccoby, E. E. & Martin, J. A. (1983). Socialization in the context of the family: parent－child interaction. In E. M. Hetherington, ed, *Handbook of Child Psychology* (Vol. 4), *Socialization*, *Personality*, *and Social Development*. New York: Wiley, 80～83.

Maccoby, E. E. & Matin, J. A. (1983). Socialization in the context of family: Parent－children interaction,. In: P. H. Mussen (Ed.). *Handbook of Child Psychology*. 4, 109～128.

Magnusson, D., Stattin, H., & Allen, V. (1986). Differential maturation among girls and its relation to social adjustment in a longitudinal persective. In P. Baltes, D. Featherman, & R. Lerner(Eds.), *Life span development and behavior* (Vol. 7). Hillsdale, NJ: Erlbaum.

Marcia, J. (1966). Developmental and validation of ego identity status. *Journal of personality and social psychology*, 3, 551~558.

Marcia, J. (1980). Ego identity development. In J. Adelson (Ed.), *Handbook of adolescent psychology*, New York: Wiley.

Marcia, J. (1989). Identity and intervention. *Journal of adolescence*, 12, 401~410.

Marcia, J. E. (1991). Identity and self development. In R. Lerner, A. C. Petersen, & J. Brook－Gunn (Eds). *Encylopedia of Adolescence*. New York: Garland Publishers.

Marcia, J. E. (1993). The relational roots of identity. In J. Kroger (Ed.), *Discussions on ego identity* (*pp. 101~120*). Hillsdale, NJ: Lawrence Erlbaum.

Marcia, J. E. & Strayer, J. (1996). Theories and stories. *Psychological Inquiry*, 7, 346~350.

Marcus, D. E. & Overton, W. F. (1978). The development of cognitive gender constancy and sex role preferences. *Child Development*, 49, 434~444.

Marsh, H. W. (1989). Age and sex effects in multiple dimensions of self－concept: preadolescence to early adulthood. *Journal of Educational Psychology*, 81, 417~430

Marsh, H. W. & O'Niell, R. (1984). Self－Description Questionnaire: The construct validity of multidimensional self－concept ratings by late－adolescents. *Joumal of Educational Measurement*, 21, 153~174.

Marshall, W. Puberty. (1978). In F. Falkner & J. Tanner(Eds.), *Human growth* (Vol. 2). New York: Plenum.

Martin, C. L. & Little, J. K. (1990). The relation of gender understanding to children's sex－typed preferences and gender stereotypes. *Child Development*, 61, 1427~1439.

Masangkay, Z. S., McCluskey, K. A., McIintyper, C. W., Sims~Knight, J., Vaughn, B. E., & Flavell, J. H. (1974). The early development of inferences about the visual percepts of others. *Child Development*, 45, 237~246.

Matas, L., Arend, R., & Sroufe, L. (1978). Continuity in adaptation in the second year:

The relationship between quality of attachment and later competence. *Child Development*, 49, 547～556.

Matza, M. (1990). More preteens drinking, more teens are alcoholics. *Philadelphia Inquirer*.

Mboya, M. M. (1995). Perceived teachers' behaviors and dimensions of adolescent self－concepts. *Educational Psychology*, 15(4), 491～499.

McAdams, D. P. (1996). Personality, modernity, and the storied self: A contemporary framework for studying persons. *Psychological Inquiry*, 7, 295～321.

McClintock, M. & Herdt, G. (1996). Rethinking puberty: The development of sexual attraction. *Psychological Sciences*, 5, 178～183.

McFarlin, D. B., Baumeister, R. F., & Blascovich, J. (1984). On knowing when to quit: Task failure, self－esteem, advice, and nonproductive persistence. *Journal of Personality*, 52, 138～155.

McGue, M., Sharma, A., & Benson, P. (1996). The effects of common rearing on adolescent adjustment: Evidence from a U. S. adoption cohort. *Developmental Psychology*, 32, 604～613.

McNamee, S. (1978). Moral behavior, moral development and motivation. *Journal of Moral Education*, 7, 27～34.

Mechanic, O. (1983). Adolescent health and illness behavior, Review of the literature and a new hypothesis for the study of stress. Journal of Human Stress, 9, 4～13.

Menard, S. & Huizinga, D. (1994). Changes in conventional attitudes and dekingquent behavior in adolescence. *Youth and Society*, 26, 23～53.

Michael, R. T., Gagnon, J. H., Laumann, E. O., & Kolata, G. (1994). *Sex in America*. Boston: Little, Brown.

Miller, P. A., Kessel, F. S., & Flavell, J. H. (1970). Thinking about thinking people thinking about ... : A study of social cognitive development. *Child Development*, 41, 613～623.

Miyamoto, R. H., Hishinuma, E. S., Nishimura, S. T., Nahulu, L. B., Andrade, N. N., Goebert, D. A. (2000). Variation in self－esteem among adolescents in an Asian/Pacific－Islander sample. *Personality and Individual Differences*, 29, 13～25.

Moffitt, T. E. (1993). Adolescence limited and life－course－persistent antisocial behavior: a developmental taxonomy. *Psychological Review*, 100, 674～701.

Montemayor, R. (1982). The relationship between parent － adolescent conflict and the amount of time adolescents spend with parents, peers, and alone. *Child Development*, 53, 1512～1519.

Montemayor, R. (1986). Family variation in parent adolescent stormand stress. *Journal of Adolescent Research*, 15～31.

Moore, S. (1995). Girls' understanding and social construction of menarche. *Journal of Adolescence*, 18, 87～104.

Morash, M. A. (1980). Working class membership and the adolescent identity crisis. *Adolescence*, 15, 313～320.

Mory, M. (1992). "Love the ones you're with": Conflict and consensus in adolescent peer group stereotypes. Paper presented at the biennial meetings of the Society for Research on Adolescence, Washinton.

Mussen, P. & Eisenberg－Berg, N. (1977). *Roots of Caring, Sharing and Helping*. San Francismo: W. H. Freeman, 3～4.

Muuss, R. E. (1962). *Theories of adolescence*. New York: Random House, Inc.

Myers, J., Lindenttal, J., & Pepper, M. (1975). Life events, social integration, and Psychiatric Symptomatology. *Journal of Heakth and Social Behavior*, 16, 421～429.

Neemann, J., Hubbard, J., & Masten, A. (1995). The changing importance of romantic relationships involvement to competence from late childhood to late adolescence. *Developmental Psychopathology*, 7, 727～750.

Neubauer, J. (1994). Problems of identity in modernist fiction. In H. A. Bosma, T. L. G. Graafsma, H. D. Grotevant, & D. J. deLevita (Eds.), *Identity and development: An interdisciplinary approach* (*pp. 123～134*). Thousand Oaks, CA: Sage.

Newcomb, A. & Bagwell, C. (1995). Children's friendship relations: A meta－analytic review. *Psychological Review*, 117, 306～347.

Newcomb, M. & Bentler, P. (1989). Substance use and abuse among children and teenagers. *American Psychologist*, 44, 242～248.

Newcomn, M., Huba, G., & Bentler, P. (1983). Mother's influence on the drug use of their children: Confirmatory tests of direct modeling and mediational theories. *Developmental Psychology*, 19, 714~726.

Nisbett, R. E., Peng, C. I., & Norenzayan, A. (2001). Culture and systems of thought: Holistic versus analytic cognition. *Psychological Review*, 108(2), 291~301.

Noam, G. G. (1992). Development as the aim of clinical intervention. *Developmental and psychopathology*, 4, 679~696.

Nolen－Hoeksema, S. & Girgus, J. (1994). *The emergence of gender difference in depression during adolescence*. *Psychological Bulletin*, 115, 424~443.

Norenzayan, A., Choi, I, Nisbett, R. E. (1999). Eastern and Western perceptions of causality for social behavior : Lay theories about personalities and situations. In: Prentice D A, Miller D T (Ed.). *Cultural divides: Understanding and overcoming group conflict*. New York, NY, US: Russell Sage Foundation, 239~272.

Nottlemann, E. D., Susman, E. J., Blue, J. H., Inoff－Germain, G., Dorn, L. D., Loriarx, D. L., Cutler, G. B., & Chrousos, G. P. (1987). Gonadal and adrenal hormone correlates of adjustment in early adolescence. In R. M. Lerner & T. T. Foch (Eds.), *Biological－psychological interactions in early adolescence*. Hillsdale, NJ: Erlbaum.

Nucci, L. & Killen, M. (1991). Social interactions in the preschool and the development of moral and social concepts. In B. Scales, M. Almy, A. Nicolopoulou, & S. Ervin－Tripp (Eds.), *Play and the social context of development in early care and education: Early childhood education series*. New York, NY: Teachers College Press.

Offer, D., Ostrov, E., Howard, K. I., & Atkinson, R. (1988). *The teenage world: Adolescencts' self－image in ten countries*. New York: Plenum.

Ohannessian, C., Lerner, R., Lerner, J., & Eye, A. (1994). A longitudinal study of perceived family adjustment and emotional adjustment in early adolescence. *Journal of Early Adolescence*, 14, 371~390.

Oliveri, M. E. & Riess, D. (1987). Social networks of family members: Distinctive roles of mothers and fathers. *Sex Roles*, 17, 719~736

Olson, D. H. (1993). Circumplex model of marital and family systems: Assessing family function. Walsh, Feds. *Normal family process*, New York: The Guilford Press. 109～133.

Olson, D. H., Sprenkle, D. H., & Russell, C. S. (1979). Circumplex model of martial and family systems; I. Cohesion and adaptability dimensions, family types, and clinical applications. *Family Process*, 18, 3～28.

Olson, D. R. (1994). *The world on paper*. Cambridge University press.

Orr, D. & Ingersoll, G. (1995). The contribution of level of cognitive complexity and pubertal timing to behavioral risk in young adolescents. *Pediatrics*, 95, 528～533.

Paikoff, R. & Brooks - Gunn, J. (1991). Do parent - child relationships change during puberty? *Psychological Bulletin*, 110, 47～66.

Parke, R. D. & Ladd, G. W. (1992). *Family - Peer Relationships: Modes of Linkage*. Hillsdale, NJ: Erlbaum.

Parker, J. & Herrera, C. (1996). Interpersonal processes in friendship: A comparison of abused and nonabused children's experiences. *Developmental Psychology*, 32, 1025～1038.

Paterson, J., Pryor, J., & Field, J. (1995). Adolescent attachment to parents and friends in relation to aspects of self - esteem. *Journal of Youth and Adolescence*, 24, 365～376.

Patternson, G. (1986). Performance models for antisocial boys. *American Psychologist*, 41, 432～444.

Patterson, G. R. & Bank, L. (1989). Some amplifying mechanisms for pathologic process in families. In M. R. Gunnar & E. Thelen (Eds.), *Minnesota symposia on child psychology*, Hillsdale, N. J.: Erlbaum, 22, 167～209.

Patterson, S. J., Sochting, I., & Marcia, J. E. (1992). The inner space and beyond: Wonmen and identity. In G. R. Adams, T. P. Gullotta, & R. Montemayor (Eds), *Adolescent identity formation*. Newbury Park, CA: Sage.

Pederson L L. & Lefcoe N M. (1985). Cross - sectional Analysis of Variables Related to Cigarette Smoking in Late Adolescence. *Journal of Drug Education*, 15(3), 225～240.

Pellegrini, D. S. (1985). Social cognition and competence in middle childhood. *Child Development*, 56, 253～264.

Perner, J. & Wimmer, H. (1985). John thinks that Mary thinks that…: Attribution of second order beliefs by 5～10 year old children. *Journal of Experimental Child Psychology*, 39, 437～471.

Persen, A. & Taylor, B. (1980). The biological approach to adoesclescence: Biological change and psychological adaptation. In J. Adelson (Eds.), *Handbook of adolescent psychology*. New York: Wiley.

Peskin, H. (1967). Pubertal onset and ego functioning: A Psychoanalytic approach. *Journal of Abnormal Psychology*, 72, 1～15.

Peskin, H. (1973). Influence of the developmental schedule of puberty on learning and ego functioning. *Journal of Youth and Adolescence*, 2, 273～290.

Peter, K. S., Cowie H., & Blades M. (1998). *Understanding children's development*. Blackwell publisher Inc, Oxford, UK.

Petersen, A. (1985). Pubertal development as a cause of disturbance: Myths, realities, and unanswered questions. *Genetic, Social, and General Psychology Monographs*, 111, 205～232.

Petersen, A. (1988). Adolescent development. *Annual Review of Psychology*, 39, 583～607.

Petersen, A., Compas, B., Brooks－Gunn, J., Stemmler, M., Ey. S., & Grant, K. (1993). Depression in adolescence. *American Psychologist*, 48, 155～168.

Phillips J. L. (1969). *The origins of intellect: Piaget's theory*. San Francisco: W.H. Freeman.

Plomin, R. & Daniels, D. (1987). Why are children in the samen family so different from one another? *Behavioral and Brain Sciences*, 10, 1～60.

Pope, A. W., McHale, A. M., & Craighead, W. E. (1988). *Self－esteem Enhancement with children and Adolescents*. Perganlon Press Inc. p. 2～21.

Powers, S. I. (1988). Moral judgment development within the family. *Journal of Moral Education*, 17(3), 209～219.

Pressley, M. et al., (1987). Memory strategy instruction with children. In: C.J. Brainerd & M. Pressley(Eds.). *Progress in cognitive development research, Verbal processes in children*, 2. New York: Springer－Verlag.

Promnitz, J. (1992) Peer interactions in young children. In P. C. L. Heaver(Eds.). *Life Span Development*. Sydney & London. Harcourt Brace Jovanovich.

Psathas, G. (1957). Ethnicity, social class, and adolescent independence. *Sociological Review*, 22, 415~523.

Quay, H. C. (1987). Intelligence. In H. C. Quay, *Handbook of Juvenile Delinquency*. New York: Wiley.

Raphael, D., Feinberg, R., & Bachor, D. (1987). *Journal of Youth and Adolescence*, 16, 331~344.

Reicher, S. & Emler, N. (1986). The management of delinquent reputations. In H. Beloff, *Getting into Life*. London: Methuen.

Reimer, M. (1996). 'Sinking into the ground: The development and consequence of shame in adolescence. *Developmental Review*, 16, 321~363.

Reisman, J. M. & Shorr, S. I. (1978). Friendship claims and expectation among children and adults. *Child Development*, 49, 913~916.

Reiss, I. (1967). *The social context of premarital sexual permissiveness*. New York: Holt, Rinehart & Winston.

Renken, B., Egeland, B., Marvinney, D., Mangelsdorf, S., & Sroufe, L. (1989). Early childhood antecedents of aggression and passive withdrawal in early elementary school. *Journal of Personality*, 57, 257~282.

Renshaw, P. & Brown, P. (1993). Loneliness in middle childhood: Concurrent and Longitudinal Predictors. *Child Development*, 64, 1271~1284.

Resnick, M., Bearman, P., Blum, R., Bauman, K., Harris, K., Jones, J., Tabor, J., Beuhring, T., Sieving, R., Shew, M., Ireland, M., Bearinger, L., & Udry, J. (1997). Protecting adolescents from harm: Finding from the National Longitudinal Study of Adolescent Health. *Journal of the American Medical Association*, 278, 823~832.

Rest, J. (1986). Moral development: *Advances in research and theory*. New York: Praeger.

Richards, M. & Larson, R. (1993). Pubertal development and the daily subjective states of young adolescents. *Journal of Research on Adolescence*, 3, 145~169.

Rigby, K. (1989). Gender, orientation to authority and delinquency among adolescents: A cross－cultural perspective. *Journal of Moral Education*, 18(2), 112～117.

Riley, T., Adams, G., & Neilsen, E. (1984). Adolescent egocentrism: The association among imaginary audience behavior, cognitive development, and parental support and rejection. *Journal of Youth and Adolescence*, 13, 401～438.

Rogers, A. (1987). *Questionaire of gender differences: Ego development and moral voice n adolescence*. Unpublished manuscript, Department of Education, Harvard University.

Rogers, D. (1962). *The psychology of adolescence*. New York: Appleton－century－crofts.

Rokeach, M. (1973). *The nature of human values*. New York: Free Press, 358～361.

Roker, D. & Banks, M. H. (1993). Adolescent identity and school type. British Journal of Psychology, 84, 310～317.

Ronald P. P. (1995). *Invitation to Social Psychology*. New York: Harcaurt Brace & Company, 55～59.

Ronka, A. & Pulkkinen, L. (1995). Accumulation of problems in social functioning in young adulthood: A developmental approach. *Journal of Personality and Social Psychology*, 69, 381～391.

Roosmalen, V. E. R. & Mcdaniel, S. A. (1989). Peer Group Influence as a Factor in Smoking Behavior of Adolescents. *Adolescence*, Vol. XXIV, No. 96: 961～967.

Rowe, D., Rodgers, J., & Meseck－Bushey. S. (1992). Sibling delinquency and the family environment: Shared and unshared influences. *Child Development*, 25, 61～69.

Rubin, K. H. (1978). Role taking in childhood: Some methodological considerations. *Child Development*, 49, 428～433.

Rubin, K. H. (1994). From family to peer group: Relation between relationships systems. *Social Development*, 3, 3～12.

Rutter, M. (1978). Protective factors in children's responses to stress and disadvantage. In M. Kent & J. Rolf (Eds.), *Primary prevention of psychopathology*, Vol. 3: Promoting social competence and coping in children. Hanover, NJ: University Press of New England.

Rutter, M., (1980). *Changing youth in a changing society: Patterns of adolescent development and disorder*. Cambridge, MA: Harvard University Press.

Ryan & Lynch (1989). Emotional autonomy versus detachment: Revisiting the vicissitudes of adolescence and young adulthood. *Child Development*, 60, 340～356.

Sack, W., Clarke, G., & Seeley, R (1996). Multiple forms of stress in Cambodian adolescent refugees. *Child Development*, 67, 107～116.

Salkind, N. J. (1985). *Theories of human development*. New York: John Wiley & Sons, Inc.

Sampson, R. & Lamb, J. (1994). Urban poverty and the family context of delinquency: A new look at structure and process in a classic study. *Child Development*, 65, 523～540.

Santrock, J. W. (2001). *Adolescence* (8th edition). New York: McGraw－Hill Companies, Inc.

Savin－Williams, R., & Berndt, T. (1990). Friendship and peer relations. In S. Feldman and G. Elliott (Eds.), *At the threshold: The developing adolescent* (pp. 277～307). Cambridge, MA: Harvard University Press.

Schaffer, H. R. (1993). *Social and personality development*. Brook/Cole Publishing Company, 137.

Schaffer, H. R. (1997). Sense of self: Sense of Other. In A. Mudditt(Eds.), *Social Development*. Oxford: Blackwell publishers Ltd, (Reprinted).

Scheer, S. D. (1996). Adolescent to adult transitions: Social status and cognitive factors. Paper presented at the meeting of the Society for Research on Adolescence, Boston.

Scheer, S., Unger, D., & Brown, M. (1994). Adolescents becoming adults: Attributes for adulthood. Paper presented at the biennial meetings of the Society for Research on Adolescence, San Diego.

Schofield, J. (1981). Complementary and conflicting identities: Images and interaction in an interracial school. In S. Asher & J. Gottman (Eds), *The development of children's friendships*. Cambridge, England: Cambridge University Press.

Schwartz, S. H. (1994). Are there universal aspects in the structure and contents of human value? *Journal of social issues*, 50, 19～45.

Seiffge－Krenke, I. (1998). *Adolescents's health: A developmental perspective*. Mahwah, NJ: Erlbaum.

Selman, R. L. & Shultz (1980). *Making A Friend in Youth*. The University of Chicago Press.

Selman, R. L. (1976). Social – cognitive understanding: A guide to educational and clinical pratice. In T. Lickona (Ed.), *Moral Development and Behavior: Theory, research and social issues*. New York: Holt, Rinehart & Winson.

Selman, R. L. (1976). Social – cognitive understanding: A guide to educational and clinical pratice. In: T. Lickona(Ed.), *Moral Development and Behavior: Theory, research and social issues*. New York: Holt, Rinehart & Winson.

Selman, R. L. (1980). The growth of interpersonal understanding. *Development and Clinical Analysis*. New York: Academic Press.

Serbin, L. A., Powlishta, K. K., & Gueko, J. (1993). The development of sex typing in middle childhood. *Monographs of the Society for Research in Child Development*, 58(2, serial No. 232).

Shaffer, L. A. (1999a). Adolescent's Descriptions of Other – Sex Friendships. paper presented at the Society for Research in Child Development. Albuquerque. NM.

Shaffer, L. A. (1999b). *Cross – Sex Friendships in Adolescence: Just Friends?* Unpublished masters thesis. University of Denver.

Shagle, S. C. & Barber, B. K. (1993). Effects of Family, Marital and Parent – Child Conflict on Adolescent Self – Derogation and Suicidal Ideation. *Journal of Marriage and the Family*, 55, 964～974.

Shantz, C. U. (1983). Social cognition. In P. H. Mussen (Ed.), *Handbook of Child Psychology*, 3. John Willey & Sons.

Sharabany, R., Gershoni, R. & Hoffman, J. (1981). Girlfriend, boyfriend: Age and sex differences in intimate friendship. *Developmental Psychology*, 17, 800～808.

Shatz M., Wellman, H. M., & Silber, S. (1983). The acquisition of mental verbs: A systematic investigation of first references to mental state. *Cognition*, 14, 301～321.

Shavelson, R. J, Habner, J. J, & Stanton, J. C, (1976) *Validation of construct inter pretations*. *Review of Educational Research*, 46, 407～441.

Shek, Daniel. T. L. (1998). A Longitudinal Study of the Relations Between Parent –

adolescent Conflict and Adolescent Psychological Well - Being. *The Journal of Genetic Psychology*, 159, 53～67.

Shotter, J. & Gergen, K. J. (Eds.) (1989). *Texts of identity*. Newbury park, CA: Sage.

Shweder, R. (1982). Review of Lawrence Kohlberg's Essays on moral development. Volume I: the philosophy of moral development. *Contemporary Psychology*, June, pp. 421～424.

Siegal, M. (1987) Are sons and daughters treated more differently by fathers than by mothers? *Developmental Review*, 7, 183～209.

Silbereisen, R., Petersen, A., Albrecht, H., & Kracke, B. (1989). Maturational timing and the development of problem behavior: Longitudinal studies in adolescence. *Journal of Early Adolescence*.

Silverberg S B, & Small S A. (1991). Parental Monitoring, Family Structure and Adolescent Substance Use. Presented at the Biennial Meeting of the Society for Research in Child Development, Seattle, WA, 8, 214～223.

Silverberg, S. (1986). Psychological well - being of parents with early adolescent children. Unpulished doctoral dissertation, Department of Child and Family Studies, University of Wisconsin - Madison.

Simmons, R. & Blyth, D. (1987). *Moving into adolescence*. New York: Aldine de Gruyter.

Simmons, R., Blyth, D., & McKinney, K. (1983). The social and psychological effects of puberty on white females. In J. Brooks - Gunn & A. Petersen (Eds.), *Girls at puberty*. New York: Plenum.

Simmons, R., Blyth, D., Van Cleave, E., & Bush, D. (1979). Entry into early adolescence: The impact of school structure, puberty, and early dating on self - esteem. *American Sociologial Review*, 44, 948～967.

Simmons, R., Rosenberg, F., & Rosenberf, M. (1973). Disturbance in the self - image at adolescence. *American Sociological Review*, 38, 553～568.

Singer, E. (1992). *Childcare and the psychology of development*. London: Routledge.

Skoe, E. E. & Marcia, J. E. (1988). Ego identity and care - based moral reasoning in college women. Unpublished manuscript, Acadia University.

Slugoski, B. R. & Ginsburg, G. P. (1989). Ego identity and explanatory speech. In J.

Shotter & K. J. Gergen (Eds.), *Texts of identity* (*pp. 36 ~ 55*). Newbury Park, CA: Sage.

Smetana, et al. (1988). Adolescent – parent conflict in married and divorced families. *Developmental psychology*, 27, 1200～1203.

Smetana, J. G. (1995). Parenting styles and conceptions of parental authority during adolescence. *Child Development*, 66, 299～316.

Smith, P. K., Cowie, H., & Blades, M. (1998). *Understanding Children's Development* (3rd edition). Oxford: Blackwell Publishers.

Smoll, F. & Schutz, R. (1990). Quantifying gender differences in physical performance: A developmental perspective. *Developmental Psychology*, 26, 360～369.

Smuts, B. (1992). Male aggression against women: An evolutionary perspective. *Human Nature*, 3, 1～44.

Smuts, B. (1995). The evolutionary origins of patriarchy. *Human Nature*, 6, 1～32.

Snyder, H. & Sickmund, M. (1995). *Juvenile offenders and victims: A national report*. Washington, DC: Office of Juvenile Justice and Delinquency Prevention.

Solomon, R. L. & Corbit. J. D. (1974). A opponent – process theory of motivation. Psychological Review, 81, 119～133.

Song, I. S. & Hattie, J. A. (1984). Home environment, self – concept and achievement. *Journal of Educational Psychology*, 76, 1269～1281.

Sprinthall & Collin (1995). *Adolescent psychology: A developmental view* (*Third edition*). New York: McGraw – Hill, Inc.

Sproull, L. & Faraj, S. (1995). Atheism sex and satabase: The net as a social technology. *Public access to internet*. Cambridge. MA: MIT Press.

Sroufe, L. A. (1979). The coherence of individual development. American *Psychologist*, 34, 834～841.

Stacy, A. W., Sussman, S., Dent, C. W., Button, D., & Flay, B. R. (1992). Moderators of peer social influence in adolescent smoking. *Personality and Social Psychology Bulletin*, 18, 163～72.

Stattin, H. & Magnusson, D. (1989). Social transition in adolescence: a biosocial perspec-

tive. In A. de Ribaupierre, Transition Mechanisms in Child Development: the longitudinal perspective. Cambridge: Cambridge University Press.

Staub, E. (1978). *Positive social behavior and morality*(Vol. 1): *Social and Personal influences*. New York: Academic Press.

Stein, J. & Reiser, L. (1994). A study of white middle-class adolescent boys responses to semenarche(the first ejaculation). *Journal of Youth and Adolescence*, 23, 373~384.

Steinberg, L. & Steinberg, W. (1994). *Crossing paths: How your child's adolescence triggers your own crisis*, New York: Simon & Schuster.

Steinberg, L. (1981). Transformation in family relations at puberty. *Developmental Psychology*, 17, 833~840.

Steinberg, L. (1987). Bound to bicker: Pubscent primates leave home for good reasons. Our teens stay with us and squabble. *Psychology Today*, 36~39.

Steinberg, L. (1988). Reciprocal relation between parent-child distance and pubertal maturation. *Developmental Psychology*, 23, 122~128.

Steinberg, L. (1992). Autonomy, conflict, and harmony in the family relationship. In S. S. Feldman & G. R., Elliot (eds), *At the threshold: the developing adolescent*. Cambridge, MA: Harvard University Press, 255~276.

Steinberg, L. (1999). Adolescence (Fifth Edition), The McGraw-Hill Companies Inc.

Steinberg, L. & Hill, J. P. (1978). Patterns of family interaction as a function of age, the onset of puberty, and formal thinking. *Developmental Psychology*, 14, 683~684.

Steinberg. L. & Silverberg, S. (1986). The vicissttudes of autonomy in early adolescence. *Child Development*, 57,841~851.

Sternberg, R. J. (1985). *Beyond IQ: A triarchic theory of human intelligence*. New York: Cambridge University Press.

Sullivan, H. S. (1953). *The interpersonal theory of psychiatry*. New York: Norton.

Surbey, M. (1990). Family composition, stress, and human menarche. In F. Bercovitch & T. Zeigler(Eds.), *The socioendocrinology of primate reproduction*. New York: Alan R. Liss.

Swanson, H. L. (1990). Influence of metacognitive knowledge and aptitude on problem solving.

Journal of Educational Psychology, 82(2), 306～314.

Tanner, J. (1972). Sequence, tempo, and individual variation in growth and development of boys and girls aged twelve to sixteen. In J. Kagan & R. Coles(Eds.), *Twelve to sixteen: Early adolescence*. New York: Norton.

Tanner, J. M. (1973). Trends toward earlier menarche in London, Oslo, Copenhagen, the Netherland, and Hungary. *Nature*, 243, 95～96.

Tharp R. G. & Gallimore, R. (1988). *Rousing minds to life: Teaching, learning and schooling in social context*. Cambridge, England: Cambridge University Press.

Thoma, S. J., Rest, J., & Davison, M. L. (1991). Describing and testing a moderator of the moral judgment and action relationship. *Journal of Personality and Social Psychology*, 61, 659～669.

Thomas, R. M. (2000). *Comparing theories of child development*. Wadsworth, adivision of Thomson Learning.

Tietjen, A. M. & Walker, L. J. (1985). Moral reasoning and leadership among men in a Papua New Guinea society. *Child Development*, 21, 982～992.

Torney-Purta, J. (1990). Youth in relation to social institutions. In S. S. Feldman & G. R. Elliott (Eds.), *At the Threshold: The developing adolescent*. Cambridge, MA: Harvard University Press.

Trevethan, S. D. & Walker, L. J. (1989). Hypothetical versus realife moral reasoning among psychopathic and delinquent youth. *Development & Psychology*, 1, 91～103.

Trivers, R. L. (1972). Parental investment and sexual selection. In B. Campbell (Ed.), *Sexual selection and the descent of man* 1871～1971(pp.136～172). Chicago: Aldine.

Turiel, E. (1978). Social regulation and domains of social concepts. In W. Damon (Ed.), *Social cognition: New Directions for child development* (Vol. 1). San Francisco: Jossey-Bass.

Turiel, E. (1983). *The development of social knowledge: morality and convention*. New York: Cambridge University Press.

Turiel, E., Killen, M., & Helwig, C. C. (1987). Morality: Its structure, functions, and vagaries. In J. Kagan & S. Lamb (Eds.), *The emergence of morality*. Chicago: Chicago

University Press.

Turkle, S. (1996). Virtuality and its discontents: Searching for community in cyberspace. *The American Prospect*, 24, 50~57.

Underwood, M., Kupersmidt, J., & Coie, J. (1996). Childhood peer sociometric status and aggression as predictors of adolescent childbearing. *Journal of Research on Adolescence*, 6, 201~223.

Urberg, K. (1992). Locus of peer influence: Best friend and social crowd. *Journal of Youth and Adolescence*, 21, 439~450.

Urberg, K., Degirmencioglu, S., Tolson, J., & Halliday-Scher, K. (1994). 青少年同伴关系网络结构的研究. 心理发展与教育, 10 卷, 2 期, 1~7 页.

Usmiani, S. & Daniluk, J. (1997). Mothers and their adolescent daughters: Relationship between self-esteem, gender role identity and body image. *Journal of Youth and Adolescence*, 26, 45~62.

Vernberg, E. M., Ewell, K. K., Beery, S. H., & Abwender, D. A. (1994). Sophistication of adolescents' interpersonal negotiation strategies and friendship formation after relocation: A naturally occurring experiment. *Journal of Research on Adolescence*, 4, 5~19.

Vernon, P. E. (1971). *The structure of human abilities*. London: Methuen.

Vispoel, P. W. (1995). Self-Concept in Artistic Domains: An extension of the Shivelson, Hubner, and Stanton(1976) Model. *Journal of EducationalPsychology*, 87(1), 134~153.

Wagner, B. (1997). Family risk factors for child and adolescent suicidal behavior. *Psychological Bulletin*, 121, 246~298.

Wainryb, C. & Turiel, E. (1994). Dominance, subordination, and concepts of personal entitlements in cultural contexts. *Child Development*, 65, 1701~1722.

Waldron, I., Lye, D., & Brandon, A. (1991). Gender differences in teenage smoking. Women and Health, 17, 65~90.

Walker L. J. & Taylor J. H. (1991), Family interactions and the development of moral reasoning. *Child Development*, 62, 264~283.

Walker, L. J. (1986). Sex differences in the development of moral reasoning: a rejoinder to

Baumrin. *Child Development*, 57, 522～526.

Waterman, A. S. (1992). Identity as an aspect of optimal psychological functioning. In G. R. Adams, T. P. Gullotta, & R. Montemayor (Eds.), *Adolescent identity formation*. Newbury Park, CA: Sage.

Webster, J. D. (1998). Attachment styles, reminiscence functions, and happiness in young and elderly adults. *Journal of Aging Studies*, 12(3).

Weiss, R. (1974). The provision of social relationships. In Z. Rubin (Ed.), *Doing unto others*. Englewood Cliffs, NJ: Prentice－Hill.

Weissberg, R., Caplan, M., & Sivo, P. (1989). A new conceptual framework for establishing school－based social competence promotion programs. In L. Bond, B. Compass, & C., Swift (Eds.), *Prevention in the schools*. Menlo Park, CA: Sage.

Wellman (1990). *The Child's Theory of Mind*. Cambridge, MA: MIT Press.

Wellman, H. M. & Estes, D. (1986). Early understanding of mental entities: A reoxamination of childhood realism. *Child Development*, 57, 910～923.

Weng, A. & Montemayor, R (1997). Conflict between mothers and adolescents. Paper presented at the meeting of the Society for Research in Child Development, Washington, DC.

Wentzel, K. & Erdley, C. (1993). Strategies for making friends: Relations to social behavior and peer acceptance in early adolescence. *Developmental Psychology*, 29, 819～826.

Wertsch, J.V. & Kanner, B. G. (1992). A sociocultural approach to intellectual develop ment. In R. J. Sternberg & C.A. Berg(Eds.), *Intellectual development*. Cambridge, England: Cambridge University Press.

Whitbourne, S. K. (1991). Intimacy. In R. M. Lerner, A. C. Peterson, & J. Brooks－Gunn (Eds.) Encyclopedia of adolescence (Vol. 1, pp. 557～559). New York: Garland.

William, D. (1998). *Handbook of child development* (*Vol*. 1). New York: John Wiley & Sons, Inc.

Wills, T. & Cleary, S. (1996). How are social support effects mediated? A test with parental support and adolescent substance use. *Journal of Personality and Social psychology*, 71, 937～952.

Wimmer, H. & Perner, J. (1983). Beliefs about beliefs: Representation and constraining function of wrong beliefs in young children's understanding of deception. *Cognition*, 13, 103～128.

Wolfgang, M. E., Thornberry, T. P., & Figlio, R. M. (1987). *From Boy to Men, from Delinquency to Crime*. Chicago: University of Chicago Press.

Wright, M. R. (1989). Body image satisfaction in adolescent girls and boys: A longitudinal study. *Journal of Youth and Adolescence*, 18, 71～84.

Wylie, R. (1979). The self concept(Vol.2). Theory and research on selected topics. Lincoln: University of Nebraska Press.

Wyre, R. S. & Skull, T. K. (Eds.) (1984). *Handbook of social cognition* (*Vol*. 1), Lawrence Erlbaum Associates, Inc.

Yong, K. (1996). What makes online usage stimulating: Potemtion explanation for pathological Internet use. Paper presented at the 105th Annual Convention of American Association.

Zabrucky K. & Ratner, H. H. (1992). Effects of Passage Type on Comprehension Monitoring and Result in Good and Poor Readers. *Journal of Reading Behavior*, 24, 373～391.

Zahn-Waxler, C. & Radke-Yarrow, M. (1982). The development of altruism: Alternative research stragegies. In. N. Eisenberg-Berg (Ed.), *The developmental of prosocial behavior* (pp. 109～137). New York: Academic Press.

Zima, B., Wells, K., & Freeman, H. (1994). Emotional and behavioral problems and severe academic delays among sheltered homeless children in Los Angeles County. *American Journal of Public Health*, 84, 260～264.

Zimring, F. *The challenge of youth violence*. Chicago: University of Chicago Press, in press.

埃里克森(孙名之译, 1998):同一性:青少年与危机。杭州:浙江教育出版社。

艾森克著(阎巩固译, 2000):心理学——一条整合的途径。上海:华东师范大学出版社。

奥布霍娃(史民德译, 1988):皮亚杰的概念。北京:商务印书馆。

贝利曼(陈萍、王茜译, 2000): 发展心理学与你。北京:北京大学出版社。

陈红兵、董奇(1992):中学生理解水平与元理解知识关系的研究。心理发展与教育,3期。

陈会昌、辛浩力、叶子(1998):青少年对家庭影响和同伴群体影响的接受性。心理科学,3期,35～41页。

陈枚(1989):对青少年学生性别角色心理社会化发展特点的研究。心理发展与教育,4期,16~23页。
陈枚(1991):儿童青少年的交友需要和友伴群的特点。心理科学,1期,10~12页。
陈英和(1996):认知发展心理学。杭州:浙江人民出版社。
城乡二元结构下经济社会协调发展课题组(1996):中国城乡经济及社会协调发展(下)。管理世界,4期。
池丽萍等(2001):家庭功能及其相关因素研究。心理学探新,3期,55~60页。
辞源(1988)。北京:商务印书馆。
戴斯(2001):智力的过程理论:认知过程的评估。上海:华东师范大学出版社。
邓明昱、牛锐等(1989):青少年青春期性生理及性心理的调查研究。心理科学通讯,1期。
邓明昱、王效道(1989):性心理学探索。上海:科学技术出版社。
邓明昱等(1989):青少年青春期性生理及性心理的调查研究。心理科学通讯,1期,50~53页。
邓伟志、徐新(2001):当代中国家庭的变动轨迹。当代中国社会问题,2期。
邓铸、张庆林(2000):青少年元记忆能力发展的认知研究。心理学探新,20卷,1期,38~41页。
丁念友(1997):不同智力水平与情绪状态对初中学生人认知操作的影响及相关关系的实验研究。心理发展与教育,4期,6~10页。
董奇(1989):10~17岁儿童元认知发展的研究。心理发展与教育,4期,11~17页。
董奇、周勇(1995):10~16岁儿童自我监控学习能力的成分、发展及作用的研究。心理科学,2期,75~79页。
杜晓新(1992):15~17岁青少年元记忆实验研究。心理科学,4期,17~23页。
儿童品德心理研究协作组(1989):中小学生道德情感发展研究。心理发展与教育,3期,1~6页。
樊富珉(1997):大学生心理健康与发展。北京:清华大学出版社。
方平、郭春彦(2000):数学学习策略的实验研究[J]。心理发展与教育,1期,43~47页。
方晓义(1993):青少年关于抽烟、饮酒的危害认识及其对青少年抽烟、饮酒行为的影响。心理发展与教育,2期。
方晓义(1995):母亲依恋、父母监控与青少年的吸烟、饮酒行为。心理发展与教育,3期。

方晓义(1997):青少年最亲密同性友伴的相似性。心理学报,29卷,3期,278～284页。

方晓义(1998):青少年的吸烟行为。心理学动态,4期,39～42页。

方晓义、董奇(1998):初中一、二年级学生的亲子冲突。心理科学,21卷,2期,122～125页。

方晓义、李晓铭、董奇(1996):青少年吸烟及其相关因素的研究。中国心理卫生杂志,10卷,2期,77～80页。

方晓义等(2001):感知的和实际的友伴吸烟行为对青少年吸烟行为的影响。心理发展与教育,2期,2～6页。

风笑天(2001):独生子女青少年社会化过程及其结果。当代中国社会问题,2期。

冯觉新等(1993):家庭社会学。北京:中国环境科学出版社。

弗拉韦尔等(邓赐平、刘明译,2002):认知发展。上海:华东师范大学出版社。

傅安球、史莉芳(1999):离异家庭子女心理。杭州:浙江教育出版社。

高觉敷(1999):西方心理学的新发展。北京:人民教育出版社。

高亚兵、骆伯巍、叶丽红(2000):中小学生家庭性教育现状调查。社会心理研究,2期,44～48。

格莱因(计文莹等译,1983):儿童心理发展的理论。长沙:湖南教育出版社。

葛鲁嘉、刘翔平(1987):女性心理学。长春:北方妇女儿童出版社。

顾援(1990):儿童友谊认知发展研究。心理发展与教育,1期,8～11页。

郭力平(1996):中学生抑郁、焦虑症状与自我差异的关系研究。心理科学,19卷,374～376页。

郭晓飞(1999):儿童的家庭应激与应付。绍兴文理学院学报,19卷,3期,107～103页

郭占基(1988):青年友谊观调查研究。心理发展与教育,3期,16～19页。

国务院人口普查办公室、国家统计局人口和社会科技统计司编(2002):中国2000年人口普查资料(上册)。北京:中国统计出版社。

海德(陈主珍译,1987):妇女心理学。广州:广东高等教育出版社。

侯公林等(1997):场独立性－依存性认知方式性别差异的实验研究。心理科学,20卷,4期,367～368页。

华红琴等(2000):人生发展心理学。上海:上海大学出版社。

华生(李维译,1998):行为主义。杭州:浙江教育出版社。

黄坚厚(1989):现代生活中孝的实践。台北:桂冠图书公司出版。

黄曼娜(1999):我国青少年学生价值观的比较研究。西南师范大学学报,5期,83~88页。

黄曼娜(1999):中学生自卑感的特点及其克服。心理发展与教育,4期,40~44页。

黄敏儿、戴健林(1997):情绪智力:促进心理健康的能力。心理学动态,3期,57~62页。

黄希庭、张进辅、张蜀林(1989):我国五城市青少年学生价值观的调查。心理学报,3期,274~283页。

加德纳(沈致隆译,1993):多元智能。北京:新华出版社。

简·洛文格(韦子木译,1998):自我的发展。杭州:浙江教育出版社。

荆建华编译(1987):同伴团体的发展模式.心理发展与教育,2期,26~29页。

寇彧(1997):青少年道德判断发展及其与家庭亲密度的关系。心理发展与教育,3期,46~50页。

勒温(竺培梁译, 1997):拓扑心理学原理。杭州:浙江教育出版社。

李丹(1999):学生心理卫生学。南宁:广西教育出版社。

李景杰(1989):元认知:10~15岁少年儿童记忆监控能力的实验研究。心理学报,1期,86~93页。

李力红(2000):青少年心理学。长春:东北师范大学出版社。

李辽(1990):青少年的移情与亲社会行为的关系。心理学报,1期。

李其维(1999):破解"智慧胚胎学"之谜——皮亚杰的发生认识论。武汉:湖北教育出版社。

李蓉蓉、韩向明(2002):大学生人际关系取向与自我概念的相关研究。心理科学,3期,371~372页。

李淑湘、陈会昌、陈英和(1997):6~15岁儿童对友谊特性的认知发展。心理学报,1期,36~39页。

李卫东(2000):独生子女与非独生子女大学生道德状况比较研究。广西教育学院学报,4期,27~32页。

梁宁建、杨志勇、张增修(2001):问题解决策略的元认知研究。心理科学,24卷,3期,280~282页。

林崇德(1983):中学生心理学。北京:北京出版社。

林崇德(1995):发展心理学。北京:人民教育出版社。

林崇德(2002):发展心理学。杭州:浙江教育出版社。
林崇德、寇彧(1998):青少年价值取向发展趋势研究。心理发展与教育,4 期,1～6 页。
刘惠军(1999):中学生自我概念的发展特点。社会心理研究,4 期,28～33 页。
刘金花(1999):儿童发展心理学(修订版)。上海:华东师范大学出版社。
刘梅艳等(1997):福州市中学生饮酒状况调查。中国学校卫生,2 期,100 页。
刘明(1998):高中学生自尊水平与学业、人际成败归因方式关系的研究。心理科学,3 期,281～282 页。
刘萍、王振宏(1997):国外自我概念研究中的理论模型建构述评。西北师大学报(社科版),2 期,81～86 页。
刘铁榜、章华、臧德新(1997):青少年手淫行为及其对心身健康影响的性别差异。中国心理卫生杂志,11 卷,3 期,148～150 页。
刘铁榜等(1996):青少年手淫者不同认知状况对心身健康的影响。中国行为医学科学,5 卷,1 期,10～11,15 页。
刘晓梅、李康(1996):亲子关系研究浅识。贵州师范大学学报,3 期,74～76 页。
刘毅、张华(1998):自尊问题研究述评。西北师大学报(社科版),2 期,60～66 页。
刘振兴(1992):中学生忧郁情绪及其相关因素的研究。心理发展与教育,2 期
卢家楣(2000):青少年心理与辅导。上海:上海教育出版社。
陆根书等(1994):元学习与学生学习的改进。电力高等教育,4 期,46～52 页。
玛格丽特·米德(周晓红、李姚军译, 1988):萨摩亚的成年——为西方文明所作的原始人类的青年心理研究。杭州:浙江人民出版社。
玛格丽特·米德(宋践等译, 1988):三个原始部落的性别与气质。杭州:浙江人民出版社。
孟育群等(1998):少年亲子关系研究。北京:教育科学出版社。
孟昭兰(1996):普通心理学。北京:北京大学出版社。
莫雷、张卫(1997):青少年发展与教育心理学。广州:暨南大学出版社。
彭聃龄(1988):普通心理学。北京:北京师范大学出版社。
彭晓辉(2001):关于独生子女社会化问题的思考。山东社会科学,1 期,118～119 页。
皮亚杰(王宪钿等译, 1981):发生认识论原理。北京:商务印书馆。
皮亚杰(傅统先译, 1982):儿童的心理发展。济南:山东教育出版社。
皮亚杰、英海尔德(吴福元译, 1980):儿童心理学。北京:商务印书馆。

皮亚杰(傅统先、陆有铨译, 1984):儿童的道德判断。济南:山东教育出版社。
皮亚杰(傅统先译, 1980):儿童的语言与思维。北京:文化教育出版社。
申继亮等(1993):当代儿童青少年心理学的进展。杭州:浙江教育出版社。
施铁如(1993):中学生性别心理差异的研究。心理发展与教育,9卷,1期,57~59页。
斯腾伯格(俞晓林、吴国宏译, 2002):超越IQ——人类智力的三元理论。上海:华东师范大学出版社。
斯托曼(张燕云译, 1987):情绪心理学。沈阳:辽宁人民出版社。
宋剑辉、郭德俊等(1998):青少年自我概念的特点及培养。心理科学,第3期,277~278页。
田万生(1999):青年心理学。北京:中国科学技术出版社。
童世斌、张庆林(1997):问题解决中的元认知研究。心理学动态,5卷,1期,36~52页。
万明钢(1993):关于性别与性别角色差异的一些跨文化研究。心理学动态,4期,24~28页。
王春燕、李蓉蓉(2001):关于中学学业不良儿童自我概念的研究。社会心理研究,3期。
王登峰(1999):临床心理学。北京:人民教育出版社。
王登蜂、张伯源(1992):大学生心理卫生与咨询。北京:北京大学出版社。
王玢(1986):人体及动物生理学。北京:高等教育出版社。
王公(1995):情绪历程中的情感首因与认知首因。心理学动态,3期,33~38页。
王焕琛、柯华葳(2001):青少年心理学。心理出版社。
王垒等(1994):青少年自我差异与情绪关系的实验研究——自我认知对情绪的启动效应。心理发展与教育,1期,6~11页。
王垒等(2001):自我复杂性与情绪关系的研究。心理科学,1期,92~93页。
王美萍(2001):父母教养方式、青少年的父母权威观/行为自主期望与亲子关系研究。山东师范大学硕士毕业论文。
王美萍、张坤、张文新等(2001):青少年家庭义务感的研究。心理发展与教育,17卷,3期,28~32页。
王振宇(2000):儿童心理发展理论。上海:华东师范大学出版社。
王重鸣、陆兴海(1997):不同年龄城乡青少年价值趋向的多方法复合式分析。心理科学,20卷,3期,104~108页。

魏运华(1997):自尊的概念、结构及其测评。社会心理研究,3 期,55～64 页。
魏运华(1997):自尊的结构模型及儿童自尊量表的编制。心理发展与教育,3 期,29～36 页。
魏运华(1998):学校因素对少年儿童自尊发展影响的研究。心理发展与教育,2 期,12～16 页。
魏运华(1999):父母教养方式对少年儿童自尊发展影响的研究。心理发展与教育,3 期,7～11 页。
沃建中、申继亮(1993):中小学教师自我概念发展的研究。心理发展与教育,3 期。
吴淑敏(2000):大专学生自尊、情绪智慧及成功期望之关系研究。国立高雄师范大学教育学系,教育研究,8 期,161～176 页。
阎嘉陵等(1998):当代青年心理学。上海:复旦大学出版社。
杨国枢(1989):中国人孝道的概念分析。台北:桂冠图书公司。
杨国枢(1992):中国人的心理与行为。台北:桂冠图书公司。
杨国枢(1994):中国人的价值观——社会科学观点。台北:桂冠图书公司。
杨宁等(1994):中小学生记忆组织的发展。心理科学,6 期,321～327 页。
叶光辉、杨国枢(1989):孝道认知结构组型之分析。台北:桂冠图书公司。
伊·谢·康(杨宏等译, 1986):青少年心理学。哈尔滨:黑龙江人民出版社。
易进(1998):心理咨询与治疗中的家庭理论。心理学动态,1 期,37～42 页。
阴国恩、戴斌荣、金东贤(2000):多级估量法在大学生职业价值观研究中的应用。23 卷,5 期,513～516 页。
俞国良、翁亚君(1996):10～15 岁学习不良儿童自我概念发展的研究。心理发展与教育,2 期,54～59 页。
詹姆斯·O·卢格(陈德民等译, 1996):人生发展心理学。上海:学林出版社。
张春兴(1992):张氏心理学词典。上海:华东书局出版社。
张春兴(1998):教育心理学。杭州:浙江教育出版社。
张春兴(2000):现代心理学。上海:上海人民出版社。
张进辅(1993):我国青少年学生公私观特点的研究。心理发展与教育,1993,1 期,7～13 页。
张进辅(1998):我国大学生人生价值观的调查研究。心理发展与教育。2 期,26～30,44

页。
张坤(2002):青少年对传统孝道的态度及其与亲子关系的研究。山东师范大学硕士毕业论文。
张庆林、徐展(2002):小学儿童规则发现的类比迁移研究。心理科学,23卷,2期,207～210页。
张日昇(2000):同一性与青年期同一性地位的研究——同一性地位的构成及其自我测定。心理科学,4期,430～438页。
张述祖等(审校)(1983):西方心理学家文选。北京:人民教育出版社。
张卫、沈家鲜(1993):认知发展心理学发展的历史和现状。华南师范大学学报(社科版),4期。
张文新(1997):城乡青少年父母教育方式的比较。心理发展与教育,13卷,3期,44～49页。
张文新(1997):初中学生自尊特点的初步研究。心理科学,6期,504～508页。
张文新(1999):儿童社会性发展。北京:北京师范大学出版社。
张文新(2002):中学生欺负受欺负的普遍性与基本特点。心理学报,34卷,4期,387～394页。
张文新、林崇德(1998):青少年的自尊与父母教育方式的关系——不同群体间的一致性与差异性。心理科学,6期,489～493页。
张野、刘晓明(2002):青少年自我概念研究及其对教学的启示。教育科学,2期,47～53页。
张玉杰(1986):中学生人际交往初探。心理发展与教育,3期,26～27页。
章建跃,林崇德(2000):中学生数学学科自我监控能力的发展。中国教育学刊,4期,46～49页。
章志光、金盛华(1996):社会心理学。北京:人民教育出版社。
赵忠心等(2000):中国家庭子女教育。北京:中国法制出版社。
珍妮特·希伯莱·海德(陈主珍等译, 1987):妇女心理学。广州:广东高等教育出版社。
郑和钧、邓京华等(1999):高中生心理学。杭州:浙江教育出版社。
郑希付(1998):良性亲子关系创立模式。湖南师范大学社会科学学报,1期,72～76页。
郑涌、黄希庭(1997):自我概念的结构:大学生"我是谁"反应的内容分析。西南师范大学学报(哲学社会科学版),1 期,72～77 页。
中国人口统计年鉴(1999)。北京:中国轻工业出版社。
周国韬、贺岭峰(1996):11～15 岁学生自我概念的发展。心理发展与教育,3 期,37～42 页。
周宗奎(1995):儿童社会化。武汉:湖北少年儿童出版社。
朱智贤(1982):青少年心理的发展。北京:北京师范大学出版社。
朱智贤、林崇德(1988):儿童心理学史。北京:北京师范大学出版社。
朱智贤主编(1989):心理学大词典。北京:北京师范大学出版社。
祝蓓里(1986):青年期心理学。上海:上海人民出版社。
壮耀嘉、杨国枢(1989):传统孝道的变迁与实践:一项社会心理学之探讨。台北:桂冠图书公司。
邹泓(1998):同伴关系的发展功能及影响因素。心理发展与教育,2 期,39～44 页。
左梦兰等(1990):5～13 岁儿童元记忆发展的实验研究。心理科学,3 期。